E-Book inside.

Mit folgendem persönlichen Code
erhalten Sie die E-Book-Ausgabe
dieses Buches zum kostenlosen
Download.

Registrieren Sie sich unter
www.hanser-fachbuch.de/ebookinside
und nutzen Sie das E-Book
auf Ihrem Rechner*, Tablet-PC
und E-Book-Reader.

* Systemvoraussetzungen:
   Internet-Verbindung und Adobe® Reader®

D1620158

Wenzky

Alfresco und Liferay

Sebastian Wenzky

Alfresco und Liferay

ECM- und Portal-Lösungen

HANSER

Der Autor: *Sebastian Wenzky,* Erfurt

Herausgeber der Reihe Enterprise Open Source: *Sebastion Wenzky*

Bibliografische Information der Deutschen Nationalbibliothek:

Die Deutsche Nationalbibliothek verzeichnet diese Publikation in der Deutschen Nationalbibliografie; detaillierte bibliografische Daten sind im Internet über http://dnb.d-nb.de abrufbar.

© 2013 Carl Hanser Verlag München, www.hanser-fachbuch.de
Lektorat: Sieglinde Schärl
Copy editing: Kathrin Powik, Lassan
Herstellung: Irene Weilhart
Umschlagdesign: Marc Müller-Bremer, www.rebranding.de, München
Umschlagrealisation: Stephan Rönigk
Gesamtherstellung: Kösel, Krugzell
Ausstattung patentrechtlich geschützt. Kösel FD 351, Patent-Nr. 0748702
Printed in Germany

Print-ISBN: 978-3-446-43465-3
E-Book-ISBN: 978-3-446-43736-4

*Mein Herz ist auf Reisen nie allein, denn ihr beide seid immer mit dabei:
Dieses Buch ist Ceylan und Dilara, meiner Frau und meiner Tochter, gewidmet.
Ohne euch beide würde diese Welt ein trostloser Ort für mich sein.*

*Vielen Dank, dass ihr mich immer ausgehalten und an mich geglaubt habt:
Elke und Andreas Wenzky, meine Mutter und mein Vater*

Inhalt

Vorwort

Den größten Fehler,
den man im Leben machen kann,
ist, immer Angst zu haben,
einen Fehler zu machen.

Dietrich Bonhoeffer

Beginnt man ein solch großes Projekt wie das Schreiben eines Buches, stellt sich unwiderruflich die Frage: Wie wird das Ergebnis bei den Lesern ankommen, bzw. wie soll es ankommen? Entspricht es den Erwartungen der Leserschaft? Sollte man noch mehr Praxiswissen einbauen? Fragen über Fragen. Zwar ist man am Ende dieser Reise schlauer, doch es wird einem auf einmal auch etwas mulmig zu Mute.

Als ich vor über einem Jahr begann, dieses Buch mit Leben zu füllen, konnte ich nur erahnen, wie zeitintensiv diese Aufgabe sein würde. Es mag seltsam klingen, aber ich verbinde mit diesem Buch mehr als nur ein loses Papierwerk. Dieses Buch hat mich ein Stück meines eigenen Lebens begleitet; hat Emotionen und Ereignisse, die positiven wie negativen, eingefangen. Man schreibt mit dem individuellen Gefühl der jeweiligen Stunde Satz um Satz nieder. Aber dieses Buch spiegelt auch die Vergangenheit der letzten Jahre und Jahrzehnte wider – sowohl geschäftlich als auch privat.

Sehr oft im Leben stand ich vor der Aufgabe, komplett neue und große Herausforderungen zu bewältigen. Dieser Reiz, neue Herausforderungen mit absoluter Passion und dem Glauben an sich selbst, zu bestreiten und zu meistern – ich glaube, das ist eine meiner größten Stärken. Probleme, Stolpersteine, Fehler – das sind Konsequenzen, mit welchen man leben muss, wenn man ständig neue Wege beschreiten will. Nur so, das glaube ich aus tiefster Überzeugung, kommt man weiter. Nur so hat man die Möglichkeit, Dinge aus anderen Perspektiven zu sehen und vor allem: Man lernt sich selbst, seine Stärken und Schwächen besser kennen.

Dieses Buch stellt das Ergebnis einer solchen Reise dar. Viele neue Ideen, Konzepte sowie Erfahrungen wurden in das Buch, soweit es ihm dienlich war, eingearbeitet. Dabei geht es nicht nur um die kleinen Tipps am Rande, sondern um die generelle Art und Weise, wie das Buch strukturiert ist. Dies führte sogar so weit, dass ich in Zusammenarbeit mit dem Hanser Verlag eine Buchreihe zum Thema Enterprise Open Source konzipiert und auf den Weg gebracht habe. Das nächste Buch zum Thema „Business Intelligence mit Pentaho und Jedox"

(ISBN 978-3-446-43897-2) wird dem prinzipiellen Weg dieses Buches folgen und Ihnen in einem gänzlich anderen Bereich hoffentlich ein ebenso guter Wegbegleiter sein.

Dieses Buch spiegelt meine persönlichen Erfahrungen wider und soll Sie, werter Leser, dabei unterstützen, neue unbekannte Wege zu gehen. Doch auf diesem Weg sind Sie nicht allein! Dieses Buch, mit all seinen Erkenntnissen, Konzepten und Ratschlägen, begleitet Sie und hilft Ihnen, Ihre gesammelten Erfahrungen auch bei neuen zukünftigen Herausforderungen anzuwenden.

Ich wünsche Ihnen viel Spaß beim Lesen und hoffe, dass dieses Buch zu Ihrem Projekterfolg beitragen kann!

Viele Grüße,

Ihr *Sebastian Wenzky*

Erfurt, im Juli 2013

Enterprise Open Source mit Alfresco und Liferay

Alfresco und Liferay sind zwei der führenden Enterprise Open Source-Lösungen. Die Historie beider Produkte ist unterschiedlich, und doch haben sie in Laufe ihrer Geschichte viele gemeinsame Gehversuche unternommen, um eine noch effektivere Zusammenarbeit von Inhalten oder Applikationen bieten zu können. Begleiten Sie mich auf eine Reise durch die Welt des Enterprise Content Managements (ECM) sowie der Portale. Lernen Sie, wie Sie auf einfachem aber intelligentem Wege Ihre Geschäftsprozesse mit den jeweiligen Lösungen umsetzen und optimieren können. Erfahren Sie, wie Sie meine gesammelten Praxiserfahrungen hinsichtlich der Umsetzung von komplexen Intranet-, Kollaborations-, Social Networking- oder auch Dokumentenmanagement-Szenarien effektiv für sich und Ihr Unternehmen adaptieren können.

Ich wünsche Ihnen viel Spaß beim Lesen und hoffe, dass Sie meine Erfahrungen bei der Umsetzung von ECM- und Portallösungen bei Ihrer täglichen Arbeit unterstützen und weiterbringen werden.

Die Enterprise Open Source-Reihe im Hanser Verlag

Dieses Buch stellt den Auftakt einer komplett neuen Reihe zum Thema Enterprise Open Source im Hanser Verlag dar.

Open Source wird in vielen Bereich der Unternehmenswelt schon lange nicht mehr belächelt, sondern stellt einen integralen Bestandteil dar. Seit einiger Zeit erkämpfen sich immer mehr Open Source-Produkte einen Platz neben den klassischen Wettbewerbern aus dem Closed Source-Segment. Schaut man sich aktuelle Studien zum Thema BI, ECM oder Portale an, tauchen darin immer häufiger Open Source-Produkte auf.

Der Fokus der Buchreihe liegt auf der Beantwortung wichtiger Fragen hinsichtlich der Umsetzung komplexer IT-Strategien. Sie ermöglicht Ihnen tiefe Einblicke in die Welt der führenden Open Source-Systeme und zeigt auf Basis realer Szenarien aus der Geschäftswelt Lösungsansätze auf. Ein wichtiges Merkmal der Reihe ist die schnelle Adaptierbarkeit, sodass Sie direkt im Anschluss an die Lektüre konkrete Schritte für eine prototypische Umsetzung in Ihrem Unternehmen einleiten können.

Das vorliegende Buch behandelt die Themen Enterprise Content Management sowie Portale. Es stellt die führenden Enterprise Open Source-Systeme Alfresco und Liferay vor und präsentiert praxisnah den Mehrwert auf Basis dieser Lösungen.

Unter *www.hanser-fachbuch.de* erhalten Sie aktuelle Informationen zu den kommenden Büchern der Enterprise Open Source-Reihe. 2014 wird mindestens ein weiteres Buch erscheinen, und zwar zum Thema „Business Intelligence mit Pentaho und Jedox" (ISBN 978-3-446-43897-2).

Aufbau und Konzept dieses Buches

Mithilfe dieses Buches sollen Sie schnell in der Lage sein, große Fortschritte mit Alfresco und/oder Liferay zu erreichen. Der Fokus liegt dabei auf der fachlichen Abbildung von Geschäftsprozessen und der Optimierung von Arbeitsprozessen von Mitarbeitern. Sukzessive wird im jeweiligen Bereich (Alfresco oder Liferay) eine vollständige Lösung konzipiert und umgesetzt.

HINWEIS: Falls Sie bereits mit Alfresco 4.2+ oder Liferay 6.2+ arbeiten, sollten Sie das Look & Feel für das Durcharbeiten des Buches ändern. Nähere Hinweise zu Alfresco finden Sie in Abschnitt 2.8. Liferay 6.2 wird ca. Ende 2013 erscheinen. Das neue Look & Feel von Liferay 6.2 war zur Drucklegung des Buches noch nicht final abgestimmt und wird deshalb erst in einer Nachauflage Berücksichtigung finden, da sich das prinzipielle Verhalten des Liferay-Portals nicht wesentlich geändert hat.

Sie erhalten einen umfassenden Überblick, lernen die jeweiligen Produkte in ihrer Tiefe kennen, und erfahren, wie Sie die Stärken der Produkte für Ihre Anforderungen nutzen können. Anhand von praxisnahen Beispielen werden Sie schnell Möglichkeiten für sich und Ihr Unternehmen entdecken, und mit dem jeweiligen Produkt schnell Lösungen umsetzen können. Liferay und Alfresco werden dabei nicht nur unabhängig voneinander betrachtet. Da im Unternehmensumfeld oft beide Produkte vorzufinden sind, wollen wir uns im letzten Kapitel „Potenziale von Alfresco und Liferay zusammen nutzen" detaillierter mit den Stärken und Schwächen beider Systeme auseinandersetzen. Anschließend wird gezeigt, auf welche Weise wir die Systeme miteinander kombinieren können. Dabei werden verschiedene Wege aufgezeigt, und es wird auf viele Beispiele aus der Praxis zurückgegriffen.

HINWEIS: In diesem Buch wird die Community-Version von Liferay und Alfresco verwendet. Das Verwenden der kommerziellen Varianten (beispielsweise in Trial-Form) ist auch möglich, unterscheidet sich jedoch etwas.

Unter *www.downloads.hanser.de* stehen alle praktischen Beispiele aus dem Buch zum Download bereit. Auf diese Weise lässt sich jederzeit das Endergebnis einsehen bzw. der notwendige Code kopieren, falls es zu Unstimmigkeiten oder Problemen kommt.

Teil I des Buches befasst sich mit Alfresco und folgenden Themen im Detail:

- **Kapitel 1** gibt eine Einführung in Alfresco, das führende Open Source Enterprise Content Management-System. Hier werden verschiedene Entscheidungskriterien für kritische Lösungen im Unternehmen detailliert betrachtet und vorgestellt. Alfresco wird für verschiedene Personenrollen im Unternehmen (fachlich Verantwortliche/Entscheider, Administratoren, Entwickler) vorgestellt, und es werden die jeweiligen Möglichkeiten aufgezeigt.

- **Kapitel 2:** Hier stelle ich die Installation von Alfresco vor. Dieses Kapitel ist essenziell für die späteren Kapitel, da hier teilweise auch Variablen definiert werden, welche später wiederverwendet werden.

- **Kapitel 3:** Damit Sie einen vertieften Einblick in Alfresco und die Informationsarchitektur erhalten, werden in diesem Kapitel wichtige Funktionen und Konzepte von Alfresco vorgestellt und anhand von praxisnahen Beispielen erläutert.

- **Kapitel 4:** Die meiste Zeit bewegen wir uns in der Kollaborations- und DMS-Applikation von Alfresco, welche Alfresco Share genannt wird. Aus diesem Grund verschaffe ich Ihnen in diesem Kapitel einen Überblick über die Applikation.

- **Kapitel 5:** In diesem Kapitel schauen wir uns die Dokumentenmanagement-Funktionalitäten von Alfresco genauer an und führen erste Aktionen mit Dokumenten aus.

- **Kapitel 6:** Eine der wesentlichen Aufgaben von Projektverantwortlichen, Site-Administratoren oder Vorgesetzten ist es, die Prozesse und die damit verknüpften Dokumente zu überwachen und zu kontrollieren. In diesem Kapitel erfahren Sie, welche Möglichkeiten vorhanden sind und welche sich in der Praxis bewährt haben.

Anschließend folgen drei Kapitel, in welchen wir uns detaillierter mit den Möglichkeiten der Erweiterung von Alfresco auseinandersetzen wollen. Der Fokus liegt hier jedoch nicht auf Programmiersprachen und dem technischen Gerüst von Alfresco. Stattdessen bietet Alfresco ein flexibles Framework, mit dem sowohl über die Web-Oberfläche als auch über XML-Dateien eigene Anforderungen schnell angepasst werden können.

- **Kapitel 7:** Über das Content Model in Alfresco können eigene Dokumententypen und Aspekte erstellt werden, denen wir uns in diesem Kapitel widmen. Auf diese Weise können informationslastige Prozesse mit den verwalteten Dokumenten in Alfresco abgebildet werden. Denn jedes Dokument kann über eigene Metadaten und somit eine eigene „Compliance" wie beispielsweise Berechtigungen verfügen.

- **Kapitel 8:** Nachdem wir uns in Kapitel 7 mit der Erstellung von neuen Typen und Aspekten beschäftigt haben, befassen wir uns in diesem Kapitel mit dem Thema Scripting. Dadurch lassen sich Business-Logiken über Alfresco direkt erstellen und ausführen – ohne das System neu starten zu müssen. Mithilfe der Business Rules können wir anschließend prozessgetriebene Schritte automatisch abarbeiten, indem eine Rule ein von uns erstelltes Script ausführt.

- **Kapitel 9:** Zum Abschluss befassen wir uns mit der Erstellung von einem Workflow. Hierbei greifen wir auf die vorherigen Kapitel zurück und führen diese (teilweise) zusammen. Am Ende dieses Kapitels können Sie bereits relativ komplexe Prozesse Ihres Unternehmens mit Alfresco umsetzen bzw. deren Machbarkeit abschätzen.

Teil II des Buches befasst sich mit Liferay und folgenden Themen im Detail:

- **Kapitel 10** gibt eine Einführung in Liferay, das führende Open Source-Portal. Hier werden verschiedene Entscheidungskriterien für kritische Lösungen im Unternehmen detailliert betrachtet und vorgestellt. Liferay wird für verschiedene Personenrollen im Unternehmen (fachlich Verantwortliche/Entscheider, Administratoren, Entwickler) vorgestellt, und es werden die jeweiligen Möglichkeiten aufgezeigt.

- **Kapitel 11:** Hier stelle ich die Installation von Liferay vor. Dieses Kapitel ist essenziell für die späteren Kapitel, da hier teilweise auch Variablen definiert werden, welche später wiederverwendet werden.

- **Kapitel 12:** Damit Sie einen vertieften Einblick in Liferay und in die Portlet-Technologie erhalten, werden in diesem Kapitel wichtige Funktionen und Konzepte von Liferay vorgestellt und anhand von praxisnahen Beispielen erläutert.

- **Kapitel 13:** Bevor wir richtig mit Liferay durchstarten können, schauen wir uns in diesem Kapitel die einzelnen Bereiche über die Web-Oberfläche an. Da Liferay über viele Möglichkeiten zur Individualisierung von Webseiten oder zur Social Collaboration bietet, müssen wir erst einmal die Basics von Liferay studieren.

- **Kapitel 14:** Jetzt wird es ernst! In diesem Kapitel wollen wir uns praxisnah mit der Umsetzung von Portalprojekten, die auf Liferay basieren, auseinandersetzen. Hierzu schauen wir uns zunächst den prinzipiellen Ablauf an, über den die Anforderungen von Fachabteilungen aufgenommen und schlussendlich mit im Arbeitsteam integriert werden können. Dieses Kapitel stellt teilweise die Basis für weitere Kapitel dar.

- **Kapitel 15:** Nachdem wir uns in Kapitel 14 mit der Umsetzung von Portalprojekten befasst haben, geht es in diesem Kapitel vor allem um das Thema Organisationsabbildung und Rollenverwaltung.

- **Kapitel 16:** In diesem Kapitel beschäftigen wir uns mit der Thematik Social Collaboration und Social Networking. Dabei werden natürlich viele Fragen aufgeworfen, beispielsweise wann Social Collaboration sinnvoll ist und welches Feature geeignet ist.

- **Kapitel 17:** Dieses Kapitel zeigt Ihnen die möglichen Wege in Liferay auf, mit denen Sie Content besser strukturieren und klassifizieren können. Mittels Asset Publishing können verschiedene Inhalte wie Blogs, Wikis oder Web Content-Elemente zusammen dargestellt werden. Über Beziehungen untereinander können Informationsnetzwerke aufgebaut werden, welche den Anwender beim Wiederfinden von Inhalten vor allem mittel- bis langfristig unterstützen.

- **Kapitel 18:** Das Thema Web Content Management darf natürlich nicht fehlen. Deshalb wird in diesem Kapitel der Fokus auf die Umsetzung von WCM-Anforderungen gelegt. Hierzu wird Liferay „erweitert", um eigene WCM-Elemente zu erstellen und den Anwendern diese mittels Scripting (Alloy UI) modern und zeitgemäß zu präsentieren. Sie lernen, auf welche Weise Sie komplexere Web-Anwendungen mit Liferay umsetzen können.

- **Kapitel 19:** In diesem Kapitel lernen Sie, wie Liferay mit einfachen Mitteln erweitert werden kann. Da die meisten dieser Features sehr einfach zu bedienen sind, werden vor allem die verschiedenen Möglichkeiten zum selbst Ausprobieren vorgestellt.

- **Kapitel 20:** Dieses Kapitel setzt sich kurz mit den administrativen Möglichkeiten von Liferay auseinander. Dieses Thema wird nicht im Buch fokussiert, deshalb werden nur die wichtigsten Bereiche angerissen.

Das vorletzte Kapitel des Buches führt Alfresco und Liferay näher zusammen:

- Das Kapitel widmet sich der Fragestellung, welche Vorteile eine Integration von Alfresco und Liferay mit sich bringt. Anschließend werden verschiedene Integrationskonzepte vorgestellt und intensiver behandelt. Auf Basis von Praxisbeispielen werden die Vorteile, aber auch mögliche Problempunkte der Integrationsszenarien aufgezeigt. Natürlich gibt es auch in diesem Kapitel die direkte Möglichkeit, eine Integrationsform selbst auszuprobieren.

Last, but not least gibt das letzte Kapitel einen Ausblick auf das kommende Buch der Reihe: *Pentaho und Jedox. Business Intelligence-Lösungen für Data Warehousing, Reporting, Analyse & Planung* (ISBN 978-3-446-43897-2).

Das Buch zeigt verschiedene Möglichkeiten auf, wie Reports und Analysen aus einem ECM-System wie Alfresco mithilfe von BI-Konzepten generiert werden können. Anschließend erfolgt eine kurze Einführung in das Produkt, welches als Basis für dieses Buch dient. Das Buch wird voraussichtlich im Herbst 2014 erscheinen.

Konventionen im Buch

Das Buch verwendet verschiedene Notationen, um den Leser bei der Durcharbeitung der Kapitel visuell zu unterstützen. An dieser Stelle sollen diese Notationen kurz erläutert werden.

Ich beginne mit den verschiedenen Typen von Hinweiskästen, welche Ihnen nützliche Tipps bzw. wichtige Hinweise geben.

 PRAXISTIPP: In diesem Kastentyp finden Sie Praxistipps. Es handelt sich dabei um Tipps, welche direkt angewandt werden können bzw. welche für den praktischen Gebrauch von Alfresco und Liferay relevant sind.

 HINWEIS: In diesem Kastentyp finden Sie wichtige Hinweise zur Verwendung der Software bzw. des Buches.

Code-Beispiele können auf zwei Arten dargestellt werden.

Die erste Möglichkeit sieht wie folgt aus:

Listing 0.1 Listing mit komplexerem bzw. größerem Code-Beispiel

```
Hier steht der Code eines komplexen Code-Beispiels.
```

Die zweite Möglichkeit ist einfacher gehalten und wird folgendermaßen annotiert:

```
Simpler Code,
welcher ein oder mehrere Zeilen
lang sein kann.
```

Darüber hinaus werden Aufzählungen verwendet, um unterschiedliche Eigenschaften oder Aspekte einer bestimmten Thematik aufzulisten:

- **Thema 1:** Themenbeschreibung 1
- **Thema 2:** Themenbeschreibung 2
- **Thema 3:** Themenbeschreibung 3

Klickbefehle bzw. Interaktionen werden *kursiv* dargestellt.

Der Autor dieses Buches

Mein Name ist Sebastian Wenzky und ich bin Open Source-Evangelist der ersten Stunde. Seit 2008 beschäftige ich mich mit den Lösungen Alfresco und Liferay in Projekten. Ich verfüge über starkes Entwicklungs-Know-how in beiden Lösungen, interessiere mich jedoch auch um die Aspekte, die darauf aufsetzen: die Prozesse in den Unternehmen. Ich arbeitete lange Zeit als zertifizierter Alfresco-Entwickler (Alfresco Certified Engineer), Liferay-Entwickler sowie als Berater in Top 500-Unternehmen im deutschsprachigen und internationalen Raum. Im Jahr 2012 wechselte ich als „Head of ECM/Portals" zum Open Source-Unternehmen it-novum und leite dort die Ressorts „Enterprise Content Management" und „Portale" (natürlich mit Alfresco und Liferay). Nebenbei bin ich in verschiedenen Open Source-Communities aktiv und entwickle selbst an Community-Projekten (wie beispielsweise LogicalDOC) mit. Zu den Themen ECM und Portale sowie Open Source im Allgemeinen habe ich bereits zahlreiche Artikel in Fachzeitschriften sowie online verfasst. Man trifft mich regelmäßig auf Events rund um die besagten Themen sowie auf Veranstaltungen von Alfresco und Liferay (auch ab und zu als Speaker).

Zurzeit lebe ich mit meiner Frau Ceylan und meiner frisch geborenen Tochter Dilara in Erfurt, Thüringen. In meiner spärlich vorhandenen Freizeit nehme ich mir jede freie Sekunde Zeit für meine Familie und übe meine noch ungewohnte Rolle als „Dad" aus.

Danksagungen

Ich möchte mich an dieser Stelle noch einmal recht herzlich bei den beiden Menschen bedanken, die für die fachliche Durchsicht dieses Buches verantwortlich waren. Außerdem möchte ich ihnen hier die Gelegenheit geben, sich kurz vorzustellen.

Stephan Poschetzky: Was Liferay anbelangt, kann Stephan Poschetzky, insbesondere aufgrund vergangener Projekte bei it-novum, auf einen hohen Erfahrungsschatz im Bereich Portlet-Entwicklung mit JavaServer Faces zurückgreifen. Zudem hat er Erfahrung in der Integration von Fremdsystemen in Liferay, wie z. B. Lotus Notes. Im Bereich Alfresco hat er eine der ersten Alfresco-Mobile-Anwendungen für das iPhone entwickelt, welche sich zu diesem Zeitpunkt durch einige besondere Features von der Eigenentwicklung aus dem Hause Alfresco abgrenzte. Im mobilen Bereich konnte er außerdem an sehr populären iPhone-/iPad-Apps, wie HRS, Avis und Check My Trip, mitwirken und hat hier im Bereich Konzeption und Entwicklung einen entscheidenden Beitrag geleistet.

Daniel König: Daniel König arbeitet seit mehreren Jahren im Open Source-Umfeld als Software-Entwickler. Hier liegt sein Schwerpunkt im Bereich ECM und im Speziellen bei Alfresco. Dort hat er bereits viele Projekte mit unterschiedlichsten Anforderungen umgesetzt. Viel Erfahrung bringt er besonders im Bereich der Schnittstellenentwicklung zu Drittsystemen mit, wozu unter anderem SAP, Liferay und verschiedene Archivierungslösungen gehören.

Teil I:

Alfresco

1

Alfresco, das führende Open Source ECM

Alfresco ist das meist genutzte Open Source ECM-System im Unternehmensumfeld. Kein anderes Open Source-Produkt hat es geschafft, in so kurzer Zeit, maximale Verbreitung und Anwendung in (kritischen) Landschaften zu finden. Die Menschen hinter Alfresco verfügen über jahrelange Erfahrungen im ECM-Bereich und wissen ganz genau, dass Punkte wie Benutzerfreundlichkeit, Akzeptanz, aber auch Flexibilität oder Skalierbarkeit, wichtige Erfolgsträger darstellen. 2005, im Jahr der Gründung von Alfresco, mischte das Team um CEO John Newton und CTO John Powell die Karten im Markt für ECM-Lösungen neu.

Denn der Markt begann bereits im ersten Jahrzehnt des neuen Jahrtausends komplett umzudenken. Viele Unternehmen stellten sich offen der Frage der strategischen Ausrichtung von zentralen und kritischen Unternehmensanwendungen. Aus der Vergangenheit war den meisten Entscheidern bewusst, dass für die Zukunft eine leicht zu wartende und flexible Lösung im Bereich Enterprise Content Management eine wichtige Rolle zur Erhaltung und Steigerung der Wettbewerbsfähigkeit spielen würde. Und genau hier setzte Alfresco mit seiner Strategie an.

Seit dem Beginn der Entwicklung von Alfresco partizipiert die Community von der Transparenz, die Alfresco bietet. Der Quellcode von Alfresco kann in der Community-Version heruntergeladen, frei verändert und auch wieder in den Kern überführt werden. In den Foren, Wikis und Blogs kann frei über neue Releases abgestimmt und diskutiert werden. Viele wichtige Optimierungen und Verbesserungen sind auf die sehr große Community zurückzuführen. Im Gegensatz zu vielen anderen Herstellern pflegt und hegt das Team aktiv die Zusammenarbeit zwischen der Community und sich selbst. Aktuell (Stand: Mitte 2012) verfügt Alfresco über ca. 140 000 Mitglieder[1] in der Community – ein selbsterklärender Fakt. Mithilfe von jährlichen Großveranstaltungen wie DevCons (Entwicklerkonferenzen) sowie lokalen Meet-ups und Community Challenges (Wettbewerbe) unterstützt Alfresco aktiv die Entwicklung und den Ausbau des eigenen Produkts.

Kurz und bündig: Alfresco hat sich das Ziel gesetzt, ECM massentauglich zu gestalten – aus einem einfachen Grund: Selbst einfache Anwender ersticken in dem Wust an Informationen, die überall Zuhause oder unterwegs gesammelt werden.

Hierfür bietet Alfresco seit 2012 eine offizielle Lösung an: die Cloud. Sowohl für Unternehmen als auch Privatanwender ist es möglich, Enterprise Content Management Features

---

[1] http://www.alfresco.com/company

überall mitzunehmen und verwenden zu können. Einmal über das Portal *cloud.alfresco.com* registriert, erhält man ein vollfunktionstüchtiges ECM-System, mit dem man auch unterwegs über das iPad oder iPhone zugreifen kann. Durch die klare und benutzerfreundliche Gestaltung der Oberfläche (welche auf jahrelanger Erfahrung aus dem Unternehmensgeschäft basiert) werden komplexe Abläufe durch klare Strukturen aufgelöst und bringen klare Prozesse zur Informationssteuerung in die Köpfe der Anwender. Die Cloud dient aber nicht nur dem privaten Anwender, sondern ganz klar auch dem Unternehmen. Dadurch können unflexible und veraltete Strukturen zum Austausch von Dokumenten mit beispielsweise externen Geschäftspartnern verbessert werden – das Tagesgeschäft rückt wieder deutlich in den Vordergrund.

■ 1.1 Alfresco-Historie

Gegründet im Jahre 2005, fokussierte sich Alfresco vom Anfang an auf zukunftsorientierte Lösungen. Schnell ist erkannt worden, dass eine neue, digitale Arbeitsweise im Entstehen ist. Schon frühzeitig versuchte Alfresco, die Arbeit über eine Web-Plattform zu forcieren und mit Komponenten wie Blogs, Projektseiten oder Wikis sowie Workflows klare Arbeitsstrukturen zu bieten. Im Laufe der Zeit sind fortlaufend neue und zukunftsweisende Features entwickelt worden. Das SharePoint-Protokoll beispielsweise, mit der Fähigkeit, aus dem Browser heraus ein Dokument direkt zu bearbeiten, stellt sicherlich eine wesentliche Arbeitsoptimierung für Anwender dar.

Die Ausrichtung am Markt durch eine große Community sowie die aktive Kommunikation zwischen den Partnern und Alfresco spielte sicherlich eine weitere große Rolle, dass heute Alfresco das mit Abstand innovativste ECM-Produkt auf dem Open Source ECM-Markt darstellt.

1.1.1 2005: Das Jahr, in dem alles begann

Im Gründungsjahr lag der Fokus auf dem Aufbau und der Etablierung des Dokumentenmanagement-Bereichs. Ein wirklich richtiger Produktivbetrieb war auf offiziellen Wiki-Seiten[2] nicht empfohlen. Das klare Ziel der ersten Versionen war sicherlich die Implementation von offenen Schnittstellen sowie wegweisenden Lösungen im Open Source-Segment gewesen.

Die Arbeitsoberfläche, auf welcher alle Erweiterungen (Frontend) basierten, wurde „Explorer" genannt. Der Explorer basiert auf dem JSF 1.1-Framework[3]. Die Version 1.1 brachte für die Entwickler und Projektleiter eines Produktes (basierend auf JSF) wesentliche Verbesserungen bei der Produktentwicklung mit sich. Viele Aufgaben entfielen oder wurden deutlich vereinfacht, da JSF bereits den Rahmen für die UI-Entwicklung vorgab. Dadurch konnte man sich stärker auf die Business-Logik konzentrieren. Leider verfügte diese Version von

---

[2] *http://wiki.alfresco.com/wiki/Release_Candidate_1_%28Oct_2005%29*
[3] *http://www.jcp.org/en/jsr/detail?id=127*

JSF (welche zur damaligen Zeit State-of-the-Art gewesen ist) über einige Mängel, welche sich vor allem auf die Anwender niederschlugen. Zum einen konnte keine Anwendung direkt via URL angesteuert werden (es sei denn, man behalf sich eines Workarounds). Zum Letzteren mussten viele Aufgaben durch den Anwender getätigt werden. Viele Mausklicks waren eigentlich überflüssig, konnten jedoch aus Architekturgründen nicht verhindert werden.

Alfresco Share wurde u. a. aus diesem Grund konzipiert und aus den bestehenden Erfahrungen entwickelt. Dazu erfahren Sie in Abschnitt 8.2 mehr.

Eine wesentliche Entwicklung stellte sicherlich der heute unter den Namen JLAN-Server[4] zur Verfügung stehende Fileserver dar. Mit JLAN ist es möglich, dass via CIFS (SMB), FTP sowie NFS-Laufwerke von Alfresco als „Share" unterstützt werden.

HINWEIS: Jedes relevante Betriebssystem wie beispielsweise Windows bietet die Möglichkeit der Nutzung von Netzlaufwerken an. Steht erst einmal Alfresco im Unternehmensnetzwerk zur Verfügung, kann ein Alfresco-Verzeichnis als Netzlaufwerk auf dem Client-Rechner hinzugefügt werden. Der Endanwender verfügt anschließend über eine gewohnte Arbeitsumgebung und muss nicht in eine separate Anwendung zum Datenzugriff wechseln.

In den ersten Releases ist kontinuierlich an der Stabilität, Offenheit sowie Performance gearbeitet worden. Kurz vor dem ersten „richtigen" Produktivstatus wurde die JSR-170 Spezifikation[5] komplett für Level 1 sowie 2 implementiert. Hinter der kryptischen Nummer versteckt sich ein Java-Standard (De-facto-Industriestandard), welcher im Allgemeinen auch Java Content Repository genannt wird.

HINWEIS: Die Entwicklungen von proprietären Datentöpfen (Repository) im ECM-Segment, aber auch im übergeordneten Segment für Dokumentenerfassung, rief eine Expertengruppe aus Apache, IBM, Oracle, SAP ... unter der Führung von Sun auf, eine einheitliche Schnittstelle zu schaffen, um Repository-übergreifend Informationen auszutauschen. Aus dem Zusammenschluss ist eine Spezifikation, namentlich JCR-170, entstanden, welche von jedem Hersteller implementiert werden sollte.

Heutzutage erfolgt der Austausch von Informationen zwischen Repositories über die CMIS, weil es gegenüber JCR mehrere Vorteile bringt.

Ein ECM-System muss darüber hinaus mit vielen verschiedenen Dokumententypen umgehen können. Alfresco entwarf und implementierte für das Auslesen und Verarbeiten von Office-Dokumenten und vielen anderen Formaten ein Konzept, welches als „Transformations-Pipeline" bekannt geworden ist. Über die Pipeline ist das System in der Lage, ein Eingangsformat mit einem Ausgangsformat zu verbinden. Dadurch können beispielsweise

---

[4] *http://www.alfresco.com/news/press-releases/alfresco-makes-leading-java-implementation-jlan-shared-file-drive-interface*

[5] *http://www.jcp.org/en/jsr/detail?id=170*

PowerPoint-Dokumente zu PDF-Dokumenten umgewandelt und dadurch anderweitig weiterverwendet werden. Jede Komponente in der Pipeline, welche für eine spezifische Transformation verantwortlich ist (z. B. Word zu Plain-Text), ist in der Regel mit einem Tool ausgestattet, welches die eigentliche Konversionsarbeit übernimmt. Seit den ersten Versionen werden viele Transformationsprozesse mittels OpenOffice ausgeführt. Darüber hinaus existieren viele andere Open Source-Komponenten wie beispielsweise PDFBox, welches zum Generieren von Vorschauen benötigt wird.

In den ersten Versionen entstanden die ersten Implementationen bezüglich Authentifikation. Alfresco führte gleich zu Beginn Single Sign-on mithilfe von NTLM (NT-Lan Manager) ein. Darüber hinaus war es möglich, Benutzerdaten über das LDAP-Protokoll in das System zu überführen.

1.1.2 2006 – 2007: Das erste wegweisende Release

Die ersten relevanten Produktiv-Releases, beginnend von 1.2 bis 1.4.5, stabilisierten die aus dem Jahr 2005 begonnenen Implementationen. Darüber hinaus fügte Alfresco erste „Socializing"-Komponenten wie das User-Dashboard mit ein.

Eine wesentliche Verbesserung stellte sicherlich das Auditing dar. Ab dieser Stelle war man in der Lage, fein granulare Aktionen im Repository zu überwachen. Über Einschränkungen (Conditions) kann sichergestellt werden, dass nur für bestimmte Aktionen oder Änderungen ein „Auditieren" folgte. Beispielsweise konnte überwacht werden, wenn Metadaten an Dokumenten geändert wurden. Durch separate Auditing-Tabellen in der Datenbank konnte dann ermittelt werden, welche Änderungen an dem Dokument durch welchen Nutzer erfolgten.

Das User-Dashboard war mit eines der ersten „Socializing"-Features in Alfresco. Jeder Nutzer war in der Lage, seinen eigenen Startbereich (Dashboard) auf seine Arbeitsweise anzupassen. Kleine Alfresco-Applikationen konnten auf dem Bildschirm platziert werden. Die Interaktion erfolgte direkt auf der Startseite. Beispielsweise war es möglich, sich die aktuellen Aufgaben anzeigen zu lassen.

Einen weiteren, wichtigen Schritt zum Aufbau einer flexiblen Arbeitsweise, stellte sicherlich der Einbau der JavaScript Engine RhinoScript dar. Mithilfe dieses Features war ein geschulter Endanwender oder Administrator in der Lage, eigene Scripts (vergleichbar mit Makros in Office-Anwendungen) in Alfresco über die Web-Oberfläche zu erstellen und anschließend auszuführen.

Auch wurde die offizielle Entwicklungsumgebung für Entwickler und Partner in dieser Zeit freigegeben. Unter anderem erhielt man den Zugriff auf die Quelldateien (Sources) von Alfresco als auch alle Bibliotheken, welche zum Erstellen (Building) von Alfresco notwendig waren.

Jedes Features aus dem Jahre 2005 wurde einer kontinuierlichen Verbesserung unterworfen. Auch im Bereich Authentifizierung folgte die Unterstützung von Kerberos als Single Sign-on-Verfahren.

1.1.3 2007–2008: Erhöhung der Flexibilität in der Entwicklung sowie der Verwendung im Unternehmen

Mit Alfresco 2 und den Minor-Releases fokussierte man zwei wesentliche Aspekte noch deutlicher: Erweiterbarkeit und die Art, wie man in der Zukunft zusammenarbeiten wird. Darüber diente Version 2 als ein klares Signal an die Industrie, mit dem erklärten Ziel, dass man mit Open Source geschäftskritische Lösungen umsetzen kann.

Eine wichtige Erweiterung zur damaligen Zeit stellte die Unterstützung von Web Content Management dar. Alfresco heuerte hierzu Kevin Cochrane (von Interwoven) an, um die WCM-Strategie für Alfresco zu entwerfen und umsetzen.

Mit dem Feature „Mehrsprachigkeit" waren Endanwender in der Lage, Dokumente für verschiedene Sprachen in einer einheitlichen Weise zu verwalten. Sowohl das Metadaten-Management als auch der Content selbst konnten über die Web-Oberfläche verwaltet werden. Darüber hinaus unterstützte die Suche-Engine Lucene nahezu jede Sprache und optimierte jede Suchanfrage sprachspezifisch.

Die mit Abstand wichtigste und für die Zukunft bedeutendste Entwicklung, welche in Alfresco eingeführt worden ist, stellt sicherlich die Web Script-Technologie dar. Alfresco Web Scripts bieten die Möglichkeit via REST, Anfragen über URIs auf dem Alfresco-Server durchzuführen und die Antwort weiter zu verarbeiten. Der Alfresco-Server ruft anschließend einen Controller zur Bearbeitung der Anfrage auf. Dies kann in der Regel ein JavaScript oder eine Java-Klasse darstellen. Im ersteren Fall kann direkt im Browser ein Web Script in Alfresco definiert und für die Außenwelt verfügbar geschaltet werden. Der Vorteil dieses Ansatzes besticht durch die Einfachheit gegenüber schwerfälligen Lösungen wie beispielsweise SOAP.

Auf Basis der Web Script-Technologie ist der Versuch unternommen worden, Informationen aus Alfresco für Portale wie Liferay zur Verfügung zu stellen. Auf Basis der Portlet-Spezifikation JSR-168 konnte beispielsweise eine Suche nach Dokumenten in Alfresco über das Portal durchgeführt werden. Die Interaktion hielt sich stark in Grenzen, bot jedoch für die damalige Zeit einen ersten Blick, wie eine zukünftige Zusammenarbeit zwischen diesen beiden wichtigen Konzepten aussehen könnte.

 Dieses Buch behandelt auch aktuelle Möglichkeiten der effizienten Integration zwischen Alfresco und Liferay. Im Kapitel „Potenziale von Alfresco und Liferay zusammen nutzen" finden Sie mehr über die Historie der Integrationsversuche in den letzten Jahren.

Alfresco zentralisierte ab der Version 2 die Überwachungs- sowie Administrationsroutinen mittels JMX[6]. Dadurch ist ein Administrator im Unternehmen in der Lage, ortsungebunden die Überwachung des Systems durchzuführen.

Auch ein Mail-Server hat Einzug in diese Version gehalten. Diese Möglichkeit bietet den Anwendern an, E-Mails automatisch in Alfresco archivieren zu lassen. Hierzu muss in einer E-Mail-Diskussion der Alfresco-Server als Empfänger mit angegeben werden. Nutzer in Alfresco können anschließend der Diskussion folgen und eventuelle Anhänge herunterladen.

---

[6] http://jcp.org/en/jsr/detail?id=3

Im Bereich Kollaboration sind weitere Schritte durchgeführt worden. Blogs sowie Diskussionen konnten auf Verzeichnisebene erstellt werden. Diese Funktionalität ist jedoch nicht mehr in den Fokus der breiten Masse gerückt, wie Sie in den folgenden Abschnitten (Alfresco Labs) noch erfahren werden.

Der erste Schritt in Richtung Office-Integration wurde über die Add-in-Schnittstelle von Office unternommen. Hierbei musste ein separates Installationspaket in Word installiert werden, über welches man anschließend Zugriff auf das Repository von Alfresco hatte. Jedoch waren sowohl vom integrativen Ansatz als auch der Interaktionsmöglichkeiten zwischen Office und Alfresco starke Grenzen aus Gründen der Schnittstellenproblematik gesetzt. Darüber hinaus musste auf jedem Client-PC eine solche Installation vorgenommen werden. Dieses Feature war deshalb zur damaligen Zeit zwar sehr anschaulich, eine praxistaugliche Verwendung in einem größeren Unternehmen stellte sich jedoch aus den oben genannten Punkten als schwierig dar.

1.1.4 2008: Alfresco Labs und das Ausprobieren von Neuem

Alfresco Labs ändert alles. Eigentlich nicht wirklich alles, aber die Art und Weise, wie Anwender den Informationsfluss erfahren können. Mit Alfresco Labs wird ein neuer Weg in Richtung Web 2.0 gegangen, in denen Agilität, Bedienkomfort, Socializing als auch das Team-Building ganz entscheidende Rollen spielen. Der Nutzer wird zur Informationskomponente, genauso wie ein Dokument. An einem Nutzer sollen mehr Informationen als der Name und die Mail-Adresse ermittelbar sein. Die Verknüpfung des Nutzers mit Aktionen im System soll besser nachvollziehbar für alle Beteiligten sein. Dokumente und zentrale Informationsbausteine stellen jetzt Nachweise für die Aktivitäten in den letzten Tagen und Wochen dar, vergleichbar mit Facebook. Der Anwender wird strukturiert in eine komplexe Welt der Zusammenarbeit eingeführt und soll durch Alfresco Labs auch ein Stück weit geleitet werden.

Seit dem Microsoft im Jahre 2008 die Schnittstellenbeschreibung von SharePoint der Öffentlichkeit präsentieren musste, arbeiteten die Entwickler von Alfresco an einer effizienten Integration für Alfresco. Mit Alfresco Labs konnte man viele Funktionalitäten ohne Probleme verwenden. Mithilfe der Aktion „Online Editieren" konnte beispielsweise ein Anwender direkt aus dem Browser heraus ein Office-Dokument zur Bearbeitung öffnen. Nach anschließendem Speichern wurden die Aktualisierungen direkt in Alfresco übertragen. Ein umständliches Check-in/Check-out mit einem anschließenden Download-/Upload-Zirkus war nicht mehr notwendig. Direkt über Office konnte eine Verbindung zu Alfresco über das SharePoint-Protokoll aufgebaut werden. Dadurch war es möglich, Alfresco-Funktionalitäten ohne zusätzliche Plug-ins in die Office-Welt einzuführen. Die Nutzung der URL zur Adressierung des Alfresco-Servers genügte, um konkurrierendes Bearbeiten an Dokumenten zu ermöglichen. Das zentrale Konzept von Alfresco Labs mündete in ein so genanntes Site-Konzept. Eine Site war ein abgeschlossener Arbeitsbereich, der komplett eigene Rollen und Web 2.0-Funktionalitäten wie Wikis, Blogs oder Links zur gemeinschaftlichen Arbeit vorsah. In jeder Site existierte nun eine eigene Dokumentenbibliothek. Aktivitäten zeigten Änderungen auf der Site und auch übergreifende Änderungen in Alfresco an. Alfresco Labs basierte nicht mehr auf JSF 1.1 bzw. auf dem Alfresco Explorer. Mithilfe der Web Script-

Technologie, welche mit Alfresco 2 eingeführt worden war, war eine komplett neue Applikation geschaffen worden.

In dieser Version führte Alfresco ebenfalls das Konzept der „Dynamic Models" ein. Diese Funktionalität sah vor, dass dynamisch zur Laufzeit des Systems, die Datenstrukturen verändert werden konnten.

1.1.5 2009 – 2011: Alfresco Share als Produktstrategie

Alfresco Labs war erst der Anfang. Aus den „Labs" ist am Ende das Produkt „Share" hervorgegangen. Share bedeutet „teilen", und bezogen auf Alfresco soll der neue frische Ansatz vor allem eines für ein Unternehmen bringen: Transparenz in der täglichen Arbeit mit Informationen in Form vom Dokumenten und der Bereitstellung von Arbeitsstrukturen in Form von Arbeitsbereichen (Sites) und Workflows zur inhaltsgetriebenen Publizierung von Dokumenten. Eine ausführliche Vorstellung von Alfresco Share finden Sie in Kapitel 4.

Darüber hinaus vervollständigten viele kleinere Modulentwicklungen das Gesamtpaket von Alfresco. Eine XAM[7]-Implementation ermöglicht das revisionssichere Ablegen von Dokumenten in Storage-Systemen wie einer EMC-Centerra oder einer NetApp. Alfresco entwickelte ein auf die USA angepasstes Records-Management Tool, welches nach DoD512.1.d-Norm offiziell anerkannt worden ist.

1.1.6 2012 – 2013: Alfresco 4.X – die Etablierung als Major-Produkt

Mit Alfresco 4 steht seit Ende 2011/Anfang 2012 ein deutlich ausgereiftes und am Markt ausgerichtetes Produkt zur Verfügung. Die vergangenen Jahre seit der Gründung von Alfresco haben das Blickfeld für zukünftige Herausforderungen im Geschäftsumfeld geschärft und bieten mit Alfresco 4 eine herausragende Möglichkeit für Unternehmen, den Informationsfluss langfristig zu kontrollieren und zu optimieren.

Eine wichtige Komponente spielt sicherlich die Kollaboration, also die Zusammenarbeit zwischen verschiedenen Mitarbeitern oder Fachabteilungen. Alfresco unterstützt Anwender durch die Möglichkeit, den Inhalt von Dokumenten bewerten zu lassen oder kann anderen Personen folgen. Der Vorteil hierbei ist, dass für eine bestimmte Zeit alle Aktivitäten einer Person in der eigenen Aktivitätenliste erscheinen und so eine ständig Verbindung zwischen einer Person und der Arbeit einer anderen Person hergestellt wird.

Content Publishing – mit Alfresco 4 können Dokumente in verschiedenen anderen Repositories wie Dropbox oder GoogleDocs publiziert werden. Inwieweit diese Funktionalität Akzeptanz bei Unternehmen hervorruft, ist zu bezweifeln. Jedoch zeigt Alfresco auf technologischer Sicht eine ganz klare Linie, dass eine Verwaltung auf einem dezentralen Weg für komplexe Strukturen denkbar einfach umzusetzen ist.

Eine weitere, wesentlich stark ausgebaute und verbesserte Komponente stellt die Stabilität und Performance im generellen Sinne dar. Sowohl auf die Möglichkeit des Clusterings, also

---

[7] XAM Link

der Lastverteilung zwischen verschiedenen Alfresco-Nodes zur verbesserten Verteilung von Lastspitzen als auch auf die performante Abarbeitung von Suchanfragen in Großdatenmengen ist stark geachtet worden. Mit SolR existiert in Alfresco 4 ein strategisch wichtiges Feature zur Gestaltung großer Datenlösungen für viele Millionen Dokumente. SolR ist eine auf Java-basierende Erweiterung für Lucene, um vor allem Punkte wie Hochverfügbarkeit, Lastverteilung und Enterprise Search Features zu adressieren.

Eine weitere große Thematik, welche mit Alfresco 4 in den Fokus gerückt ist, stellt die Cloud als solches dar. Alfresco bietet jeder Person an, einen kostenlosen Zugang zur Cloud zu erhalten (mit entsprechenden Limitierungen wie beispielsweise Speicherplatz). Mit der Cloud ist es möglich, ohne eigene IT-Abteilungen und Infrastrukturkomponenten (wie Server Sizing, Betriebssystemauswahl) Zugang zu einem voll funktionstüchtigen Alfresco-System zu erhalten. Im aktuell laufenden Jahr ist es das Ziel, das unternehmensgesteuerte Alfresco sowie die Cloud miteinander zu verheiraten. Dabei soll es möglich sein, Dokumente aus dem eigenen Alfresco in die Public Cloud zu publizieren. Der Vorteil hierbei ist, dass keine zusätzlichen IT-Ressourcen für ein weiteres System bereitgestellt werden müssen. Nutznießer dieser Variante sollen vor allem Lieferanten oder Geschäftspartner eines Unternehmens sein, welche sich sonst umständlich in das Firmennetzwerk Zutritt verschaffen müssten. Die Zeit wird es zeigen, wie viele Unternehmen einen wirklich richtigen Versuch in diese Richtung wagen, denn viele Fragen, hinsichtlich der Cloud, sind noch ungeklärt.

■ 1.2 Warum Alfresco?

Diese Frage ist sicherlich eine der interessantesten bei der Auswahl eines ECM-Systems. Blickt man auf den milliardenschweren Markt von ECM-Lösungen ist die Auswahl schier endlos. Alfresco hat sich immer wieder die Frage nach der bestmöglichen Einsatzfähigkeit im Unternehmen gestellt. Hierzu sind jedoch einige Parameter entscheidend, um im kritischen Unternehmensumfeld langfristig bestehen zu können, und die Alfresco mit sich bringt.

1.2.1 Flexible und skalierbare Architektur

Alfresco basiert auf Java, und das bewusst. Nahezu für jedes Betriebssystem existiert eine Laufzeitumgebung (Java Runtime Environment, kurz JRE) von Oracle. Auch der Fileserver, mit dem man problemlos Netzlaufwerke via CIFS, NFS oder FTP auf Client-PCs an Alfresco anbinden kann, basiert auf Java. Dadurch lässt sich Alfresco nahtlos in die bestehende Systemlandschaft integrieren. Umständliche Update-Zyklen oder Update-Szenarien für Server zur Installation und Wartung von Drittsoftware sind nicht notwendig. Alfresco bringt mit einem Installationspaket alle notwendigen Bibliotheken mit. Die Auswahl des Datenbanksystems obliegt in der Regel dem Unternehmen. Ob Oracle, DB2, MySQL oder MS SQL – relevante Datenbanken werden von Alfresco unterstützt. Die Integration in bestehende Authentifizierungssysteme wie LDAP (Active Directory oder OpenLDAP) sind von Hause aus mit dabei und bieten darüber hinaus auch die Möglichkeit, Single Sign-on-Verfahren wie Ntlm und Kerberos einzusetzen.

Teil I – Alfresco

Große Anwendungsszenarien sind mit Alfresco kein Problem. Das Cluster-Feature von Alfresco befähigt ein Unternehmen, vertikal zu wachsen und auf neue Lastspitzen oder zukünftige Strategien hinsichtlich der Work-Compliance angemessen zu reagieren. Dabei werden Anfragen über verschiedene dedizierte Rechnereinheiten (CPUs, VMWares, Rechner) verarbeitet und durch eine logische Schicht in Alfresco miteinander verbunden. In dieser Schicht werden sowohl Suchindices als auch Caches aktuell gehalten. Dokumente werden zentral an einem redundanten und hochverfügbaren Platz abgelegt. Mit Alfresco 4 erweitert sich die Skalierungsoption um eine Dimension. Der Suchindex kann auf beliebig viele Rechner ausgelagert und beliebig skaliert werden.

1.2.2 Optimale Schnittstellen und offene Standards

Für Unternehmen wird es wichtiger, dass Anwender möglichst effektiv ihre Arbeitszeit mit der Lösung immer komplexer werdenden Geschäftsvorfällen verbringen können. Die Zunahme an Individual- oder Nischenlösungen führt zu einem regelrechten Wildwuchs im Datenbereich. Viele unterschiedliche Anwendungen regeln heute das Tagesgeschäft eines jeden größeren Unternehmens. Alfresco versucht sich auch hier, optimal für das Unternehmen zu positionieren. Darüber hinaus ist bei vielen Unternehmen bereits die Erkenntnis angelangt, dass die Nutzung von Closed Source-Bibliotheken zur Individualentwicklung, aber auch von Anwendungen an sich, ein langfristiges Risiko in vielen Bereichen darstellen kann. Die Nutzung von weit verbreiteten offenen Standards ist schon heute eine wesentliche Tragsäule in vielen Unternehmen.

Alfresco unterstützt hierbei das Unternehmen sowohl aus integrativer- als auch Entwicklungssicht. Schon von Anfang an setzt Alfresco auf offene Lösungen wie beispielsweise JSR-168 oder CMIS, um eigene Daten in andere Anwendungen zu integrieren. Der Kern von Alfresco besteht nahtlos aus Open Source-Komponenten, welche von einer beispiellos großen Community weiterentwickelt werden.

Das Risiko, sich durch ein ECM-System einen übermächtigen, unkontrollierbaren und intransparenten Datentopf in das Unternehmen zu holen, ist enorm. Durch die offene Strategie, welche Alfresco seit Beginn verfolgt, holt man sich wegen der offenen Architektur ausschließlich Mehrwerte ins eigene Haus.

Hinter diesem Deal steckt mehr als gedacht: Alfresco wollte zum einen lizenzrechtlich kritische Open Source-Bibliotheken wie Hibernate aus dem eigenen Repository entfernen. Zum anderen war es notwendig, auf eine stabile Open Source-Lösung im Bereich Workflows zu setzen. In der Zeit ab der jbpm3 existierte eine starke Unstetigkeit bei der Fortentwicklung. Lange Zeit musste auf eine (unfertige) jbpm 4-Version gewartet werden, die bis heute nicht richtig funktionsfähig ist. Stattdessen wurde basierend auf Drools (Rules Engine von jBoss) eine neue Workflow-Engine entwickelt, welche jetzt jBPM 5 genannt wird. Aus den genannten Gründen holte Alfresco die Hauptentwickler von jBPM zu sich und sie entwickelten Activiti. Sie entwarfen, komplett auf dem BPMN 2.0-Standard basierend, eine neue Engine.

Auch kämpft Alfresco für eine effektive Weiterentwicklung von Bibliotheken, welche im Kern verwendet werden. Beispielsweise sorgte Alfresco im Jahre 2011 in der IT-Industrie für Aufsehen, als jBPM, die bis dato unangefochtene Workflow-Komponente, gegen Activiti, eine komplette Neuentwicklung, ausgetauscht wurde.

Beispiele für die Nutzung offener Standards und Schnittstellen:

- **Lucene/SolR:** Java-basierende Search Engine
- **Spring:** Entwicklungs-Framework mit Programmieransätzen nach Patterns (Best Practices)
- **JSR-168:** Portlet-Integration – Zugriff auf Alfresco über Portale wie Liferay
- **JCR:** Java Content Repository zum einheitlichen Zugriff auf Informationen im Repository
- **OpenOffice:** Nutzung zur Transformation von Office-Dokumenten

1.2.3 Erweiterbarkeit

Alfresco bietet ein extrem stabiles Repository an, welches mit modernsten Programmier-konzepten, wie beispielsweise aspektorientierter Programmierung und kontextabhängigem Transaktions-Handling, unterstützt wird. Das Repository bietet geeignete Ansätze, um Unternehmensanforderungen mit Alfresco umzusetzen. Es ist hoch adaptierbar und somit sehr schnell erweiterbar. Alfresco bietet mit AMPs[8] ein Modulkonzept an, um wartungs-freundliche Erweiterungen in das Repository zu installieren.

Viele Erweiterungen müssen jedoch nicht einmal auf solch einem Wege entwickelt werden. Mithilfe von Business Rules sowie eines Scripting-Konzeptes kann Alfresco über die Ober-fläche erweitert werden. Viele komplexe Anforderungen lassen sich bereits so in die Tat umsetzen.

Einen weiteren wesentlichen Punkt stellt die Erweiterung des Content Models dar. Seit Alfresco 3 existieren so genannte „Dynamic Models". Mithilfe dieses Features kann zur Laufzeit das Content Model um eigene Dokumententypen und Aspekte erweitert werden. Mehr hierzu erfahren Sie in Abschnitt 7.3.

Alfresco Share basiert auf Surf, ein auf Web Script aufgebautes Framework, welches mitt-lerweile offiziell von Spring weiterentwickelt wird (Stichwort „offene Standards"). Konfigu-rativ über XML-Dateien als auch durch die Nutzung von so genannten Extension Points kann gezielt Alfresco Share für die eigenen Anforderungen erweitert werden.

1.2.4 Benutzerfreundlichkeit

Mit Alfresco Share bietet sich den Anwendern eine klare Sicht auf den Informationsfluss im Unternehmen. Während der Entwicklungsphase ist darauf geachtet worden, dass die Benut-zerführung so einfach wie nur möglich ausfällt. Alfresco verbirgt die Komplexität hinter klaren Strukturen und Dialogen und führt den Nutzer aktiv.

---

[8] Alfresco Module Packages

Viele Funktionalitäten ähneln dem des Windows Explorers. Via Drag & Drop können beispielsweise Dokumente vom Desktop in Alfresco hochgeladen werden. Ein umständliches Upload-Menü gehört der Vergangenheit an. Viele kleine Aktionen werden asynchron ausgeführt, sodass der Anwender eine stabile und performante Anwendung wahrnimmt.

Das Bearbeiten von Dokumenten erfolgt direkt aus dem Browser heraus. Mithilfe des Share-Point-Protokolls können Office-Dokumente via Mausklick direkt aus dem Browser mit der lokal installierten Office-Version geöffnet, bearbeitet und wieder gespeichert werden. Während des Bearbeitens ist das Dokument für andere Personen gesperrt. Auch das konkurrierende Arbeiten an einem Dokument ist möglich, sodass lästiger Mail-Verkehr zum Versionsabgleich nicht mehr notwendig ist. Leider funktioniert dieses Feature aktuell nur mit den Office-Versionen 2003 und 2007, für 2010 und alle aktuelleren Office-Versionen werden aktuell Lösungen gesucht.

Die Nutzung des auf Java-basierenden Fileservers ermöglicht Nutzern, ihre gewohnte Arbeitsweise auf Netzlaufwerken fortzuführen. Migrationsstrategien gestalten sich in Hinblick auf Nutzerakzeptanz durch dieses Feature ebenfalls einfacher, da der Nutzer nach wie vor über die gleiche Sicht auf Verzeichnisse und Dokumente verfügt.

1.2.5 Automatisierung

Viele Aktionen können Alfresco überlassen werden. Beispielsweise ist es möglich, dass neue oder geänderte Dokumente eine Benachrichtigungskette an eine Benutzergruppe auslösen. Durch das einfache Zusammenklicken von Regeln, Konditionen und Ausführungen kann ein komplexes Verarbeitungswerk ohne Zuhilfenahme von Entwicklungen erstellt werden. In Abschnitt 5.3 erfahren Sie mehr über die Einsatzfähigkeit dieses mächtigen Werkzeugs.

Dokumente werden automatisch versioniert und sicher verwahrt. Der Anwender muss sich nicht um die Kontrolle neuer Versionsstände kümmern. Alfresco ist stets bemüht, den Anwender nur die nötigsten Schritte durchführen zu lassen, damit der Fokus ganz klar auf die wichtigen Problematiken des Geschäfts gelegt werden kann.

Der Lebenszyklus von Dokumenten spielt ebenfalls eine entscheidende Rolle bei der Einführung eines ECM-Systems. Bestimmte Typen an Dokumenten müssen rechtlich gesehen eine bestimmte Zeit aufbewahrt werden, bevor diese gelöscht werden dürfen. Darüber hinaus ist es sinnvoll, das ECM-System von unnützem Ballast (nicht mehr genutzte Dokumente) zu befreien, um zum einen Stabilität als auch die Übersicht über den Dokumentenbestand langfristig zu gewährleisten. Alfresco bietet sowohl ein Records Management- als auch ein XAM-Modul an, mit denen Aufbewahrungsfristen definiert, und Dokumente dadurch langfristig durch die Ablage in Storage-Systemen, wie einer EMC Centerra oder NetApp, archiviert werden.

■ 1.3 Community vs. Enterprise

Alfresco kann in zwei verschiedenen Versionen verwendet werden. Die Community-Version steht jedermann auf der Welt zur freien Verfügung und kann über das Download-Portal von Alfresco heruntergeladen werden[9]. Diese Version ist nicht bis ins kleinste Detail der neuen Funktionen getestet und wird in regelmäßigen Abständen durch neue Features aktualisiert. Aus diesem Grund finden sich Fehlerteufel in Alfresco leicht wieder, was sich jedoch bei solch einer großen Anwendung nicht verhindern lässt. Die großen Vorteile von Alfresco durch die Verbreitung einer Community-Version sind vor allem in der schnellen Verteilung neuer Features und des Testens neuer Funktionalitäten zu sehen. Auf keinem besseren Weg können so schnell Neuentwicklungen gegen unterschiedliche Umgebungen (im Unternehmen oder auch privat) getestet werden. Das rege Feedback bei der Veröffentlichung neuer Versionen führt zu fortlaufenden Verbesserungen und Aktualisierungen, welche sich in erster Linie auf die kommerzielle Version niederschlagen.

 HINWEIS: Am Beispiel einer Kerberos-Authentifizierung kann man sehen, wie effizient eine Open Source-Strategie sein kann. Als Alfresco das Single Sign-on-Feature Kerberos in Alfresco 2 vorgestellt hatte, konnte sehr schnell durch Feedbacks von Bug Reports der Community festgestellt werden, dass bei unterschiedlicher Konfiguration der Umgebung dieses Feature nicht optimal funktionierte. Logisch: Die schier unendliche Anzahl an möglichen Konfigurationen kann nie komplett von einer Anwendung abgedeckt werden. Sehr wohl jedoch können die am weit verbreitetsten Umgebungen optimal unterstützt werden – und dieses Vorgehen funktioniert seit dem Start von Alfresco richtig. ■

Die kommerzielle Version (jährliches Abonnement) kann man eigentlich nicht direkt mit der öffentlichen Variante vergleichen. Sicherlich ist die Basis die Gleiche, die Bibliotheken, die Usability und der Code. Jede Version, auch wenn sie nur minimale Änderungen mit sich bringt, wird ausgehend auf Fehler und Stabilität geprüft und ggf. optimiert. Darüber hinaus erhält man Zugang zum direkten Support von Alfresco, über ein Portal, über das man direkt mit dem Alfresco-Team verbunden ist. Weiterhin werden Tests in verschiedenen Software-Schichten durchgeführt. Angefangen beim Betriebssystem erfolgt das Testen gegen verschiedene Datenbanken, Authentifizierungssysteme sowie Browser.

Einer der wesentlichsten Punkte für alle Unternehmen ist sicherlich der offizielle Support. Startet Alfresco, aus welchem Grund auch immer, nicht mehr korrekt durch, kann direkt mit dem Unternehmen zusammen nach der Fehlerquelle und einer Lösung gesucht werden. Natürlich kann je nach Anforderung eine Rundum-Unterstützung (24 × 7) beantragt werden.

---

[9] http://wiki.alfresco.com/wiki/Download_and_Install_Alfresco

	Community	Kommerziell
Code-Basis	Open Source, Zugriff über öffentliche Internetseiten	Open Source, Zugriff über individuellen Zugang auf komplette Projekthistorie der kommerziellen Version
Support	Öffentliche Communities, Wikis, Foren von Alfresco oder andere Blogs	Ja, entweder direkter Alfresco- oder Partner-Support, Telefon- und Mail-Kontakt möglich
Alerts	Nein	Ja, Security Alerts, wichtige Updates werden sehr schnell für Kunden veröffentlicht
Getestet/ zertifiziert	Nein	Ja, jedes Release wird gegen aktuell weit verbreitete Software geprüft
Upgrade-Support	Nein, Testen und Ausprobieren	Ja, Migrationspfad wird vorgegeben
Kosten	Keine	Jährliches Abonnement, CPU-basierend

■ 1.4 Alfresco als SharePoint-Ersatz

SharePoint hat den ECM-Markt deutlich durcheinander gewürfelt. Dadurch, dass Share-Point in der Regel beim Kauf von Microsoft Servern bzw. Office-Paketen mitgeliefert wird, probieren viele Mitarbeiter im Unternehmen SharePoint und dessen Funktionalitäten aus. Der Ursprung von SharePoint liegt irgendwo bei FrontPage, dem einstigen Web-Designer-Tool, und den so genannten Office Extensions sowie Team Pages, welche erstmalig Kollaborations-Features nutzerübergreifend lieferten. Strategisch wurde SharePoint in den letzten Jahren immer mehr mit bestehenden Microsoft-Produkten verzahnt. Windows Server, Datenbanken und zuletzt Office-Produkte boten die Minimalbesetzung einer jeden Share-Point-Installation – ein Ausweichen war, ist und wird auch in der Zukunft nicht möglich sein. Bei SharePoint steigen die Kosten mit dem Nutzungsgrad im Unternehmen. Eine jährliche Nutzungsgebühr (Wartung) ist zunächst an das Unternehmen in Redmond zu entrichten. Darüber hinaus muss für jeden einzelnen Nutzer ein Budget zurückgestellt werden. Die Flexibilität und Integrationsmöglichkeiten sind dadurch eingeschränkt und überzeugen in der Regel nur eingefleischte Microsoft-Fans. Viele proprietäre ECM-Hersteller haben diese Problematik erkannt und versuchen unabhängiger und flexibler im Bereich Lizenzmodell, aber auch im technischen Bereich, zu werden.

Alfresco setzt dagegen auf klare Transparenz und kann in jedem beliebigen System installiert werden, welches eine Java Runtime mit sich bringt. Die Datenbank kann unabhängig und basierend auf Unternehmenserfahrungen gewählt werden. Kauft ein Unternehmen ein neues Unternehmen hinzu, sind Fragen nach dem Budget für die neuen Nutzerzahlen nicht nötig, denn eine Nutzerlizenz sucht man bei Alfresco vergeblich.

Darüber hinaus bietet Alfresco ebenfalls einen SharePoint-Service an. Dieses Feature erlaubt es, Office-Anwendungen mit Alfresco zu verbinden und so einen SharePoint-Server vorzutäuschen. Funktionalitäten wie paralleles Arbeiten oder Starten von Workflows und das Einladen von Personen zur Bearbeitung eines Dokuments sind mit Alfresco ebenso möglich.

◼ 1.5 Community-Version im Unternehmensumfeld

Vor allem im öffentlichen Bereich ist die Nutzung von Open Source-Lösungen weit verbreitet. Viele grundlegende Denkansätze sind korrekt, wenn auf freie Software gesetzt wird. Jedoch sollte man im Unternehmensumfeld immer bedenken, zu welchem Zweck man eine Anwendung einführt. Alfresco dient in erster Linie sicherlich nicht zur Ablage des wöchentlichen Speiseplans, sondern der langfristigen Aufbewahrung von Rechnungen, Belegen, Verträgen und Projektdokumentationen. Es kann für Unternehmen und öffentliche Bereiche sehr riskant werden, Open Source Software ohne offiziellen Support zu nutzen (dies gilt natürlich auch für Closed Source-Anwendungen). Verschwinden Dokumente aus dem Repository, laufen Suchanfragen ins Leere oder kann eine Anwendung auch nach stundenlanger Arbeit nicht gestartet werden, ändert sich die Denkweise von Open Source noch einmal. Alfresco ist sicherlich ein stabiles und fortschrittliches Produkt. Jedoch unterliegt Alfresco auch menschlichen und nicht beeinflussbaren Fehlern. Mit einer zertifizierten und getesteten Alfresco-Version können zwar immer noch, wie bei jeder anderen Software auch, Probleme auftreten. Im Gegensatz zur komplett freien Variante können Sie jedoch auf die langjährige Erfahrung von Partnern und Alfresco zählen.

 PRAXISTIPP: Der produktive Einsatz der Community-Version von Alfresco ist nur dann sinnvoll, wenn das entsprechend qualifizierte technische Personal für den Support und die Fehlerbehebung bereitgehalten wird. Auftretende Fehler müssen dann selbst analysiert, erkannt und selbstständig behoben werden, wahlweise durch einen neuen Patch von Alfresco oder in Eigenregie mithilfe von Entwicklungsarbeiten.

Zu empfehlen ist Alfresco Community immer dann, wenn ein neues Release erschienen ist. Erste Tests auf Basis der neuen Funktionalitäten im Unternehmen kann schnell Klarheit über Komptabilitätsprobleme (z. B. im Browser) bringen. Auch der mögliche Einsatz neuer Features im Unternehmen kann initial erprobt werden. Dadurch können schneller neue Adaptionen von Geschäftsprozessen auf Alfresco angepasst und ein noch höherer Nutzen aus dem System in kürzerer Zeit erzielt werden.

◼ 1.6 Alfresco-Abonnement

Bei Alfresco fallen keinerlei Software-Lizenzgebühren an. Lediglich die jährliche Subskription (Abonnement) für die garantierte Wartung und für Supportleistungen für die von Alfresco getestete und zertifizierte Version ist kostenpflichtig. Der professionelle Support mit Patches, Hotline, Kundenportal, Knowledge Base und Releases stellt die einwandfreie, problemlose und sofortige Funktion in Ihrer IT-Umgebung sicher.

Der Enterprise Subskriptionsvertrag ermöglicht Ihnen Zugriff auf folgende Dienstleistungen:

- Technischer Support
- Systempflege durch Fehlerbehebung, Patches und Updates
- Unterstützung bei Entwicklung/Eskalation
- Alfresco-Netzwerk: Portal für Endbenutzersupport
- Zertifizierte und ausführlich getestete Software
- Zugriff auf die Alfresco Enterprise Software

Wichtig ist, zu verstehen, dass Alfresco nahezu immer direkt von einem zertifizierten Partner erworben wird. Der Partner unterstützt Sie bei der Einrichtung und Konfiguration von Alfresco in Ihre Infrastruktur. Auch führt der Partner neue Erweiterungen bei Ihnen ein, indem zunächst eine Anforderungsanalyse durch in der Regel zertifizierte Berater durchgeführt wird. Der Partner übernimmt anschließend auch den First Level Support und die direkte Kommunikation mit Alfresco zu jeglichen Fragen.

 HINWEIS: Es ist dringend zu empfehlen, ein Abonnement über den Partner abzuschließen. Der Partner schließt die Lücke zwischen Hersteller und Kunden und ergänzt Ihr Portfolio an „Mitarbeitern" im Bereich ECM/Alfresco optimal. Wenn Sie ein direktes Abonnement ohne Partner von Alfresco wünschen, müssen Sie damit rechnen, mit Alfresco-Interna „bombardiert" zu werden. Zertifizierte Partner hingegen schließen die Wissenslücke in Ihrem Unternehmen und sorgen für eine reibungslose Kommunikation sowie „Übersetzung". ∎

■ 1.7 Alfresco im kritischen Unternehmensumfeld

Sicherlich wird diese Frage früher oder später einmal gestellt. Wenn von *kritisch* die Rede ist, muss natürlich jeder für sich entscheiden, was darunter zu verstehen ist. Ein kritischer Einsatz versteht sich jedoch im Allgemeinen immer mindestens aus der Hochverfügbarkeit, Lastverteilung, Ausfallsicherheit, Stabilität, Integrierbarkeit und der Wiederherstellungsfähigkeit. Sicherlich gibt es viele weitere Punkte, die je nach Bedarf ein Kriterium spielen könnten. Die dargestellten Punkte sind jedoch definitiv nahezu in jedem Umfeld vorzufinden.

Mit **Hochverfügbarkeit** unterliegt das System einer Richtlinie zur Ausrichtung der maximalen Verfügbarkeit gegen 100 %. Alfresco unterstützt sowohl durch die Nutzung von Lastverteilungsmaßnahmen als auch durch eine Hot-Back-up-Funktionalität, welche zur Laufzeit ein Back-up vom System zieht. Alfresco erfüllt diese Anforderungen durch die Nutzung von Cluster Nodes zur Verteilung von Anfragen auf verschiedene Systeme und durch Austausch aktueller Datenbestände zwischen den Nodes mittels Netzwerkkommunikation auf Basis von jGroups.

Damit sind wir bereits beim zweiten Kriterium, der **Lastverteilung**. Hier ist es wichtig zu wissen, dass Alfresco seit dem Bestehen auf dieses Kriterium achtet. Beliebig viele Cluster Nodes können zu einem Verbund zusammengeführt werden. Die Kommunikation zwischen den Nodes übernimmt jGroups, eine Open Source TCP/UDP-basierende Bibliothek zum effizienten Austausch von Informationen zwischen verschiedenen Systemen. Darüber hinaus kann der Suchindex SolR über verschiedene Maßnahmen ebenfalls lastverteilt werden. Besonders die Suche spielt bei hochfrequentem Nutzen eine zentrale Rolle. Dokumente, die wichtigsten Informationselemente, werden zentral, beispielsweise in einem SAN/NFS bzw. hochredundanten File-System, abgelegt und stehen rund um die Uhr zur Verfügung.

Die **Ausfallsicherheit** wird vor allem durch die Punkte Hochverfügbarkeit sowie der Lastverteilung gewährleistet. Ein System wie Alfresco hängt natürlich auch von den anknüpfenden Systemen wie Datenbanken, Betriebssystemen sowie Netzwerken ab. Hier kann nur mit einer ganzheitlichen Monitoring-Lösung, wie beispielsweise auf Basis eines Nagios, die Infrastruktur überwacht und optimiert werden.

Alfresco unterstützt eine hohe **Stabilität**, da ressourcenintensive Prozesse vom Hauptsystem getrennt werden können. OpenOffice, eine zentrale Komponente zur Transformation und Indexierung von Dokumenten, kann und sollte auf einen separaten Server ausgelagert oder eine dedizierte CPU als Recheneinheit zugewiesen bekommen. Der Ressourcenverbrauch kann hier sehr schnell zum Ressourcenengpass für alle weiteren Zugriffe auf Alfresco führen. Der Suchindex SolR kann ebenfalls auf einen separaten Server ausgelagert werden und sollte bei kritischen Umgebungen auch definitiv umgesetzt werden.

Alfresco kann sich in viele verschiedene Systeme integrieren und anbinden, sodass auch hier eine hohe **Integrierbarkeit** im Standard gegeben ist. Wie wir bereits erfahren haben, kann Alfresco sich an Authentifizierungssysteme, basierend auf LDAP, NTLM oder Kerberos, anbinden. Die Datenbank kann nahezu freigewählt und das Betriebssystem nach eigenen Erfahrungen ausgesucht werden. Durch offene Schnittstellen, wie JSR-168, CMIS, WebDAV, JCR oder WebServices, kann Alfresco von anderen Systemen als Dokumentenablage verwendet werden.

Die **Wiederherstellungsfähigkeit** ist einer der wichtigsten Punkte im Einsatz. Reißen alle Stricke, stürzen alle Systeme ab und können nicht mehr hochgefahren werden, muss ein Back-up eingespielt werden. Alfresco unterstützt sowohl Cold- sowie Hot-Back-up-Funktionalitäten. Ein Back-up bei Alfresco besteht aus der Wegsicherung der Datenbank, des Suchindexes als auch der Dokumente. Da die Dokumente in der Regel im SAN/NFS liegen, muss kein Back-up an der Stelle erfolgen, sodass die ersten beiden Punkte relevant sind.

■ 1.8 Open Source ECM für das gesamte Unternehmen

Die hochskalierbare Architektur von Alfresco und die extrem flexiblen Möglichkeiten hinsichtlich der Integration in die Infrastruktur und Anwendungen ermöglichen eine maximale Optimierung der Anwendbarkeit von ECM im Unternehmen.

Alfresco bietet für verschiedene Verantwortungsbereiche die richtigen Werkzeuge zur täglichen Nutzung an. Es ist beispielsweise entscheidend, dass die wesentlichen Bedienkonzepte und Schnittstellen sowie Arbeitsabläufe auf einem geeigneten Weg überwacht und ggf. gesteuert werden können. Genauso wichtig ist es jedoch auch, dass die Entscheider genau verstehen, welche Nutzungsszenarien man mit Alfresco abbilden kann. Die einfache und schnelle Erweiterbarkeit von Alfresco spielt ebenso eine entscheidende Rolle.

1.8.1 Architektur im Überblick

Alfresco besteht im Kern aus einem Java-basierten Repository. Ein Repository ist die Informationsdatenbank eines ECM-Systems. Die Implementation des Standards JSR-170, dem Java Content Repository, ermöglicht eine übergreifende Integrationsbasis auf Java. Aus Tests geht hervor, dass die JCR-Implementation von Alfresco eine der effizientesten auf dem Markt ist.

Das *Repository* von Alfresco speichert Metadaten und Strukturen in einer Datenbank wie Oracle, DB 2, MS SQL oder auch einer MySQL ab. Nahezu jede Datenbank wird von Alfresco unterstützt. Die Abstraktionsschicht von iBatis wandelt und optimiert jeden allgemeinen SQL-Befehl in einen datenbankspezifischen Befehl um. Dokumente dagegen werden auf dem Dateisystem in den meisten Fällen im SAN/NFS abgespeichert. Der Speicherort wird auch Contentstore genannt. Neben dem Contentstore liegt ebenfalls – aber auf einer lokalen Festplatte – der Suchindex, welcher sich am besten mit 10 bis 15 k Umdrehungen (Festplatten) nutzen lässt. Seit Alfresco 4 können der Suchindex und die Suchperformance auf separate Server ausgelagert werden. Dadurch können skalierfähige Suchanwendungen entwickelt werden.

Über Subsysteme werden verschiedene Services zur Integration von Alfresco, wie der CIFS-Server oder die IMAP-Anbindung, gesteuert. Subsysteme können beliebig über das JMX-Protokoll über eine Oberfläche verwaltet werden. Subsysteme haben den Vorteil, dass sie relativ unabhängig vom Repository konfiguriert und beliebig aktiviert oder deaktiviert werden können. Die Integration in Betriebssysteme via Netzlaufwerke über CIFS/SMB oder WebDAV stellt beispielsweise für Migrationsszenarien deutliche Vorteile hinsichtlich Projektlaufzeit und anschließender Anwenderakzeptanz dar.

1.8.2 Entscheider/fachlich Verantwortliche

Für Entscheider ist es wichtig zu verstehen, was Alfresco im Kern zur Unterstützung der Geschäftsprozesse ausmacht. Endanwender müssen von der Einführung von Alfresco als ECM-System langfristig profitieren. Die Akzeptanz soll in der Regel für die immer komplexer werdende Arbeit gesteigert und ggf. automatisiert an Alfresco abgegeben werden. Die Minimierung des bereits identifizierten Fehlerpotenzials von kritischen internen Abläufen soll durch die Unterstützung von Workflows erreicht werden. Strukturierte Arbeitsreihenfolgen bei der Publizierung von Dokumenten und der automatischen Zuweisung an Aufgaben sollen automatisch durch ein ECM-System erfolgen. Die Integration in viele wichtige Systeme, wie Mail, Office und Betriebssystem (meistens Windows) soll den fließenden Übergang von Informationen der täglichen Arbeit steigern. Über Netzlaufwerke kann integriert in das jeweilige Betriebssystem auf Alfresco zugegriffen und mit den Dokumenten gearbeitet werden. Der große Vorteil für den Anwender liegt hier klar auf der Hand: Ein Wechseln in eine separate Anwendung (z. B. in den Browser) ist nicht notwendig – die Arbeitsplattform bleibt die gleiche.

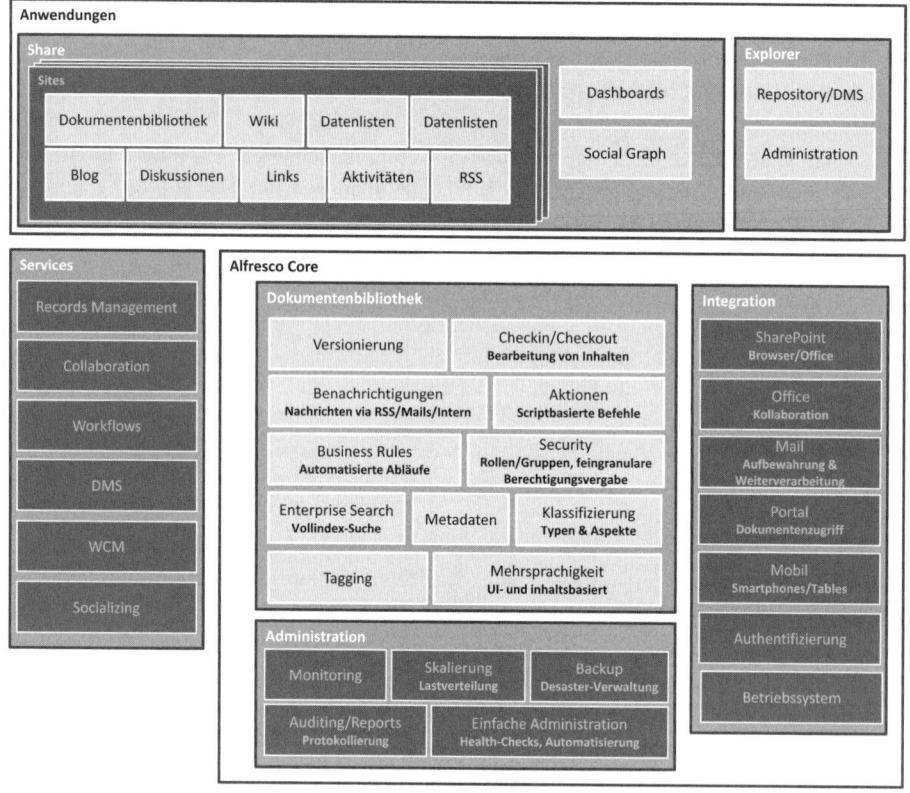

Bild 1.1 Blick auf Alfresco für fachlich Verantwortliche und Entscheider

Verschiedene Anwendungszwecke im Unternehmen zur Verarbeitung von Informationen müssen durch ein ECM-System wie Alfresco effektiv unterstützt werden. Klassische Szenarien wie Workflow-Abbildungen, klassisches Dokumentenmanagement aber auch die immer bedeutendere Zusammenarbeit von Mitarbeitern zwischen einzelnen Abteilungen, müssen sich idealerweise in Alfresco wiederfinden. Darüber hinaus bilden technische Parameter wie Ausfallsicherheit, Stabilität, das Protokollieren von Aktionen sowie die Wiederherstellbarkeit wesentliche Entscheidungsgrundlagen.

1.8.2.1 Einsatz im Bereich Web Content Management

Alfresco bietet durch die Offenheit im Bereich Modellierung von Informationen mittels eines Content Models die Möglichkeit, komplexe Informationssstränge/Zusammenhänge zwischen verschiedenen Dokumenten oder Informationselementen herzustellen. Personen können beispielsweise mit Dokumenten als deren Veröffentlichende und Dokumente mit anderen Dokumenten zwecks inhaltlichem Bezug verknüpft werden. Inhaltliche Strukturen von verschiedenen Metadaten-Eigenschaften wie Titel oder Untertitel können in Alfresco modelliert werden.

Alfresco unterstützt die Verwaltung von Inhalten durch die strukturierte Eingabe von neuen Informationen über Web-Formulare. HTML-Dokumente können via WYSIWYG-Editor bearbeitet oder über Netzlaufwerke dem System zugeführt werden. Eingestellte Dokumente wie Word, Excel oder PowerPoint, welche in textueller Form weiterverarbeitet werden sollen, können durch automatische Transformationen in Textdokumente umgewandelt werden. Vorschauen zu Inhalten, Dokumenten oder Bildern werden automatisch in Alfresco erzeugt. Dadurch entlastet man eine ggf. vorhandene, dezentral organisierte WCM-Architektur.

Über die vielen zur Verfügung stehenden offenen Schnittstellen können Informationen sehr leicht in anderen Systemen wie Drupal[10] publiziert werden. Beispielsweise können Inhalte mittels CMIS aus Alfresco heraus in Drupal überführt und weiterverwendet werden.

Folgende Vorteile können sich aus dieser Grundlage heraus ergeben:

- formulargestützte Eingabe von strukturierten Inhalten
- Nutzen der Transformations-Features zur Generierung von Vorschauen, Textbausteinen
- Freigeben von Informationen durch Workflows
- Publizierung über verschiedene Kanäle wie CMIS, WebServices (SOAP/REST), File-Servers

HINWEIS: Alfresco Web Studio dient dem Zweck der Erstellung von Web Sites. Liferay bietet in diesem Zusammenhang deutlich mehr Funktionen, vor allem im Anwenderbereich, sodass auf die entsprechenden Abschnitte im Portalbereich verwiesen wird.

1.8.2.2 Dokumentenmanagement – der Klassiker

Die Basis von Alfresco ist stark auf Dokumentenmanagement ausgelegt. Verschiedenste moderne Ansätze unterstützen den Anwender bei der täglichen Arbeit. Durch die benutzerfreundliche Oberfläche werden alle wichtigen Funktionalitäten nur bei notwendiger Nutzung eingeblendet. Die dezente Zurückhaltung von Schaltflächen und unnötigen Informationen stellt sicherlich einen wesentlichen Aspekt des Erfolgs von Alfresco dar. Darüber hinaus können über die Integrationsschnittstellen wie die eines Netzlaufwerks oder eines IMAP-fähigen Mailclients Inhalte in Alfresco überführt werden. Es bietet sich also an, mehr mit seinen Informationen anzustellen. Mails mit Anhängen können z. B. direkt via Business Rules an Personen verschickt und zur Weiterverarbeitung überprüft werden. Ein klassisches Szenario wären hier Rechnungen.

Wegen der jeweiligen Version des Dokuments kann bei der Bearbeitung nichts schief gehen. Überarbeitungen in Dokumenten münden in neuen Dokumentenversionen. Alte Dokumente können mit einer neueren Version verglichen und ggf. überarbeitet werden (welche dann wieder in neuen Versionen enden). Auditing erlaubt dem Unternehmen jederzeit zu

---

[10] http://drupal.org/

wissen, welche Änderungen an den Dokumenten, durch welche Personen durchgeführt worden sind.

Der Überarbeitungsprozess kann zum einen über Check-in/Check-out erfolgen. Das ist notwendig, wenn man z. B. das Dokument über eine längere Zeit bearbeiten möchte. Die andere Möglichkeit besteht darin, direkt aus dem Browser heraus ein Word-Dokument öffnen zu lassen und zu überarbeiten. Während der Überarbeitungszeit ist das Dokument exklusiv für Sie geöffnet, d. h. für andere Personen ist der Zugang gesperrt. Beim Speichern des Dokuments erfolgt die Erzeugung einer neuen Dokumentenversion.

Des Weiteren können Berechtigungen individuell auf Ordner- oder Dokumentenebene vergeben werden. Basierend auf Rollen, können spezifische Aktionen wie Schreiben, Löschen oder auch Berechtigungsvergaberechte vergeben werden. Egal über welche Schnittstelle Sie sich Alfresco zu Nutze machen, in jedem Fall werden Ihre individuellen Berechtigungen beachtet werden. Die Erstellung von neuen Rollen, angepasst auf Ihr Unternehmensumfeld, ist ebenfalls via XML-Konfiguration umsetzbar.

In internationalen Unternehmen ist es bereits Standard, bei allen anderen wird es immer mehr zur Pflicht, Dokumente in verschiedenen Sprachen zu verfassen und aufzubewahren. Alfresco unterstützt Sie sowohl in der Benutzerführung (zugeschnitten auf nahezu jede Sprache) als auch bei der Verwaltung der Inhalte.

Über eine ausgereifte Suche können Sie anschließend nach Dokumenten, basierend auf Metadaten oder dem Volltextinhalt, suchen. Dabei optimiert Alfresco, abhängig von Ihrer Spracheinstellung, die Suchanfrage, um für Sie optimale Ergebnisse zurückzuliefern. Die Suche ist extrem erweiterbar, basierend auf dem Content Model, welches in der Regel aber erst auf Ihre Bedürfnisse angepasst werden muss.

Last, but not least – das Content Model. Wichtige Instrumente zur erfolgreichen Einführung eines ECM-System sind die Klassifizierung und die Verschlagwortung Ihres Inhalts. Konfigurativ können Sie via XML selbst neue Dokumententypen oder Aspekte hinzufügen. Dadurch werden komplett neue Metadaten-Felder geschaffen, welche Sie dynamisch an Dokumente übergeben können. Dadurch zeichnen Sie nicht nur das Dokument speziell für einen bestimmten Bereich aus (z. B. Dokument „Rechnung" oder „Beleg"), sondern Sie verfügen anschließend über noch mehr Dokumenteninformationen, die eine noch bessere Verzahnung zwischen wieder anderen Dokumenten und dem Anwender herstellen können.

1.8.2.3 Wissensmanagement & Kollaboration – die zukünftige Königsdisziplin

Mit Wissensmanagement ist gemeint, dass Informationen auf Basis der Erfahrung von Mitarbeitern generiert und in einer geeigneten Weise für andere bereitgestellt werden. Die Verknüpfung von verschiedenen Inhalten spielt dabei ebenso eine große Rolle wie ein intelligentes, benutzergetriebenes Erscheinungsbild der Anwendung, das die Beziehungen untereinander darstellt. Vor allem Branchen wie Beratungsunternehmen, öffentliche Forschungseinrichtungen oder aber R&D-Abteilungen in Unternehmen benötigen für die immer wichtiger werdende Ressource „Wissen" einen wichtigen Helfer.

Alfresco bietet Ihnen die Möglichkeit, komplexe Zusammenhänge strukturiert abzulegen. Durch die Modellierung von Beziehungen über das Content Model werden automatisch Beziehungen zwischen Informationen oder Personen eindrucksvoll dargestellt. Über Formulare können sukzessive eingestellte Dokumente mit Metadaten und Beziehungen ausgezeichnet werden. Natürlich können viele Informationen automatisiert an das Dokument angefügt werden. Durch die Nutzung von Business Rules werden eingestellte Dokumente automatisch kategorisiert und bestimmten Bereichen zugeordnet, basierend beispielsweise auf Arbeitsbereichen oder Zuständigkeiten im Verzeichnisbaum.

Workflows unterstützen mögliche Verarbeitungsprozesse bei der Erstellung oder Verbesserung von Dokumenten. Überprüfungs- und Genehmigungs-Workflows können automatisiert direkt an verantwortliche Personen verschickt werden. Die Freigabe- oder Publizierung von Dokumenten kann ebenfalls durch die Verwendung von Workflows geschehen. Alfresco bietet eine interaktive Benutzeroberfläche zur Verwaltung aktueller Aufgaben und Überwachung aktueller Workflows an.

Über Kollaborationsfunktionalitäten wie das Kommentieren oder das „liken" von Dokumenten entsteht eine höhere Wertigkeit im Informationsfluss. Einfache Bedienelemente sorgen für eine effizientere Arbeitsweise bei Mitarbeitern.

Via Schnittstellen zu Office, Mail-Clients oder den Netzlaufwerken kann ohne großen Zeitverlust an Dokumenten gearbeitet werden. Die Publizierung in anderen Systemen kann anschließend über Standardprotokolle wie WebDAV oder besser noch CMIS erfolgen.

- Verknüpfung von Dokumenten mit anderen Informationen oder Personen
- Abbildung von komplexen Informationsstrukturen und benutzerfreundliche Eingabe mittels Formularen
- Automatisierte Klassifizierung durch Business Rules
- Workflow-gesteuerte Verarbeitung von Informationen
- Zentrale Ablage durch offene Schnittstellen und Integrationen in verschiedenste Anwendungen wie Mail-Clients, Office und Co.
- Projektablagen möglich: Arbeitsbereiche können für einzelne Personen oder Gruppen definiert und mit Kollaborationsfunktionen ausgestattet werden.

1.8.2.4 Archivierung, aber bitte rechtssicher

Unter dem Begriff Archivierung wird häufig alles Mögliche im Zusammenhang mit Dokumenten und deren Aufbewahrung verstanden. Archivierung bedeutet für die einen die rechtssichere Ablage von Dokumenten zur Nachweisbarkeit und Nachvollziehbarkeit über Jahre hinweg. Die zweite Gruppierung versteht darunter die Ablage von Dokumenten in einem zentralen System, mit Möglichkeiten der Nutzung von Workflows und Versionshistorie.

Mit Alfresco ist beides möglich. Die Ablage von Dokumenten kann gestützt auf Netzlaufwerken, Office-Integrationen, Mails usw. sehr einfach erfolgen. Darüber hinaus unterliegen Dokumente in Alfresco einer Versionskontrolle. Diese Versionskontrolle macht es möglich, dass kein Anwender ein bestehendes Dokument physisch überschreiben kann. Gelöschte Dokumente verschwinden auch nicht sofort. Der Administrator verfügt über die Möglichkeit, im unternehmensweiten „Papierkorb" Dokumente wiederherstellen zu lassen. Mittels Erweiterungen wie dem XAM-Modul können Dokumente rechtssicher auf extra dafür vorgesehenen Storage-Systemen wie einer EMC-Centerra gespeichert werden.

1.8.2.5 Portalintegration

Immer wichtiger werden Verknüpfungen zwischen einem Integrationsspezialisten wie Liferay als Portal und Alfresco. Liferay bietet hierzu beispielsweise eine Integration via CMIS an. Liferay integriert dadurch das Repository von Alfresco in die eigene Dokumentenbibliothek. Dadurch können Dokumente, welche vielen verschiedenen Arbeitsprozessen in Alfresco unterliegen, auch in Liferay zur Verfügung gestellt werden. In Liferay angekommen, können Dokumente mit anderen, ebenfalls integrierten Systemen verarbeitet werden.

In Kapitel 21 erfahren Sie mehr zu dieser Thematik.

1.8.2.6 Nutzen von Workflows

Einen integralen Bestandteil von Alfresco stellt sicher das Workflow-Feature dar. In Alfresco 4 finden sich, auf Geschäftsabläufe bezogen, wichtige Erweiterungen wieder. Zum einen wurde auf den neuen BPMN 2.0-Standard mit der Workflow Engine Activiti gesetzt. Dadurch können Workflows in einem offenen Standard modelliert und anschließend, bezogen auf ein spezifisches Workflow-System (wie eben Activiti), in fein granulare Logik implementiert werden. Ziel von BPM N 2.0 ist es unter anderen, dass sowohl der fachliche als auch der technische Teil einer Abteilung dazu beitragen kann, einen Workflow umzusetzen. Darüber hinaus existiert ein Editor, mit dem via Drag & Drop ein Workflow erstellt werden kann.

In Alfresco können modellierte Workflows, inklusive Logik, zur Laufzeit installiert und aktiviert werden. Über eine separate Administrationskonsole können bestehende Definitionen eingesehen und aktive Workflow-Instanzen (aktive Workflows) überwacht und ggf. gesteuert werden.

Alfresco bietet über die Frontends Alfresco Share und den Alfresco Explorer eine komplette Integration an. Workflows können basierend auf Dokumenten gestartet und an spezifische Personen oder Gruppen (je nach Workflow-Definition) zugewiesen werden. Über separate Bereiche sieht man anschließend den aktuellen Status der eigenen Workflows. Personen, welche eine Aufgabe erhalten haben, werden via Mail benachrichtigt.

Auch Eskalationsmanagement spielt eine wichtige Rolle. Fällt eine Person krankheitsbedingt aus oder steht gerade nicht zur Verfügung, können Zeitgrenzen für die Bearbeitung von Aufgaben vergeben werden. Der Nutzer erhält anschließend eine Nachricht über den Zeitverzug. Ein Workflow kann ebenfalls einen Fallback, eine Stellvertreterregelung, definieren, sodass eine Benutzergruppe oder eine spezifische Person die Aufgabe zugewiesen bekommt.

Es können sowohl parallele als auch sequenzielle Aufgaben modelliert und mit komplexen Regelwerken ausgestattet werden.

Über eine Workflow-Historie ist jede beteiligte Person im Bilde, welche Aufgaben bereits auf welche Weise abgeschlossen worden sind. Die Workflow-Historie ist wie die Versionshistorie in Dokumenten unveränderlich.

1.8.2.7 Plattform für Weiterentwicklungen

Alfresco bietet eine solide und sehr fortschrittliche Basis, um Erweiterungen einzubauen. Zum einen können auf einfachem Weg Änderungen an Inhalten oder Berechtigungen und Workflows über ein Patch Framework systematisch aktualisiert werden. Zum anderen kann über verschiedene Möglichkeiten wie Java, JavaScript und XML-Konfigurationen das System an die eigenen Bedürfnisse angepasst werden. Über die ausgereifte und sehr innovative Web Script-Technologie können sehr leicht Erweiterungen geschrieben werden, welche auch via REST von außen zugreifbar sind. Standards wie CMIS oder Portlet-Integrationen in Portale sorgen für eine ganzheitliche Weiterentwicklung und Anbindung an Ihre Systemlandschaft.

1.8.3 Entwickler

Der Entwickler ist das entscheidende Rad in der Weiterentwicklung und Anpassung neuer Anforderungen zur Ausrichtung von Alfresco an die geänderten Geschäftsprozesse. Mit Alfresco haben Sie definitiv ein Schweizer Messer in die Hand bekommen. Die Basis stellt in der Regel immer das Spring Framework zur Verfügung. Alle relevanten Erweiterungen werden über die Definition neuer SpringBeans in das System eingeführt. Wer jetzt denkt, dass dies komplex erscheint, wird sich schnell eines anderen belehren lassen müssen. Die Erweiterungen sind nach kurzer Zeit auf intuitive Weise einbaubar. Die Erweiterungen via Spring werden anschließend mit Java implementiert, indem bestimmte Methoden von Alfresco zur Registrierung aufgerufen und anschließend intern verwendet werden können.

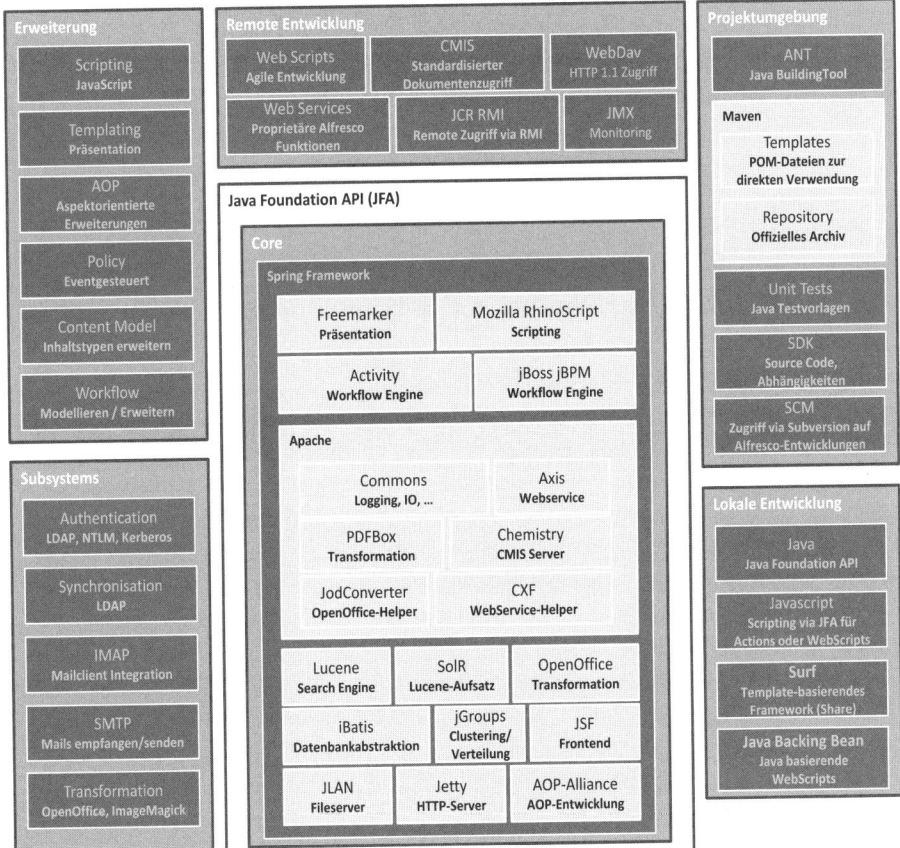

Bild 1.2 Blick auf Alfresco als Entwickler/Architekt bzw. technischer Leiter

Die über SpringBeans zu verwendenden Services stellen in den meisten Fällen die Services von Alfresco dar. Der `FileFolderService` beispielsweise stellt einen von Alfresco definierten Service zur Verwaltung von Verzeichnissen und Dokumenten dar. Der Service an sich nutzt andere Services, wie den `NodeService`, um auf fein granularer Ebene die Elemente entsprechend anzulegen. Nahezu alle Services in Alfresco enden mit dem Namen „Service", sodass eine schnelle Orientierung möglich ist. Die Services bieten den klaren Vorteil der Abstraktion von Komplexität – Details werden hinter der Methode versteckt und lassen dem Nutzer den Blick auf das Wesentliche – und der Umsetzung von Anforderungen.

Klassische Erweiterungen werden vor allen Dingen durch die Nutzung von Policies erreicht. Policies sind eventgetriebene Klassen, in denen sich Entwickler registrieren lassen können. Dadurch ist es z.B. möglich, auf Änderungen an bestimmten Metadatensätzen zu reagieren und ggf. Einfluss zu nehmen. Darüber hinaus können Erweiterungen auch Script-gesteuert, basierend auf JavaScript, Einzug in Alfresco finden.

Transaktionen, Berechtigungsabfragen sowie Audit-Mechanismen werden automatisch über aspektorientierte Erweiterungen an Alfresco Services angefügt. Des Weiteren ist eine separate Authentifikation an das System nicht mehr notwendig. Der Code wird als aktuell angemeldeter Benutzer ausgeführt, sodass ein separater Check nach Berechtigungen nicht notwendig ist.

1.8.3.1 SDK – das offizielle Entwicklungspaket

Über das Network-Portal oder über die Community-Seite kann das offizielle SDK heruntergeladen und verwendet werden. In diesem SDK erhält man Zugriff auf den Source Code von Alfresco. Jede Bibliothek für die unterschiedlichen Module von Alfresco ist ebenfalls verfügbar. Unterteilt nach Verwendungszweck wie *Server* oder *Building* ist auf den ersten Blick ersichtlich, welche Abhängigkeiten für verschiedene Einsatzzwecke benötigt werden.

Für jede neue Version, sowohl Minor als auch Major, steht ein SDK-Paket bereit. Die anschließende Integration in das eigene Projekt kann sehr schnell erfolgen.

1.8.3.2 Projektentwicklung mit Maven & ANT

Alfresco unterstützt ANT sowie Maven als Projektentwicklungs-Tool. Je nach Geschmack und Erfahrung kann hier nach Belieben die Entscheidung zwecks Einsatzes ausgesucht werden. ANT wird aktuell offiziell zur Erstellung der Enterprise- sowie Community-Version verwendet. Doch es muss jeder für sich selbst und sein Team entscheiden, welche Lösung besser geeignet ist.

ANT hat den großen Vorteil, dass man sehr flexibel auf neue Anforderungen und den Projektaufbau reagieren kann. Mittels XML-Notationen können individuelle Lösungen schnell in das Projekt-Setup mit eingebaut werden. ANT bietet seit geraumer Zeit eine Möglichkeit an, Abhängigkeiten über ein Zusatzmodul automatisch auflösen zu lassen (Projekt Evy). Hierbei wird auf das Maven Repository gesetzt, um notwendige Bibliotheken in das eigene Projekt automatisch überführen zu lassen. ANT hat jedoch den großen Nachteil, dass die Entwicklungszyklen eigenständig entwickelt und gewartet werden müssen. Das komplette Projekt-Setup muss eigenständig geschrieben werden. Für jedes neues Projekt wird die Projektdatei von ANT kopiert, um sie in anderen Projekten wiederzuverwenden – das schafft Redundanzen und Fehleranfälligkeit.

Maven ist mehr oder weniger das Gegenteil von ANT. Maven gibt den Aufbau einer Projekt-struktur vor und sorgt sich automatisch um eine reibungslose Auflösung von Abhängig-keiten. Diese Abhängigkeiten werden aus dem offiziellen Repository von Alfresco gezogen, sodass immer für die eigene eingesetzte Alfresco die richtige Bibliothek zur Verfügung stehen. Der komplette Projektlebenszyklus wird automatisch abgebildet. Das Kompilieren, über das Packen bis über das Ausliefern von bestimmten Konfigurationsskripten ist stan-dardmäßig bei Maven mit dabei. Der Entwickler hat initial nur die Aufgabe, das Projekt-Template von Alfresco einzubinden und das Projekt von Maven aufbauen zu lassen. Der Nachteil von Maven liegt jedoch genau in dem Punkt, wo Maven eben auch seine Stärken besitzt – im Automatismus. Bei komplexen Anwendungen mit vielen verschiedenen Biblio-theken, vielleicht unterschiedlich geschriebenen Programmiersprachen oder auch nur beim Einbinden von Modulen, kann es ggf. zu größeren Problemen kommen. Je nach An-forderungen muss Maven ganz schön „verdreht" werden, damit diese Lösungen ebenfalls mit Maven abgebildet werden können.

1.8.3.3 Web Scripts – extrem schnelle und hoch skalierbare Erweiterungen erstellen

Web Scripts stellen wohl die innovativste Möglichkeit dar, in einer kurzen Zeit, Services nach außen anzubieten. Web Scripts sind auf REST-basierende Web Services, welche ohne die Notwendigkeit eines Extra-Tools, wie eine Java API, zu besitzen, verwendet werden kön-nen. Selbst in Alfresco ist es möglich, Web Scripts via Notepad zu schreiben und sofort anderen Applikationen oder Nutzern zur Verfügung zu stellen. Formate wie JSON, XML oder auch HTML können als Verarbeitungsformat verwendet werden. Web Scripts nutzen in der Regel eine Controller- sowie Präsentationsschicht, welche aus JavaScript bzw. Free-marker besteht. Nach Bearbeitung der Anfrage durch den Controller können automatisch Variablen an Freemarker übergeben und zur Ausgabe gebracht werden. So kann mit weni-gen Handgriffen Alfresco erweitert werden.

Beispielsweise ist Alfresco Share komplett auf Web Scripts aufgebaut. Die Kommunikation zwischen Alfresco Share, der Präsentationsschicht, und dem Repository, der Datenhaltungs-schicht, erfolgt nahezu ausschließlich über REST-basierende Aufrufe. Auch die Erweite-rungsmöglichkeiten im Hintergrund oder via XHTML im Frontend sind durch die Nutzung von AJAX-basierenden Aufrufen via REST schnell erledigt. So können sehr schnell Änderun-gen und Erweiterungen in Alfresco ausprobiert und bei Bedarf überarbeitet oder verworfen werden, ohne viel Zeit für Entwicklungsarbeiten investiert zu haben.

1.8.4 Administratoren

Die Administratoren haben die „undankbare" Aufgabe, dass Alfresco-System an sich und die durchgeführten Erweiterungen auf Stabilität, Funktionsfähigkeit und Performance zu überwachen und notfalls Unterstützung zu geben. Da Alfresco in der Regel als kritische Systemkomponente unter hoher Arbeitslast steht, und die Verfügbarkeitsrate entsprechend hoch sein muss, sind Monitoring-Werkzeuge wichtige Instrumente. Darüber hinaus ist es wichtig, bei Rückfragen von Anwendern, Problemstellungen oder Ausfällen schnell agieren zu können. Hierzu sind verschiedene Funktionen vorhanden, um den Administrator bei der täglichen Arbeit zu unterstützen.

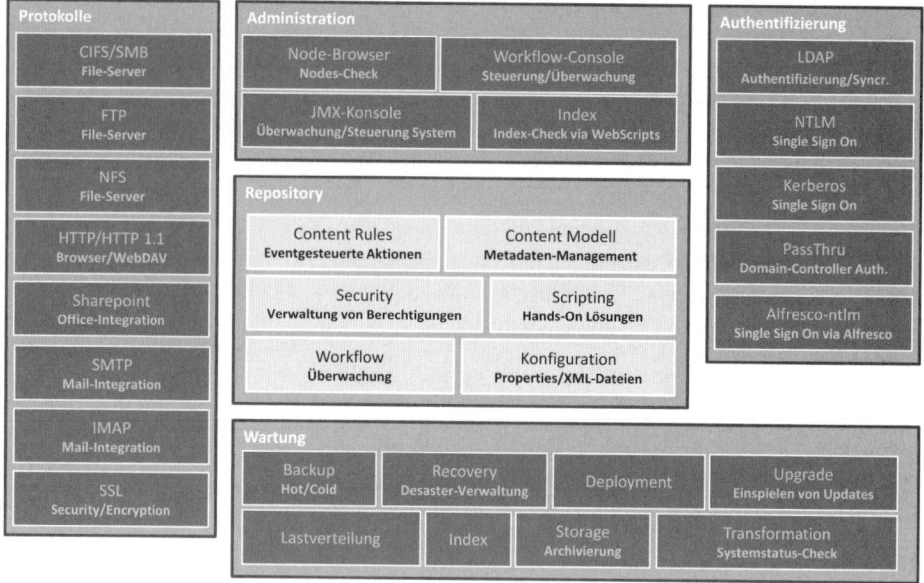

Bild 1.3 Blick auf Alfresco als Administrator bzw. technischer Leiter

Alfresco bietet zusammengefasst folgende Features für administrative Zwecke an:

▪ Monitoring/Steuerung via JMX

▪ Administration von Inhalten via Node Browser

▪ Überwachung und Steuerung von Workflows

▪ Einbau von Workarounds/Fixes auf Basis von Scripts

▪ Hot-/Cold-Back-up

▪ Load Balancing/Clustering

▪ Index-Recovery (im Live-Betrieb)

1.8.4.1 Grafische Administrationsmöglichkeiten

Wichtig für den täglichen Betrieb ist die Nutzung von visuellen Oberflächen zur Administration. Alfresco bietet hierfür für verschiedene Szenarien verschiedene Tools an. Zur Überwachung rund um die aktiven Protokolle und die Auslastung der virtuellen Maschine, ist die Nutzung der JMX-Konsole zu empfehlen. Via JConsole oder eines anderen Tools, welches das JMX-Protokoll unterstützt, kann die Auslastung der virtuellen Maschine (der Speicherverbrauch) sofort eingesehen werden. Performance-Einbrüche können so eventuell näher analysiert und ggf. sofort Problemlösungen eingeleitet werden. Darüber hinaus können verschiedene Funktionen aktiviert oder deaktiviert werden. Das Anstoßen des LDAP-Synchronisationsprozesses ist so manuell möglich.

Mithilfe des Node Browsers kann die technische Struktur der Verzeichnisse und Dokumente angesehen werden. Hilfreich ist diese Funktion vor allem bei möglichen Problemen mit dem Content Model oder Verständigungsproblemen. Schnell kann hier überprüft werden, ob ein Fehler in der Definition vorliegt. Im Node Browser sieht man neben den Metadaten auch die Berechtigungsstrukturen und Beziehungen zu anderen Dokumenten oder Personen. Simples Navigieren ist ebenso möglich wie das Nutzen von Lucene-Syntax zur Suche nach bestimmten Dokumenten. Dies kann helfen, um schneller auf Anfragen von Anwendern reagieren zu können.

Auch der Suchindex kann in der kommerziellen Version auf Vollständigkeit überprüft werden. Bei hoher Last des Gesamtsystems kann es immer mal wieder vorkommen, dass die Search Engine nicht mehr synchron mit dem aktuellen Datenbestand ist. Die Nutzung eines auf Web Script basierenden Tools hilft dem Administrator zu prüfen, ob der Suchindex noch in Ordnung ist. Über die Oberfläche kann ggf. auch ab einer bestimmten Stelle im Index eine Reindexierung erfolgen.

1.8.4.2 Scripting – Bearbeiten von Problemen direkt im Browser

Alfresco hat seine Stärken vor allem im Bereich Erweiterbarkeit. Ein wesentliches Hilfsmittel hierbei stellt die integrierte Script Engine dar. Mit deren Hilfe können Administratoren schnell Änderungen am System durchführen. Mithilfe von kleinen JavaScript-Code-Blöcken kann über Helper-Klassen indirekt auf die Java Foundation API zugegriffen werden. Dadurch können beispielsweise zur Laufzeit Massenimports erfolgen oder Analysen zum System gefahren werden, indem über simple Schleifen und Iterationen, gepaart mit Suchabfragen, eine CSV-Datei erstellt und in Excel importiert werden kann.

1.8.4.3 Verwaltung von Arbeitsprozessen

Workflows können via separater Workflow-Administrations-Konsole ständig überwacht und ggf. kontrolliert werden. Es kann beispielsweise passieren, dass ein Anwender plötzlich ausfällt. Eine bis dato zugewiesene, u. U. wichtige Aufgabe, blockiert den gesamten Arbeitsprozess. Administratoren haben über die Workflow-Konsole die Möglichkeit, den Workflow visuell zu betrachten und können so erkennen, wer eine aktuelle Aufgabe zugewiesen hat. Des Weiteren können über die Konsole viele andere Details zum Workflow und dessen Bearbeitung eingesehen werden.

1.8.4.4 Wartungsmöglichkeiten, Skalierung und Desaster-Verwaltung

Zum stabilen und ausfallsicheren Betrieb von Alfresco stehen weitere Funktionalitäten zur Verfügung, welche den Administratoren als wichtige Werkzeuge in die Hand gegeben werden. Alfresco gibt Ihnen die Möglichkeit, aus dem laufenden Betrieb heraus, Back-ups des Systems erstellen zu lassen. Hierbei muss auf die Reihenfolge geachtet werden, in welcher das Back-up erstellt werden muss: Index, Datenbank, Dokumentenspeicher. Das Einspielen von Back-ups funktioniert relativ unproblematisch durch die Nutzung von simplem Copy/Paste oder dem Importieren in die Datenbank. Über Lastverteilungsmechanismen, wie dem Davor-Schalten eines Apache als Loadbalancer und dem Koppeln von zwei Alfresco Servern (Nodes), kann die Hochverfügbarkeit im Unternehmenseinsatz deutlich gesteigert werden. Falls eines der Systeme gewartet werden muss, kann es heruntergefahren und zur Wartung zurückgestellt werden. In diesem Moment reden wir natürlich nicht mehr über eine klare Lastverteilung, sondern auch über die Möglichkeit, die Verfügbarkeit durch das Hinzufügen von mehreren Alfresco Nodes immer weiter zu maximieren. Zwischen den Systemen werden dann Caching-Informationen ausgetauscht. Wichtig an dieser Stelle ist der Suchindex. In den vergangenen Versionen bis Alfresco 3.4.X musste auch der Suchindex zwischen den

Nodes synchronisiert werden. Dies konnte u. U. sehr fehleranfällig sein, da ein Index-Merge auf den beteiligten Nodes sehr aufwändig sein konnte. Mit Alfresco 4 können Sie den Such-index via SolR in ein separates System auslagern und ebenfalls via Apache lastverteilen und optimieren. Dadurch entlasten Sie das Hauptsystem und bilden Cluster-Gruppen für bestimmte Aufgaben wie beispielsweise die Suche. Denn in der gleichen Weise können Sie den CPU-intensiven OpenOffice-Prozess in ein anderes System verlagern.

2

Los geht's:
Alfresco installieren

Alfresco bietet für Linux, MAC OS sowie Windows ein Installationspaket, mit welchem man direkt loslegen kann. In dem Installationspaket sind die wesentlichen Bestandteile von Alfresco enthalten. Neben Tomcat als Application Server und den Alfresco-Installations-dateien an sich, werden außerdem Thirdparty-Module (wie beispielsweise ImageMagick) automatisch mitgeliefert und installiert. Dazu zählt zum einen das OpenOffice-Paket als auch eine Datenbank von PostgreSQL. Jedes dieser Module wird bei der Erstinstallation für Ihre Umgebung konfiguriert und ist sofort einsatzbereit. Alfresco kann nach erfolgreicher Installation sofort verwendet werden. Wir wollen uns in diesem Kapitel die Installation von Alfresco sowohl in Windows als auch in Linux einmal genauer anschauen.

■ 2.1 Windows-Installation

Für die Windows-Installation können wir direkt von Alfresco die aktuelle Version als Instal-lationspaket[1] verwenden. Nach abschließendem Herunterladen kann die exe-Datei aufge-rufen werden. Zu Beginn werden Sie gefragt, in welcher Sprache Sie Alfresco installieren wollen. Wählen Sie hier die deutsche Sprache als Standardsprache aus.

 HINWEIS: Diese Einstellung hat direkten Einfluss auf das Alfresco Repository. Je nach Spracheinstellung werden die Standardverzeichnisse wie Datenver-zeichnis, Benutzer, Home usw. ausschließlich in dieser Sprache zu sehen sein. Sie sollten demnach bei der Erstinstallation genau überlegen, welche Sprache für Ihr Unternehmen zunächst hauptsächlich infrage kommt. ■

Als Nächstes erscheint eine Begrüßungsseite. Mit dem *Weiter*-Button gelangen wir auf den ersten Konfigurationsbereich in der Installation. Hierbei können wir unter zwei Varianten entscheiden. Die einfache Variante führt uns durch ein schnelles Menü, um die Installation von Alfresco durchzuführen. Die erweiterte Konfiguration ermöglicht es uns, weitere Ein-

---

[1] http://wiki.alfresco.com/wiki/Download_and_Install_Alfresco

stellungen an unserem Alfresco-System durchzuführen. Wir wollen im Rahmen unserer Installation gerne mehr über die initialen Konfigurationsmöglichkeiten erfahren und wählen daher die erweiterte Variante aus (Bild 2.1).

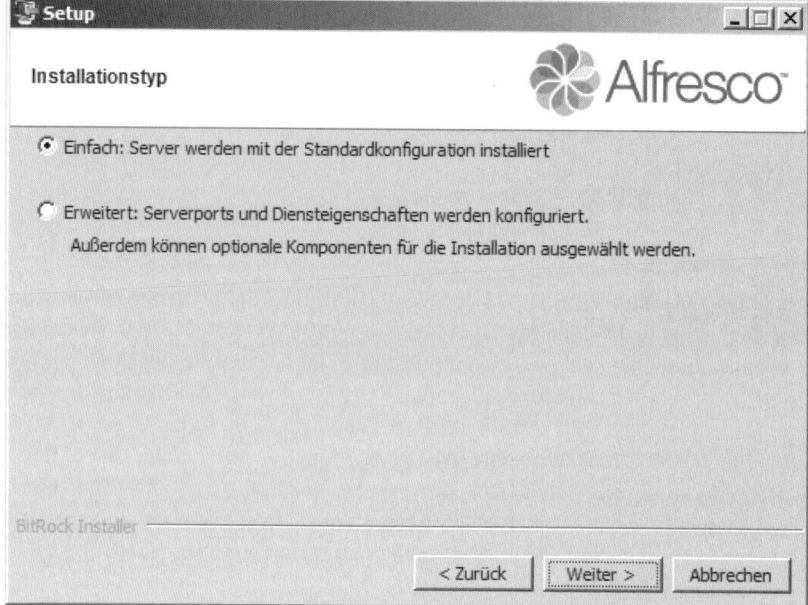

Bild 2.1 Auswahl der Installations-/Konfigurationsmöglichkeiten von Alfresco

Im nächsten Schritt müssen wir die Komponenten bestimmen, welche wir bei der Installation direkt mit dabei haben wollen (Bild 2.2).

Die jeweiligen Komponenten haben folgende Bedeutung:

- **Java:** Aktuelles Runtime Environment von Java, welches direkt mit Alfresco konfiguriert und verwendet wird. Wenn eine eigene Runtime gewünscht ist, sollte diese Option freigelassen werden.

- **PostgreSQL:** Alfresco kann initial mit der Datenbank PostgreSQL genutzt werden. Diese Konfiguration wird automatisch während der Installation vorgenommen. Falls Sie eine eigene Datenbank verwenden wollen, sollten Sie diese Option frei lassen und über *ALF_HOME/shared/classes/alfresco-global.properties* die Datenbankparameter an Ihre Datenbank anpassen.

- **Alfresco:** Die Dateien, um Alfresco zu verwenden. Diese Option kann nicht abgewählt werden.

- **SharePoint:** Soll automatisch eine Möglichkeit bestehen, Dokumente parallel mit anderen Personen zu bearbeiten, dann sollte diese Option aktiviert werden. Auch das direkte Editieren von Office-Dokumenten aus dem Browser heraus ist hierüber möglich.

- **Web Quick Start:** Soll die Quick-Integration installiert werden? Für uns an dieser Stelle nicht relevant.

■ **OpenOffice:** Das wohl mit Abstand am häufigsten verwendete Tool. OpenOffice wird beispielsweise verwendet, um die Vorschau für Office-Dokumente zu generieren.

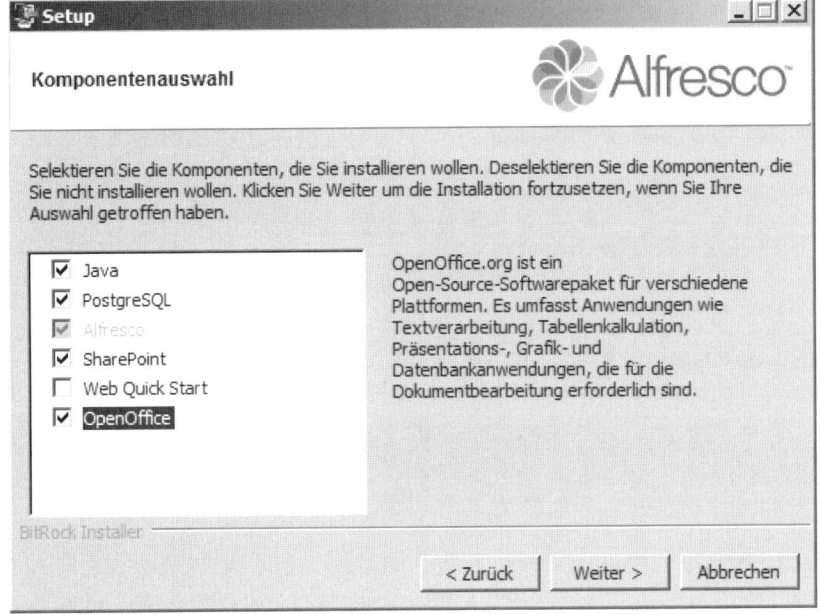

Bild 2.2 Auswahl der zu installierenden Module

Im nächsten Schritt müssen wir den Installationsort auswählen, in dem alle ausgewählten Module installiert werden sollen. Hier sollten Sie einen Ort wählen, der genug Platz für einige Hundert Megabyte bietet.

 HINWEIS: Diesen Ort werden wir fortlaufend nutzen und als *ALF_HOME* bezeichnen. Merken Sie sich diese wichtige Variable!

Wenn Sie diesen Schritt ausgeführt haben, müssen Sie im nächsten Punkt den Port für die Datenbank angeben. Standardmäßig ist dieser auf 5432 eingestellt. In der Regel sollte es hier bei Nichtvorhandensein einer PostgreSQL-Datenbank zu keinen Problemen kommen.

Im nächsten Schritt müssen wichtige Parameter für den Application Server **Tomcat** eingegeben werden (Bild 2.3). Im Wesentlichen geht es um die Zugriffsmöglichkeiten via HTTP sowie HTTPS.

Die Webserver-Domäne und Serverport sind vor allem im ersten Schritt am wichtigsten. Falls Sie bereits die Installation auf einem Server mit hinterlegtem DNS-Eintrag durchgeführt haben, sollten Sie hier den vollen DNS-Namen wie z.B. *alfresco.company.com* eintragen. In der Regel verwendet man nicht direkt Tomcat als SSL-Gate, sondern lässt diese Verbindung über einen Webserver wie beispielsweise Apache ansteuern. Es genügt die Grundeinstellung für eine erste Konfiguration.

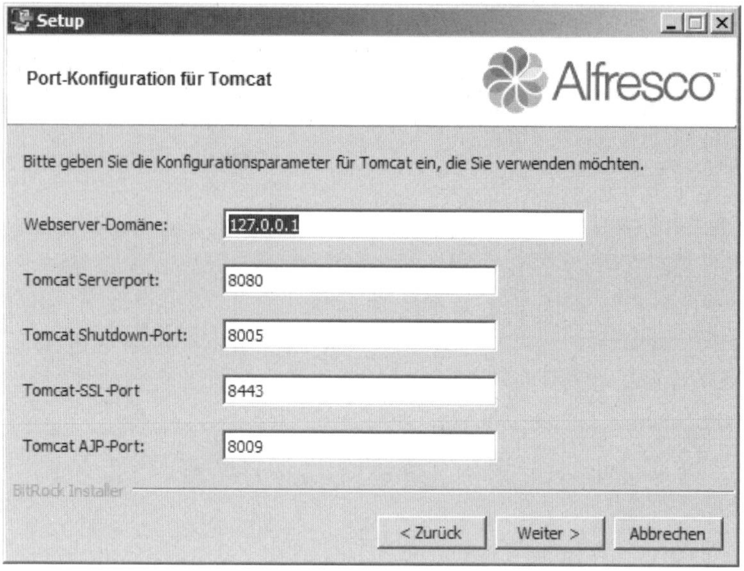

Bild 2.3 Konfigurationseinstellungen für den Zugriff auf Alfresco via Web

Im nächsten Schritt müssen wir den Port für den Zugriff auf Alfresco via FTP bestimmen. Der darauf folgende Schritt spezifiziert den Port, über welchen wir uns zur Administration auf das System schalten können. Via JMX-Konsole können wir uns nach erfolgreicher Installation und hochgefahrenem System darin anmelden und ggf. Änderungen an den Konfigurationen live im System durchführen.

Beim nächsten Schritt ist ein Administrationskennwort zu hinterlegen. Für Testzwecke sollten wir einheitlich admin hinterlegen. Im Buch wird an unterschiedlichen Stellen darauf referenziert.

Die nächsten beiden Schritte spezifizieren zum einen die Ports für das SharePoint Modul sowie die OpenOffice-Komponente. Hier können die entsprechend hinterlegten Werten belassen werden.

Auch beim nächsten Schritt – der Dienstkonfiguration – sollten Sie bei einer eventuellen Server-Installation den automatischen dem manuellen Start vorziehen. Auf einem lokalen PC genügt vollkommen ein manueller Start von Alfresco, um das System beim Start nicht unnötig zu belasten.

Nach Betätigen des *Weiter*-Buttons ist die Installationsroutine bereit, Alfresco auf unserem System zu installieren. Die Installation kann ggf. einige Minuten dauern. Bei erfolgreicher Installation erhalten Sie folgende Meldung (Bild 2.4).

Sie können direkt mit Alfresco starten, indem Sie die Option *Alfresco Enterprise Share starten* aktivieren. Automatisch wird nach Beenden des Dialogs der Server gestartet, und Sie werden automatisch auf die Startseite von Alfresco Share geleitet: Willkommen bei Alfresco!

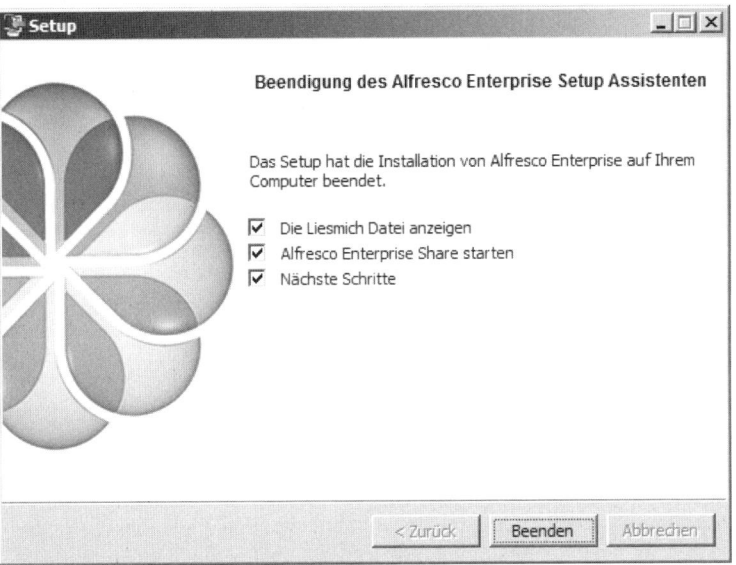

Bild 2.4 Installation von Alfresco wurde erfolgreich abgeschlossen

■ 2.2 Linux-Installation

Die Installation von Alfresco auf einem Linux Server läuft in etwa genauso ab wie wir sie bereits in Abschnitt 2.1 durchgeführt haben. Beim Installationsaufruf auf Linux-Systemen unterscheidet Alfresco jedoch, ob eine Installationsroutine mit Fenstersteuerung erscheinen soll (Windows Like) oder basierend auf Kommandozeilen. Die letztere Option wird gewählt, wenn keine entsprechende grafische Unterstützung auf dem Linux-System aktiviert ist (z. B. auf einem Linux Server).

■ 2.3 Erweiterte Installationen

Neben der Möglichkeit, Installationsprogramme für die Einrichtung von Alfresco auf dem eigenen Server zu verwenden, kann die Installation auch einzeln erfolgen. Vor allem bei Server-Installationen kann es vorkommen, dass beispielsweise ein anderer Application Server verwendet werden soll. Hier hilft Alfresco mit einer separaten Installationsmöglichkeit nach. Von einer separaten Download-Seite[2] kann man sich die Installationspakete einzeln herunterladen. Als wesentlichste Bestandteile sind dabei vor allem folgende Kategorien relevant:

---

[2] *http://wiki.alfresco.com/wiki/Community_file_list_4.2.c*

- **Alfresco:** Hier befinden sich ausnahmslos die Web-Archive und die Konfigurations-dateien, welche in den eigenen Application Server eingebaut werden können.

- **SharePoint:** Mit diesem Modul kann aus Alfresco heraus (aus dem Web Browser, um spezifisch zu bleiben) ein Office-Dokument direkt bearbeitet werden. Außerdem ist es mit dem Modul möglich, an Office-Dateien parallel zu arbeiten.

- **Alfresco SDK:** Wird für die Entwicklung benötigt und enthält die wesentlichsten Quell-code-Dateien und weitere Infos über Alfresco.

■ 2.4 Hoch- und Herunterfahren von Alfresco

Nachdem wir Alfresco erfolgreich installiert haben, können wir Alfresco über einen separa-ten Service/Dienst, welcher im Betriebssystem automatisch angelegt worden ist, steuern. Als Beispiel verwenden wir hier Windows. Im Dienste-Programm von Windows finden wir nach der Installation einen neuen Dienste-Eintrag, der je nach Installationsversion von Alfresco ungefähr folgende Bezeichnung haben muss (Bild 2.5).

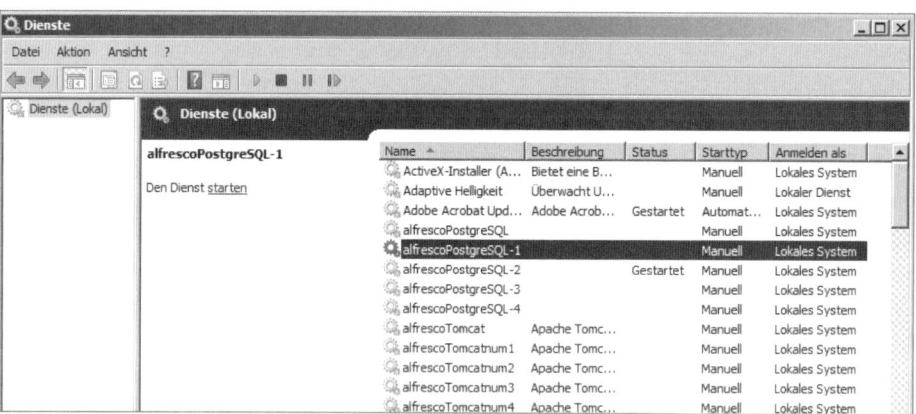

Bild 2.5 Beispiel verschiedenster Alfresco-Versionen mit Microsoft Windows: AlfrescoPostgreSQL-N stellt einen Service für eine spezifische Alfresco-Installation dar.

In Bild 2.6 kann Alfresco gestartet und ebenfalls wieder heruntergefahren werden. Außer-dem kann im produktiven Modus der Service mit einem anderen Benutzer gestartet wer-den. Wer eine manuelle Steuerung verwenden will, kann auch gänzlich auf die Nutzung von Diensten verzichten. Im *ALF_HOME*-Verzeichnis existiert die Datei *manager-windows.exe*, welche eine alternative Methode bietet, um Alfresco zu steuern. Diese Option ist vor allem für Entwicklungen interessant.

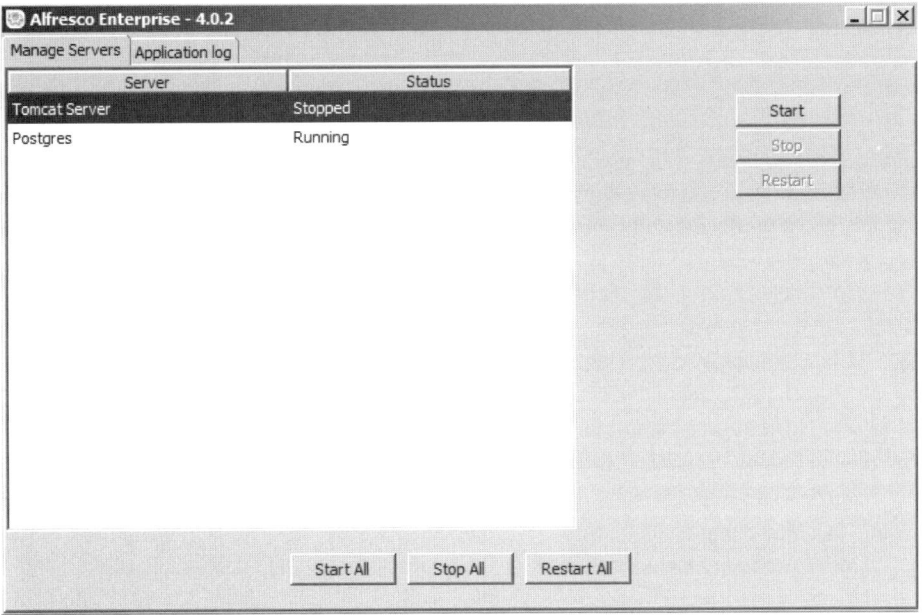

Bild 2.6 Manager-Konsole von Alfresco, welche separat zum Steuern verwendet werden kann: Besonders während der Entwicklung mit Alfresco findet dieses Vorgehen große Anwendung.

■ 2.5 Add-ons installieren

Einen großen Bereich haben wir bis dato noch gar nicht angesehen. Der Modulbereich[3] von Alfresco bietet die Möglichkeit, nachträglich neue Funktionalität in Alfresco zu installieren. Hierbei existieren grundlegend zwei verschiedene Vorgehensweisen:

- **AMP:** Die Abkürzung steht für Alfresco Module Package und kann sowohl Java Code, neue WebScripts und Frontend-Grafiken beinhalten. Die Installation erfolgt durch das Ablegen der AMP-Datei im *ALF_HOME/amps* bzw. *ALF_HOME/amps_share* (für Share-Module). Anschließend muss mithilfe eines Scripts (existiert bereits, wenn man die Installationsvariante von Alfresco gewählt hat, sowohl bei Windows als auch unter LINUX/MAC) die Überführung der Module (AMPs) in Alfresco erfolgen. Hier ist ein Neustart des Application Servers (Tomcat) definitiv erforderlich. Während der Installation muss Alfresco heruntergefahren sein.

- **JAR:** Eine JAR-Datei stellt eine Bibliothek dar, welche vor allem Java Code beinhaltet. Häufig werden jedoch auch Ressourcen wie Grafiken oder Konfigurationsdateien mit einer JAR-Datei ausgeliefert. Diese Datei muss je nach Typ (ist es eine Alfresco Repository- oder Share-Datei) entweder in das jeweilige *WEB-INF/lib*-Verzeichnis kopiert (z.B. *ALF_HOME/tomcat/webapps/alfresco/WEB-INF/lib*) oder unter *ALF_HOME/tomcat/shared/lib* abgelegt werden.

---

[3] *http://addons.alfresco.com/*

■ 2.6 Installation von wichtigen Erweiterungen für Alfresco

Für unsere Aufgaben, welche wir mit Alfresco erfüllen wollen, sind verschiedene Installationen von Erweiterungen/Add-ons notwendig. Zum einen müssen wir das SharePoint-Modul installieren und zum anderen benötigen wir die Aktion *Skript ausführen* für den JavaScript-Bereich.

2.6.1 Installation des SharePoint-Moduls

Befassen wir uns zunächst mit der Installation des SharePoint-Moduls, welches bei der Installation bereits in den richtigen Verzeichnissen *ALF_HOME/amps* bzw. *ALF_HOME/amps_share* abgelegt worden ist.

Damit die Module installiert werden können, muss über die Kommandozeile ein Script ausgeführt werden, welches automatisch bei jeder Alfresco-Installation mitgeliefert wird. Hierzu gehen wir, je nach Betriebssystem, in die Kommandozeile/Terminal/Shell und dann in unser Alfresco-Verzeichnis *ALF_HOME/bin*. Dort existiert eine Script-Datei, welche `apply_amps.sh` (Linux) oder `apply_amps.bat` (Windows) genannt wird. Befolgen Sie die Anweisungen, welche Ihnen Alfresco vorgibt.

 HINWEIS: Bedenken Sie bitte, dass eine Installation nur nach heruntergefahrenem Alfresco möglich ist.

■

Im Folgenden ist ein Auszug aus der Installation von Erweiterungen exemplarisch dargestellt (Listing 2.1).

Listing 2.1 Neue Module in Alfresco installieren

```
C:\Alfresco_0_2\bin>apply_amps.bat
This script will apply all the AMPs in C:\Alfresco_0_2\amps to the
alfresco.war and all the AMPs in C:\Alfresco_0_2\amps_share to the
share.war in C:\Alfresco_0_2\tomcat\webapps

Press control-c to stop this script . . .
Drücken Sie eine beliebige Taste . . .
Module 'org.alfresco.module.vti' installed in
'C:\Alfresco_0_2\tomcat\webapps\alfresco.war'
    -    Title:        Vti
    -    Version:      1.2
    -    Install Date: Mon Aug 06 11:49:47 CEST 2012
    -    Description:  Alfresco Vti Extension
Module 'org.alfresco.extension.pdftoolkit' installed in
'C:\Alfresco_0_2\tomcat\ webapps\alfresco.war'
    -    Title:        Alfresco PDF Toolkit
    -    Version:      0.96
    -    Install Date: Mon Aug 06 12:05:03 CEST 2012
```

```
   -     Description:    This module adds functionality to manipulate
PDFs
No modules are installed in this WAR file
No modules are installed in this WAR file
.
About to clean out C:\Alfresco_0_2/tomcat/webapps/alfresco directory
and temporary files...
Drücken Sie eine beliebige Taste ...
```

2.6.2 Installation des Script-Moduls

Damit wir uns effektiver mit dem Scripting befassen und neue Features ausprobieren kön-nen, macht es Sinn, Skripts direkt am Dokument oder Verzeichnis ausführen zu können ohne beispielsweise eine Regel vorher definieren zu müssen. Auf der Seite *http://code. google.com/p/share-extras/downloads/list?can=2&q=execute-script-action*, welche von Will Abson, einem Alfresco-Entwickler, geleitet wird, findet sich ein wichtiges (und kostenloses) Add-on, welches wir für die weitere Verwendung benötigen. Laden Sie sich die aktuellste Version für Alfresco herunter (z. B. *execute-script-action-2.1.jar* für Alfresco 4.X). Die herun-tergeladene JAR-Datei kopieren wir in das Verzeichnis *ALF_HOME/tomcat/webapps/share/ WEB-INF/lib* (Bild 2.7).

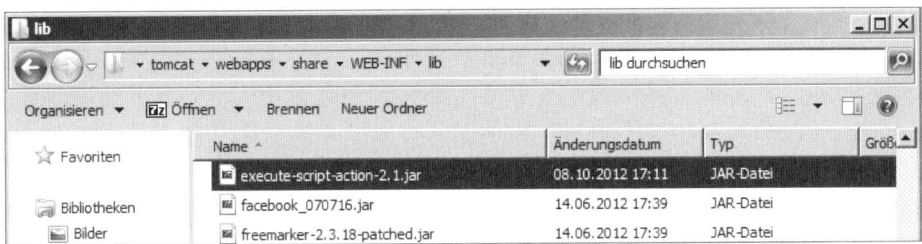

Bild 2.7 Zielverzeichnis zur Installation des Add-ons „Execute Action"

Anschließend öffnen wir wieder die Datei *share-config-custom.xml* im Verzeichnis *ALF_ HOME/tomcat/shared/classes/alfresco/web-extension*. Dort fügen wir einen neuen Konfigu-rationsbereich (config) ein, welcher die Aktion *Script ausführen* für Dokumente und Ver-zeichnisse aktiviert.

Listing 2.2 Erweiterung der Share-Konfiguration, um eine neue Aktion in der Dokumenten-bibliothek zur Verfügung zu stellen

```
<config evaluator="string-compare" condition="DocLibActions">
  <actionGroups>
    <actionGroup id="folder-browse">
      <action index="980" id="org_sharextras_execute-script" />
    </actionGroup>
    <actionGroup id="folder-details">
      <action index="980" id="org_sharextras_execute-script" />
    </actionGroup>
    <actionGroup id="document-browse">
      <action index="980" id="org_sharextras_execute-script" />
    </actionGroup>
```

```
    <actionGroup id="document-details">
      <action index="980" id="org_sharextras_execute-script" />
    </actionGroup>
  </actionGroups>
</config>
```

Nachdem wir die Datei abgespeichert haben, müssen wir Alfresco einmal komplett neu starten. Anschließend melden wir uns in Alfresco Share wieder an und gehen in die Dokumentenbibliothek, eine bestehende Site, auf der Dokumente und/oder Verzeichnisse vorhanden sind. Unter den jeweiligen erweiterten Aktionsmenüs sollte sich nun die neue Aktion *Script ausführen* befinden (Bild 2.8).

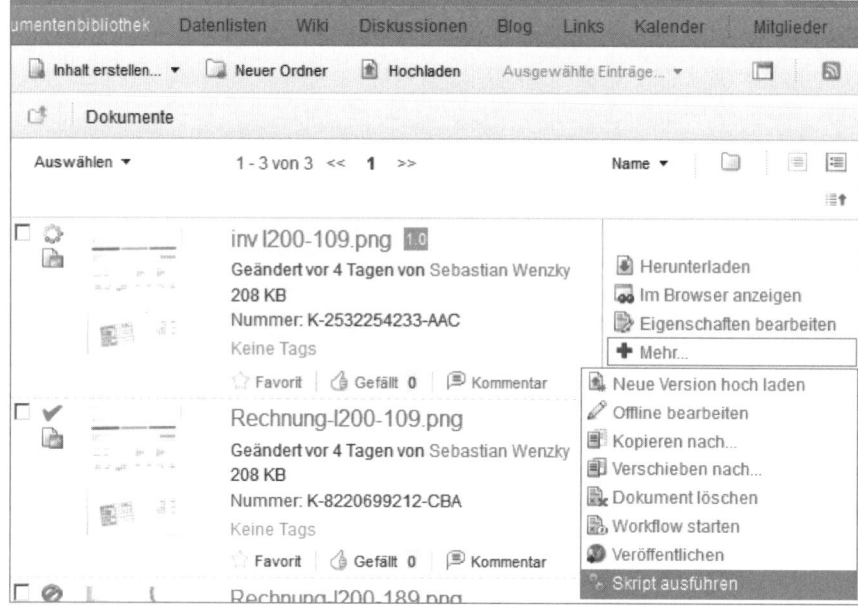

Bild 2.8 Die neue Aktion „Skript ausführen" steht nun für unser Kapitel zur Verfügung.

■ 2.7 Weitere Konfigurationen und Einstellungen wie E-Mail etc.

Weitere Konfigurationen und Einstellungen wie E-Mail etc. finden Sie vor allem auf folgenden Seiten, welche die besten Referenzen darstellen. Es macht schlicht und ergreifend keinen Sinn, hier Konfigurationsanleitungen darzustellen, wenn sich diese in jeder Alfresco-Version ändern können.

Hier sind die wichtigsten Links zu Konfigurationsseiten von Alfresco:

- **Server-Installation und Konfiguration:** Hier kann man alles über Alfresco erfahren, was das Herz begehrt (*http://wiki.alfresco.com/wiki/Server_Installation_and_Configuration*).

- **Mail (ausgehend):** Aktivitäten, Workflow-Benachrichtigungen und Einladungen werden via Mail als Info an Benutzer verschickt (*http://wiki.alfresco.com/wiki/Outbound_E-mail_Configuration*).

- **Mail (eingehend) und Outlook/Notes-Integration:** Alfresco kann als Mailserver konfiguriert werden. Außerdem kann Alfresco in Mailing-Systeme „eingehangen" werden (*http://wiki.alfresco.com/wiki/Inbound_SMTP_Email_Server_Configuration* sowie *http://wiki.alfresco.com/wiki/IMAP*).

- **Authentifizierung:** Kerberos, CAS, NTLM, LDAP – all diese Authentifizierungsmechanismen sind hier eingehend beschrieben (*http://wiki.alfresco.com/wiki/Enterprise_Security_and_Authentication_Configuration*).

- **Administration via JMX:** Die Administration via Remote Console ohne Web Access kann via JMX erfolgen (*http://wiki.alfresco.com/wiki/JMX*).

■ 2.8 Einstellen des Look & Feels

Im Rahmen dieses Buches verwenden wir eine einheitliche Web-Oberfläche. In Alfresco 4.2 verändert sich das Look & Feel durch die Einführung eines neuen Themes, welches „Light Theme" genannt wird. In diesem Buch arbeiten wir jedoch mit einem „blauen Farbschema", welches bis Alfresco 4.1 Standard gewesen ist. Aus diesem Grund sollten Sie das Theme entsprechend anpassen, indem Sie sich in Alfresco Share als Administrator anmelden und unter dem Reiter *Mehr > Anwendung* das Farbschema auf „blaues Farbschema" anpassen. Bestätigen Sie anschließend Ihre Eingabe.

■ 2.9 Die Informationsquelle Nummer 1: Die Dokumentationsseiten von Alfresco

Die Informationsquelle Nummer 1 sind die Dokumentationsseiten von Alfresco, welche effektiv seit Alfresco 4 extrem genau gepflegt werden. Hier werden zum einen fachliche Use Cases beispielhaft dargestellt, um sich mit Alfresco vertraut zu machen. Auf der anderen Seite findet man Anleitungen zur Konfiguration von Alfresco und Alfresco Share. Der Link hierzu lautet: *http://docs.alfresco.com*.

3

Alfresco im Detail

In diesem Kapitel wollen wir uns detaillierter mit den wichtigsten Konzepten von Alfresco beschäftigen, die Sie bei der täglichen Arbeit entscheidend unterstützen. Die folgenden Bereiche stellen daher viele Themen auf fachlichem Niveau dar. Es ist wichtig zu verstehen, wie die Informationen in Alfresco gespeichert und eigene Informationsgebilde aufgebaut werden können. Zunächst werden Sie erfahren, wie Alfresco Dokumente oder Verzeichnisse intern logisch als Nodes abspeichert. Anschließend sind Sie bereit zu erfahren, wie Sie die Nodes für sich nutzen können, und wie Sie neue Dokumententypen und Metadaten für unsere Geschäftsprozesse erstellen können. Anschließend wird der FormService vorgestellt, welcher automatisiert entsprechende Oberflächen für die vorherdefinierten Dokumententypen und Metadaten generiert. Die Vergabe von Berechtigungen erfolgt im Anschluss daran, und es wird aufgezeigt, wie in einem beispielhaften Unternehmen das Berechtigungsmodell von Alfresco auf eigene Dokumente und Verzeichnisse angewandt werden kann.

■ 3.1 Kernkonzept zur Speicherung von Inhalten in Alfresco

In vielen Unternehmen werden wichtige und entscheidungkritische Dokumente auf Netzlaufwerken und via Mail gespeichert. Die schier willkürliche Ablage von Informationen kann nur durch die Aufschlüsselung von Personen in Beziehung zueinander gebracht werden. Und genau diese Beziehung ist ebenso wichtig, um einen ganzheitlichen Informationsfluss mit einem ECM-System abbilden zu können. Beziehungen auf Basis von Dokumenten, seien es Angebote, Rechnungen oder „nur" Dokumentationen, sind so nur in den Köpfen der Mitarbeiter darstellbar (oder in Excel-Listen!) und verschwimmen mit der Zeit immer mehr zu einer grauen Masse. Je mehr Versionen, Bearbeiter und Jahre die Dokumente stemmen müssen, um aktuell zu bleiben, desto unwahrscheinlicher ist es, diese Informationen noch effizient einsetzen zu können.

Alfresco ist genau für solche Zwecke konstruiert worden. Dieser scheinbar ganz normale Ablage-Wirrwarr ist hochgradig unstrukturiert, sodass man nur mit innovativen Konzepten relevante Informationen, wie Beziehungen, Eigenschaften sowie Abläufe, erkennen kann.

Darüber hinaus existieren jedoch auch hochgradig strukturierte Informationen, welche oft in Excel-Dokumenten oder CSV-Listen dokumentiert sind. Strukturiert sind diese Informationen deshalb, weil auf Basis von Zuweisungsstrukturen wie Spalten/Zeilen deutlich mehr Informationen in kürzerer Zeit aufgenommen werden können, als wenn ein komplettes Dokument durchgelesen werden müsste, in der Hoffnung, die Informationen zu entdecken, die gesucht werden. Alfresco unterstützt dieses Konzept in Form von Datenlisten, worauf wir später im Alfresco Share-Bereich noch zu sprechen kommen werden.

3.1.1 Nodes – das Kernelement als Informationseinheit

Das Konzept, mit dem Alfresco den unstrukturierten Daten entgegentritt, basiert auf so genannten Nodes. Nodes stellen Knoten mit beliebig vielen Verknüpfungen zu anderen Nodes dar. Jede Node besitzt immer einen Parent, einen Elternknoten. Eine Node besitzt auch immer einen Typ. Klassischerweise und auch am häufigsten vertreten sind die Typen `content` und `folder`. Wie der Name vielleicht schon verrät, verfügt ein Typ über mehrere Ausprägungen, welche die Node anschließend näher beschreiben. Diese nähere Beschreibung nennt man auch Metadaten oder `Properties`. Properties können aus klassischen Datentypen wie einer Zahl, einem Text oder einem Datum bestehen. Darüber hinaus können jedoch auch komplexe Beziehungen über so genannte `Associations` zu anderen Nodes aufgebaut werden. Via `Constraints`, also Einschränkungen, können die Werte von Eigenschaften eingeschränkt werden. Bei der Eingabe von Personalnummern existieren z. B. in der Regel bestimmte Vorgaben, die eingehalten werden müssen.

 HINWEIS: Wir werden in den folgenden Abschnitten meist nur noch von Dokumenten oder Verzeichnissen sprechen. Dokumente und Verzeichnisse stellen ebenfalls Nodes dar, die entsprechend typisiert sind. Bitte behalten Sie sich diesen Punkt immer im Hinterkopf.

Jede Node erhält Berechtigungen (`Permissions`), in denen beschrieben wird, welche Personen oder Gruppen auf diese Node zugreifen und diese ggf. bearbeiten können. Es ist z. B. möglich, dass eine untergeordnete Node eine Leseberechtigung für eine Person namens „Schmidt" erhält, dieser aber in der übergeordneten Node über keinen Zugriff verfügt (Bild 3.1).

Manchmal müssen zusätzliche Informationen an eine Node angefügt werden, um sie noch weiter spezifizieren zu können. Typen stellen hierzu keine Basis dar, da Nodes immer nur einen Typ besitzen können. Alfresco hat sich genau für diesen (sehr oft in der Praxis angewandten) Use Case ein weiteres Konzept „überlegt". Durch das Anfügen eines Aspekts (`Aspects`) können neue Metadaten in der aktuellen Node gespeichert werden, ohne dass der Dokumententyp verändert werden muss. Der Aspekt kapselt alle Informationen als Definition (wie ein Typ) und kann wie ein Informationscontainer an die Node angefügt werden.

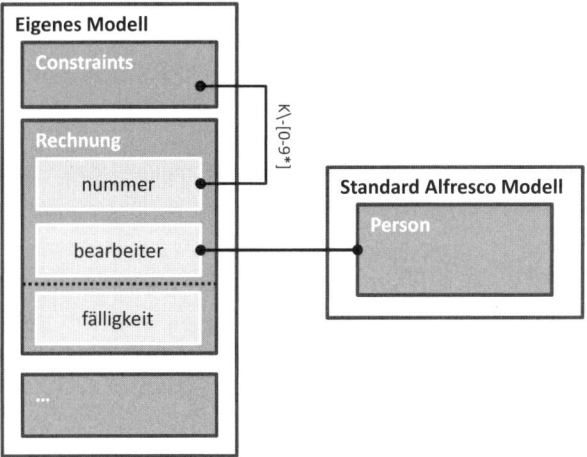

Bild 3.1 Beispiel eines exemplarischen Content Models, welches wir in den späteren Abschnitten noch modellieren werden

3.1.1.1 Beispiel 1: Dokumententyp mit Eigenschaften

Wird ein neues Dokument in Alfresco hochgeladen, wird eine Node, basierend auf der aktuellen Position, in der Verzeichnishierarchie angelegt. Diese Node erhält den Typ content, sodass existenzielle Eigenschaften zur Verarbeitung von diesem Dokument zur Verfügung stehen. Auf Basis des Typs content kann nun in einer neuen Eigenschaft der Inhalt des hochgeladenen Dokuments abgespeichert werden. Der Inhalt des hochgeladenen Dokuments wird anschließend im Content-Store abgelegt und mit einer Eigenschaft verknüpft, welche zufälligerweise genauso heißt wie der Type content. Falls das Dokument ein Office-Dokument ist, erfolgt die automatische Extraktion von Dokumenteneigenschaften wie Titel und Beschreibung, und es werden ebenfalls die bereits vorhandenen Metadaten „title" und „description" abgespeichert[1]. Darüber hinaus wird auch der Autor aus dem Dokument ausgelesen und als Eigenschaft angefügt.

3.1.1.2 Beispiel 2: Publizierungs-Workflow

Das bereits hochgeladene Dokument wird durch ein Approval-Workflow für die Allgemeinheit freigegeben. Da nicht jedes Dokument publiziert werden muss, benötigen wir einen solchen Workflow nur bei einem erfolgreichen Abschluss und genehmigen über den Workflow weitere Metadaten, wie beispielsweise das Publizierdatum und die Liste der Approver. Hierzu kann ein Aspekt verwendet werden, welcher die notwendigen Metadaten mit sich bringt.

---

[1] „title" und „description" gehören zum Aspekt „titled", werden aber automatisch beim Upload mit angefügt.

3.1.2 Stores – Container zur Speicherung von Nodes

Nodes müssen genauso in einem Container gespeichert werden wie beispielsweise Dateien auf der Festplatte. Ebenso kann man sich auch die Aufgabe eines Stores vorstellen. Ein Store dient immer einem bestimmten Zweck, wie z. B. der Ablage von versionierten Dokumenten oder von Web Content. Stores können unabhängig voneinander betrieben werden.

Den wohl wichtigsten Store in Alfresco stellt der so genannte **Workspace** dar. Wie der Name schon vermuten lässt, verwenden Anwender diesen Store, um in diesem zu arbeiten.

 Stores stellen, analog betrachtet, Festplattenlaufwerke dar, die separat mit Dokumenten und Verzeichnissen gefüllt werden können. Jeder Store kann ggf. über Zusatzfunktionalitäten verfügen, um bestimmte Aufgabe effizient abzuarbeiten, wie beispielsweise der AVM (Advanced Versioning Manager)-Store, der inkrementelle Versionierungen von Dokumenten und Verzeichnissen vornimmt. Der AVM-Store wird in zukünftigen Versionen nicht mehr mit ausgeliefert.

Der VersionStore existiert für die versionierte Ablage von Dokumenten sowie Metadaten. Gelöschte Dokumente werden in den ArchiveStore verschoben, welche nach Bedarf auch im Workspace wiederhergestellt werden können.

Es können dabei mehrere Instanzen dieses Stores parallel existieren. Jeder Store muss jedoch eine eigene eindeutige ID mit sich führen, damit Alfresco Anfragen richtig zuordnen kann.

3.1.3 Nodes und Stores

Vielleicht haben Sie sich schon die Frage gestellt, auf welche Weise Alfresco eine Node einem bestimmten Store zuweisen kann. Im laufenden Betrieb muss eine schnelle und effiziente Lösung existieren, damit eine performante Arbeitsweise möglich ist. Die Anforderungen sind klar: Eine Node muss anhand weniger Operationen exakt in Alfresco zugewiesen werden können (Bild 3.2). Hierzu sind drei wesentliche Dinge notwendig:

- der Store-Typ
- die Store ID
- die eindeutige ID einer Node

Die ID eines Dokuments wird mittels eines Standards, genannt **Universally Unique Identifier** (kurz: UUID), ermittelt und kann Repository-übergreifend verwendet werden.

Auf Basis der vorangehend genannten drei Informationen ergibt sich eine so genannte Node-Referenz (NodeRef). Eine NodeRef stellt eine eindeutige ID auf eine Node im Alfresco-System dar. Eine Beispiel-NodeRef könnte z. B. sein: workspace://SpacesStore/59c9dd65-addf-42b3-b288-13b7b34f086a.

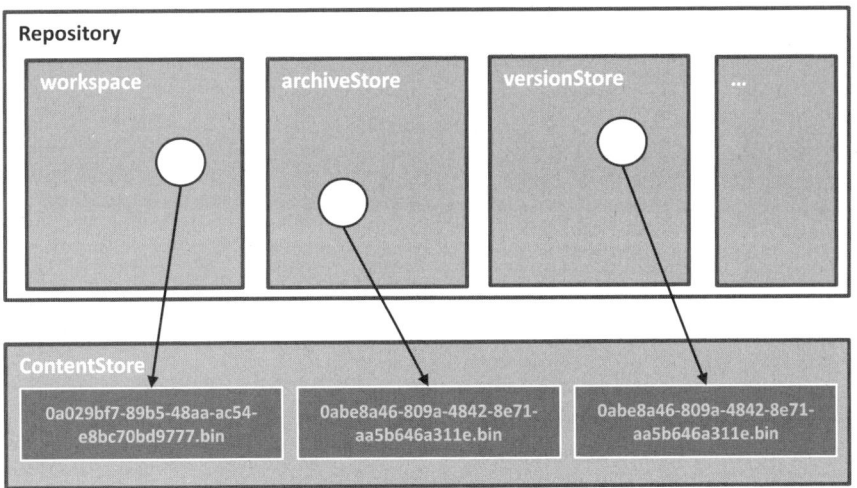

Bild 3.2 Zuordnung der Nodes zu den Inhalten, welche auf der Festplatte verwaltet werden

3.1.4 Content Model – das Herz eines ECM-Systems

Nachdem wir klären konnten, wie Alfresco Informationen intern verarbeitet, ist es wichtig zu verstehen, wie die Anpassung an die eigenen Anforderungen möglich ist. Hierzu bietet Alfresco ein extrem flexibles Content Model (*Deutsch:* Inhaltsmodell) an, welches via XML konfiguriert werden kann. In diesem XML-Model werden anschließend die Typen und Aspekte definiert. Das XML-Model wird dann beim Start von Alfresco mitgeladen und im internen `DataDictionary` (Verzeichnis-Service) abgelegt.

Neue Content Models können durch den Neustart des Systems in Alfresco registriert werden. Seit Alfresco 3 existiert zusätzlich die Möglichkeit, auch zur Laufzeit die Models anzupassen. Dadurch lassen sich sehr schnell neue Anforderungen bezüglich der Informationsstruktur mit Alfresco umsetzen.

 HINWEIS: Hierzu muss jedoch genau geprüft werden, ob dieses Feature überhaupt zum Einsatz kommen soll. Die Verlockung ist nämlich groß, einfach schnell das Model auf neue Anforderungen zu erweitern oder das bestehende Model abzuändern. Umso kritischer kann der Fall werden, wenn Alfresco bereits viele Dokumente gespeichert hat. Das geänderte Model kann sich u. a. sehr stark auf bestehende Geschäftsprozesse auswirken.

■ 3.2 Formularverwaltung für neue Models: Mit dem FormService leicht gemacht

Neue Typen und Aspekte müssen nicht nur als technische Definitionen vorliegen. Anwender müssen natürlich in der Lage sein, mit diesen Informationen zu arbeiten. Viele Bereiche sind hiervon betroffen, die in Alfresco zur Verfügung stehen. Zum einen muss es möglich sein, neue Dokumente mit den eigenen Metadaten zu klassifizieren. Die Suche, eines der zentralen Anwender-Features in Alfresco, ist ebenfalls davon betroffen. Der Nutzer muss in der Lage sein, nach den Metadaten spezifisch (erweitert) und unspezifisch (einfach) zu suchen, sonst leidet die Akzeptanz.

Der `FormService` in Alfresco steht genau für solche Aufgaben zur Verfügung. Es ist in Alfresco nicht notwendig, eine Zeile zu programmieren, um für die Endanwender die entsprechenden Verwaltungsfunktionen wie Formulare in die Hand zu geben. Ausschließlich via XML wird exakt definiert, welche Eigenschaften bei bestimmten Vorgängen (Ansicht, Schreibend, Neu Hinzufügend) angezeigt oder versteckt werden sollen. Die Konfiguration kann zur Laufzeit ausgetauscht und neu geladen werden.

Falls die bestehenden Formularelemente für die Anwenderzwecke nicht ausreichen sollten, kann via Definition eigene Logik hinzugefügt und auch die Präsentation der Metadaten beeinflusst werden.

In Kapitel 7 werden wir uns ausführlich mit der Erstellung eines Content Models auseinandersetzen.

■ 3.3 Berechtigungen

Berechtigungen in Alfresco werden auf Basis von Rollen vergeben. Rollen deshalb, weil dadurch die Komplexität bei der Verwaltung von Informationen abnimmt. Müssten separate Lese-/Schreib-Berechtigungen gesetzt werden, ist das Risiko eines unkontrollierten Wildwuchses und damit einer nicht mehr zu verwaltenden Lösung vorprogrammiert. Stattdessen werden im Standard über fünf verschiedene Rollen, die Vergabe von Berechtigungen auf Benutzer oder Gruppen gesetzt. Durch die Bündelung von Berechtigungen an Rollen und der Weitervergabe an Benutzer und/oder Gruppen bleibt die Übersicht gewahrt. Trotz der fünf Basis-Rollen sind die meisten alltäglichen Business Cases mit abbildbar.

- **Konsument (Consumer):** Darf nur lesend zugreifen
- **Editor (Editor):** Hat Konsumentenrechte und darf sowohl ein beliebiges Dokument bearbeiten und ein Check-out ausführen
- **Beitragender (Contributor):** Hat Konsumentenrechte und darf neue Inhalte hinzufügen und eigene Inhalte verändern
- **Mitarbeiter (Collaborator):** Besitzt die Rechte des Beitragenden und des Editors

- **Koordinator (Coordinator):** Verfügt alle Berechtigungen der vorherigen Rollen plus der Möglichkeit, Rechte zu vergeben
- **Administrator (Administrator):** Besitzt alle Berechtigungen im System

Berechtigungen können von Ordner zu Ordner „vererbt" werden (und natürlich zu Dokumenten). Dadurch muss ein Anwender nicht auf jeder Hierarchie-Ebene dieselben Berechtigungen setzen und so Redundanz erzeugen. Jedoch können in einem vererbten Ordner oder Dokument separate Berechtigungen gesetzt oder die geerbten Berechtigungen deaktiviert werden. Beispielsweise kann das sinnvoll sein für Mitarbeiterakten, worauf zwar vielleicht jede Abteilung Zugriff hat, aber ausgewählte Dokumente wie Lohnzahlungen oder Details zur Person nur von auserwählten Personen eingesehen werden dürfen. Es ist jedoch zu erwähnen, dass via XML-Konfiguration jederzeit neue Rollen hinzugefügt und mit fein granularen Berechtigungen ausgestattet werden können.

3.3.1 Gruppen und Rollen: Wo ist da eigentlich der Unterschied?

Gruppen werden häufig mit Rollen verwechselt – und Rollen mit Gruppen. Dabei ist bereits in der Bezeichnung ihre Funktion beschrieben. Gruppen stellen eine Ansammlung von Personen mit den gleichen Aufgaben dar. Eine **Gruppe** definiert man deshalb, um eine fachübergreifende Definition und Zuordnung von Personen beispielsweise in das Organigramm eines Unternehmens geben zu können. Genaue Berechtigungen und Verfügungen können hier nur auf grober Ebene, eben auf Gruppenebene, definiert werden, aber nicht einzeln.

Beispielsweise haben Vorstände die Berechtigungen, Veränderungen im Unternehmen durchzuführen – die Verkaufsabteilung hingegen nicht. Dabei stellen beide Abteilungen nichts weiter als Gruppen mit spezifischen Rechten und Pflichten dar. Durch die Aussage, dass die Vorstände das Recht haben, Veränderungen im Unternehmen durchzuführen, vergebe ich klar definierte Aufgaben (Plural!) an eine Gruppe (den Vorstand). Da jedoch Vorstände nicht nur innerhalb des Unternehmens agieren, sondern z. B. auch das Unternehmen nach außen hin vertreten, sind weitere Berechtigungen mit dieser Gruppe verknüpft.

Diese Einzelberechtigungen sind jedoch zu umständlich, um auf fein granularem Bereich, Berechtigungen zu vergeben. Stattdessen bündelt man die Rechte unter einer **Rolle**, die bestimmte Aufgaben zu erledigen hat.

3.3.2 Das Berechtigungsmodell in Alfresco

Nachdem wir nun wissen, dass auf Basis von Benutzern oder Gruppen entsprechende Rollen mit Berechtigungen vergeben werden können, muss ein elementarer Grund geklärt werden. Die Zugriffssteuerung muss nun für die verschiedenen Arbeitsbereiche in Alfresco definiert werden. Die Definition von Berechtigungen basiert auf 3 Bausteinen (aus Anwendersicht).

- **Autorität** (Authority): Darunter versteht man einen Benutzer oder eine Gruppe.
- **Berechtigung** (Permission): Die Rolle, welche die Authority erhält
- **Node:** Es muss ein Dokument oder Verzeichnis ausgewählt werden, in welchem die Kombination aus Autorität und Rolle Anwendung findet.

HINWEIS: Bei technischen Zugriffen über beispielsweise Java Code können neben den klassischen Rollen auch direkt fein granulare Berechtigungen wie Lesen oder Schreiben vergeben werden. Hier kann es schnell zu einer unkontrollierten Berechtigungsvergabe (da wir uns im Java Code befinden) kommen. Deswegen sollte man mit sehr viel Fingerspitzengefühl und Bedacht fein granulare Berechtigungen setzen.

Darüber hinaus kann definiert werden, ob Berechtigungen aus den übergeordneten Verzeichnis-Hierarchien vererbt werden sollen.

3.3.3 Standard-Gruppen in Alfresco

In Alfresco existieren verschiedene Standard-Gruppen, welche bereits in der Installation enthalten sind.

- **ALFRESCO_ADMINISTRATORS:** Definiert eine Gruppe, in der alle Benutzer über Administrationsrechte für das gesamte System verfügen
- **EMAIL_CONTRIBUTORS:** Berechtigungen zum Senden von Mails an Alfresco. Via Mail Client können Mails an Alfresco verschickt werden. Die Authentifizierung erfolgt via Mail-Adresse (Absender). Der Absender wird mit einem Benutzer im Alfresco-System abgeglichen. Wird er gefunden, muss diese Person ebenfalls der Gruppe **EMAIL_CONTRIBUTORS** zugeordnet sein, damit die E-Mail gespeichert werden kann.
- **Jeder (EVERYONE):** Jeder Benutzer ist in dieser Gruppe enthalten.

3.3.4 Aufbau von Hierarchien in Alfresco

Gruppen können beliebig geschachtelt werden. Dadurch lassen sich beliebig komplexe Diagramme in Alfresco abbilden. Anhand eines kleinen exemplarischen Beispiels können wir eine Aufführung von Zuständigkeiten betrachten (Bild 3.3). Der Einfachheit halber ist die Darstellung auf die wesentlichen Punkte reduziert worden.

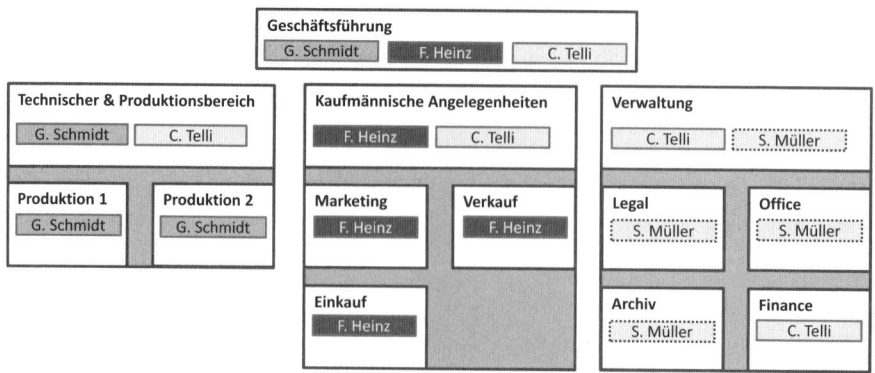

Bild 3.3 Vereinfachte Darstellung eines Organigramms

Das Unternehmen, dargestellt in Bild 3.3, ist in vier verschiedene Bereiche gegliedert: Produktion, kaufmännische Angelegenheiten, Verwaltung und den geschäftsführenden Bereich. Verschiedene Nutzer sind nicht nur in einem Bereich aktiv, sondern übernehmen führende Rollen in verschiedenen Abteilungen.

 HINWEIS: Im Unternehmensumfeld werden Hierarchien mit Verzeichnisdiensten wie Microsoft Active Directory abgebildet. Nutzer werden bestimmten Gruppen zugeordnet und durch Verschachtelungen im Unternehmens-Organigramm abgebildet. Alfresco liest diese Hierarchien automatisch aus und weist Benutzer sofort den entsprechenden Gruppen zu.

Jetzt können wir in Alfresco verschiedene Gruppen anlegen und diese verschiedenen Untergruppen hinzufügen. Personen, welche in mehreren verschiedenen Gruppen vorzufinden sind, wie z. B. G. Schmidt, werden einzeln den entsprechenden Gruppen hinzugefügt.

Im Folgenden werden die jeweiligen Gruppierungen und Personen angelegt. Anschließend erfolgt der Aufbau der Hierarchie zur Abbildung der Unternehmens-Hierarchie.

	Mitglieder
Geschäftsführung	G. Schmidt, F. Heinz, C. Telli
Technischer & Produktionsbereich	G. Schmidt, C. Telli, Geschäftsführung
Kaufmännische Angelegenheiten	F. Heinz, C. Telli, Geschäftsführung
Verwaltung	C. Telli, S. Müller, Geschäftsführung
Produktion 1	G. Schmidt, Technischer & Produktionsbereich
Archiv	S. Müller, Verwaltung

Die Tabelle stellt nicht alle Verknüpfungen dar, zeigt jedoch die wesentlichen Verbindungen untereinander auf. Vielleicht stellt sich hier die Frage: Warum eine Person aus der Geschäftsführung (G. Schmidt) sowohl in der Produktion 1 als auch im technischen Produktionsbereich definiert worden ist? Der Grund hierfür ist, dass Herr G. Schmidt weitreichendere Berechtigungen in der Produktion 1 erhält als die Gruppe insgesamt.

3.3.5 Klärung der Berechtigungen für jeden Bereich

Jetzt sind wir in der Lage, die aufgebaute Hierarchie in Alfresco an verschiedene Verzeichnisse oder Dokumente anzuhängen. Der Einfachheit halber wenden wir die Berechtigungen nur auf Verzeichnissen an. Auf den Verzeichnissen Executive, Verwaltung, Produktion als auch Einkauf wird die Gruppe Geschäftsführung mit Leseberechtigung (Rolle Konsument) gesetzt. Alfresco vererbt automatisch diese Berechtigungen an alle Unterverzeichnisse. Anschließend erhält Schmidt ab dem Produktionsbereich (dargestellt durch das Zeichen +) die Rolle Mitarbeiter. Schmidt wird dem Ordner Produktionsbereich explizit (obwohl er bereits in der Gruppe Geschäftsführung steht) hinzugefügt. Alle untergeordneten Verzeichnisse und Ordner erben auch diese Berechtigung. Müller wird auf der Ebene Verwaltung mit der Rolle Mitarbeiter ausgestattet. Auch hier findet automatisch eine Vererbung statt.

Verzeichnis	Autorität	Rechte
Executive	Geschäftsführung	Konsument
Verwaltung	Geschäftsführung	Konsument
Verwaltung	S. Müller	Mitarbeiter
Produktion	Geschäftsführung	Konsument
Produktion	G. Schmidt	Mitarbeiter
Einkauf	Geschäftsführung	Konsument

In Bild 3.4 ist das Resultat unserer Berechtigungsvergabe dargestellt. Natürlich existieren unzählige weitere Verzeichnisse und Projektstrukturen im Unternehmen. Durch den Minimalaufwand der Erstellung von Gruppen und der Personenzuweisung haben wir in kurzer Zeit die Unternehmenshierarchie aufgebaut. Anschließend haben wir auf einem Verzeichnisstamm in Alfresco, Gruppen entsprechende Berechtigungen auf Basis von Rollen vergeben. Benutzer, welche explizit weitreichendere Rechte benötigen, wurden zu einem Verzeichnis mit einer weiteren Rolle hinzugefügt.

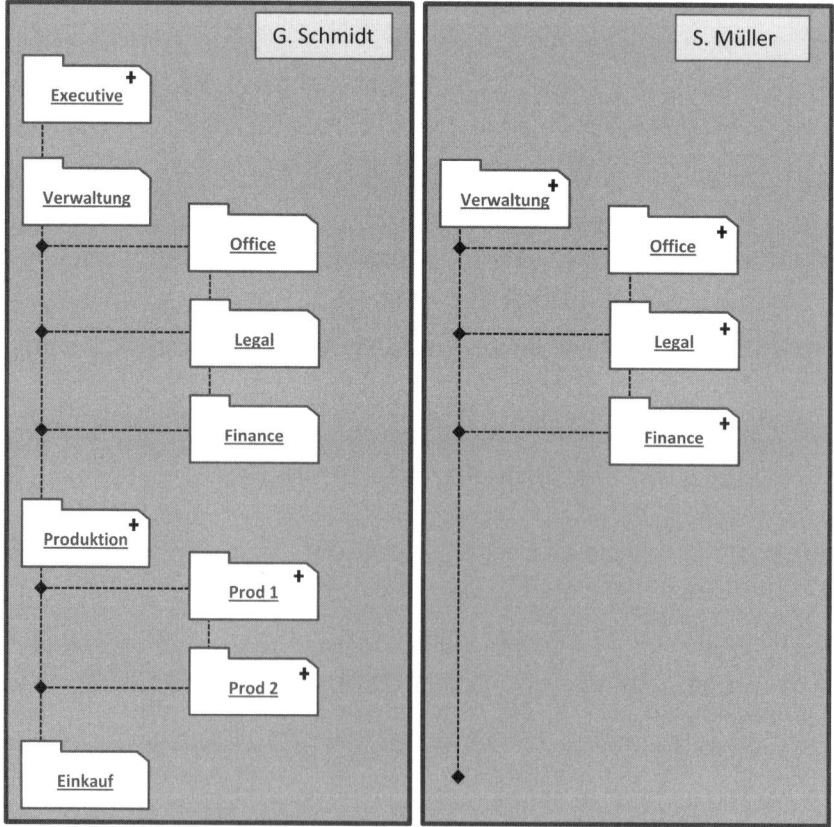

Bild 3.4 Sichtbarkeit von Verzeichnissen in Abhängigkeit des Nutzerkontextes

4 Alfresco Share

Bisher haben wir uns mit vielen wichtigen Grundlagen von ECM und Alfresco beschäftigt. Wir haben gelernt, vor welchen Herausforderungen heutige Unternehmen im Informationsumfeld stehen. Anschließend wurden die Anwendungsmöglichkeiten von Alfresco auf Entscheider-, Entwicklungs- und Administrationsebene aufgezeigt. In Kapitel 3 haben wir schließlich wichtige Grundlagen über das generelle Arbeiten mit Alfresco gelernt und haben verstanden, wie man das eigene Unternehmen und die damit verbundenen Strukturen in Alfresco sehr schnell umsetzen kann.

Der Bau einer Brücke zwischen Alfresco und den vielen Integrationsmöglichkeiten in der eigenen Unternehmensstruktur hilft uns jetzt, den nächsten Schritt zu gehen. In diesem Kapitel wollen wir uns die Zeit nehmen, die Arbeitsoberfläche von Alfresco näher anzusehen. Natürlich können Sie neben einer Oberfläche andere Zugangsmöglichkeiten wie Netzlaufwerke oder FTP verwenden. Jedoch sollen durch eine einheitlich gestaltete Oberfläche, Arbeitsprozesse strukturiert ablaufen, um beispielsweise die Bearbeitung an Dokumenten nachvollziehbarer zu gestalten. Klassische Funktionen, wie Check-in/Check-out, unterstützen auf visueller Sicht die Anwender und weisen darauf hin, wenn Aktionen nicht bereitstehen. Mögliche Fehlerquellen, wie das unkontrollierte Überschreiben oder das Verschieben, gehören so der Vergangenheit an.

Genau hier kommt Alfresco Share ins Spiel. Alfresco Share (oder auch nur kurz Share genannt) ist eine auf modernen (Web 2.0) Technologien basierende und stark erweiterbare Kollaborations- und Dokumentenmanagement-Anwendung. Ziel ist es, den Nutzern eine einfach zu bedienende Oberfläche anbieten zu können. Hierfür ist kein separater Client notwendig, sodass aufwändige Client Updates entfallen. Share kann darüber hinaus auch getrennt vom Repository – der eigentlichen Dokumentenablage – betrieben werden. Die Kommunikation zwischen Share und dem Repository erfolgt über REST-Webservices, sodass beispielsweise die Anwendung in die DMZ für externe Nutzung installiert werden kann. Die Sicherung und Aufbewahrung der Dokumente findet dann immer noch im eigenen Netzwerk statt. Die Kommunikation kann zusätzlich über SSL gesichert werden.

Wie bereits in der Historie von Alfresco erwähnt, ist Share die zweite Anwendung, welche über den Browser zur Verfügung steht. Alfresco Explorer, die erste für den Anwender bedienbare Anwendung, wird jedoch nicht mehr weiterentwickelt, sodass wir uns ausschließlich auf Alfresco Share konzentrieren können.

Sie erwartet in diesem Kapitel eine Einführung in das Arbeitskonzept von Share, und welche Funktionalitäten generell zur Verfügung stehen.

Zunächst lernen Sie die Startseite, das User Dashboard, mit den wichtigsten Funktionen kennen. Anschließend erfahren Sie, was Projektakten in Alfresco darstellen und welche Features dort genutzt werden können. Anschließend werden weitere Bereiche wie das Benutzerprofil und die Administration vorgestellt.

Auch hier sei noch einmal erwähnt, dass zu jedem Feature auch klare Empfehlungen und Erfahrungen wiedergegeben werden, und es wird aufgezeigt, wie einzelne Komponenten am besten verwendet werden können. Jedoch gehen wir in späteren Abschnitten noch genauer auf viele einzelne Punkte ein.

Dieses Kapitel ist sehr relevant, um ein ganzheitliches Bild über Alfresco zu erhalten. Am Ende wissen Sie, welche Features von Alfresco generell existieren, wie Sie mit Alfresco starten, die Anwendung über eine Oberfläche bedienen und Ihre Nutzer darauf ansetzen können. In den folgenden Abschnitten vertiefen wir die teilweise bereits beschriebenen Anwendungsszenarien durch die Umsetzung in Alfresco Share. Ziel ist hierbei, dass Sie ein immer besseres Gefühl dafür entwickeln, für welche Einsatzszenarien Alfresco in Ihrem Unternehmen eingesetzt werden kann.

■ 4.1 Anmeldung

Für Alfresco Share benötigt man valide Benutzerdaten, um sich anmelden zu können. Falls Sie die Installation in Kapitel 2 verfolgt haben, können Sie sich mit den Anmeldedaten unter *http://localhost:8080/share* einloggen. Falls diese Anmeldeoberfläche ein anderes Erscheinungsbild als Bild 4.1 hat, sollten Sie die Anweisung aus Abschnitt 2.8 durchführen. Anschließend verfügen Sie über das gleiche Erscheinungsbild, welches für die Durcharbeitung der Kapitel entscheidend sein kann. Die Anmeldung erfolgt mit dem Nutzernamen „admin" sowie dem Passwort „admin".

Bild 4.1 Anmeldemaske von Alfresco Share

Falls Single Sign-on konfiguriert worden ist, werden Sie die Anmeldemaske natürlich nicht zu Gesicht bekommen.

 PRAXISTIPP: Wenn Sie den Startbildschirm mit Ihrem Unternehmenslogo oder eigenem Hintergrund ausstatten wollen, können Sie Änderungen in die Datei *tomcat/webapps/share/WEB-INF/classes/alfresco/templates/org/alfresco/ global/slingshot-login.ftl* einbauen. Starten Sie anschließend Alfresco neu. Normalerweise würden wir hierzu ein separates Theme bauen – der Einfachheit halber können wir jedoch dieses Vorgehen wählen.

■ 4.2 Startseite von Alfresco Share – das User Dashboard

Nach erfolgreicher Anmeldung gelangen wir auf die Startseite von Alfresco Share – das User Dashboard. Hier kann jeder Anwender für sich einzelne Bereiche so konfigurieren, wie es für die eigene Arbeit am besten dienlich ist. Das Dashboard bietet einen Überblick über aktuelle Aktivitäten, auf die der aktuelle Nutzer Zugriff hat. Beispielsweise werden in Form eines lesbaren Tagebuchs aktuelle Änderungen an Dokumenten dargestellt. Ein großer Vorteil für den Nutzer ist die dadurch erleichterte Lesbarkeit. Durch die Nutzung eines einheitlichen Startpunkts können Nutzer, welche z.B. zeitweise nicht anwesend waren, sofort den aktuellen Arbeitsstatus ihrer Projekte nachlesen, wie in Bild 4.2 zu sehen.

Dem lästigen Durchwühlen von Mails aus den vergangenen Tagen bezüglich der aktuellen Projekte oder Telefonkonferenzen zum Informationsabgleich kann dadurch deutlich Einhalt geboten werden. Die Optimierung durch die personalisierte Anzeige von Inhalten zur Optimierung der eigenen Arbeitsweisen ist ein klar erkennbares Ziel von Share.

Die Konfiguration der Oberfläche erfolgt durch das Klicken auf den Button *Dashboard anpassen* oben rechts in Bild 4.2. Hier können verschiedene Dashlets, kleine Applikationen, dargestellt in rechteckiger Form, auf dem Bildschirm platziert werden.

Nachfolgend wollen wir uns einige wesentliche Dashlets im Detail genauer anschauen.

- **Aktivitäten:** Werden neue Informationen in Alfresco abgelegt oder von Mitarbeiten bearbeitet, ist es wichtig, einen kompletten Überblick zu erhalten ohne in jedem einzelnen Bereich alle Dokumente nach Bearbeitungsdatum zu sortieren. Hierzu dient die Aktivitätsanzeige mit der Möglichkeit der Filterung bestimmter Zeiträume sowie Aktionen und einbettbar in RSS-fähige Anwendungen wie Browser. Direkt aus einer Aktivität heraus kann ein Anwender direkt in das jeweilige Dokument springen und weitere Informationen erfahren.

- **Meine Sites:** Liste der Arbeitsbereiche, in denen der Anwender explizit Mitglied ist. Des Weiteren kann jeder Mitarbeiter eigene Sites erstellen und andere Personen zur Zusammenarbeit als Manager einladen.

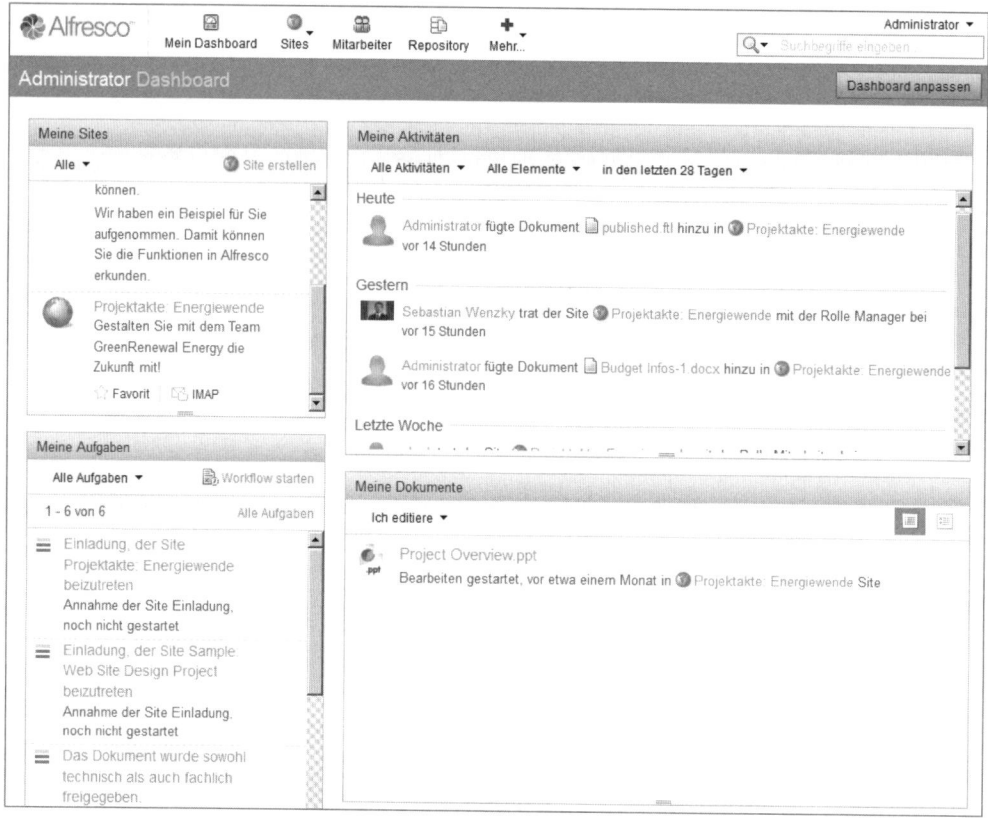

Bild 4.2 Startseite nach Anmeldung in Alfresco Share

- **RSS:** Beispielsweise Einbau von Unternehmens-News – dadurch erhält der Benutzer die Möglichkeit, mit noch weniger Aufwand Neuigkeiten zu verarbeiten

- **Meine Aufgaben:** Hier werden aktuelle To-do-Listen eines Mitarbeiters dargestellt. Beispielsweise werden Aufgaben in aktiven Workflows, denen der aktuelle Anwender zugewiesen ist, hier angezeigt. Über den vorhanden Link in jeder Aufgabe springt man direkt in die Details und kann sofort reagieren. Auch hier kann eine Filterung auf Basis verschiedener Parameter erfolgen.

- **Meine Dokumente:** Auflistung aller Dokumente, die der Anwender in letzter Zeit bearbeitet oder im Fokus hat

- **Mein Kalender:** Darstellung von Events, welche in Alfresco Share eingepflegt worden sind. Ein Export in die eigene Kalenderverwaltung via iCal-Format ist möglich.

■ 4.3 Sites – das Arbeiten in Projektseiten

Sie kennen sicherlich noch die gewohnten Arbeitsweisen in Projekten. Irgendwo auf dem Netzlaufwerk wird ein Verzeichnis abgelegt, um gemeinsam an einen Angebot zu schreiben. Der Link zum Verzeichnis wird an alle beteiligten Personen verschickt, sodass nun alle hoffentlich den Weg zu diesem Ablageplatz finden. Während der Bearbeitung der Dokumente ruft man sich gelegentlich an, um sich bezüglich der Bearbeitung eines Dokumentes abzustimmen, sonst überschreibt die eine Person die Änderung des anderen. Anschließend verschickt man Status-Mails an die anderen Mitarbeiter, dass man mit dem Bearbeiten fertig ist – oder noch besser: Man verschickt das Dokument via E-Mail, sodass nach und nach der Ablagebereich verwaist. Keiner der beteiligten Personen kann schon nach wenigen Tagen mehr genau nachvollziehen, wo nun eigentlich die aktuellste Version des Dokumentes liegt, und wo eigentlich die Auftragsbestätigung des Kunden in der Projektstruktur geblieben ist.

Kennen Sie dieses Szenario? Den Rest der Geschichte können Sie sich sicherlich selbst ausmalen und überlasse ihn deshalb Ihrer Fantasie. Ich nenne diese immer wiederkehrende äußerst unangenehme Erscheinung in Unternehmen schlicht und ergreifend den *Human Embaressing Loop Process* (kurz *HELP*).

Genau hier setzt das Konzept von Alfresco an und gibt den Mitarbeiten eine einheitliche Arbeitsweise vor. Jedoch hält sich Alfresco gekonnt im Hintergrund, sodass genügend Platz zur Prozesssteuerung außerhalb von Alfresco erfolgen kann. Alfresco bietet zur projektgestützten Verwaltung von Informationen, so genannte Sites an. Eine Site kann man sich wie einen abgeschlossenen Arbeitsbereich vorstellen, in dem auch eine eigene Mitarbeiterhierarchie existiert. Innerhalb einer Site existieren Kollaborationsfunktionen, wie Wikis, Blogs oder Datenlisten, um strukturierte Informationen mit abzulegen. Via Mail-Clients können direkt Mails in das eigene Projekt gesendet oder via Drag & Drop kopiert werden. Hierzu wird die IMAP-Schnittstelle von Alfresco verwendet.

4.3.1 Site Dashboard – die Startseite jedes Projekts

Klickt man auf die bestehende Test-Site (bzw. Demo-Site), welche automatisch bei jeder Alfresco-Installation angelegt wird, gelangt man auf ein weiteres Dashboard von Alfresco. Im Gegensatz zu den User Dashboards kann ein normaler Anwender das Dashboard nicht verändern. Ausschließlich die Manager einer Site (wir werden gleich noch auf das Berechtigungsmodell zu sprechen kommen) sind in der Lage, Änderungen an dieser durchzuführen.

Auch hier erhält man einen Überblick (Bild 4.3) über die wesentlichen Aktivitäten in der letzten Zeit, jedoch nur basierend auf der aktuellen Site. Auch hier existieren viele verschiedene Dashlets zur Darstellung von bestimmten Informationen aus dem Projekt. Die wichtigsten Dashlets schauen wir uns nun kurz an.

- **Site-Profil:** Hier werden wichtige Fakten zur Site präsentiert. Weiterführende Beschreibungen und die Darstellung der Manager findet man hier vor.
- **Bilderschau:** Hier werden aktuelle Bilder aus der Site präsentiert. Vor allem für Marketing- oder Multimedia-Projekte ist dieses Dashlet interessant.

- **Site-Mitglieder:** Auflistung der Mitglieder einer Site und der zugewiesenen Rolle. Mit dem Klick auf ein Mitglied wird man automatisch zu der Profilseite einer Person geleitet, über die man detailliertere Informationen erhalten möchte.

- **Site-Aktivitäten:** Dieselbe Funktionalität wie bei den generellen Aktivitäten über das User Dashboard, nur eingegrenzt auf diese Site

- **Site-Kalender:** Verfügt über dieselben Funktionen wie der übergeordnete Kalender, nur ist dieser eingegrenzt auf diese Site

- **Wiki:** Hier kann ein aktueller Beitrag aus dem Wiki dargestellt werden. Dies ist vor allem für mehrstufige Projekte interessant, denn hier können je nach Status Informationen zu aktuellen Arbeitsanweisungen und Fortschritten sofort eingesehen werden. Die Verknüpfung mit Dokumenten oder anderen Elementen aus der Site kann ebenfalls erfolgen, sodass man ohne Umweg die benötigten Informationen erhält.

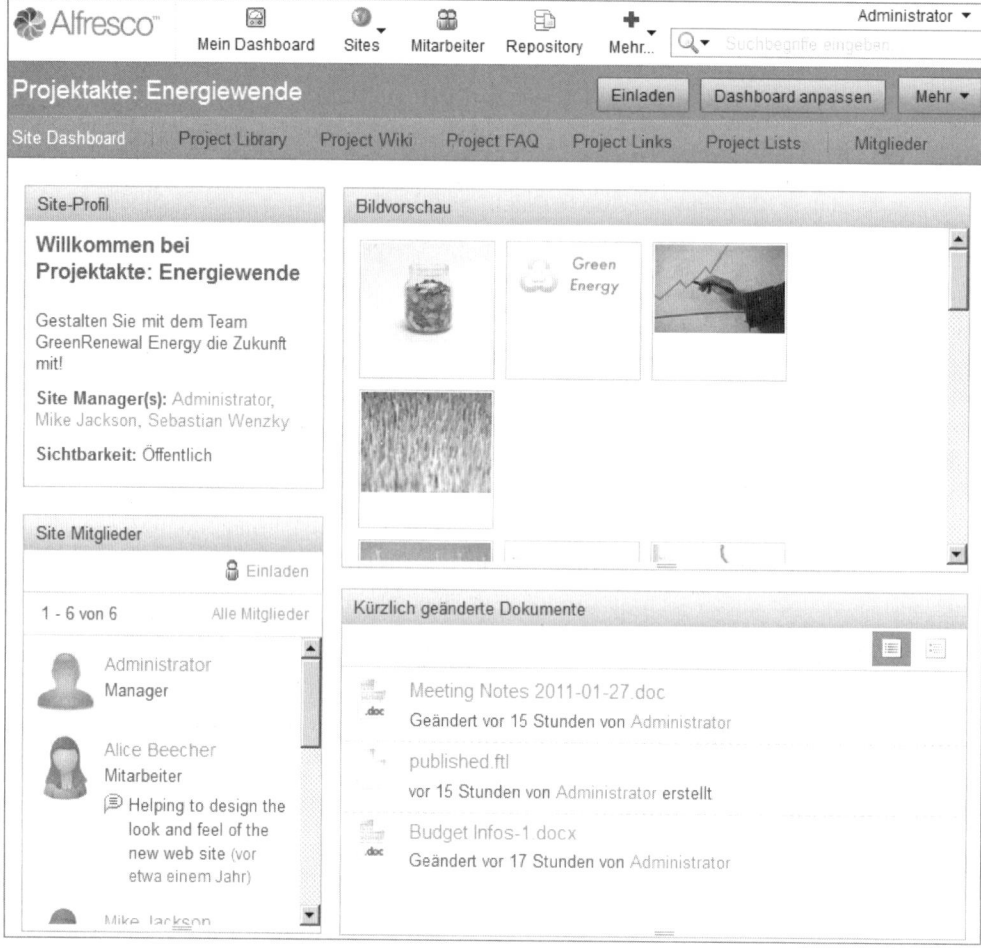

Bild 4.3 Startbereich einer Site

4.3.2 Navigationsbereich

Egal, wo man sich innerhalb einer Site befindet – man kann durch einen Klick immer in eine andere Komponente der Site gelangen. Im oberen Bereich der Site existiert ein Navigationsbalken, der sich von links nach rechts komplett durch die Seite zieht (Bild 4.4). Je nach eingestellter Konfiguration findet sich im Navigationsbereich das eine oder andere Feature zur Verwendung wieder.

Projektakte: Energiewende							
Site Dashboard	Project Library	Project Wiki	Project FAQ	Project Links	Project Lists	Mitglieder	

Bild 4.4 Navigationsbereich einer Site

Die Namen der jeweiligen Features können über den Konfigurationsbereich (welchen wir uns in Abschnitt 3.5 anschauen) konfiguriert werden.

4.3.3 Berechtigungsmodell in einer Site

Sie haben bereits in Abschnitt 3.3 erfahren, wie Sie in Alfresco im Allgemeinen mit Berechtigungen arbeiten können. Innerhalb einer jeden Site existiert eine eigene Berechtigungsstruktur, die den Projektverantwortlichen unterstützt, Rollen richtig an Mitarbeiter vergeben zu können. Unterteilt werden die im Alfresco-Standard vorkommenden Rollen wie folgt:

- **Konsument (Consumer):** Verfügt über reine Leserechte
- **Beitragender (Contributor):** Kann Dokumente hochladen und eigene Dokumente bearbeiten. Darf nicht löschen.
- **Mitarbeiter (Collaborator):** Verfügt über beitragende Rechte und darf andere Dokumente bearbeiten
- **Manager:** Kann die Site konfigurieren und Dokumente löschen. Darüber hinaus kann er natürlich Dokumente hinzufügen und editieren.

Es können sowohl Benutzer als auch Gruppen mit einer dieser Rollen ausgestattet werden.

Das Hinzufügen von neuen Benutzern erfolgt nicht direkt. Jeder Benutzer erhält eine Einladung via E-Mail und partizipiert von einem automatisch gestarteten Invitation Workflow. Der Nutzer muss die zugewiesene Einladungsaufgabe akzeptieren, um Mitglied dieser Site zu werden und sieht dann unter dem Dashlet „Meine Sites" die neue Site, für die er soeben die Mitgliedschaft bestätigt hat.

Ein sofortiges Hinzufügen zu einer Site findet jedoch bei der Nutzung von Gruppen statt. Hier wird keine Einladungs-Mail an einen Benutzer verschickt. Der Anwender hat jedoch automatisch Zugriff auf die Site.

 HINWEIS: Neue Rollen können via XML-Konfiguration jederzeit hinzugefügt werden. Auf fein granularer Ebene kann entschieden werden, über welche Berechtigungen Rollen explizit verfügen.

Die Berechtigungsvergabe auf Dokumente oder Verzeichnisse in Sites erfolgt jedoch nicht direkt auf Rollenbasis. Stattdessen können auf Ordnern beispielsweise Rollen andere Rollen maskieren. Das heißt, dass beispielsweise Konsumenten für einen Ordner auf einmal Mitarbeiterrechte erhalten können. Mitarbeiter können ebenso auf Konsument heruntergestuft werden – jedoch nur auf Datei- und Ordnerbasis, aber nie projektweit.

Es gilt noch zu erwähnen, dass eine Site komplett versteckt, nur für Mitglieder oder für alle Nutzer des Systems sichtbar ist. Hierzu existieren in Share drei verschiedene Sichtbarkeitsmodi, welche beim Erstellen oder Ändern einer Site gesetzt werden können.

- **Öffentlich:** Jede Person, die einen Benutzer-Account hat, kann auf die Site zugreifen, jedoch nichts verändern. Der Nutzer kann sich jedoch selbst als Mitglied hinzufügen. Anschließend erhält der Benutzer Konsumentenrechte.

- **Öffentlich (moderierte Site-Mitgliedschaft):** Ähnliches Verhalten wie bei *Öffentlich*, mit dem Unterschied, dass man nur einen Antrag auf Mitgliedschaft stellen kann, sich jedoch nicht selbst automatisch als Mitglied hinzufügen kann

- **Privat:** Nur Mitglieder und Gruppen, welche explizit Mitglied sind, können mit ihren entsprechenden Rollen auf der Site agieren. Bei einer privaten Site muss der Manager selbst die Personen in die Site einladen.

Der *öffentliche Bereich* macht vor allem immer dann Sinn, wenn die Site zwar von einer bestimmten Gruppe bearbeitet wird, andere Personen jedoch nur ihre generell neuen Informationen aus dem System ziehen sollen. Das kann z. B. ein publizierter Bereich sein, wo man fertige Dokumente zur Weiterverwendung nutzen kann – im klassischen Qualitätsmanagement-Bereich ist solch eine Lösung definitiv interessant. Dort werden Anträge zur Qualitäts- oder Produktionsoptimierung beantragt. Fertige Dokumente oder Videos werden dann für alle sichtbar, aber unveränderlich, in einer Site präsentiert.

Der *private Bereich* dient vor allem Arbeitsgruppen, welche miteinander aktiv an Projekten arbeiten. In der Regel sind diese Informationen nicht für andere Personen relevant. Alleine wegen der Reduzierung der Informationsflut werden solche Seiten gerne in Anspruch genommen.

4.3.4 Features einer Site

Innerhalb einer Site stehen verschiedene Möglichkeiten offen, den Informationsfluss in einem Projekt strukturiert zu verwalten. Neben der Möglichkeiten der Nutzung einer klassischen Projektablage, der Dokumentenbibliothek, gibt es ebenfalls fortgeschrittene Kollaborationswerkzeuge.

4.3.4.1 Dokumentenbibliothek

Das Herzstück eines jeden Projekts ist die Dokumentenablage (Bild 4.5). Hier werden Ordnerstrukturen aufgebaut, Dokumente abgelegt und zusammen bearbeitet. Via Drag & Drop vom Desktop oder einer Festplatte können direkt Dokumente in Share hochgeladen und verwendet werden.

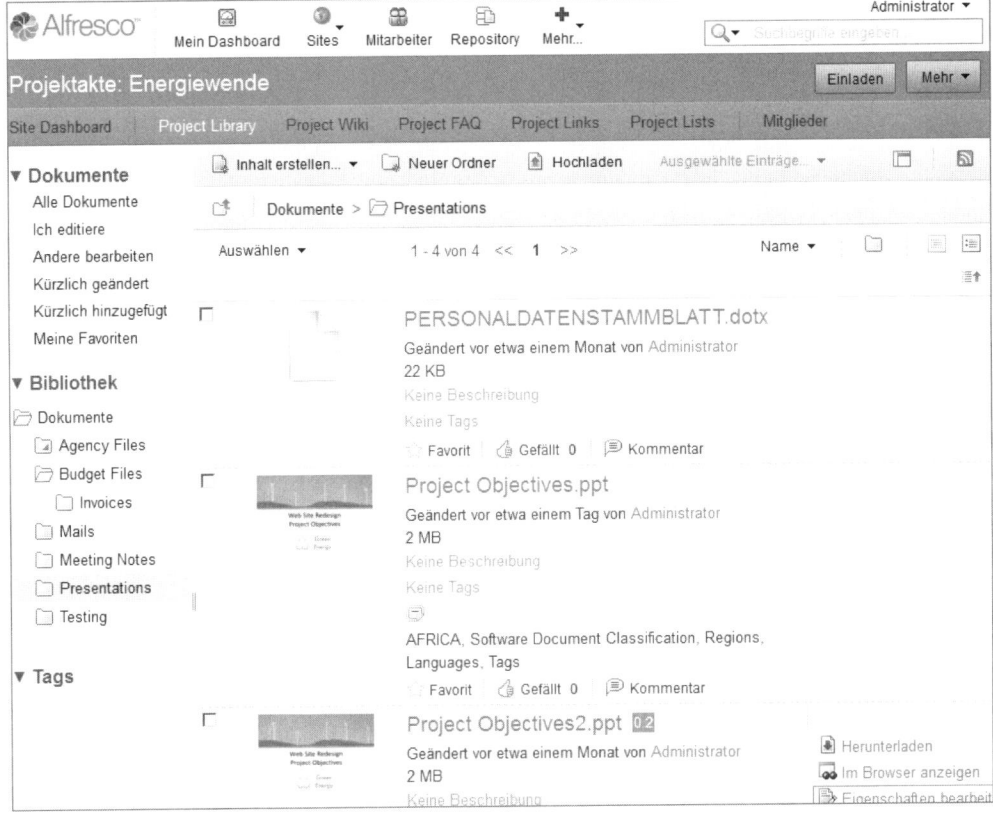

Bild 4.5 Dokumentenbibliothek eines Projekts

Via Check-in/Check-out können Dokumente durch einen prozessgestützten Ablauf bearbeitet werden. Dokumente können direkt im Browser angesehen werden. Über separate Leisten auf der rechten Seite in den Dokumentendetails sieht man auf einen Blick die wichtigsten Fakten zu einem Dokument, hinsichtlich der Metadaten, der Versionen, den Berechtigungen und der Beziehung zu Workflows. Über das SharePoint-Protokoll können aus dem Browser heraus, direkt beispielsweise Word-Dokumente geöffnet werden. Im Hintergrund erfolgt das automatische Sperren des Dokumentes für den Anwender. Nach erfolgreichem Speichern und Schließen des Dokumentes wird automatisch eine neue Version erzeugt (Check-in) und das Dokument zur Benutzung durch andere Anwender freigegeben.

4.3.4.2 Wiki

Mit dem Wiki können eigene hierarchische Seitenstrukturen aufgebaut werden. Hierbei unterliegen wir nicht dem Gesetz eines einzelnen Dokumentes, wo wir nur innerhalb eines Dokumentes verlinken können. Über verschiedene Wiki-Seiten lassen sich individuelle Themen verwalten und präsentiere. Wikis haben den Vorteil, dass ohne separatem Tool der Inhalt direkt angesehen werden kann und ggf. auch sofort Änderungen vorgenommen werden können. Beliebig viele Unterseiten können erstellt und mit anderen Informationselementen wie Dokumenten oder Links verknüpft werden. Die Nutzung von klassischen Wiki-

Makros ist hingegen nicht möglich. Das Schreiben von Inhalten und die Formatierung dessen, was am Ende für andere Benutzer als hilfreich gekennzeichnet werden soll, bietet dieses Tool.

Wie bereits erwähnt, eignen sich Wikis vor allem für die Ablage von Informationsfragmenten, welche über Seiten strukturiert und miteinander in Beziehung gebracht werden. Hier will man schnell Informationen herausziehen und für die tägliche Arbeit direkt weiterverwenden können.

4.3.4.3 Diskussionen

Wer kennt das nicht? Eine spannende Diskussion wird via Mailing-Liste zu einem Thema geführt. Rotierende Mitarbeiter bleiben jedoch dabei schnell auf der Strecke. Das Heraussuchen solcher Kommunikationen aus vergangenen Projekten zur Wiederaufbereitung funktioniert ebenfalls eher kläglich. Eine gebündelte Kommunikation via Mail kann genauso gut über ein Forum im Projekt durchgeführt werden. Alfresco bietet hierfür ebenfalls ein Diskussionsforum an. Auch hier hält sich die Funktionalität in Grenzen – jedoch auch, wie bei den Wikis, mit bewusstem Ansatz. Der Fokus gilt ganz klar den Diskussionen und nicht den Zusatz-Features, die viele bekannte Foren-Hersteller anbieten, denn Alfresco ist kein Forum und eben auch kein Wiki, sondern ein modernes ECM-System mit starken kollaborativen Ansätzen.

4.3.4.4 Links

Die Pflege von wichtigen (Dokumenten-)Adressen könnte natürlich auch durch eine separate Wiki-Seite erfolgen. Jedoch werden Links als separates Feature auch aus einem anderen Grund unterstützt. In Microsoft Office haben Sie die Möglichkeit, zu einen Dokument Links in einem so genannten SharePoint Workspace anzulegen. Ein Workspace ist in Alfresco nichts anderes als eine Site. Damit jedoch dieses Feature ebenfalls unterstützt wird, hat Alfresco den Link-Feature mit eingebaut.

Dieses Feature ist ganz nett, findet jedoch in der Praxis nicht sehr häufig Anwendung.

4.3.4.5 Datenlisten

Dieses Feature fand mit Alfresco 3.3 den Einsatz in Share. Mit Datenlisten ist es möglich, strukturierte Informationen im System abzulegen. Die Umsetzung erfolgt dabei wie in einer Tabelle – mit Spalten (Metadaten) und Zeilen (Werten). Es können beliebig viele Datenlisten, auch des gleichen Typs angelegt werden. Im Standard existieren bereits mehrere Vorlagen, welche sofort verwendet werden können:

▪ **Aufgabenliste (einfach und erweitert):** Pflege von Aufgaben mit Priorität und mit Anhängen (Referenzieren auf Dokumente) – mithilfe von Business Rules könnten hieraus auch richtige Workflows gestartet und bestimmten Personen zugewiesen werden. In dieser Form stellt diese Liste eine klassische To-do-Liste (Bild 4.6) dar, worauf jedes Mitglied dieser Site Zugriff hat.

▪ **Ereigniskalender/-liste:** Pflege von Meetings, Präsentation usw., welche in der Zukunft noch anstehen

▪ **Kontakte:** Pflege von internen und externen Kontakten mit E-Mail, Telefon usw.

- **Liste zu erledigten Aufgaben:** Ähnlich wie eine Aufgabenliste, nur mit Zuweisung an spezifische Person zur Abarbeitung. Auch hier wird kein Workflow erstellt.
- **Sitzungskalender:** Hier werden alle Meetings dokumentiert und zum Nachweis aufbewahrt.
- **Standortliste:** Pflege von Firmen oder Kontakten, welche sich an bestimmten Standorten aufhalten
- **Themenliste:** Verwaltung von Themen rund um das Projekt

Wie Sie sicherlich an den verschiedenen Arten der Listen erahnen können, sind viele dieser Datenlisten überflüssig. Sitzungen und Meetings werden natürlich in Kollaboration- oder Exchange-Systemen organisiert und an die jeweiligen Mitarbeiter weiterverschickt. Jedoch existieren im Standard durchaus sinnvolle Listen wie eine Kontakt- und Standortliste.

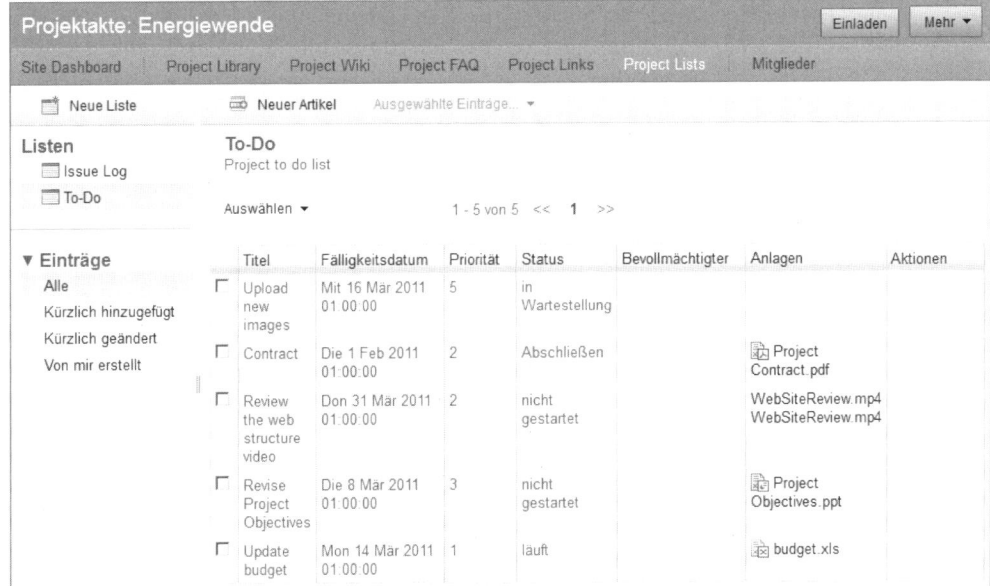

Bild 4.6 Darstellung einer To-do-Liste für ein Projekt

Beispielsweise können bei Kundenprojekten hier die Ansprechpartner und Aufenthaltsorte der Abteilungen strukturiert abgelegt werden – ein notwendiges Durchsuchen von Dokumenten gehört so der Vergangenheit an.

 HINWEIS: Neue Datenlisten können genauso einfach erstellt werden wie neue Datentypen oder Aspekte. Vergessen Sie nicht, auf welchen Grundkonzepten Alfresco aufgebaut ist: Jedes Informationselement stellt eine Node dar. Dadurch lassen sich ebenfalls solche Datenlisten via XML-Konfiguration schnell auf eigene Anforderungen erweitern.

4.3.4.6 Kalender

Über die Kalenderfunktion werden wichtige Termine über ein Projekt festgehalten und dokumentiert. Die Kalendereinträge finden sich auch übergreifend im Kalender-Dashlet der Site und im User Dashboard wieder. In der Regel wird der Kalender eher stiefmütterlich behandelt, da aktuell keine Integration in beispielsweise Exchange-Systeme vorhanden ist. Alfresco ist sich dieser Tatsache bewusst und arbeitet an einer optimalen Lösung, die sich in solche Systeme integrieren lässt. Denn eine Integration ist nicht so einfach wie man sich das vielleicht vorstellt. Denn jede Site kann Kalender besitzen, eine Synchronisation mit Events muss jedoch projektspezifisch abgelegt werden. Da hierfür jedoch kein standardisiertes Protokoll, wie z.B. bei LDAP, existiert, muss auch der Exchange-Administrator Konfigurationen durchführen um solche Integrationen zuzulassen.

 HINWEIS: Es gibt jedoch Dienstleister, welche die Umsetzungen einer verbesserten Kalenderfunktion bereits entwickelt haben und die versuchen, mit Alfresco gemeinsam eine ganzheitliche Lösung für zukünftige Versionen anbieten zu können.

Der Export als iCal-Datei ist jedoch im Standard möglich. Aber auch hier gilt: Sollen neue Events nach dem Export im eigenen lokalen Kalender angezeigt werden, muss die Liste erneut exportiert werden.

4.3.4.7 Blog

Über einen Blog kann jeder neue Informationen oder Ereignisse als Tagebuch skizzieren. Jedoch existiert nicht für jede Person ein separater Blog, sondern nur ein Projekt-Blog. Ein Projekt-Blog macht vor allem für sehr große Projekte Sinn. Denn nicht wegen jeden Meetings und Ergebnisses muss eine Telefonkonferenz mit allen Teilnehmern durchgeführt werden. Stattdessen können die Informationen im Blog abgelegt und so für jeden verfügbar gemacht werden. Eine nachträgliche Recherche ist dadurch auch deutlich leichter, als in den eigenen Notizen zu suchen.

4.3.5 Verwaltung einer Site

Zur Verwaltung einer Site verfügen Manager über mehrere Einstellmöglichkeiten. Zum einen kann konfiguriert werden, welche Features einer Site aktiv und mit welchem Namen versehen sind. Über den Button *Mehr (oben rechts) > Site anpassen* gelangt man zu einer separaten Site, auf dieser die Einstellungen gepflegt werden können. Darüber hinaus kann hier auch das Farbschema für die Site bestimmt werden.

Die Verwaltung des Site-Titels und der Beschreibung als auch der Einstellung des Zugriffsmodus erfolgt in einem separaten Dialog. Zu finden ist er unter *Mehr (oben rechts) > Site-Details anpassen*.

Mit dem Klick auf die Mitgliederverwaltung (**ganz rechts in der Feature-Liste in einer Site im oberen Bereich**) können beliebig viele Personen/Gruppen der Site hinzugefügt, mit Rollen versehen oder entfernt werden.

■ 4.4 Mein Profil

Für jeden Benutzer existiert neben den User Dashboards ein Profilbereich. Dort werden Informationen zur Person gebündelt dargestellt. Hierbei reden wir nicht nur von Informationen direkt zu einer bestimmten Person, sondern stattdessen auch zu den letzten Aktivitäten dieser Person im System. Nahezu überall, wo man Benutzer in der Oberfläche erkennen kann, existiert die Möglichkeit, via Klick auf das entsprechende Profil zu gelangen. Eine andere Möglichkeit besteht durch die Nutzung der Mitarbeitersuche, ganz oben im Alfresco Share-Bereich. Auf dem Profil angekommen, existieren mehrere Reiter zur Auswahl (Bild 4.7).

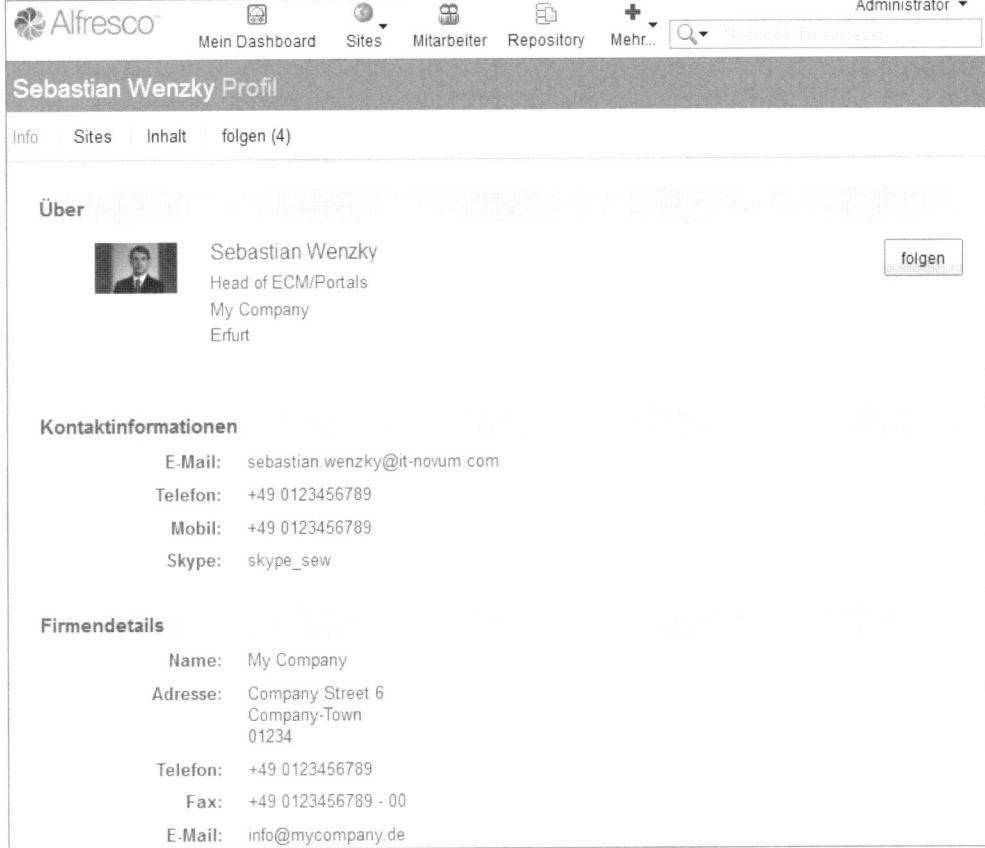

Bild 4.7 Mitarbeiterprofil mit der Möglichkeit, dem Nutzer zu folgen

- **Info:** Zeigt relevante Benutzerdaten wie Firmenzugehörigkeit und Kontaktinformationen an. Diese Informationen können via Anbindung eines Verzeichnisdienstes wie ein Active Directory oder OpenLDAP automatisch in Alfresco überführt werden.
- **Sites:** Zeigt Mitgliedschaften zu Sites. Diese Funktionalität ist mit Obacht zu genießen. Beispiel: Ist der aktuell angemeldeter Benutzer nicht in einer privaten Site Mitglied, die

Person auf dem aktuell besuchten Profil schon, dann wird man die Zugehörigkeit zu dieser Site nicht dort einsehen können. Grund hierfür ist das Sichtbarkeitsmodell von Alfresco Share, welches Nichtmitgliedern eben nicht erlaubt, in irgendeiner Stelle des Systems auf Kenntnis über diese Site zu erlangen.

▪ **Inhalt:** Zeigt Aktionen des angeklickten Benutzers in der letzten Zeit auf. Auch hier ist Vorsicht zu genießen. Informationen zu Inhalten, zu denen der aktuell angemeldete Benutzer keinen Zutritt hat, werden ausgeblendet.

▪ **Folgen:** Zeigt die Nutzer an, welche dieser Person folgen

◼ 4.5 Das Repository

Ganz oben in der Leiste von Share ist der Repository-Bereich zu finden. Das Repository gibt Ihnen einen Überblick über Dokumente und Verzeichnisse, für die Sie in Alfresco Zugriffs-rechte besitzen. Diese Übersicht wird vor allem für administrative Zwecke benutzt, um bei-spielsweise Templates oder Scripts zu verwalten. Innerhalb des Repositories können auch andere Berechtigungen vergeben werden. Im Gegensatz zum Berechtigungsmodell in einer Site (siehe Abschnitt 4.3.3) können hier die Berechtigungen vergeben werden, welche wir bereits in Abschnitt 3.3 erläutert haben (in Abschnitt 6.3.1 werden wir noch einmal auf die Vergabe in Share zurückkommen). Die Berechtigungsvergabe auf dem Repository Level hat natürlich nur Sinn, wenn auch aktiv damit gearbeitet wird. Wie bereits erwähnt, verwenden die meisten Kunden-Sites, um die Arbeiten zu strukturieren. Man muss ganz genau abschät-zen, wann die Nutzung von Sites nicht relevant erscheint.

◼ 4.6 Begonnene Workflows/aktive Aufgaben

Einen Überblick über die eigenen gestarteten Workflows und zugewiesenen Aufgaben kann dem Anwender helfen, schnellere Entscheidungen zu treffen. Hierzu bietet Alfresco zwei verschiedene Bereiche an. Über das Menü **Mehr (oberer Bereich)** kann wahlweise **Begon-nene Workflows** oder **Meine Tasks** ausgewählt werden. In jedem dieser Bereiche können bestehende Aufgaben oder Workflows nach Kriterien wie der zeitlichen Begrenzung gefil-tert werden. Der Nutzer kann bei eigenen Workflows den Workflow ebenfalls abbrechen und umleiten. Mit Umleiten ist die eigenständige Bearbeitung einer Aufgabe gemeint, ohne selbst diese Aufgabe zu besitzen. Das kann schnell zu Unstimmigkeiten führen. Via XML-Konfiguration kann diese Funktionalität auch ausgeblendet werden.

■ 4.7 Administration von Alfresco Share

Viele Einstellungen können über die Oberfläche durch Administratoren abgehandelt werden. Im Folgenden werden die interessantesten kurz vorgestellt. Im weiteren Verlauf des Buches wird in den einen oder anderen Bereich ein detaillierter Einblick erfolgen.

In den Administrationsbereich gelangt man durch Klick auf den Button *Mehr (ganz oben)* > *Mehr*.

- **Anwendung:** Konfiguration des Themes (grafische Repräsentation von Alfresco) und des Logos, welches oben links angezeigt werden soll

- **Kategorie-Manager:** Taxonomie-Bildung für die Verwendung zur weitergehenden Klassifizierung von Dokumenten und Verzeichnissen (oder auch anderen Nodes wie Datenlisten)

- **Node Browser:** Wichtigstes Tool für den Administrator und Entwickler. Hier wird der technische Aufbau von Nodes detailliert dargestellt. Alle Eigenschaften (auch solche, die man nicht an der Oberfläche entdeckt), Berechtigungen, Aspekte und Beziehungen zu anderen Nodes werden hier dargestellt. Darüber hinaus lassen sich Suchen auf dem gesamten Repository ausführen.

- **Papierkorb:** Anzeige von gelöschten Elementen an der Oberfläche. Der Administrator hat die Möglichkeit, gelöschte Dokumente wiederherzustellen oder endgültig zu löschen. Je nach Konfiguration des Systems können die im Papierkorb abgelegten Nodes auch automatisch nach einer bestimmten Zeit restlos entfernt werden.

- **Datei-Server:** Konfiguration des Zugriffs über andere Schnittstellen wie Netzlaufwerke oder FTP

- **Workflow:** Neues Feature dank dem Einzug der Activiti Workflow Engine mit Alfresco 4. Hier kann der Administrator bestehende Workflows verwalten, neue Versionen zur Laufzeit einspielen und aktive Instanzen überwachen. Über eine grafische Repräsentation des Workflows weiß der Administrator sofort, welcher Nutzer in einem Workflow eine aktuelle Aufgabe besitzt. Außerdem werden Workflow-Eigenschaften dargestellt, die sich wiederrum mit dem Node Browser verknüpfen lassen (wir erinnern uns: Nodes!). Ein Workflow kann im Notfall auch abgebrochen werden.

- **Indexing (Lucene/SolR):** Einstellung von Search Engine-Parameter – nur für erfahrene Personen geeignet, weil diese Einstellungen deutlich die Performance und die damit verbundene Stabilität des Gesamtsystems beeinflussen können

- **Benutzer/Gruppen:** Pflege von Nutzern und Gruppen. Erstellen bzw. Abbilden von Organigrammen

- **Subsysteme:** Je nach Konfiguration können aktivierte Systeme wie IMAP-Server konfiguriert werden.

■ 4.8 Mehrsprachigkeit einstellen

Alfresco Share ist als internationales Produkt natürlich mehrsprachig aufgestellt. Die Benutzeroberflächensprache wird über die Browser-Einstellungen ermittelt, jedoch nicht von der Benutzersprache im Browser selbst. Im Internet Explorer 8 finden Sie diese Einstellungen unter dem Menüpunkt *Extras > Einstellungen > Reiter Allgemein > Sprachen*. Unter Firefox 14 finden Sie die Einstellungen unter *Extras > Einstellungen > Reiter Inhalt > Sprachen*.

In der Sprache, in der Sie unterwegs sind, werden auch neu zugefügte Dokumente behandelt. Das heißt konkret, dass diese Dokumente in französischer Sprache optimiert im Suchindex abgespeichert werden.

5 Dokumenten-management mit Alfresco

In diesem Kapitel wollen wir uns der täglichen Arbeit von Anwendern widmen. Hierzu werden wir uns detailliert mit der Bearbeitung von Dokumenten auseinandersetzen. Zunächst werden wir hierzu eine neue Site, namens Backoffice, erstellen. Anschließend werden wichtige Features der Dokumentenbibliothek der neuen Site vorgestellt. Hier werden wir einige Dokumente hochladen und in neu erstellten Verzeichnissen ablegen. Darauf folgend werden wir uns mit dem Starten und den Ausführen von Workflows beschäftigen. In Alfresco Share existieren im Standard viele Workflows. Durch das Ausführen eines Ad-hoc-Workflows werden die wesentlichen Arbeits- und Kontrollschritte für Anwender aufgezeigt. Am Ende befassen wir uns mit der Möglichkeit, Arbeitsabläufe zu automatisieren. Hierzu zeige ich Ihnen an mehreren kleinen Beispielen, wie man Alfresco durch reine Konfiguration auf die eigenen Geschäftsabläufe weiter optimieren kann.

■ 5.1 Alfresco Share als Dokumenten-management-Plattform

In diesen Abschnitt möchten wir uns zunächst mit den verschiedenen Möglichkeiten der Verwaltung von Dokumenten in Alfresco Share auseinandersetzen. Hierzu werden die wichtigsten Funktionen genauer vorgestellt. Beginnen wir am besten mit dem Erstellen einer neuen Site (Bild 5.1), um uns in der Dokumentenbibliothek etwas näher umzusehen. Eine neue Site kann über drei Wege erstellt werden:

- **Meine Sites Dashlet:** Aus dem Dashlet heraus kann direkt der Link *Site erstellen* ausgewählt werden. Dieser Link steht jedoch nur auf dem User Dashboard zur Verfügung.

- **Top-Bereich:** Über den Sites Button im Top-Bereich von Alfresco kann ebenfalls im erweiterten Menü die Aktion ausgewählt werden. Dieser Top-Bereich kann überall von Alfresco Share genutzt werden.

- **Hilfe-Text:** Falls Sie noch eine neue Alfresco-Installation besitzen, existiert im Hilfebereich auf dem User Dashboard ein entsprechender Link. Im normalen Betrieb ist diese Ansicht meistens jedoch deaktiviert, da Sie zu viel Platz wegnimmt.

Site erstellen   ☒

Name: Backoffice   *

URL Name: backoffice   *

Das ist Bestandteil der URL der Site wie
http://domain.com/share/page/site/<URL Name>/dashboard
Keine Leer- oder Sonderzeichen verwenden.

Beschreibung:

Typ: Collaboration-Site   ▼

Sichtbarkeit: ⦿ Öffentlich
☐ Moderierte Site Mitgliedschaft
Site Manager können kontrollieren, wer dieser Site beitritt

○ Privat

OK   Abbrechen

Bild 5.1 Erstellung einer neuen Site

Wir erstellen eine Site, welche den Namen *Backoffice* erhält. Der URL Name wird automatisch und konform für uns generiert. Des Weiteren ist es möglich, sowohl einen Beschreibungstext sowie den Typen der Site anzugeben. Über den Typen der Site (welche via XML in der Datei *presets.xml* definiert werden muss) können neue Vorlagen für eine Site erstellt werden. Dadurch können beispielsweise die initialen Konfigurationen des Site Dashboards und der aktiven Funktionen (Wiki, Blog usw.) bestimmt werden.

 PRAXISTIPP: Bei vielen Alfresco-Projekten stellen verschiedene Site-Typen auch die Unterscheidung von Funktionalitäten in Projekten dar. Dadurch können bestimmte Aktionen in einer Site deaktiviert oder zugänglich gemacht werden. Beispielsweise können so für jeden verschiedenen Site-Bereich eigene Dokumententypen definiert und verwaltet werden.

Nach Bestätigung des *OK*-Buttons werden Sie nach wenigen Augenblicken auf die neue Site weitergeleitet. Klicken Sie anschließend direkt auf die Dokumentenbibliothek. Legen Sie sich nun folgende Verzeichnisse an:

- **Budgets:** Verzeichnis, um Kalkulationsdokumente abzulegen
- **Kunden:** Kundenbereich, wo Angebote und projektrelevante Abrechnungen abgelegt werden

Legen Sie außerdem verschiedene Unterordner in den beiden Bereichen an, um sich mit der Steuerung vertraut zu machen. Beispielsweise können Sie im Budget-Ordner verschiedene Jahreszahlen als Ordner anlegen, um verschiedene Ablagestrukturen aufzubauen. Im Kundenordner können Sie basierend auf den Kundennamen Kundenakten anlegen. Laden Sie anschließend via Drag & Drop oder via Upload Button (oberer mittlerer Bereich in der Dokumentenbibliothek, unter dem Namen *Hochladen* zu finden) von Ihrem PC Dokumente direkt in ein spezifisches Verzeichnis in der Listenansicht. Falls in der Listenansicht (großer rechter Bereich) die bereits angelegten Verzeichnisse nicht angezeigt werden, finden Sie im oberen rechten Menü-Bereich der Dokumentenbibliothek ein Ordnersymbol. Durch Klick auf diesen Button werden Verzeichnisse ein- oder ausgeblendet.

> **HINWEIS:** Wir haben uns in diesem Abschnitt auf die Verwendung von Sites als Dokumentenmanagement-Konzept konzentriert. Neben der Nutzung von Sites kann auch in einer ganzheitlichen Verzeichnishierarchie gearbeitet werden. Hierzu muss man nur den Repository-Button im oberen Navigationsbereich betätigen, um auf oberster Verzeichnisebene (C-Laufwerk bei Windows) einzusteigen.

5.1.1 Detailansicht eines Dokuments

Navigieren Sie sich nun zu einem hochgeladenen Dokument durch und klicken auf den Namen des Dokuments in der Listenansicht. Anschließend werden Sie zu der Detailansicht eines Dokumentes weitergeleitet (Bild 5.2). In dieser Detailansicht erhalten Sie einen kompletten Überblick über das Dokument. Im Groben teilt man diesen Überblick in zwei Bereiche auf.

Der linke, größere Bereich stellt bei unterstützten Formaten wie Office- oder OpenOffice-Dokumenten eine Voransicht des Dokumentes dar. Durch die Ansicht im Browser kann der Nutzer sofort das Dokument einsehen, ohne es zunächst herunterzuladen. Der große Vorteil dadurch stellt sich in der verringerten Zeit bis zur Nutzung des Dokumentes dar. Darüber hinaus ist die Voransicht für das Web optimiert. Da viele Unternehmen via VPN den Zugang zu Ihrem Firmennetzwerk anbieten, profitiert man gleich doppelt. Denn die Voransicht ist deutlich kleiner, von der Dateigröße her gesehen, welche zum Anwender transportiert werden muss. Zum Zweiten spart man sich ressourcenintensive Zugriffe via VPN, welche in der Regel stark in der Bandbreite limitiert sind.

In der rechten, deutlich kleineren, Hälfte, finden Sie verschiedene Bereiche vor, die für bestimmte Aufgaben den direkten Zugang bieten. Im Folgenden sind die verschiedenen Bereiche detailliert aufgeführt.

- **Dokumentenaktionen:** Je nach Rollenzugehörigkeit des aktuellen Nutzers stehen hier wichtige Aktionsmöglichkeiten zur Verfügung. *Herunterladen* sollte selbsterklärend sein, hier wird das Dokument zum Download angeboten. *Über Eigenschaften bearbeiten* gelangen Sie auf eine separate Site, wo die zur Verfügung stehenden (und konfigurierten) Metadaten bearbeitet werden können. *Neue Version hochladen* führt dazu, dass, wie der Name schon verrät, das aktuelle Dokument aktualisiert, jedoch unter einer neuen Version abspeichert wird. Sie können wahlweise aus einer Minor (+0.1)- oder Major (+1.0)-Version auswählen. *Offline bearbeiten* führt zu einem klassischen Check-out des Dokumentes. Die Ursprungsversion (also die aktuelle) wird gesperrt und eine direkte Kopie angelegt. Auf dieser Kopie können Sie dann eine neue Version hochladen und die Aktualisierung auf dem Ursprungsdokument durchführen. Über *Workflow starten* können Sie verschiedene,

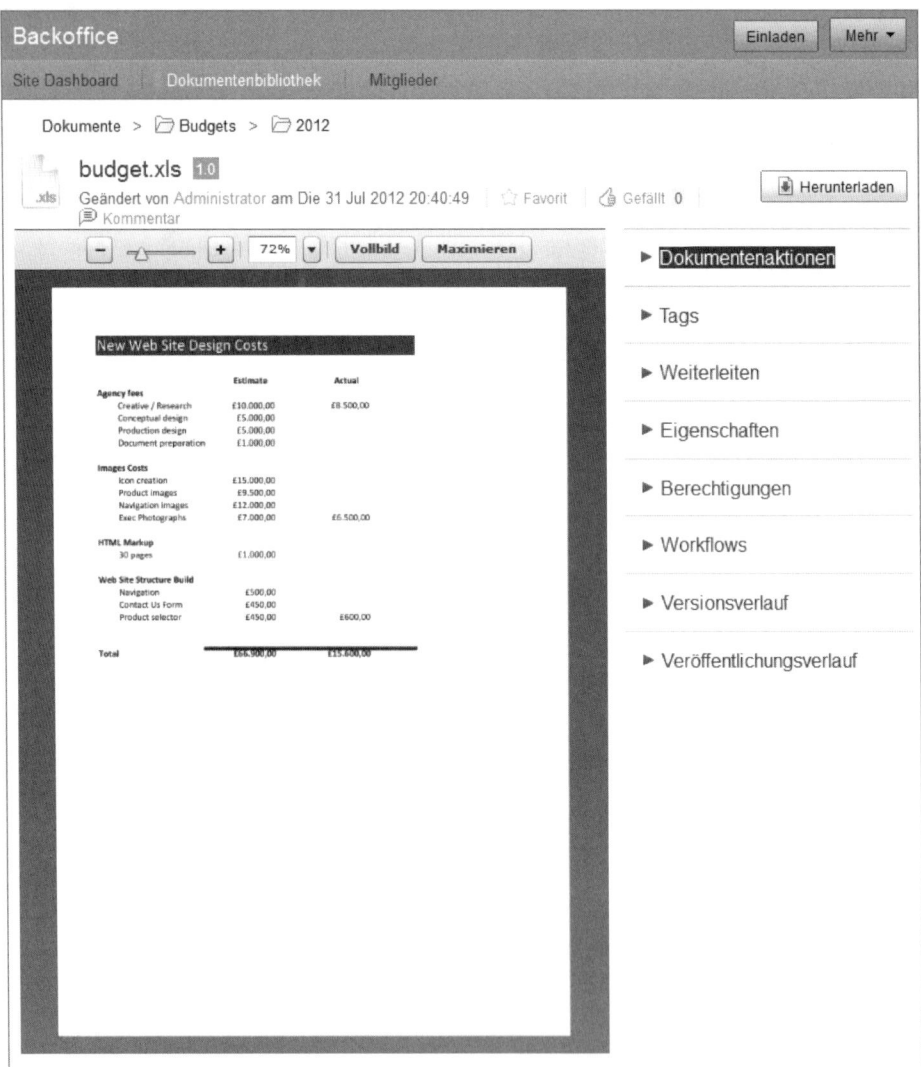

Bild 5.2 Detailansicht eines Dokuments: Zugriff auf alle Informationen und Aktionen, bezogen auf das ausgewählte Dokument

zur Verfügung stehende, Workflows starten. Im *Berechtigungen verwalten*-Dialog können Sie für eine spezifische Rolle andere Berechtigungen setzen. Beispielsweise kann der Konsument für dieses Dokument Mitarbeiterrechte erhalten, um an dem Dokument zu arbeiten. Die *Aspekte verwalten*-Aktion führt dazu, dass Sie weitere Informationen dynamisch an das Dokument anfügen können, wie beispielsweise weitere Klassifizierungen, basierend auf Kategorien. Über *Typ ändern* können Sie, falls konfiguriert und modelliert, dem Dokument einen anderen Typ zuweisen. Hier ist natürlich Obacht geboten, denn unterscheidet sich der ausgewählte Typ grundlegend vom aktuellen Dokumententyp, können Datenverluste auftreten.

- **Tags:** Zeigt die Tags an, welche auf dem Dokument vergeben worden sind. Tags können im Gegensatz zu Kategorien von jeder Person (welche Schreibrechte auf dem Dokument hat) neu hinzugefügt werden. Der große Unterschied zwischen Tags und Kategorien besteht darin, dass Kategorien z. B. durch eine Unternehmens-Richtlinie vorgegeben sind und nicht durch Mitarbeiter verändert werden können. Tags hingegen können durch den Benutzer eigenständig an das Dokument hinzugefügt werden, um das Dokument noch besser klassifizieren zu können.

- **Weiterleiten:** Zeigt wichtige Links zu diesem Dokument an. Dieser Link kann kopiert und in verschiedenen Anwendungen weiterverwendet werden. Beispielsweise kann in einer E-Mail darauf verwiesen oder in einem internen Dokument darauf referenziert werden.

- **Eigenschaften:** Hier werden die Metadaten angezeigt, welche zum einen das Dokument besitzt und zum anderen zur Ansicht konfiguriert sind. Beziehungen zu anderen Dokumenten oder Personen werden nicht angezeigt, wenn der aktuelle Nutzer auf diese keine Berechtigungen hat. Über das Bearbeitungssymbol gelangt man direkt in den Bearbeitungsmodus.

- **Berechtigungen:** Hier werden die einzelnen Berechtigungen auf dem Dokument angezeigt. Wie bereits erwähnt, werden innerhalb von Sites die Berechtigungen von Site-Rollen auf Rollen vergeben. Das heißt konkret, dass eine Person, welche als Mitarbeiter eingeladen wurde, auf diesem Dokument auch nur Konsument sein könnte. Jedoch wäre nicht nur dieser Anwender davon betroffen, sondern alle Personen, welche auf dieser Site die Rolle Mitarbeiter erhalten haben.

- **Workflows:** Zeigt die aktuell laufenden Workflows an. Falls vorhanden, kann direkt in die Detailansicht des Workflows gesprungen und sich im Detail die aktuellen Aufgaben angesehen werden. Visuell kann ebenfalls das Diagramm des Workflows angeschaut und so schnell ermittelt werden, an welcher Stelle sich gerade der Workflow befindet. (Voraussetzung hierfür stellt die Nutzung von Activiti als Workflow Engine dar. Hierzu erfahren Sie in Abschnitt 5.2 mehr.)

- **Versionsverlauf:** Zeigt die Versionshistorie des Dokuments an. Zu jeder Version können die einzelnen Metadaten angeschaut werden. Darüber hinaus kann eine bestimmte Version heruntergeladen oder als neue Version zurückgeführt werden. Das macht vor allem dann Sinn, wenn das neuere Dokument deutlich mehr Fehler enthält, als das bereits versionierte Dokument. Dann kann über eine „Revert"-Funktion das alte Dokument wieder zum Bearbeiten zurückgeholt werden.

- **Veröffentlichungsverlauf:** Falls Dokumente auf Plattformen wie Dropbox publiziert worden sind, kann hier die Historie dazu eingesehen werden.

Weitere Funktionalitäten auf der Detail-Site, wie das Kommentieren oder Diskutieren am Dokument selbst sowie das „Liken" eines Dokumentes, sollen zum Qualitätsfortschritt beitragen. Ziel ist es, mit einfachen zu bedienenden Funktionalitäten den Nutzer dazu zu bewegen, seine Meinung und Änderungswünsche an dem Dokument zu äußern.

5.1.2 Dokumentenbibliothek

Wie bereits an mehreren Stellen des Buches erwähnt und auch vorgestellt, erhält man mit der Bibliothek eine Listenansicht der Dokumente und Verzeichnisse. Auf jedem Verzeichnis oder Dokument erscheint automatisch beim Herüberfahren mit der Maus eine Aktionsliste (Bild 5.3) auf der rechten Seite des Bildschirm, welche sich stark mit den Aktionen aus der Detailansicht deckt. Klicken Sie zum Beispiel einmal in einem bestehenden Dokument auf den *Mehr*-Button im Aktionsbereich.

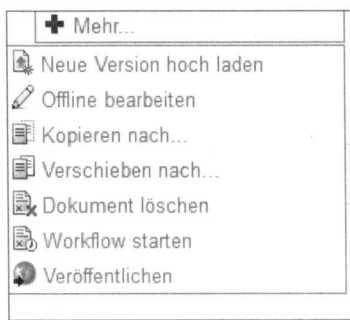

Bild 5.3
Aktionsliste in der Dokumentenbibliothek

Wie Sie erkennen können, finden sich auch hier die wichtigsten Aktionen aus dem Detailbereich wieder. Natürlich gilt auch hier: Nur was der Anwender auch wirklich tun darf, wird hier angezeigt.

Auf der linken Seite der Bibliothek teilen sich drei Bereiche den kleinen Raum, welche nicht unerwähnt bleiben dürfen:

- **Dokumente:** Filterungs- oder Schnellzugriffsoption genannt. Hier erhält der Anwender schnell Feedback, z. B. über Dokumente, welche gerade bearbeitet oder kürzlich verändert worden sind.

- **Bibliothek:** Stellt die Verzeichnisstruktur dar

- **Tags:** Die am häufigsten genutzten Tags werden in diesem Bereich dargestellt. Via Klick auf ein vergebenes Tag sieht man sofort die Dokumente, welche damit verknüpft sind.

5.1.3 Überarbeiten eines Dokumentes

Das Aktualisieren eines Dokuments kann auf verschiedene Arten erfolgen. Wichtig ist jedoch immer, dass dahinter ein dokumentierter Prozess steht. Dadurch kann im Extremfall auf die relevante Version zugegriffen werden. Anwender benötigen darüber hinaus eine geeignete Reihenfolge, auf welche Weise ein Dokument mit verschiedenen anderen Personen bearbeitet werden kann. Hierzu existieren verschiedene Möglichkeiten, welche mit Alfresco folgend kurz aufgeschlüsselt werden:

- **Check-in/Check-out:** Der Anwender muss ein Dokument via „Offline editieren" und für sich exklusiv sperren. Anschließend kann in der erstellten Arbeitskopie die Änderung in das Dokument eingearbeitet werden. Durch die Funktion *Neue Version hochladen* erfolgt das Aktualisieren des Ursprungsdokuments und das Erzeugen einer neuen Version. Der große Vorteil hier stellt den klar strukturierten Prozess dar. Nachteile ergeben sich jedoch auch ganz klar durch die Wartezeit, bis der Nutzer das Dokument wieder freigegeben hat. Vergisst der Nutzer das Freigeben des Dokuments, kann nur noch der Administrator/ Manager eine Freigabe erzwingen.

- **Prozessgestützte Abarbeitung:** Über einen mehrstufigen Prozess können verschiedene Personen das Dokument bearbeiten. Wird eine Zeit überschritten, wird eskaliert und eine Erinnerung verschickt, anschließend erfolgt die automatische Freigabe und Rückführung zum Initiator des Workflows. Der große Vorteil liegt klar im gut dokumentierten Ablauf des Workflows. Jedoch ist es natürlich schwierig, für die verschiedenen Anwender bestimmte Zeiten definitiv einzuhalten. Der Workflow kann unter gegebenen Umständen aber effizienter sein, als ein klassischer Check-in/Check-out-Prozess.

- **Konkurrierendes Arbeiten:** Über das SharePoint-Protokoll kann parallel an einem Dokument gearbeitet werden. Änderungen an einem Dokument werden unabhängig voneinander in Alfresco mit Office aktualisiert. Jede beteiligte Person erhält in Office eine entsprechende Meldung über Neuerungen auf dem Alfresco-System. Automatisch können diese Änderungen in das eigene Word-Dokument eingefügt werden. Ein Sperren des Dokumentes ist so nicht mehr notwendig.

Wird ein Dokument gesperrt, kann über die Dokumentenbibliothek direkt auf das zu überarbeitete Dokument zugegriffen werden (Bild 5.4). Hierzu wählt man im Dokument-Bereich (oben rechts in der Dokumentenbibliothek) den Bereich (Filter) *Ich editiere* aus. In der Aktionsliste in Bild 5.4 erkennt man die verschiedenen Aktionen, welche nur zum Bearbeitungszeitpunkt für eine Überarbeitung zur Verfügung stehen.

- **Bearbeitung abbrechen:** Beendet den Bearbeitungsmodus des Dokumentes. Arbeitskopie wird gelöscht und das Ursprungsdokument wird nicht angefasst. Es wird keine neue Version erzeugt. Alle Änderungen in der Arbeitskopie werden verworfen.

- **Datei lokalisieren:** Zeigt das Bearbeitungsdokument in der Dokumentenbibliothek an

- **Neue Version hochladen:** Aktualisiert ein neues Dokument in der Arbeitskopie und führt diese als neue Version in das Originaldokument ein

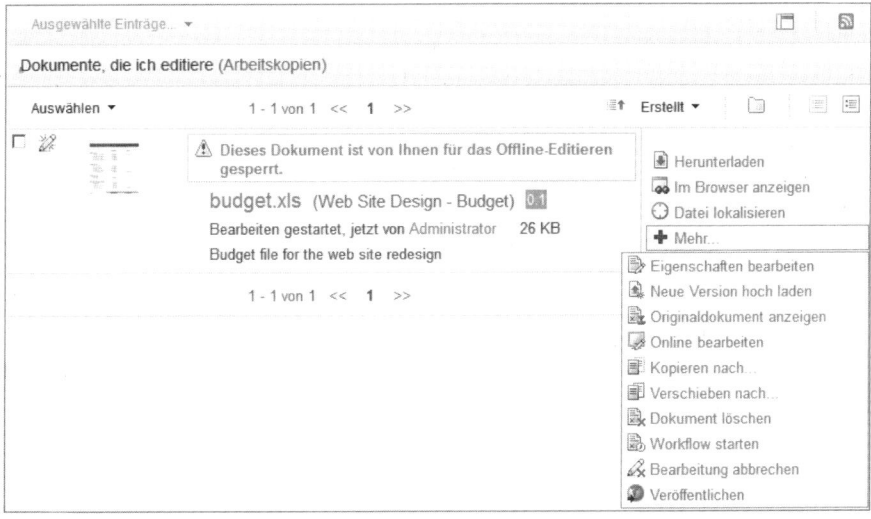

Bild 5.4 Beispiel eines gesperrten Dokumentes mit Aktionsliste

Neben dem Bearbeiten des eigentlichen Dokuments tragen natürlich auch die Metadaten entscheidend zur Wiederverwendung und dem Aufbau von Wissensstrukturen bei.

5.1.4 Klassifizieren des Dokuments mit Kategorien

In Alfresco existiert eine effiziente und schnelle Form zur weit reichenden Spezifikation eines Dokuments. Hierzu existieren Kategorien und Tags. Kategorien werden von Administratoren über eine separate Oberfläche verwaltet und können von Anwendern nicht verändert werden. Durch die Anwendung von Kategorien können Beziehungen und Themengruppen auf Basis einer einheitlichen Unternehmensvorgabe (den Kategorien) in Alfresco ohne großen Aufwand aufgebaut werden.

Damit wir ein Dokument mit einer Kategorie versehen können, müssen wir einen neuen Aspekt (ein struktureller Container) an das Dokument anfügen. In der Detailansicht eines Dokumentes klicken wir auf *Aspekte verwalten* und fügen *Klassifizierbar* hinzu. Nun steht uns ein neuer Eintrag im Eigenschaften-Feld zur Verfügung: Kategorien.

Über die Aktion *Eigenschaften bearbeiten* können wir über einen Kategorien-Picker mehrere Elemente aus den Einträgen aussuchen und dem Dokument zuweisen (Bild 5.5).

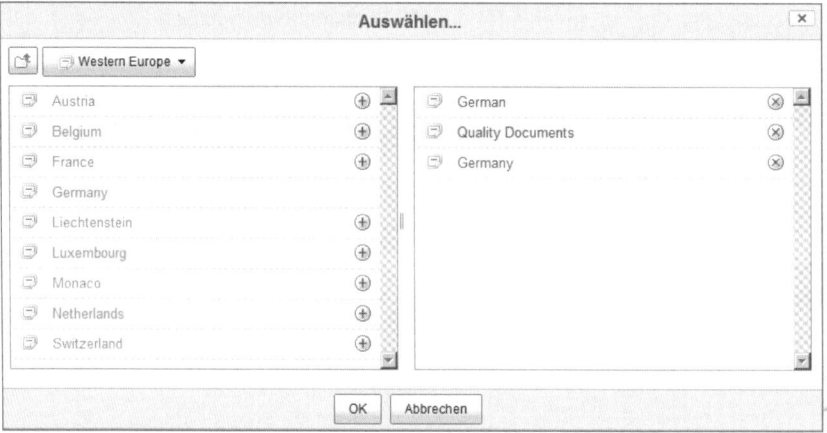

Bild 5.5 Auswahl der Kategorien, die dem Dokument zugewiesen werden sollen

Anschließend kann die Auswahl bestätigt und durch den Speichern-Button die neuen Metadatenwerte an das Dokument gespeichert werden. Im Eigenschaften-Bereich in der Dokumentendetail-Site sind die neuen Werte ersichtlich.

5.1.5 Klassifizieren von Dokumenten via Tagging

Ist es unabdinglich, dass neben Kategorie-Vorgaben auch der Anwender in der Lage sein soll, eigene Klassifizierungen vornehmen zu können. So dienen Tags dem Gebrauch zur Vergabe von Texteigenschaften an das jeweilige Dokument. Tags stellen eben genau nur einen Textwert dar, welcher, unabhängig vom Dokument, auch auf andere Informationselemente vergeben werden könnte. Tags stehen in keiner direkten Relation (wie Kategorien) zueinander und können von den Nutzern neu erstellt und frei vergeben werden.

In Alfresco existieren zwei verschiedene Möglichkeiten der Vergabe von Tags durch Anwender. Zum einen können, wie gewohnt, durch das Bearbeiten von Dokumenteneigenschaften die Tags bearbeitet werden. Die zweite Möglichkeit kann unmittelbar innerhalb der Dokumentenbibliothek erfolgen. Hierzu gehen wir von der Dokumentenbibliothek aus zu einem Dokument, welches wir bereits hochgeladen haben (Bild 5.6).

Bild 5.6 Aktuell sind keine Tags für dieses Dokument vergeben worden

An diesem Dokument (Bild 5.7) sehen wir unterhalb des Dateinamens das Metadatenfeld *Tags*. Mit dem Klick auf das Feld erscheint ein Stift-Symbol. Ein weiterer Klick darauf ermöglicht uns, aus der Dokumentenbibliothek heraus, Tags hinzuzufügen. Via Enter-Taste können mehrere Tags hinzugefügt werden.

Bild 5.7
Drei Tags wurden dem Dokument hinzugefügt.

Indem man den *Speichern*-Button klickt, bestätigt man die Eingabe und kann anschließend sofort ohne großen Zeitverlust weiterarbeiten.

5.1.6 Kontextbasierte Klassifizierung des Dokuments

Wir haben bereits ein Dokument weitreichender mit Kategorien spezifiziert. Hierzu haben wir dem Dokument einen Aspekt hinzugefügt, der bestimmte Funktionen und Informationen für dieses Dokument bereithält. Ein Aspekt ist ein fachlicher Container mit Metadaten, welcher zur Laufzeit an das Dokument angefügt werden kann.

Oft werden Sie im täglichen Umfeld vor der Herausforderung stehen, weitere Informationen an das Dokument anfügen zu müssen. Da ein Dokument in der Regel innerhalb eines Projektes oder einer bestimmten Aufgabe „lebt", muss dynamisch auf Statusänderungen des Dokumentes reagiert werden können. Ein Beispiel kann ein Freigabe-Prozess sein. Wenn das Dokument ordnungsgemäß freigegeben worden ist, muss es auch als ein solches spezifiziert werden, um beispielsweise ein separates Metadatenfeld mit dem „Publikations-Status" anzeigen zu lassen. Jedoch muss nicht jedes Dokument über solche Informationen verfügen, da nicht jedes Dokument publiziert wird. Genau hier kommen Aspekte ins Spiel, welche sich dynamisch an das Dokument anfügen.

 HINWEIS: Ein klassifizierbarer Aspekt fügt an ein Dokument ein neues Metadatum an. Automatisch sorgt Alfresco dafür, dass diese Eigenschaft über die Oberfläche verwaltet werden kann. Nach Speicherung einer Kategorie erfolgt die automatische Indexierung, sodass auch danach gesucht werden kann. ∎

Ein weiteres Beispiel, welches wir uns nun direkt anschauen, ist der Dublin Core-Aspekt. Dieser Aspekt fügt weitere Eigenschaftsfelder an ein Dokument an, wie z. B. Herausgeber oder Beitragender. Wir nehmen als Beispiel ein bereits hochgeladenes Dokument und fügen den Aspekt, wie zuvor mit der Kategorie, Dublin Core hinzu. Automatisch sind neue Felder an dem Dokument verfügbar.

▼ Tags

   budget   2012   fertig

▶ Weiterleiten

▼ Eigenschaften

Name: budget.xls

Titel: (Kein)

Beschreibung: (Kein)

MimeType: Microsoft Excel

Autor: Mike Jackson

Größe: 26 KB

Ersteller: admin

Datum der Erstellung: Mon 6 Aug 2012 18:33:38

Bearbeiter: admin

Datum der Änderung: Mon 6 Aug 2012 19:01:47

Kategorien: German   Germany   Quality Documents

Herausgeber: Volker Mann

Beitragender: Susanne Heinrich

Typ: Quality

Identifikator: QA

Quelle: Intern

Anwendungsbereich: Global

Rechte: Komplett

Betreff: Budget-Template

Bild 5.8
Metadaten-Eigenschaften des Dokuments

Sie sehen darüber hinaus die vielen verschiedenen Warnschilder vor verschiedenen Metadaten. Die Schilder zeigen dem Nutzer an, dass hier Pflichtfelder noch nicht ordnungsgemäß ausgefüllt wurden.

 HINWEIS: Natürlich kann man einen Aspekt wieder von einem Dokument löschen. Durch das Löschen eines Aspekts auf einem Dokument werden alle damit verbundenen Eigenschaften mitgelöscht.

Bearbeiten Sie durch die Aktion *Eigenschaften bearbeiten* die offenen Felder und speichern Sie ab. Nun erkennen Sie im Eigenschaften-Bereich die neuen Metadaten-Infos.

Wenn Sie die letzten Abschnitte dieses Kapitels an Ihrem Dokument mitbearbeitet haben, sollte Ihr Eigenschaften-Menü in etwa wie in Bild 5.8 aussehen.

5.1.7 Suche nach Dokumenten

Für die Mitarbeiter wird es sehr schnell, sehr wichtig sein, innerhalb weniger Augenblicke an gewünschte Informationen zu gelangen. Ein wichtiger Weg dahin führt über die Suche. Nachdem wir in den letzten Abschnitten bereits einige Dokumentenmanagement-Qualitäten von Alfresco kennen gelernt haben, möchten wir nun natürlich unsere Werke wiederfinden. Alfresco verfügt hierbei über eine extrem ausgeprägte Such-Engine, basierend auf Lucene, welche uns jetzt dienlich sein wird.

Im oberen rechten Feld haben wir eine Schnellsuchfunktion, mit der wir jetzt beginnen wollen. Alfresco beherrscht die Volltextindexierung vieler Dokumententypen, z.B. die von Office- oder OpenOffice-Produkten. Beginnen wir damit, dass wir nach einem Wort suchen, welches direkt im Dokument vorkommt. Versuchen Sie dabei jedoch auf semantische Wörter zurückzugreifen. Wörter wie „und", „sie", „werden" oder „also" werden weitestgehend aus dem Suchindex gelöscht, da kein Anwender danach suchen wird. In meinem hochgeladenen Dokument steht beispielsweise das Wort „Design". Dieses Wort gebe ich nun im Schnellsuchfeld ein. Prompt erscheint das Suchergebnis auf einer separaten Seite.

 HINWEIS: Unnütze Wörter, welche keine semantische Bedeutung besitzen, wie „wenn", „das" oder „also" werden nicht indexiert. In der Regel sucht kein Mensch nach solchen Wörtern. Nehmen Sie stattdessen kontextsensitive Informationen wie *budget 2012* oder *Lenkungsausschuss*. Bei Bedarf kann dieses Verhalten von Alfresco jedoch umkonfiguriert werden.

Auf dieser Site (Bild 5.9) können Sie die Suchergebnisse weiter einschränken (filtern) oder auch die Sortierung der Ergebnisse beeinflussen.

Auf der Suchergebnis-Site haben Sie die Möglichkeit, den Suchradius zu verändern. Wenn Sie die Suche innerhalb von einer Site starten, wird die Suche zunächst auf dieser Site stattfinden. Möchten Sie hingegen über alle Sites hinweg suchen, können Sie durch den Klick auf *Alle Sites* über alle Projektbereiche suchen, für die Sie mindestens die Leseberechtigung besitzen. Wenn *Repository* angeklickt ist, wird das komplette System durchsucht.

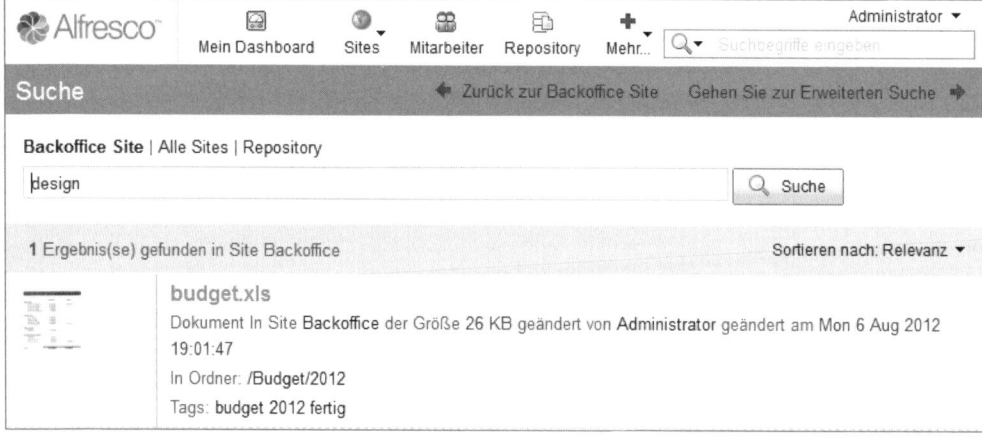

Bild 5.9 Suchergebnis einer Suchanfrage

Die Sortierung erfolgt standardmäßig immer nach Relevanz. Wollen Sie die Sortierung ändern, müssen Sie aus dem Drop & Down-Menü das entsprechende Metadatenfeld aussuchen.

Relevanz bedeutet im Alfresco-Umfeld vor allem das auf Punkte basierende Berechnen von Suchtreffern, bezogen auf die Suchanfrage. Innerhalb eines Dokumentes (und den Metadaten) wird geprüft, wie oft der Suchtreffer auf die eine oder andere Weise vorkommt (Ähnlichkeit, Exaktheit, Häufigkeit). Weitere Informationen hierzu finden Sie unter dem Begriff *Scoring*[1].

5.1.7.1 Suche nach eigenen Tags

Nachdem wir bereits in der Lage sind, unsere Dokumente basierend auf Volltextinhalten wiederzufinden, wollen wir nun versuchen, unsere angelegten Tags ebenfalls hierfür zu nutzen. In meinem Beispiel habe ich den Tag „fertig" an mein Dokument angefügt. Diesen Tag gebe ich jetzt in die Suchzeile ein und bestätige die Suchanfrage. Anschließend erhalte ich eine Liste von Dokumenten, welche diesen Tag als Klassifikationsmerkmal ausgewählt haben.

5.1.7.2 Suche nach Metadaten

Die Suche nach den Standard-Metadaten gestaltet sich relativ einfach für den Anwender. Auf Basis von Bild 5.8 versuchen wir nun, einzelne Wörter zu entnehmen und danach zu suchen. Im Standard können Sie direkt nach dem vergebenen *Namen*, dem *Titel* sowie der *Beschreibung* suchen. Natürlich können auch andere Metadaten durchsucht werden, jedoch

---

[1] *http://lucene.apache.org/core/3_6_0/scoring.html*

muss hierzu explizit der Metadaten-Typ in der einfachen Suche mit angegeben werden. Wollen wir also beispielsweise nach dem Autor suchen, müssen wir das Kürzel „Autor" mit angeben und durch einen Doppelpunkt von der eigentlichen Suche trennen.

Ein kleines Beispiel hierzu: `author: "Mike Jackson"`

 HINWEIS: Natürlich kann dieses Suchverhalten entsprechend erweitert werden. Standard-Anwender sollen mit solchen kryptischen Anfragen nichts zu tun haben. Hierzu existiert die Datei *search.get.config.xml*, um die Suchvorlage entsprechend zu konfigurieren. Dadurch muss der Nutzer nicht mehr umständlich das Metadaten-Attribut angeben.

Suchen wir weiter nach unseren bereits angefügten Metadaten, indem wir uns auf die Erweiterung unseres Dokumentes mit dem Aspekt „Dublin Core" konzentrieren. Zur Erleichterung werden hier kurz einige technische Metadaten-Attribute vorgestellt, nach denen gesucht werden kann.

Metadatum	Suchname
Herausgeber	publisher
Beitragender	contributor
Rechte	rights
Anwendungsbereich	coverage

Suchen Sie nun nach den verschiedenen Attributen, um sich mit der Suche weiter vertraut zu machen. Ein Beispiel könnte basierend auf Bild 5.8 sein: `coverage:"Global"`.

Im folgenden Abschnitt möchten wir uns noch stärker mit den Sucheigenschaften befassen.

 HINWEIS: Wichtige Metadaten zur Suche sind: Ersteller (*creator*), Bearbeiter (*modifier*), Autor (*author*), Eigentümer (*owner*) als auch Titel (*title*), Beschreibung (*description*) sowie Volltext (*content*).

5.1.7.3 Suche nach Typen

Die Suche nach bestimmten Typen funktioniert ebenfalls relativ einfach über die einfache Suche. Es existieren verschiedene Typen, welche durch die Suche aufgefunden werden können:

- **cm:content:** Dokumente, Inhalte, Fotos oder Videos, welche in die Bibliothek hochgeladen wurden
- **cm:folder:** Suche nach Verzeichnissen
- **dl:dataList:** Datenlisteneinträge von Datenlisten werden hier durchsucht (jedoch nur eingeschränkt nach Titel und Beschreibung)
- **fm:topic:** Forenpost wird ebenfalls nach dem Titel und der Beschreibung durchsucht

- **lnk:link:** Suche nach dem Titel, der Beschreibung und dem Link an sich

- **ia:calendarEvent:** Titel und Beschreibung eines Kalendereintrages werden durchsucht

Das Präfix bei der Suche ist enorm wichtig, um die jeweiligen Typen in Alfresco trennen zu können. „cm" steht beispielsweise für die Abkürzung „ContentModel", während „dl" – wir ahnen es bereits – für „DataLists" steht. Auf diese Details werden wir bei der Erstellung eines eigenen Models noch zu sprechen kommen.

Die Filterung nach bestimmten Typen wird folgendermaßen im Suchfeld platziert:

```
TYPE: "cm:content"
```

5.1.7.4 Verknüpftes Suchen

Die bisherigen Suchanfragen beschränkten sich immer auf die Eingabe eines einzelnen Suchwortes. Sicherlich wollen Anwender die Suche weiter einschränken, um an die korrekten Ergebnisse zu gelangen. Hier kommt die UND/ODER-Suche von Alfresco ins Spiel.

Wenn Sie beispielsweise nach einem bestimmten Ersteller suchen möchten und dort nur den Namen eingeben, erhalten Sie die in Bild 5.10 dargestellten Ergebnisse zurück.

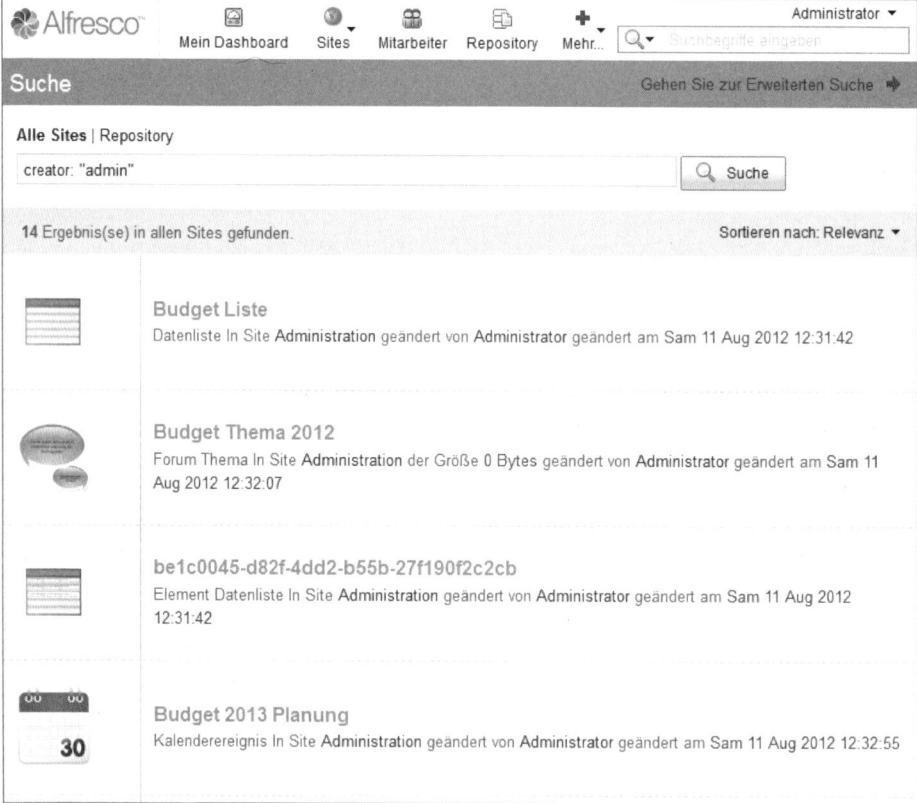

Bild 5.10 Die Suche nach dem Ersteller „admin" führt uns zu vielen unterschiedlichen Treffern. Eine Einschränkung wäre sinnvoll.

Nun möchten wir jedoch gerne nur Verzeichnisse von dieser Person aufgelistet bekommen. Hierzu nutzen wir die UND-Verknüpfung, um zwei separate Suchanfragen zu einer zu verbinden (siehe Bild 5.11):

```
creator:"admin" AND TYPE:"cm:folder"
```

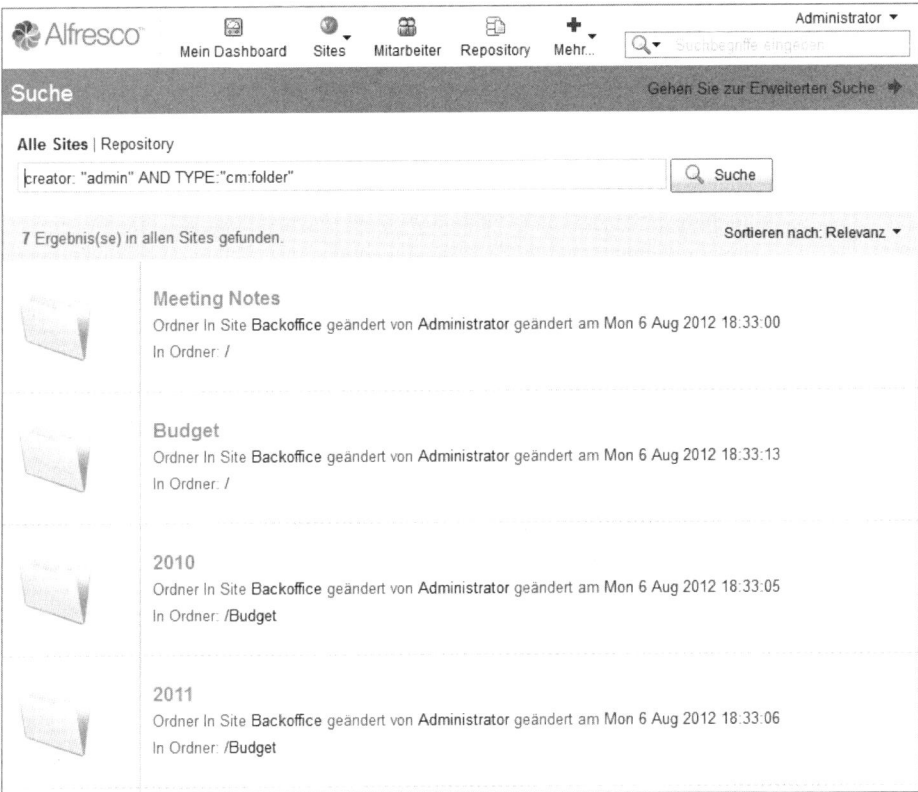

Bild 5.11 Einschränkung auf den Ersteller „admin" als auch auf Verzeichnisse

Statt 17 Ergebnissen erhalten wir ausschließlich 7 Treffer angezeigt. Beliebig viele weitere Einschränkungen können hier weiter an die Suchanfrage angefügt werden.

Zuletzt möchten wir noch den Suchanfragen die Haube aufsetzen, indem wir gerne von Alfresco sowohl Verzeichnisse vom Ersteller „admin" aufgelistet bekommen wollen (wie bisher) oder Datenlisten, welche von irgendjemand anderem erstellt worden sind. Hierzu verwenden wir Klammern, um zwei verschiedenartige Suchanfragen zu einer zusammenzufassen.

```
(creator: "admin" AND TYPE:"cm:folder") OR TYPE: "dl:dataList"
```

5.1.7.5 Weitere wichtige Sucheigenschaften

Eine wichtige Möglichkeit haben wir noch offen gelassen: Wie kann man nach nur einem Textstück suchen? Nehmen wir als Beispiel die Suche nach allen Inhalten und welche Budgets ihr Volltext besitzt. Wenn die Sucheingabe folgendermaßen lautet, werden wir eine leere Trefferliste zurückerhalten: bud. Wir fügen jetzt an der Stelle einen Stern ein, wo wir noch beliebigen Text erwarten werden, bei uns also: bud*.

■ 5.2 Strukturieren von Arbeitsaufgaben durch Workflows mit Alfresco Share

In Alfresco existiert seit der Version 4 eine im Standard verfügbare neue Workflow Engine, genannt Activiti. Activiti geht prinzipiell aus den Projekten jBPM von jBoss hervor. jBPM hatte mit der Version 3 die maximale Verbreitung und Anerkennung im Workflow-Segment erhalten. Die Gründe hierfür stellen die einfache Erstellung von Workflows mittels XML und die einfache Integration in bestehende Systeme dar. Dadurch war es für Produkthersteller sehr einfach, eine entsprechende Engine mit einzubauen. Darüber hinaus war jBPM quasi ein De-facto-Standard für dynamische Arbeitsprozesse. Mit der dritten Version war dann aber auch der Höhepunkt erreicht und verlief dann durch den Versuch eines Refactorings (Neuentwicklung) auf Basis jBPM 4 sehr schleppend. jBPM 4 sollte Neuerungen, wie die Unterstützung von BPMN 2.0 (Business Process Management Notation) mit sich bringen. Dadurch konnten Prozessdefinitionen abstrakter definiert werden und so das Verständnis zur Modellierung von Workflows für fachliche Verantwortliche vereinfachen.

Während dieser Zeit wurden jedoch die führenden Köpfe, die hinter jBPM standen, von Alfresco überzeugt, ein vollkommen neues Produkt zu entwickeln. Ein Grund hierfür war, neben lizenzrechtlichen Problemen mit jBPM, auch eine schlankere und damit flexiblere Integration in Alfresco. Activiti trägt in dem ersten Release die Versionsnummer 5, weil es sich als logischen Nachfolger von jBPM 4 betrachtet.

In Alfresco schlägt sich diese Integration für alle Beteiligten positiv nieder. Anwender und Verantwortliche können über ein Diagramm den Workflow einsehen und den aktuellen Status ermitteln. Dadurch kann viel schneller ein größeres Verständnis für den Arbeitsvorgang aufgebaut werden. Fachlich Verantwortliche sind in der Lage, selbst bei der Modellierung von Workflows mitreden zu können, da streng auf den BPMN 2.0-Standard geschaut wird. Administratoren und Verantwortliche haben über eine separate Workflow-Konsole die Möglichkeit, alle Workflows zu überwachen und ggf. zu eskalieren. Neue Workflows können über eine Oberfläche sofort installiert und aktiviert werden. Außerdem werden zu jedem Workflow Variablen und Informationen mit angezeigt. Über REST-Services können Workflow-Tasks auch von externen Systemen gelesen und gesteuert werden.

5.2.1 Verwendung von Workflows für Anwender in Alfresco Share

Alfresco verfügt über mehrere Anlaufstellen, über die auf Workflows zugegriffen werden kann. Auf der User Dashboard-Site (Startseite) existiert ein Dashlet – genannt *Meine Aufgaben* –, welches aktuell zugewiesene Aufgaben des angemeldeten Nutzers anzeigt. Auch über den *Mehr-Button* im oberen Alfresco-Bereich, kann man über den Link *Meine Aufgaben* in eine Listenansicht der zugewiesenen Aufgaben gelangen. Hier ist der große Vorteil vorhanden, dass über Filterfunktionen die Aufgabenmenge eingeschränkt werden kann.

In der Dokumentenbibliothek erkennt man wiederum, dass ein Dokument in einem Workflow involviert ist, an einem kleinen Workflow-Item in der Dokumentenliste. Klickt man auf solch ein Dokument und landet auf der Details-Site, erhält man im Bereich *Workflows* einen Überblick über aktuelle zugewiesene Aufgaben.

Im Standard existieren verschiedene Workflows, welche sofort verwendet werden können:

- **Ad-hoc:** Eine Person X erhält ein Dokument zum Review und bestätigt das Beenden des Bearbeitens mit „Aufgabe erledigt".

- **Überprüfen und Genehmigen:** Eine Person erhält eine Aufgabe, welche mit „Genehmigen" oder „Nicht Genehmigen" quittiert werden muss. Anschließend erhält der Starter des Workflows Feedback über den Ausgang. Die Angabe eines Fälligkeitsdatums ist möglich.

- **Überprüfen und Genehmigen in der Gruppe:** Selbige wie „Überprüfen und Genehmigen", mit der Ausnahme, dass eine Gruppe eine Aufgabe erhält. Eine Person aus der Gruppe muss den Task an sich nehmen, um die Aufgabe zu bearbeiten.

- **Paralleles Überprüfen und Genehmigen:** N Personen erhalten parallel eine Aufgabe, welche mit „Genehmigen" oder „Nicht Genehmigen" quittiert werden muss. Beim Workflow-Start muss die Prozentzahl angegeben werden, welche für einen positiven Ausgang erreicht werden muss. Anschließend erhält der Starter des Workflows Feedback über den Ausgang.

- **Paralleles Überprüfen und Genehmigen in der Gruppe:** Selbige wie „Paralleles Überprüfen und Genehmigen" mit der Ausnahme, dass eine Gruppe parallele Aufgabe erhält.

5.2.2 Starten von Workflows

Wir beginnen mit dem simplen Start eines Workflows. Workflows können beispielsweise von der Dokumentenbibliothek als auch von der Dokumentendetails-Site gestartet werden. Im Aktionsmenü findet sich die Aktion *Workflow starten* wieder. Ein Klick darauf, führt uns auf eine separate Site. Hier wählen wir den Ad-hoc-Überprüfungs-Workflow aus. Augenblicklich wird ein Formular, basierend auf dem Workflow, erstellt (Bild 5.12). Das Formular ist notwendig, um alle erforderlichen Eingabefelder zu setzen, damit der Workflow korrekt ablaufen kann. Hinter jedem dieser verschiedenen vorgestellten Workflows aus Abschnitt 5.2.1 versteckt sich ein solches Formular.

 HINWEIS: Natürlich kann bei individuell erstellten Workflow-Eigenschaften auch implizit (durch Logik im Workflow selbst) oder das Starten von solchen Workflows auf bestimmte Personen eingeschränkt werden.

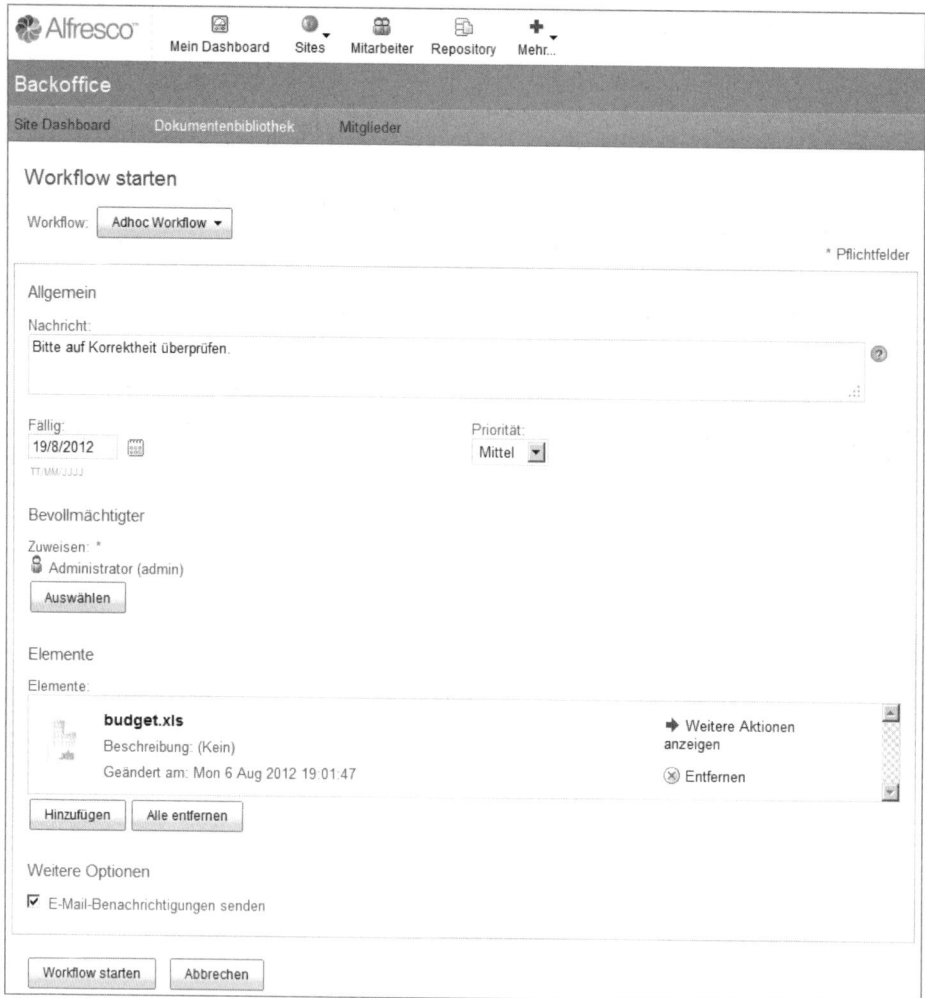

Bild 5.12 Eingabemaske des Ad-hoc-Workflows zum Starten eines neuen Arbeitsprozesses

Im (Ad-hoc-)Workflow können verschiedene Parameter vergeben werden, die wir uns detaillierter anschauen wollen.

Der *Nachricht-Bereich* dient dem Ersteller und dem Anwender, darin eine kurze aber prägnante Mitteilung an alle Beteiligten zu geben, welchem Zweck dieser Workflow dienlich ist. Das *Fälligkeitsdatum* zeigt uns an, bis wann die Aufgabe erfüllt sein muss. In den bereits vorkonfigurierten Workflows erfolgt keine Eskalation im Sinne von Mail-Benachrichtigung oder Neuzuordnung von Aufgaben. Über Activiti ist diese Funktionalität aber jederzeit abbildbar. Die Priorität zeigt dem Aufgabenbesitzer, welche Wichtigkeit dieser Workflow besitzt (es existieren drei Stufen: niedrig, mittel, hoch). Der *Bevollmächtigte* ist die Person, welche die Aufgabe bearbeiten soll. Diese Person erhält alle Angaben aus dem aufgegebenen Workflow. Natürlich kann dies ebenfalls konfiguriert werden, sodass administrative Einstellungen nicht sichtbar sind. Der Bereich *Elemente* zeigt die involvierten Dokumente und Verzeichnisse an. An diesen Elementen ist dann beim Start eines Workflows ein erkennbares Symbol vorhanden, welches den Anwendern aufzeigt, dass diese Elemente in Workflows involviert sind. Beim Klick auf *Weitere Aktionen anzeigen* werden wir zur Detail-Site des Dokumentes (oder Verzeichnisses) weitergeleitet. *E-Mail Benachrichtigungen* werden an beteiligte Personen (hier den *Bevollmächtigten*) beim Starten einer Aufgabe (Zuweisung) verschickt.

5.2.3 Verwalten von zugewiesenen Aufgaben

Nach Klick auf den Button *Workflow* werden wir zurück zur vorherigen Site (Dokumenten-bibliothek oder Dokumentendetails-Site) geleitet. Der zugewiesene Nutzer sieht anschlie-ßend im Dashlet *Meine Aufgaben* die neue Aufgabe wieder (Bild 5.13).

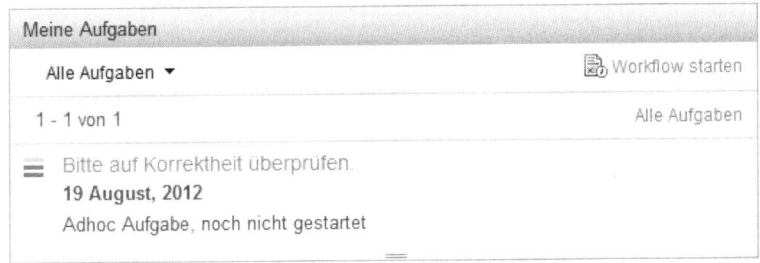

Bild 5.13 Unsere neue Aufgabe ist über das Dashlet Meine Aufgaben abrufbar

Die Listenansicht (Bild 5.14) aller zugewiesenen Aufgaben kann über den Button *Mehr >* *Meine Aufgaben* angeschaut werden. Wie bereits erwähnt, können bestehende Aufgaben nach Kriterien gefiltert werden.

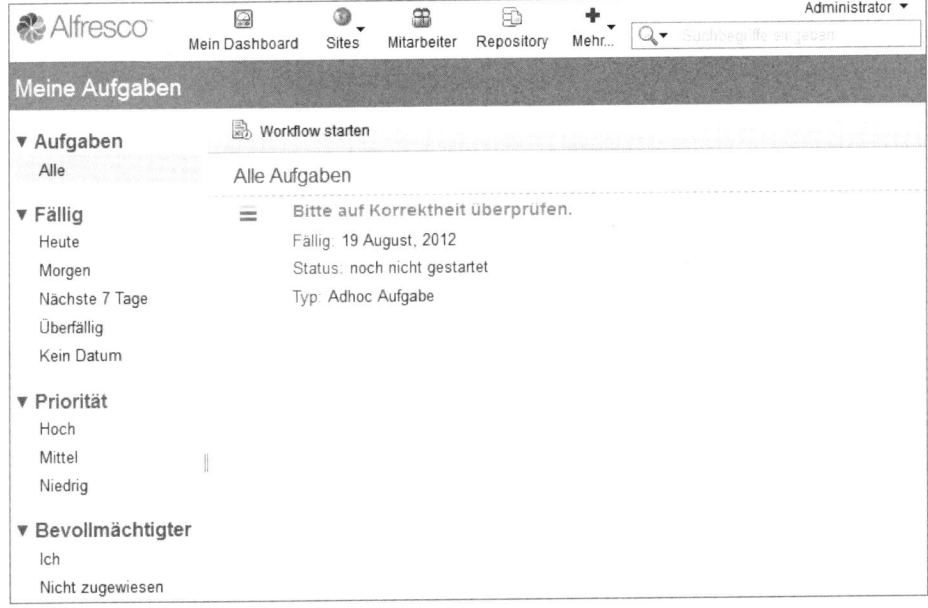

Bild 5.14 Listenansicht aller zugewiesenen Aufgaben an die aktuell angemeldete Person

Folgende Möglichkeiten ergeben sich aus dieser Site für den Anwender:

- **Filterung nach Aufgaben:** Muss via XML-Konfiguration auf Aufgaben-Typen erweitert werden
- **Fällig:** Filterung nach Fälligkeit (haben wir beim Start eines Workflows mit angegeben)
- **Priorität:** Hier kann nach der Priorität gefiltert werden.
- **Bevollmächtigter:** Falls eine Aufgabe nicht direkt an den Anwender, sondern stattdessen an eine Gruppe zugewiesen ist (wo der Anwender Mitglied ist) und noch keine Person die Aufgabe bearbeitet hat, so kann man hier entsprechend in Erfahrung bringen, um welche Aufgaben es sich handelt.

5.2.4 Bearbeiten einer zugewiesenen Aufgabe

Durch den Klick auf den Nachrichten-Text der von uns erstellten Aufgabe, gelangen wir in die Detailansicht. Hier kann nun die Aufgabe bearbeitet werden. Beispielsweise ist es möglich, den Status der Aufgabe auf *läuft* zu ändern. Dadurch können andere Personen auf der Workflow-Übersichts-Site (die wir uns gleich näher anschauen werden) den Stand der Bearbeitung einer Aufgabe einsehen. Für die Beendigung einer Aufgabe kann es sinnvoll sein, einen Nachrichten-Text anzugeben, der anschließend in der Workflow-Historie für alle Personen einsehbar ist. Falls die Aufgabe noch nicht abgeschlossen ist, die aktuellen Änderungen jedoch übernommen werden sollen, gelingt dies über den Button *Speichern & Beenden*. Falls jedoch die Aufgabe beendet werden soll, kann man auf den Button *Aufgabe erledigt* klicken. Falls komplexere Aufgaben existieren, können in diesem Bereich auch andere Buttons zur Verfügung stehen.

5.2.5 Detailansicht eines Workflows für Anwender und Verantwortliche

Auf der Detailansicht (Bild 5.15) eines Dokuments gelangen wir über den Workflow-Bereich auf die Detailansichten der involvierten Workflows. Via Klick auf den Workflow erhalten wir einen entsprechenden Überblick über die Details des aktiven Workflows.

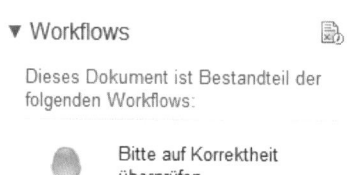

▼ Workflows

Dieses Dokument ist Bestandteil der folgenden Workflows:

Bitte auf Korrektheit überprüfen.
Adhoc Workflow

Bild 5.15
Hier wird der von uns bereits gestartete Workflow angezeigt

Eine wichtige Neuerung stellt sicherlich die Darstellung des Workflow-Diagramms dar (Bild 5.16). Mittels Klick auf den Button *Prozessdiagramm anzeigen*, kann via *visuell* der aktuelle Bearbeitungsstand eingesehen werden. Sehr gut zu erkennen ist die rotumrandete Aufgabe, welche dem Nutzer die aktuelle Position des Bearbeitungsverlaufs anzeigt.

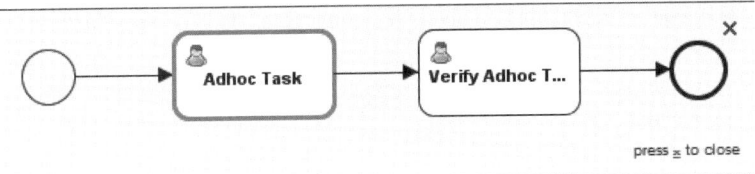

Bild 5.16 Prozessdiagramm des Ad-hoc-Workflows

Der komplette Arbeitsverlauf findet sich weiter unten in der Tabelle *Verlauf* (Bild 5.17) wieder. Alle bereits abgeschlossenen Aufgaben, mitsamt der Beschreibung bei Beendigung, werden hier angezeigt. Darüber hinaus wird, je nach Aufgabe, auch der Ausgang einer Aufgabe mit angezeigt (beim Ad-hoc-Task kann es nur *Aufgabe erledigt* sein). Bei komplexeren Workflows könnte hier beispielsweise *Genehmigt* oder *Abgelehnt* zu sehen sein. Der Bereich *Laufende Aufgaben* zeigt offene Aufgaben an. Vor allem bei parallelen Aufgaben spielt diese Funktion eine wichtige Rolle zur Kontrolle des Arbeitsverlaufs. Ebenfalls ersichtlich bei den *laufenden Aufgaben* ist der aktuelle Arbeitsstatus. Wir haben die bestehende Aufgabe auf den Status „läuft" gesetzt, dementsprechend wird hier für andere Anwender angezeigt, dass daran aktiv gearbeitet wird.

Laufende Aufgaben

Typ	Zugewiesen an	Fälligkeitsdatum	Status	Aktionen
Adhoc Aufgabe	admin	Son 19 Aug 2012	läuft	

Verlauf

Typ	Abgeschlossen von	Abschlussdatum	Ergebnis	Kommentar
Adhoc Aufgabe starten	admin	Son 12 Aug 2012 11:23:22	Aufgabe erledigt	

Bild 5.17 Wichtige Übersichtstabellen in den Workflow-Details

■ 5.3 Business Rules

Wir haben bis zu diesem Zeitpunkt sehr viele grundlegende Features von Alfresco kennen gelernt. Für viele Anwendungszwecke kann es entscheidend sein, bestimmte Arbeitsprozesse zu automatisieren. Idealerweise findet das Automatisieren über eine einfach zu bedienende Oberfläche statt, um flexibel auf neue Anforderungen reagieren zu können. Automatismen dienen den Anwendern insbesondere der Arbeitserleichterung. Beispielsweise kann es sinnvoll sein, einem Personenbereich bei Aktualisierung von Dokumenten eine Mail-Nachricht zu schicken. Wenn ein Dokument einen bestimmten Status erreicht hat, kann es sinnvoll sein, ein PDF-Dokument aus dem Dokument in einem anderen Ort abzulegen (Stichwort automatische Publizierung). Eine Rule wird immer auf eine Node angewandt. Werden also 20 Dokumente parallel oder sequenziell in ein Verzeichnis kopiert, wird 20 Mal dieselbe Rule ausgeführt, jeweils mit einem anderen hochgeladenen Dokument. Je nach Anforderungen können sich so schnell Lösungen ergeben, ohne Alfresco weiterentwickeln zu müssen. Denn durch die Möglichkeit einer Script-Ausführung bei bestimmten Aktionen, ergeben sich sehr viele User Cases – dazu jedoch gleich mehr.

Business Rules werden immer auf Verzeichnissen definiert. Alle Ereignisse in diesem Verzeichnis (oder Unterverzeichnissen) werden durch übergeordnete definierte Rules registriert. Falls das Ereignis auf die definierten Kriterien einer Rule zutrifft, wird die entsprechend hinterlegte Aktion ausgeführt. Eine Rule teilt sich in folgende Bestandteile auf:

- **Ereignis:** Angabe der Aktion, auf welche die Rule registriert werden soll. Mehrangaben möglich. Beim Erstellen, Modifizieren und Löschen (oder Verschieben) einer Node kann eine Registrierung erfolgen.

- **Bedingung:** Hier müssen die Kriterien angegeben werden, welche mit der Node übereinstimmen sollen. Kriterien können beispielsweise das (Nicht-)Vorhandensein von Metadaten-Attributen sein. Es existieren verschiedene Vergleichsoperatoren wie *gleich, beginnt mit* oder *enthält* – je nach Datentyp. Auch hier können mehrere Bedingungen konfiguriert werden.

- **Aktion:** Hier wird definiert, was genau basierend auf der aktuellen Node passieren soll. Im Standard existiert eine Fülle an einstellbaren Möglichkeiten. Beispielsweise kann ein Dokument in ein anderes Format transformiert (beispielsweise docx zu PDF) und anschließend in ein anderes Verzeichnis kopiert werden. Darüber hinaus bietet sich die Möglichkeit, ein Script zu hinterlegen, um komplexere Arbeitsaufgaben zu erledigen. Es können mehrere Aktionen zu einer Rule definiert werden.

5.3.1 Definition einer neuen Rule

Wie bereits erwähnt, werden Rules auf Verzeichnissen konfiguriert. Gehen wir also gemeinsam in ein Verzeichnis einer Site (Bild 5.18). Hier bewegen wir uns zu dem gewünschten Verzeichnis in der Listenansicht vor und klicken auf die erweiterten Aktionen im rechten Feld.

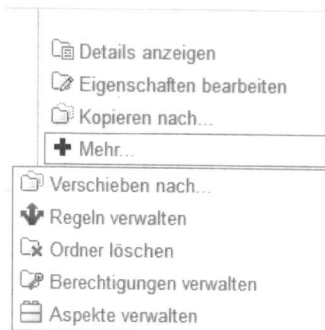

Bild 5.18
Weitere Details eines Verzeichnisses

Klicken Sie dort auf die Aktion *Regeln verwalten*. Anschließend erreichen Sie eine neue Site, wo vorhandene und neue Rules verwaltet werden können.

Klicken Sie anschließend auf den Link *Regeln erstellen*, um einen neuen Konfigurations-bereich zu erzeugen. Wir wollen nun eine Rule anlegen, welche jedem neuen Dokument (und nur Dokumenten) eine spezifische Kategorie anfügt (Bild 5.19).

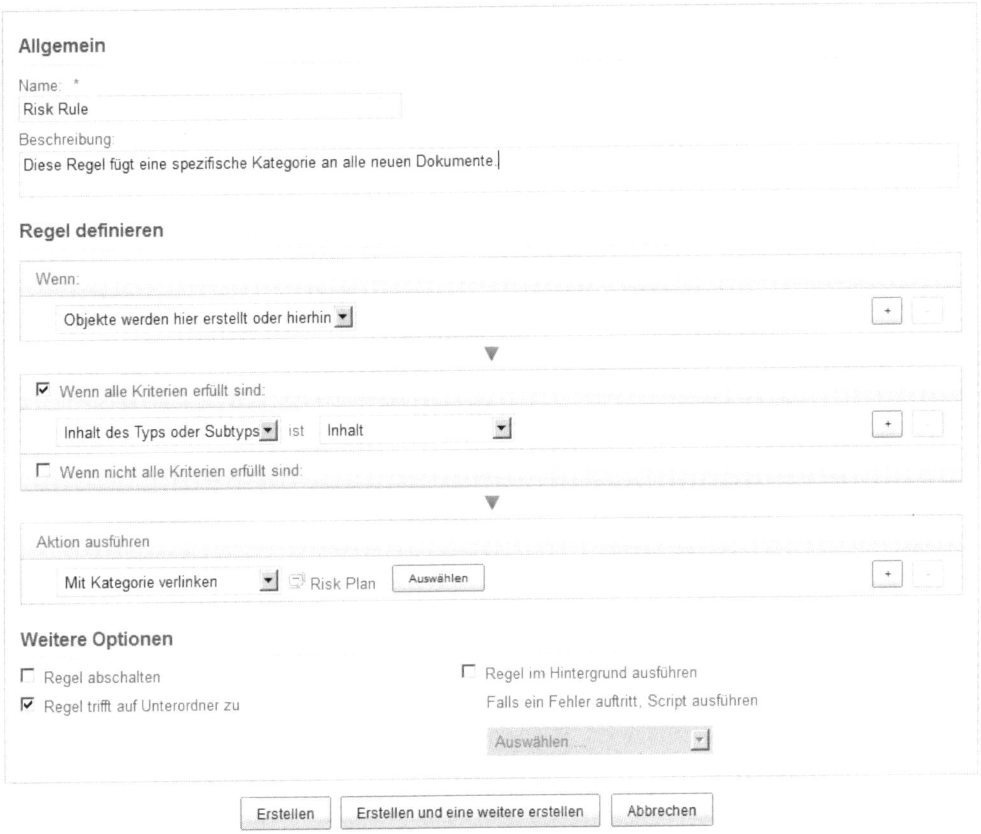

Bild 5.19 Definition einer neuen Rule, welche eine Kategorie an jedes neue Dokument hängt

Des Weiteren habe ich in diesem Beispiel die Option *Regel trifft auf Unterordner zu* ebenfalls mit aktiviert. Dadurch wird die Rule auf allen Unterverzeichnissen angelegt.

Anschließend können Sie innerhalb des Verzeichnisses, in dem wir die Rule definiert haben, ein neues Dokument hinzufügen. Entscheidend ist hier auch der Punkt, dass Verzeichnisse vollkommen ausgeschlossen werden, weil wir explizit in der Rule diesen Dokumententyp ausgeschlossen haben.

5.3.2 Simpler Workflow mit Rules

Vielleicht haben Sie sich schon gefragt, ob man Workflows mit Rules automatisiert starten kann. Die Antwort lautet doppelt ja. Doppelt deshalb, weil zwei verschiedene Workflow-Features über die Rule angesteuert werden können. Der simple Weg ist, die Nutzung einer

Aktion direkt konfigurierbar aus dem Rules-Menü heraus. Der zweite Weg besteht darin, ein Script zu hinterlegen, um einen entsprechenden Workflow (beispielsweise Ad-hoc) zu starten. Wir wollen uns an dieser Stelle zunächst mit dem simplen Workflow beschäftigen.

Zunächst erstellen wir in der Dokumentenbibliothek einer Site zwei verschiedene Verzeichnisse – *Genehmigt* und *Nicht genehmigt*. Diese Verzeichnisse dienen der Unterscheidung, welche Dokumente erfolgreich genehmigt und damit publiziert worden sind und welche eben nicht. Anschließend erstellen wir auf derselben Ebene ein weiteres Verzeichnis, wo wir neue Dokumente ablegen und zur Publizierung überprüfen lassen wollen. Auf diesem Verzeichnis müssen wir nun eine neue Rule erstellen.

Im Konfigurationsmenü (Bild 5.20) werden wir die Rule auf neue Objekte anwenden, welche in das Verzeichnis verschoben oder neu angelegt wurden. Als Kriterium wählen wir in *Inhalt des Typs oder Subtyps* den Wert *Inhalt* aus. Unter dem Menüpunkt *Aktion ausführen* wählen wir im Genehmigen-Dialog das Verzeichnis *Genehmigt* aus. Außerdem soll das Dokument dorthin verschoben werden.

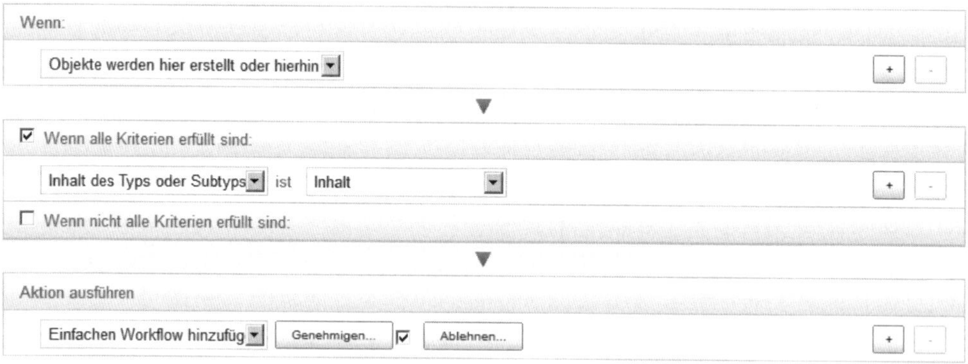

Wenn:
Objekte werden hier erstellt oder hierhin ▾	+ -

▼

☑ Wenn alle Kriterien erfüllt sind:
Inhalt des Typs oder Subtyps ▾ ist Inhalt ▾	+ -
☐ Wenn nicht alle Kriterien erfüllt sind:

▼

Aktion ausführen
Einfachen Workflow hinzufüg ▾ Genehmigen... ☑ Ablehnen...	+ -

Bild 5.20 Konfiguration eines simplen Workflows

Den gleichen Sachverhalt wollen wir bei der Aktion *Ablehnen* hinterlegen (Bild 5.21). Der Unterschied besteht natürlich darin, dass das Dokument in den Ordner *Nicht genehmigt* verschoben wird. Anschließend kann die Rule durch Speichern aktiviert werden.

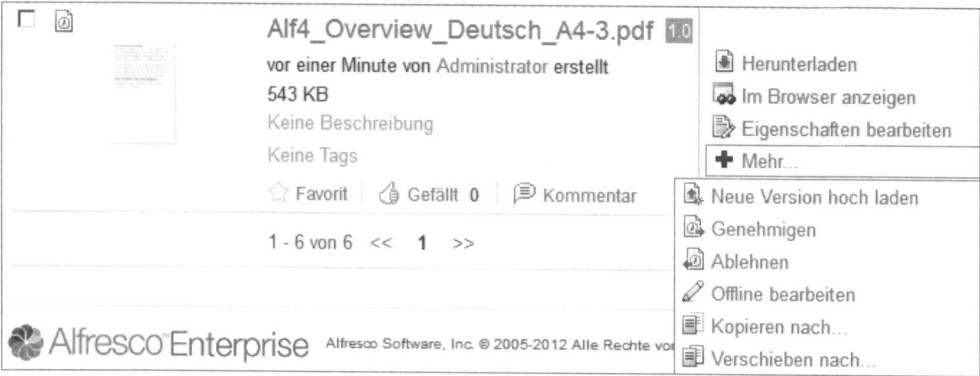

Bild 5.21 Neue Dokumente können durch Rules genehmigt und abgelehnt werden.

Laden Sie anschließend ein neues Dokument in das Rule-Verzeichnis hoch und klicken Sie auf die erweiterten Aktionen in der Dokumentenbibliothek-Übersicht. Wie Sie erkennen können, stehen zwei neue Aktionen zur Verfügung – eben die Aktionen, welche wir über die Rules definiert haben. Klicken wir auf eine der Aktionen, wird das Dokument automatisch in das jeweilig konfigurierte Verzeichnis kopiert.

 PRAXISTIPP: Sie können dieses Beispiel beliebig erweitern. Sie können beispielsweise bei neuen Dokumenten eine Mail an Nutzerkreise verschicken, um diese über Neuzugänge zu informieren. Genauso gut können Sie eine neue Rule im Verzeichnis *Genehmigt* anlegen, welche Mails an relevante Personen verschickt, um diese über die erfolgreiche Publizierung zu informieren. ∎

5.3.3 Publizieren von genehmigten Inhalten

Nun möchten wir das Beispiel vervollständigen, indem wir genehmigte Dokumente als PDF-Dokument publizieren. Publizierte Inhalte haben in der Regel die Eigenschaft, dass diese nicht mehr verändert werden können. Zur Komplettierung des Beispiels legen wir auf der gleichen Ordnerebene wie *Genehmigt* einen Ordner *Publiziert* an. Auf dem Ordner *Genehmigt* legen wir nun eine neue Rule an. In dieser Rule definieren wir exakt die gleiche Konfiguration, mit Ausnahme der Aktion. Hier wählen wir die Aktion *Inhalt umwandeln und transformieren* aus. Bei *MimeType* wählen wir anschließend *Adobe PDF Document* aus. Als Verzeichnis wird der bereits existierende *Publiziert*-Ordner ausgewählt (Bild 5.22).

Bild 5.22 Definition der Publizieraktion

Spielen Sie anschließend das komplette Szenario mehrmals durch. Durch die effiziente Rule-Integration können sehr viele Lösungen durch das Unternehmen selbst entworfen werden. Dadurch erhöht sich die Flexibilität und Innovationsrate bei neuen Arbeitsprozessen immens, da auf Alfresco-Standards zurückgegriffen werden kann.

6 Steuern und Verwalten der täglichen Arbeit in Alfresco Share

Eine der wesentlichen Aufgaben von fachlich Verantwortlichen sowie Administratoren besteht darin, relevante Projekte strukturell sowie organisatorisch zu verwalten. Hierbei hilft Alfresco mit relativ einfach zu bedienenden Werkzeugen. Angefangen bei den Möglichkeiten zur Verwaltung von Sites (z. B. Einladen oder Ausladen von Mitgliedern), über die Benutzerverwaltung bis hin zur Berechtigungsvergabe, gibt es viele Aufgaben, welche aktiv gesteuert werden müssen. Hierbei greift uns Alfresco Share stark unter die Arme.

6.1 Verwalten von Sites

Nachdem wir uns in Kapitel 5 bereits ausgiebig mit dem Bearbeiten von Dokumenten und Metadaten beschäftigt haben, wird es jetzt Zeit, sich ein wenig mehr mit der Verwaltung auseinanderzusetzen. Damit Benutzern überhaupt die Gelegenheit gegeben werden kann, in Sites zu arbeiten, müssen die Sites dafür auch entsprechend konfiguriert sein. Wir können auf einer Site folgende Anpassungen als Manager durchführen:

- **Site-Details anpassen:** Hier kann der Titel und die Beschreibung der Site geändert werden. Darüber hinaus kann die Sichtbarkeit eingeschränkt oder erweitert werden.
- **Site anpassen:** Features wie Wikis, Blogs oder Datenlisten können hier aktiviert und deaktiviert werden. Jedes aktive Feature kann einen Projektnamen bekommen, um eine bessere Identifikation mit der Site herzustellen. Seit Alfresco 4 kann hier auch ein individuelles Farbschema je Site ausgewählt werden.
- **Mitglieder verwalten:** Wie der Name bereits andeutet, können hier alle Mitglieder der Site verwaltet werden.
- **Dashboard anpassen:** Im Gegensatz zum User Dashboard kann ein Site Dashboard nur von Site-Administratoren angepasst werden.

Damit wir die Site verwalten können, müssen wir uns innerhalb einer Site, wie beispielsweise der Backoffice Site, bewegen.

6.1.1 Site-Details anpassen

Damit die Eigenschaften der Site angepasst werden können, muss man über das obere Site-Menü auf *Site-Details bearbeiten* klicken (Bild 6.1).

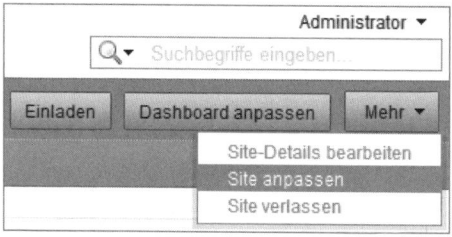

Bild 6.1
Mit Klick auf „Site anpassen" erscheint ein
neuer Dialog.

Im darauf erscheinenden Dialog (Bild 6.2) können wir jetzt verschiedene Eigenschaften bezüglich der aktuellen Site konfigurieren.

Bild 6.2 Dialog zum Bearbeiten der Eigenschaften der Site „Backoffice"

Während der Name und die Beschreibung weitestgehend selbsterklärend sind, ist die Thematik *Sichtbarkeit* noch nicht bis zur Gänze geklärt:

- **Öffentlich:** Jeder angemeldete Benutzer hat lesend Zugriff auf diese Site. Zwar wird die Site nicht im eigenen Dashlet *Meine Sites* angezeigt (bei nicht expliziter Mitgliedschaft), jedoch kann die Site unter dem Menüpunkt *Sites* gesucht werden. Bei einer globalen Suche über Sites hinweg, wird die Site ebenfalls mit berücksichtigt. Der Nutzer kann sich darüber hinaus selbst als Mitglied hinzufügen – ohne vorherige Einverständniserklärung des Managers einer Site einzuholen.

- **Öffentlich mit moderierter Mitgliedschaft:** Im Prinzip verhält sich die Site genauso wie eine öffentliche Site, mit dem kleinen Unterschied, dass der Benutzer ausschließlich den Beitritt zu einer Site beantragen kann. Anschließend erhalten die Manager einer Site eine Genehmigungs-Aufgabe, welche von einem Manager bearbeitet werden muss.

- **Privat:** Die Site ist nicht öffentlich und kann nur durch explizite Mitgliedschaft eingesehen werden. Vor allem für geschützte Projekte kann ein solcher Site-Typ relevant sein. Private Sites können von Nicht-Mitgliedern nicht gefunden werden.

Teil I – Alfresco

6.1.2 Site anpassen

Nicht jede Site oder nicht jedes Projekt verfügt über die gleichen Features wie Blogs, Wikis oder Links. Damit die Nutzer nicht unnötig von den eigentlichen Aufgabenstellungen abgelenkt werden, können solche Features in jeder Site separat aktiviert und deaktiviert werden. Der Zugang zur Konfigurationsseite erfolgt auf gleichem Wege wie die Konfiguration der Site-Details (Bild 6.3).

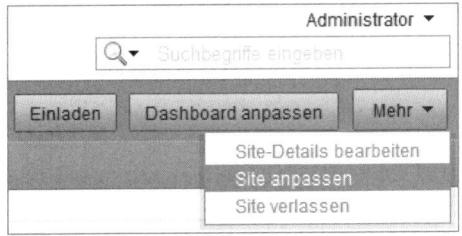

Bild 6.3
Menüpunkt „Site anpassen", um die Features einer Site zu bearbeiten

Einmal dort angekommen, haben wir die Möglichkeit, die Site nach Belieben zu konfigurieren. Widmen wir uns zunächst den einstellbaren Features wie Blogs und Datenlisten. In Bild 6.4 sehen wir im oberen Bereich *Verfügbare Seiten der Site* alle vorhandenen und noch nicht aktiven Features. Im Bereich *Aktuell verfügbare Seiten der Site* werden die aktivierten Features aufgezeigt. Mittels Drag & Drop können jetzt neue Features aktiviert werden. Wir werden in unseren Fall einmal die Datenlisten mit in die aktuelle Site als Feature hinzufügen.

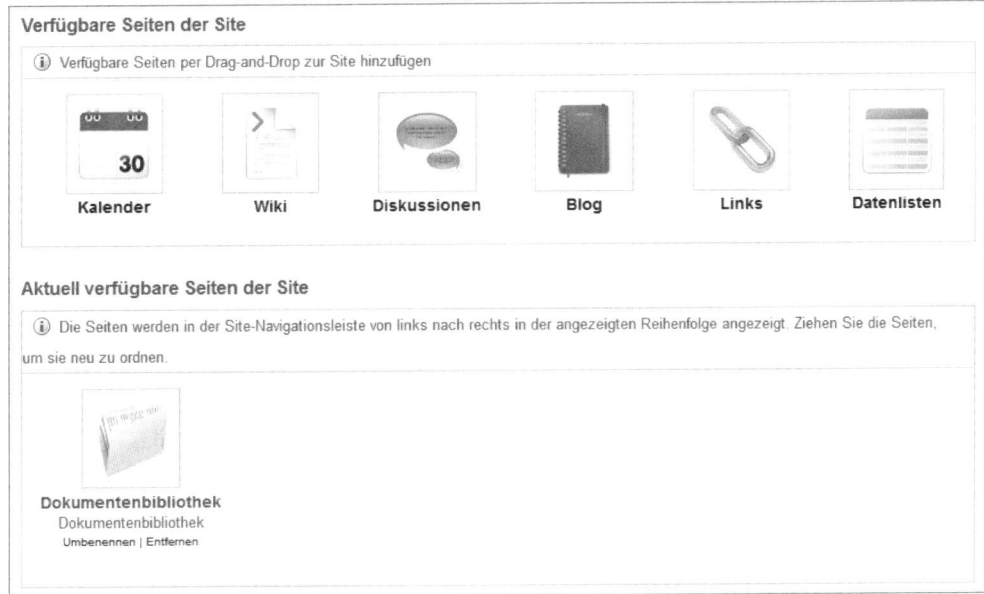

Bild 6.4 Verwalten der Features einer Site

Anschließend wollen wir sowohl der Dokumentenbibliothek als auch den Datenlisten einen neuen Namen geben. Über den Button *Umbenennen* an jedem Feature, ändern wir jetzt die Namen der Features (Bild 6.5). Dabei soll die Dokumentenbibliothek *Projektbibliothek* heißen und die Datenlisten-Komponente *Projekttermine*.

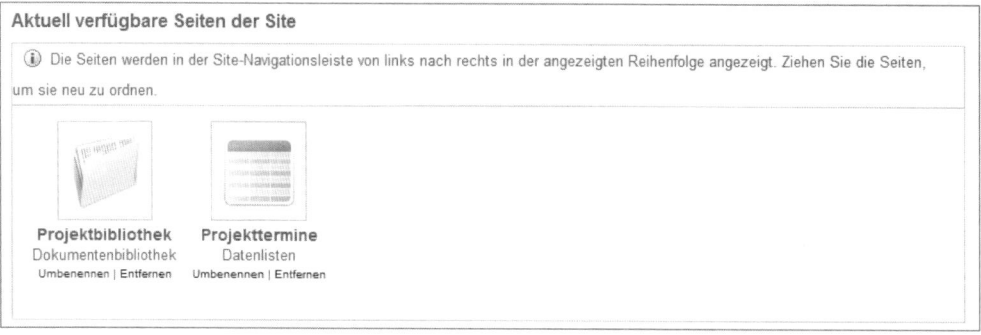

Bild 6.5 Aktivierte Features mit geänderten Namen

Bestätigen Sie anschließend Ihre Änderungen und überprüfen Sie im Navigationsbereich (Bild 6.6), ob die Änderungen übernommen worden sind.

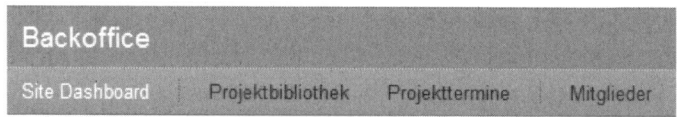

Bild 6.6 Geänderter Navigationsbereich

6.1.3 Mitglieder verwalten

Damit überhaupt Mitarbeiter innerhalb von Sites miteinander Informationen austauschen können, müssen diese über entsprechende Berechtigungen verfügen. In jeder Site existiert eine eigene Berechtigungshierarchie, angefangen mit der Manager-Rolle, der verantwortlich für die komplette Site ist und über alle Rechte verfügt. Der Konsument verfügt über die wenigsten Rechte auf der Site und kann, wie der Name bereits vermutet, nur lesend auf Informationen zugreifen. Mitglieder werden über einen eigenen Bereich in der Site verwaltet. Im Navigationsbereich der Site (dort, wo die Features aufgelistet werden) kann über den Link *Mitglieder* die Verwaltungsseite geöffnet werden (Bild 6.7). Aufgeteilt ist die Seite zunächst in drei Bereiche:

- **Mitglieder:** Benutzer, welche der Site explizit mit einer Rolle zugewiesen sind
- **Gruppen:** Auch Gruppen können der Site mit einer Rolle hinzugefügt werden.
- **Ausstehende Einladungen:** Einladungen, welche an Nutzer versandt wurden, die jedoch weder akzeptiert noch abgelehnt worden sind

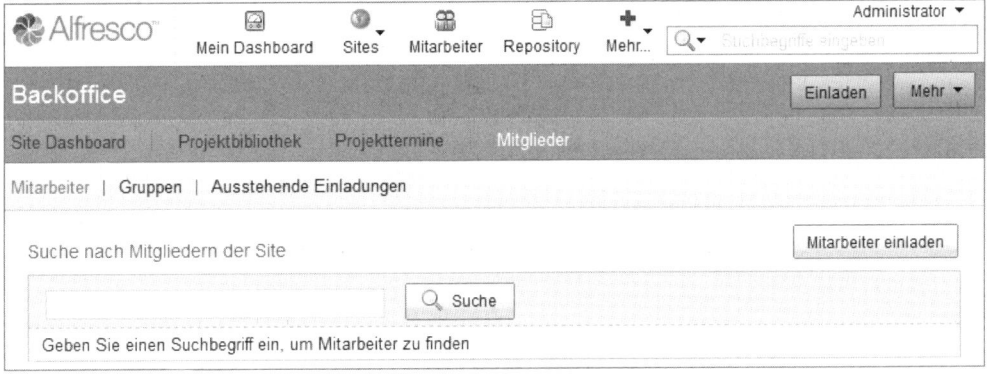

Bild 6.7 Mitgliederbereich einer Site

Hier können die Rollen für bestehende Nutzer jederzeit angepasst werden. Dasselbe trifft auf Gruppen zu. Um neue Mitglieder einzuladen, müssen Sie den Button *Mitglieder einladen* klicken. Anschließend können Sie auf der neu erscheinenden Site bestehende Benutzer suchen und auf der Site mit einer Rolle ausstatten (Bild 6.8).

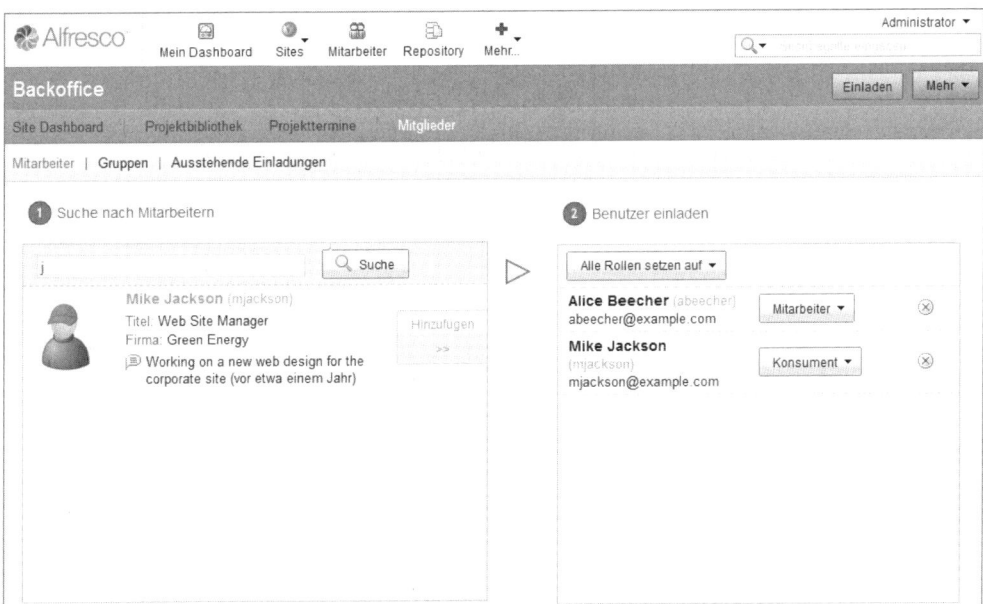

Bild 6.8 Mitglieder werden der Site zugeordnet

Darüber hinaus können neue, externe Benutzer in Alfresco über *Externes einladen* hinzugefügt werden. Dieses Feature findet jedoch in der Praxis noch keine breite Verwendung, da Personen über Verzeichnisdienste wie Active Directory besser verwaltet werden können. Wenn Liferay als Portal verwendet werden soll, in welchem nicht jede Person einen Unternehmens-Account hat, ist solch eine Funktion sicherlich hilfreich. Dann muss man sich jedoch um die dezentrale Pflege der Benutzerdaten kümmern.

6.1.4 Dashboard anpassen

Das Site-Dashboard dient der zentralen Anlaufstelle aller Mitglieder, um aktuelle Informationen über den Arbeitsbereich in Erfahrung zu bringen. Ausschließlich Manager einer Site sind in der Lage, die Oberfläche anzupassen. Hierzu muss der Manager zunächst zum Site Dashboard einer Site navigieren. Anschließend steht die Option *Dashboard anpassen* im Navigationsbereich zur Verfügung (Bild 6.9).

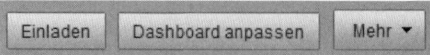

Bild 6.9 Die „Dashboard anpassen"-Funktion steht über das Site Dashboard zur Verfügung.

Anschließend erscheint eine neue Site, in der sowohl das Layout des Dashboards geändert werden kann als auch die Dashlets (Bild 6.10). Via Drag & Drop können neue Dashlets auf dem Dashboard hinzugefügt oder auch anders positioniert werden. Dashlets, welche gelöscht werden sollen, werden direkt in den Papierkorb verschoben. Nach abschließendem Speichern der Einstellungen sind die Änderungen sofort auf dem Dashboard sichtbar. Diese Änderungen greifen für alle Mitglieder dieser Site.

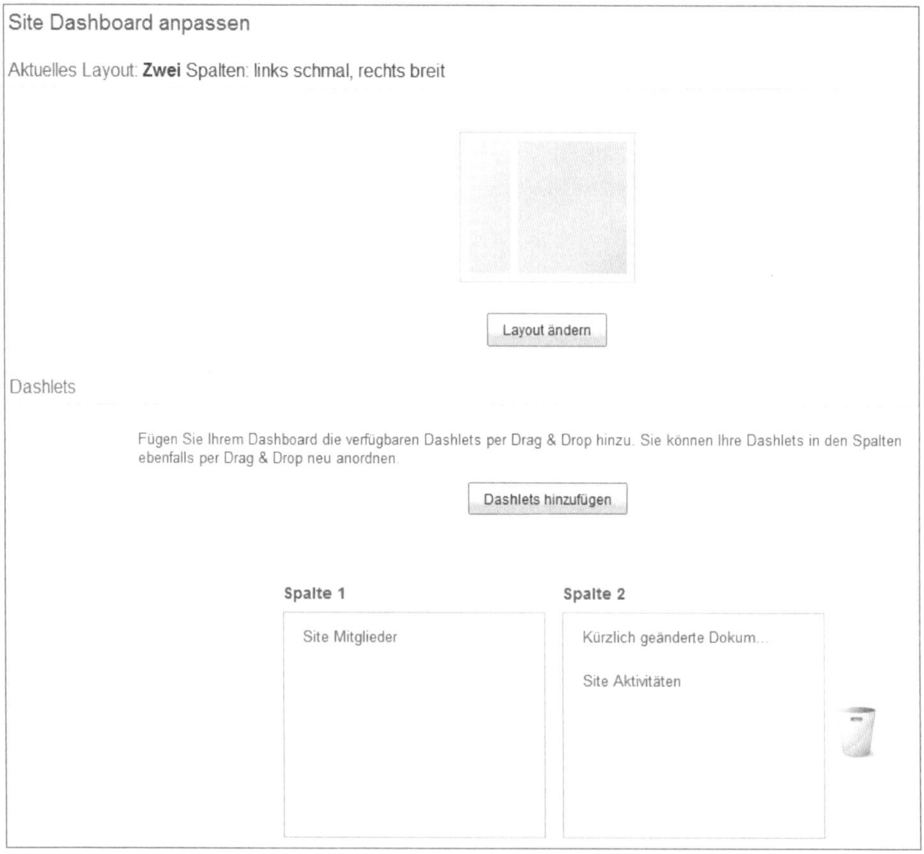

Site Dashboard anpassen

Aktuelles Layout: **Zwei** Spalten: links schmal, rechts breit

[Layout ändern]

Dashlets

Fügen Sie Ihrem Dashboard die verfügbaren Dashlets per Drag & Drop hinzu. Sie können Ihre Dashlets in den Spalten ebenfalls per Drag & Drop neu anordnen.

[Dashlets hinzufügen]

Spalte 1	Spalte 2
Site Mitglieder	Kürzlich geänderte Dokum…
	Site Aktivitäten

Bild 6.10 Sowohl das Layout als auch die verfügbaren Dashlets innerhalb einer Site können intuitiv verwaltet werden.

■ 6.2 Gruppen und Benutzer

Nachdem wir bereits wissen, wie wir Mitglieder zu einer Site hinzufügen können, ist es schlussendlich auch wichtig zu erfahren, wie diese angelegt werden. Darüber hinaus werden wir uns den Gruppen widmen, um unsere neu angelegten Nutzer zuordnen zu können. Den Zugang zum Gruppenbereich können wir über *Mehr > Benutzer* erreichen (Bild 6.11).

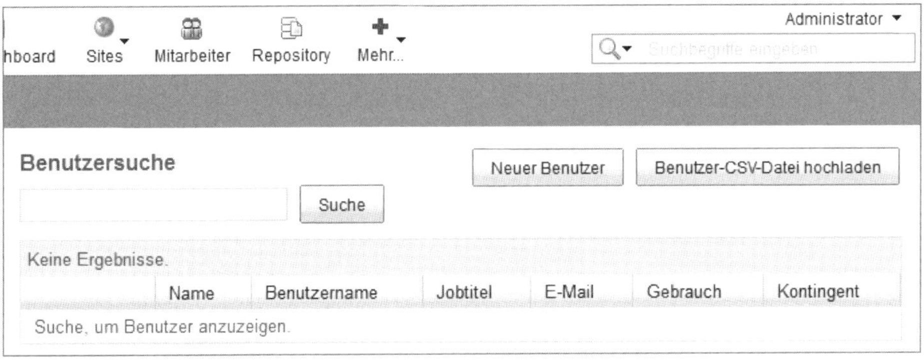

					Administrator ▼
hboard	Sites	Mitarbeiter	Repository	Mehr...	Q▼ Suchbegriffe angeben

Benutzersuche   [Neuer Benutzer]   [Benutzer-CSV-Datei hochladen]

[_____]   [Suche]

Keine Ergebnisse.

	Name	Benutzername	Jobtitel	E-Mail	Gebrauch	Kontingent

Suche, um Benutzer anzuzeigen.

Bild 6.11 Übersicht der Benutzerverwaltung im Administrationsbereich

Die Benutzerverwaltung befindet sich im administrativen Bereich von Alfresco. Hier haben nur Administratoren Zugriff. Falls Sie diese Option nicht sehen, prüfen Sie, ob Sie als Administrator angemeldet sind. Dort angekommen, können Sie nach Benutzern suchen oder neue Benutzer anlegen.

6.2.1 Benutzer anlegen

Mit Klick auf den Button *Neuer Benutzer* gelangen wir auf eine neue Site, wo wir verschiedene Angaben zum Benutzer machen müssen (Bild 6.12).

Achten Sie bei den Angaben darauf, dass die E-Mail-Adresse als auch der Nutzername eindeutig ist. Hier können Sie bereits dem Nutzer bestimmte Gruppen zuordnen.

 HINWEIS: Soll der Nutzer einen administrativen Zugriff erhalten, muss die Gruppe **Alfresco_Administrators** ausgewählt werden.

■

Wichtig zu wissen ist, dass dem Nutzer ein Kontingent zugewiesen werden kann. Dieses Kontingent darf nicht überschritten werden. Wenn beispielsweise der Speicherplatz von Alfresco als unnötige und unrealistische Datenablagen „missbraucht" werden könnte, kann dem hier ein Riegel vorgeschoben werden.

Nach erfolgreichem Erstellen des Nutzers kann sich dieser, so weit nicht deaktiviert, sofort in Alfresco anmelden.

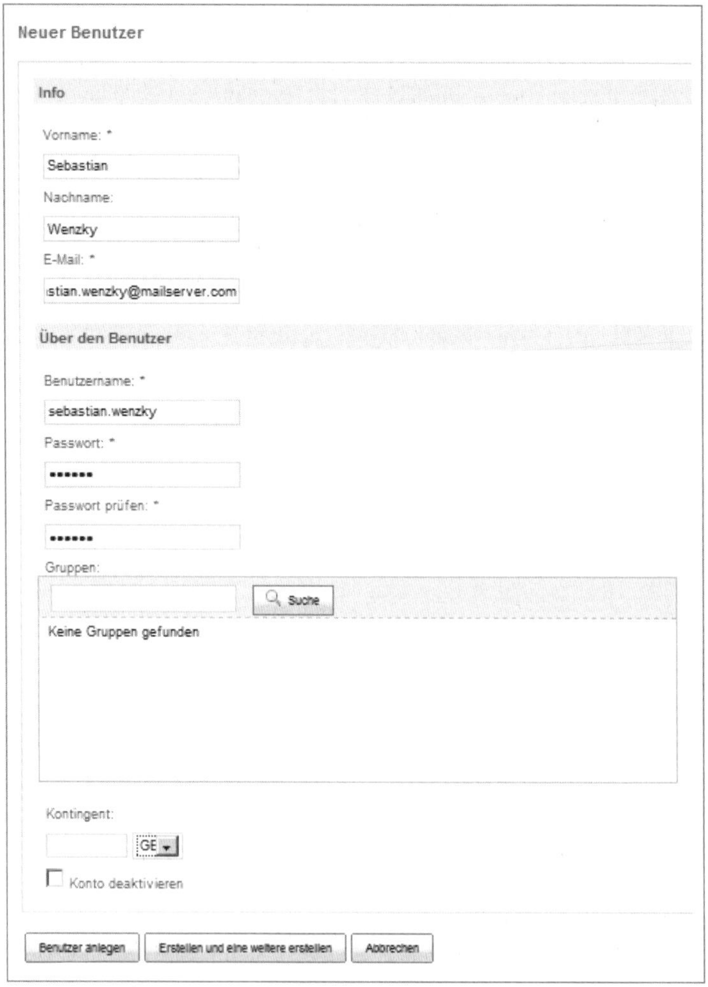

Bild 6.12 Benutzerdaten eines neuen Benutzers

6.2.2 Benutzerimport via Excel/CSV

Viel einfacher erscheint der Weg über den Mass-Importer, um viele Benutzer gleichzeitig im System anzulegen. Hierzu kann der CSV-Importer von Alfresco behilflich sein. Die CSV muss aus vorher wohldefinierten Spalten bestehen, welche zeilenweise mit Nutzern gefüllt werden (Bild 6.13).

	A	B	C	D	E	F
1	Benutzername	Vorname	Nachname	E-Mail Adresse		Passwort
2	sebastian.wenzky	Sebastian	Wenzky	sebastian.wenzky@mailserver.com		1234
3	klaus.schmidt	Klaus	Schmidt	klaus.schmidt@mailserver.de		
4						

Bild 6.13 Beispielhafte Excel-Tabelle zum Benutzerimport

Erstellen Sie hierzu einfach ein neues Excel-Dokument und fügen Sie je Spalte folgenden Wert in die erste Zeile ein: **Benutzername**, **Vorname**, **Nachname**, **Mail-Adresse**, **frei lassen**, **Passwort**.

Anschließend können Sie Zeile für Zeile Ihre Benutzer hinzufügen. Speichern Sie anschließend das Dokument als CSV-Datei. Wichtig ist, dass in der CSV-Datei das Trennzeichen „," verwendet wird. Falls dies bei Ihnen nicht der Fall sein sollte, können Sie beispielsweise in Windows 7 unter *Systemsteuerung* > *Region & Sprache* > *Format* > *Trennzeichen* das Komma als Standard definieren. Notfalls können Sie in der CSV-Datei auch via *Suchen & Ersetzen* die Semikolons (welche in Deutschland standardmäßig als Trenner definiert sind) durch Kommas austauschen. Über den Button *Benutzer CSV-Datei hochladen* wählen Sie das CSV-Dokument und bestätigen den Import (Bild 6.14).

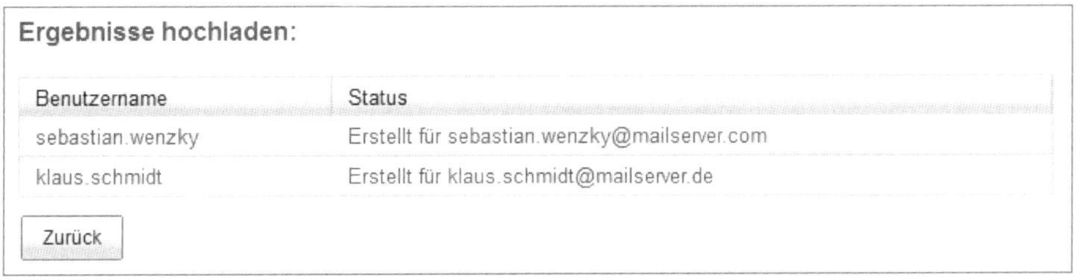

Ergebnisse hochladen:

Benutzername	Status
sebastian.wenzky	Erstellt für sebastian.wenzky@mailserver.com
klaus.schmidt	Erstellt für klaus.schmidt@mailserver.de

Zurück

Bild 6.14 Alfresco teilt Ihnen den Abschluss des Imports mit: Hier sehen Sie, dass zwei Benutzer erfolgreich in das System überführt worden sind.

Darüber hinaus besteht die Möglichkeit, weitere Felder auszufüllen. Eine komplette Liste der möglichen Felder können Sie sich ebenfalls direkt als Template aus Alfresco herunterladen. Gehen Sie hierzu auf *http://localhost:8080/alfresco/service/api/people/upload*.

6.2.3 Gruppen in Alfresco verwalten

Nachdem wir in der Lage sind, verschiedene Benutzer anzulegen, können wir uns der Gruppenverwaltung widmen. Bisher haben wir alle Arbeiten weitestgehend mit dem Administrator durchgeführt. Nun wollen wir uns deutlich mehr mit den „richtigen" Anwendern beschäftigen.

Wie bereits in Abschnitt 3.1 beschrieben, dienen Gruppen der logischen Sammlung von Benutzern oder weiteren Untergruppen. Hierzu gibt es einfache Möglichkeiten, ein entsprechendes Gruppen-Konzept aufzubauen. Gehen wir zunächst in den Gruppenverwaltungsbereich in Alfresco Share, indem wir im oberen Navigationsbereich auf den Button *Mehr* > *Gruppen* klicken. Auf der neu erscheinenden Site klicken Sie anschließend auf den Button *Browse* (Bild 6.15).

Aufgelistet werden spaltenorientiert Gruppen und die damit verbundenen Untergruppierungen sowie zugewiesene Nutzer. Folgende Optionen stehen dabei für den Administrator zur Verfügung:

- **Neue Untergruppe:** Es wird eine komplett neue Untergruppe unterhalb einer ausgewählten Gruppe erstellt.

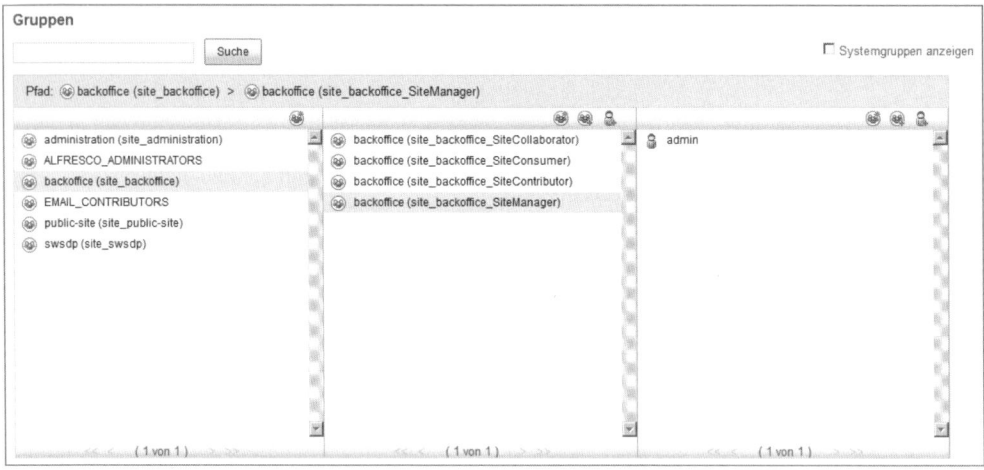

Bild 6.15 Gruppenübersicht und detaillierte Auflistung der Gruppen von der Site Backoffice

- **Gruppe hinzufügen:** Eine bestehende Gruppe wird als Untergruppe hinzugefügt. Hier sollte man bedenken, dass Zyklen nicht erlaubt sind – eine Gruppe kann nicht gleichzeitig als Untergruppe und Obergruppe einer anderen Gruppen definiert werden.

- **Benutzer hinzufügen:** Hier kann ein bestehender Nutzer einer Gruppe hinzugefügt werden.

> **HINWEIS:** Rollen in Sites werden auf Gruppen abgebildet. Das heißt, dass man zwar bei der Vergabe einer Rolle, z. B. Mitarbeiter, in der Regel einen Benutzer angibt, dieser jedoch automatisch der korrespondierenden Gruppe zugewiesen wird. ∎

Das Hinzufügen einer Person in die Gruppe *backoffice (site_backoffice_SiteManager)* führt beispielsweise dazu, dass diese Person als SiteManager in der korrespondierenden Site Backoffice definiert wird.

■ 6.3 Berechtigungsvergabe in Alfresco

Wie bereits erläutert, werden Berechtigungen in Alfresco durch Rollen gebündelt und Benutzern oder Gruppen zugewiesen. In Alfresco Share existieren unterschiedliche Ansätze, um die verschiedenen Rollen nutzen zu können.

- **Vergabe von Berechtigungen im Repository:** Werden Sites nicht verwendet, können direkt auf Verzeichnissen oder Dokumenten, Gruppen mit bestimmten Rollen zwecks Berechtigungen vergeben werden. Im Standard können hier so sehr fein granulare Berechtigungsstrukturen abgebildet werden.

- **Berechtigungen innerhalb von Sites:** Das Konzept innerhalb von Sites funktioniert gänzlich anders. Hier können keine neuen Gruppen mit Berechtigungen vergeben werden. Stattdessen muss man in erster Linie vorlieb mit den bestehenden Rollen, respektive den korrespondierenden Gruppen nehmen: Manager, Mitarbeiter, Beitragender, Konsument. Hier kann auf Verzeichnis- und Dokumentebene beispielsweise die Mitarbeitergruppe auf Konsumentenniveau heruntergestuft werden – jedoch immer für die komplette Gruppe der Site.

- **Vermischung von Repository- und Site-Konzepten:** Hier werden manuell oder automatisiert, beispielsweise via Rules, zu jeder Site Alfresco-Gruppen angelegt. Die Zuweisung von Personen erfolgt manuell über die Gruppen. Die Gruppe muss jedoch über den Repository-Browser auf Verzeichnis- oder Dokumentebene der jeweiligen Site mit bestimmten Rollen ausgestattet werden.

- **Nutzen von eigenen Site-Rollen:** Sollen komplexere Rollen oder Hierarchien abgebildet werden, kann es Sinn machen, neue Rollen in Sites hinzuzufügen. Diese werden ausgestattet mit neuen Berechtigungen, umso einen Arbeitsbereich besser abbilden zu können. Jedoch gelten diese Rollen für alle Sites und sind deshalb auch überall verfügbar.

6.3.1 Vergabe von Berechtigungen im Repository

Wir wollen uns zunächst mit der Vergabe von Berechtigungen im Repository beschäftigen. Hierzu legen wir zunächst zwei neue Benutzer an – Stephan Heinig und Martina Trost. Als Nächstes gehen wir direkt in den Repository-Bereich durch den Klick auf *Repository*, verfügbar in der oberen Navigation. Dort angekommen, erstellen wir direkt ein neues Verzeichnis, welches wir *Abteilungen* nennen. In diesem Verzeichnis legen wir folgende Verzeichnisse an: *HR* für Human Resources, *IT* für Informationstechnologie, *Management* für die Geschäftsführung und *Produktion*.

Melden Sie sich nun mit einer der angelegten Benutzer an und versuchen Sie im Repository auf das Verzeichnis zuzugreifen. Wie Sie schnell erkennen können (Bild 6.16), sind standardmäßig die Rechte von Benutzern auf lesend gesetzt – es sei denn, dieser Benutzer gehört der Administratorengruppe an.

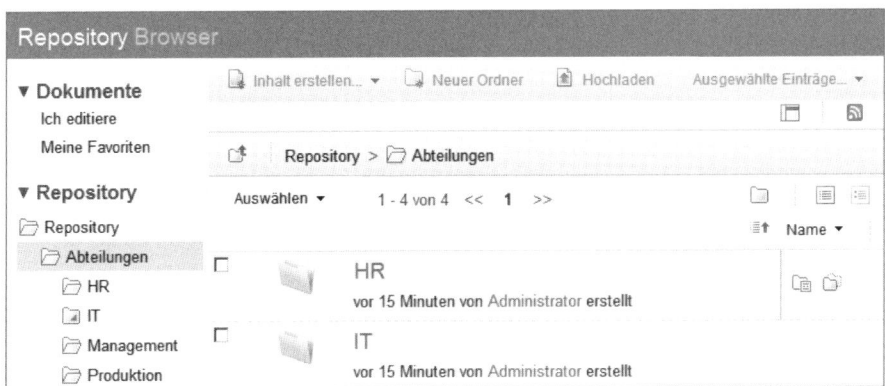

Bild 6.16 Ein Standard-Benutzer verfügt standardmäßig über wenige Berechtigungen in Ordnern und Dokumenten.

Stephan Heinig soll nun Schreibzugriff auf die Bereiche HR und Management erhalten. Jedoch sind die Bereiche IT und Produktion nicht relevant für diesen Benutzer. Martina Trost hingegen soll Zugriff auf IT und Produktion erhalten und darf bei beiden neue Dokumente hochladen.

Zunächst melden wir uns wieder als Administrator an, um Berechtigungen auf diesen Verzeichnissen ändern zu können. Auf dem HR-Verzeichnis wählen wir die Aktion *Berechtigung verwalten* im erweiterten Menü innerhalb der Dokumentenbibliothek aus (Bild 6.17).

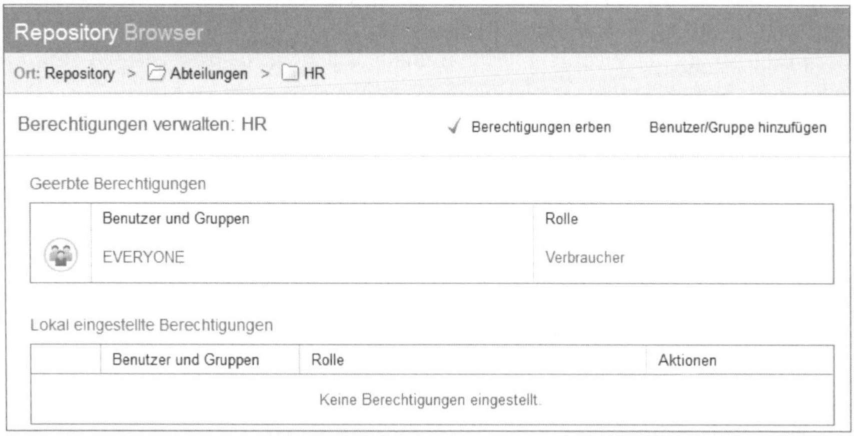

Repository Browser

Ort: Repository > 📂 Abteilungen > 🗋 HR

Berechtigungen verwalten: HR   ✓ Berechtigungen erben   Benutzer/Gruppe hinzufügen

Geerbte Berechtigungen

	Benutzer und Gruppen	Rolle
👥	EVERYONE	Verbraucher

Lokal eingestellte Berechtigungen

	Benutzer und Gruppen	Rolle		Aktionen
		Keine Berechtigungen eingestellt.		

Bild 6.17 Berechtigungsvergabe innerhalb einer Site in einem ausgewählten Verzeichnis

Im Wesentlichen ist die Berechtigungsvergabe in zwei Bereiche unterteilt. Die vererbten Berechtigungen zeigen, wie der Name schon sagt, bereits vergebene Berechtigungen aus den übergeordneten Verzeichnissen an.

 HINWEIS: In Alfresco wird vom oberen Verzeichnis (*Company Home/Firmen Home/Organisation Home*) an jedem Ordner und Verzeichnis die Gruppe *EVERYONE* als Konsument/Verbraucher hinzugefügt. In der Gruppe *EVERYONE* ist implizit jeder Benutzer enthalten. ∎

Lokal eingestellte Berechtigungen zeigen an, welche Einstellungen in diesem Verzeichnis direkt vorgenommen worden sind. Aktuell sind nur Standardberechtigungen vorhanden. Für unseren Anwendungsfall müssen wir das Verzeichnis hinsichtlich der Berechtigungen anpassen. Zunächst einmal fügen wir über den Button *Benutzer/Gruppe hinzufügen* den Benutzer *Stephan Heinig* in dieses Verzeichnis als Mitarbeiter hinzu. Speichern Sie anschließend diese Einstellung ab. Genau dasselbe Vorgehen führen Sie auf dem Management-Ordner mit demselben Benutzer aus.

Interessanter wird der Fall, wenn wir uns den Nutzer Martina Trost anschauen. Denn auf die Verzeichnisse IT und Produktion soll Stephan Heinig – oder generell andere Benutzer – keinen Zugriff haben. Wechseln wir also zu dem Verzeichnis IT und gehen auf den Verwaltungsdialog für Berechtigungen (Bild 6.18). Dort angekommen, müssen wir die Vererbung von Berechtigungen deaktivieren. Der Grund hierfür ist Folgender: Solange die Berechtigungen bei unseren Verzeichnissen mit berücksichtigt werden, so lange wird die Gruppe *EVERYONE* mindestens lesend zugreifen können. Durch das Deaktivieren der Vererbung müssen wir die Benutzer oder Gruppen in das Verzeichnis manuell einfügen.

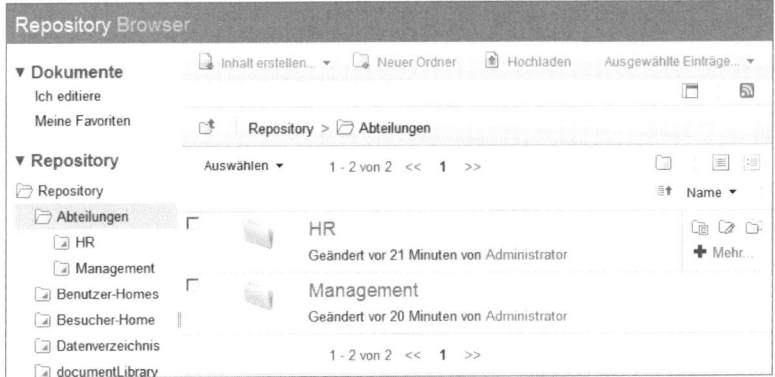

Bild 6.18 Das IT-Verzeichnis wird von anderen Nutzern komplett abgetrennt. Nur explizit eingeladene Nutzer haben Zugriff auf diesen Bereich.

Unterordner von IT werden natürlich ebenfalls mit den Berechtigungen ausgestattet, die wir hier soeben vergeben haben. Die gleichen Rechte vergeben wir zuletzt noch dem Verzeichnis *Produktion* und testen anschließend unsere Einstellungen mit den jeweiligen Nutzern M. Trost und S. Heinig.

 HINWEIS: Mit diesem Berechtigungskonzept sind auch auf dem ersten Blick seltsame Vergaben möglich. Sie können beispielsweise unterhalb des Verzeichnisses IT einen Ordner mit Berechtigungen vergeben, auf den der Nutzer Heinig wiederrum Zugriff hat. Das führt jedoch dazu, dass über Browsing in der Dokumentenbibliothek niemals der Ordner erreicht werden kann. Ausschließlich über die Suche ist der Ordner, respektive die darin enthaltenen Inhalte, aufzufinden und anzuzeigen.

Mit dem Nutzer S. Heinig kann am eindrucksvollsten gezeigt werden, welche Auswirkungen unsere Berechtigungsvergaben auf den direkten Zugriff auf Inhalte in Alfresco haben (Bild 6.19).

Bild 6.19 Beschränkter Zugriff auf Dokumente und Verzeichnisse durch die Einschränkung von Berechtigungen auf Personen

Heinig verfügt nicht mehr über Zugriff auf die Ordner IT und Produktion. Jedoch verfügt Heinig über deutlich mehr Rechte auf den Ordnern HR und Management. Innerhalb eines dieser Ordner kann Heinig direkt neue Verzeichnisse und Dokumente anlegen.

6.3.2 Berechtigungen innerhalb von Sites

Mit der Vergabe von Berechtigungen in Sites werden wir uns jetzt befassen. Falls die Nutzer Stephan Heinig und Martina Trost noch nicht erstellt sein sollten, so sollte dieser Schritt jetzt vorgenommen werden. Anschließend gehen wir auf eine Site, auf welcher wir Manager-Rechte besitzen, wie beispielsweise die Backoffice-Site. Auf diese Site laden wir zunächst die Nutzer Trost und Heinig ein (Bild 6.20). Trost soll die Rolle „Mitarbeiter" erhalten, Heinig ausschließlich beitragende Rechte.

Bild 6.20 Die Nutzer Trost und Heinig werden auf die Site mit verschiedenen Rollen eingeladen.

Bestätigen Sie Ihre Auswahl mit dem *Einladen*-Button. Wie bereits besprochen, finden sich die eingeladenen Mitglieder nicht automatisch in der Site wieder. Jedes Mitglied muss einzeln dieser Einladung zustimmen. Deswegen müssen wir uns jetzt mit jedem der beiden Nutzer anmelden und dem Antrag zustimmen. Hierzu existiert auf dem User Dashboard jeden Nutzers im Dashlet *Meine Aufgaben* eine neue Aufgabe (Bild 6.21).

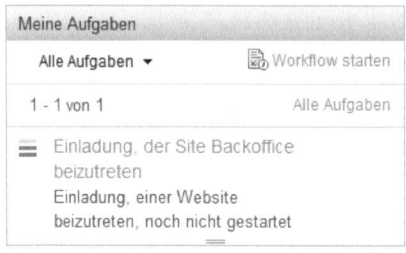

Bild 6.21
Heinig und Trost erhalten eine Aufgabe, um der Site Backoffice beizutreten.

Nachdem beide Nutzer der Einladung zugestimmt haben, finden sich diese ebenfalls in der Mitgliederliste der Site wieder. Nun können wir uns wieder als Site Manager der Site anmelden und in die Dokumentenbibliothek springen. Wählen Sie hier eines der bestehenden Verzeichnisse wie beispielsweise *Budget* und klicken Sie über das erweiterte Aktionsmenü auf *Berechtigungen verwalten* (Bild 6.22). Im Gegensatz zur Repository-Vergabe von Berechtigungen, öffnet sich hier nur ein einfacher Dialog. Hier können nicht explizit Gruppen oder Nutzer zur Berechtigungsvergabe ausgewählt oder hinzugefügt werden.

Bild 6.22 Die Vergabe von Berechtigungen auf einer Site ist nur grob einstellbar, dafür jedoch übersichtlich gehalten.

Stattdessen verändert man den Rollenstatus einer spezifischen Rolle auf eine andere Rolle. Beispielsweise kann der Nutzer Stephan Heinig, welchen wir als Beitragender eingeladen haben, aktuell nur Inhalte hinzufügen und diese auch bearbeiten. Manchmal kann sich ein User Case ergeben, indem diese Nutzer ebenfalls auf bestimmten Bereichen mehr Berechtigungen haben – genau hierfür ist diese Funktionalität gedacht. Es ist bewusst auf eine schlanke Verwaltung der Berechtigungen Wert gelegt worden.

6.3.3 Vermischung von Site- und Repository-Konzepten

Sollen spezifische Berechtigungen an bestimmte Nutzer vergeben werden, kann Alfresco ein wenig „ausgetrickst" werden. Hierzu verwenden wir eine Hybridlösung aus Site- und Repository-Konzept zur Rechtevergabe. Ein Anwendungsfall wäre z. B., dass wir eine Nutzergruppe mit der Berechtigung ausstatten wollen, selbst Berechtigungen auf Verzeichnissen und Dokumenten vergeben zu können. Dies ist im Standard-Konzept ausschließlich nur über den Manager oder eingeschränkt für Mitarbeiter – nämlich für die eigenen Inhalte – möglich. Hierzu wollen wir als Beispiel den Nutzer Trost mit solchen Berechtigungen ausstatten.

Wir müssen zunächst in das Repository-Verzeichnis als Administrator oder Manager der jeweiligen Site wechseln. Im Ordnerbaum *Sites > Backoffice > documentLibrary* klicken wir auf den *Berechtigung verwalten*-Dialog. Anschließend suchen wir den Nutzer Trost über *Benutzer/Gruppe hinzufügen* heraus und vergeben die Rolle *Koordinator* und speichern Sie die Änderungen ab (Bild 6.23).

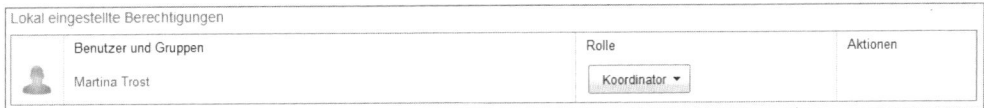

Bild 6.23 Vergabe der Rolle Koordinator an einen Site-Nutzer

Wenn Sie sich nun mit dem Nutzer Trost anmelden, werden Sie feststellen, dass Sie in jedem Verzeichnis und Dokument die Berechtigungen anpassen können.

6.3.4 Nutzen von eigenen Site-Rollen

Die letzte Möglichkeit, individuelle Rechte auf Sites zu vergeben, ist die Erweiterung der Standard-Site-Rollen in Alfresco via XML-Datei. Wir wollen uns hier einmal etwas detaillierter mit dieser Option befassen. In Alfresco werden alle Rollen, die vergeben werden können, über XML-Dateien konfiguriert. Rollen werden immer auf Typen wie Inhalt oder Verzeichnis vergeben und an alle vererbten Objekte mitvererbt. In der Vererbungshierarchie existiert ebenfalls ein Eintrag für Sites. Dabei werden die Rollen für eine Site auf den Verzeichnissen unterhalb des Site-Ordners vergeben (im Repository-Bereich unter dem Ordner Sites).

Die korrespondierende XML-Datei befindet sich in Ihren Installationsverzeichnis von Alfresco. Wenn Sie Alfresco nach Vorgabe installiert haben, befindet sich Alfresco unter *C:/Alfresco* für Windows oder */alfresco* für Linux. In diesem Verzeichnis müssen Sie in den Ordner *tomcat/webapps/alfresco/WEB-INF/classes/alfresco/model* wechseln. Dort finden Sie die Datei *sitePermissionDefinitions.xml* vor. Öffnen Sie diese Datei mit einem beliebigen Editor - unter Windows, mit NotePad oder unter Linux mit VI.

 HINWEIS: Wenn Sie neue Rollen via XML in ein laufendes Alfresco-System einfügen, sind bestehende Alfresco Sites nicht mehr ohne Weiteres verwendbar. Die damit verbundenen neuen Gruppen (zur Erinnerung: Jede Site-Rolle besitzt eine eigene Gruppe) sind in bestehende Sites nicht eingepflegt. Hier müsste man beispielsweise via Scripting die fehlenden Gruppen nachziehen. Falls Ihre bestehenden Sites nicht mehr funktionieren sollten: Dies ist der Grund. Wir werden am Ende dieses Abschnitts noch auf eine entsprechende Lösung via Oberflächen-Konfiguration eingehen.

Wir wollen nun eine neue Site Rolle hinzufügen, welche die Koordinator-Rolle innerhalb einer Site zur Verfügung stellt. Hierzu fügen wir einen neuen Eintrag in das XML-Dokument ein, welcher die Rolle **SiteCoordinator** definiert (Listing 6.1).

Listing 6.1 Neue Rolle „SiteCoordinator" definieren

```
<permissionSet type="st:site" expose="selected">
  <permissionGroup name="SiteManager" allowFullControl="true"
expose="true" />
  <permissionGroup name="SiteCoordinator" allowFullControl="false"
expose="true">
    <includePermissionGroup permissionGroup="Coordinator"
type="cm:cmobject" />
  </permissionGroup>
  <permissionGroup name="SiteCollaborator" allowFullControl="false"
expose="true">
  <includePermissionGroup permissionGroup="Collaborator"
type="cm:cmobject" />
  </permissionGroup>
  <permissionGroup name="SiteContributor" allowFullControl="false"
expose="true">
    <includePermissionGroup permissionGroup="Contributor"
type="cm:cmobject" />
  </permissionGroup>
```

```
  <permissionGroup name="SiteConsumer" allowFullControl="false"
expose="true">
    <includePermissionGroup permissionGroup="Consumer"
type="cm:cmobject" />
  </permissionGroup>
</permissionSet>
```

Starten Sie Alfresco anschließend neu und erstellen Sie eine neue (!) Site. Wenn Sie anschließend Trost auf die Site einladen wollen, haben Sie eine neue Rolle zur Auswahl. Damit diese ebenfalls leserlich erscheint, werden wir in den folgenden Abschnitten dieses Thema wieder aufgreifen und eine Lösung hierfür konstruieren.

Unsere Idee hat jedoch funktioniert. Durch eine einfache XML-Konfiguration können wir neue Rollen in das System einbauen.

Lassen wir diesen Abschnitt nicht unfertig, denn wie bereits im oberen Hinweis-Fenster erläutert, können wir bestehende Sites so ohne Weiteres nicht mehr nutzen. Die fehlende Gruppe verhindert jetzt beispielsweise die korrekte Nutzung unserer Backoffice Site. Zur Lösung des Problems gehen wir als Administrator auf die Verwaltungsseite der Gruppen über *Mehr > Gruppen* im oberen Navigationsbereich. Dort angekommen, klicken wir auf den Button *Browse* und wählen *backoffice (site_backoffice)* aus (Bild 6.24). Anschließend erhalten wir in der zweiten Spalte alle bestehenden Untergruppen aufgelistet. Hier müssen wir die Koordinator-Gruppe manuell hinzufügen. Hierzu klicken wir im Kopf der zweiten Spalte auf *Neue Untergruppe* und fügen sowohl beim Identifikator als auch beim Namen den Wert **site_backoffice_SiteCoordinator** ein. Anschließend bestätigen wir die Angaben und gelangen automatisch zurück auf unsere Gruppen-Site.

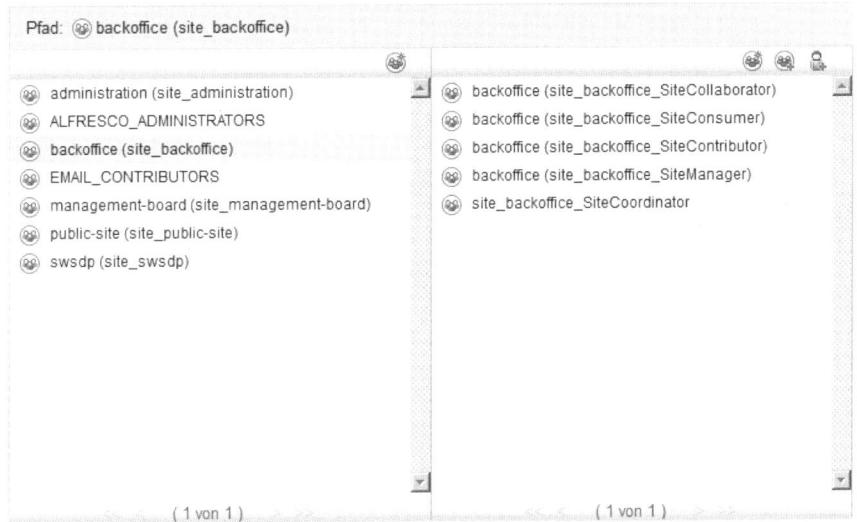

Bild 6.24 Neu hinzugefügte Koordinator-Gruppe in der Übersicht

Jetzt würde die Site wieder korrekt funktionieren – jedoch ist die neue Rolle komplett nutzlos, weil die korrespondierende Gruppe, die wir soeben angelegt haben, auf keinem Verzeichnis konfiguriert ist. Wir müssen diese Gruppe ebenfalls an der gleichen Stelle konfigurieren wie die Standardgruppen von Alfresco. Hierzu müssen wir in den Repository-Bereich

wechseln und die Aktion *Berechtigungen verwalten* auf unserem Backoffice-Verzeichnis auswählen. Anschließend fügen wir via *Benutzer/Gruppen hinzufügen*-Button unsere neue
Gruppe mit der Rolle **roles.SiteCoordinator** hinzu und speichern die Änderungen ab. Jetzt
ist unsere bestehende Site für die neue Rolle gewappnet.

6.3.5 Gegenüberstellung der verschiedenen Möglichkeiten

In diesem Abschnitt möchten wir die verschiedenen Optionen und Vor- sowie Nachteile
gegenüberstellen.

	Berechtigungs-vergabe im Repository	Berechtigungs-vergabe auf einer Site	Vermischung von Repository & Site	Eigene Site-Rollen
Anwendungsfall	Allgemeine Berechtigungen sollen im Repository unabhängig von Sites vergeben werden.	Vergabe von Standard-Berechtigungen in Sites	Erweiterte Berechtigungen sollen innerhalb von Sites verfügbar sein.	Konzeptionell sollen neue Projektrollen auf der Site eingeführt werden.
Granularität	Sehr granular Auf Benutzer und Gruppen-Ebene können mehrere verschiedene Rollen vergeben werden.	Eher grob Es können nur vordefinierte Rollen auf Benutzer vergeben werden. Einzelvergabe an Nutzer auf Ordner/Dokumente nicht möglich.	Sehr granular Alle Vorteile aus den ersten beiden Konzepten können übernommen werden. Einzelvergabe an Nutzer auf Ordner/Dokumente über Repository möglich.	Granular Es können neue eigene Rollen definiert und in Sites für Gruppen oder Nutzer zugewiesen werden. Einzelvergabe an Nutzer auf Ordner/Dokumente nicht möglich.
Verständlichkeit (Nutzer)	Eher weniger In der Regel weiß der Nutzer nicht, mit welcher Rolle gerade gearbeitet wird.	Stark Der Nutzer weiß die ihm zugewiesene Projektrolle einzuordnen.	Weniger bis überhaupt nicht Die Vergabe von Rollen außerhalb des Berechtigungskonzepts von einer Site ist nicht erfassbar für einen Nutzer.	Stark Der Nutzer weiß die ihm zugewiesene Projektrolle einzuordnen.
Anpassungsaufwand	Keiner Alfresco-Standard. Es besteht jedoch kein ganzheitliches Konzept für komplexe Ordnerhierarchien. Dies muss von den Entscheidern vorgegeben werden.	Keiner	Gering bis stark Jede Site muss eventuell mit diesen Berechtigungen ausgestattet werden. Hier können sich bei manueller Pflege schnell Fehlerteufel einschleichen.	Stark Die Einrichtung der Rollen gestaltet sich relativ einfach. Jedoch müssen bestehende Sites um diese Gruppen und Rollen erweitert werden.

	Berechtigungs-vergabe im Repository	Berechtigungs-vergabe auf einer Site	Vermischung von Repository & Site	Eigene Site-Rollen
Migrationsfähig	Ja – Alfresco-Standard	Ja – Alfresco-Standard	Ja – Alfresco-Standard	i.d.R. gering In vergangenen Versionen gab es die eine oder andere Problematik mit eigenen Rollen auf Sites. Sollte jedoch mit der neuesten Version von Alfresco kein Problem mehr sein. Man sollte nach jeder Migration jedoch die Berechtigungen exakt überprüfen.

■ 6.4 Wiederherstellen von gelöschten Elementen

Wir möchten uns noch einem weiteren spannenden Feature in Alfresco widmen. Sie kennen diese Funktionalität bereits aus Windows oder dem Mac. Gelöschte Dokumente werden in der Regel nicht sofort gelöscht, sondern in den Papierkorb verschoben – die letzte Rettung, wenn einem einmal absichtlich die Maus „ausgerutscht" ist! Auch in Alfresco ist solch eine Funktion zugegen. Wird ein Dokument gelöscht, findet sich das Dokument im Administrationsbereich unter dem Menüpunkt Papierkorb vor. Alfresco 4.1 verfügt man in Alfresco Share leider nicht über diese Möglichkeit, als Standardnutzer auf die Papierkorb-Funktion zuzugreifen. Stattdessen zeigen wir diese Funktionalität mit dem Administrator (Bild 6.25). Der Administrator verfügt im Gegensatz zum Nutzer über die Möglichkeit, sich gelöschte Inhalte von jedem Benutzer anzeigen zu lassen. Unter dem Menüpunkt *Mehr > Papierkorb* gelangen wir auf eine neue Site, wo wir anschließend über den *Wiederherstellen*-Button ein Dokument im Ursprungsverzeichnis wiederherstellen lassen können – inklusive aller Versionen.

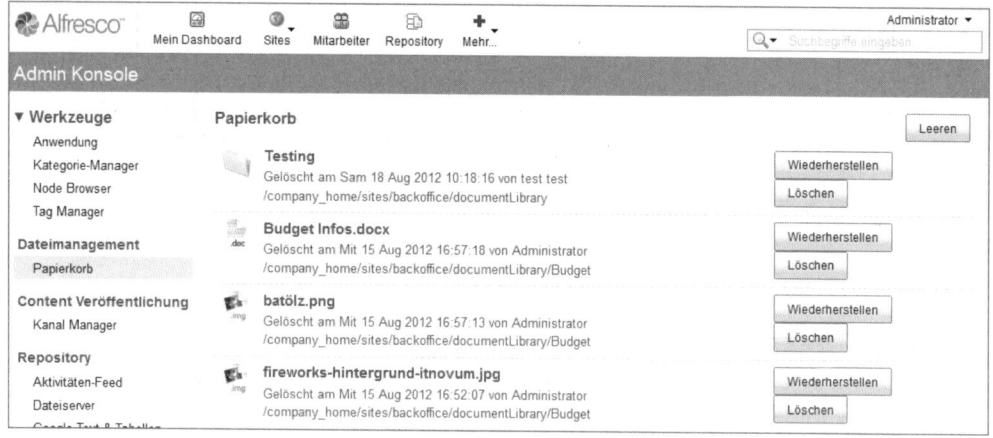

Bild 6.25 Papierkorbfunktion in Alfresco Share

■ 6.5 Der Node-Browser – ein integrales Administrationswerkzeug

Wir wollen uns zunächst mit einen wichtigen Hilfsmittel beschäftigen, welches in der täglichen Arbeit rund um Alfresco Unterstützung gibt. Der Node Browser in Alfresco gibt Einblick in die technische Natur von Alfresco. Sowohl versteckte (wie beispielsweise solche, die vom System zur Verarbeitung benötigt werden) Metadaten, Assoziationen mit anderen Nodes als auch beispielsweise die (vererbten) Berechtigungen werden hier angezeigt. Der Node Browser gibt uns einen generellen Einblick in die Interna von Alfresco.

Wir gelangen in den Node-Browser nur als administrativer Nutzer. Über das Menü *Mehr > Anwendung > Node-Browser* gelangen wir auf die Startseite (Bild 6.26).

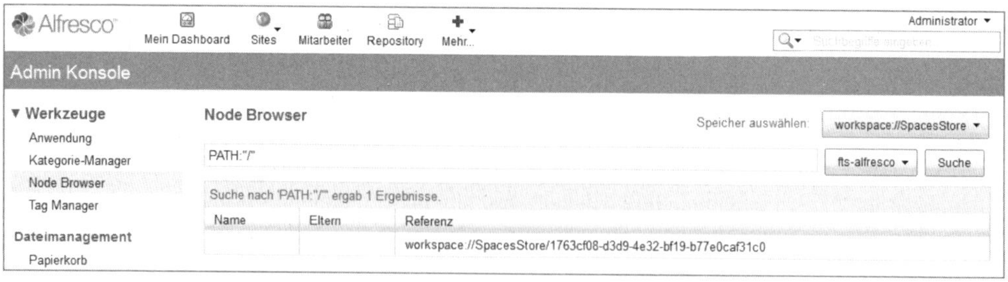

Bild 6.26 Leere Startseite des Node-Browsers im Administrationsbereich

Im Eingabefeld im Node-Browser haben wir die Möglichkeit, direkt eine Node mittels Referenz (siehe Abschnitt 3.1.3) anzusteuern oder nach bestimmten Nodes zu suchen. Die verschiedenen Suchmodi sind direkt im rechten Auswahlbereich neben dem Eingabefeld vorhanden und stehen in der Standardeinstellung immer auf *fts-alfresco*. Tabellarisch werden alle gefundenen Nodes aufgelistet, welche auch via Klick im Detail angeschaut werden können.

> **HINWEIS:** In der Praxis werden die Suchmodi **fts-alfresco** sowie **NodeRef** am häufigsten verwendet. fts-alfresco steht dabei für **F**ull-**T**ext-**S**earch und bietet direkt eine Suche über jedes Metadatum und den Volltext von Nodes. NodeRef dagegen erwartet eine vollqualifizierte Referenz auf eine Node.

Wir wollen uns zum besseren Verständnis ein beispielhaftes Dokument im Node-Browser anschauen. Hierzu gehen wir auf eine beliebige Site, wo ein Dokument zu finden ist – beispielsweise unsere Backoffice Site. Anschließend gehen wir auf die Detail-Site eines Dokumentes und gehen in die Adresszeile des Browsers, wo wir in der Regel die Adresse von Websites eingeben. Dort können wir uns die Referenz zum aktuellen Dokument herauskopieren (beispielsweise in die Zwischenablage) (Bild 6.27), angefangen nachdem Trennzeichen *nodeRef=* und gehen anschließend zurück in den Node-Browser.

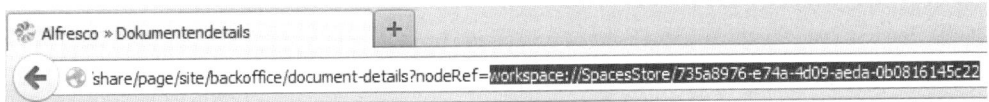

Bild 6.27 Kopieren der Referenz einer Node

Im Node-Browser angekommen, wählen wir im Suchmodi-Feld (ist eventuell im Standard mit **fts-alfresco** vorbelegt) den Wert NodeRef aus (Bild 6.28). Anschließend fügen Sie die NodeRef aus der Zwischenablage in das Textfeld ein und bestätigen die Eingabe beispielsweise mit dem Enter-Button.

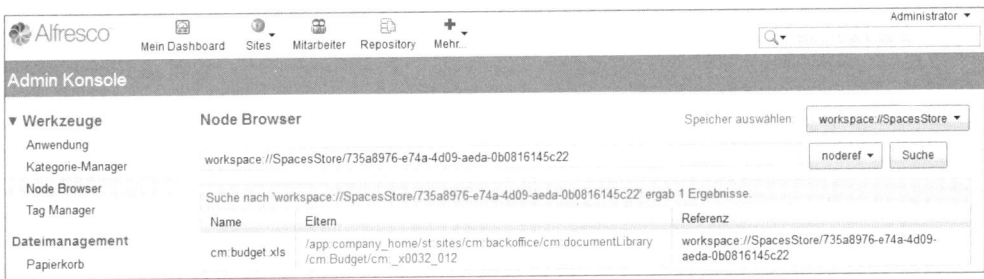

Bild 6.28 Suchergebnis nach einer Node über die Node-Referenz (NodeRef)

Anschließend kann durch den Klick auf die Referenz in die Detailansicht der Node gesprungen werden. Hier wollen wir uns noch nicht mit den Details auseinandersetzen, sondern stattdessen die verschiedenen Bereiche einführen.

- **Über:** Gibt Basisinformationen, wie beispielsweise die Referenz und den Pfad zur Node, wieder
- **Eigenschaften:** Ansicht aller Metadaten, die an der Node gespeichert sind – auch solche, die über Aspekte angefügt werden
- **Aspekte:** Listet die bereits angefügten Aspekte auf

- **Kinder:** Zeigt alle direkten Nodes, welche dieser Node untergeordnet sind. Bei einer Verzeichnis-Node könnte man vor allem weitere Dokumente und eventuell Verzeichnisse entdecken.

- **Eltern:** Listet die Referenzen auf, welche als Ausgangspunkt zur Referenz auf dieser Node definiert worden sind. Ein klassisches Elternteil stellt sicherlich ein Verzeichnis dar, jedoch können hier auch andere Beziehungen angezeigt werden.

- **Zuordnungen:** Stellt Assoziationen von zwei Nodes zueinander dar

- **Quellenzuordnungen:** Stellt Beziehungen zu anderen Nodes dar, die den Ausgangspunkt zur aktuellen Node darstellen. Beispielsweise könnte ein Dokument eine Person referenzieren, um ein Metadatum „Autor" damit abzubilden.

- **Berichtigungen:** Zeigt alle (vererbten) Berechtigungen zu dieser Node an

7 Alfresco an Unternehmensanforderungen anpassen – 1. Teil

Im ersten Teil dieses Kapitels wollen wir uns mit den Erweiterungen zum Thema Klassifikation beschäftigen. Bereits in Kapitel 6 haben wir gesehen, dass jedes Dokument und Verzeichnis über eigene Metadaten verfügt. Diese Metadaten werden wie bereits früher schon beschrieben, in Content-Typen sowie Aspekte unterteilt. Dadurch findet die Unterscheidung zwischen Dokument, Verzeichnis oder gar einer Person statt. Die Definition von solchen Typen und Aspekte findet in Form von einer XML-Datei statt. Dort wird nach einem vorgegeben Schema das sogenannte Content Model erstellt - also die Datenstruktur unseres Alfresco-Systems. Für eigene Anforderungen können wir somit sehr einfach uns dieses Werkzeug zunutze machen und dadurch neue Dokumententypen erstellen. In diesem Kapitel wollen wir uns intensiv mit dieser Thematik befassen und wollen selbst auf Basis eines praxisnahen Szenarios das installierte Alfresco-System weiterentwickeln. In den fortlaufenden Kapiteln dieses Buches bauen wir immer wieder auf diesem Kapitel auf, sodass es sowohl bezüglich des „roten Fadens" als auch der Wissensgrundlage als ein guter Start für die Umsetzung eigener Geschäftsprozesse mit Alfresco dient.

7.1 Content Model mit eigenen Datentypen und Aspekten erweitern

In den letzten Kapiteln haben wir uns bereits ausgiebig mit der Verwendung von Inhalten in Alfresco beschäftigt. Über Tags und Kategorien haben wir Dokumente weitergehend klassifiziert. Hochgeladene Dokumente sind durch Aspekte, wie beispielsweise Dublin Core, erweitert worden (siehe Abschnitt 5.1.6). Dadurch konnten wir deutlich mehr Informationen anderen Personen sofort zur Verfügung stellen. Über die Suche haben wir uns angesehen, wie wir nach diesen neuen Informationen suchen konnten. Der große Mehrwert entsteht eben genau daraus, dass der Nutzer bei Ansicht eines Dokumentes direkt übersichtlich präsentiert bekommt, welche wesentlichen Eigenschaften ein Dokument aufweist.

Jetzt stellt sich natürlich für uns die Frage, wie für Unternehmen dieses Feature genutzt werden kann, um eigene Informationsabläufe oder Strukturen abgebildet zu bekommen. Sie sind sicherlich genauso gespannt wie ich!

7.1.1 Eigene Dokumententypen und Aspekte in Alfresco anhand eines bekannten Beispiels modellieren

In Kapitel 3 haben wir uns schon mit dem Thema Nodes ein wenig auseinandergesetzt. Wir wissen bereits, dass jedes Dokument und Verzeichnis und sogar ein angemeldeter Benutzer aus einer Node besteht. Faktisch jedes (Informations-)Element, was man in Alfresco vorfindet, stellt eine Node dar. Jede Node besteht aus einem Typ und verfügt über das ein oder andere Metadatum (oder Eigenschaft). Darüber hinaus existieren Assoziationen zu anderen Nodes, welche einen bestimmten Grad an Beziehung eingehen. Über Aspekte runden wir das Bild ab – „Container" mit zusätzlichen Metadaten (wie Dublin Core – wir erinnern uns) können zur Laufzeit an ein bestehendes Dokument oder Verzeichnis angefügt werden, ohne das der bestehende Dokumententyp umgewandelt werden muss.

Wir wollen uns jetzt mit der Erstellung eines eigenen Dokumententypen beschäftigen, um ein erstes Gefühl für die Erweiterbarkeit des Systems zu bekommen. Denn ein Punkt steht außer Frage: Durch die Modellierung eigener Metadaten beginnen wir bereits mit einer der wichtigsten Funktionen eines ECM-Systems – der Datenmodellierung.

Wir gehen in einem fiktiven Beispiel davon aus, dass alle eingehenden Rechnungen in Alfresco abgelegt werden. Außerdem wollen wir gerne ein Dokument als gebucht markieren, wenn es von einer Person bearbeitet worden ist. Jeder Beleg besteht dabei aus einer Nummer und einem Bearbeiter. Er besitzt außerdem eine Fälligkeit – hierbei handelt es sich um den Punkt, an dem die Rechnung bezahlt werden muss. Der Status der Buchung, eine Liste aus mehreren vorkonfigurierten Optionen, zeigt dem Anwender an, ob die Buchung auch tatsächlich durchgeführt worden ist. Darüber hinaus werden wir einen Aspekt definieren, welcher immer dann auf ein Dokument gesetzt wird, wenn die Rechnung im System hochgeladen worden ist.

Zunächst wollen wir uns die einzelnen Metadaten des Dokumententyps „Rechnung" einmal genauer anschauen:

- **Nummer:** Stellt die Rechnungsnummer an sich dar. Hat die spezielle Eigenschaft, dass diese Nummer nach einem bestimmten Muster erstellt werden muss.
- **Bearbeiter:** Ist die Person, welche die Rechnung weiterbearbeitet und nach Rechnungseingang bearbeiten soll
- **Fälligkeit:** Zeitpunkt, bis zu dem die Rechnung beglichen sein muss, respektive die Transaktion zur Zahlung angestoßen worden sind
- **Buchungsstatus:** Listenauswahl, welche dem Nutzer ermöglicht, den Status der Buchung zu hinterlegen
- **Projekt:** Anzeige des Projekts, welches der Rechnung zugeordnet werden kann. Ein Projekt-Link zeigt dem Benutzer an, zu welchem referenzierten Projekt die Rechnung gehört. Durch die intuitive Verknüpfung kann der Nutzer direkt und ohne Umweg weitere Informationen zu einem bestehenden Projekt einsehen und befindet sich weiterhin in einer Anwendung.

Wir hätten natürlich auch den Aspekt als weiteres Metadatum an den Dokumententyp „Rechnung" hängen können. Hier haben wir aber das Problem, dass nicht jede Rechnung einem Projekt zugeordnet werden kann.

7.1.2 Vorgehensweise zur Erstellung eines neuen Models in Alfresco

Damit ein neues Model in Alfresco verwendet werden kann, müssen verschiedene Schritte befolgt werden. Zum einen muss das Model an einer bestimmten Stelle in Alfresco abgelegt und zum anderen in verschiedenen anderen Konfigurationsdateien aktiviert werden. Grob kann die Konfiguration in zwei Bereiche gegliedert werden:

Im Repository-Bereich muss das neue Model registriert werden. Hierbei werden wir uns vor allem im Ordner *ALF_HOME/tomcat/shared/classes/alfresco/extension* aufhalten, welchen wir in diesem Abschnitt nur noch *extension*-Verzeichnis nennen werden. Dort werden neue Entwicklungen für das Repository abgelegt oder Konfigurationen gepflegt.

Alfresco Share bedienen wir vor allem über das Verzeichnis *ALF_HOME/tomcat/shared/ classes/alfresco/web-extension* oder auch *web-extension*.

7.1.3 Modellieren des Beispieldatentyps

Wir legen im *extension*-Verzeichnis zunächst zwei neue Dateien ab, welche wir für die Modellierung benötigen werden. Wir beginnen mit der Model-Datei *company-model.xml*, welche die Definition des Datentyps sowie des Aspekts in sich trägt. Die Definition eines Models findet immer in XML statt – man kann zur Bearbeitung einen Editor seiner Wahl benutzen –, wenn möglich mit Syntax-Highlight-Funktion. Ein Model besteht zunächst immer aus einem Header, der mit Metadaten angereicht wird.

Das oberste Element stellt dabei den *model*-Tag dar. Dieser umschließt sozusagen alle weiteren Definitionen eines kompletten Models. Als Attribut eines Models findet sich der Name wieder. Bereits hier ist eine etwas detailliertere technische Erklärung wichtig. Der Name des Models wird *cmp:companyModel* heißen. Die Definition einer Eigenschaft oder eines Elements in Alfresco besteht immer aus zwei Teilen, welche durch einen Doppelpunkt voneinander getrennt sind. Der Wert vor dem Doppelpunkt stellt dabei den Namensraum des Elements dar. Der zweite Wert stellt hingegen den Namen an sich dar. Der Grund hierfür liegt darin, dass mehrere Elemente gleichen Namens existieren könnten, weil in Alfresco natürlich auch unterschiedlichste Models definiert werden können. Zur technischen Trennung wird der Namensraum herangezogen, wodurch eine Unterscheidung getroffen wird. Natürlich kann in einem Namensraum nicht dasselbe Element zweimal vorkommen! Der oberste Tag heißt also folgendermaßen:

```
<model name="cmp:companyModel"
xmlns="http://www.alfresco.org/model/dictionary/1.0">
```

Das Attribut *xmlns* dient nur einem technischen Zweck (gehört jedoch immer mit dazu) und ist für uns nicht relevant. Deshalb soll ihm aus Gründen der Übersichtlichkeit nicht weiter Beachtung geschenkt werden. Anschließend werden verschiedene Meta-Informationen zum Model an sich vergeben. Hierfür stehen die Elemente `description`, `author` sowie `version` bereit.

Ein Beispiel, wie dies aussehen kann, ist in Listing 7.1 dargestellt.

Listing 7.1 Vergabe von Metadaten an das Content Model

```
<description>Company One And Only Model</description>
<author>Sebastian Wenzky</author>
<version>1.0</version>
```

Diese Informationen dienen lediglich den Bearbeitern des Models als Information. Anschließend kommen wir zu den wichtigsten Bereichen, welche wir uns sequenziell alle anschauen werden.

7.1.3.1 Imports: Welche anderen Models werden noch benötigt?

Wir haben uns bereits mit der Doppelpunkt-Notation ein wenig angefreundet. In Alfresco hat diese Doppelpunkt-Notation auch einen Namen, den so genannten *QName*. Dieser QName wird spätestens jetzt relevant und wir verstehen auch gleich, warum verschiedene Namensräume so wichtig sind. Mittels der Import-Direktive können andere Models importiert werden. Aber warum sollten wir andere Models definieren wollen? Es können beispielsweise so genannte Assoziationen, also Beziehungen, zwischen einem eigenen Metadatum und beispielsweise einer Person in Alfresco definiert werden.

HINWEIS: In der Model-Definition werden Alfresco-Eigenschaften, Typen, Aspekte usw. immer durch QNames definiert. QNames bestehen dabei aus einem eigenen Namensraum und einem Namen, welche in Kombination den QName als solchen definieren.

Damit Alfresco jedoch exakt die Person in der Definition auch als Typ Person von Alfresco bestimmen kann, müssen wir das Model entsprechend importiert haben. Schließlich könnte es sich ja auch um einen X-beliebigen Personen-Typ handeln, da wir über die besagten QNames verschiedene Personen-Typen (als Namen) definieren könnten. Darüber hinaus müssen wir jedoch auch die Datentypen importieren, welche für die Basismetadaten wichtig sind. Hierfür gibt es ebenfalls ein Model, das so genannte *Dictionary*, welches Datentypen wie Zahlen, Texte aber auch das Datum definiert. Dieses *Dictionary* verwenden wir wohl am häufigsten in Alfresco, und es ist unablässig.

In unserem Beispiel benötigen wir zum einen das Standard-Model von Alfresco, das so genannte Content Model sowie das Dictionary Model (Listing 7.2).

Listing 7.2 Import anderer Content Models, um diese verwenden zu können

```
<imports>
  <import uri="http://www.alfresco.org/model/dictionary/1.0"
prefix="d"/>
  <import uri="http://www.alfresco.org/model/content/1.0"
prefix="cm"/>
</imports>
```

Der Import erfolgt dabei nicht durch die Angabe eines Dateinamens, sondern der Model-Definition. Alfresco kümmert sich um den folgenden Import beim Start des Systems. Der korrekte Import erfolgt durch die Angabe der `uri`. Jedes Model (auch unseres) wird durch ein

Namespace definiert, mit welchem auch die fremden Alfresco-Elemente (Typen, Aspekte …) im eigenen Model eindeutig identifiziert werden können. Über das Präfix haben wir eine greifbare Verwendungsform für unser Model – wir müssen nicht den ausführlichen URI-Namen verwenden, sondern lediglich dessen Kurzform. Wir werden jetzt selbst unserem Model eine URI zuweisen, sodass diese ebenfalls eindeutig innerhalb unseres Alfresco-Systems ist.

7.1.3.2 Namespaces: Definition eines eigenen Namensraums zur systemweiten, eindeutigen Identifikation des Models

Innerhalb des Elementes `namespaces` definieren wir den Namensraum. Darüber kann Alfresco eine eindeutige Zuordnung im System vornehmen. Schlussfolgernd daraus darf dieser Wert nur einmal im System vorkommen, sonst „knallt es gewaltig".

Listing 7.3 Definition eines eigenen Namensraums zur technischen Identifizierung

```
<namespaces>
  <namespace uri="company.model" prefix="cmp"/>
</namespaces>
```

Herzlichen Glückwunsch! Ab jetzt sind Sie offizieller Benutzer von Alfresco. Neben der Definition der URI geben wir ebenfalls ein Präfix mit an. Das Präfix stellt dabei die Kurzform zur Verwendung im Model dar. Diesem Präfix kommt mehr Bedeutung zu als man denkt. Beispielsweise kann in der Suche durch die Angabe des Präfix nach einem beliebigen Namen gesucht werden. Am Beispiel der bereits vorgestellten Suche auf Metadaten des Aspekts „Dublin Core" in Abschnitt 5.1.6 haben wir dies selbst eindrucksvoll ausprobiert.

Constraints

Jetzt beginnt die „eigentliche" Definition des Models. Constraints stellen Einschränkungen auf Eigenschaften dar, um nur bestimmte Werte zuzulassen. Wir umschließen alle Definitionen mittels eines Elementes, genannt `constraints`. Wir verwenden für unser Beispiel ein so genanntes RegEx-Constraint. Dieses Constraint bietet die Möglichkeit, nur bestimmte Werte, definiert nach einem Muster, zuzulassen. Auf unser Beispiel bezogen, haben wir eine Kundennummer, welche wir als Metadatum pflegen wollen. Diese Kundennummer unterliegt jedoch einem bestimmten Muster. Andere Werte dürfen hier nicht zugelassen werden. Das Muster lautet wie folgt:

K-<Zehnstellige Zahl-<3 Buchstaben (A, B oder C)>.

Ein RegEx-Constraint sieht in Alfresco als Definition, basierend auf unserem Beispiel, wie in Listing 7.4 dargestellt, aus.

Listing 7.4 Definition einer Einschränkung (Constraint)

```
<constraint name="cmp:numberValidator" type="REGEX">
  <parameter name="expression">
    <value><![CDATA[K-[0-9]{10}-[ABC]{3}$]]></value>
  </parameter>
  <parameter name="requiresMatch">
    <value>true</value>
  </parameter>
</constraint>
```

Zunächst vergeben wir einen eindeutigen Namen im Constraint-Element: `cmp:number Validator`. Anschließend definieren wir als Unterelement den Ausdruck, nachdem die Werte validiert, also überprüft, werden sollen. Der eigentliche Ausdruck findet sich hier wieder: `K-[0-9]{10}-[ABC]{3}$`. Am Anfang muss immer ein K mit einem Bindestrich stehen. Anschließend wird über `[0-9]{10}` definiert, dass eine zehnstellige Ziffer auftreten muss. Getrennt mit einem weiteren Bindestrich wird erwartet, dass eine dreistellige Gruppe aus Buchstaben erscheint. Hier ist die Einschränkung vorhanden, dass nur die Buchstaben A, B sowie C auftreten dürfen. Das Dollarzeichen $ definiert das Ende des Ausdrucks.

Der zweite Parameter `requiresMatch` gibt an, dass nur bei gesamter Übereinstimmung des eingegeben Wertes mit dem Ausdruck, der Wert gespeichert werden darf. Vielleicht fragen Sie sich jetzt, wie die Referenz des Constraints zu unserer Kundennummer hergestellt wird? Gar nicht – bis jetzt. Im Constraint-Bereich definieren wir nur alle Einschränkungen, welche wir später irgendwo in unserem Model noch verwenden wollen. Durch die Definition eines Constraint-Namens können wir später im Model die Verbindung zwischen einem Metadatum und einem Constraint herstellen.

Types

Im Bereich `types` definieren wir unsere eigenen Content Types, welche wir beliebig in Alfresco auf Inhaltsobjekte anwenden können, vorausgesetzt, wir halten uns an ein paar Regeln. Ein Type leitet sich in der Regel aus einem anderen vorherdefinierten Typ ab. Das Oberobjekt im eigentlichen Content Model heißt *cm:cmobject*.

 PRAXISTIPP: Im Verzeichnis *ALF_HOME/tomcat/webapps/alfresco/WEB-INF/ classes/alfresco/model/contentModel.xml* kann man das Standard-Model von Alfresco näher begutachten. Hier finden sich auch die Definitionen für Verzeichnisse (*cm:folder*) und Dokumente (*cm:content*) wieder.

Dieser Typ spezifiziert den Namen, welcher als Identifizierung für den Nutzer dient. Sowohl *cm:folder* (Verzeichnis) als auch ein Dokument (*cm:content*) leiten hiervon ab. Ableiten heißt hier konkret, dass alle Metadaten mit vererbt werden und dort ebenfalls zur Verfügung stehen.

Der Typ, welchen wir nun definieren wollen, leitet sich direkt von *cm:content* ab. Der Grund hierfür liegt nach näherer Betrachtung auf der Hand: Ein Rechnungsdokument ist ein Dokument, sodass wir als initialen Ableitungspunkt *cm:content* wählen. Das Ableiten von *cm:content* ist unter anderem deshalb so wichtig, weil jede DMS-Funktion in Alfresco auf Basis von *cm:content* abgebildet wird. Damit wir in den Genuss kommen, jedes dieser Feature verwenden zu können und darüber hinaus noch eigene Metadaten pflegen zu können, nutzen wir die Vererbung von Alfresco. Über den `title` pflegen wir die Standard-Beschriftungen. Wenn für eine bestimmte Anzeigesprache keine entsprechende Übersetzung hinterlegt ist, wird dieser Wert genommen. Dies trifft auch auf alle Metadaten zu.

Listing 7.5 Typen-Definition eines Rechnungsdokuments

```
<type name="cmp:invoice">
  <title>Rechnung</title>
  <parent>cm:content</parent>
```

```
    <properties></properties>
    <associations></associations>
</type>
```

Unser Typ beinhaltet (wie unter Abschnitt 7.1.1 definiert) vier verschiedene Metadaten: Rechnungsnummer, Bearbeiter, Fälligkeit und Buchungsstatus. Zunächst wollen wir uns der Rechnungsnummer widmen und die Referenz zu unserem Constraint herstellen.

Innerhalb des `properties`-Elementes erstellen wir ein neues Property. Jedes Property stellt ein neues Metadatum in Alfresco dar. Auch hier vergeben Sie einen Titel. Über den `type` geben Sie den Datentyp des Propertys an. In unserem Fall ist es der Typ `text`. Außerdem erhält unser Metadatum eine Referenz auf den bereits angelegten Constraint.

Listing 7.6 Definition des Propertys (Eigenschaft/Metadatum) Rechnungsnummer

```
<property name="cmp:number">
  <title>Rechnungsnummer</title>
  <type>d:text</type>
  <constraints>
    <constraint ref="cmp:numberValidator" />
  </constraints>
</property>
```

Als Nächstes definieren wir die Fälligkeit unserer Rechnung. Hierzu existiert in Alfresco ebenfalls ein vordefinierter Datentyp, welcher direkt Verwendung finden kann.

Listing 7.7 Definition einer Fälligkeiten-Eigenschaft

```
<property name="cmp:dueDate">
  <title>Fälligkeit</title>
  <type>d:date</type>
</property>
```

Nun wollen wir uns dem Status der Rechnung widmen. Wie bei einem Status üblich, existieren bereits vordefinierte Werte, aus denen gewählt werden kann. Hierzu existiert in Alfresco ein weiteres Constraint – ein so genannten *List Constraint*. Dieses definiert die zugelassenen Werte.

Listing 7.8 Der Buchungsstatus wird mit vorbelegten Werten definiert

```
<property name="cmp:bookstate">
  <title>Status</title>
  <type>d:text</type>
  <default>In Bearbeitung</default>
  <constraints>
    <constraint name="cmp:bookingStates" type="LIST">
      <parameter name="allowedValues">
        <list>
          <value>In Bearbeitung</value>
          <value>Buchung akzeptiert</value>
          <value>Buchung abgelehnt</value>
        </list>
      </parameter>
    </constraint>
  </constraints>
</property>
```

Außerdem haben wir einen Standardwert vorgegeben, der bereits vorausgewählt und gesetzt ist. Über das `default`-Element kann ein beliebiger Wert aus der Liste ausgewählt werden.

Zu guter Letzt wollen wir in unserem Content-Typen den Bearbeiter definieren. Wir referenzieren hierfür direkt auf einen Benutzer in Alfresco, um alle Features von Alfresco (wie den Personen-Picker und die automatische Suche) verwenden zu können. Hierzu ist jedoch eine Assoziation zwischen unserem Typen und einem Person-Typen (*cm:Person*) unablässig. Im `associations`-Element legen wir deshalb ein neues `association`-Element an und definieren unsere Beziehung.

Listing 7.9 Definition des Bearbeiters in Form einer Assoziation (Beziehung)

```
<association name="cmp:assignee">
  <title>Bearbeiter</title>
  <source>
    <mandatory>false</mandatory>
    <many>false</many>
  </source>
  <target>
    <class>cm:person</class>
    <mandatory>false</mandatory>
    <many>false</many>
  </target>
</association>
```

In einer Assoziation muss sowohl ein `source` als auch ein `target` definiert werden. Das `source`-Element stellt dabei immer das eigene Dokument dar, auf welchem die Assoziation definiert ist. Das `target` beschreibt die Zielklasse, welche verknüpft werden soll. Im Source-Element wird definiert, wie viele Zielobjekte an das Dokument verknüpft werden können. Wenn `many` auf **true** gesetzt ist, können mehrere Assoziationen (des Typs *assignee*) mit verschiedenen Rechnungsdokumenten verknüpft werden. Wenn der Wert auf **false** gesetzt wird, kann nur ein einziges Mal eine Assoziation des Typs *assignee* zur Zielklasse (Target) aufgenommen werden – unabhängig vom Source-Objekt.

Im Target-Bereich existiert ebenfalls ein `many`-Element. Wenn man beispielsweise mehrere Bearbeiter hätte, welche an dem Dokument agieren könnten, müsste man das Feld `many` auf **true** setzen – ansonsten auf **false**. Nur dann könnte man mehrere Personen auswählen.

Aspects

Jetzt müssen wir noch unseren Aspekt definieren. Aspekte können ebenfalls von anderen Aspekten ableiten, sodass auch hier Vererbungshierarchien aufgebaut werden können. Dieses Feature benötigen wir jedoch für unseren Aspekt aktuell nicht. Im Bereich `aspects` definieren wir nun unser eigenes `aspect`-Element.

Listing 7.10 Projekt-Link auf ein Verzeichnis

```
<aspect name="cmp:project">
  <associations>
    <association name="cmp:projectLink">
      <title>Projekt</title>
      <source>
        <mandatory>false</mandatory>
```

```
      <many>true</many>
      </source>
    <target>
      <class>cm:folder</class>
      <mandatory>false</mandatory>
      <many>false</many>
    </target>
  </association>
  </associations>
</aspect>
```

Da wir einen Link auf ein Projekt erzeugen wollen, müssen wir erneut eine Assoziation zu einem Verzeichnis definieren. Auch hier gelten dieselben Definitionen hinsichtlich des `many`-Elements.

7.1.3.3 Komplettes Model in der Übersicht

Wir wollen uns noch einmal das komplette Model in der Gesamtheit anschauen. In dieses Model sind alle Beispiele aus den vorangegangenen Abschnitten eingeflossen. Auf diese Weise haben wir unser erstes eigenes Model erschaffen.

Listing 7.11 Komplette Darstellung des fertigen Model

```
<?xml version="1.0" encoding="UTF-8"?>
<model name="cmp:companyModel"
xmlns="http://www.alfresco.org/model/dictionary/1.0">
  <description>Company Model</description>
  <author>Sebastian Wenzky</author>
  <version>1.0</version>
  <imports>
    <import uri="http://www.alfresco.org/model/dictionary/1.0"
prefix="d"/>
    <import uri="http://www.alfresco.org/model/content/1.0"
prefix="cm"/>
  </imports>
  <namespaces>
    <namespace uri="company.model" prefix="cmp"/>
  </namespaces>
  <constraints>
    <constraint name="cmp:numberValidator" type="REGEX">
      <parameter name="expression">
        <value><![CDATA[K-[0-9]{10}-[ABC]{3}$]]></value>
      </parameter>
      <parameter name="requiresMatch">
        <value>true</value>
      </parameter>
    </constraint>
  </constraints>
  <types>
    <type name="cmp:invoice">
      <title>Rechnung</title>
      <parent>cm:content</parent>
      <properties>
        <property name="cmp:number">
          <title>Rechnungsnummer</title>
          <type>d:text</type>
          <constraints>
```

```xml
            <constraint ref="cmp:numberValidator" />
          </constraints>
        </property>
        <property name="cmp:dueDate">
          <title>Fälligkeit</title>
          <type>d:date</type>
        </property>
        <property name="cmp:bookstate">
          <title>Status</title>
          <type>d:text</type>
          <default>In Bearbeitung</default>
          <constraints>
            <constraint name="cmp:bookingStates" type="LIST">
              <parameter name="allowedValues">
                <list>
                  <value>In Bearbeitung</value>
                  <value>Buchung akzeptiert</value>
                  <value>Buchung abgelehnt</value>
                </list>
              </parameter>
            </constraint>
          </constraints>
        </property>
      </properties>
    <associations>
    <association name="cmp:assignee">
        <title>Bearbeiter</title>
        <source>
          <mandatory>false</mandatory>
          <many>false</many>
        </source>
        <target>
          <class>cm:person</class>
          <mandatory>false</mandatory>
          <many>false</many>
        </target>
      </association>
    </associations>
  </type>
</types>
<aspects>
  <aspect name="cmp:project">
    <associations>
    <association name="cmp:projectLink">
        <title>Projekt</title>
        <source>
          <mandatory>false</mandatory>
          <many>true</many>
        </source>
        <target>
          <class>cm:folder</class>
          <mandatory>false</mandatory>
          <many>false</many>
        </target>
      </association>
    </associations>
  </aspect>
</aspects>
</model>
```

7.1.4 Einbau des Models in Alfresco

Wie bereits besprochen, speichern wir das Model in der Datei *company-model.xml* im Verzeichnis `ALF_HOME/tomcat/shared/classes/alfresco/extension` ab. Nun müssen wir dieses Model Alfresco bekannt machen. Hierzu müssen wir eine weitere XML-Datei erstellen, welche unser Model im Dictionary von Alfresco beim Start des Systems registriert. Wir legen hierzu im selben Verzeichnis die Datei *company-model-context.xml* an und fügen folgenden Inhalt dort ein:

Listing 7.12 Definition einer Kontext-Datei in Alfresco, um das Model nach einem Neustart im „Data Dictionary" zu registrieren und für die Verwendung freizuschalten

```
<?xml version='1.0' encoding='UTF-8'?>
<!DOCTYPE beans PUBLIC '-//SPRING//DTD BEAN//EN'
'http://www.springframework.org/dtd/spring-beans.dtd'>
<beans>
  <bean id="company.model.dictionaryBootstrap"
parent="dictionaryModelBootstrap" depends-on="dictionaryBootstrap">
    <property name="models">
      <list>
        <value>alfresco/extension/company-model.xml</value>
      </list>
    </property>
  </bean>
</beans>
```

Auch wenn die Registrierung etwas kryptisch aussehen mag, so ist es die Standardvorgehensweise in Alfresco, um neue Models zu registrieren. Hierbei wird eine neue Bean erstellt, welche als `id` immer einen eindeutigen Namen erhalten muss. Über *parent* wird definiert, dass dieses Model über eine bestehende Funktionalität in Alfresco – dem Dictionary – registriert wird. Als Listeneintrag geben wir dann die Position unseres Models in Alfresco an. Hierbei ist zu beachten, dass man keinen absoluten Pfadnamen, begonnen mit dem Laufwerksnamen, benennt. Alfresco, respektive Tomcat (der Application Server) stellt die Basis hierfür dar. Angefangen vom Verzeichnis *ALF_HOME/tomcat/shared/classes* wird hierüber das Ursprungsverzeichnis gebildet.

Mit dieser Konfiguration sind wir im Repository-Bereich von Alfresco fertig. Nun müssen wir noch den Share-Bereich mit entsprechenden Anweisungen zur Behandlung unseres neuen Typs und des Aspekts definieren. Diese Einstellung wird in der Datei *share-config-custom.xml.sample* bereits vorgegeben. Diese Datei finden wir im Verzeichnis *ALF_HOME/tomcat/shared/classes/alfresco/web-extension* wieder. Zunächst muss diese Datei in *share-config-custom.xml* umbenannt werden. In dem Dokument müssen wir nun ein neues Element erzeugen, welches in der Oberfläche von Share die Metadaten definiert, die angezeigt werden sollen.

HINWEIS: Wir haben uns bereits ausgiebig mit den Aspekt „Dublin Core" beschäftigt. Im Verzeichnis *ALF_HOME/tomcat/webapps/share/WEB-INF/classes/alfresco/share-form-config.xml* ist beispielsweise definiert, welche einzelnen Metadaten auf dem Standard-Typ `cm:content` angezeigt werden sollen.

Diese Konfiguration hat Einfluss darauf, welche Metadaten in der Oberfläche angezeigt werden sollen (Detailansicht).

Zunächst definieren wir dort einen neuen *config-evaluator*. Dieser ist dafür zuständig, bestimmte Elemente in Alfresco zu konfigurieren. Als Evaluator-Typen nehmen wir den `node-type` und als `condition` unseren Typ `cmp:invoice`.

```
<config evaluator="node-type" condition="cmp:invoice">

</config>
```

Innerhalb des Config-Elements können wir verschiedene Formen für bestimmte Einsatzzwecke hinterlegen. Eine Form stellt dabei ein Formular dar. Beispielsweise stellt die erweiterte Suche ein solches Formular dar, da man hier beispielsweise nach `cm:content`, also nach Inhaltsobjekten und dessen Metadaten explizit suchen kann. Die Dokumentendetails-Site eines Dokumentes oder Verzeichnisses ist eine weitere Form. Klickt man auf *Metadaten bearbeiten*, öffnet sich eine weitere Form. Über das Element *field-visibility* definieren wir, welche Metadaten in der Oberfläche oder bei der Bearbeitung angezeigt werden sollen.

Listing 7.13 Definition des Typs in Share, inklusive Metadaten

```
<config evaluator="node-type" condition="cmp:invoice">
  <forms>
    <form>
      <field-visibility>
        <show id="cm:name" />
        <show id="cm:title" force="true" />
        <show id="cm:description" force="true" />
        <show id="mimetype" />
        <show id="cm:author" force="true" />
        <show id="size" for-mode="view" />
        <show id="cm:creator" for-mode="view" />
        <show id="cm:created" for-mode="view" />
        <show id="cm:modifier" for-mode="view" />
        <show id="cm:modified" for-mode="view" />
        <show id="cmp:number"/>
        <show id="cmp:dueDate"/>
        <show id="cmp:bookstate"/>
        <show id="cmp:assignee"/>
        <show id="cmp:projectLink"/>
      </field-visibility>
    </form>
  </forms>
</config>
```

Anschließend definieren wir mittels mehreren sequenziellen `show`-Elementen die Metadaten, welche auf der Oberfläche angezeigt werden sollen. Das Attribute `for-mode` stellt sicher, dass nur für bestimmte Modi (`view` oder `edit`) der Zugriff auf das Metadatum erlaubt ist.

Weiterhin benötigen wir einen weiteren Konfigurationseintrag, welcher uns erlaubt, unseren Aspekt verwenden zu können. Hierzu suchen wir in der Datei nach dem Feld `aspects`. Innerhalb des *aspect*-Bereichs müsste ein weiteres Element, genannt *visible* definiert sein. Hier werden die verfügbaren Aspekte definiert, welche sich anschließend verwenden lassen. Als neuen Eintrag am Ende der Liste fügen wir unseren eigenen Aspekt mit hinzu.

Listing 7.14 Im bereits vorhandenen „DocumentLibrary"-Bereich fügen wir den definierten Aspekt „cmp:project" hinzu. Dieser ist dann in Share verwendbar.

```
<config evaluator="string-compare" condition="DocumentLibrary"
replace="true">
  <!-- hier sind weitere Konfigurationen vorhanden -->
  <aspects>
    <visible>
      <!-- hier sind weitere Aspektdefinitionen vorhanden -->
      <aspect name="cmp:project" />
    </visible>
    <addable></addable>
    <removeable></removeable>
  </aspects>
</config>
```

Jetzt haben wir bereits definiert, welche Metadaten unseres Typs in der Oberfläche angezeigt werden sollen. Außerdem haben wir bereits definiert, dass unser Aspekt ebenfalls über die Aktion *Aspekte verwalten* direkt in den Details eines Dokumentes oder Verzeichnisses verwendet werden kann. Was jetzt noch fehlt, ist die Möglichkeit, einen Standard-Typen (*cm:content*) in ein Rechnungsdokument umwandeln zu können. Rein technisch (z. B. via Scripting) wäre das bereits möglich – aber natürlich wollen wir unseren Anwendern ein wenig Komfort bieten. Hierzu müssen wir eine weitere Konfiguration durchführen.

Listing 7.15 Hinzufügen des Typs, damit wir, basierend auf „Standard-Content (cm:content)" unseren Typen erzeugen können

```
<config evaluator="string-compare" condition="DocumentLibrary"
replace="true">
  <types>
    <type name="cm:content">
      <subtype name="cmp:invoice"/>
    </type>
    <type name="cm:folder"></type>
  </types>
</config>
```

Zunächst geben wir über das `type`-Element an, auf Basis welchen vorliegenden Typs, welche Subtypen in der Liste zur Auswahl stehen. Denn es kann möglich sein, dass für verschiedene Typen andere Subtypen auswählbar sein sollen. In unserem Beispiel sagen wir, dass für jeden Standard-Dokumententyp (*cm:content*) dem Anwender die Möglichkeit geben wollen, das Dokument in eine Rechnung umzuwandeln.

Speichern Sie nun das Dokument ab und starten Sie Alfresco komplett neu. Wir wollen uns nun genau anschauen, wie sich unsere Konfigurationen in Alfresco verhalten und wie wir unseren Nutzen daraus ziehen können.

7.1.5 Verwendung des Models in Alfresco

Wir wollen uns nun endlich wieder dem Anwender widmen und uns in Alfresco Share unsere Konfigurationen im Detail anschauen. Hierzu gehen wir zunächst auf eine bestehende Site – wie beispielsweise *Backoffice*. Wir wollen uns zunächst der Anwendung des

Dokumententyps in Share widmen. Hierzu laden wir ein neues Dokument über die Dokumentenbibliothek hoch und gehen auf die Detail-Sete des Dokumentes. Hier existiert die Dokumentenaktion *Typ ändern* (Bild 7.1). Beim Klick auf die Aktion erscheint ein Dialog, in dem wir – wenn wir alles richtig gemacht haben – einen neuen Typen zur Auswahl haben. Und dieser Typ gehört uns!

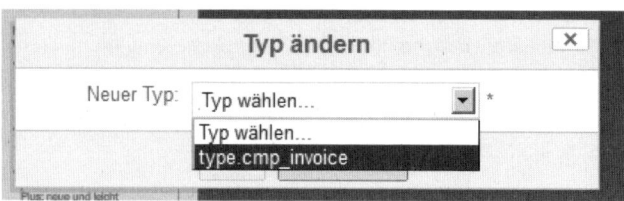

Bild 7.1 Unser eigener Typ steht für Standard-Content zur Auswahl

Durch Bestätigen der Auswahl **type.cmp_invoice** erscheinen automatisch neue Metadaten an unserem Dokument – nämlich die von uns in den vorangegangenen Abschnitten definierten Eigenschaften (Bild 7.2).

Bild 7.2 Unser Metadaten „Rechnungsnummer", „Fälligkeit", „Status" und „Bearbeiter" stehen uns jetzt zur Verfügung.

Jetzt können wir die Metadaten natürlich auch bearbeiten, indem wir auf die Aktion *Eigenschaften bearbeiten* im Aktionsbereich klicken. Automatisch generiert Alfresco Eingabefelder mit entsprechender Unterstützung für beispielsweise Datums-(Fälligkeit) und Personenfelder (Bild 7.3).

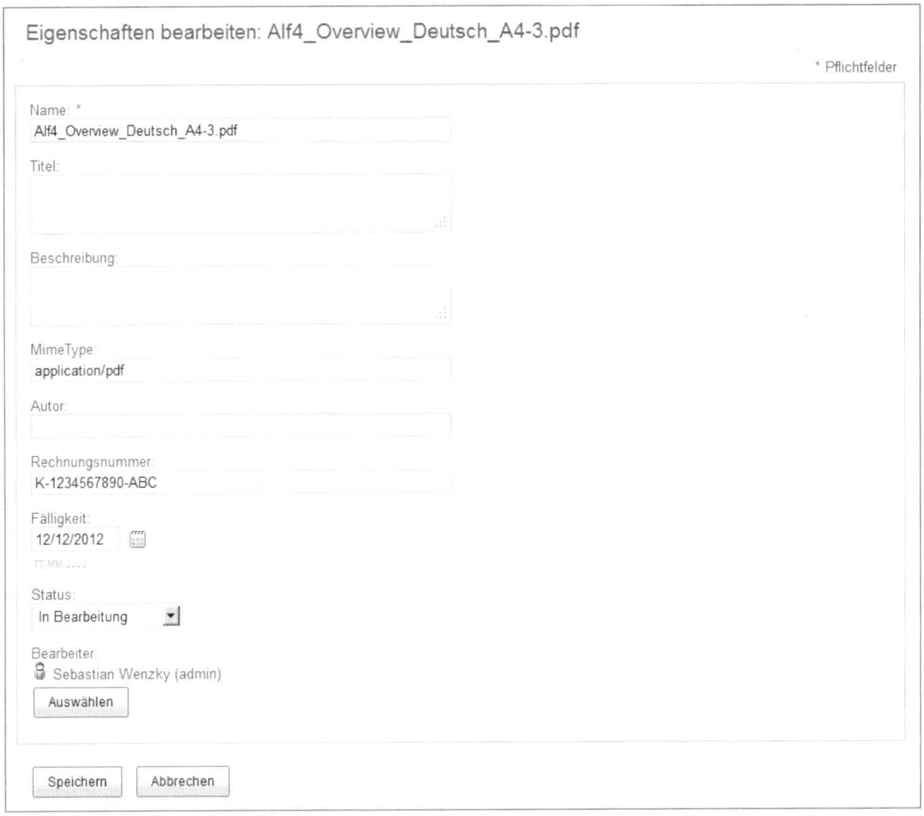

Eigenschaften bearbeiten: Alf4_Overview_Deutsch_A4-3.pdf

* Pflichtfelder

Name: *
Alf4_Overview_Deutsch_A4-3.pdf

Titel:

Beschreibung:

MimeType:
application/pdf

Autor:

Rechnungsnummer:
K-1234567890-ABC

Fälligkeit:
12/12/2012
TT.MM.JJJJ

Status:
In Bearbeitung

Bearbeiter:
Sebastian Wenzky (admin)
Auswählen

Speichern   Abbrechen

Bild 7.3 Eingabe der Metadaten des Content Models ins Formular

Sobald versucht wird, das Feld Rechnungsnummer auszufüllen, graut sich automatisch der Speichern-Button aus. Dies liegt daran, dass eine automatische Überprüfung des Feldes auf Korrektheit auf unserem hinterlegten Ausdruck durchgeführt wird. Nur wenn überhaupt kein Wert oder ein korrekter Wert eingetragen worden ist, wird der Speichern-Button wieder aktiviert. Nach erfolgreichem Speichern sollten wir einen weiteren Blick in den Metadatenbereich wagen (Bild 7.4).

Wie wir feststellen, werden unsere Werte automatisch übernommen und können jetzt von anderen Anwendern eingesehen und weiterverwendet werden. Jetzt wollen wir zu guter Letzt auch den Aspekt verwenden. Wir erinnern uns: Der Aspekt erlaubt uns, eine Referenz auf ein bestimmtes Projekt (oder Verzeichnis) vornehmen zu lassen. Dadurch haben wir direkt aus unserem Rechnungsdokument eine Zuordnung zu einem Projekt hergestellt. Hierzu müssen wir im Aktionsbereich auf die Aktion *Aspekte verwalten* klicken (Bild 7.5). In dem nun erscheinenden Dialog wählen wir aus der linken Spalte den Aspekt **cmp_project** aus und bestätigen die Auswahl.

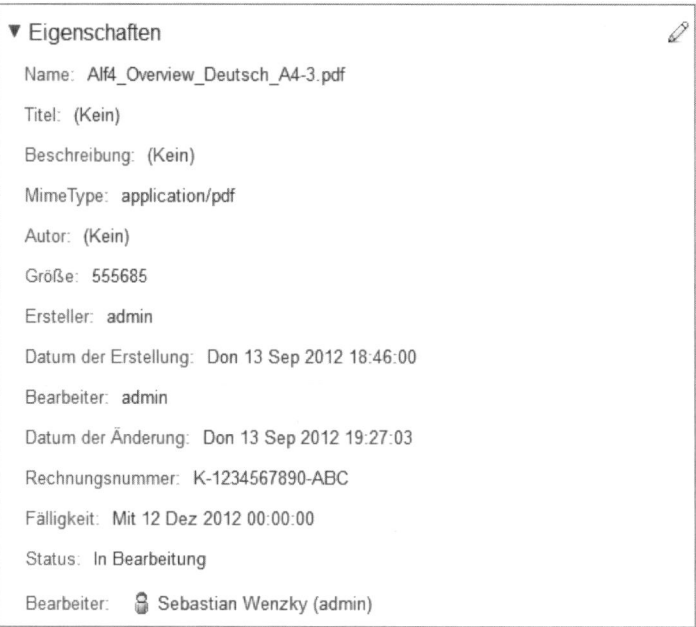

Bild 7.4 Unsere eigenen Metadaten sind ab nun fester Bestandteil von Alfresco

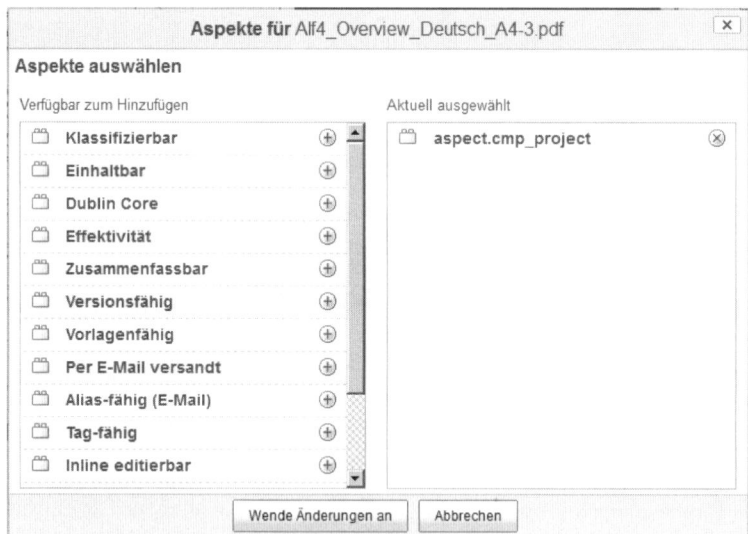

Bild 7.5 Auswahl des Aspekts im „Aspekt verwalten"-Dialog

Anschließend gehen wir erneut durch die Aktion *Eigenschaften bearbeiten* in den Bearbeitungsmodus. Und siehe da – wir haben ein neues Auswahlfeld verfügbar. Hier kann jetzt ein beliebiges Verzeichnis als Projektverzeichnis ausgewählt werden. Nach erfolgreichem Speichern haben wir eine Verbindung zwischen unserer Rechnung und einem Verzeichnis hergestellt (Bild 7.6).

Rechnungsnummer: K-1234567890-ABC

Fälligkeit: Mit 12 Dez 2012 00:00:00

Status: In Bearbeitung

Bearbeiter: 🔒 Sebastian Wenzky (admin)

Projekt: 📁 IT

Bild 7.6 Eine neue Eigenschaft wurde dynamisch durch das Hinzufügen des Projekt-Aspektes verfügbar gemacht.

Jetzt werden Sie sich vielleicht fragen, wie ein Anwender durch die simple Ansicht eines Verzeichnisses beim täglichen Arbeiten unterstützt werden kann, wenn man nicht einmal weiß, wo genau denn dieses Verzeichnis liegt? Dies ist natürlich eine berechtigte Frage – glücklicherweise bietet Alfresco hier sehr schnell Abhilfe. Wie Sie sich sicherlich noch erinnern können, haben wir in der Datei *share-config-custom.xml* die sichtbaren Metadatenfelder für Alfresco Share konfiguriert. Diese Konfiguration fand unterhalb des Elements `field-visibility` statt. Auf der gleichen Ebene kann ein Element namens `appearance` definiert werden, worüber wir die Darstellung der verfügbaren Metadaten beeinflussen können.

Listing 7.16 Definition des Typs in Share bei Erstellung eines neuen Content

```
<config evaluator="node-type" condition="cmp:invoice">
  <forms>
    <form>
      <field-visibility>
        ... bleibt unverändert ...
      </field-visibility>
      <appearance>
        <field id="cmp:projectLink">
          <control>
            <control-param name="showTargetLink">true
            </control-param>
          </control>
        </field>
      </appearance>
    </form>
  </forms>
</config>
```

Über das Element *field* können wir direkt eine Eigenschaft adressieren und anpassen. Über das Element *control* greifen wir direkt auf verfügbare Parameter zu und teilen Alfresco über `showTargetLink` mit, dass wir gerne die Link-Funktion nutzen möchten. Speichern Sie die Datei erneut ab und starten Sie Alfresco neu.

PRAXISTIPP: Sie müssen Alfresco für solche Konfigurationen nicht neu starten. Alfresco ist für einen reibungslosen und hochproduktiven Einsatz entworfen worden. Nachdem Sie die Datei abgespeichert haben, geben Sie die URL *http://localhost:8080/share/service/index* ein und authentifizieren Sie sich als Administrator. Über den Button *Refresh Webscripts* lädt Alfresco zur Laufzeit automatisch die Konfigurationsdatei neu nach.

7.1.6 Pflege der Beschriftungen für mehrere Sprachen

Vielleicht haben Sie sich schon die Frage gestellt, warum unser Dokumententyp als auch unser Aspekt in Alfresco Share kryptisch betitelt werden. Unser Dokumententyp heißt im Auswahlfeld in der Aktion *Typ ändern* **type.cmp_invoice** und unser Aspekt im Auswahldialog *Aspekte verwalten* **aspect.cmp_project**. Gleichzeitig ist die Frage offen, wie denn unsere Beschriftungen der jeweiligen Eigenschaften im Rechnungsdokument oder im Aspekt in verschiedene Sprachen übersetzt werden kann. In beiden Fällen wird die Mehrsprachigkeit über *Properties*-Dateien abgebildet. *Properties*-Dateien sind einfache Textdateien, welche nach bestimmten Notationen in mehreren Sprachen gepflegt werden können. In jedem Dokument existiert immer derselbe Schlüssel, welcher jedoch, je nach Sprache, einen unterschiedlichen Wert aufweist – also die Übersetzung. In jeder Sprachdatei existiert pro Zeile nur ein Schlüsselwert-Paar. Es können beliebig viele Einträge existieren.

 HINWEIS: Zum Testen der Mehrsprachigkeit-Optionen muss die Browser-Einstellung auf die jeweilige Sprache umgestellt werden. Damit ist jedoch nicht das UI an sich gemeint. Im Internet Explorer findet sich diese Einstellung in der Regel unter *Internetoptionen > Allgemein > Sprachen*. In Firefox findet sich diese Option unter *Einstellungen > Allgemein > Sprachen*.

Als kleines Beispiel hierfür nehmen wir die Datei *company-model.properties*, welche noch nicht existiert. Diese Datei stellt im Allgemeinen immer die Standardübersetzung in Alfresco dar, wenn keine andere Übersetzungsdatei gefunden worden ist. Für verschiedene Sprachen existieren Länder-Codes, welche hier für einige aufgelistet sind.

Sprache	Code	Beispiel
Deutsch	de_DE	company-model_de_DE.properties
English	en_US	company-model_en_US.properties
Japanisch	ja	company-model_ja.properties
Spanisch	es	company-model_es.properties
Italienisch	it	company-model_it.properties
Französisch	fr	company-model_fr.properties

Sowohl für das Repository als auch für Alfresco Share müssen eigentlich separate Sprachdateien gepflegt werden, da es sich prinzipiell um zwei verschiedene Applikationen handelt. Der Einfachheit halber umgehen wir für unsere Anforderungen jedoch dieses Vorgehen und verwenden für beide Applikationen dieselben Sprachdateien.

Wir wollen uns zunächst Alfresco Share widmen und eine Mehrsprachigkeit für die bereits benannten Funktionen herstellen. Anschließend werden wir unsere Metadaten-Beschriftungen international ausrichten.

7.1.6.1 Sprachpaket in Alfresco Share erweitern

Hierzu müssen wir erneut in das Verzeichnis *ALF_HOME/tomcat/shared/clasess/alfresco/*. Dort legen wir ein neues Verzeichnis messages an – falls es nicht schon existiert. In diesem Verzeichnis legen wir neue Textdokumente mit dem Namen **company-model.properties** als auch **company-model_de_DE.properties** sowie ein **company-model_em_US.properties** an. Wir pflegen also sowohl für die englische als auch die deutsche Sprache die Übersetzungen. In jede der Dateien fügen wir zwei Schlüssel ein. Diese heißen: **aspect.cmp_project** und **type.cmp_invoice**. Jeder von ihnen weisen wir mittels des Zeichens „=" eine Übersetzung zu. Als Beispiel könnte das Ergebnis in der Datei **company-model_de_DE.properties** wie in Listing 7.17 aussehen.

Listing 7.17 Definition der Übersetzung in einer Properties-Datei

```
################
#Alfresco Share#
################
#Aspektname unseres Projekts
aspect.cmp_project=Projekt
#Dokumententypname unserer Rechnung
type.cmp_invoice=Rechnung
```

Über das Zeichen „#" können Kommentare vergeben werden, die von Alfresco nicht berücksichtigt werden. Dieselben Schlüssel verwenden wir auch für **company-model.properties** sowie **company-model_en_US.properties** und übersetzen die Werte ins Englische.

Nachdem wir die Sprachdateien angelegt haben, müssen wir diese nur noch Alfresco Share bekannt machen. Hierzu müssen wir in das Verzeichnis *ALF_HOME/tomcat/shared/clasess/ alfresco/web-extension* wechseln. Hier finden Sie eine weitere Beispieldatei von Alfresco vor: **custom-slingshot-application-context.xml.sample**. Entfernen Sie die Dateiendung **.sample** und öffnen anschließend in einem beliebigen Editor die Datei. Diese Datei wird von Alfresco Share beim Starten einmalig gelesen und dient zur erweiterten Konfiguration von Alfresco Share. Hier legen wir die Registrierungskomponente ab, welche Alfresco Share mitteilt, dass neue Sprachdateien zur Verfügung stehen.

Listing 7.18 Erweiterung einer Kontext-Datei, um die Übersetzungsdateien aufzunehmen

```
<bean id="webscripts.resources"
class="org.springframework.extensions.surf.util.ResourceBundleBootst
rapComponent">
  <property name="resourceBundles">
    <list>
      <value>webscripts.messages.webscripts</value>
      <value>alfresco.messages.common</value>
      <value>alfresco.messages.slingshot</value>
      <value>alfresco.messages.company-model</value>
    </list>
  </property>
</bean>
```

Als letzten Listeneintrag haben wir unsere Sprachdatei angegeben. Dabei ist es wichtig zu verstehen, dass wir nicht jede Übersetzungsdatei (z. B. *de_DE*) selbst angeben müssen. Alfresco sucht automatisch zur Laufzeit nach Übersetzungen. Starten Sie nun Alfresco einmal durch, klicken durch die relevanten Aktionsfelder einmal durch, und sie werden erkennen, dass wir nun viel besser angesprochen werden (Bild 7.7).

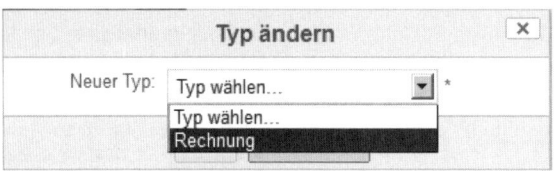

Bild 7.7
Deutsche Übersetzung des Rechnungsdokuments für Alfresco Share

7.1.6.2 Eigenschaften in mehreren Sprachen pflegen

Nachdem wir Alfresco Share für unsere Models mehrsprachenfähig konfiguriert haben, ist es nun an der Zeit, die eigentlichen Metadatenbeschriftungen entsprechend nachzuziehen. Hierzu werden wir in den gleichen Properties-Dateien wie bereits im vorigen Abschnitt weitere Bezeichnungen (*Englisch:* labels) pflegen. Der Schlüssel zur Vergabe von mehrsprachigen Beschriftungen baut sich prinzipiell immer nach dem gleichen Vorbild auf:

```
<Modelprefix>_<Modelname>_<property/association>_name_title=<Wert>
```

Beispielsweise wird der in Alfresco im Standard vorkommende Metadatum-„Titel" folgendermaßen definiert: `cm_contentmodel.property.cm_title.title`.

Im Folgenden liste ich ein paar Beispiele zum besseren Verständnis auf.

Beispiel	Erläuterung
`cm_contentmodel.property.cm_description.title`	Die Beschreibung eines Verzeichnisses oder Dokumentes
`cm_contentmodel.association.cm_avatar.title`	Eine Assoziation zu einem Avatar (kein Property!)
`listconstraint.bpm_allowedStatus.Not`	Constraint mit Werteinschränkung (siehe vorangegangenes Beispiel)

Auch unsere Umsetzung folgt derselben Notation. Nehmen wir als Beispiel unsere Rechnungsnummer und bilden hieraus unseren Schlüssel, lautet dieser wie folgt:

```
cmp_companyModel.property.cmp_number.title=Rechnungsnummer
```

In die Datei **company-model_de_DE.properties** können wir nun alle notwendigen Metadaten mit Übersetzungen einpflegen (Listing 7.19).

Listing 7.19 Übersetzungen von Typ, Aspekten und Metadaten

```
#####################
#Alfresco Repository#
#####################
cmp_companyModel.property.cmp_number.title=Rechnungsnummer
cmp_companyModel.property.cmp_dueDate.title=Fälligkeit
cmp_companyModel.property.cmp_bookstate.title=Status
cmp_companyModel.association.cmp_assignee.title=Bearbeiter
cmp_companyModel.association.cmp_projectLink.title=Projekt
```

```
listconstraint.cmp_bookingStates.In\ Bearbeitung=In Bearbeitung
listconstraint.cmp_bookingStates.Buchung\ akzeptiert=Buchung
akzeptiert
listconstraint.cmp_bookingStates.Buchung\ abgelehnt=Buchung abgelehnt
```

In die Datei **company-model.properties** als auch **company-model_en_US.properties** pflegen wir nun die englischsprachigen Übersetzungen ein (Listing 7.20).

Listing 7.20 Übersetzungen für englischsprachige Nutzer anlegen

```
####################
#Alfresco Repository#
####################
cmp_companyModel.property.cmp_number.title=Invoice Number
cmp_companyModel.property.cmp_dueDate.title=Duedate
cmp_companyModel.property.cmp_bookstate.title=Status
cmp_companyModel.association.cmp_assignee.title=Assignee
cmp_companyModel.association.cmp_projectLink.title=Project
listconstraint.cmp_bookingStates.In\ Bearbeitung=In Progress
listconstraint.cmp_bookingStates.Buchung\ akzeptiert=Booking accepted
listconstraint.cmp_bookingStates.Buchung\ abgelehnt=Booking declined
```

Jetzt müssen wir nur noch die neuen Übersetzungen dem Repository bekannt machen. Hierzu müssen wir in die von uns bereits angelegte Datei **company-model-context.xml**, welche wir im Verzeichnis ALF_HOME/tomcat/shared/classes/alfresco/extension finden. Hier existiert schon eine Deklaration von uns (bean), welche wir um ein Element namens „labels" auf der gleichen Ebene erweitern, wie zuvor bereits „models", und fügen als Listenelement den Pfad zu unserer Model-Datei ein. Die komplette Konfiguration ist in Listing 7.21 noch einmal dargestellt.

Listing 7.21 Über die Kontextdatei werden Model und Übersetzung gemeinsam beim nächsten Start im „Data Dictionary" registriert.

```
<?xml version='1.0' encoding='UTF-8'?>
<!DOCTYPE beans PUBLIC '-//SPRING//DTD BEAN//EN'
'http://www.springframework.org/dtd/spring-beans.dtd'>
<beans>
  <bean id="company.model.dictionaryBootstrap"
parent="dictionaryModelBootstrap" depends-on="dictionaryBootstrap">
    <property name="models">
      <list>
        <value>alfresco/extension/company-model.xml</value>
      </list>
    </property>
    <property name="labels">
      <list>
        <value>alfresco/messages/company-model</value>
      </list>
    </property>
  </bean>
</beans>
```

Starten Sie anschließend Alfresco komplett neu und melden sich wieder in Alfresco Share an.

7.1.6.3 Anzeigesprache in Alfresco Share ändern

Wie bereits erläutert, lässt sich die Anzeigesprache in Alfresco Share über die Spracheinstellung des Browsers regeln. Wir wollen in diesem Abschnitt überprüfen, ob unsere Änderungen bezüglich der Mehrsprachigkeit auch im System ordnungsgemäß hinterlegt worden sind. Hierzu verwende ich in meinem Beispiel Firefox, um die Anzeigesprache in Alfresco auf Englisch zu stellen (Bild 7.8). Über *Extras > Einstellungen > Inhalt > Sprache* kann eine andere Sprache zur Übermittlung an Websites verwendet werden.

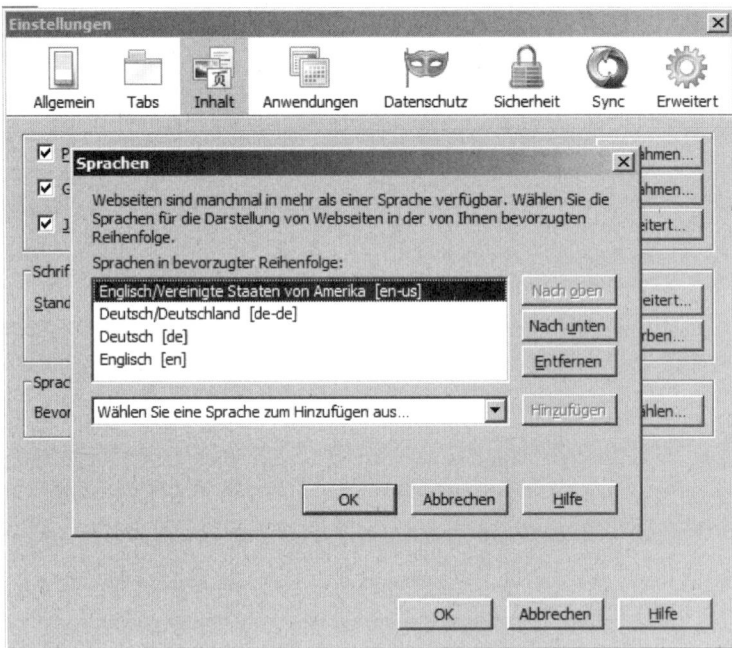

Bild 7.8 Die englische Sprache ist nun Standardsprache des Firefox-Browsers, für alle kommenden Anfragen an Websites.

Hier erkennt man schon deutlich die Notationen unserer Properties-Dateien wieder. Auch finden sich hier Abkürzungen wie **de-de** oder **en-us** wieder. Wir fügen als Sprache ebenfalls **en-us** (wie in Bild 7.8 zu sehen) als erste Anzeigesprache hinzu. Anschließend kann die Änderung in Firefox gespeichert werden. Durch eine Aktualisierung des Browser in Alfresco Share sollte nun die Anzeigesprache komplett in Englisch erscheinen.

Wenn wir jetzt auf ein Dokument gehen, welches bereits mit unserem Dokumententyp ausgestattet ist, sollte die Anzeige der Eigenschaften in etwa so aussehen wie in Bild 7.9.

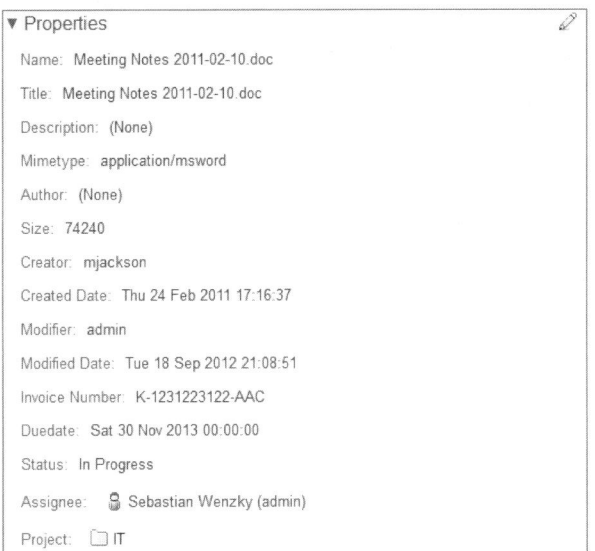

Bild 7.9
Metadaten stehen nun auch in
englischer Sprache zur Verfügung

■ 7.2 Verwendung von Business Rules zur Optimierung der Arbeitsprozesse auf Basis des Models

Wir möchten uns nun mit der Kombination des bereits umgesetzten Content Models und den Business Rules beschäftigen. Wie wir bereits in Abschnitt 5.3 erfahren haben, reagieren Rules auf bestimmte Aktionen, die im System ausgeführt werden. Rules bieten viele verschiedene Vorteile für das aktuelle Beispiel. Rules aus der Praxis sind beispielsweise:

- **Statusänderungen verschicken:** Der Buchungsstatus wird von „In Bearbeitung" auf „Buchung akzeptiert" geändert. Hier könnte anschließend beispielsweise eine Mail an verantwortliche Personen verschickt werden.

- **Einfache Klassifikation:** Je nach Bearbeitungsstand wird eine bestimmte Kategorie der Rechnung vergeben. Beispielsweise könnte die Kombination aus dem Metadaten-Feldwert „Buchung akzeptiert" und einer bestehenden Referenzierung auf einen Projekteintrag (wir erinnern uns: Aspekt) durch eine Kategorie, wie z. B. „Referenziertes Rechnungsdokument", weiterführend klassifiziert werden.

- **Weitergehende Klassifikationen:** Je nach Aktion kann beispielsweise ein neuer Aspekt an das Dokument gehangen werden. Dadurch stehen den Bearbeitern mehr Möglichkeiten zur Verarbeitung des Dokumentes (in unserem Fall der Rechnung) zur Verfügung. Auch Tags können ebenfalls so vergeben werden, falls man Kategorien hierfür nicht verwenden möchte.

- **Inhalt „unveränderlich" umwandeln:** Falls Rechnungen als Word-Dokument hochgeladen werden, können diese automatisiert in PDF-Dokumente umgewandelt werden.

▪ **Rechnung „archivieren":** Ist der Buchungsstatus „Buchung akzeptiert" erreicht, wird die Rechnung in ein speziell dafür vorgesehenes Verzeichnis verschoben, wo bearbeitete Dokumente abgelegt werden sollen.

▪ **Primitiven Überprüfungs-Workflow starten:** Wir haben bereits in Abschnitt 5.3.2 gelernt, wie wir einen primitiven Workflow mittels Business Rules starten können. Hier könnte man dieses Feature z. B. für die Zuweisung an den „Archivierer" verwenden, der sukzessive alle Aufgaben anschließend bearbeitet.

▪ **Komplexe Arbeitsabläufe abbilden:** Durch die Einbindung eines auf JavaScript basierenden Scripts, können komplexe Abläufe nachgelagert ausgeführt werden. Die Möglichkeiten sind hier mit ein wenig Background-Wissen bezüglich JavaScript fast grenzenlos. In Kapitel 8 erfahren Sie mehr über Scripting.

Wir wollen jedoch zunächst über die einfachste Art der Verwendung von Rules in Kombination mit unseren Dokumententyp sprechen. Vielleicht haben Sie sich schon die Frage gestellt, wie neue Dokumente automatisiert in unseren Typ umgewandelt werden können, ohne dass der Anwender selbst manuell diese Arbeitsschicht durchlaufen muss? Anschließend gehen wir auf verschiedene andere Aspekte in der Verwendung von Rules, basierend auf unseren Anforderungen, ein.

7.2.1 Automatisierte Umwandlung des Dokumententyps

Da Regeln (Rules) nur auf Verzeichnissen ausgeführt werden können, gilt es, einen optimalen Platz hierfür in unserem Alfresco zu finden. Ich habe mir hierzu in der Site Backoffice ein eigenes Verzeichnis – Rechnungskorb – angelegt, welches hierfür ideal geeignet ist. In der Dokumentenbibliothek klicken wir anschließend auf die Aktion *Regeln verwalten*. In der nun neu erscheinenden Site vergeben wir zunächst einen treffenden Namen und eine prägende Beschreibung, damit wir auch nach einigen Monaten wissen, welche Einstellungen wir hier durchgeführt haben. Anschließend müssen wir definieren, für welche Aktionen (Events) wir unsere Regeln registrieren wollen. Da wir ausschließlich nur neue (oder hierher verschobene) Dokumente betrachten wollen, müssen wir unter den Aktionen **Objekte werden hier erstellt oder hierhin verschoben** auswählen. Des Weiteren gilt die Bedingung, dass unser Rechnungstyp nur auf Dokumente angewendet werden darf. Hierzu wählen wir aus der Liste der Kriterien den Wert **Inhalt des Typs oder SubTyps** aus. Der Typ muss dem Inhalt entsprechen, da im Standard jedes Dokument mit den Alfresco-Standardtypen ausgestattet wird – genauso wie Verzeichnisse ihren Standardtyp erhalten. Als Aktion wählen wir anschließend **Typ spezialisieren** aus. Hier sollte aktuell nur ein Element zur Verfügung stehen – unser Rechnungstyp. Zum Abschluss aktivieren wir auch die Option, dass diese Regel auf alle Unterordner angewandt werden darf. Dadurch wird die neue Regel auch auf Dokumenten ausgeführt, welche sich, hierarchisch gesehen, unterhalb des aktuellen Verzeichnisses befinden (Bild 7.10).

Nach erfolgreichem Abspeichern der Regel können Sie gleich beginnen, ein neues Dokument in das Verzeichnis hochzuladen. In der Detailansicht im Metadatenbereich werden Sie feststellen, dass die bereits bekannten Eigenschaften, wie Rechnungsnummer, zur Verfügung stehen – unsere Regel hat also wunderbar funktioniert.

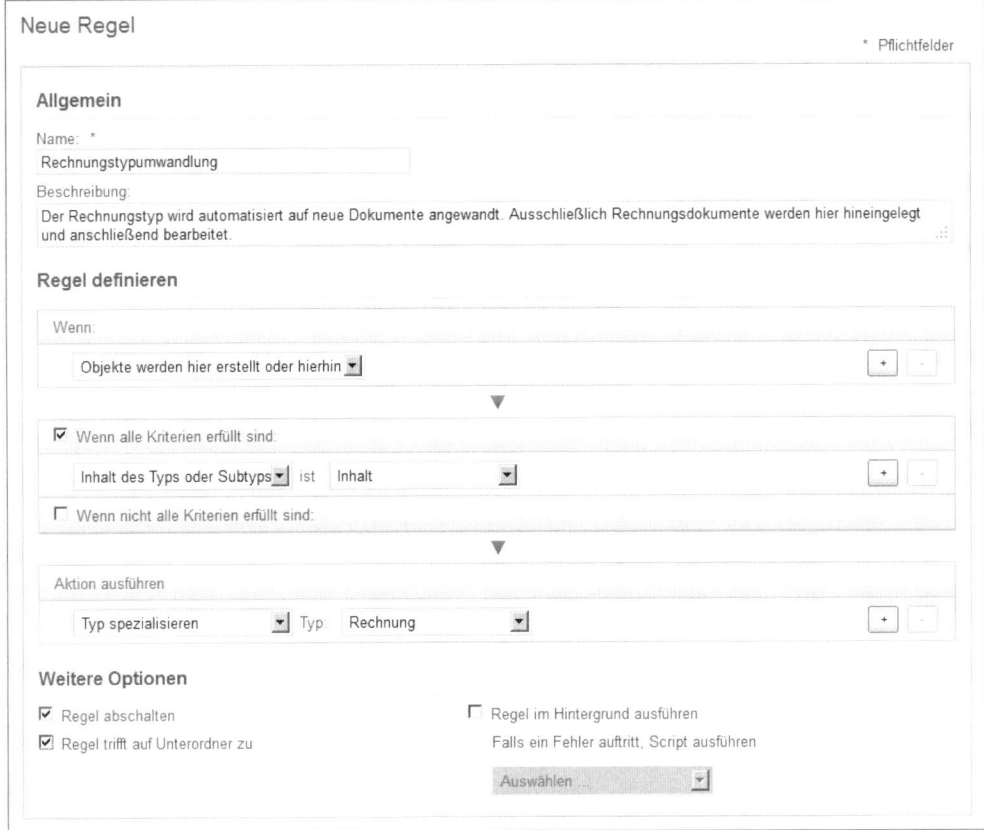

Bild 7.10 Regel zur automatisierten Umwandlung eines Standarddokumenten-Typs in ein Rechnungsdokument

7.2.2 Statusänderungen via Mail verschicken

Wir wollen uns noch eine weitere Möglichkeit der Verwendung von Business Rules anschauen. Hierbei möchten wir je nach Statusvergabe in Alfresco, eine Mitteilung an bestimmte Personen verschicken. In unserem Rechnungsbeispiel können zwei verschiedene Status gesetzt werden – akzeptiert oder abgelehnt. Diese Status-Wechsel wollen wir mit Mitteilungen via Mail schmücken. Hierzu legen wir auf demselben Verzeichnis wie in Abschnitt eine neue Rule an. Diese Rule wird nur dann aktiv, wenn sich ein Objekt aktualisiert hat, dementsprechend muss in der Wenn-Klausel der Wert **Objekte werden aktualisiert** ausgewählt werden. Anschließend müssen wir das Kriterium hinterlegen, unter welchem nur eine Mail verschickt werden kann (Bild 7.11). Hierzu müssen wir direkt eine Vergleichsoperation auf unserem Metadatenfeld-Status durchführen. Dazu muss im Kriterien-Auswahlfeld der Wert **Mehr anzeigen ...** ausgewählt werden. Im neuen Dialog kann dann der Buchungsstatus aus der Typsektion herausgesucht und übernommen werden.

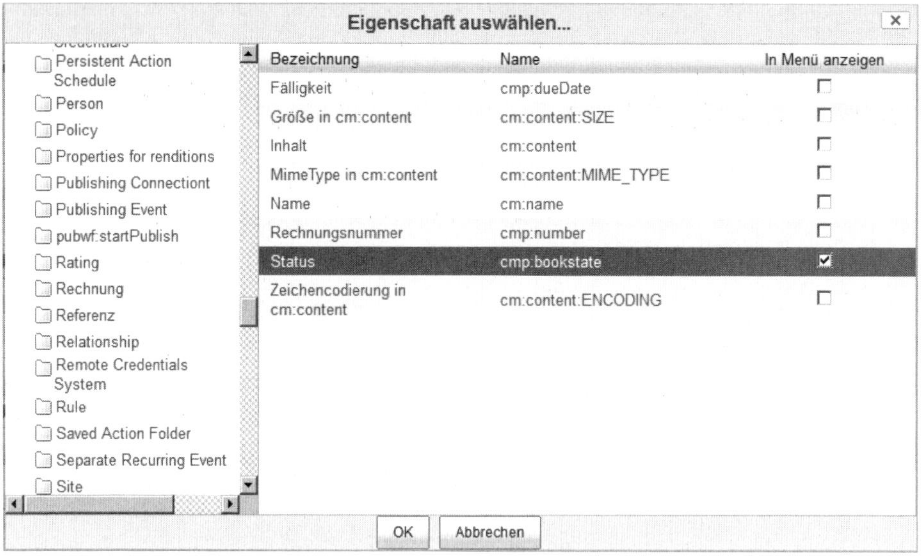

Bild 7.11 Auswahl des Buchungsstatus als Überprüfungsfeld

Nach dem Bestätigen der Auswahl erscheint automatisch ein neues Auswahlfeld neben der Kriterienliste, wo wir den Vergleichsoperator aussuchen können. Hier wählen wir die Operation **gleich** aus, da wir ja eine exakte Überprüfung des Wertes erreichen wollen. Anschließend geben wir den Wert **Buchung akzeptiert** ein. Zusammengefasst können wir bisher sagen, dass diese Regel nur dann ausgeführt wird, wenn ein Objekt aktualisiert und den Buchungsstatus **Buchung akzeptiert** zugewiesen bekommt. Wir müssen kein weiteres Kriterium erfüllen, auch keine Überprüfung, ob das aktuelle Objekt ein Dokument ist. Denn die Definition unserer Regel sagt aus, dass nur Dokumente unseres Dokumententyps davon betroffen sind.

Im Aktionsfeld kann der Wert **E-Mails senden** ausgewählt werden. Mit dem Klick auf den erscheinenden Button **Nachricht …**, öffnet sich ein weiterer Dialog zur Bearbeitung. Hier wählen wir nun einen Empfänger aus, der die Mail erhalten soll. Über den Betreff und die Nachricht selbst wird definiert, welche Meldung im E-Mail-Korb „landen" soll (Bild 7.12).

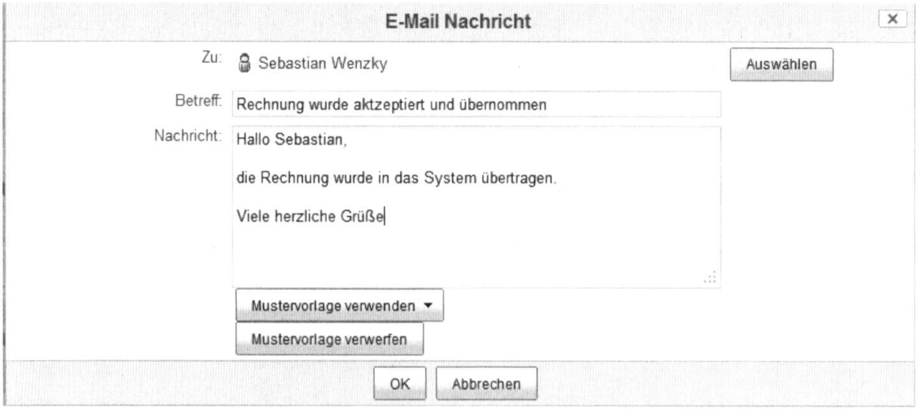

Bild 7.12 Erstellen einer E-Mail-Nachricht

Anschließend bestätigen wir die Eingaben durch das Klicken auf den *OK*-Button. Diese Regel soll natürlich auch auf alle Unterverzeichnisse (und deren Dokumente) angewendet werden, deswegen aktivieren wir noch schnell den entsprechenden Haken am Ende der Regeldefinition. Durch Speichern der Regel wird diese aktiv geschaltet (Bild 7.13).

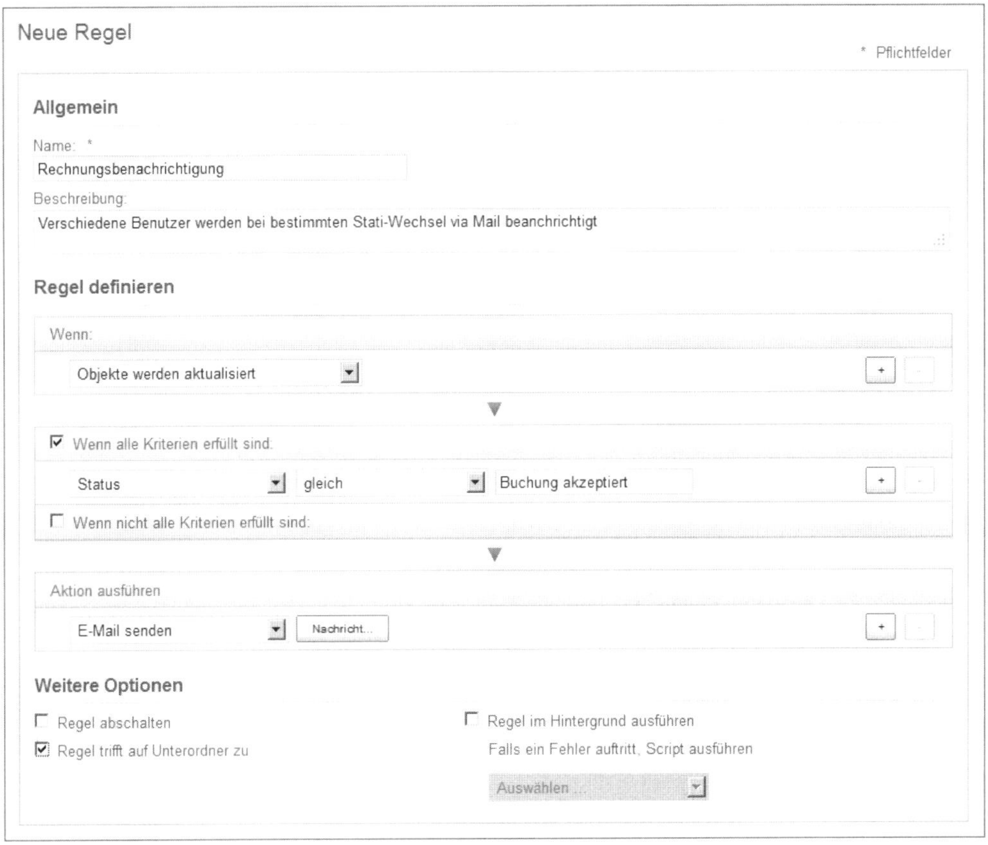

Neue Regel

* Pflichtfelder

Allgemein

Name: *

Rechnungsbenachrichtigung

Beschreibung:

Verschiedene Benutzer werden bei bestimmten Stati-Wechsel via Mail beanchrichtigt

Regel definieren

Wenn:

Objekte werden aktualisiert ▾ [+] [-]

▼

☑ Wenn alle Kriterien erfüllt sind:

Status ▾ gleich ▾ Buchung akzeptiert [+] [-]

☐ Wenn nicht alle Kriterien erfüllt sind:

▼

Aktion ausführen

E-Mail senden ▾ [Nachricht...] [+] [-]

Weitere Optionen

☐ Regel abschalten   ☐ Regel im Hintergrund ausführen

☑ Regel trifft auf Unterordner zu   Falls ein Fehler auftritt, Script ausführen

                                    Auswählen ... ▾

Bild 7.13 Fertig konfigurierte Regel zum Versenden einer neuen E-Mail, wenn der Status „Rechnung akzeptiert" erreicht ist

Eine ähnliche Regel können wir jetzt natürlich auch für den Fall anlegen, falls die Buchung nicht akzeptiert worden ist. Hier könnte aber zusätzlich auch das Dokument in ein bestimmtes Verzeichnis verschoben werden, wo es explizit von einer Personengruppe auf Fehler überprüft werden kann.

■ 7.3 Nutzen eines Dynamic Model zur dynamischen Erstellung von Models zur Laufzeit

Vielleicht haben Sie sich bereits gefragt, ob es nicht noch einen einfacheren Weg gibt, neue Models für Alfresco zu registrieren? Schließlich sollte im Idealfall Alfresco für ein Update nicht heruntergefahren werden – was bisher der Fall sein würde. Alfresco verfügt über ein Feature, welches sich **Dynamic Model** nennt. Dieses Feature existiert bereits seit der Version 3.0 von Alfresco. Doch was genau verbirgt sich hinter diesem Namen?

Dynamic Models dienen der Verwaltung von neuen Models in Alfresco, wie Konfiguration der Oberfläche und den Sprachdateien. Hier muss man jedoch aufpassen – die Konfiguration der Oberfläche ist leider bis zum heutigen Zeitpunkt veraltet. Denn neben der Share-Oberfläche von Alfresco existiert außerdem eine ältere Anwendung, welche mittlerweile von Alfresco Share abgelöst worden ist (wird **Explorer** genannt). Diese Oberfläche kann bei einer Standardinstallation von Alfresco nicht durch die Eingabe in der Adresszeile von `/share`, sondern von `/alfresco` erreicht werden. Die Konfiguration von Alfresco Share kann mittlerweile auch ohne Neustart erfolgen. Wir werden uns auch dieser Thematik in diesem Abschnitt widmen. Zur Konfiguration der Dynamic Models müssen wir uns aktuell bei bestimmten Aktionen im Alfresco Explorer anmelden, um hierüber die Vorgänge erfolgreich abschließen zu können.

Prinzipiell ändert sich an der Erstellung eines Models überhaupt nichts. Auch müssen wir weiterhin eine XML-Datei entwerfen. Auch Sprachdateien sind notwendig, damit unsere Metadaten mehrsprachig ausgelegt werden können.

Wir wollen in diesem Abschnitt ein neues Model erschaffen, welches vollkommen ohne Neustart auskommt und nahezu innerhalb von Alfresco verwaltet werden kann.

7.3.1 Neues Wissens-Model erstellen

Praktisch gesehen, könnten wir auch unser bestehendes Model – unser Rechnungsdokument – für dieses Beispiel weiterverwenden, da über mehrere Wege Models nachgeladen werden können. Wir werden uns hier jedoch mit der klassischen Vorgehensweise befassen, wie wir ein neues Model in Alfresco registrieren und in Alfresco Share anschließend verwenden können.

Wir erstellen unser Model zunächst erneut in einer XML-Datei. Wir werden uns in diesem Abschnitt mit dem Thema Wissensmanagement ein wenig mehr beschäftigen. Hierzu wollen wir einen Aspekt erstellen, welcher nähere Angaben hinsichtlich der Verantwortlichkeiten am Dokument speichert – darunter den fachlich Verantwortlichen, ein Freigabedatum als auch den Freigeber. Hierzu erstellen wir drei verschiedene Metadaten innerhalb eines neuen Aspekts, zwei Assoziationen für die Personenauswahl und ein Eigenschaftsfeld des Typs Datum.

Wir erstellen zunächst wieder den Kopf der XML-Datei *knowledge-model.xml,* indem wir unserem Model einen Namen geben:

```
<model name="knw:knowledgeModel"
xmlns="http://www.alfresco.org/model/dictionary/1.0">
</model>
```

Über die Meta-Informationen `description`, `author` und `version` vergeben wir einige hinreichende Erklärungen zum neuen Model (Listing 7.22).

Listing 7.22 Metadaten für das neue Model angeben

```
<description>Knowledge Model - Bearbeiter und Freigeber werden hier
gespeichert</description>
<author>Sebastian Wenzky</author>
<version>1.0</version>
```

Auch die `imports`-Sektion verändert sich nicht, bezogen auf frühere Definitionen (Listing 7.23).

Listing 7.23 Angabe des Import-Models

```
<imports>
  <import uri="http://www.alfresco.org/model/dictionary/1.0"
prefix="d"/>
  <import uri="http://www.alfresco.org/model/content/1.0"
prefix="cm"/>
</imports>
```

Anschließend definieren wir unseren Namensraum, indem wir uns bewegen. Das Präfix **knw** wird unser Ausgangspunkt für weitere Definitionen sein:

```
<namespaces>
<namespace uri="knowledge.model" prefix="knw"/>
</namespaces>
```

Nun kommen wir zum eigentlichen Abschnitt, wo wir unseren Aspekt definieren werden. Im `aspects`-Bereich werden wir einen neuen Aspekt – `knw:knowledge` – anlegen (Listing 7.24).

Listing 7.24 Definition des Aspekts „knw:knowledge"

```
<aspect name="knw:knowledge">
  <title>Wissensartikel</title>
  <properties>
  </properties>
  <associations>
  </associatons>
</aspect>
```

Zunächst definieren wir ein neues Property, welches das Publizierungsdatum definiert.

```
<property name="knw:approvedDate">
  <title>Freigegeben am</title>
  <type>d:date</type>
</property>
```

Jetzt müssen wir nur noch unsere beiden Assoziationen anlegen. Dann haben wir unser Model komplett erstellt. Beide Assoziationen referenzieren auf den Typ cm:person in Alfresco, da wir einen Benutzer definieren wollen (Listing 7.25).Es kann in einem Dokument immer nur einen fachlich Verantwortlichen geben, jedoch mehrere Freigeber.

Listing 7.25 Definition einer Assoziation im Aspekt „knw:knowledge", um eine Beziehung zu einer Person aufzubauen (fachlich Verantwortlicher)

```
<association name="knw:responsible">
  <title>Fachlicher Verantwortlicher</title>
  <source>
    <mandatory>false</mandatory>
    <many>true</many>
  </source>
  <target>
    <class>cm:person</class>
    <mandatory>false</mandatory>
    <many>false</many>
  </target>
</association>
```

Zum Schluss definieren wir noch das Freigeber-Metadatum, welches mehrfach vorkommen kann – sprich: Mehrere Personen haben ein einzelnes Dokument freigegeben (Listing 7.26).

Listing 7.26 Definition einer Assoziation im Aspekt „knw:knowledge", um eine Verbindung zu einer Person (Freigeber) aufzubauen

```
<association name="knw:approver">
  <title>Freigeber</title>
  <source>
    <mandatory>false</mandatory>
    <many>true</many>
  </source>
  <target>
    <class>cm:person</class>
    <mandatory>false</mandatory>
    <many>true</many>
  </target>
</association>
```

Komplettiert sieht unser Model wie in Listing 7.27 aus.

Listing 7.27 Darstellung des gesamten Models

```
<model name="knw:knowledgeModel"
xmlns="http://www.alfresco.org/model/dictionary/1.0">
<description>Knowledge Model - Bearbeiter und Freigeber werden hier
gespeichert</description>
<author>Sebastian Wenzky</author>
<version>1.0</version>
<imports>
  <import uri="http://www.alfresco.org/model/dictionary/1.0"
prefix="d"/>
  <import uri="http://www.alfresco.org/model/content/1.0"
prefix="cm"/>
```

```xml
</imports>
<namespaces>
  <namespace uri="knowledge.model" prefix="knw"/>
</namespaces>
<aspects>
  <aspect name="knw:knowledge">
    <title>Wissensartikel</title>
    <properties>
      <property name="knw:approvedDate">
        <title>Freigegeben am</title>
        <type>d:date</type>
      </property>
    </properties>
    <associations>
      <association name="knw:responsible">
        <title>Fachlicher Verantwortlicher</title>
        <source>
          <mandatory>false</mandatory>
          <many>true</many>
        </source>
        <target>
          <class>cm:person</class>
          <mandatory>false</mandatory>
          <many>false</many>
        </target>
      </association>
      <association name="knw:approver">
        <title>Freigeber</title>
        <source>
          <mandatory>false</mandatory>
          <many>true</many>
        </source>
        <target>
          <class>cm:person</class>
          <mandatory>false</mandatory>
          <many>true</many>
        </target>
      </association>
    </associations>
  </aspect>
</aspects>
</model>
```

7.3.2 Model in Alfresco registrieren

Die Registrierung eines neuen dynamischen Models kann automatisch über die Alfresco Share-Oberfläche erfolgen. Hierzu melden wir uns als Administrator in Alfresco Share an. Anschließend navigieren wir über den Repository Button in das Verzeichnis *Data Dictionary (Datenverzeichnis) > Modelle (Models)*. In diesem Verzeichnis werden neue Models abgelegt, welche automatisch über die Oberfläche aktiviert werden können. Hier laden wir nun das neu erstellte Model *knowledge-model.xml* hinein. Nach erfolgreichem Hochladen in das Verzeichnis, klicken wir direkt auf *Eigenschaften bearbeiten* in der Dokumentenbibliothek. Im darauf folgenden Dialog registrieren wir über die Check-Box **Model Active** unser Model (Bild 7.14).

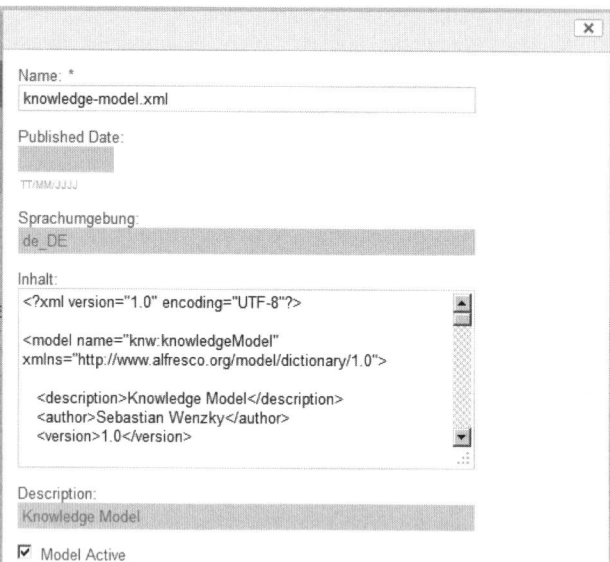

Bild 7.14 Durch die Check-Box „Model Active" wird das Model registriert und zur Verwendung aktiv geschaltet.

Das Model ist nun *aktiv* geschaltet, und wir könnten es theoretisch verwenden. Über technische Ansätze, wie beispielsweise Scripting oder Java-Programmierung, können wir den Aspekt schon verwenden. Wir müssen dem Anwender dazu jedoch noch eine einfachere Möglichkeit bieten, um diesen Aspekt über die Oberfläche verwenden zu können.

7.3.3 Alfresco Share für die Verwendung des Wissensartikel-Aspekts konfigurieren

Wir kennen bereits die Datei *share-config-custom.xml*, welche im Verzeichnis *ALF_HOME/ tomcat/shared/classes/alfresco/web-extension* liegt. Hier müssen wir nun zum einen konfigurieren, dass der Aspekt im Dialog *Aspekte verwalten* erscheint und zum anderen, dass die jeweiligen Eigenschaften auch an verschiedenen Typen in der Oberfläche angezeigt werden können.

Wir erstellen direkt unterhalb des `alfresco-config`-Elementes die Konfiguration zur Anzeige der Eigenschaften des Standarddokumententyps `cm:content`. Hierzu müssen wir lediglich (wie bereits wenige Abschnitte zuvor) im Element `field-visibility` die neuen Eigenschaften als `show`-Element hinzufügen (Listing 7.28).

Listing 7.28 Erweiterung des Standard-Content-Typs, um die Aspekt-Metadaten anzeigen zu lassen

```
<config  evaluator="node-type" condition="cm:content">
  <forms>
    <form>
      <field-visibility>
        <show id="knw:approvedDate" />
```

```
        <show id="knw:responsible" />
        <show id="knw:approver" />
    </field-visibility>
  </form>
</forms>
</config>
```

Darüber hinaus müssen wir den Aspekt in den Dialog *Aspekte verwalten* integrieren. Hierzu gehen wir in die Sektion, in der wir bereits den Projekt-Aspekt hinzugefügt haben, und fügen dort den neuen Aspekt ebenfalls mit hinzu (Listing 7.29).

Listing 7.29 Registrierung des Aspekts, damit wir „knw:knowledge" auch über die Oberfläche auswählen und verwenden können

```
<config evaluator="string-compare" condition="DocumentLibrary"
replace="true">
  <!-- hier sind weitere Konfigurationen vorhanden -->
  <aspects>
    <visible>
      <!-- hier sind weitere Aspektdefinitionen vorhanden -->
      <aspect name="knw:knowledge" />
    </visible>
    <addable></addable>
    <removeable></removeable>
  </aspects>
</config>
```

Anschließend können Sie über die Adresse `localhost:8080/share/service/index` nach Eingabe des Administrator-Benutzernamens sowie des Passwortes über den Button *Refresh Web Scripts* die Share-Konfiguration neu laden (Bild 7.15).

Bild 7.15
Über den „Refresh Web Scripts Button" wird die Konfigurationsdatei „share-config-custom.xml" neu initialisiert.

Jetzt können Sie auf einem beliebigen Dokument den neuen Aspekt anwenden.

7.3.4 Vorteile und Nachteile bei der Verwendung von Dynamic Models

Die Verwendung von Dynamic Models hat nicht nur Vorteile. Nur für spezielle Anforderungen sollte überlegt werden, dieses Feature zu verwenden. Denn einmal registrierte Models, welche aktiv in Alfresco verwendet werden (an Dokumenten beispielsweise), können nicht so leicht geändert werden. Neue Eigenschaften können problemlos an bestehende Typen oder Aspekte hinzugefügt werden. Wenn man hingegen versucht, bestehende Eigenschaften zu verändern oder gar zu löschen, wird man schnell feststellen, dass Alfresco sehr restriktiv dagegen vorgeht. Der Grund dafür ist klar: Neue Metadaten werden sehr zentral in Alfresco in verschiedenen Bereichen registriert, in der Datenbank, im Suchindex-Server als auch in der Applikation selbst. Würde man jetzt versuchen, einen bestehenden Typen dahingehend zu verändern, dass beispielsweise Eigenschaften nicht mehr vorhanden sind, weiß Alfresco nicht mehr, wie mit bestehenden Inhalten umgegangen werden soll, welche eben diesen Dokumententyp zugewiesen bekommen haben.

Das heißt im Klartext, dass einmal „schnell konfigurierte Typen oder Aspekte" negative Auswirkungen auf den Gesamtdatenbestand haben können. Und genauso wie ich, wissen Sie auch, dass solche Funktionen sehr schnell große Verwendung finden können, weil eben auf diese Weise sehr schnell neue Anforderungen umgesetzt werden können. Das Problem ist eben nur, dass man zu „Schnellschüssen" verleitet wird. Lieber sollte man sich in solchen Fällen in Ruhe mit den verschiedenen Abteilungen zusammensetzen und die Informationsstrukturen gemeinsam definieren, um anschließend über das klassische Konzept neue Strukturen in Alfresco zu registrieren.

 PRAXISTIPP: Wenn neue Strukturen in Alfresco eingesetzt werden sollen, welche sich definitiv längerfristig nicht verändern oder gar revisionssicher sein sollen, sollte auf den klassischen Ansatz gesetzt werden. Wenn schnelllebige Strukturen in Alfresco abgebildet werden sollen, kann generell überlegt werden, das Feature Dynamic Models von Alfresco zu verwenden. Die Entscheidung sollte jedoch immer mit den jeweiligen Fachabteilungen und Entscheidern abgestimmt werden.

Natürlich möchte ich an dieser Stelle dieses Feature nicht nur schlecht reden, sondern auch die Anwendungsmöglichkeiten etwas näher beleuchten. Müssen beispielsweise verschiedene Formulartypen im System hinterlegt werden, kann die richtige Vorgehensweise (Abstimmungen in internen Runden) auch dazu führen, dass man durch die Verwendung der Dynamic Features viel schneller Mehrwerte schaffen kann. Dann muss jedoch auch ein Konzept bestehen, wie mit Alt-Daten umgegangen werden soll, wenn diese nicht mehr den aktuellen Informationsstrukturen entsprechen. Über die Datei *share-config-custom.xml* kann definiert werden, welche Typen und Aspekte aktiv zur Verwendung bereitstehen.

 HINWEIS: Weitere Informationen zum Feature **Dynamic Models** erhalten Sie auf der Seite von Alfresco: *http://wiki.alfresco.com/wiki/Dynamic_Models*.

■ 7.4 Suche nach spezifischen Metadaten im Model durch die erweiterte Suche

Natürlich ist es wichtig, dem Anwender eine intuitive Suchoberfläche zu bieten. Denn in vielen Fällen weiß ein Standard-Nutzer überhaupt nicht, wo das Dokument im System zu finden ist. Normalerweise befinden sich Tausende, wenn nicht sogar Millionen an Dokumenten im System. Hier benötigen wir effiziente Suchmechanismen, um der Lage Herr zu bleiben. Wie bereits mehrmals besprochen, verfügt Alfresco über zwei separate Suchmodi. Der erste Modus ist der einfachste. auf jeder Seite in Alfresco Share kann über den oberen Suchbereich nach Dokumenten gesucht werden. Soll jedoch nach bestimmten Werten gesucht oder eine intuitive Eingabemaske für die Suche verwendet werden, kommt der zweite Modus zum Zuge. Die erweiterte Suche dient genau diesem Zweck – dem Anwender ein einfaches und intuitiv zu bedienendes Formular zu bieten, um nach spezifischen Inhalten suchen zu können. Erst durch die erweiterte Suche ist man beispielsweise in der Lage, nach bestimmten Typen in Alfresco zu filtern (es sei denn, man verwendet Lucene-Syntax, um nach den Metadaten zu suchen). Dabei werden die Eingabemasken genauso automatisiert aufgebaut wie beispielsweise die Bearbeitungsmasken für Metadaten an Dokumenten. Eine simple Konfiguration über XML genügt, um dem Anwender eine angepasste Suchoberfläche bieten zu können.

7.4.1 Konfiguration von Alfresco Share für den Typ „Rechnung"

In diesem Abschnitt wollen wir uns mit der Konfiguration der erweiterten Suchmaske beschäftigen und für verschiedene, bereits modellierte Typen und Aspekte eine intuitive Oberfläche schaffen.

In der XML-Datei *share-config-custom.xml* im Verzeichnis `ALF_HOME/tomcat/shared/classes/alfresco/web-extension` müssen wir jetzt ein paar Konfigurationen vornehmen. Hierzu öffnen wir wieder die Datei mit einem beliebigen Editor und fügen unterhalb des oberen `alfresco-config`-Elementes eine neue Konfiguration hinzu (Listing 7.30).

Listing 7.30 Definition des Typs „Rechnung" für erweiterte Suche

```
<config evaluator="model-type" condition="cmp:invoice">
  <forms>
    <form id="search">
      <field-visibility>
        <show id="cm:name" />
        <show id="cm:title" />
        <show id="cm:description" />
        <show id="cmp:number"/>
        <show id="cmp:dueDate"/>
        <show id="cmp:bookstate"/>
      </field-visibility>
    </form>
  </forms>
</config>
```

Diese Konfiguration sollte Ihnen bereits bekannt vorkommen. Wir haben schon einmal eine ähnliche Konfiguration unseres Rechnungstyps durchgeführt. Der Unterschied zwischen den beiden Einträgen findet sich im `evaluator`-Attribut. Anstatt `node-type` geben wir hier `model-type` an. Der Wert `node-type` definiert für Alfresco immer die Verwendung eines Typs auf Basis einer bereits existierenden Node (welche bereits diesen Typ besitzt). Für einige Fälle ist diese Option jedoch nicht ausreichend. Die Suche beispielsweise basiert nicht auf einer erstellten Node, sondern muss komplett unabhängig der Inhalte im System abrufbar sein. Genau für solche Zwecke wird `model-type` verwendet bzw. gibt es eine Unterscheidung von Alfresco in der Konfiguration. Über das `form`-Element haben wir definiert, dass diese Konfiguration für die erweiterte Suche gedacht ist.

Zu guter Letzt müssen wir noch unseren Typ der erweiterten Suche in der Auswahlliste bekanntmachen. Hierzu legen wir direkt unter der bereits erstellten Konfiguration zur Suche ein weiteres `config`-Element an (Listing 7.31).

Listing 7.31 Registrierung des Typs in der erweiterten Suche (Auswahlfeld)

```
<config evaluator="string-compare" condition="AdvancedSearch">
  <advanced-search>
    <forms>
      <form labelId="type.cmp_invoice"
descriptionId="">cmp:invoice</form>
    <forms>
  </advanced-search>
</config>
```

Über den `form`-Eintrag referenzieren wir die `mode-type`-Konfiguration und registrieren dadurch unseren Typ in der erweiterten Suche.

Über *localhost:8080/share/service/index* können Sie nun über den Button *Refresh Web Scripts* die Konfiguration neu laden und den Anwendern zur Verfügung stellen.

7.4.2 Verwendung der erweiterten Suche in der Oberfläche

Die erweiterte Suche erreichen Sie über den Lupen-Icon in der einfachen Suche. Über das Auswahlfeld **Suchen nach** sollte jetzt unser Rechnungstyp auftauchen (Bild 7.16).

 HINWEIS: In der aktuellen Version von Alfresco Share kann nicht durch Konfigurationsaufwand nach Assoziationen, wie beispielsweise unserem Rechnungsbearbeiter, gesucht werden. Dieser Punkt kann jedoch durch einen Alfresco-Partner implementiert werden.

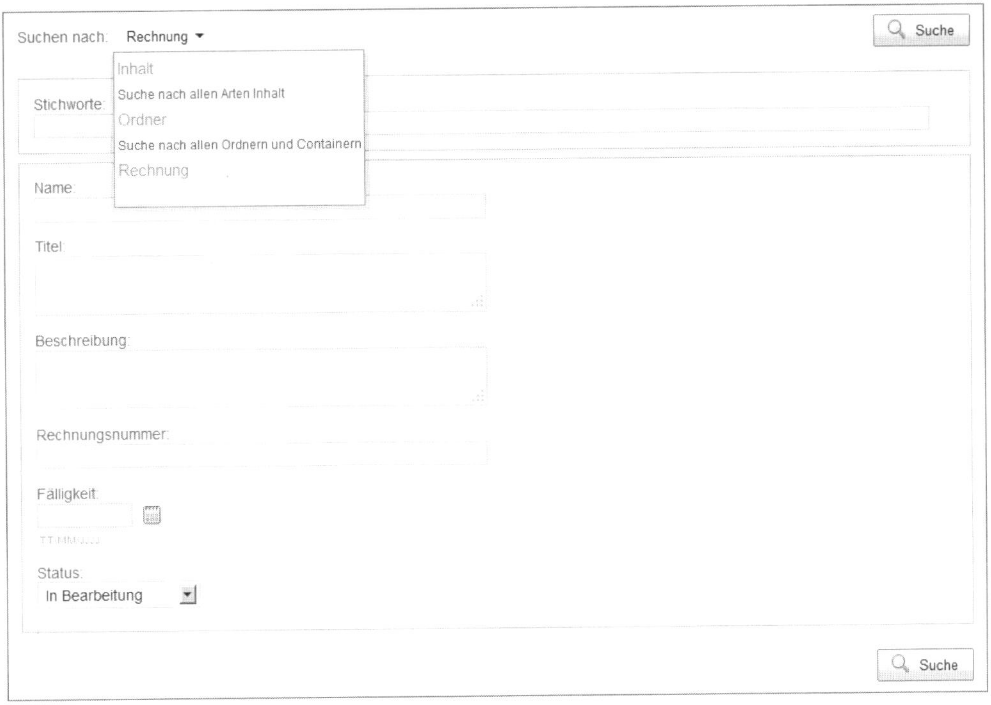

Bild 7.16 Die erweiterte Suche ist für den Typ „Rechnung" konfiguriert.

■ 7.5 Dokumentenbibliothek für Anwender optimieren

Nachdem wir bereits Alfresco um einen Rechnungstypen erweitert haben, möchten wir die Dokumentenbibliothek um visuelle Aspekte erweitern. Dadurch haben Anwender die Möglichkeit, sich schneller über einen bestimmten Status des Dokumentes zu informieren, ohne jedes Dokument einzeln in der Detailansicht anschauen zu müssen. Die Akzeptanz zur Nutzung des Systems und der Pflege von Metadaten erhält somit eine viel stärkere Bedeutung, da die Vorteile der Sofort-Ansicht ersichtlich sind. Wir wollen uns in diesem Abschnitt damit befassen, mehr Usability für den Nutzer herauszuholen.

Zum einen wollen wir erreichen, dass bestimmte Metadaten direkt in der Dokumentenliste, basierend auf unserem Dokumententyp „Rechnung", angezeigt werden. Zum anderen soll der Status der Rechnungsbearbeitung (wir erinnern uns an die verschiedenen Status-Optionen wie „Rechnung akzeptiert") als Statusbild direkt in der Liste ersichtlich sein.

7.5.1 Metadaten in der Dokumentenbibliothek anzeigen

In der Dokumentenbibliothek von Alfresco Share sehen wir an Dokumenten in der Regel vorkonfigurierte Metadaten, welche in der Übersicht bereits immer dargestellt werden.

Bild 7.17 Dokument in der Standard-Metadaten-Ansicht

Wie in Bild 7.17 zu sehen, besteht die Darstellung aus dem Namen (und ggf. dem Titel) des Dokumentes sowie einer Beschreibung und der Dateigröße. Auch das Datum der letzten Veränderung wird mit angezeigt. Darüber hinaus werden weitergehende Klassifikationen durch Tags oder Kategorien angezeigt.

Jetzt wollen wir eventuell andere, für uns wichtigere Metadaten anzeigen lassen, die je nach Status der Metadaten des jeweiligen Dokumentes von Interesse sind. Als Beispiel nehmen wir unsere Rechnungsnummer. Es kann für Anwender interessanter sein, solche Metadaten anzeigen zu lassen. Aus diesem Grund wollen wir uns jetzt damit beschäftigen, die Rechnungsnummer mit in die Dokumentenliste aufzunehmen.

Hierzu müssen wir verschiedene Konfigurationen in Alfresco vornehmen:

- **Metadatenvorlage konfigurieren:** Via **share-config-custom.xml** wird konfiguriert, wie ein Dokument in der Listenansicht der Dokumentenbibliothek angezeigt werden soll. Die Metadatenvorlage wird anschließend mit einem Evaluator in der Datei **custom-slingshot-application-context.xml** in Verbindung gebracht.

- **Evaluator definieren:** In der Datei **custom-slingshot-application-context.xml** muss definiert werden, wann unsere Metadatenvorlage für ein bestimmtes Dokument zutrifft.

- **Sprachdateien erweitern:** Gegebenenfalls müssen neue Beschriftungen definiert werden, welche ebenfalls in der Metadatenübersicht mit auftauchen sollen.

7.5.1.1 Metadatenvorlage konfigurieren

Zunächst wollen wir uns mit der Konfiguration der Metadatenvorlage beschäftigen. Hierzu müssen wir via XML-Konfiguration ein `template` in der Sektion `metadata-templates` definieren. Diese Konfiguration findet innerhalb des bereits existierenden `config`-Elementes mit der `condition`-„DocumentLibrary" statt (Listing 7.32).

Listing 7.32 Verändern der Dokumentenbibliotheks-Ansicht für Dokumente, die dem Typ „Rechnung" zugewiesen sind

```
<metadata-templates>
  <template id="isInvoice">
    <evaluator>evaluator.doclib.metadata.isInvoice</evaluator>
    <line index="10" id="date">{date}{size}</line>
    <line index="20" id="description" view="detailed">{cmp_number
```

```
label.doclib_invoice_number}</line>
    <line index="30" id="tags" view="detailed">{tags}</line>
    <line index="40" id="social" view="detailed">{social}</line>
  </template>
</metadata-templates>
```

Ein Template besteht dabei aus einem eindeutigen Identifikator, einem Evaluator und der Vorlage selbst. Der Evaluator dient zur Entscheidungsgrundlage für ein aktuelles Dokument (oder Verzeichnis), ob diese Vorlage verwendet werden soll. Die Vorlage an sich wird mithilfe einer `line` definiert. Jede `line` stellt dabei eine Zeile in der Metadatenübersicht dar. In einer `line` wiederum definieren wir den Wert, welche Metadaten angezeigt werden sollen. Standard-Metadaten, wie beispielsweise die *size* oder das *date*, können ohne Angabe eines Präfixes (z.B. `cm_date`) verwendet werden. Erweiterungen wie unsere, müssen jedoch über das Präfix definiert werden. In der Definition für die line=„20" legen wir beispielsweise fest, dass anstatt der Beschreibung des Dokuments, unsere Rechnungsnummer angezeigt werden soll (`cmp_number`). Mit einem Leerzeichen getrennt, geben wir eine Beschriftung für dieses Metadaten-Element an. Hierbei gilt zu beachten, dass wir einen Beschriftungs-Schlüssel definieren müssen, der mit `label.` beginnt. Es ist im Übrigen relevant, an welcher Stelle der Wert und die Beschriftung stehen. Alfresco Share dreht in obiger Definition den Wert einer Metadaten-Eigenschaft und dessen Beschriftung um. Das heißt der Anwender sieht zuerst die Beschriftung und anschließend den Wert. Wenn keine Beschriftung dargestellt werden soll, so ist dies ebenfalls durch Entfernen von `label.doclib_invoice_number` jederzeit möglich.

7.5.1.2 Evaluator definieren

Nachdem wir unsere Vorlage definiert haben, können wir uns dem Evaluator widmen. Den Evaluator müssen wir in der Datei *custom-slingshot-application-context.xml* definieren. Hierzu müssen wir innerhalb des `beans`-Elements eine neue Bean definieren. Es existieren im Standard von Alfresco mehrere Evaluatoren, welche wir hierfür heranziehen können. Je nach Evaluator können Sie verschiedene Überprüfungen auf unterschiedlichen Ebenen eines aktuellen Dokuments (oder Verzeichnisses) vornehmen. Wir wollen den Evaluator **evaluator.doclib.action.nodeType** verwenden, der die aktuelle Node auf einen spezifischen Typ überprüft.

Listing 7.33 Definition des Typ-Evaluators in Share

```
<bean id="evaluator.doclib.metadata.isInvoice"
parent="evaluator.doclib.action.nodeType">
  <property name="types">
    <list>
      <value>cmp:invoice</value>
    </list>
  </property>
</bean>
```

Innerhalb des `property`-Elements `types` definieren wir die zulässigen Typen, nach welchen dieser Evaluator Nodes überprüfen soll. Findet eine Übereinstimmung statt, wird die Metadatenvorlage anschließend auf das Dokument angewendet. Denn über die **id** `evaluator.doclib.metadata.isInvoice`, welche wir hier definiert haben, wird die Verbindung zu unserem Template hergestellt (über `evaluator`-Element).

7.5.1.3 Sprachdateien erweitern

Jetzt müssen wir nur noch die Beschriftung für die Rechnungsnummer pflegen, sodass der Kontextbezug bei der Darstellung in der Dokumentenliste hergestellt werden kann. Hierzu gehen wir wieder in die Datei *company-model.properties*, welche im Verzeichnis *ALF_HOME/ tomcat/shared/clasess/alfresco/messages* zu finden ist. Für alle Sprachdateien (de_DE, en_ US) pflegen wir nun unsere Beschriftung ein:

company-model.properties und company-model_en_US.properties:

```
label.doclib_invoice_number=Number
```

company-model_de_DE.properties:

```
label.doclib_invoice_number=Nummer
```

7.5.1.4 Testen der Erweiterungen

Um unsere Änderungen nachzuvollziehen und zu testen, müssen wir Alfresco neu starten, denn Änderungen an der Datei *custom-slingshot-application-context.xml* müssen immer durch einen Neustart des Systems neu eingelesen werden.

Anschließend navigieren wir zu einem Verzeichnis, welches ein Rechnungsdokument beinhaltet. Falls keines existieren sollte, kann natürlich auch ein neues erstellt und mit einer Rechnungsnummer versehen werden.

Bild 7.18 Angepasste Metadatenvorlage für Rechnungsdokumente

7.5.2 Bearbeitungsstatus als Bild darstellen

Die Reise ist für uns hier noch nicht zu Ende – im Gegenteil. Nachdem wir erfolgreich die Rechnungsnummer in der Dokumentenliste darstellen können, wollen wir noch einen Schritt weiter gehen. Wir wollen für die Anwender visuell aufzeigen, welcher Bearbeitungsstatus (bezogen auf die Rechnung) gerade auf dem Dokument vorliegt. Dies hilft Anwendern, direkt in der Übersicht einzusehen, welcher Rechnungsstatus vorliegt, ohne direkt auf das Dokument zugreifen zu müssen. In Bild 7.18 können Sie sehr gut einen Status des Dokumentes erkennen – nämlich den, dass dieses Dokument gerade in mindestens einen Workflow involviert ist. Wir wollen nun für unsere Status „In Bearbeitung", „Buchung akzeptiert" sowie „Buchung abgelehnt" verschiedene Icons hinterlegen, welche den Anwender sofort visuell über den Status des Dokumentes informieren.

Hierzu müssen wir folgende Schritte mit Alfresco Share durchführen:

- **Indikatoren definieren:** Ein Indikator stellt ein Icon in der Dokumentenliste dar. Ein Indikator wird in der Datei *share-config-custom.xml* definiert und erneut mit einem Evaluator in der Datei *custom-slingshot-application-context.xml* verknüpft. Wir benötigen drei Indikatoren (also Icons), um eben drei verschiedene Rechnungsstatus abzubilden.

- **Evaluatoren für Indikatoren definieren:** Erneut wird in der Datei *custom-slingshot-application-context.xml* ein Evaluator definiert. In diesem konkreten Fall werden wir jedoch drei verschiedene Evaluatoren definieren – einen für jeden Rechnungsstatus.

- **Icons für Indikatoren ablegen:** Natürlich benötigen wir für die verschiedenen Rechnungsstatus auch entsprechende Icons. Ich habe mir in meinen Fall die Icons von *iconlet.com* heruntergeladen, dort findet man viele freie Icons zur Verwendung.

7.5.2.1 Indikatoren definieren

Die Indikatoren werden erneut im `config`-Element mit der `condition`-„DocumentLibrary" gepflegt. Hier erstellen wir für jeden verschiedenen Status einen Indikator, der einen anderen Evaluator referenziert. Jedem Indikator kann außerdem ein eigenes Icon sowie ggf. eine Beschriftung zugewiesen werden. Im folgenden Code-Beispiel wollen wir uns die Standard-Definition eines Indikators anschauen (Listing 7.34).

Listing 7.34 Aufbau eines Indikators

```
<indicators>
  <indicator id="eindeutige indikator id" index="10" icon="pfad zum
icon">
    <evaluator>eindeutige evaluator id </evaluator>
    <labelParam index="0">{jsNode.properties.name
label.message}</labelParam>
  </indicator>
</indicators>
```

Über den Index wird gesteuert, an welcher Position in der Indikatorenliste (Iconliste) das Icon auftauchen soll. Denn es kann durchaus vorkommen, dass mehr als ein Icon gleichzeitig angezeigt werden kann – beispielsweise, wenn sich das Dokument in einem Workflow befinden sollte. Wenn mit der Maus über das Icon gefahren wird, kann über das Element `labelParam` ein entsprechender Text ausgegeben werden. Hier kann über die Variable `jsNode` direkt auf die aktuelle Node zugegriffen und spezifische Metadaten ausgegeben werden (wie in diesem Beispiel auf den Namen). Es können mehrere Beschriftungen (also `labelParams`) angegeben werden. Dann muss über den Index definiert werden, in welcher Reihenfolge die Darstellung erfolgen soll. Die Beschriftungen werden wieder über die Sprachdateien `company-model.properties` (inklusive de_DE und en_US) gepflegt.

Das Attribut `icon` definiert, welches Bild in der Dokumentenbibliothek verwendet werden soll. Das Icon muss (inklusive der eigenen definierten Verzeichnisstruktur) unterhalb von *ALF_HOME/tomcat/webapps/share/components/documentlibrary/indicators* angelegt werden.

In unserem Beispiel sieht die Definition für alle drei Indikatoren sehr übersichtlich aus (Listing 7.35).

Listing 7.35 Definition drei verschiedener Indikatoren, welche den Status des Rechnungsdokumentes visuell in der Dokumentenbibliothek wiedergeben sollen

```
<indicators>
  <indicator id="booking-in-edit" index="10"
icon="company/images/booking-in-edit.gif">
    <evaluator>evaluator.doclib.metadata.booking-in-edit</evaluator>
  </indicator>
```

```
   <indicator id="booking-approved" index="10"
icon="company/images/booking-approved.png">
     <evaluator>evaluator.doclib.metadata.booking-approved</evaluator>
   </indicator>
   <indicator id="booking-rejected" index="10"
icon="company/images/booking-rejected.png">
     <evaluator>evaluator.doclib.metadata.booking-rejected</evaluator>
   </indicator>
</indicators>
```

7.5.2.2 Icons für Indikatoren ablegen

Jetzt müssen wir für die bereits erstellten Indikatoren unsere Status-Grafiken (Icons) im richtigen Verzeichnis ablegen. Da wir selbst eine Verzeichnishierarchie vorgegeben haben (company/images), müssen wir nun diese Verzeichnisse auch anlegen. Ausgehend vom Verzeichnis *ALF_HOME/tomcat/webapps/share/components/documentlibrary/indicators* legen wir jetzt den Verzeichnisstamm company/images an. Dort hinein legen wir nun drei verschiedene Bilder: für den Bearbeitungsmodus (booking-in-edit.gif), die akzeptierte Buchung (booking-approved.png) und die verweigerte Buchung (booking-rejected.png) (Bild 7.19).

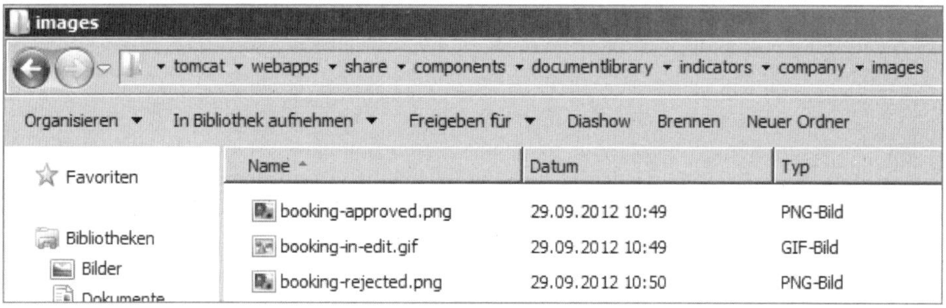

Bild 7.19 Ablageort für die Indikator-Bilder, um den Status in der Dokumentenbibliothek zu visualisieren

7.5.2.3 Evaluatoren für Indikatoren definieren

Den Evaluator müssen wir in der Datei **custom-slingshot-application-context.xml** definieren. Wie bereits in den vergangenen Beispielen, wo wir diese Datei angepasst haben, müssen wir eine neue bean erstellen. Wenn wir uns jedoch die Indikator-Definitionen aus Abschnitt anschauen, sehen wir, dass wir drei verschiedene Evaluatoren referenziert haben: evaluator.doclib.metadata.booking-in-edit sowie valuator.doclib.metadata.booking-approved und evaluator.doclib.metadata.booking-rejected. Demzufolge müssen wir ebenfalls drei verschiedene bean-Definitionen für jeweils einen Evaluator erstellen. Als Beispiel wollen wir zunächst den Evaluator für den „In Bearbeitung"-Status einer Rechnung anschauen. Wir verwenden für den Evaluator eine bereits vordefinierte Evaluations-Funktion. Dadurch müssen wir keine Programmierung zur Evaluation durchführen, sondern eine reine XML-Konfiguration:

```
<bean id="evaluator.doclib.metadata.booking-in-edit"
parent="evaluator.doclib.metadata.value">

</bean>
```

Der Evaluator-Typ `evaluator.doclib.metadata.value` prüft auf ein spezifisches Metadatum einer Node. Da der Bearbeitungsstatus einer Rechnung direkt als Metadatum am Dokument gespeichert wird, können wir also mit diesem Evaluator unsere Anforderung spielend umsetzen. Innerhalb der Bean müssen wir anschließend definieren, auf welchem Metadatum wir die Überprüfung stattfinden lassen wollen. Dies funktioniert hier etwas kryptisch (zumindest für Alfresco-Einsteiger). Hier steht als Grundvariable `node` zur Verfügung. Auf dieser Node kann man über den Wert `properties` auf alle Metadaten der Node zugreifen. Anschließend kann über den technischen Metadaten-Namen auf die gewünschte Eigenschaft zugegriffen werden.

```
<property name="accessor" value="node.properties.cmp:bookstate" />
```

Das Property `accessor` speichert unseren Zugriffsweg für diesen Evaluator. Nachdem wir den Evaluator-Typ bestimmt haben (`evaluator.doclib.metadata.value`) sowie das Metadatum (`cmp:bookstate` über `node.properties`) müssen wir nur noch den Vergleich heranführen, zu welchem Moment der Evaluator einen positiven oder negativen Ausgang zurückgeben soll. Hierzu muss innerhalb der Evaluator-bean ein `comperator` definiert werden. Wir nutzen den StringEquals Comparator, um einen direkten Vergleich durchzuführen. Innerhalb dieses Comparators geben wir dann den Wert an, gegen welchen geprüft werden soll – in unserem Fall den Wert „In Bearbeitung".

Listing 7.36 Definition eines Comparators (Vergleichsfunktion)

```
<bean class="org.alfresco.web.evaluator.StringEqualsComparator">
  <property name="value" value="In Bearbeitung" />
</bean>
```

In Listing 7.37 sind alle drei Evaluatoren aufgezeigt.

Listing 7.37 Definition drei verschiedener Evaluatoren, welche den Status des Rechnungsdokuments indivuduell darstellen

```
<bean id="evaluator.doclib.metadata.booking-in-edit"
parent="evaluator.doclib.metadata.value">
  <property name="accessor" value="node.properties.cmp:bookstate" />
  <property name="comparator">
    <bean class="org.alfresco.web.evaluator.StringEqualsComparator">
      <property name="value" value="In Bearbeitung" />
    </bean>
  </property>
</bean>

<bean id="evaluator.doclib.metadata.booking-approved"
parent="evaluator.doclib.metadata.value">
  <property name="accessor" value="node.properties.cmp:bookstate" />
  <property name="comparator">
    <bean class="org.alfresco.web.evaluator.StringEqualsComparator">
      <property name="value" value="Buchung akzeptiert" />
    </bean>
  </property>
</bean>
```

```
<bean id="evaluator.doclib.metadata.booking-rejected"
parent="evaluator.doclib.metadata.value">
  <property name="accessor" value="node.properties.cmp:bookstate" />
  <property name="comparator">
    <bean class="org.alfresco.web.evaluator.StringEqualsComparator">
      <property name="value" value="Buchung abgelehnt" />
    </bean>
  </property>
</bean>
```

7.5.2.4 Verifikation der Änderungen

Speichern Sie alle Dateien ab und starten anschließend Alfresco neu. Anschließend legen Sie in einer Site Ihrer Wahl drei verschiedene Dokumente an und weisen ihnen über die Aktion *Typ ändern* den Typ „Rechnung" zu. Anschließend vergeben Sie unterschiedliche Bearbeitungsstatus für die Rechnung und verifizieren über die Dokumentenbibliothek somit, ob die Indikatoren korrekt konfiguriert sind.

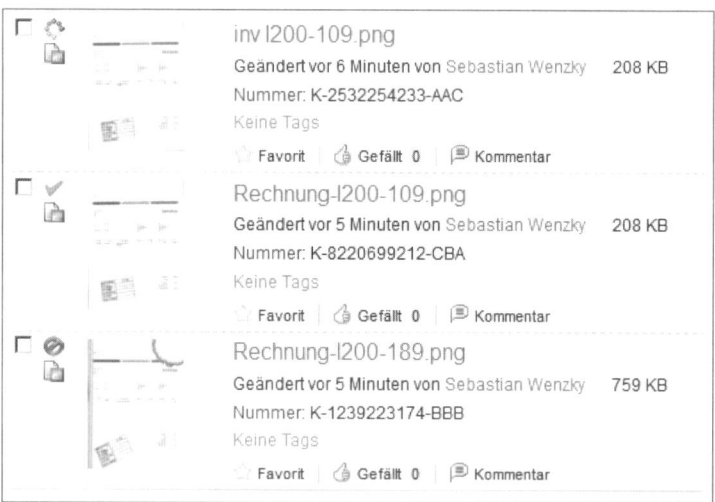

Bild 7.20 Die drei Rechnungsdokumente mit verschiedenem Bearbeitungsstatus sind für den Anwender über die Dokumentenbibliothek sofort erkennbar.

■ 7.6 Eigene Datenlisten erstellen

Seit Alfresco 3.3 existiert ein weiteres, sehr wichtiges Feature, welches vor allem der Verwaltung von strukturierten Informationen dient. Ein klassisches DMS dient der Ablage von Dokumenten und Verzeichnissen, welche mittels der Typisierung und Klassifikation mit mehr Informationen angereichert werden können, um einen Bezug zu den endlosen Mengen an unstrukturierten Informationen herzustellen. Datenlisten hingegen, stellen per Definition geordnete Informationen in Spalten- und Zeilenformat her. Wie eine klassische Excel-

Arbeitsmappe, so können einfach und bequem gleiche strukturierte Daten in einer „Tabelle" in Alfresco gepflegt werden. Das Tolle hierbei ist: Es können Referenzen zu anderen Alfresco-Objekten hergestellt werden, sodass kryptische Links zur Referenzierung anderer Dokumente beispielsweise der Vergangenheit angehören.

Dies gelingt dadurch, dass die Definition von Datenlisten auch über Content Models gesteuert wird. Im Standard von Alfresco existieren verschiedene, vordefinierte Datenlisten, welche man direkt nutzen kann. Jede dieser unterschiedlichen Datenlisten leitet sich vom Typ `dl:dataListItem` ab. Man könnte es so beschreiben: Jede dieser vordefinierten Datenlisten verfügt über einen eigenen Typen, abgeleitet von `dl:dataListItem`.

Vielleicht haben Sie es schon erkannt: Wenn das Content Model im Spiel ist, müssen auf der anderen Seite auch Nodes existieren, auf welchen man neue Datenlist-Einträge anfügen kann. In Alfresco wird jeder Eintrag in der Datenliste als Node abgelegt. Dadurch lässt sich das allumfassende DMS-Konzept von Alfresco auch auf Datenlisten anwenden: Nach Datenlisten kann gesucht (erweiterte Suche & Konfiguration), Berechtigungen können vergeben und Änderungen an einem Datenlist-Eintrag können versioniert werden, um später alle Änderungen auf einen Blick zu sehen[1].

Um eine eigene Datenliste zu erstellen, sind im Wesentlichen keine anderen Schritte notwendig, als wenn man beispielsweise einen neuen Dokumententypen erstellt.

Die Datenliste soll eine Projektliste (oder auch Vorgänge) strukturiert darstellen. In der Projektliste soll es möglich sein, dass Personen als Projektteilnehmer eingeladen und ein Projektverzeichnis angegeben werden kann. Natürlich gehören Informationen, wie eine Beschreibung im Richtext-Format genauso hinzu, wie ein Start- und Enddatum.

- **Projektliste in einem Content Model definieren:** Via XML-Datei definieren wir, wie bereits zuvor, einen eigenen Typen, welcher die Spalten der Datenliste definiert. Hierzu leiten wir vom Typ `dl:dataListItem` ab.

- **Mehrsprachigkeit pflegen:** Natürlich müssen die jeweiligen Spalten auch mehrsprachig gepflegt werden. Aus diesem Grund müssen wir neue Properties-Dateien mit unseren Übersetzungen pflegen.

- **Eigene Datenliste in Alfresco registrieren:** Über eine separate XML-Datei müssen die neue Datenliste sowie die dazugehörigen Übersetzungen in Alfresco registriert werden.

- **Share-Konfiguration anpassen:** In der Datei *share-config-custom.xml* muss die Datenliste für die korrekte Verwendung konfiguriert werden.

7.6.1 Projektliste in einem Content Model definieren

Wir legen im Verzeichnis *ALF_HOME/tomcat/shared/classes/alfresco/extension* eine neue Datei an, welche wir den Namen *project-datalist-model.xml* geben. In dieser Datei definieren wir nun unsere Projektliste. Ein Projekteintrag besteht dabei aus folgenden Metadaten:

- **Projektnummer:** Numerische ID, welche initial gepflegt und nicht mehr geändert werden kann

- **Name:** Der Name des Projekts

---

[1] Funktioniert mit einem kostenlosen Alfresco-Add-on:

- **Beschreibung:** Angabe der Beschreibung des Projekts – die Eingabe erfolgt mittels WYSIWYG-Komponente, d. h., dass Textstellen auch Fett markiert werden können.

- **Projektstatus:** Der Status des Projekts, welcher in einer Auswahlliste gepflegt wird

- **Projektstart:** Angabe im Datumsformat, wann das Projekt startet

- **Projektende:** Angabe im Datumsformat, wann das Projekt endet

- **Projektleiter:** Assoziation zu einer Person in Alfresco, welche das Projekt leitet

- **Team:** Angabe von mehreren Personen als Assoziationen, welche in diesem Projekt mitarbeiten

- **Projektverzeichnis:** Referenz auf ein Verzeichnis in Alfresco

Wir beginnen erneut mit der Definition des Models, welchem wir den Namen `cmpdl: companyDatalistModel` geben. Anschließend erfolgt die Definition von deskriptiven Angaben über `description`, `author` und `version`. Über die `import`-Sektion definieren wir die Namensräume, welche wir ggf. verwenden. Gegenüber den letzten Model-Definitionen ist der Datenlisten-Namensraum hinzugekommen. Anschließend müssen wir einen neuen Namensraum definieren.

Listing 7.38 Definition des kompletten Models

```
<model name="cmpdl:companyDatalistModel"
xmlns="http://www.alfresco.org/model/dictionary/1.0">
  <description>Project Datalist Model</description>
  <author>Sebastian Wenzky</author>
  <version>1.0</version>

  <imports>
    <import uri="http://www.alfresco.org/model/dictionary/1.0"
prefix="d"/>
    <import uri="http://www.alfresco.org/model/content/1.0"
prefix="cm"/>
    <import uri="http://www.alfresco.org/model/datalist/1.0"
prefix="dl"/>
  </imports>
  <namespaces>
    <namespace uri="company.datalist.model" prefix="cmpdl"/>
  </namespaces>

  <types>
    <type name="cmpdl:project">
     <parent>dl:dataListItem</parent>
      <properties>
        <property name="cmpdl:id">
          <type>d:int</type>
        </property>
        <property name="cmpdl:name">
          <type>d:text</type>
        </property>
        <property name="cmpdl:description">
          <type>d:text</type>
        </property>
        <property name="cmpdl:projectStatus">
          <type>d:text</type>
          <default>Projekt nicht gestartet</default>
          <constraints>
```

```
            <constraint name="cmpdl:project-stats" type="LIST">
              <parameter name="allowedValues">
                <list>
                  <value>Projekt nicht gestartet</value>
                  <value>Projekt wird bearbeitet</value>
                  <value>Projekt erfolgreich beendet</value>
                  <value>Projekt abgebrochen</value>
                  <value>Projekt verschoben</value>
                </list>
              </parameter>
            </constraint>
          </constraints>
        </property>
        <property name="cmpdl:projectStart">
          <type>d:date</type>
        </property>
        <property name="cmpdl:projectEnd">
          <type>d:date</type>
        </property>
      </properties>
      <associations>
        <association name="cmpdl:team-leader">
          <source>
            <mandatory>false</mandatory>
            <many>false</many>
          </source>
          <target>
            <class>cm:person</class>
            <mandatory>false</mandatory>
            <many>true</many>
          </target>
        </association>
        <association name="cmpdl:team-members">
          <source>
            <mandatory>false</mandatory>
            <many>true</many>
          </source>
          <target>
            <class>cm:person</class>
            <mandatory>false</mandatory>
            <many>true</many>
          </target>
        </association>
        <association name="cmpdl:project-folder">
          <source>
            <mandatory>false</mandatory>
            <many>false</many>
          </source>
          <target>
            <class>cm:folder</class>
            <mandatory>false</mandatory>
            <many>true</many>
          </target>
        </association>
      </associations>
    </type>
  </types>
</model>
```

Wie bereits erwähnt, leitet sich der Typ von `dl:dataListItem` ab, damit Alfresco zur Lauf-zeit die Zuordnung durchführen kann, welche Einträge für die Verwendung zur Verfügung stehen. Im `properties`-Bereich müssen folgende sechs Metadaten definiert werden: ID, Projektname, Beschreibung, Projektstatus, Projektstart, Projektende. Die einzige Besonder-heit hier ist die Nutzung eines `constraint`, um eine Auswahlliste in Alfresco Share auto-matisch generieren zu können. Diesen `constraint` nutzen wir für die Auswahl eines Pro-jektstatus. Zum Schluss müssen wir noch die Metadaten für Projektleiter, Team sowie das Projektverzeichnis definieren. Da diese Werte Referenzen auf bestehende Alfresco-Nodes darstellen sollen, müssen wir diese Metadaten als Assoziationen in Alfresco anlegen.

7.6.2 Mehrsprachigkeit pflegen

Nachdem wir unser Model für unsere Projektliste fertig definiert haben, müssen natürlich für die verschiedenen Sprachen (welche genutzt werden sollen) die Übersetzungen gepflegt werden. Hierzu legen wir in dem Verzeichnis *ALF_HOME/tomcat/shared/classes/alfresco/ messages* drei neue Dateien für englische und deutsche Übersetzungen an. Die Datei **project-datalist-model.properties** sowie **project-datalist-model_en_US.properties** beinhalten die englischsprachigen Übersetzungen. In der deutschsprachigen Datei **project-datalist-model_ de_DE.properties** definieren wir die deutschen Übersetzungen wie in Listing 7.39.

Listing 7.39 Übersetzungen einpflegen

```
#Datenliste-Übersetzung
cmpdl_companyDatalistModel.type.cmpdl_project.title=Projektliste des
Unternehmens
cmpdl_companyDatalistModel.type.cmpdl_project.description=Auflistung
aller R&D Projekte in unserem Unternehmen.

#Properties der Projektliste
cmpdl_companyDatalistModel.property.cmpdl_id.title=ID
cmpdl_companyDatalistModel.property.cmpdl_name.title=Projektname
cmpdl_companyDatalistModel.property.cmpdl_description.title=Beschreibung
cmpdl_companyDatalistModel.property.cmpdl_projectStatus.title=Projektstatus
cmpdl_companyDatalistModel.property.cmpdl_projectStart.title=Start
cmpdl_companyDatalistModel.property.cmpdl_projectEnd.title=Ende

#Übersetungen für die Listenauswahl (Projektstatus)
listconstraint.cmpdl_project-stats.Projekt\ nicht\ gestartet=Projekt nicht
gestartet
listconstraint.cmpdl_project-stats.Projekt\ wird\ bearbeitet=Projekt wird
bearbeitet
listconstraint.cmpdl_project-stats.Projekt\ erfolgreich\ beendet=Projekt
erfolgreich
listconstraint.cmpdl_project-stats.Projekt\ abgebrochen=Projekt abgebrochen
listconstraint.cmpdl_project-stats.Projekt\ verschoben=Projekt verschoben

#Assoziationen
cmpdl_companyDatalistModel.association.cmpdl_team-leader.
title=Projektleiter
cmpdl_companyDatalistModel.association.cmpdl_team-members.
title=Projektmitglieder
cmpdl_companyDatalistModel.association.cmpdl_project-folder.title=Projekt
```

HINWEIS: Im Gegensatz zu Model-Definitionen für Dokumente oder Verzeichnisse werden alle Beschriftungen für Datenlisten in diesen Properties-Dateien gepflegt. Separate Definitionen von Übersetzungen (siehe *Typ ändern*-Dialog) sind nicht notwendig. ∎

7.6.3 Eigene Datenliste in Alfresco registrieren

Nachdem wir bereits unser Model erstellt und die Übersetzungen geschrieben haben, müssen wir diese nur noch Alfresco beim Start des Systems mitteilen. Wir legen die Datei *project-datalist-model-context.xml* im Verzeichnis *ALF_HOME/tomcat/shared/classes/alfresco/extension* an und registrieren über eine `bean`-Definition beide Komponenten (Listing 7.40).

Listing 7.40 Definition der Kontextdatei, um die Datenliste mit den Übersetzungsdateien beim Neustart des Systems im „Data Dictionary" zu registrieren

```
<?xml version='1.0' encoding='UTF-8'?>
<!DOCTYPE beans PUBLIC '-//SPRING//DTD BEAN//EN'
'http://www.springframework.org/dtd/spring-beans.dtd'>
<beans>
  <bean id="company.datalist.model.dictionaryBootstrap"
parent="dictionaryModelBootstrap" depends-on="dictionaryBootstrap">
    <property name="models">
      <list>
        <value>alfresco/extension/project-datalist-model.xml</value>
      </list>
    </property>
    <property name="labels">
      <list>
        <value>alfresco/messages/project-datalist-model</value>
      </list>
    </property>
  </bean>
</beans>
```

7.6.4 Share-Konfiguration anpassen

In der Datei *share-config-custom.xml* müssen wir jetzt für verschiedene Bearbeitungsmodi und einen Anzeigemodus die Formular-Konfiguration hinterlegen. Zum einen muss definiert werden, welche Metadaten eingegeben werden können, wenn ein neuer Datenlisten-Eintrag erstellt (des Typs `model-type`) wird. Die zweite Definition befasst sich mit der Bearbeitung von bestehenden Einträgen (des Typs `node-type`). Da wir gesagt haben, dass Projektnummern nur initial vergeben werden können, haben wir hier die Option, genau diese Anforderung einfach umzusetzen. Außerdem haben wir bereits definiert, dass die Projektbeschreibung im Richtext-Format (also im WYSIWYG-Modus) gepflegt werden soll. Hierzu müssen wir für dieses Metadatum (`cmpdl:description`) über das `control`-Element eine andere Form-Komponente (`/org/alfresco/components/form/controls/richtext.ftl`) zuweisen.

Wir beginnen mit der Definition für das Anlegen eines neuen Projekteintrages sowie der Auflistung aller Projekte in der Übersicht. Diese Definitionen finden immer auf Basis des Typs `model-type` statt. Denn der `model-type` sagt aus, dass die Definition eines Typs herangezogen werden soll und keine Node auf diesem Typ angewandt worden ist. Der gleiche Sachverhalt stellt sich für die Anzeige der Projekte in der Listenansicht dar. Die Konfiguration findet im `model-type` ebenso statt, jedoch in einer anderen Form (`datagrid`).

Listing 7.41 Definition des Datenlisten-Typs (um einen neuen Eintrag anlegen zu können)

```
<config evaluator="model-type" condition="cmpdl:project">
  <forms>
    <form>
      <field-visibility>
        <show id="cmpdl:id" />
        <show id="cmpdl:name" />
        <show id="cmpdl:description" />
        <show id="cmpdl:projectStatus" />
        <show id="cmpdl:status" />
        <show id="cmpdl:projectStart" />
        <show id="cmpdl:projectEnd" />
        <show id="cmpdl:team-leader" />
        <show id="cmpdl:team-members" />
        <show id="cmpdl:project-folder" />
      </field-visibility>
      <create-form template="../data-lists/forms/dataitem.ftl" />
      <appearance>
        <field id="cmpdl:description">
          <control
template="/org/alfresco/components/form/controls/richtext.ftl" />
        </field>
      </appearance>
    </form>
    <form id="datagrid">
      <field-visibility>
        <show id="cmpdl:id" />
        <show id="cmpdl:name" />
        <show id="cmpdl:projectStatus" />
        <show id="cmpdl:status" />
        <show id="cmpdl:projectStart" />
        <show id="cmpdl:projectEnd" />
        <show id="cmpdl:team-leader" />
        <show id="cmpdl:team-members" />
        <show id="cmpdl:project-folder" />
      </field-visibility>
    </form>
  </forms>
</config>
```

Für die Bearbeitung eines bereits existierenden Projekteintrages müssen wir eine separate Konfiguration, basierend auf dem `node-type`, durchführen. In der Definition entfernen wir die Möglichkeit, die Projektnummer bearbeiten zu können.

Listing 7.42 Definition des Datenlisten-Typs (um einen bestehenden Eintrag zu bearbeiten)

```
<config evaluator="node-type" condition="cmpdl:project">
  <forms>
    <form>
```

```
    <field-visibility>
       <show id="cmpdl:id" />
       <show id="cmpdl:name" />
       <show id="cmpdl:description" />
       <show id="cmpdl:projectStatus" />
       <show id="cmpdl:status" />
       <show id="cmpdl:projectStart" />
       <show id="cmpdl:projectEnd" />
       <show id="cmpdl:team-leader" />
       <show id="cmpdl:team-members" />
       <show id="cmpdl:project-folder" />
    </field-visibility>
    <create-form template="../data-lists/forms/dataitem.ftl" />
    <appearance>
       <field id="cmpdl:description">
          <control
template="/org/alfresco/components/form/controls/richtext.ftl" />
       </field>
    </appearance>
    </form>
  </forms>
</config>
```

7.6.5 Projektliste in Alfresco verwenden

Jetzt ist unser Alfresco-System bereit, die neue Datenliste zu verwenden. Nachdem wir das System einmal komplett neu gestartet haben, gehen wir in eine beliebige Site (z. B. *Back-office*) und dort auf den Datenlistenbereich. Falls dieser noch nicht aktiviert ist, müssen Sie diese Funktionalität zunächst über *Mehr > Site anpassen* zur aktuellen Site hinzufügen. Zunächst müssen wir eine neue Datenliste erstellen, bevor wir verschiedene Einträge hinzufügen können. Über den Button *Neue Liste* erscheint ein Auswahldialog (Bild 7.21), in dem wir auch unsere neu definierte Datenliste *Projektliste des Unternehmens* auswählen und mit einem Titel versehen können.

Bild 7.21
Über den Auswahldialog „Neue Datenliste erstellen" können wir nun auch Projekte verwalten.

Anschließend findet sich in der linken Spalte von Alfresco Share unsere neue Projektliste wieder. Mittels Klick auf die Liste erscheinen unsere Metadaten in tabellarischer Übersicht (Bild 7.22).

Bild 7.22 Tabellarische Darstellung der Projekt-Metadaten

In der Tabelle werden nur die Spalten dargestellt, welche wir in der Formular-Definition datagrid festgelegt haben (siehe Abschnitt 7.6.4). Mittels Klick auf *Neuer Artikel* erscheint ein Dialog, welcher die konfigurierten Felder, definiert über die Konfiguration model-type, automatisch generiert (Bild 7.23).

Bild 7.23
Das Erstellen einer neuen Datenliste ist durch die Unterstützung des Formular-Service für Anwender sehr komfortabel.

Nachdem ein neuer Projekteintrag angelegt wurde, findet sich dieser in der Tabelle wieder. Sowohl bei den Personen als auch beim Projektverzeichnis ist es möglich, sich mittels Klick direkt in dem jeweiligen Kontext zu bewegen (Bild 7.24).

		Forschungsprojekte 2012							
Auswählen ▾			1 - 1 von 1 ≪ **1** ≫						
	ID	Projektname	Projektstatus	Start	Ende	Projektleiter	Projektmitglieder	Projekt	Aktionen
☐	4711	Projekt Area 51 - Übernahme des Altdatenbestandes	Projekt nicht gestartet	Fre 28 Feb 2014	Son 29 Jun 2014	👤 Sebastian Wenzky	👤 Alice Beecher 👤 Mike Jackson	☐ Projekt Area 51	

Bild 7.24 Tabellarische Übersicht der Projekte im Unternehmen

8 Alfresco an Unternehmensanforderungen anpassen – 2. Teil

Im ersten Teil zur Erweiterung des Alfresco-Systems (Kapitel 7) haben wir uns vor allem mit dem Content Model beschäftigt. Wir haben bereits unsere eigenen Informationsstrukturen in Form von Typen und Aspekten in Alfresco abgebildet und durchsuchbar gemacht. Über die Verwendung von Rules konnten wir bereits einige Automatismen in das System mit einbringen, indem wir beispielsweise neue Inhalte direkt auf den eigenen Typen umgewandelt haben. Jedoch haben diese Automatismen ihre Grenzen und können nur bestimmte Aktionen, Folgeaktionen ausführen – und auch nur solche, welche im Standard von Alfresco bereits verfügbar sind. In diesem Kapitel wollen wir einen deutlichen Schritt nach vorne gehen und uns mit dem Thema Scripting befassen. Mittels Scripting können Sie in Alfresco direkt über die Oberfläche komplexe Arbeitsabläufe definieren, welche ebenfalls, basierend auf bestimmten Regeln, ausgeführt werden. Beispielsweise können Sie Berechtigungen auf Dokumenten verändern, komplexe Workflows starten oder neue Verzeichnisstrukturen, basierend auf dem aktuellen Dokument oder Verzeichnis, aufbauen. Die Definition der Regeln findet in einer weit verbreiteten Script-Sprache statt: JavaScript. Die Programmierung eines Scripts kann direkt im Browser erfolgen und wird als Datei direkt in Alfresco abgelegt. Anschließend kann die Datei direkt mit einer Regel als Aktion verknüpft werden. Darüber hinaus gibt es die Möglichkeit, Scripts direkt auf Dokumenten oder Verzeichnissen auszuführen. Hierzu bedarf es eines kleinen Tools, welches wir zunächst installieren werden. Anschließend befassen wir uns mit den Grundlagen des Scripting.

■ 8.1 Installation der Aktion „Aktion ausführen"

In Abschnitt 2.6.2 haben wir uns bereits mit der Installation dieses Moduls befasst. Aus diesem Grund führen wir an dieser Stelle keine weiteren Konfigurationen durch.

■ 8.2 Scripting: Effizientes Coding mit großer Wirkung und Reichweite

Die serverseitige Ausführung von JavaScript Code birgt für ein Unternehmen viele Vorteile. JavaScript Code ist einfach zu lernen und zu lesen. Kleine Programmierungen können schon viel bewirken. In Alfresco haben Sie mit JavaScript die Möglichkeit, jede Node zu bearbeiten – in jeglicher Hinsicht. Alfresco führt einem Script zur Laufzeit bestimmte Variablen und Funktionen hinzu, welche wir bei der Entwicklung verwenden können, um sozusagen in den Alfresco-Kontext einsteigen zu können. Scripting bietet vor allem folgende Möglichkeiten:

- Nodes via Suchanfragen finden und weiterverarbeiten
- Traversierung über Verzeichnisse und Dokumente
- volle Unterstützung des Content Model zur Bearbeitung von Metadaten, beim Hinzufügen von Aspekten oder Typen an Nodes und beim Aufbau von Assoziationen
- Verändern oder Konvertieren von Inhalten (z. B. Umwandlung von einem Word- in ein PDF-Dokument)
- Berechtigungen bearbeiten, Benutzer und/oder Gruppen verwalten
- Imports und Exports durchführen
- Natürlich können auch Nodes angelegt und wieder gelöscht werden.

 HINWEIS: Alfresco verwendet RhinoScript[1] als JavaScript Engine. Entwickler können somit ECMA[2] 1.6-kompatible Scripts erstellen und anschließend nutzen. ■

Viele Anforderungen lassen sich bereits durch Scripting lösen. Das bietet einen enormen Mehrwert für viele Unternehmen. Für das Scripting ist keine separate Entwicklungsoberfläche notwendig. Eine Installation oder umständliches Deployment findet auch nicht statt. Stattdessen erfolgt die Entwicklung neuer Features beispielsweise direkt über den Browser. Anschließend können die Scripts z. B. in Rules weiterverwendet werden.

8.2.1 Grundlagen des Scriptings mit Alfresco

Das Wichtigste vorab: In der Regel werden Scripte immer auf Dokumenten oder Verzeichnissen ausgeführt. Ein Script wird ebenfalls als Dokument in Alfresco erstellt und im Verzeichnis *Datenverzeichnis > Skripte* abgelegt (*Englisch: Data Dictionary > Scripts*). Die dort abgelegten Skripte sind dann beispielsweise im Konfigurationsbereich der Rules als auch über die Aktion *Script ausführen* auswählbar. Wenn dieses Script ausgeführt wird, stehen zwei wesentliche Variablen zur Verfügung: document verweist auf das aktuelle Dokument

---

[1] *http://www.mozilla.org/rhino*
[2] *http://www.ecma-international.org/publications/standards/Ecma-262.htm*

(oder verwirrender Weise auch das Verzeichnis), wohingegen space auf das Verzeichnis zeigt, in welchem das Dokument oder Verzeichnis abgelegt ist.

Um Sie nicht zu lange auf die Folter spannen, schreiben wir zur Einführung ein kleines Beispiel:

```
if(document.name.indexOf(".doc")){

document.properties.title="Dies ist ein Word-Dokument!";

document.save();

}
```

In diesem Beispiel prüfen wir, ob der Name des Dokuments ein .doc enthält. Falls dies zutreffen sollte, wird in den Metadaten der Titel Dies ist ein Word-Dokument! vergeben. Mit der Funktion save auf der Variable document, speichern wir die Änderungen in den Metadaten ab. Speichern Sie dieses Skript mit der Endung *.js im *Datenverzeichnis > Skripte* (*Englisch*: *Data Dictionary > Scripts*) ab. Dies können Sie beispielsweise durch das Hochladen des Skriptes (welches Sie auf Ihrem PC angelegt haben) bewerkstelligen oder durch das Anlegen eines neuen Inhalts direkt über der Aktion *Inhalte erstellen > Nur Text …*. Wenn das Dokument direkt in Alfresco angelegt wird, so existiert im Bearbeitungsformular unter dem Punkt **Inhalt** die Möglichkeit, direkt den oben stehenden Code einzutragen. Ich habe dem Dokument den Namen *Excel-Test.js* gegeben.

Nach erfolgtem Hochladen oder Anlegen des Dokumentes, muss erneut die Aktion *Metadaten bearbeiten* ausgeführt werden, um den **MimeType** auf JavaScript zu stellen. Außerdem muss ein Titel vergeben werden. Ansonsten kann es vorkommen, dass das Dokument in der Auswahlliste nicht erscheint.

Nach erfolgtem Abspeichern der JavaScript-Datei kann ein entsprechendes Word-Dokument im System herausgesucht werden.

Bild 8.1
Das Script ist nun über den Dialog „Script ausführen" verfügbar und kann auf Dokumente oder Verzeichnisse angewendet werden.

Auf dem Word-Dokument kann dann die Aktion *Script ausführen* angeklickt und unser Script ausgewählt werden (Bild 8.1). Anschließend sollte sich am Dokument der Titel Dies ist ein Word-Dokument! wiederfinden lassen (Bild 8.2).

Bild 8.2 Ein beispielhaftes Dokument hat automatisiert unseren Titel erhalten.

8.2.2 Nodes mithilfe von ScriptNodes bearbeiten

Bevor Sie sich nach all den neuen Informationen fragen „Was soll das denn sein?", kann ich Sie beruhigen. Es handelt es sich um etwas, das Sie bereits verwendet haben. Denn unsere Variable *document* aus stellt eine solche ScriptNode dar. Jede Node in Alfresco, die Sie in Scripts verwenden, wird durch eine ScriptNode abgebildet, welche das Grundgerüst für die Verwendung von Metadaten, Assoziationen usw. darstellt. Eine ScriptNode stellt einer spezifischen Node die Metadaten zur Verwendung zu Verfügung und lässt Modifikationen hinsichtlich Assoziationen und Berechtigungen zu. Darüber hinaus lässt sich der Inhalt eines Dokuments direkt bearbeiten oder gänzlich in ein anderes Format umwandeln. Wenn Sie in einem Script eine Suche nach Dokumenten durchführen, um Sie sukzessive beispielsweise als Batch-Vorgang zu verarbeiten, erhalten Sie ebenfalls unzählige solcher ScriptNodes zurück. Das ganze Scripting-Konzept von Alfresco basiert darauf, dass alle Nodes (auch Personen oder Gruppen) über ScriptNodes kontrolliert werden können. Über verschiedene andere Funktionen, welche Alfresco in die Script-Umgebung beisteuert, lassen sich so sehr komplexe Anwendungen bauen.

Über die Punktnotation (JavaScript-Objekt-Standard) kann man auf verschiedene funktionale Bereiche einer ScriptNode zugreifen. Im Wesentlichen unterteilt sich eine ScriptNode in folgende funktionale Bereiche.

Element	Beispiel	Beschreibung
• `name`	• `document.name`	• Zugriff auf den Node-Namen (z. B. Dokumentennamen)
• `properties`	• `document.properties.` `["cmp:number"]`	• Zugriff auf Metadaten am Dokument (ausgenommen sind Assoziationen); Zugriff auf Metadatum über `prefix:propertyName`
• `nodeRef`	• `document.nodeRef`	• Gibt die Node-Referenz zurück, mit welcher man die Node adressieren oder Links herstellen kann
• `mimeType`	• `document.mimeType`	• Gibt den MimeType zurück
• `permissions`	• `document.permissions`	• Rückgabe (in einer Liste) von Berechtigungen, welche auf diesem Dokument vergeben wurden (implizit durch Vererbung und explizit). Jeder Eintrag definiert eine Berechtigung in Form von `ALLOWED|DENIED;AUTHORITY;` • `PERMISSION`, z. B. `ALLOWED;sebastian.wenzky;Consumer`, was aussagt, dass der Nutzer Konsumentenrechte auf dieser Node besitzt
• `tags`	• `document.tags`	• Gibt in Form einer Liste die Tags als Text zurück

Darüber hinaus existieren Funktionen, welche wir immer wieder einmal benötigen. Wir wollen uns auch die wichtigsten einmal genauer ansehen.

ScriptNode		
Funktion	Beispiel	Beschreibung
• aspects	• document.aspects	Gibt eine Liste von Aspekten zurück, welche an der Node angehängt ist
• assocs	• document.assocs[0]	Zugriff auf Assoziationen
• parent	• document.parent	Gibt den primären Elternteil zurück, bei Dokumenten oder Verzeichnissen ist es in der Regel immer das Oberverzeichnis
• content	• document.content	Zugriff auf den Inhalt des Dokumentes, bei Textdokumenten (CSV, TXT, XML) kann direkt der Inhalt bearbeitet werden
• setType	• document.setType ("cmp:invoice");	Die Node wird in einen anderen Typen umgewandelt.
• isContainer	• document.isContainer	Prüft, ob die aktuelle Node ein Verzeichnis ist
• isDocument	• document.isDocument	Prüft, ob die aktuelle Node ein Dokument ist
• hasAspect	• document.hasAspect ("cmp:project")	Node wird auf Existenz eines bestimmten Aspektes geprüft
• addAspect	• document.addAspect ("cmp:project");	Ein Aspekt wird der Node hinzugefügt
• children	• document.children	Zugriff auf alle Nodes, welche unterhalb des aktuellen Verzeichnisses liegen
• createFolder	• space.createFolder ("Testverzeichnis 123");	Legt ein Verzeichnis innerhalb der ausgewählten Node an; funktioniert natürlich nur, wenn die aktuelle Node ein Verzeichnis ist (bei Dokumenten wird eine Fehlermeldung geworfen)
• createFile	• space.createFile ("Mein Dokument.txt");	Anlegen eines Dokumentes im aktuellen Verzeichnis; funktioniert natürlich nur, wenn die aktuelle Node ein Verzeichnis darstellt (bei Dokumenten wird eine Fehlermeldung geworfen)
• move	• document.move (zielNodeRef);	Node wird verschoben
• copy	• document.copy (zielNodeRef);	Node wird kopiert
• remove	• document.remove();	Löscht die aktuelle Node
• save	• document.save();	Speichert Änderungen ab, welche im properties-Bereich vorgenommen wurden, ohne Aufruf dieser Funktion werden geänderte Daten nach Beendigung des Scripts nicht in der Datenbank gespeichert

ScriptNode		
Funktion	Beispiel	Beschreibung
▪ addTag	▪ document.addTag ("fertig");	Fügt ein neues Tag zu dieser Node hinzu
▪ removeTag	▪ document.removeTag ("fertig");	Entfernt ein Tag von dieser Node
▪ transform Document	▪ Document.transform Document(" application/ pdf");	Erstellt eine neue Node (des gleichen Namens) und wandelt den Inhalt der Original-Node in einen spezifischen Typ um, in unserem Beispiel wird ein PDF generiert

Zugegeben, das waren jetzt sehr viele Informationen, welche ich dargestellt habe. Ich möchte mich aber auch direkt darum bemühen, dieses Wissen in die Praxis zu überführen. Als Beispiel wollen wir, basierend auf einem Verzeichnis, ein Arbeitsdokument erstellen, welches, auf Basis des aktuellen Verzeichnisses, Eigenschaften vererbt bekommt – die Tags sowie den Verzeichnistitel. Hierzu müssen wir an das neue Dokument den Aspekt cm:titled anfügen, um Eigenschaften, wie den Titel oder die Beschreibung, korrekt setzen zu können. Anschließend steht das Arbeitsdokument im Verzeichnis zur Verfügung.

Listing 8.1 Erstellen einer JavaScript-Datei, um ein Arbeitsdokument zu erstellen

```
function main() {

    //neues Dokument mit dem Namen des Verzeichnisses erstellen
    var workDocument = document.createFile(document.name + ".txt");

    //Inhalt auf "" setzen, damit eine leere Vorschau generiert wird
    workDocument.properties["cm:content"].setContent("");

    //MimeType automatisch setzen
workDocument.properties["cm:content"].guessMimetype(workDocument.name);
    //Aspekt hinzufügen und Titel von Verzeichnis mit übernehmen
    workDocument.addAspect("cm:titled");
    workDocument.properties["cm:title"] =
document.properties["cm:title"];

    //Tags setzen
    workDocument.addTags(document.getTags());

    workDocument.save();

}

if(!document.isDocument){

main();

}
```

Dieses Script legen wir erneut im Verzeichnis unter *Datenverzeichnis > Skripte* (*Englisch*: *Data Dictionary > Scripts*) ab und vergeben einen Titel wie z. B. „Arbeitsdokument erstellen". Anschließend präparieren wir ein entsprechendes Verzeichnis in einer ausgewählten Site mit einem Titel sowie verschiedenen Tags, wie in Bild 8.3 dargestellt.

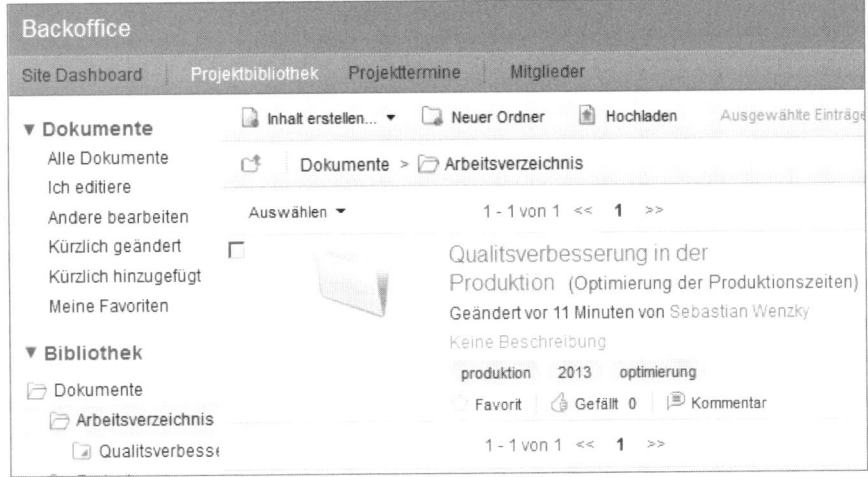

Bild 8.3 Beispielverzeichnis, auf welchem wir unser Script ausführen wollen

Auf diesem Verzeichnis führen wir jetzt unser Script über die Aktion *Script ausführen* aus. Anschließend sollte im Verzeichnis ein neues leeres Arbeitsdokument mit den vererbten Metadaten liegen (Bild 8.4).

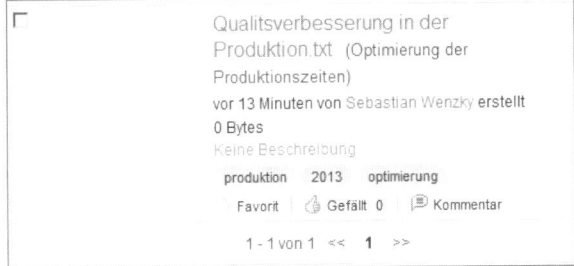

Bild 8.4
Neues Arbeitsdokument mit
vererbten Eigenschaften

8.2.3 Suche nach Inhalten

In der Regel wollen wir nicht nur mit dem Dokument oder Verzeichnis arbeiten, auf welchem wir gerade ein Script ausführen. Eventuell benötigen wir Informationen von Inhalten oder Workflows aus anderen Teilen des Systems, d. h., wir benötigen eine Möglichkeit, nach diesen suchen zu können. Auch hier bietet Alfresco eine einfache Möglichkeit der Nutzung von Alfresco-Funktionen an. Das Objekt `search` stellt alle notwendigen Suchoperationen für uns bereit.

Search		
Funktion	Beispiel	Beschreibung
▪ findNode	`search.findNode ("workspace://Spaces Store /736c7355-9bf2- 48e1-89fb-82e001b746 da");`	Sucht mithilfe einer Node-Referenz (NodeRef) nach dem entsprechenden Dokument und wandelt es in eine ScriptNode um (sprich: macht aus einer Textkette ein verwendbares Objekt in JavaScript)
▪ luceneSearch	`search.luceneSearch ("TEXT: \"volltext- suchbegriff\" @ cmp\:number:4711");`	Die wohl am häufigsten genutzte Funktion im Suchobjekt – mittels Angabe einer auf Lucene basierenden Suchanfrage erhält man eine Liste von Suchtreffern in Form vom SciptNodes zurück

Suchanfragen werden mithilfe einer speziellen „Suchsprache" in Alfresco ausgeführt. Die Suche erfolgt dann direkt mit dem Suchindex, also quasi entweder SolR oder mit Lucene – je nach Konfiguration des Servers. Wenn Sie in Alfresco Share eine Suche eingeben, sei es in der vereinfachten oder erweiterten Suche, werden diese Suchanfragen ebenfalls in diese Suchsyntax umgewandelt. Wir wollen uns mit der wesentlichen Syntax hier einmal auseinandersetzen. Weiterführende Informationen können offiziell bei Alfresco eingesehen[3] werden.

Die wohl wichtigste Funktion stellt die Möglichkeit der Volltext-Suche dar. Die Suche erfolgt durch die Angabe von TEXT. Anschließend kann durch die Angabe eines Suchbegriffes Alfresco nach solchen Inhalten im Volltext durchsucht werden. Der Suchtext muss innerhalb der \"-Zeichen eingebettet werden, damit das Script keine Fehler wirft.

```
search.luceneSearch("TEXT: \"Unternehmen XYZ\"");
```

 HINWEIS: Wir können den Node-Browser, vorgestellt in Abschnitt 6.5, dazu verwenden, uns mit der Suche vertrauter zu machen. Hierzu müssen wir im Node-Browser den Suchmodus auf `fts-search` stellen. Anschließend kann durch die Eingabe von z. B. TEXT: \"Unternehmen XYZ\" die Suche von Alfresco im Detail getestet werden. Da dieses Buch nur den wesentlichen Einstieg in diese Thematik bereitet, finden Sie weiterführende Informationen zur Suche mit dem Suchindex auf der von Alfresco bereit gestellten Dokumentationsseite[4] genutzt werden. ▪

Eine weitere wesentliche Möglichkeit der Suche besteht darin, direkt nach Metadaten zu suchen. Hierzu muss immer das @-Zeichen verwendet werden, um der Suche mitzuteilen, dass wir nach einer Eigenschaft suchen wollen.

```
search.luceneSearch("@cmp\:number:4711");
```

Wie Sie sicherlich bereits gemerkt haben, nutzen wir den technischen Namen eines Metadatums. Damit die Suche mit einer Metadaten-Suche etwas anfangen kann, müssen wir das

---

[3] http://wiki.alfresco.com/wiki/Search
[4] http://wiki.alfresco.com/wiki/Search

:-Zeichen, welches der Trenner zwischen dem Präfix des jeweiligen Model und des Namens der Eigenschaft darstellt, mittels \-Zeichen auf die Suche vorbereiten. Ansonsten gilt auch hier: Wenn nach Text gesucht wird, muss die Zeichenkette ebenfalls mittels \"-Zeichen auf die Suche vorbereitet werden, wie in folgendem Beispiel:

```
search.luceneSearch("@cmp\:bookstate:\"In Bearbeitung\"");
```

Darüber hinaus lassen sich Suchresultate durch Typ- oder Aspektangaben weiter einschränken. In folgendem Beispiel schließen wir jede Node im System aus, welche nicht dem Typ „Rechnung" zugeordnet ist.

```
search.luceneSearch("TYPE: \"cmp:invoice\"");
```

Mittels ASPECT teilen wir der Suche mit, dass wir nur nach Nodes suchen, welche den entsprechenden Aspekt bereits angefügt bekommen haben.

```
search.luceneSearch("ASPECT: \"cmp:project\"");
```

Natürlich können verschiedene Anfragen miteinander kombiniert werden. Hierzu verwenden wir sowohl die UND/ODER-Suche als auch Klammern, um bestimmte Anfragen detailliert spezifizieren zu können. In folgendem Beispiel suchen wir nach Inhalten, welche sowohl einen entsprechenden Text im Volltext stehen haben als auch einen bestimmten Aspekt gesetzt haben.

```
search.luceneSearch("TEXT: \"Unternehmen XYZ\" AND ASPECT:
\"cmp:project\"");
```

Statt dem AND-Operator kann natürlich auch ein OR-Operator verwendet werden. Auch eine Negation mittels NOT ist möglich.

```
search.luceneSearch("TEXT: \"Unternehmen XYZ\" AND NOT ASPECT:
\"cmp:project\"");
```

Mittels Klammern können komplexere Suchanfragen im System aufgebaut werden. Suchanfragen in Klammern werden erst für sich von der Suche bearbeitet, bevor das Resultat an die übergeordnete Klammer zurückgegeben wird.

```
search.luceneSearch("TYPE: \"cmp:invoice\" AND
((@cmp\:bookstate:\"In Bearbeitung\") OR
(@cmp\:bookstate:\"Buchung akzeptiert\"));
```

Im oberen Beispiel suchen wir nach Nodes des Typs cmp:invoice mit dem Status „In Bearbeitung" oder „Buchung akzeptiert" und dem Metadatum cmp:bookstate.

Ein Beispiel, wie ein Suchresultat verwendet werden kann, sehen Sie im Folgenden.

```
searchResults = search.luceneSearch("TYPE: \"cmp:invoice\" AND
((@cmp\:bookstate:\"In Bearbeitung\") OR
(@cmp\:bookstate:\"Buchung akzeptiert\"));
for (var idx = 0; idx < searchResults.length; idx++){
searchResult = searchResults[idx];
searchResult.addAspect("cmp:project");
}
```

8.2.4 Actions nutzen, um komplexe Arbeitsabläufe zu starten

In Alfresco können verschiedene Subsysteme oder auch Subprozesse durch Scripting angestoßen werden. Dadurch können beliebig komplexe Scripte umgesetzt werden, welche verschiedene Arbeitsabläufe ansteuern. Wir haben bereits in Abschnitt 5.3 gesehen, welche Aktionen bei der Ausführung einer Regel ausgeführt werden können. Diese Actions (und einige mehr) lassen sich ebenfalls via Script aufrufen und individuell an die aktuelle Node anpassen. Denn wir bestimmen in unserem Script selbst, welche Informationen wir auf welche Weise weitergegeben werden wollen.

Damit wir eine spezifische Aktion ausführen können, müssen wir zunächst mit dem Objekt `actions` die jeweilige Aktion erstellen, mit welcher wir arbeiten wollen. Mittels `actions.create` („Aktionsname") gibt uns Alfresco die jeweilige Aktion zurück, welche wir parametrisieren (Zugriff über `action.parameters`) und schlussendlich mittels `execute` starten können. Der Methode `execute` geben wir den Kontext mit, also die Node, welche gerade von Interesse ist. Wenn wir eine Aktion auf einem Dokument oder einem Verzeichnis ausführen, müssen wir auch dieser Aktion die notwendige Information mitgeben (welche in der Regel dem jeweiligen Dokument entspricht).

```
action = actions.create("xyz");
action.execute(document);
```

Wir wollen uns an dieser Stelle zwei sehr häufig verwendete Actions anschauen, die im Zusammenhang mit Scripten verwendet werden.

Zum einen wäre dies das Thema Workflows, welche wir in Kapitel 9 separat behandeln werden. Wie wir bereits in Abschnitt 5.2 gesehen haben, konnten wir einen primitiven „Workflow" starten. An dem Dokument oder Verzeichnis selbst konnten wir dann die Aktion „bestätigen" oder „zurückweisen". Dieses primitive Gerüst stellte nicht wirklich einen Workflow im klassischen Sinne dar. Wir wollen uns jetzt daran versuchen, mittels Scripting dynamische Workflows zu starten und bestimmten Personen individuell zuzuweisen. Durch die Nutzung eines Script können wir entscheiden, welche Personen in einem Workflow involviert sind und welche Informationen wir diesen als Aufgabe mitgeben wollen.

 HINWEIS: Sie können auch eigene Aktionen in Alfresco via XML registrieren, um diese ebenfalls über `actions.create` in einem Skript anzusteuern. Jedoch benötigen Sie hierzu auch Java-Kenntnisse, um die entsprechende Logik zu implementieren.

Zum anderen können wir E-Mails versenden. Auch hier gilt der große Vorteil, dass wir individuelle Nachrichten verschicken und verschiedene Adressaten zur Ausführungszeit des Skriptes angeben können.

8.2.4.1 Beliebigen Workflow starten

Als Beispiel wollen wir einen etwas komplexeren Workflow starten und zwar als einen „Adhoc"-Workflow. Damit ein Workflow korrekt gestartet und überhaupt sinnvoll verwendet werden kann, müssen der Aktion via Variable einige spezifische Informationen, wie beispielsweise die Bearbeiter, hinzugefügt werden. Doch zunächst muss die Aktion überhaupt im Script bereitgestellt werden.

```
var workflow = actions.create("start-workflow");
```

Über den Schlüssel „start-workflow" erhalten wir eine vordefinierte Aktion zum Starten eines Workflows zurück. Anschließend müssen wir den Typ des Workflows definieren, welchen wir starten wollen. Wir haben uns entschieden, den parallelen Workflow zur Überprüfung und Genehmigung zu starten, sodass wir die entsprechende Definition hier angeben müssen.

```
workflow.parameters.workflowName = "activiti$activitiParallelReview";
```

Es existieren viele weitere Workflows, wie ich bereits in Abschnitt 5.2.1 dargestellt habe.

Anschließend müssen wir die Priorität und die Beschreibung (den Aufgabentext) definieren. Prioritäten werden in Alfresco im numerischen Format gespeichert. Der Wert 1 steht für eine hohe Priorität, die 2 für eine mittlere und die 3 für eine niedrige Priorität.

```
workflow.parameters["bpm:workflowPriority"] = 1;
```

Über die `parameters`-Variable auf unserem Action-Objekt definieren wir die notwendigen Variablen, welche für den Start und Verlauf eines Workflows notwendig sind. Doch hier werden keine beliebigen Variablen definiert, sondern – wie Sie es vielleicht schon erkannt haben – nur solche, welche vorher als Content Model definiert worden sind. Die Variable `bpm:workflowPriority` ist genauso eine Variable wie eben auch `bpm:workflowDescription`.

```
workflow.parameters["bpm:workflowDescription"] = "Überprüfen des
Dokumentes " + document.name;
```

Die wohl wichtigste Variable, welche wir setzen müssen, ist `bpm:assignees`. Diese Variable müssen wir setzen, damit Alfresco die Workflow-Teilnehmer bestimmen kann. Jeder dieser Teilnehmer erhält eine Workflow-Aufgabe, welche bearbeitet werden muss. Jede Person muss mittels `people`-Variablen als `Person`-`ScriptNode` aufgelöst werden. Wir müssen in diesem Fall eine Liste von Personen (jedoch mindestens eine Person) angeben. Hierzu erstellen wir in JavaScript ein Array, um eine Liste von Personen speichern zu können.

```
var assignees = new Array();
```

Anschließend werden alle Workflow-Teilnehmer in der Liste hinzugefügt und der Variablen zugewiesen.

```
assignees.push(people.getPerson("stephan.heinig"),
people.getPerson("martina.trost"));
workflow.parameters["bpm:assignees"] = assignees;
```

Zu guter Letzt müssen wir unseren Workflow starten, indem wir die Aktion ausführen. Auf Basis des aktuellen Dokumentes oder Verzeichnisses wird der Workflow ausgeführt. Hierzu geben wir die Node als Argument beim Aufruf der Funktion `execute` mit.

```
workflow.execute(document);
```

Dieses Script legen wir erneut im Verzeichnis unter *Datenverzeichnis > Skripte* (*Englisch: Data Dictionary > Scripts*) und vergeben den Namen sowie den Titel *Paralleler Workflow.js*. Als `MimeType` verwenden wir „Java Script". Anschließend führen wir das Skript auf einem beliebigen Dokument oder Verzeichnis aus.

Natürlich wird im Normalfall diese Funktionalität auf diese Weise eher weniger verwendet werden. Deshalb wollen wir dieses Script automatisieren, damit es automatisch bei bestimmten Aktionen in Alfresco aufgerufen wird. Hierzu nehmen wir die Rules zur Hilfe.

8.2.4.2 Dynamische E-Mails verschicken

Ein weiteres Beispiel, welches wir uns im Rahmen des Scriptings genauer anschauen wollen, stellt das Versenden von E-Mails dar. Bereits über die Business Rules sind Sie in der Lage, basierend auf einem spezifischen Vorgang, E-Mails zu verschicken. Für viele Anwendungszwecke genügt diese Funktion bereits. Manchmal jedoch will man, basierend auf anderen Kriterien als einer fixen Angabe von Empfängern, E-Mails an Personen versenden. Zum Beispiel könnten sich die Mailempfänger aus dem Kontext des Dokuments (z. B. den Metadaten) ergeben. Diese Anforderung kann jedoch nur noch mittels Scripting gelöst werden. Hierzu bietet Alfresco die Möglichkeit, über eine Action, E-Mails an beliebige Adressaten zu versenden.

```
var mail = actions.create("mail");
```

Anschließend kann die Action parametrisiert werden. Über den Parameter `to` geben wir die Adresse des Empfängers an. Mit dem Feld `subject` definieren wir den Nachrichtentitel. `from` wird mit der Mail-Adresse des Versenders gefüllt. In die Variable `text` geben wir unsere eigentliche Nachricht an.

Wenn man eine vorkonfigurierte Vorlage zum Versenden verwenden will, muss man das `template`-Feld verwenden. Wichtig ist hier, zu verstehen, dass bei der Nutzung des Template-Features der Mail-Text parametrisiert werden kann. Hier muss jedoch eine andere Sprache verwendet werden – und zwar Freemarker.

```
mail.parameters.template = root.childByNamePath("Company
Home/Mailnachricht.ftl");
```

Zum Verschicken der E-Mail muss erneut die Action ausgeführt werden.

```
mail.execute(document);
```

■ 8.3 Kombinieren von Scripting und Business Rules

Wir wollen das Script, welches wir in Abschnitt 2.4 erstellt haben, deutlich effektiver in die Alfresco-Umgebung integrieren. Denn der große Vorteil von Alfresco ist, komplexere Abläufe durch einfache Anpassungen zu ermöglichen. Hierzu bietet sich geradezu die Verwendung der Business Rules an. Durch die Kombination aus kleinen effektiven Scripts und ereignisgesteuerten Aktionen können viele Anforderungen abgedeckt werden. Mittels fein granularer Definition von Regeln kann genau entschieden werden, wann ein Script ausgeführt werden soll. Falls die Kriterienauswahl in den Business Rules zu ungenau sein sollte, kann ein Teil der Validierung in Scripts ausgelagert werden. In der Regel genügt jedoch die Verwendung der Ausschlusskriterien in Alfresco.

Um zu unserem Beispiel zurückzukommen, wollen wir eine Regel definieren, welche dann aufgerufen werden soll, wenn eine Buchung abgelehnt worden ist. Hierzu müssen wir ein Verzeichnis in Alfresco auswählen, auf welchem wir die Rule anlegen wollen. Ist einmal das Verzeichnis ausgewählt, müssen wir die Aktion *Regeln verwalten* auf diesem Verzeichnis aufrufen. Wir vergeben zunächst einen Namen und eine passende Beschreibung für die Regel. Anschließend müssen wir entscheiden, bei welcher Aktion unser Script ausgeführt werden soll. Wir wählen den Wert *Objekte werden aktualisiert* aus.

Jetzt müssen wir definieren, bei welchen Kriterien unser Skript aufgerufen werden soll. Hierzu klicken wir in das Auswahlfeld (*Alle Elemente* im Standard) und wählen *Mehr anzeigen …* aus. Dort wählen wir unter Typen den Punkt *Rechnung* aus – unser Rechnungsdokument. In Bild 8.5 ist der Dialog mit entsprechender Auswahl dargestellt.

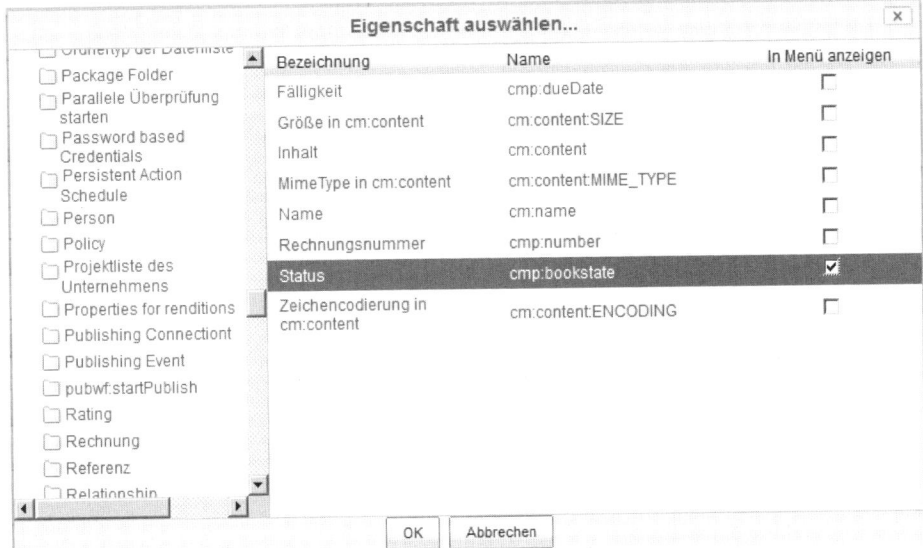

Bild 8.5 Auswahl des Buchungsstatus unter dem Menüpunkt *Typen > Rechnung*

Wir haken den Punkt Status (`cmp:bookstate`) an und bestätigen die Auswahl. Im Vergleichsfeld muss anschließend der „gleich"-Operator ausgewählt werden. Dann geben wir den Wert **Buchung abgelehnt** an, gegen den der aktuelle Buchungsstatus des Dokumentes geprüft wird (Bild 8.6).

Bild 8.6 Konfiguration der Regel, dass nur Aktionen aufgerufen werden sollen, bei denen die Buchung abgelehnt wurde

Anschließend können wir im Aktionsbereich die Auswahl *Skript ausführen* auswählen. Aus der Auswahlliste der erscheinenden Skripte wählen wir unser angelegtes Skript *Paralleler Workflow.js* aus. Nun müssen wir die Regel ebenfalls für alle Unterverzeichnisse aktivieren und speichern die Regel ab (Bild 8.7).

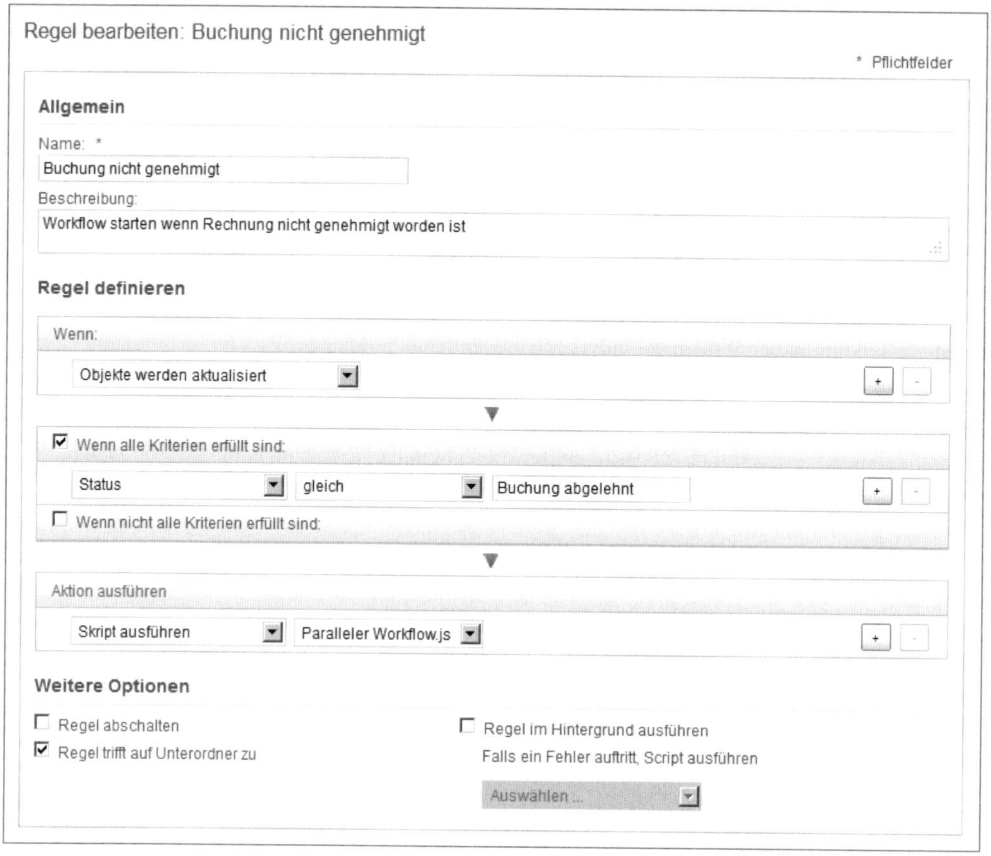

Regel bearbeiten: Buchung nicht genehmigt

* Pflichtfelder

Allgemein

Name: *

Buchung nicht genehmigt

Beschreibung:

Workflow starten wenn Rechnung nicht genehmigt worden ist

Regel definieren

Wenn:

Objekte werden aktualisiert ▾ [+] [-]

▼

☑ Wenn alle Kriterien erfüllt sind:

Status ▾ gleich ▾ Buchung abgelehnt [+] [-]

☐ Wenn nicht alle Kriterien erfüllt sind:

▼

Aktion ausführen

Skript ausführen ▾ Paralleler Workflow.js ▾ [+] [-]

Weitere Optionen

☐ Regel abschalten   ☐ Regel im Hintergrund ausführen
☑ Regel trifft auf Unterordner zu   Falls ein Fehler auftritt, Script ausführen

Auswählen ... ▾

Bild 8.7 Fertig konfigurierte Regel, welche unser Skript ausführt, wenn der Buchungsstatus abgelehnt wird

Alfresco an Unternehmens- anforderungen anpassen – 3. Teil

Wie wir bereits kennengelernt haben, bietet Alfresco die Möglichkeit, Dokumente oder Verzeichnisse mit neuen Metadaten in Form von Aspekten oder Typen auszustatten. Auch wissen wir bereits, dass wir mithilfe von Business Rules, Aktionen auf Dokumenten ausführen können. In Kombination betrachtet, können wir dadurch bereits einige Geschäftsvorfälle abbilden, da wir einen gewissen Grad an Automatismus erlangen können. Einfache Prozesse können so schnell und unkompliziert abgebildet werden. Zwar können mithilfe eigener Typen und Regeln schnell erste Erfolge bei der Umsetzung eigener Arbeits- oder Geschäftsprozesse erzielt werden, jedoch ist dies nur der erste Schritt, um wirkliche Verbesserung und nachhaltigen Nutzen generieren zu können. Denn die Wirklichkeit sieht in vielen Fällen zu komplex aus, als das man diese mit einfachen Regeln abbilden kann.

Nehmen wir als Beispiel unseren Rechnungstyp aus Abschnitt 7.1.1, welchen wir mit einem Buchungsstatus ausgestattet haben. In der Regel sollte der Status nicht manuell durch das Ändern des Status direkt am Dokument erfolgen. Stattdessen sollte an dieser Stelle prozessorientierter gedacht werden. Das soll heißen, dass der Nutzer durch die Abarbeitung einer Aufgabe den Statuswechsel eines Dokumentes beeinflusst. Dadurch muss der Nutzer keine unnötigen oder eventuell fehleranfällige Arbeiten übernehmen, sondern kann sich auf die jeweiligen Arbeitsanweisungen konzentrieren. Die Logik zum Ändern des Status des Dokumentes übernimmt anschließend der entsprechende Prozess, von welchen in Unternehmen mehrere existieren. Ziel ist es also, die Last von immer wiederkehrenden Aufgaben in größeren Arbeitsprozessen von den Nutzern zu nehmen und diese zu automatisieren.

Einen weiteren wesentlichen Punkt bei der Bearbeitung von Aufgaben in Prozessen stellt die Eskalation dar. Eine klassische Eskalation, wie das Nichtbearbeiten einer neuen Rechnung, erfolgt durch das Verschicken von Mahn-E-Mails an die jeweiligen Bearbeiter. Dies hilft den Anwendern ungemein bei der täglichen Arbeit, da sie sich noch mehr auf die eigentliche Arbeit konzentrieren können.

Diese Prozesse, meistens formalisiert in Dokumenten und nur teilweise gelebt (wie z. B. Abbilden von Status in Dokumenteninhalten als „erste Seite"), können schon heute nur mit entsprechender IT-Unterstützung umgesetzt werden, um eine Optimierung hinsichtlich der Arbeitsstrukturen (und -zeiten) erreichen zu können.

■ 9.1 Abbildung von Prozessen in Alfresco

Wenn Prozesse mithilfe von IT umgesetzt werden, reden wir in der Regel immer von Workflows. Ein Workflow stellt dabei die technische Ausprägung bzw. Definition eines Prozesses dar. Eine der wichtigsten Aufgaben eines Dokumentenmanagement-Systems ist sicherlich die Verarbeitung von Informationen, basierend auf Arbeitsaufgaben. Wenn erst einmal die tausendste Rechnung im System eingetroffen ist, wäre eine manuelle Bearbeitung sicherlich nur noch mühselig durchführbar. Jedoch sollen auch aktuelle Entscheidungen hinsichtlich neu erstellter Inhalte oder gänzlich andere Entscheidungen im System getroffen werden – und hierfür bedarf es eines geeigneten Mittels. Alfresco selbst verfügt natürlich auch über eine Workflow-Engine namens Activiti[1]. Activiti basiert, wie Alfresco auch, auf Java und läuft ebenfalls in derselben Umgebung wie Alfresco – in einem Application Server. Bei jeder Installation von Alfresco ist Activiti automatisch mitinstalliert und bereits nahtlos in Alfresco integriert. Activiti selbst stellt eine so genannte **process engine** dar, welche komplett auf BPMN 2.0[2] basiert. BPMN 2.0 definiert eine Modellierungssprache, um Prozesse mit technischen Workflow Engines abzubilden und zumindest theoretisch unabhängiger von einer Engine zu gestalten.

Doch woraus besteht nun genau ein Workflow? Wir wollen uns ganz kurz die wesentlichen Elemente genauer anschauen:

- **Task:** Eine Aufgabe stellt für eine Person bzw. einen Benutzer eine zu erledigende Aktivität dar. Dies kann beispielsweise beinhalten, dass ein Rechnungsdokument geprüft und anschließend freigegeben werden muss. Eine Aufgabe verfügt meist über verschiedene Möglichkeiten, die Aufgabe zu beenden. Bei einem klassischen Freigabe-Prozess existiert in einer Überprüfungsaufgabe in der Regel die Möglichkeit, das Dokument freizugeben oder abzuweisen (und an den Initiator des Workflows zurückzusenden).

- **Aktivitäten:** Wie bereits im „Tasks“-Abschnitt angesprochen, stellen Aktivitäten die möglichen Optionen in einem Task dar, diesen zu beenden. Je nach Aktivität, welche schlussendlich gewählt wird, verhalten sich der Workflow und die damit verknüpften Informationen (z. B. Dokumente) anders.

- **Gateways:** Gateways stellen Knotenpunkte in Workflows dar, welche darüber entscheiden, was als Nächstes geschehen soll. Basierend auf Informationen, welche bereits im Workflow gesammelt worden sind, wird an dieser Stelle entschieden, wie die Reise im Workflow verläuft.

- **Transitionen:** Eigentlich stellen Transitionen nichts anderes als Aktivitäten dar. Ich möchte Sie trotzdem zur Erklärung nicht missen wollen. Transitionen verbinden quasi eine Aktivität mit einem Ziel. Denn sicherlich erwarten wir beispielsweise nach einer Freigabe eines Dokumentes, dass der Workflow entsprechend weitergeführt wird. Eine Transition verbindet eine Aktivität eines Tasks mit dem nächsten Schritt – also z. B. einem neuen Task oder einem Gateway.

- **State:** Ein State stellt einen systembedingten Zustand dar, bei dem auf etwas gewartet wird. Beispielsweise kann das bedeuten, dass der Workflow auf die Verarbeitung von

---

[1] *http://activiti.org/*
[2] *http://www.omg.org/spec/BPMN/2.0/* – Business Process Management Notation

externen Daten wartet und in periodischen Zeitabständen den Status prüft, um eventuell mit dem Workflow fortzufahren. Als Beispiel könnten wir Lieferantendaten nehmen, welche erst ab einem bestimmten Punkt im Workflow hochgeladen werden dürfen. Da diese Aufgabe nicht von einem Nutzer abhängt, sondern beispielsweise von externen Personen, kann über solch eine Funktionalität auf Input gewartet werden.

- **Timer:** Eskalation können wunderbar mithilfe von Timern umgesetzt werden. In der Regel sind Timer mit Tasks verknüpft und laufen ab dem Zeitpunkt der Aufgabenerstellung. Wenn die Zeit abgelaufen ist, wird irgendeine Funktion aufgerufen, um beispielsweise einer anderen Person die Aufgabe zuzuweisen oder eine Nachricht an die betroffenen Personen zu versenden. Zum Beispiel gibt es für bestimmte kritische Aufgaben eine Bearbeitungszeit. Wenn diese Zeit abgelaufen ist, soll der betroffene Bearbeiter informiert werden.

Wir wollen uns mit diesen Begriffen in den folgenden Abschnitten genauer befassen. Natürlich entsprechen diese Begriffe nicht den exakten Notationen von BPMN, sie dienen aber dennoch dem besseren Verständnis.

9.1.1 Klassische Prozesse, welche im Dokumentenmanagement-Bereich als Workflows umgesetzt werden

Bevor wir uns exakt mit der Nutzung und Erstellung von Workflows in Alfresco auseinandersetzen, wollen wir anhand von drei einfachen Beispielen einmal die Verwendung solcher Funktionalitäten genauer betrachten. Anhand dieser Beispiele können wir besser verstehen, wo uns beispielsweise Alfresco aktiv bei der täglichen Arbeit unterstützen kann.

9.1.1.1 Ad-hoc-Aufgaben

Oft ist es bei der täglichen Arbeit vonnöten, sich Feedback von anderen Kollegen zu einem spezifischen Punkt bei der Verarbeitung eines Dokumentes geben zu lassen. Andere Nutzer wollen unter Umständen eine Erinnerung an eine andere Person versenden, mit der Bitte um Weiterverarbeitung eines Dokuments. Diese kleinen Tätigkeiten, die sicherlich jedem Leser bekannt sind, stellen die tägliche Kommunikationsflut in E-Mails dar. Meist werden auch gleich dort die entsprechenden Dokumente mit angehängt. Mit solch einer Aufgabenzuweisung an einen Kollegen kann z. B. bei Alfresco eine Benachrichtigung via E-Mail aktiviert werden. Anschließend erhält die betroffene Person eine entsprechende Nachricht in ihrem Posteingang. Die Dokumente, um die es sich in der Regel handelt, werden weiterhin im DMS vorgehalten und können nur über den direkten Zugriff (z. B. über einen Link in einer Benachrichtigungs-Mail) aufgerufen werden.

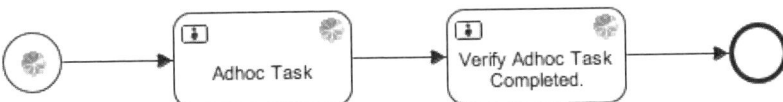

Bild 9.1 Ad-hoc-Workflow in Alfresco mit einfacher Zuweisung

In Bild 9.1 ist ein einfacher Ad-hoc-Workflow abgebildet. Der *Ad-hoc-Task* wird einer spezifischen Person zugewiesen, welche anschließend den Task nach erfolgter Abarbeitung beenden kann. Anschließend wird ein neuer Task – ein so genannter *Verify Ad-hoc-Task Completed* erstellt, welcher dem Initiator als Bestätigung der Bearbeitung des erstellten Ad-hoc-Workflow zugewiesen wird.

9.1.1.2 Freigabeprozess von Informationen – der Klassiker

Wenn etwas häufig verwendet wird, in Kombination mit einem Dokumentenmanagement-System, dann wohl ein Freigabe- oder auch Publizierungsprozess. Dokumente oder Informationen im Allgemeinen sollen durch verschiedene Kompetenz-Stufen überprüft und anschließend für eine bestimmte Nutzergruppe oder ein anderes System (welches eher einer Publizierung entspricht) verfügbar gemacht werden. Oft findet man solche Verfahren im Bereich Qualitätsmanagement vor. Hier müssen beispielsweise die im Rahmen von Projektarbeiten neu erstellten Dokumente zunächst auf Korrektheit (Grammatik sowie fachlich) geprüft und von Fachkreisen und Vorgesetzten freigegeben werden, bevor andere Personen überhaupt von der Existenz solcher Dokumente erfahren. Beim Überprüfungsprozess sind im Gegensatz zu einem Ad-hoc mehrere Möglichkeiten vorhanden, eine Aufgabe zu beenden. Personen, welche ein Dokument überprüfen müssen, können das Dokument freigeben oder es an den Initiator des Workflows zurückgeben. Dadurch kann sichergestellt werden, dass unwichtige oder nicht korrekte Informationen erst gar nicht veröffentlicht werden. Die Nutzer erhalten höherwertige Informationen und verlieren sich nicht in Nichtigkeiten, sodass diese Maßnahme auch im Hinblick auf Arbeitszeiten eine wichtige Optimierungsfunktion darstellt. Vor allem im Bereich Freigabeprozess existieren in der Regel Anforderungen, hinsichtlich der zeitlichen Verarbeitung einer Aufgabe. Hier müssen eventuell über Eskalationsmechanismen bestimmte Personen über noch ausstehende Aufgaben informiert werden.

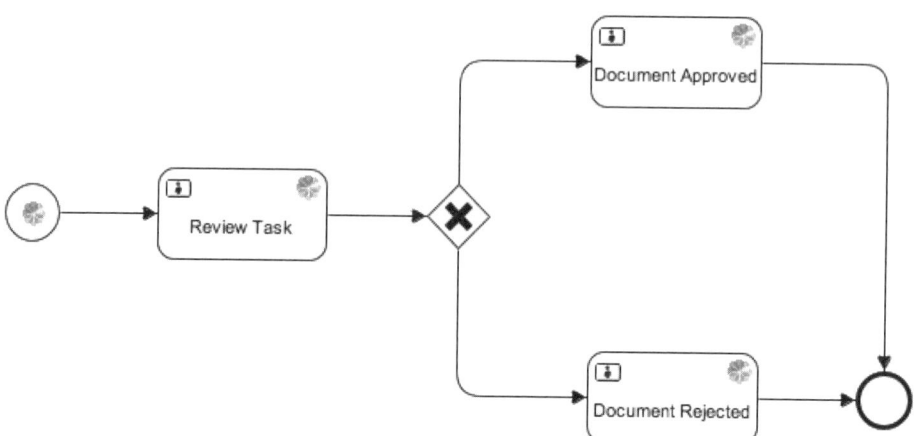

Bild 9.2 Freigabe eines Dokuments durch einen Benutzer in Alfresco

In Bild 9.2 ist der in Alfresco standardmäßig vorhandene **Review & Approve**-Workflow dargestellt. Der *Review Task*, welcher einer spezifischen Person zugewiesen wird, bietet zwei verschiedene Abschlussmöglichkeiten an: Bei Bestätigung des zu überprüfenden Dokumentes wird eine neue Aufgabe mit dem Namen *Document Approved* erzeugt und dem Initiator des Workflows zugewiesen. Hier wird dem Initiator mitgeteilt, dass der zugewiesene Überprüfer im *Review Task* das Dokument freigegeben hat. Falls das Dokument nicht den Ansprüchen des Überprüfers standhält, erhält der Initiator des Workflows den Task *Document Rejected*.

9.1.1.3 Rechnungseingangsverarbeitung

Was das im Geschäftsalltag heißt, kennt jeder: Daten liegen im Unternehmen verstreut, sodass die gesuchten Rechnungsbelege in einem ERP-System liegen, die dazugehörigen Anfragen in Office zu finden sind und die vom Kunden erteilte Bestellung per E-Mail einging. Der Weg zur gewünschten Information führt daher meistens über mehrere Anwendungen, Mitarbeiter und Fachbereiche hinweg. Das ist mühsam, kostet Zeit und Akzeptanz.

Hierfür stellen DMS-Systeme die ideale Infrastruktur zur Verfügung, um eine Rechnungseingangsverarbeitung umzusetzen. Hierbei werden in der Regel Rechnungen via Scanner vorerfasst und mittels Scanning-Lösungen[3] und *Pattern Recognition* bereits die wichtigsten Rechnungsinformationen, wie z. B. dem Lieferanten, identifiziert. Die gesammelten Informationen werden dann in einem DMS-System als Dokument, inklusive der dazugehörigen Metadaten, abgespeichert. Dadurch stehen in den DMS-Systemen Informationen zur Rechnung direkt zur Verfügung. Je nach Lösung erfolgt anschließend eine automatische Verknüpfung mit dem zuständigen DMS-System, um die Rückverknüpfung der Rechnung im ERP-System zu garantieren. Anschließend erhält ein Bearbeiter automatisch (oder halbautomatisch nach vorheriger manueller Prüfung durch einen Rechnungsprüfer) die Freigabe zur Begleichung der offenen Rechnungen.

Dieser Prozess kann schon heute automatisiert abgebildet werden, und es bedarf nicht einmal großartiger Beratungstage, um ein produktives Workflow-System einsetzen zu können. Durch den hohen Automatismus-Grad können natürlich hierbei einige Fehler entstehen. Falsch eingescannte oder unvollständige Rechnungen beispielsweise können das System schnell aus den Trab bringen, sodass man hierfür entsprechende Sonderfälle einbauen muss, um diese abfangen und manuell bearbeiten zu können.

Der dabei vorhandene Workflow wird bereits automatisiert abgearbeitet, liegt aber für Benutzer im System zur Einsicht vor. Dadurch ist zu jeden Zeitpunkt für die Nutzer der aktuelle Status der Rechnungsverarbeitung klar und kann im Notfall auch intervenieren.

9.1.2 Workflows in Alfresco

Wir wollen uns zunächst in Alfresco die Workflow-Definitionen genauer anschauen. Das Hauptaugenmerk werden wir auf die Definition von bereits existierenden Workflows legen. Außerdem wollen wir uns den Administrationsbereich der Workflow-Verwaltung nicht vorenthalten, da dieses Werkzeug ein integraler Bestandteil zur Verwaltung und Steuerung der täglichen Arbeitsprozesse darstellt.

---

[3] Beispielsweise existiert eine Integration in Kofax.

9.1.2.1 Definitionen in Alfresco

Activiti legt die Workflow-Definitionen in XML-Dateien ab. Dadurch ist die Verwendung bzw. die Installation eines neuen Workflows in Alfresco relativ einfach zu handhaben. Alfresco speichert alle vorhandenen Workflows, wie den bereits vorgestellten Ad-hoc-Workflow im Verzeichnis `ALF_HOME/tomcat/webapps/alfresco/WEB-INF/classes/alfresco/workflow` ab. Hier existiert eine Datei namens *adhoc.bpmn20.xml*, welche die Workflow-Definition von Activiti und in BPMN 2.0 darstellt.

 HINWEIS: Im selben Verzeichnis findet sich auch eine Datei mit dem Namen *adhoc_processdefinition.xml*. Hier findet sich die „alte" Workflow-Definition, basierend auf jBPM, welche immer noch verwendet werden könnte. Zu jeder Workflow-Definition, welche sich in Activiti befindet, existiert auch eine entsprechende jBPM-Definition. Funktional und fachlich sind jedoch beide Definitionen identisch. Wir befassen uns aus Sicht der Zukunftsperspektive ausschließlich mit den Workflow-Definition und Umsetzung auf Basis von Activiti.

Da jeder Task und jeder Zustand in einem Workflow auch Eigenschaften (Formulardaten) mit sich trägt, müssen diese ebenfalls mit Alfresco verknüpft werden. Beispielsweise kann eine Überprüfungsaufgabe Eingabefelder für den zugewiesenen Benutzer beinhalten. Hier erfolgt nicht direkt die Definition der Formulardaten im Workflow selbst. Stattdessen wird ebenfalls das Content Model von Alfresco herangezogen, um dort typ- oder aspektbezogen die jeweiligen Aufgaben mit den entsprechenden Metadaten zu definieren. Anschließend erfolgt die Verwendung des eigenen Content Models in der Workflow-Definition selbst.

Auch die Übersetzungen in die jeweiligen Sprachen erfolgen über die bereits vorgestellten Labels und `properties`-Dateien. Die Initialisierung in Alfresco erfolgt in der Regel ebenfalls über XML-Dateien, welche wir selbst schon in Abschnitt 7.1.3 verwendet haben. Anschließend muss in Alfresco Share erneut in der Datei *share-config-custom.xml* dem Form-Service mitgeteilt werden, ob der Workflow an der Oberfläche zur Verfügung stehen soll. Auch die Konfiguration hinsichtlich der Metadaten, welche in den jeweiligen Tasks oder auch initial beim Workflow-Start mit angegeben werden sollen, werden hierüber wie klassische Typen oder Aspekte definiert.

Natürlich gehört zu einer Workflow-Definition auch entsprechende Logik, welche automatisiert bestimmte Aktionen im System aufruft, um die Arbeitslast oder auch die Fehleranfälligkeit von Arbeitsprozessen zu minimieren. Mit Activiti sind mehrere Ansätze zur Einführung von Logik möglich. Zum einen kann über klassische Java-Klassen Geschäftslogik implementiert und mit bestimmten Ereignissen im Workflow verknüpft werden. Diese Variante kann sicherlich die beste Option sein, wenn vor allem komplexe Logik implementiert werden soll. Darüber hinaus gibt es die Möglichkeit, JavaScript Code direkt in den Workflow einzubauen und als Teil der Workflow-Definition werden zu lassen. Dieses Vorgehen ist deutlich einfacher, kann jedoch bei komplexer Logik schnell zu Problemen führen: Wenn man während der Workflow-Ausführung bemerkt, dass sich ein Fehler in den JavaScript Code eingeschleust hat, bekommt man diesen eigentlich nicht mehr aus dem Workflow heraus (nur über großen Aufwand, wie das manuelle Anpassen der Datenbanktabellen). Im Zweifel müssen alle aktiven Workflows, welche ebenfalls den falschen

JavaScript Code benutzen aus dem System entfernt werden. Das kann natürlich schnell zu Problemen mit Anwendern führen. Denn anschließend finden Anwender nicht mehr ihre eigenen Aufgaben wieder, da die Arbeitsprozesse unterbrochen worden sind. Hier ist also Vorsicht geboten, welche Vorgehensweise man verwenden möchte.

Wie Sie jetzt wahrscheinlich schon erkannt haben, ist eigentlich „nur" eine weitere Schicht zu unserem aktuellen Alfresco-Wissen hinzugekommen – die Workflow-Definition. Alle anderen Erweiterungen bzw. Konfigurationen zur Erstellung eines Models haben wir bereits in den vorherigen Kapiteln behandelt.

9.1.2.2 Activiti in Alfresco – die wichtigsten Elemente kurz erläutert

Wir wollen uns zunächst einmal die Activiti-Prozessdefinitionen genauer anschauen. Die wichtigsten Elemente werden wir direkt bei den Workflow-Definitionen von Alfresco näher betrachten, um das Verständnis für BPMN 2.0 sowie in Kombination mit Activiti herzustellen.

 HINWEIS: Der Vollständigkeit halber sollte jedoch erwähnt werden, dass für eine ausführliche Dokumentation die Seite von Activiti und der entsprechende User Guide[4] durchgearbeitet werden sollte. Dieser beinhaltet detailliert die Möglichkeiten von Activiti und wird ebenfalls immer auf dem neuesten Stand gehalten. Außerdem sind auf der Wiki-Seite[5] von Alfresco viele weitere Informationen zu Activiti zu finden.

Hierzu schauen wir uns zu Beginn die Workflow-Definition des Ad-hoc-Workflows von Alfresco an. Wie bereits vorangehend beschrieben, findet sich jede Standard-Workflow-Definition im Verzeichnis *ALF_HOME/tomcat/webapps/alfresco/WEB-INF/classes/alfresco/workflow* wieder. Dort existiert die Datei *adhoc.bpmn20.xml*, welche die Prozessdefinition für den Workflow enthält. Dieser einfache Workflow hilft uns, Activiti und BPMN besser zu verstehen.

Die Definition beginnt mit einem `definitions`-Element, welches sich in den seltensten Fällen zwischen Workflow-Definitionen verändert. Wenn z. B. neue Elemente von anderen Sprachen oder Systemen in der Workflow-Definition mit definiert werden sollen, müssten hier weitere Definitionen hinsichtlich des Namensraumes vorgenommen werden.

Jede Workflow-Definition beginnt mit dem `process`-Element, welches über das Attribut `id` den Namen definiert.

Listing 9.1 Definition eines Prozesses in der BPMN 2.0-Notation

```
<process id="activitiAdhoc" name="Adhoc Activiti Process">
</process>
```

Der Name dient als technische Beschreibung und ist nicht obligatorisch. Jeder Workflow hat einen Start- sowie einen Endstatus. Diese sind ebenfalls obligatorisch und müssen immer mit definiert werden. Das Element `startEvent` definiert gleichzeitig das Formular zum

---

[4] *http://activiti.org/* für die offizielle Seite und *http://activiti.org/userguide/* für den Userguide
[5] *http://wiki.alfresco.com/wiki/Workflow_with_Activiti*

Starten eines Workflows, welches wir schon in Abschnitt 5.2.2 vorgestellt haben. Über ein separates Activiti-Attribut stellen wir jetzt die Verbindung vom Startzustand zu einem Aufgabentypen im Content Model her. Über `activiti:formKey` definieren wir einen Schlüssel, welcher einer Typ-Definition im Model entspricht.

```
<startEvent id="start" activiti:formKey="wf:submitAdhocTask" />
```

Ein `startEvent` stellt nichts anders als einen Status dar. Natürlich darf auch hier das `id`-Attribut zur Identifizierung nicht fehlen.

Wir merken uns jetzt im Hinterkopf, dass es in der Model-Definition von Alfresco einen Typ mit dem Namen `wf:submitAdhocTask` geben muss. Wir werden anschließend in der Vorstellung der Prozessdefinition genauer darauf eingehen, um das Verständnis für die Zusammenarbeit zwischen den zwei Schichten, dem Workflow und den Metadaten, herstellen zu können.

Anschließend wollen wir uns den eigentlichen Tasks, den Aufgaben für Anwender zuwenden. Hierzu müssen wir das Element `userTask` genauer anschauen. Da der UserTask ebenfalls über weitere Eigenschaften verfügt bzw. eine Interaktion zwischen der Workflow Engine und dem Benutzer anfallen und dadurch ein Austausch an Informationen stattfindet, erfolgt die Referenz auf einen weiteren Typen im Content Model von Alfresco über `activiti:formKey`. Dieser verweist dieses Mal auf einen Typ mit dem Namen `wf:adhocTask`. Das Attribut `id` identifiziert den Task als `adhocTask`.

Listing 9.2 Definition eines UserTasks

```
<userTask id="adhocTask" name="Adhoc Task"
activiti:formKey="wf:adhocTask">
</userTask>
```

Im Task selbst sind weitere Definitionen vorhanden, welche wir ebenfalls näher anschauen wollen. Das Element `humanPerformer` definiert die Art von Zuweisung, über die ein Benutzer diesem Task zugeordnet werden soll. Hierzu existieren mehrere Möglichkeiten in der Praxis. Beispielsweise kann auch eine Liste von Nutzern übergeben werden, welche sukzessive eine Aufgabe erhalten sollen. Auch möglich: Die Parallelisierung der Aufgaben, die mit angegeben werden können, über einen entsprechenden Parameter. Hierzu nutzt man jedoch nicht das Element `humanPerformer`. Stattdessen nimmt man `multiInstanceLoop Characteristics`, welches beispielsweise in der Datei *parallel-review.bpmn20.xml* definiert ist.

Aber zurück zu unseren `humanPerformer`-Element. Innerhalb dieses Elements existiert eine Zuweisungsroutine, welche `resourceAssignmentExpression` genannt wird. Hinter diesem kryptischen Wort steht nichts anderes, als das zu einem Element im Workflow eine Zuordnung erfolgen soll, welche nun definiert wird. Aktuell unterstützt Activiti ausschließlich das Element `formalExpression`. Hier müssen wir nun einen JavaScript-Wert angeben, welcher dem Benutzernamen eines Nutzers entspricht. Der Benutzer, welcher zum Startzeitpunkt (über die Share-Oberfläche) ausgewählt werden muss, entspricht exakt dem Ausdruck, der in der Prozessdefinition hinterlegt ist.

Listing 9.3 Definition einer dynamischen Zuweisung eines Aufgabenbearbeiters

```
<humanPerformer>
  <resourceAssignmentExpression>
    <formalExpression>${bpm_assignee.properties.userName}
    </formalExpression>
  </resourceAssignmentExpression>
</humanPerformer>
```

Das Element `bpm_assignee` stellt dabei den Nutzer dar, welchen wir über die Share-Oberfläche beim Starten des Workflows ausgewählt haben. Alfresco wandelt anschließend die Referenz in JavaScript automatisch in eine `ScriptNode` um. Die Grundlagen hierzu haben wir bereits in Kapitel 8 behandelt.

Eines der wichtigsten Elemente zur Logikimplementierung in BPMN stellt das Element `extensionElements` dar. Hierüber können eigene Java-Klassen oder JavaScript Codes ausgeführt wird. Erweiterungen können jedoch auch durch die Verwendung von neuen Features der Workflow-Engine Activiti dargestellt werden. Denn Activiti implementiert nicht nur BPMN 2.0 zur Prozesserstellung, sondern liefert einige neue Funktionalitäten mit. Alfresco nutzt diesbezüglich vor allem den Event-Mechanismus sehr stark. Das Element `activiti:taskListener` wird beispielsweise mit einer bestimmten Aktivität in der Workflow Engine verknüpft. Wenn ein neuer Task oder ein bestimmter Punkt in Workflow erreicht wird, kann darauf über die Aktivität `create` mit eigener Logik reagiert werden. Wird beispielsweise ein Task beendet, können über `complete` weitere Arbeitsprozesse automatisiert ausgeführt werden, indem ebenfalls Logik ausgeführt wird.

In unserem konkreten Beispiel werden ebenfalls die beim Workflow-Start angegebenen Parameter Fälligkeitsdatum sowie Priorität an den Activiti-Task übergeben. Der erstellte Activiti-Task stellt dabei das `task`-Element dar. Mehr Informationen darüber, welche Funktionen und Eigenschaften direkt dem Task-Objekt übergeben werden können, kann man von der Developer-Seite[6] einholen.

Ein weiteres Script-Beispiel sehen wir in der `userTask` etwas weiter unten in der Prozessdefinition. Der Task `verifyTaskDone` verfügt ebenfalls über einen `extensionElements`-Bereich, in dem eine E-Mail verschickt werden kann. Hier wird über die Variable `wf_notifyMe` geprüft, ob die Check-Box beim Starten des Workflows gesetzt ist. Falls sie gesetzt ist, wird der Benutzer via E-Mail informiert, dass der zugewiesene Benutzer seine Aufgabe erfüllt hat.

Vielleicht fragen Sie sich mittlerweile, wie der logische Zusammenhang bzw. die Verknüpfung zwischen den Aufgaben erfolgt, sodass der Workflow auch den richtigen Weg findet? Hierzu existieren in BPMN so genannte `sequenceFlows`. Diese stellen zum einen für Anwender die verfügbaren Aktivitäten, um einen Task abzuschließen, dar. Zum anderen bilden diese Elemente die Transitionen, also die Übergänge, zwischen zwei Knoten im Workflow. Ein `sequenceFlow`-Element verfügt im Wesentlichen über zwei wichtige Attribute, um diesen Vorgang zu bewerkstelligen. Das Attribut `sourceRef` gibt an, von wo aus eine Verknüpfung erfolgen soll. `targetRef` gibt dagegen den Endpunkt des Bezugs an. Die Verknüpfung zwischen dem Startpunkt, dem `startEvent` und dem ersten Task `adHocTask` sieht wie folgt aus:

```
<sequenceFlow id='flow1' sourceRef='start' targetRef='adhocTask' />
```

---

[6] *http://activiti.org /javadocs/org/activiti/engine/delegate/DelegateTask.html*

Eigentlich nicht wirklich schwer, wenn man sich noch einmal in Ruhe die gesamte Prozessdefinition anschaut. Wichtig hierbei ist jedoch auch die Vergabe einer eindeutigen id. Denn ein wesentliches Merkmal von Activiti, wovon Alfresco ebenfalls Gebrauch macht, stellt die Nutzung des Prozessbildes dar. Über die Elemente bpmndi:BPMNDiagram, bpmndi:BPMNPlane, bpmndi:BPMNShape, omgdc:Bounds sowie omgdi:waypoint kann ein Prozessbild erstellt und dem Nutzer bei der Bearbeitung des Workflow-Schritts angezeigt werden. Aber keine Angst – es gibt Editoren, welche wir noch nutzen werden, die automatisiert ein entsprechendes Bild generieren und im XML-Code mit abspeichern. Die grafische Repräsentation ist ebenfalls für das Überwachen und Steuern von Workflows über die Administrationskonsole relevant, welche wir uns im Folgenden noch genauer anschauen wollen.

Nachdem wir uns ein wenig mit der Prozessdefinition vertraut gemacht haben, rufen wir uns die verwendeten Variablen ins Gedächtnis zurück. Wir wollen noch einmal kurz alle wichtigen Variablen zusammenfassen, welche beim Starten des Workflows eingegeben und während der Workflow-Ausführung zur Verfügung stehen.

Variable	Verwendung
bpm_workflowDueDate	Fälligkeitsdatum, wie lange insgesamt der Workflow laufen soll
bpm_workflowPriority	Priorität des Workflows: 1 = hohe, 2 = mittlere und 3 = niedrige Priorität
bpm_assignee	Zugewiesene Person im Ad-hoc-Task, welche eine bestimmte Aufgabe erledigen soll
bpm_workflowDescription	Text, welcher dem bpm_assignee, also dem Bearbeiter helfen soll, zu erkennen, welche Aufgabe erledigt werden muss – kann jedoch auch freigelassen werden
wf_notifyMe	Gibt an, ob eine Info-Mail an den Initiator des Workflows verschickt werden soll, wenn der Bearbeiter seine Aufgabe beendet hat
bpm_package	Stellt eine Assoziation zu allen Dokumenten und Verzeichnissen dar, welche im Workflow inkludiert sind

Diese Informationen liegen in einem extra hierfür erstellten Workflow-Model vor. Im Verzeichnis ALF_HOME/tomcat/webapps/alfresco/WEB-INF/classes/alfresco/model findet sich die Datei *bpmModel.xml*, welche die Basistypen für die Verwendung von Metadaten in Workflows definiert. Hier befindet sich z.B. auch der Typ bpm:activitiStart Task, welcher ebenfalls die bereits bekannten Variablen bpm_workflowDueDate, bpm_workflowPriority sowie bpm_workflowDescription definiert. Außerdem liegt hier der Aspekt bpm:assignee. Wie bereits besprochen, wird darin eine Assoziation mit einer Person definiert, die anschließend eine Aufgabe zugewiesen bekommt. Weiter unten sehen wir einen weiteren Aspekt bpm:assignees, der eine Gruppe von Personen definiert. Der Vollständigkeit halber sei der Typ bpm:workflowTask erwähnt, welcher die Basis für alle Workflow-Tasks darstellt. Das heißt konkret, dass alle weiteren Task-Definitionen von diesem Typen abgeleitet werden. Hier findet sich beispielsweise die Variable bpm:outcome, welche die Aktivität speichert, die beim Beenden des Workflows angegeben wurde. Die Assoziation `bpm:package` wird gebraucht, um an Workflow-Dokumente oder -Verzeichnisse angehängt und im Workflow in einem Task verwendet zu werden.

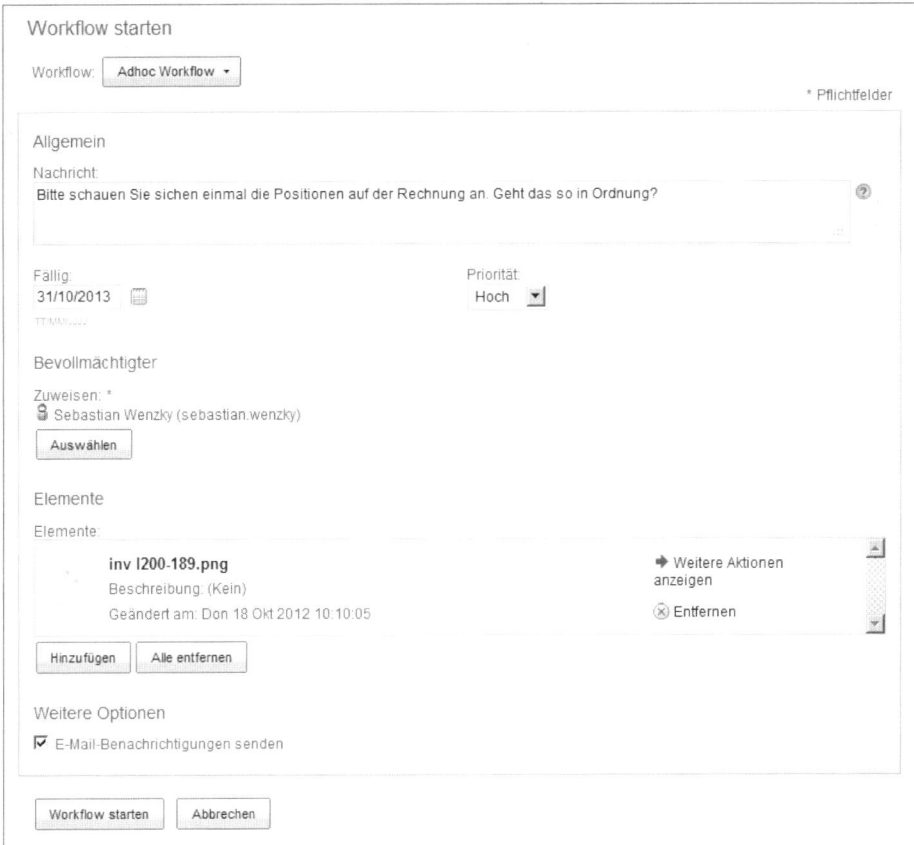

Bild 9.3 Starten eines Ad-hoc-Workflows mit Angabe der bereits diskutierten Metadaten, welche im Workflow Verwendung finden

Die Datei *workflowModel.xml* im Verzeichnis *ALF_HOME/tomcat/webapps/alfresco/WEB-INF/classes/alfresco/workflow* zeigt hingegen Task-Definitionen für bestimmte Workflows. Anhand des Attributs `activiti:formKey` in der Prozessdefinition können wir uns die verschiedenen Typen aus dem Content Model genauer anschauen.

Beim Start des Workflows werden einige Variablen in den Workflow gesetzt. Die Variablen werden in der Regel mit Angaben aus dem Formular zum Startzeitpunkt eines Workflows übergeben. Das Formular wiederum generiert sich aus der Typendefinition, die wir uns beim Typ `wf:submitAdhocTask` anschauen können. Gut zu erkennen, ist hier die Definition der Variablen `wf:notifyMe`. Über das `parent`-Element werden weitere Variablen in diesen Typ mit vererbt. Über die Definition des `mandatory-aspects`-Elements wird ebenfalls das Metadatum des Bearbeiters und der Aspekt `bpm:assignee` in den Typ inkludiert.

Für den eigentlichen Task, den `adhocTask`, finden wir ebenfalls die korrespondierende Definition. Hier sehen wir, dass diese ebenfalls von einem Typ abgeleitet wird, welcher beim Starten des Workflows ebenfalls Verwendung findet.

Jetzt wollen wir uns noch einmal die Definition in Alfresco Share für die Anzeige eines Formulars beim Starten des Workflows genauer anschauen. Die Formulardefinitionen werden im Dokument *share-workflow-form-config.xml* im Verzeichnis *ALF_HOME/tomcat/webapps/ share/WEB-INF/classes/alfresco* definiert. In dieser Datei kann nach dem `activiti:formKey`-Wert, der in der Workflow-Definition zum Starten eines Workflows festgelegt wird, gesucht werden – dem Wert `wf:submitAdhocTask`. Hier können wir einsehen, welche Metadaten in der Oberfläche angezeigt werden.

Die Übersetzungen werden natürlich auch in Properties-Dateien abgespeichert und richten sich nach einer bestimmten Konvention, wenn es beispielsweise darum geht, Transitionen mehrsprachig zu gestalten – hierzu hat das Content Model nämlich keinen Typen (z. B. Assoziation) vorgesehen. Wir werden uns diese Thematik in einem praktischen Beispiel genauer anschauen.

Das Gleiche gilt für die Registrierung der einzelnen Bestandteile, um überhaupt die Verwendung in Alfresco als Workflow zu ermöglichen. Konkret bedeutet das, dass wir eine Kontext-Datei anlegen müssen. Diese Kontextdatei fasst die verschiedenen Definitionen zusammen und gibt diese an die Workflow Engine weiter, um daraus einen ganzheitlichen Workflow zu erstellen.

Zusammengefasst besteht ein Workflow in Alfresco aus folgenden Teilen, welche wir bereits mehr oder weniger detailliert besprochen haben:

- **Definition des Workflows:** In Form von BPMN und erweiterten Activiti-Elementen formen wir unseren Workflow im XML-Format. Die Verwendung von Editoren ist möglich, was wir noch besprechen werden.

- **Externe Logik:** Falls komplizierte Geschäftslogik im Workflow verwendet werden soll, müssen ggf. Java-Klassen erstellt werden. Diese müssen natürlich mit dem Workflow verknüpft werden.

- **Workflow-Model erstellen:** Wichtige Informationen, wie ein Bearbeiter oder eine Workflow-Nachricht müssen von Alfresco den Weg in den Workflow und ggf. auch wieder zurück finden. Hierzu existiert zu jedem Task sowie für die Start-Event die Möglichkeit, diese mit Typen aus dem eigenen Workflow (oder dem Alfresco-Standard) anzugeben. Die Definition erfolgt analog zu einer Typerstellung für Dokumente, mit der Ausnahme, dass man bestimmte Workflow-Konventionen (Ableiten von `bpm:workflowTask`) beachten muss.

- **Übersetzungen für Mehrsprachigkeit:** In Form von Properties-Dateien werden die Übersetzungen definiert.

- **Konfiguration der Verwendung in Share:** Natürlich muss definiert werden, welche Informationen beim Start des Workflows eingegeben werden und welche Werte die Benutzer während eines Tasks ausfüllen müssen.

- **Registrierung des Workflows:** Mithilfe einer Kontext-Datei wird der Workflow mit all seinen Komponenten zum Startzeitpunkt von Alfresco registriert.

9.1.2.3 Steuern und Überwachen von Workflows in Alfresco

In der Regel sind mehr als nur ein paar Workflows in Alfresco parallel aktiv. Nutzer müssen verschiedenste Aufgaben bearbeiten und werden in Alfresco durch die Workflow-Unterstützung geleitet. Desto kritischere Arbeitsanweisungen und Steuerungen mit Alfresco umgesetzt werden, umso relevanter wird eine entsprechende Verwaltungsmöglichkeit für Administratoren und Entscheider. Je frequentierter die Workflows verwendet werden, desto höher ist die Wahrscheinlichkeit, dass Probleme mit der Nutzung der Workflows bei einem Anwender auftauchen können. Fällt beispielsweise ein Nutzer für eine längere Zeit aus, muss zumindest ein Administrator in der Lage sein, den Workflow abzubrechen oder neu zuzuweisen.

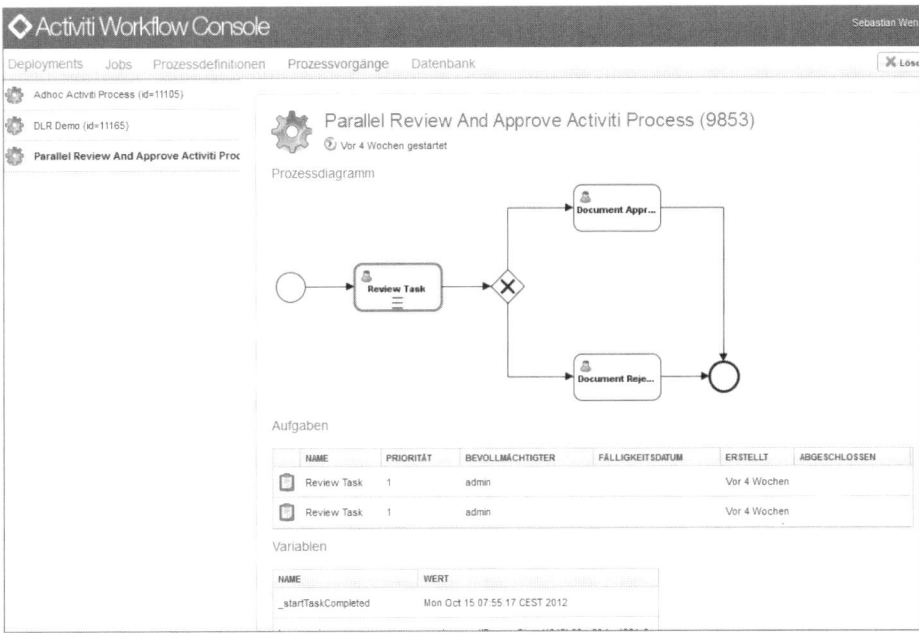

Bild 9.4 Administrationsbereich zur Verwaltung und Steuerung von Workflows in Alfresco

In Alfresco existiert hierzu eine separate Workflow-Konsole, welche sich genau diesen Aufgaben annimmt. Über den Administrationsbereich unter *Mehr* > *Mehr* > *Workflow* und dem Link *Activiti-Konsole Arbeitslauf* gelangt man auf die Startseite zur Verwaltung der bestehenden Definitionen und aktiven Workflows im System. Dort angekommen, gliedert sich die Workflow-Administration in verschiedene Bereiche auf:

- **Deployments:** Hier werden alle Installationen der Workflows angezeigt. Doppelte Dateinamen geben an, dass mehrere Versionen eines Workflows im System hinterlegt sind.

- **Jobs:** Hier werden beispielsweise Timer dargestellt, die in verschiedenen Workflows aktiv sind. Es wird auch angezeigt, wann der Timer das nächste Mal aufgerufen wird.

- **Prozessdefinitionen:** Zeigt die verschiedenen Workflow-Definitionen an. Zu jeder Definition wird ein Bild (falls vorhanden) angezeigt sowie die damit aktiven Workflows.

- **Prozessvorgänge:** Hier werden alle aktiven Workflows angezeigt. Durch die Auswahl eines Workflows können detaillierte Informationen, wie z.B. Variablen, eingesehen werden. Außerdem sieht man in einem Workflow-Bild, in welchen Zustand sich gerade der Workflow befindet. Zugewiesene und bereits abgeschlossene Workflows können hier eingesehen werden. Ein Workflow kann zur Not auch über die Aktion *Löschen* terminiert werden. Diese Aktion kann jedoch zu nicht deterministischen Ereignissen im System führen. Bestehende Dokumente, welche in den Workflow involviert sind, könnten beispielsweise prozessabhängig Informationen angefügt bekommen haben, welche sie beim Beenden des Workflows eigentlich wieder verlieren sollten. Durch das „harte" Entfernen des Workflows muss ggf. das Dokument manuell bearbeitet werden.

- **Datenbank:** Benötigt man eigentlich nicht. Hier kann direkt der Datenbankinhalt von Activiti eingesehen werden. Interessant wird dieser Aspekt nur bei Problemen mit installierten Workflows.

■ 9.2 Vorgehen zur Erstellung eines neuen Models

Wir wollen uns jetzt endlich mit der Umsetzung eines eigenen Workflows beschäftigen. In den vorangegangenen Abschnitten konnten wir bereits die wesentlichsten Grundlagen in Alfresco kennen lernen, um erfolgreich eigene Geschäftsprozesse mit der Workflow Engine Activiti abzubilden. Nun werden wir zum einen das Content Model für die Definition eigener Task-Eigenschaften erweitern. Des Weiteren muss Logik implementiert werden, welche, basierend auf dem aktuellen Verlauf des Workflows, den korrekten Status auf das Dokument setzt. Hierzu werden wir JavaScript verwenden, um unser Beispiel nicht zu stark zu zerstückeln. Java-basierende Erweiterungen für Activiti sind ebenfalls möglich. Schauen Sie sich hierzu den Bereich in der Activit-Dokumentation[7] genauer an.

Mit dem Beispiel-Workflow, welchen wir nun umsetzen wollen, können wir vieles über die Workflow-Funktionalität in Alfresco lernen. Denn nur wenige Bereiche im Dokumentenmanagement-Bereich sind so komplex, wie das Modellieren und Umsetzen von Prozessen in Form von Workflows.

9.2.1 Inhaltliche Beschreibung des Workflows

Unser Workflow, welchen wir umsetzen wollen, basiert auf einem klassischen Freigabe-Prozess. Ein Dokument soll in Alfresco als „publiziert", durch die Überprüfung von einer bestimmten Anzahl von Leuten, bestätigt werden. Die Überprüfung teilt sich dabei in zwei verschiedene, nacheinander aufbauende Stufen auf. Die erste Stufe stellt die technische Überprüfung eines Dokumentes dar. Das Dokument wird dabei von einer unbestimmten Anzahl von Personen parallel auf inhaltliche Korrektheit überprüft. An dieser Stelle bauen wir eine automatische Entscheidungsfunktion ein. Wenn eine bestimmte Prozentzahl an Personen das inhaltliche OK gibt, ist die erste Stufe erfolgreich abgeschlossen. Die defi-

---

[7] *http://activiti.org/userguide/* für den Userguide

nierte und zu erreichende Prozentzahl soll beim Start eines Workflows mit angegeben werden. Falls das Dokument für inhaltlich nicht in Ordnung befunden worden ist, erhält der Initiator des Workflows eine entsprechende Aufgabe mit den entsprechenden Ergebnissen zurück. Das Dokument hingegen, welches in die zweite Stufe vorgerückt ist, wird nun durch eine bestimmte Anzahl von Personen in sequenzieller Reihenfolge auf die Fachlichkeit und auf formelle Fehler hin überprüft. Bei der sequenziellen Reihenfolge muss nur eine Person das Dokument für nicht in Ordnung befinden, um die Freigabe vorzeitig zu beenden. Auch in diesem Fall erhält der Initiator einen entsprechenden Task, wo genau ersichtlich ist, warum das Dokument nicht freigegeben werden konnte.

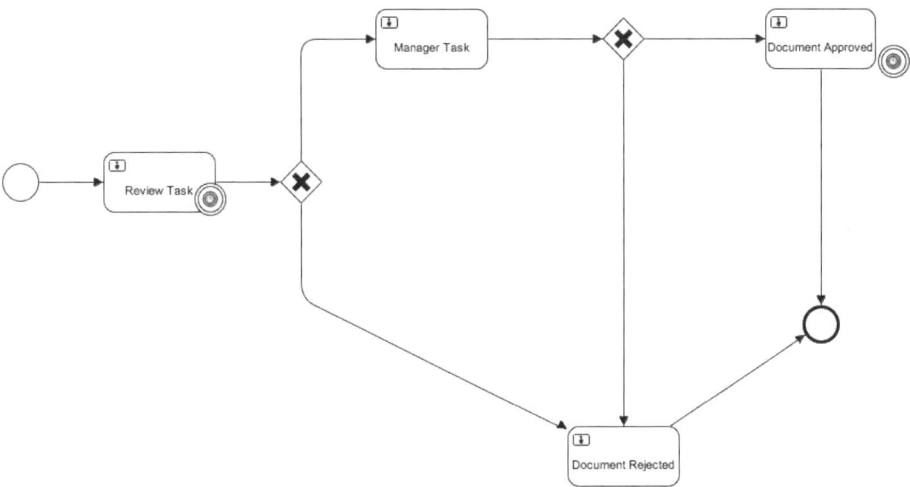

Bild 9.5 Freigabe-Workflow, den wir beispielhaft mit Alfresco umsetzen

In Bild 9.5 können wir den fertig modellierten Workflow bereits erkennen. Er beinhaltet alle Komponenten, die wir bereits am Anfang dieses Kapitels beschrieben haben. Der *Review Task* beinhaltet die inhaltliche Überprüfung eines Dokumentes durch mehrere Nutzer gleichzeitig. Außerdem verfügt dieser Task über einen Eskalationsmechanismus – bei Überschreitung eines zeitlich vorher definierten Datums, wird eine Aktion in Alfresco ausgelöst, die wir noch bestimmen werden. Diese Funktionalität wird über einen Timer hergestellt. Der *Manager Task* beinhaltet ebenfalls einen solchen Eskalationsmechanismus. Darüber hinaus stellt dieser Task die sequenzielle Überprüfung eines Dokumentes dar. Darüber hinaus existieren so genannte Gateways, welche in X-Form dargestellt werden. Das erste Gateway, welches wir direkt im Ausgang der *Review Tasks* entdecken, prüft beispielsweise das weitere Vorgehen im Workflow, nachdem alle Beteiligten ihren *Review Task* beendet haben.

Hat eine bestimmte Anzahl ihr inhaltliches OK gegeben, und entspricht dies mindestens der beim Workflow-Start eingegeben Prozentzahl an Zustimmungen (Stichwort: Zustimmungsrate), wird an den *Manager Task* weiterverwiesen. Der Task *Document Rejected* wird hier nur angesteuert, wenn diese Zustimmungsrate nicht erreicht ist. An denselben Task wird ebenfalls verwiesen, wenn ein *Manager Task* nicht positiv abgeschlossen worden ist. Wurde das Dokument jedoch komplett positiv bewertet, findet der Initiator in seiner Aufgabenliste ein *Document Approved-Task* wieder. Wenn das Dokument „rejected" oder „approved" worden ist, soll eine entsprechende Kennung am Dokument für Anwender ersichtlich sein.

Wir wollen die maximalen Standard-Features von Alfresco für unseren Workflow verwenden, so wie wir sie bereits in den vorherigen Kapiteln kennengelernt haben. Zum einen werden wir natürlich Alfresco Share und die Dokumentenbibliothek für die Ablage unserer Dokumente verwenden. Basierend darauf, werden wir ebenfalls neben einem eigenen Workflow Model auch ein Dokumenten-Model definieren. Denn basierend auf dem Verlauf des Workflows müssen bestimmte Werte auf dem Dokument abgelegt werden. Beispielsweise wollen wir einen Aspekt an das Dokument anfügen, wenn eine Aufgabe über der Zeit ist. Anschließend können wir nämlich die *Business Rules* für uns arbeiten und basierend auf den angefügten *Aspekt-Aktionen* ausführen zu lassen. Beispielsweise können wir eine Eskalations-Mail an bestimmte Personen verschicken lassen, um über den Verzug zu informieren. Außerdem werden wir, wie bereits angekündigt, JavaScript verwenden, um bestimmte Logik (wie das Anfügen von Aspekten an das Dokument) auszuführen.

9.2.2 Workflow-Definition erstellen

Wir erstellen ein neues Verzeichnis unter dem Pfad *ALF_HOME/tomcat/shared/classes/alfresco/extension* und vergeben den Namen *cmpw*. Dort werden wir jetzt ein neues XML-Dokument für die Prozessdefinition erstellen. Wir speichern das neue Dokument unter dem Namen *cmp-release-workflow.xml* ab. Dort fügen wir zunächst die Namensraum-Definitionen hinzu, welche sich wie bereits besprochen in der Regel von Definition zu Definition nicht ändern werden.

Listing 9.4 Definition der für den Workflow notwendigen Funktionen: Innerhalb des Definitions-Elements werden dann die Prozessdefinitionen angelegt.

```
<?xml version="1.0" encoding="UTF-8"?>
<definitions "xmlns=http://www.omg.org/spec/BPMN/20100524/MODEL"
xmlns:xsi="http://www.w3.org/2001/XMLSchema-instance"
xmlns:activiti="http://activiti.org/bpmn"
xmlns:bpmndi="http://www.omg.org/spec/BPMN/20100524/DI"
xmlns:omgdc="http://www.omg.org/spec/DD/20100524/DC"
xmlns:omgdi="http://www.omg.org/spec/DD/20100524/DI"
typeLanguage="http://www.w3.org/2001/XMLSchema"
expressionLanguage="http://www.w3.org/1999/XPath"
targetNamespace="http://alfresco.org">
</definitions>
```

Nun können wir innerhalb des `definitions`-Elements unseren Workflow modellieren. Als ersten Schritt definieren wir den Workflow an sich, indem wir das Element `process` verwenden. Wir vergeben hier eine eindeutige `id`, welche wir später noch für den Aufbau eines grafischen Workflow-Models zur Anzeige in Alfresco benötigen. Der Name stellt für die Verwendung keine weitere Bedeutung dar und kann ggf. auch weggelassen werden.

```
<process id="companyActivitiParallelReview" name="Company Release
Workflow">

</process>
```

Innerhalb des `process`-Elements müssen einige Variablen gesetzt oder verwendet werden, die wir hier einmal genauer anschauen wollen. Einige Variablen werden aus der Workflow-

Definition heraus „mitgeliefert" und durch das Starten eines Workflows und der Übergabe der Werte aus dem entsprechenden Formular zur Verfügung gestellt. Andere Variablen werden hingegen erst im Workflow selbst definiert.

Variable	Beschreibung
cmprw_reviewOutcome	Speichert das Ergebnis, welches beim Beenden des Tasks vom Nutzer ausgewählt worden ist. Mit Ergebnis ist gemeint, ob der Nutzer das Dokument in Ordnung gefunden hat oder Mängel festgestellt worden sind, welche einer Veröffentlichung im Wege stehen.
cmprw_technicalAssignees	Liste von Personen, welche parallel sowohl eine technische als auch eine fachlichen Überprüfung des Dokumentes vornehmen sollen
cmprw_approveCount	Speichert die Anzahl der positiven Ergebnisse beim Durchlauf der technischen Überprüfung im Zahlenformat
cmprw_actualPercent	Stellt den aktuellen Prozentwert dar, wie viele Personen bei der technischen Überprüfung bereits der Weiterverarbeitung zugestimmt haben
cmprw_reviewerCount	Stellt die Anzahl der parallelen Verarbeiter dar. Wird von der Variablen cmprw_technicalAssignees gesetzt, welche aus dem Startformular des Workflows in Alfresco Share überführt worden ist (weil als Eigenschaftselement in Model-Definition definiert)
cmprw_requiredPercent	Wird aus der Variablen cmprw_requiredApprove Percent gelesen. Diese Variable wird ebenfalls aus dem Startformular des Workflows in den Workflow mit übertragen und ist im Model definiert.
cmprw_managerRejected	Speichert den Ausgang einer Bearbeitung eines manager Tasks. Wenn ein Manager das Dokument für nicht in Ordnung befindet, wird der Wert false gesetzt, ansonsten auf true
cmprw_managerApproveCount	Stellt die Anzahl der Personen im managerTask fest, welche bereits das Dokument in Ordnung fanden
cmprw_managerActualPercent	Prozentualer Zustimmungswert bei den managerTasks. Desto mehr Personen dem zugestimmt haben.
cmprw_managerReviewerCount	Stellt die Anzahl der parallelen Verarbeiter dar. Wird von der Variablen cmprw_managerAssignees gesetzt, welche aus dem Startformular des Workflows in Alfresco Share überführt worden ist (weil als Eigenschaftselement in Model-Definition definiert)

Diese Variablen müssen wir beim Start des Workflows initialisieren, damit diese in den späteren Tasks oder Timern zur Verfügung stehen. Hierzu verwenden wir das extensionElements und fügen über eine Activiti-Erweiterung die Variablen in den Workflow-Kontext. Das extensionElements wird direkt unterhalb des process-Elements eingefügt.

Listing 9.5 Über extensionElements fügen wir JavaScript Code hinzu.

```
<extensionElements>
  <activiti:executionListener event="start"
class="org.alfresco.repo.workflow.activiti.listener.ScriptExecutionListener">
    <activiti:field name="script">
      <activiti:string>
        execution.setVariable('cmprw_approveCount', 0);
        execution.setVariable('cmprw_actualPercent', 0);
        execution.setVariable('cmprw_reviewerCount',
cmprw_technicalAssignees.size());
        execution.setVariable('cmprw_requiredPercent',
cmprw_requiredApprovePercent);
        execution.setVariable('cmprw_managerRejected', false);
        execution.setVariable('cmprw_managerApproveCount', 0);
        execution.setVariable('cmprw_managerActualPercent', 0);
        execution.setVariable('cmprw_managerReviewerCount',
cmprw_managerAssignees.size());

        bpm_package.children[0].addAspect("cmprw:published-document ");
        bpm_package.children[0].removeAspect("cmprw:approved-document");
      </activiti:string>
    </activiti:field>
  </activiti:executionListener>
</extensionElements>
```

Die letzte Zeile des Scripts ist ein wenig erklärungsbedürftig. Zwar haben wir diesen Punkt schon in der vorangegangenen Standard-Variablen-Tabelle betrachtet, jedoch keinen konkreten Anwendungsfall aufgezeigt. Wie bereits beschrieben, stellt das `bpm_package` die Referenz zu den im Workflow involvierten Nodes (Dokumente, Verzeichnisse) dar.

 HINWEIS: Wenn Sie für ein Dokument in der Dokumentenbibliothek in Alfresco Share die Aktion *Workflow starten* wählen, sehen Sie dieses Dokument im verfügbaren Dokumenten-Bereich als Formular. Diese Dokumente werden beim Start des Workflows als Assoziation mit einem Workflow-Package, einer Node in Alfresco, verbunden. Das `bpm_package` findet nahezu in jedem Workflow Verwendung, in welchen Dokumenten-Aktionen ablaufen.

Da wir den Workflow nur mit einem einzigen Dokument durchlaufen lassen werden, greifen wir über das Objekt `children` auf das erste Element zu. Und da wir bereits kennen gelernt haben, dass Alfresco automatisiert entsprechende Referenzen in ScriptNode-Objekte umwandelt, können wir anschließend bereits bekannte Methoden, wie das Hinzufügen von Aspekten, ausführen. Wir fügen auf unserem Dokument den Aspekt `cmprw:published-document` hinzu, welchen wir später noch definieren werden. Der Aspekt `published-document` stellt dar, welches Dokument als Publizierungsdokument ausgewählt worden ist. Durch das Starten eines Workflows mit diesem Publizierungsdokument, können wir nun auf diese Aktion reagieren. Beispielsweise können wir jetzt eine Business Rule verwenden und damit bestimmten Personenkreisen eine E-Mail schreiben, um diese darüber in Kenntnis zu setzen, dass ein neues Dokument publiziert werden soll –

und das alles ohne zusätzlichen Entwicklungsaufwand. Außerdem hat dieses Vorgehen einen weiteren Vorteil: Das Dokument kann jetzt anders dargestellt werden, da es über mehr Informationen verfügt. Zum Beispiel können wir in der Eigenschaftsliste in den Details des Dokumentes weitere Informationen über den aktuellen Workflow-Stand anzeigen lassen.

Dazu kommen wir jedoch noch ausführlicher, wenn wir die Möglichkeiten der Kombination von Business Rules, Scripting etc. kennen lernen. Natürlich könnte man meinen, dass das Ausliefern von Info-Mails im Workflow selbst erfolgen sollte und nicht über verschiedene Ecken, wie den Anbindungen an Business Rules. Dieser Aussage stimme ich prinzipiell zu, jedoch wachsen aus Sicht der Open Source-Welt die Technologien immer mehr zusammen. Eine Vernetzung untereinander, wie das von Activiti und Alfresco, stellen den Beweis für eine tragfähige und langfristige Lösung im geschäftskritischen Einsatz dar. Das Rad muss also nicht mehr neu erfunden werden, sondern die Standards und vorhandene Lösungen, wie das Versenden von E-Mails via Business Rules, können bereits genutzt werden. Natürlich können auch innerhalb des Workflow-Bereichs E-Mails versendet werden. Hierzu kann beispielsweise innerhalb des Scripting-Bereichs das `actions`-Objekt `mail` verwendet werden, welches wir bereits in Abschnitt 8.2.4.2 kennen gelernt haben.

Wir wollen uns nun mit dem Startelement des Workflows befassen – dem `startEvent`. Hier definieren wir sowohl eine `id` sowie einen `activiti:formKey`, da, basierend auf dem `startEvent`, das Startformular in Alfresco generiert wird.

```
<startEvent id="start"
activiti:formKey="cmprw:submitParallelReviewTask"></startEvent>
```

Anschließend definieren wir den parallelen Task für die Überprüfung eines Dokumentes zur technischen und inhaltlichen Freigabe. Hierzu nutzen wir das Element `userTask`, welches in BPMN eine Aufgabe für einen Benutzer darstellt.

Listing 9.6 Definition des Tasks, um ein Dokument auf Korrektheit zu überprüfen

```
<userTask id="reviewTask" name="Review Task"
activiti:assignee="${reviewAssignee.properties.userName}"
activiti:formKey="cmprw:activitiReviewTask">
  <extensionsElements></extensionElements>
  <multiInstanceLoopCharacteristics></
multiInstanceLoopCharacteristics>
</userTask>
```

Der `userTask` besteht natürlich ebenfalls aus einem `id`- und dem `name`-Attribut. Viel wichtiger aber sind die Attribute `activiti:assignee` sowie `activiti:formKey`. Das Attribut `activiti:formKey` definiert den korrespondierenden Task-Typen in unserem (noch nicht) vorhandenen Model, welches anschließend mit einem Formular in Alfresco Share verknüpft wird. `activiti:assignee` stellt die Zuweisung des Tasks an eine spezifische Person dar. Die Variable `reviewAssignee` generiert sich aus einer separaten Definition innerhalb des `userTask`s, um eine parallele Verarbeitung zu ermöglichen. Hierzu existiert im BPMN-Standard das Element `multiInstanceLoopCharacteristics` für die Erstellung von parallelen Tasks.

Listing 9.7 Der reviewTask kann parallel von mehreren Nutzern bearbeitet werden. Die Zusammenführung zu einem „Strang" erfolgt später in einem Gateway.

```
<multiInstanceLoopCharacteristics isSequential="false"
activiti:collection="cmprw_technicalAssignees"
activiti:elementVariable="reviewAssignee">
  <completionCondition>
    ${cmprw_actualPercent >= cmprw_requiredApprovePercent}
  </completionCondition>
</multiInstanceLoopCharacteristics>
```

Das Attribut `isSequential` teilt der Workflow-Engine mit, ob der Task nacheinander oder parallel abgearbeitet werden soll. Anschließend erfolgt die Zuweisung der Personen durch die Activiti-Erweiterung `activiti:collection`. Hier wird die Variable `cmprw_technical Assignees` angegeben, welche beim Starten des Workflows im Formular als Eingabefeld vorhanden sein muss. Über das Attribut `activiti:elementVariable` wird definiert, auf welche Weise man bei jeder Task auf den jeweiligen Benutzer zugreifen kann. Denn wenn man beispielsweise drei Personen zur technischen Überprüfung angegeben hat, werden auch drei parallele Tasks erstellt. Jede der beschriebenen Personen erhält eine Aufgabe. Über die Variable `reviewAssignee` kann anschließend auf die zugewiesene Person zugegriffen werden. Wie wir bereits in der Definition des `userTask`-Elementes sehen, wird dort eben der Bearbeiter des Tasks über die Variable `activiti:assignee` gesetzt.

Darüber hinaus können wir über das Element `completionCondition` an die Bedingung anknüpfen und festlegen, wie lange die parallelen Tasks andauern sollen. Wenn die Bedingung erfüllt ist, werden alle bestehenden Tasks abgebrochen und die erste Stufe beendet. Wenn in unserem Fall die Zustimmungsrate erreicht ist, beenden wir alle weiteren Aufgaben, um unnötigen Arbeitsaufwand zu vermeiden.

Jetzt benötigen wir entsprechende Logik, um beim Beenden der Tasks die Zustimmungsrate zu berechnen. Diese Logik implementieren wir im `extensionElements`-Bereich innerhalb des `userTask`-Elementes. Dabei konzentrieren wir uns auf den Punkt, an dem der Task beendet wird. An dieser Stelle können wir feststellen, ob der Benutzer das Dokument technisch akzeptiert hat. Hierzu lesen wir die Variable `cmprw_reviewOutcome` aus, welche nicht Workflow übergreifend vorhanden ist, sondern ausschließlich in einem Task. Diese Variable existiert mehrals – für jeden Task entsprechend. Falls der Wert „Approve" gesetzt worden ist, kann der Wert der Zustimmungsrate erhöht werden. Wenn dieser den vordefinierten Schwellwert erreicht, welcher über das Workflow-Formular angegeben worden ist, erfolgt das Beenden aller parallelen Tasks und das Erreichen der zweiten Überprüfungsstufe.

Listing 9.8 Wird ein Task abgeschlossen, werden ihre Informationen gespeichert und später wiederverwendet (im Workflow und Share).

```
<extensionElements>
  <activiti:taskListener event="complete"
class="org.alfresco.repo.workflow.activiti.tasklistener.ScriptTaskListener">
    <activiti:field name="script">
      <activiti:string>
        if(task.getVariableLocal('cmprw_reviewOutcome') == 'Approve')
{
          newApprovedCount = cmprw_approveCount + 1;
          var newApprovedPercentage = (newApprovedCount /
cmprw_reviewerCount) * 100;
```

```
            execution.setVariable('cmprw_approveCount',
newApprovedCount);
            execution.setVariable('cmprw_actualPercent',
newApprovedPercentage);
            }
      </activiti:string>
    </activiti:field>
  </activiti:taskListener>
</extensionElements>
```

Falls die notwendige Zustimmungsrate erreicht ist, um in die nächste Überprüfungsstufe gehen zu können, müssen wir die dafür korrespondierenden Task erstellen. Die `manager Task` wird sequenziell abgearbeitet. Akzeptiert der Anwender in diesem Task den Zustand eines Dokumentes nicht, erhält der Initiator des Workflows in Form eines `rejectedTask` eine entsprechende Information als Aufgabe. Der Freigabeprozess kann dadurch nicht mehr erfolgreich abgeschlossen werden. Wenn alle beteiligten Personen in der `manager Task` das Dokument freigegeben haben, wir das Dokument anschließend publiziert.

Listing 9.9 Definition eines neuen Tasks, in der diese Aufgabe sequenziell verschiedene Personen bearbeiten müssen

```
<userTask id="managerTask" name="Manager Task"
activiti:assignee="${managerAssignee.properties.userName}"
activiti:formKey="cmprw:activitiManagerTask">
<extensionElements></extensionElements>
<multiInstanceLoopCharacteristics>
</multiInstanceLoopCharacteristics>
</userTask>
```

Da es sich bei diesem Task ebenfalls um eine mehrmalige Abfolge derselben Arbeitsaufträge (überprüfe das Dokument auf fachliche Korrektheit) handelt, benötigen wir zuvor wieder das Element `multiInstanceLoopCharacteristics`. Durch die Definition der Variablen im Attribut `activiti:elementVariable` können wir den Bearbeiter im UserTask (weiter oben) setzen. Das Attribut `isSequential` gibt dieses Mal durch die Angabe des Wertes `false` an, dass dieser Task nicht parallel, sondern sequenziell durchlaufen werden soll. Im Element `completionCompetion` geben wir an, bis wann eine Weiterverarbeitung sinnvoll erscheint. Wir überprüfen durch die Variable `cmprw_managerRejected`, ob diese gesetzt ist und beenden somit das weitere Überprüfen des Dokumentes an dieser Stelle.

Listing 9.10 Definition einer sequenziellen Abarbeitung einer Aufgabe mit beliebig vielen Personen: Sowohl bei sequenziell als auch parallelen Aufgaben, spielt das Element multiInstance-LoopCharacteristics eine entscheidende Rolle.

```
<multiInstanceLoopCharacteristics isSequential="true"
activiti:collection="cmprw_managerAssignees"
activiti:elementVariable="managerAssignee">
  <completionCondition>${cmprw_managerRejected == true}
  </completionCondition>
</multiInstanceLoopCharacteristics>
```

Wenn demnach eine einzige Person im sequenziellen Durchlauf das Dokument nicht in Ordnung findet, wird die weitere Überprüfung sofort abgebrochen und in den Gateway (weiter unten) gesprungen. Dort wird erneut überprüft, wie viel Zustimmungsrate vonnöten ist.

Da wir per Default einen Wert von 100 % vorgeben werden (d. h. alle Personen müssen ihr OK geben), führt dieser Schritt unweigerlich zu einem negativen Ausgang des Workflows.

Die Variable `cmprw_managerRejected` wird innerhalb des `extensionElements`-Bereichs gesetzt, welchen wir uns jetzt einmal genauer anschauen wollen.

Im Prinzip führen wir dort dieselben Berechnungen durch, wie bereits im `reviewTask` zuvor. Wir berechnen anhand des Überprüfungsergebnisses, welches der User auf der Oberfläche angegeben hat, die Zustimmungsrate.

Listing 9.11 Erneute Speicherung von Informationen bezüglich dem abgeschlossenen Task

```
<extensionElements>
  <activiti:taskListener event="complete"
class="org.alfresco.repo.workflow.activiti.tasklistener.ScriptTaskListener">
    <activiti:field name="script">
      <activiti:string>
        if(task.getVariableLocal('cmprw_managerOutcome') ==
'Approve') {
          var newManagerApprovedCount = cmprw_managerApproveCount + 1;
          var newManagerApprovedPercentage = (newManagerApprovedCount
/ cmprw_managerReviewerCount) * 100;
          execution.setVariable('cmprw_managerApproveCount',
newManagerApprovedCount);
          execution.setVariable('cmprw_managerActualPercent',
          newManagerApprovedPercentage);
        }
        else {
          execution.setVariable('cmprw_managerRejected', true);
        }
      </activiti:string>
    </activiti:field>
  </activiti:taskListener>
</extensionElements>
```

Wir haben es fast geschafft! Wir haben bereits die zwei wichtigsten Tasks für die Überprüfung eines Dokumentes auf inhaltliche und fachliche Korrektheit modelliert. Jetzt fehlen jedoch noch die Ergebnis-Tasks, welche wir dem Initiator beim Beenden des Workflows (im positiven als auch im negativen Sinne) zuweisen müssen. Dadurch erhält der Initiator ein entsprechendes Feedback, ob das Dokument erfolgreich den Überprüfungsprozess durchlaufen hat. Hier wird es nämlich auch am interessantesten für uns, um die Zusammenarbeit zwischen Acitvti und Alfresco am besten zu verstehen. Mithilfe von Scripting fügen wir den jeweiligen Status an das zu überprüfende Dokument, sodass wir anschließend mit den Business Rules darauf reagieren können. Dadurch können wir einen Teil der Logik an den Standard von Alfresco übermitteln, welcher vor allem aus Migrationsgesichtspunkten Sinn ergibt.

Zunächst wollen wir uns hierzu den **Document Approved-Task** genauer anschauen. In diesem Task müssen wir die lokalen Task-Variablen der verschiedenen Ergebnisse der vorangegangenen Aufgaben zuweisen. Diese zeigen dann u. a. in der Oberfläche den Initiator des Workflows an. Außerdem muss das Dokument entsprechend so markiert werden, dass wir es auch als qualitätsgeprüftes Dokument erkennen können. Hierzu eignet sich die Nutzung von Aspekten. Wir verwenden zum Markieren des Dokuments den Aspekt **cmprw:approved-document**. Diesen Aspekt (und viele weitere) werden wir in einem späteren Abschnitt (Abschnitt 9.2.3) in Form eines Content Models definieren.

Listing 9.12 Definition des Tasks „approved": Dieser Task wird nur aufgerufen, wenn die Bedingungen im parallelen als auch sequenziellen Bereich erfüllt wurden.

```
<userTask id="approved" name="Document Approved"
activiti:assignee="${initiator.exists() ?
initiator.properties.userName : 'admin'}"
activiti:formKey="cmprw:approvedParallelTask">
  <extensionElements>
   <activiti:taskListener event="create"
class="org.alfresco.repo.workflow.activiti.tasklistener.ScriptTaskListener">
      <activiti:field name="script">
        <activiti:string>
          task.setVariableLocal('cmprw_reviewerCount',
cmprw_reviewerCount);
          task.setVariableLocal('cmprw_requiredPercent',
cmprw_requiredPercent);
          task.setVariableLocal('cmprw_actualPercent',
cmprw_actualPercent);
          task.setVariableLocal('cmprw_approveCount',
cmprw_approveCount);

          bpm_package.children[0].addAspect("cmprw:approved-document");

          bpm_package.children[0].properties["cmprw:published"] = true;
          bpm_package.children[0].save();
        </activiti:string>
      </activiti:field>
    </activiti:taskListener>
    <activiti:taskListener event="complete"
class="org.alfresco.repo.workflow.activiti.tasklistener.ScriptTaskListener">
      <activiti:field name="script">
        <activiti:string>
          bpm_package.children[0].removeAspect("cmprw:escaltion-
technical-lane");
          bpm_package.children[0].removeAspect("cmprw:escaltion-
manager-lane");
        </activiti:string>
      </activiti:field>
    </activiti:taskListener>
  </extensionElements>
</userTask>
```

Wirklich neu ist eigentlich nur der Teil im unteren Bereich, in welchem wir vor Abschluss des Tasks zwei Aspekte vom Dokument entfernen. cmprw:escaltion-technical-lane stellt einen Aspekt dar, welcher gesetzt wird, wenn die technische Überprüfung länger als vorgegeben dauert. Einen ähnlichen Aspekt gibt es ebenfalls für die fachliche Überprüfung, welcher cmprw:escaltion-manager-lane betitelt wird. Diese Aspekte werden durch einen Timer gesetzt, welchen wir uns noch anschauen werden. Dieselbe Funktionalität setzen wir ebenfalls für den Fall ein, dass das Dokument nicht freigegeben worden ist – dann erhält der Initiator eine entsprechende negative Rückmeldung durch den **Document Rejected-Task**.

Listing 9.13 Definition des Tasks „rejected": Dieser Task wird aufgerufen, wenn mindestens ein Bereich im Workflow nicht erfolgreich abgeschlossen wurde.

```
<userTask id="rejected" name="Document Rejected"
activiti:assignee="${initiator.exists() ?
initiator.properties.userName : 'admin'}"
activiti:formKey="cmprw:rejectedParallelTask">
  <extensionElements>
    <activiti:taskListener event="create"
class="org.alfresco.repo.workflow.activiti.tasklistener.ScriptTaskListener">
      <activiti:field name="script">
        <activiti:string>
          task.setVariableLocal('cmprw_reviewerCount',
cmprw_reviewerCount);
          task.setVariableLocal('cmprw_requiredPercent',
cmprw_requiredPercent);
          task.setVariableLocal('cmprw_actualPercent',
cmprw_actualPercent);
          task.setVariableLocal('cmprw_approveCount',
cmprw_approveCount);

          bpm_package.children[0].properties["cmprw:published"] =
false;
          bpm_package.children[0].save();
        </activiti:string>
      </activiti:field>
    </activiti:taskListener>
    <activiti:taskListener event="complete"
class="org.alfresco.repo.workflow.activiti.tasklistener.ScriptTaskListener">
      <activiti:field name="script">
        <activiti:string>

          bpm_package.children[0].removeAspect("cmprw:escaltion-
technical-lane");
          bpm_package.children[0].removeAspect("cmprw:escaltion-
manager-lane");
        </activiti:string>
      </activiti:field>
    </activiti:taskListener>
  </extensionElements>
</userTask>
```

Im Gegensatz zum **Document Approved-Task**, wird der Parameter cmprw:published auf false anstatt auf true gesetzt. Dadurch können wir andere Informationen am Dokument in der Alfresco Share-Oberfläche anzeigen lassen. Der Nutzer sieht auf einen Blick, ob das Dokument erfolgreich freigegeben oder zurückgewiesen worden ist.

Somit wären unsere Task-Definitionen abgeschlossen. Was jetzt natürlich noch fehlt, sind zum einen die Timer, welche bei Ablaufen des Fälligkeitsdatums reagieren sollen, und zum anderen die Transitionen von einem Task zum nächsten. Befassen wir uns zunächst mit der Timer-Definition. Hierzu existiert in BPMN 2.0 ein so genannter boundaryEvent. Dieses boundaryEvent erhält als Parameter einen Zeitstempel. Ist die dort angegebene Zeit erreicht, wird der Trigger des Timers aktiv, und man kann entsprechend darauf reagieren. Ein boundaryEvent wird in der Regel an einen Task angefügt und kann im Eskalationsfall den Task terminieren und einen komplett anderen Weg im Workflow einschlagen. Hüten Sie sich also vor dieser Funktionalität! Wir wollen uns jetzt hierzu einmal die Definitionen für die beiden Überprüfungsstufen anschauen.

Listing 9.14 boundaryEvents werden zu Nodes (z. B. Tasks) angefügt und mit einem Timer ausgestattet. Wenn der Timer abgelaufen ist, aktiviert sich dieser Event wieder.

```
<boundaryEvent id="technicalEscalationReminder"
cancelActivity="false" attachedToRef="reviewTask">
  <timerEventDefinition>
    <timeDate>${dueDateTechnicalIso}</timeDate>
  </timerEventDefinition>
</boundaryEvent>

<boundaryEvent id="managerEscalationReminder" cancelActivity="false"
attachedToRef="managerTask">
  <timerEventDefinition>
    <timeDate>${dueDateManagerIso}</timeDate>
  </timerEventDefinition>
</boundaryEvent>
```

Wie wir gut erkennen können, wird über das Attribut `attachedToRef` die Verknüpfung zu einem Task hergestellt. In unserem konkreten Fall jeweils zu unseren Überprüfungsaufgaben. Als Zeitstempel müssen wir im Standard ein im ISO-Format vorliegendes Zeitformat übergeben.

 HINWEIS: Ein `boundaryEvent` eskaliert bei abgelaufener Zeit nur dann, wenn der damit verknüpfte Task bereits bzw. immer noch existiert. Existiert z. B. ein Task, wo das damit verknüpfte Fälligkeitsdatum bereits abgelaufen ist, wird sofort der Trigger des Timers aktiv, wenn der Task erstellt wird. Wenn das Attribut `cancelActivity` auf `true` gesetzt ist, wird der Task sofort beendet, bevor er überhaupt dem Benutzer zugewiesen worden ist. ∎

Sollen bestimmte Aktionen automatisiert ablaufen – ohne das Einwirken von Personen – sind in der Regel so genannte `serviceTasks` die beste Wahl. Mithilfe der `serviceTasks` setzen wir auf dem zu überprüfenden Dokument einen entsprechenden Aspekt, der informieren soll, dass die Fälligkeit zur Überprüfung des Dokumentes längst überschritten ist. Prinzipiell kennen Sie schon die Möglichkeiten in BPMN 2.0, um eigene Logik einzuführen. Deshalb schauen wir in Listing 9.15 die beiden `serviceTasks` ohne weitere Erklärungen an.

Listing 9.15 Definition der serviceTasks, welche ggf. durch die boundaryEvents aufgerufen werden: Anschließend werden Aspekte an das zu bearbeitende Dokument gehängt. In Alfresco können wir sowohl visuell als auch proaktiv mit Rules darauf reagieren und z. B. Reminder-Mails verschicken.

```
<serviceTask id="sendTechnicalEscalationMail" name="Alfresco Task"
activiti:class="org.alfresco.repo.workflow.activiti.script.
AlfrescoScriptDelegate">
  <extensionElements>
    <activiti:field name="script">
      <activiti:string>
```

```
        bpm_package.children[0].addAspect("cmprw:escaltion-technical-
lane");
      </activiti:string>
    </activiti:field>
  </extensionElements>
</serviceTask>

<serviceTask id="sendManagerEscalationMail" name="Alfresco Task"
activiti:class="org.alfresco.repo.workflow.activiti.script.
AlfrescoScriptDelegate">
  <extensionElements>
    <activiti:field name="script">
      <activiti:string>
        bpm_package.children[0].addAspect("cmprw:escaltion-manager-
lane");
      </activiti:string>
    </activiti:field>
  </extensionElements>
</serviceTask>
```

Sowohl für die technische als auch fachliche Überprüfung verwenden wir verschiedene Aspekte. Dadurch können wir noch genauer auf eine Eskalation reagieren und sehr einfach bestimmen, an welchem der Workflow gerade „hängt". Die ids der jeweiligen serviceTasks könnten etwas irreführend sein, denn tatsächlich verschicken wir keine Mails im Workflow. Jedoch soll die id darauf hinweisen, welche Funktionalität wir hiermit (in Alfresco) abbilden wollen.

Gateways haben wir bereits per Definition kennengelernt. Wir benötigen in unserem Fall ebenfalls Gateways, um das Zusammenführen verschiedener Tasks zu ermöglichen.

Listing 9.16 Definition von exklusiven Gateways, welche unsere parallelen und sequenziellen Aufgaben wieder zusammenführen lassen (Stichwort „Strang")

```
<exclusiveGateway id="reviewDecision" name="Review
Decision"></exclusiveGateway>

<exclusiveGateway id="managerDecision" name="Review
Decision"></exclusiveGateway>
```

Ein exklusiver Gateway, welches wir hier verwenden wollen, definiert nichts anderes, als dass nur ein Weg weiterverfolgt werden kann. Das bedeutet, dass nach einem Gateway keine unterschiedlichen Zustände im Prozess gleichzeitig existieren können. Nach einem Gateway existieren keine parallelen Aufgaben mehr. Das ist für uns zwingend notwendig. Prinzipiell existieren auch Gateways, die es erlauben, dass bei paralleler Verarbeitung anschließend auch mehrere Wege genommen werden können. Die Gateways haben sonst keine weiteren Definitionen, z. B. in welche Richtung es gehen soll. Diese Information steckt ausschließlich in den Transitionen bzw. in den sequenceFlows, wie sie in der BPMN 2.0-Notation genannt werden.

Ein sequenceFlow verbindet ein Element mit einem anderen Element. Dadurch wird der Workflow erst richtig zum Leben erweckt, denn die sequenceFlows geben an, welche Pfade der Workflow eingehen kann. Andere Pfade sind nicht erlaubt und werden mit Fehlern seitens der Workflow-Engine bestraft. Wir wollen uns einmal der Reihe nach die Transitionen für unseren Workflow genauer anschauen.

Listing 9.17 Definition eines sequenceFlows: Hier wird u. a. unser eingegebenes Datum in ein ISO-Format für die Verwendung in der Activiti Engine konvertiert.

```
<sequenceFlow id="flow1" name="" sourceRef="start"
targetRef="reviewTask">
  <extensionElements>
    <activiti:executionListener class="org.alfresco.repo.workflow.
activiti.listener.ConvertDateToISO8601">
      <activiti:field
      name="source" stringValue="cmprw_duedateTechnical" />
      <activiti:field
      name="target" stringValue="dueDateTechnicalIso" />
    </activiti:executionListener>
  </extensionElements>
</sequenceFlow>
```

Unsere erste Transition verläuft vom Startpunkt des Workflows aus (start) zur ersten Überprüfungsphase (reviewTask). Die Besonderheit hierbei stellt das extensionElements dar. Hier definieren wir einen executionListener, welcher als Klasse ConvertDateTo ISO8601 besitzt. Wie Sie sich vielleicht noch erinnern können, verfügen wir über Timer-Funktionalitäten, welche dann eskalieren, wenn ein Fälligkeitsdatum abgelaufen ist. Hier an diesem Punkt wandeln wir das Datum, welches wir über das Startformular erhalten haben, in ein ISO-konformes Datum um, damit der BPMN-Timer das Datum lesen und verwenden kann. Hierzu definieren wir ein source- sowie ein target-Field. Das source-Field übergibt der Klasse den Wert aus dem Startformular, während das target-Field das umgewandelte Format darstellt – zugewiesen an eine neue oder bestehende Variable.

Darüber hinaus gibt es eine Transition, um die (eventuell) abgelaufenen Timer mit einem serviceTask verbinden zu können.

Listing 9.18 Über sequenceFlows wird der boundaryEvent mit den serviceTasks verbunden.

```
<sequenceFlow id='flow20' sourceRef='technicalEscalationReminder'
targetRef='sendTechnicalEscalationMail' />
<sequenceFlow id='flow21' sourceRef='managerEscalationReminder'
targetRef='sendManagerEscalationMail' />
<sequenceFlow id="flow2" name="" sourceRef="reviewTask"
targetRef="reviewDecision"></sequenceFlow>
```

Wenn alle Beteiligten bei der technischen Überprüfung ihren Task abgeschlossen haben, muss entschieden werden, welche Richtung der Workflow aufnehmen soll. Hierzu verwenden wir den Gateway, der nur in eine Richtung weitergeführt werden darf.

```
<sequenceFlow id="flow2" name="" sourceRef="reviewTask"
targetRef="reviewDecision"></sequenceFlow>
```

Doch wo genau definiert sich jetzt die Entscheidung, welche Richtung weiterverfolgt werden soll? Diesen Punkt wollen wir uns jetzt genauer anschauen.

Listing 9.19 Definition eines Flows mit einem Entscheidungs-Element (conditionExpression)

```
<sequenceFlow id='flow3' sourceRef='reviewDecision'
targetRef='managerTask'>
  <extensionElements>
    <activiti:executionListener
class="org.alfresco.repo.workflow.activiti.listener.ConvertDateToISO8601">
```

```
    <activiti:field name="source"
  stringValue="cmprw_duedateManager" />
    <activiti:field name="target" stringValue="dueDateManagerIso" />
  </activiti:executionListener>
 </extensionElements>
 <conditionExpression xsi:type="tFormalExpression">
   ${cmprw_actualPercent >= cmprw_requiredApprovePercent}
 </conditionExpression>
</sequenceFlow>
```

Im Element `conditionExpression` definieren wir, unter welcher Bedingung die zweite Überprüfungsphase gestartet werden kann. Wenn der dort angegebene Ausdruck `true` zurückgibt, wird die zweite Überprüfungsphase eingeleitet.

Die Transition verfügt darüber hinaus über eine entsprechende Umwandlungsroutine für das Fälligkeitsdatum bei einer fachlichen Überprüfung. Die Gegenseite, d.h., wenn die Zustimmungsrate nicht erreicht ist, sieht folgendermaßen aus:

```
<sequenceFlow id="flow4" name="" sourceRef="reviewDecision"
targetRef="rejected"></sequenceFlow>
```

Vom `managerTask` aus gesehen, wird erneut ein Gateway aufgerufen, wenn alle sequenziellen Aufgaben erledigt sind. Die damit verknüpften Transitionen entscheiden darüber, welcher Ausgang der Workflow hat – positiv oder negativ.

Listing 9.20 Weitere Definition eines Sequence-Flows

```
<sequenceFlow id="flow9" name="" sourceRef="managerTask"
targetRef="managerDecision"></sequenceFlow>
<sequenceFlow id="flow7" name="" sourceRef="managerDecision"
targetRef="rejected">
  <conditionExpression xsi:type="tFormalExpression">
    ${cmprw_managerActualPercent &lt;
cmprw_managerRequiredApprovePercent}
  </conditionExpression>
</sequenceFlow>

<sequenceFlow id="flow8" name="" sourceRef="managerDecision"
targetRef="approved"></sequenceFlow>
```

Abschließend müssen wir noch vom `approved`- oder `rejectedTask` das Ende des Workflows durch den Initiator definieren.

```
<sequenceFlow id="flow5" name="" sourceRef="approved"
targetRef="end"></sequenceFlow>
```

```
<sequenceFlow id="flow6" name="" sourceRef="rejected"
targetRef="end"></sequenceFlow>
```

Zum Schluss wäre eine grafische Repräsentation unseres Workflows sinnvoll. Im Normalfall erstellt man dieses Feature mithilfe eines Designer-Tools, wie z.B. mit dem Eclipse-Add-on von Activiti.

Der Vollständigkeit halber werde ich den entsprechend generierten Code hier präsentieren, welcher einem Teil der Definition des Workflows entspricht.

Listing 9.21 Erstellen des Diagramms: Anschließend können wir uns dieses Diagramm in Alfresco Share anschauen (basierend auf einer aktiven Aufgabe bzw. Workflow-Instanz).

```xml
<bpmndi:BPMNDiagram id="BPMNDiagram_companyActivitiParallelReview">
<bpmndi:BPMNPlane bpmnElement="companyActivitiParallelReview"
id="BPMNPlane_companyActivitiParallelReview">
  <bpmndi:BPMNShape bpmnElement="start" id="BPMNShape_start">
    <omgdc:Bounds height="35" width="35"
    x="30" y="200"></omgdc:Bounds>
  </bpmndi:BPMNShape>
  <bpmndi:BPMNShape
  bpmnElement="reviewTask" id="BPMNShape_reviewTask">
    <omgdc:Bounds height="55" width="105"
    x="125" y="190"></omgdc:Bounds>
  </bpmndi:BPMNShape>
  <bpmndi:BPMNShape
  bpmnElement="technicalEscalationReminder"
  id="BPMNShape_boundarytimer1">
    <omgdc:Bounds height="30" width="30"
    x="210" y="218"></omgdc:Bounds>
  </bpmndi:BPMNShape>
  <bpmndi:BPMNShape bpmnElement="reviewDecision"
  id="BPMNShape_reviewDecision">
    <omgdc:Bounds height="40" width="40"
    x="290" y="197"></omgdc:Bounds>
  </bpmndi:BPMNShape>
  <bpmndi:BPMNShape bpmnElement="approved" id="BPMNShape_approved">
    <omgdc:Bounds height="55" width="105"
    x="743" y="60"></omgdc:Bounds>
  </bpmndi:BPMNShape>
  <bpmndi:BPMNShape bpmnElement="rejected" id="BPMNShape_rejected">
    <omgdc:Bounds height="55" width="105"
    x="558" y="440"></omgdc:Bounds>
  </bpmndi:BPMNShape>
  <bpmndi:BPMNShape bpmnElement="end" id="BPMNShape_end">
    <omgdc:Bounds height="35" width="35"
    x="778" y="330"></omgdc:Bounds>
  </bpmndi:BPMNShape>
  <bpmndi:BPMNShape bpmnElement="managerDecision"
  id="BPMNShape_managerDecision">
    <omgdc:Bounds height="40" width="40"
    x="590" y="67"></omgdc:Bounds>
  </bpmndi:BPMNShape>
  <bpmndi:BPMNShape bpmnElement="managerTask"
  id="BPMNShape_managerTask">
    <omgdc:Bounds height="55" width="105"
    x="380" y="60"></omgdc:Bounds>
  </bpmndi:BPMNShape>
  <bpmndi:BPMNShape bpmnElement="managerEscalationReminder"
  id="BPMNShape_boundarytimer3">
  <omgdc:Bounds height="30" width="30"
  x="850" y="93"></omgdc:Bounds>
  </bpmndi:BPMNShape>
  <bpmndi:BPMNEdge bpmnElement="flow1" id="BPMNEdge_flow1">
    <omgdi:waypoint x="65" y="217"></omgdi:waypoint>
    <omgdi:waypoint x="125" y="217"></omgdi:waypoint>
  </bpmndi:BPMNEdge>
  <bpmndi:BPMNEdge bpmnElement="flow2" id="BPMNEdge_flow2">
```

```
        <omgdi:waypoint x="230" y="217"></omgdi:waypoint>
        <omgdi:waypoint x="290" y="217"></omgdi:waypoint>
      </bpmndi:BPMNEdge>
      <bpmndi:BPMNEdge bpmnElement="flow4" id="BPMNEdge_flow4">
        <omgdi:waypoint x="310" y="237"></omgdi:waypoint>
        <omgdi:waypoint x="310" y="324"></omgdi:waypoint>
        <omgdi:waypoint x="610" y="440"></omgdi:waypoint>
      </bpmndi:BPMNEdge>
      <bpmndi:BPMNEdge bpmnElement="flow6" id="BPMNEdge_flow6">
        <omgdi:waypoint x="610" y="440"></omgdi:waypoint>
        <omgdi:waypoint x="795" y="365"></omgdi:waypoint>
      </bpmndi:BPMNEdge>
      <bpmndi:BPMNEdge bpmnElement="flow5" id="BPMNEdge_flow5">
        <omgdi:waypoint x="795" y="115"></omgdi:waypoint>
        <omgdi:waypoint x="795" y="330"></omgdi:waypoint>
      </bpmndi:BPMNEdge>
      <bpmndi:BPMNEdge bpmnElement="flow8" id="BPMNEdge_flow8">
        <omgdi:waypoint x="630" y="87"></omgdi:waypoint>
        <omgdi:waypoint x="743" y="87"></omgdi:waypoint>
      </bpmndi:BPMNEdge>
      <bpmndi:BPMNEdge bpmnElement="flow7" id="BPMNEdge_flow7">
        <omgdi:waypoint x="610" y="107"></omgdi:waypoint>
        <omgdi:waypoint x="610" y="440"></omgdi:waypoint>
      </bpmndi:BPMNEdge>
      <bpmndi:BPMNEdge bpmnElement="flow3" id="BPMNEdge_flow3">
        <omgdi:waypoint x="310" y="197"></omgdi:waypoint>
        <omgdi:waypoint x="310" y="87"></omgdi:waypoint>
        <omgdi:waypoint x="380" y="87"></omgdi:waypoint>
      </bpmndi:BPMNEdge>
      <bpmndi:BPMNEdge bpmnElement="flow9" id="BPMNEdge_flow9">
        <omgdi:waypoint x="485" y="87"></omgdi:waypoint>
        <omgdi:waypoint x="590" y="87"></omgdi:waypoint>
      </bpmndi:BPMNEdge>
    </bpmndi:BPMNPlane>
  </bpmndi:BPMNDiagram>
```

9.2.3 Workflow-Model definieren

Nachdem wir unseren Workflow modelliert haben, widmen wir uns dem korrespondierenden Content Model. Wie wir bereits erfahren haben, werden Workflow- und Task-Variablen
zu großen Teilen aus dem Content Model heraus definiert. Für unser Beispiel erstellen wir
also eine separate Model-Datei und legen diese im Verzeichnis *ALF_HOME/tomcat/shared/
classes/alfresco/extension* mit dem Namen *cmp-release-workflow-model.xml* ab. Dort hinein
definieren wir zunächst die Kopfdaten, welche man für jedes Model benötigt. Dabei erinnert
uns der Import-Bereich sehr stark an Abschnitt 7.1.3.1.1, in welchem wir angefangen haben,
neue Typen und Aspekte zu erstellen.

Listing 9.22 Definition des Workflow-Content Models

```
<?xml version="1.0" encoding="UTF-8"?>
<model name="cmprw:workflowmodel"
xmlns="http://www.alfresco.org/model/dictionary/1.0">
  <imports>
    <import
```

```
    uri=http://www.alfresco.org/model/dictionary/1.0 prefix="d" />
    <import uri=http://www.alfresco.org/model/bpm/1.0
    prefix="bpm" />
    <import
    uri="http://www.alfresco.org/model/content/1.0" prefix="cm"/>
  </imports>
  <namespaces>
    <namespace uri="company.model.review.workflow" prefix="cmprw" />
  </namespaces>
  <types></types>
  <aspects></aspects
</model>
```

Wir werden uns jetzt sukzessive mit der Definition der verschiedenen Typen beschäftigen. Aus der vorangegangenen Variablen-Tabelle wissen wir bereits, welche Variablen wir definieren müssen. Wir beginnen im types-Abschnitt den startEvent zu modellieren, respektive das Formular in Alfresco Share zum Starten des Workflows. Angaben, die der Nutzer über die Oberfläche eingeben soll, müssen im Typ cmprw:submitParallelReviewTask respektive cmprw:submitConcurrentReviewTask definiert werden. Wenn wir uns in der korrespondierendem Workflow-Definition das startEvent einmal anschauen, finden wir im Attribut activiti:formKey den entsprechenden Link zu unserer Typ-Definition cmprw:submitParallelReviewTask. In unserem Beispiel hier definieren wir die Zustimmungsrate für den technischen als auch den fachlichen Teil des Workflows. Im Standard ist der Wert 100 gesetzt, welcher nichts anders bedeutet, als das jeder der Beteiligten im Workflow eine positive Entscheidung hinsichtlich des Dokuments geben muss. Welche Informationen benötigen wir dann noch zum Startzeitpunkt? Natürlich die beteiligten Personen, welche im Workflow das Dokument absegnen sollen. Über den mandatory-aspect-Bereich inkludieren wir den Aspekt cmprw:assignees, welcher sowohl die technischen als auch fachlichen Überprüfer beinhaltet.

Listing 9.23 Definition des Start-Tasks für unseren Workflow im Content Model

```
<type name="cmprw:submitConcurrentReviewTask">
  <parent>bpm:startTask</parent>
  <properties>
    <property name="cmprw:requiredApprovePercent">
      <title>Required Approved Procent</title>
      <type>d:int</type>
      <mandatory>true</mandatory>
      <default>100</default>
      <constraints>
        <constraint type="MINMAX">
          <parameter name="minValue">
          <value>1</value>
        </parameter>
        <parameter name="maxValue">
          <value>100</value>
        </parameter>
        </constraint>
      </constraints>
    </property>
    <property name="cmprw:managerRequiredApprovePercent">
      <type>d:int</type>
      <default>100</default>
```

```
        <constraints>
          <constraint type="MINMAX">
            <parameter name="minValue">
            <value>1</value>
          </parameter>
          <parameter name="maxValue">
            <value>100</value>
          </parameter>
        </constraint>
      </constraints>


      </property>
    </properties>
    <mandatory-aspects>
      <aspect>cmprw:duedates</aspect>
    </mandatory-aspects>
</type>

<type name="cmprw:submitParallelReviewTask">
  <parent>cmprw:submitConcurrentReviewTask</parent>
  <mandatory-aspects>
    <aspect>cmprw:assignees</aspect>
  </mandatory-aspects>
</type>
```

Als Nächstes definieren wir den Task-Typ zur technischen Überprüfung. Hier existiert eine kleine Besonderheit, welche wir uns ein wenig genauer anschauen wollen. Wenn wir uns an die Workflow-Definition erinnern, können wir feststellen, dass es **keine** zwei möglichen Ausgangswege zum Beenden einer technischen Überprüfung gibt. Stattdessen existiert nur eine einzige Transition, welche von der `reviewTask` ausgehend, in einem Gateway mündet. Eigentlich müssten es doch zwei Transitionen sein, in welcher der Anwender die Wahl hat, zu entscheiden, ob das Dokument in Ordnung ist oder dem Initiator noch einmal vorgelegt werden muss. Dieses Vorgehen wird in Alfresco anders gespeichert, indem die möglichen Optionen zur Beendigung einer Aufgabe in Form eines Metadatums ausgewählt werden können. Mit der Eigenschaft `cmprw:reviewOutcomeOptions` wird eine Liste an möglichen Optionen für den Nutzer vorgegeben.

Listing 9.24 Definition des Tasks für die parallele Bearbeitung im Content Model

```
<type name="cmprw:activitiReviewTask">
  <parent>bpm:activitiOutcomeTask</parent>
  <properties>
    <property name="cmprw:reviewOutcome">
    <type>d:text</type>
    <default>Reject</default>
    <constraints>
        <constraint name="cmprw:reviewOutcomeOptions" type="LIST">
          <parameter name="allowedValues">
            <list>
              <value>Approve</value>
              <value>Reject</value>
            </list>
          </parameter>
        </constraint>
      </constraints>
```

```
      </property>
    </properties>
    <overrides>
      <property name="bpm:packageItemActionGroup">
        <default>edit_package_item_actions</default>
      </property>
      <property name="bpm:outcomePropertyName">
        <default>
{http://www.alfresco.org/model/workflow/1.0}reviewOutcome
        </default>
      </property>
    </overrides>
    <mandatory-aspects>
      <aspect>cmprw:duedates</aspect>
    </mandatory-aspects>
</type>
```

Dieselben Informationen benötigen wir ebenfalls bei der fachlichen Überprüfungsaufgabe eines Dokuments.

Listing 9.25 Definition des Tasks für die sequenzielle Bearbeitung im Model

```
<type name="cmprw:activitiManagerTask">
  <parent>bpm:activitiOutcomeTask</parent>
  <properties>
    <property name="cmprw:reviewOutcome">
    <type>d:text</type>
    <default>Reject</default>
    <constraints>
        <constraint name="cmprw:reviewOutcomeOptions" type="LIST">
          <parameter name="allowedValues">
            <list>
              <value>Approve</value>
              <value>Reject</value>
            </list>
          </parameter>
        </constraint>
    </constraints>
    </property>
  </properties>
  <overrides>
    <property name="bpm:packageItemActionGroup">
      <default>edit_package_item_actions</default>
    </property>
    <property name="bpm:outcomePropertyName">
      <default>
{http://www.alfresco.org/model/workflow/1.0}reviewOutcome
      </default>
    </property>
  </overrides>
  <mandatory-aspects>
    <aspect>cmprw:duedates</aspect>
  </mandatory-aspects>
</type>
```

Sowohl beim positiven als auch negativen Ausgang des Workflows wird dem Initiator eine Übersicht angezeigt.

Listing 9.26 Definition des approvedTasks und rejectedTasks im Content Model

```
<type name="cmprw:rejectedParallelTask">
  <parent>bpm:workflowTask</parent>
  <mandatory-aspects>
    <aspect>cmprw:parallelReviewStats</aspect>
  </mandatory-aspects>
</type>

<type name="cmprw:approvedParallelTask">
  <parent>bpm:workflowTask</parent>
  <mandatory-aspects>
    <aspect>cmprw:parallelReviewStats</aspect>
  </mandatory-aspects>
</type>
```

Diese referenzieren jeweils den gleichen Aspekt, welcher Informationen zu den Abstimmungen enthält.

Doch wollen wir uns zunächst den Aspekt anschauen, welcher beim Start des Workflows im Formular mit angegeben werden muss. Der Aspekt `cmprw:assignees` wird im Typ `cmprw:submitParallelReviewTask`, welcher mit dem `startEvent` des Workflows durch das Attribut `activiti:formKey` assoziiert ist, automatisch inkludiert.

Listing 9.27 Definition von Assoziationen im Start-Task, um beim Starten des Workflows sowohl die technischen als auch fachlichen Benutzer angeben zu können

```
<aspect name="cmprw:assignees">
  <associations>
    <association name="cmprw:technicalAssignees">
      <source>
        <mandatory>false</mandatory>
        <many>false</many>
      </source>
      <target>
        <class>cm:person</class>
        <mandatory>true</mandatory>
        <many>true</many>
      </target>
    </association>
    <association name="cmprw:managerAssignees">
      <source>
        <mandatory>false</mandatory>
        <many>false</many>
      </source>
      <target>
        <class>cm:person</class>
        <mandatory>true</mandatory>
        <many>true</many>
      </target>
    </association>
  </associations>
</aspect>
```

Da der Workflow Fälligkeitszeiten beinhaltet, müssen diese ebenfalls vom Nutzer mit angegeben werden. Aus diesem Grund wird der Aspekt ebenfalls beim Start-Typ `cmprw:submitConcurrentReviewTask` inkludiert und steht über die Oberfläche beim Starten des

Workflows bereit zur Eingabe. Ebenfalls Verwendung findet dieser Aspekt als Information für den Anwender bei den technischen und fachlichen Überprüfungsaufgaben.

Listing 9.28 Definition der Fälligkeiten für die jeweiligen Aufgaben

```
<aspect name="cmprw:duedates">
  <properties>
    <property name="cmprw:duedateTechnical">
      <title>Technical Duedate</title>
      <type>d:date</type>
      <mandatory>true</mandatory>
    </property>
    <property name="cmprw:duedateManager">
      <title>Manager Duedate</title>
      <type>d:date</type>
      <mandatory>true</mandatory>
    </property>
  </properties>
</aspect>
```

Es gibt darüber hinaus noch weitere Aspekte, welche für das korrekte Abarbeiten unseres Workflows notwendig sind. Zum einen wären die Aspekte `cmprw:escaltion-technical-lane` sowie `cmprw:escaltion-manager-lane` zu nennen, welche auf dem Dokument gespeichert werden, falls eine Zeitüberschreitung einer Aufgabe stattgefunden hat. Der Aspekt `cmprw:published-document` bestimmt über die Eigenschaft `cmprw:publish`, ob das Dokument erfolgreich durch die Beteiligten des Workflows (bzw. der Zustimmungsrate) freigegeben worden ist.

Listing 9.29 Definition der Aspekte für die jeweilige Eskalation beim Überschreiten des Fälligkeitstermins; Definition des Aspekts für den Dokumentenstatus

```
<aspect name="cmprw:escaltion-technical-lane">
  <title>Escalation (technical)</title>
</aspect>

<aspect name="cmprw:escaltion-manager-lane">
  <title>Escalation (approvement)</title>
</aspect>

<aspect name="cmprw:approved-document">
  <title>Approved Document</title>
</aspect>

<aspect name="cmprw:published-document">
  <properties>
    <property name="cmprw:published">
      <title>Published</title>
      <type>d:boolean</type>
      <mandatory>true</mandatory>
      <default>false</default>
    </property>
  </properties>
</aspect>
```

Damit sind wir am Ende der Modellierung unseres Workflows. Wir wollen uns jetzt mit weiteren wichtigen Konfigurationsarbeiten beschäftigen, damit wir am Ende unseren Workflow in Alfresco verwenden können.

9.2.4 Übersetzungen für Mehrsprachigkeit

Die Übersetzungen folgen demselben Schema, welches wir beispielsweise bereits bei der Übersetzung unseres Rechnungs-Typen angewandt haben. Wir erstellen hierzu wieder drei verschiedene properties-Dateien im Verzeichnis *ALF_HOME/tomcat/shared/classes/ alfresco/messages*. Wir benennen die Default-Datei (Fallback, wenn keine entsprechende Übersetzungsdatei für die aktuelle Sprache gefunden worden ist) mit den Namen *cmp-release-workflow.properties.* Anschließend erstellen wir die Dateien *cmp-release-workflow_ en_US.properties* sowie *cmp-release-workflow_de_DE.properties.* Aus Platzgründen werde ich hier ausschließlich die deutsche Übersetzung in der letzten Datei präsentieren.

Listing 9.30 Übersetzungen in den Dateien „cmp-release-workflow_de_DE.properties" und „workflow_en_US.properties" einpflegen

```
cmprw_workflowmodel.association.cmprw_technicalAssignees.
title=Technische Überprüfer
cmprw_workflowmodel.association.cmprw_technicalAssignees.
description=Technische Überprüfer
cmprw_workflowmodel.association.cmprw_managerAssignees.
title=Fachliche Überprüfer
cmprw_workflowmodel.association.cmprw_managerAssignees.
description=Fachliche Überprüfer

cmprw_workflowmodel.property.cmprw_published.title=Genehmigt
cmprw_workflowmodel.property.cmprw_duedateTechnical.title=Fälligkeit
der technischen Überprüfung
cmprw_workflowmodel.property.cmprw_duedateTechnical.
description=Fälligkeit der technischen Überprüfung
cmprw_workflowmodel.property.cmprw_duedateManager.title=Fälligkeit
der fachlichen Überprüfung
cmprw_workflowmodel.property.cmprw_duedatemanager.
description=Fälligkeit der fachlichen Überprüfung

cmprw_workflowmodel.property.cmprw_requiredApprovePercent.
title=Positive Zustimmungsrate notwendig (in %)
cmprw_workflowmodel.property.cmprw_requiredApprovePercent.
description=Positive Zustimmungsrate notwendig (in %)
cmprw_workflowmodel.property.cmprw_reviewerCount.title=Technische
Überprüfer
cmprw_workflowmodel.property.cmprw_requiredPercent.title=Notwendige
Zustimmungsrate (technische Überprüfung in %)

cmprw_workflowmodel.property.cmprw_approveCount.title=Genehmiger
cmprw_workflowmodel.property.cmprw_requiredPercent.
title=Zustimmungsrate
cmprw_workflowmodel.property.cmprw_actualdPercent.
title=Zustimmungsrate

companyActivitiParallelReview.workflow.title=Company Release-Workflow
companyActivitiParallelReview.workflow.description=Parallele
Überprüfung des Dokumentes gefolgt von sequentieller Freigabe.

cmprw_workflowmodel.type.cmprw_activitiReviewTask.title=Technische
Überprüfungsaufgabe
cmprw_workflowmodel.type.cmprw_activitiReviewTask.
description=Technische Überprüfungsaufgabe
```

```
companyActivitiParallelReview.task.reviewTask.title=Dokument
technisch überprüfen
companyActivitiParallelReview.task.reviewTask.description=Dokument
technisch überprüfen
companyActivitiParallelReview.task.managerTask.title=Dokument
fachlich freigeben
companyActivitiParallelReview.task.managerTask.description=Dokument
fachlich freigeben
cmprw_workflowmodel.type.cmprw_activitiManagerTask.title=Fachliche
Überprüfungsaufgabe
cmprw_workflowmodel.type.cmprw_activitiManagerTask.
description=Fachliche Überprüfungsaufgabe
companyActivitiParallelReview.task.approved.title=Das Dokument wurde
sowohl technisch als auch fachlich freigegeben.
companyActivitiParallelReview.task.approved.description=Das Dokument
wurde sowohl technisch als auch fachlich freigegeben.
cmprw_workflowmodel.type.cmprw_approvedParallelTask.title=Info: Ein
Dokument wurde freigegeben
cmprw_workflowmodel.type.cmprw_approvedParallelTask.description=Info:
Ein Dokument wurde freigegeben

companyActivitiParallelReview.task.rejected.title=Das Dokument konnte
nicht freigegeben werden.
companyActivitiParallelReview.task.rejected.description=Das Dokument
konnte nicht freigegeben werden.
cmprw_workflowmodel.type.cmprw_rejectedParallelTask.title=Info: Ein
Dokument wurde zur Freigabe abgelehnt
cmprw_workflowmodel.type.cmprw_rejectedParallelTask.description=Info:
Ein Dokument wurde zur Freigabe abgelehnt

listconstraint.cmprw_reviewOutcomeOptions.Approve=Genehmigen
listconstraint.cmprw_reviewOutcomeOptions.Reject=Nicht genehmigen
listconstraint.cmprw_managerOutcomeOptions.Approve=Freigeben
listconstraint.cmprw_managerOutcomeOptions.Reject=Nicht freigeben

cmprw_workflowmodel.type.cmprw_submitParallelReviewTask.
title=Technische und fachliche Überprüfung eines Dokumentes
cmprw_workflowmodel.type.cmprw_submitParallelReviewTask.
description=Technische und fachliche Überprüfung eines Dokumentes

label.duedates=Fälligkeiten
```

9.2.5 Repository-Initialisierung der Workflow-Dateien

Damit unser Alfresco-Repository den neuen *Company Release Workflow* verwenden kann, muss dieser noch entsprechend über eine Kontext-Datei in Alfresco registriert werden. Bei der Registrierung geben wir zum einen die Workflow-Definition, das Model und die Übersetzungsdateien an. Anschließend sind wir mit der Repository-Konfiguration fertig und können uns der Share-Konfiguration widmen.

Wir erstellen hierzu eine neue Datei mit dem Namen *cmp-release-workflow-context.xml* im Verzeichnis *ALF_HOME/tomcat/shared/classes/alfresco/extension*. In dieser Datei verknüpfen wir die verschiedenen Konfigurationen zu einem Workflow-Paket.

Listing 9.31 Definition unseres Workflows, des Content-Models sowie die Übersetzungen über eine Kontext-Datei

```xml
<?xml version='1.0' encoding='UTF-8'?>
<!DOCTYPE beans PUBLIC '-//SPRING//DTD BEAN//EN'
'http://www.springframework.org/dtd/spring-beans.dtd'>
 <beans>
  <bean id="company.release.workflow.workflowBootstrap"
  parent="workflowDeployer">
    <property name="workflowDefinitions">
      <list>
        <props>
          <prop key="engineId">activiti</prop>
          <prop key="location">alfresco/extension/cmp-release-
workflow.xml</prop>
          <prop key="mimetype">text/xml</prop>
          <prop key="redeploy">false</prop>
        </props>
      </list>
    </property>
    <property name="models">
      <list>
        <value>alfresco/extension/cmp-release-workflow-
model.xml</value>
      </list>
    </property>
    <property name="labels">
      <list>
        <value>alfresco/messages/cmp-release-workflow</value>
      </list>
    </property>
  </bean>
</beans>
```

Zum Schluss müssen wir Alfresco Share für die Verwendung des Workflows konfigurieren. Anschließend können wir das System neu starten, und unser Workflow ist verwendbar.

9.2.6 Alfresco Share konfigurieren

In Alfresco Share wollen wir unseren Workflow verwenden. Hierzu müssen die einzelnen Tasks sowie das Startformular in der Datei *share-config-custom.xml* zur Verwendung konfiguriert werden. Schauen wir uns noch einmal kurz die Workflow-Definition aus Abschnitt 2.2 an. Wie bereits erläutert, sind für uns vor allem die Elemente wichtig, welche wir mithilfe des Attributs activiti:formKey als „Formular" definiert haben. Die jeweiligen Werte stehen in Verbindung mit einem Typen in unserem Content Model. Wir wollen Sie hier noch einmal kurz auflisten:

- **cmprw:submitParallelReviewTask:** Start-Event, welcher über Alfresco Share mit Variablen/Werten konfiguriert wird

- **cmprw:activitiReviewTask:** Parallele Abarbeitung der technischen Überprüfung eines Dokumentes

- **cmprw:activitiManagerTask:** Sequenzielle Abarbeitung der fachlichen Überprüfung eines Dokuments

- **cmprw:approvedParallelTas:** Wenn die notwendige Zustimmungsrate zu den jeweiligen Aufgaben erreicht ist, erhält der Initiator des Workflows ein positives Feedback.

- **cmprw:rejectedParallelTask:** Wenn die notwendige Zustimmungsrate zu den jeweiligen Aufgaben nicht erreicht ist, erhält der Initiator des Workflows ein negatives Feedback.

In der Datei *share-config-custom.xml* werden wir jetzt die für den Form-Service notwendigen Konfigurationen unternehmen. Hierzu beginnen wir mit dem Startformular und dem korrespondierenden Typen **cmprw:submitParallelReviewTask**. Beim Start eines Workflows gibt es einen kleinen – zugegeben, zunächst verwirrenden – Konfigurationseintrag zu tätigen. Wir haben bereits das `startEvent` mit einem entsprechenden `activiti:formKey` verknüpft. Angesprochen in der Konfiguration in Alfresco Share wird jedoch nicht der dort korrespondierende Typ, sondern stattdessen der Workflow-Name (`id` des `process`-Elementes) mit dem Präfix `activiti$`. In unserem Beispiel wäre das demnach `activiti$company ActivitiParallelReview`.

Listing 9.32 Definition unserer Start-Tasks in Alfresco Share mit Angabe der Metadaten, welche eingegeben werden können

```
<config evaluator="string-compare"
condition="activiti$companyActivitiParallelReview">
  <forms>
    <form>
      <field-visibility>
        <show id="cmprw:technicalAssignees" />
        <show id="cmprw:managerAssignees" />
        <show id="cmprw:duedateTechnical" />
        <show id="cmprw:duedateManager" />
        <show id="cmprw:requiredApprovePercent" />
        <show id="packageItems" />
        <show id="bpm:workflowDescription" />
        <show id="bpm:sendEMailNotifications" />
      </field-visibility>
      <appearance>
      </appearance>
    </form>
  </forms>
</config>
```

Ich hoffe, Sie erkennen dennoch einige der dort anzuzeigenden Metadaten wieder. Wenn wir uns die Typ-Definition von **cmprw:submitParallelReviewTask** genauer anschauen, stellen wir fest, dass exakt die dort dargestellten Metadaten zur Verwendung durch den Nutzer definiert werden. Jetzt geben wir über den `appearance`-Bereich einige UI-Änderungen zu unseren verschiedenen Metadaten an. Außerdem wollen wir beispielsweise die Anordnung im Formular teilweise ändern, und zwar so, dass die Auswahl der technischen und fachlichen Workflow-Beteiligten in einem zweispaltigen Menü dargestellt werden soll. Auch für die jeweiligen Fälligkeiten soll ein zweispaltiges Layout verwendet werden. Die verschiedenen Bereiche, wie Workflow-Beteiligte, Fälligkeiten, das involvierte Dokument als auch die Nachricht, sollen in verschiedenen Bereichen nacheinander übersichtlich dargestellt werden. Hierzu verwenden wir in so genannte `sets`. Über diese Komponente lassen sich verschiedene Metadaten gruppiert darstellen. Außerdem lässt sich hier das Layout bestimmen (z. B. zweispaltig).

Listing 9.33 Weitergehende Definition unseres Start-Tasks mit der Angabe von visuellen Eingabehilfen über sets und fields

```
<config evaluator="string-compare"
condition="activiti$companyActivitiParallelReview">
  <forms>
    <form>
    <!--Verfügbaren Elemente bereits  weiter oben definiert ... -->
    </form>
    <appearance>
      <set id="assignees" appearance="title" label-
      id="workflow.set.assignees"
      template="/org/alfresco/components/form/2-column-set.ftl"/>
      <set id="duedates" appearance="title"
      label-id="label.duedates"
      template="/org/alfresco/components/form/2-column-set.ftl"/>
      <set id="" appearance="title"
      label-id="workflow.set.general"/>
      <set id="info" appearance=""
      template="/org/alfresco/components/form/2-column-set.ftl" />

      <set id="items" appearance="title" label-
      id="workflow.set.items"  />
      <set id="other" appearance="title" label-
      id="workflow.set.other" />

      <field id="cmprw:technicalAssignees" set="assignees" />
      <field id="cmprw:managerAssignees" set="assignees"/>
      <field id="cmprw:duedateTechnical" set="duedates" />
      <field id="cmprw:duedateManager" set="duedates"/>

      <field id="bpm:workflowDescription"
label-id="workflow.field.message">
        <control
template="/org/alfresco/components/form/controls/textarea.ftl">
          <control-param name="style">width: 95%</control-param>
        </control>
      </field>

      <field id="cmprw:requiredApprovePercent" set="assignees" />

      <field id="packageItems" set="items" />

      <field id="bpm:sendEMailNotifications" set="other">
        <control
    template="/org/alfresco/components/form/controls/workflow/email-
notification.ftl" />
      </field>

    </appearance>
    </form>
  </forms>
</config>
```

Die technische Überprüfungsaufgabe **cmprw:activitiReviewTask** wird jetzt über den `activiti:formKey` in die Workflow-Definition der Oberfläche von Alfresco Share konfiguriert. Hierbei zeigen wir in der Oberfläche kaum wesentliche Informationen zum Workflow an, bis auf das Dokument und die Initiator-Nachricht.

Listing 9.34 Definition des parallelen Tasks in Alfresco Share

```
<config evaluator="task-type" condition="cmprw:activitiReviewTask">
  <forms>
    <form>
      <field-visibility>
        <show id="message" />
        <show id="taskOwner" />
        <show id="cmprw:duedateTechnical" />
        <show id="bpm:taskId" />
        <show id="bpm:status" />
        <show id="packageItems" />
        <show id="bpm:comment" />
        <show id="cmprw:reviewOutcome" />
      </field-visibility>
      <appearance>
        <set id="" appearance="title"
label-id="workflow.set.task.info" />
        <set id="info" appearance=""
template="/org/alfresco/components/form/3-column-set.ftl" />
         <set id="progress" appearance="title"
label-id="workflow.set.task.progress" />
         <set id="items" appearance="title"
label-id="workflow.set.items" />
         <set id="response" appearance="title"
label-id="workflow.set.response" />

        <field id="message">
          <control
template="/org/alfresco/components/form/controls/info.ftl" />
        </field>

        <field id="taskOwner" set="info" />
        <field id="bpm:taskId" set="info">
          <control
template="/org/alfresco/components/form/controls/info.ftl" />
        </field>
        <field id="cmprw:duedateTechnical" set="info"
label-id="workflow.field.due">
          <control
template="/org/alfresco/components/form/controls/info.ftl" />
        </field>

        <field id="bpm:status" set="progress" />

        <field id="packageItems" set="items" />

        <field id="bpm:comment" label-id="workflow.field.comment"
set="response">
          <control
template="/org/alfresco/components/form/controls/textarea.ftl" />
        </field>
```

```
            <field id="cmprw:reviewOutcome"
  label-id="workflow.field.outcome" set="response">
            <control template="/org/alfresco/components/form/controls/
  workflow/activiti-transitions.ftl" />
          </field>
          <field id="transitions" set="response" />
        </appearance>
      </form>
  </forms>
</config>
```

Hier sollten wir ganz kurz einmal anhalten und uns die vorangegangene Konfiguration genauer anschauen. Da die Transitionen in parallelen und sequenziellen Tasks (mehrfachen!) in Alfresco in Metadatenfelder-Listen abgelegt ist, existiert hier für den Form-Service ein Kontroll-Template, welches die entsprechenden Listenwerte als Transitionen-Buttons darstellt. Wir versuchen kurz, die Verknüpfung hierzu zwischen den einzelnen Konfigurationen aufzubauen.

Die Workflow-Definition enthält im technischen reviewTask ein activiti:formKey, welcher auf den Typ cmprw:activitiReviewTask verweist. Dieser Typ verfügt über die Eigenschaft cmprw:reviewOutcome. Hier definieren wir die möglichen Transitionen. Diese Werte stellen unsere Buttons zum Abschließen einer Aufgabe in Alfresco Share dar. Und durch folgende Konfiguration generieren wir die entsprechenden Buttons:

```
<field id="cmprw:reviewOutcome" label-id="workflow.field.outcome"
set="response">

<control template="/org/alfresco/components/form/controls/workflow/
activiti-transitions.ftl" />

</field>
```

Wir definieren eine ähnliche Konfiguration für die fachliche Überprüfungsaufgabe.

Listing 9.35 Definition der sequenziellen Aufgabe im fachlichen Bereich

```
<config evaluator="task-type" condition="cmprw:activitiManagerTask">
  <forms>
    <form>
      <field-visibility>
        <show id="message" />
        <show id="taskOwner" />
        <show id="cmprw:duedateManager" />
        <show id="bpm:taskId" />
        <show id="bpm:status" />
        <show id="packageItems" />
        <show id="bpm:comment" />
        <show id="cmprw:managerOutcome" />
      </field-visibility>
      <appearance>
        <set id="" appearance="title"
        label-id="workflow.set.task.info" />
        <set id="info"
        appearance=""
        template="/org/alfresco/components/form/3-column-set.ftl" />
        <set id="progress"
        appearance="title" label-id="workflow.set.task.progress" />
```

```
            <set id="items"
        appearance="title" label-id="workflow.set.items" />
            <set id="response"
        appearance="title" label-id="workflow.set.response" />

            <field id="message">
              <control
template="/org/alfresco/components/form/controls/info.ftl" />
            </field>
            <field id="taskOwner" set="info" />
            <field id="bpm:taskId" set="info">
              <control
template="/org/alfresco/components/form/controls/info.ftl" />
            </field>
            <field id="cmprw:duedateManager"
        set="info" label-id="workflow.field.due">
              <control
template="/org/alfresco/components/form/controls/info.ftl" />
            </field>

            <field id="bpm:status" set="progress" />
            <field id="packageItems" set="items" />
            <field id="bpm:comment"
        label-id="workflow.field.comment" set="response">
              <control
template="/org/alfresco/components/form/controls/textarea.ftl" />
            </field>
            <field id="cmprw:managerOutcome"
        label-id="workflow.field.outcome" set="response">
              <control template="/org/alfresco/components/form/controls/
workflow/activiti-transitions.ftl" />
            </field>
          </appearance>
        </form>
      </forms>
    </config>
```

Im `approvedTask` wird anschließend dem Initiator angezeigt, wie viel positive und negative Bewertungen dem Dokument innerhalb des Workflows gegeben worden sind. Beim `approvedTask` ist der Workflow erfolgreich abgeschlossen worden.

Listing 9.36 Definition des „approved"-Tasks, wenn der Workflow erfolgreich abgeschlossen werden konnte

```
<config evaluator="task-type" condition="cmprw:approvedParallelTask">
  <forms>
    <form>
      <field-visibility>
        <show id="message" />
        <show id="taskOwner" />
        <show id="bpm:taskId" />
        <show id="cmprw:reviewerCount" />
        show id="cmprw:approveCount" />
        <show id="cmprw:requiredPercent" />
        <show id="cmprw:actualPercent" />
        <show id="packageItems" />
        <show id="bpm:comment" />
```

```xml
            <show id="transitions" />
        </field-visibility>
        <appearance>
        <set id="" appearance="title"
label-id="workflow.set.task.info" />
        <set id="info"
        appearance=""
        template="/org/alfresco/components/form/3-column-set.ftl" />
        <set id="progress" appearance="title"
        label-id="workflow.set.task.progress" />
        <set id="outcome"
        appearance="title" label-id="workflow.set.outcome"
        template="/org/alfresco/components/form/2-column-set.ftl" />
        <set id="items" appearance="title"
        label-id="workflow.set.items" />
        <set id="response"
        appearance="title" label-id="workflow.set.response" />

        <field id="message">
          <control
template="/org/alfresco/components/form/controls/info.ftl" />
        </field>
        <field id="taskOwner" set="info" />
        <field id="bpm:taskId" set="info">
          <control
template="/org/alfresco/components/form/controls/info.ftl" />
        </field>

        <field id="cmprw:reviewerCount" set="outcome">
          <control
template="/org/alfresco/components/form/controls/info.ftl" />
        </field>

        <field id="cmprw:approveCount" set="outcome">
          <control
template="/org/alfresco/components/form/controls/info.ftl" />
        </field>

        <field id="cmprw:requiredPercent" set="outcome">
          <control
template="/org/alfresco/components/form/controls/info.ftl" />
        </field>

        <field id="cmprw:actualPercent" set="outcome">
          <control
template="/org/alfresco/components/form/controls/info.ftl" />
        </field>
        <field id="bpm:status" set="progress" />
        <field id="packageItems" set="items" />
        <field id="bpm:comment" label-id="workflow.field.comment"
set="response">
          <control
template="/org/alfresco/components/form/controls/textarea.ftl" />
        </field>

        <field id="transitions" set="response" />
      </appearance>
    </form>
  </forms>
</config>
```

Zu guter Letzt wollen wir dieselbe Konfiguration bei der `rejectedTask` hinterlegen.

Listing 9.37 Definition des „rejected"-Tasks, wenn der Workflow nicht erfolgreich abge-schlossen werden konnte

```
<config evaluator="task-type" condition="cmprw:rejectedParallelTask">
  <forms>
    <form>
      <field-visibility>
        <show id="message" />
        <show id="taskOwner" />
        <show id="bpm:taskId" />
        <show id="cmprw:reviewerCount" />
        <show id="cmprw:approveCount" />
        <show id="cmprw:requiredPercent" />
        <show id="cmprw:actualPercent" />
        <show id="packageItems" />
        <show id="bpm:comment" />
        <show id="transitions" />
      </field-visibility>
      <appearance>
        <set id="" appearance="title"
        label-id="workflow.set.task.info" />
        <set id="info"
        appearance=""
        template="/org/alfresco/components/form/3-column-set.ftl" />
        <set id="progress" appearance="title"
        label-id="workflow.set.task.progress" />
        <set id="outcome" appearance="title"
        label-id="workflow.set.outcome"
        template="/org/alfresco/components/form/2-column-set.ftl" />
        <set id="items"
        appearance="title" label-id="workflow.set.items" />
        <set id="response"
        appearance="title" label-id="workflow.set.response" />

        <field id="message">
          <control
template="/org/alfresco/components/form/controls/info.ftl" />
        </field>
        <field id="taskOwner" set="info" />
        <field id="bpm:taskId" set="info">
          <control
template="/org/alfresco/components/form/controls/info.ftl" />
        </field>

        <field id="cmprw:reviewerCount" set="outcome">
          <control
template="/org/alfresco/components/form/controls/info.ftl" />
        </field>

        <field id="cmprw:approveCount" set="outcome">
          <control
template="/org/alfresco/components/form/controls/info.ftl" />
        </field>

        <field id="cmprw:requiredPercent" set="outcome">
         <control
template="/org/alfresco/components/form/controls/info.ftl" />
        </field>
```

```
        <field id="cmprw:actualPercent" set="outcome">
          <control
template="/org/alfresco/components/form/controls/info.ftl" />
        </field>
        <field id="bpm:status" set="progress" />
        <field id="packageItems" set="items" />
        <field id="bpm:comment"
        label-id="workflow.field.comment" set="response">
          <control
template="/org/alfresco/components/form/controls/textarea.ftl" />
        </field>

        <field id="transitions" set="response" />
      </appearance>
    </form>
  </forms>
</config>
```

9.2.7 Verwendung des Company-Release-Workflows in Alfresco Share

Wenn Sie alle Schritte bis hierhin mit modelliert haben, sind Sie endlich an dem Punkt angelangt, an dem wir unseren Workflow wirklich „sehen" und auch verwenden können. Nach dem Durchstarten von Alfresco gehen wir beispielhaft in eine Site, wie z. B. *Backoffice*, um dort unseren Workflow zu starten. Außerdem benötigen wir für den Start des Workflows mehrere Teilnehmer für die technische sowie fachliche Überprüfungsstufe.

In der Dokumentenbibliothek gehen wir anschließend auf ein bestehendes Dokument und wählen über die Aktionsliste Workflow starten aus (Bild 9.6).

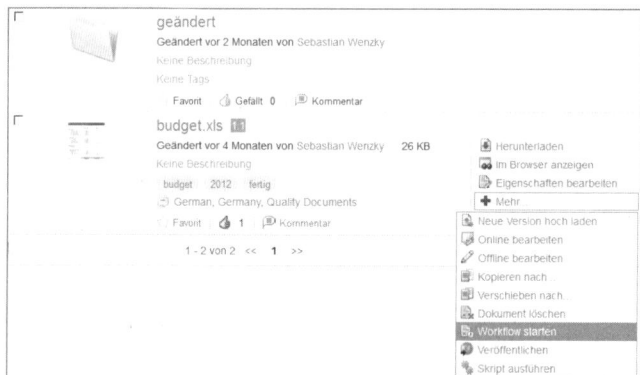

Bild 9.6 Über den Aktionsbereich gelangen wir in den Startformular-Bereich der Workflow-Auswahl, wo sich jetzt auch unser Workflow auffinden lässt.

Anschließend erscheint eine neue Site, auf welcher man den zu startenden Workflow aus-wählen kann. Und genau hier kommt unsere Konfiguration aus der Datei *share-config-custom.xml* zum Einsatz. Hier haben wir über `activiti$companyActivitiParallel Review` unser Startformular konfiguriert, welches, basierend auf dem Typ `cmprw:submit Parallel ReviewTask`, generiert wird. Dieser Typ ist assoziiert mit dem `startEvent`-Attribut `activiti:formKey`, sodass der Form-Service von Alfresco diesen Typ als „Start-Typ" deklariert.

Aus der Workflow-Liste wählen wir unseren Workflow mit dem Namen *Company Release Workflow* aus (Bild 9.7). Anschließend generiert sich das Startformular, basierend auf unserem Typ `cmprw:submitParallelReviewTask` sowie der Share-Konfiguration.

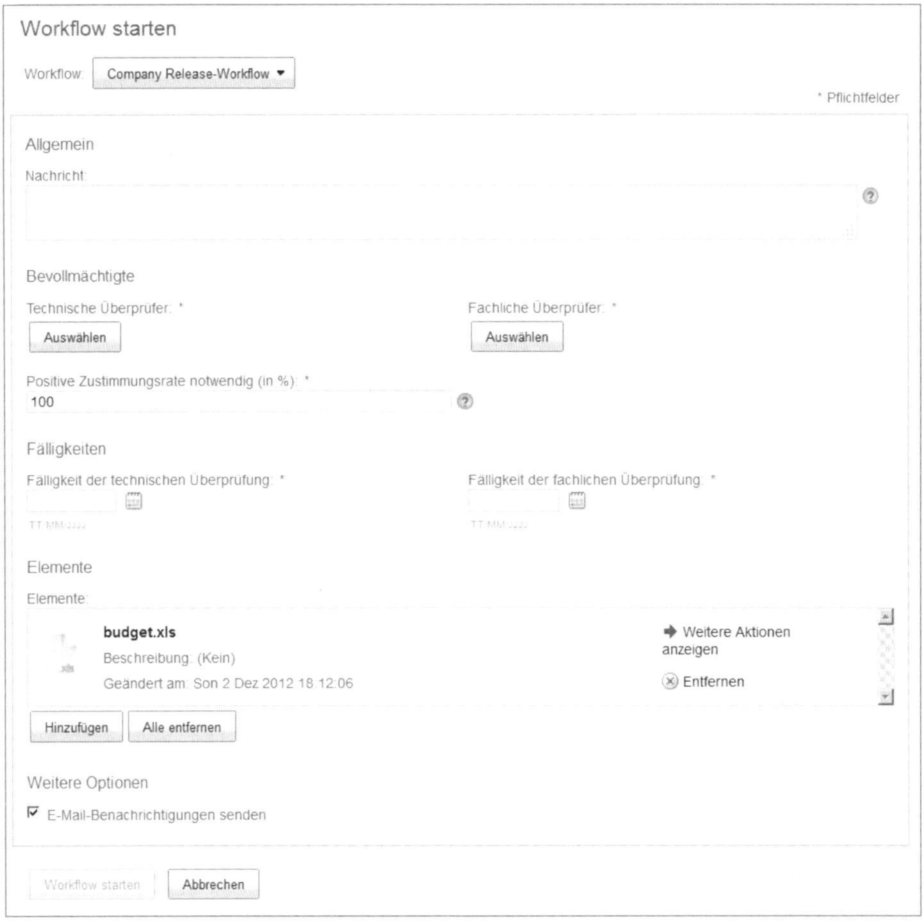

Bild 9.7 Startformular des Company-Release-Workflows

Nachdem wir eine Nachricht an die beteiligten Personen im Workflow sowie die Fälligkeiten eingegeben haben, können wir den Workflow starten. Der Button *Workflow starten* wird erst aktiv, wenn alle Pflichtfelder korrekt ausgefüllt sind. Nun erhalten die verschiedenen Personen in der technischen Überprüfungsphase ihre Aufgaben. Im Dashlet des jeweiligen Benutzers erscheint anschließend eine neue Aufgabe zur technischen Überprüfung (Bild 9.8).

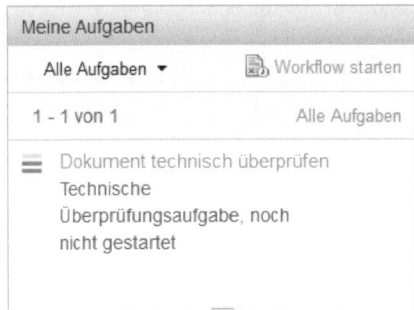

Bild 9.8
Dashlet „Meine Aufgaben" zeigt verfügbare Tasks
für die jeweiligen Benutzer an: Hier sehen wir gerade
eine Aufgabe zu unserem erstellten Workflow.

Die jeweiligen Task-Schritte sollten von Ihnen einmal komplett durchgegangen werden. Auf
Basis des Abschnitts 1.2.2 können Sie sich in Ruhe die Workflow-Definition noch einmal
semantisch erklären lassen und jeden einzelnen Schritt somit nachvollziehen.

9.2.8 Was passiert jetzt eigentlich mit dem Dokument?

Jetzt haben alle beteiligten Personen dem Dokument das OK zur Freigabe bzw. dem Release
gegeben. Aber was soll jetzt eigentlich mit dem Dokument passieren? Durch das Genehmigen der beteiligten Personen wäre es sinnvoll, dass entweder eine Aktion auf dem Dokument ausgeführt wird oder neue Eigenschaften am Dokument zur Verfügung stehen. Im
Moment passiert an der Oberfläche noch nicht wirklich viel – das Dokument wird einfach
angezeigt –, als wenn nichts gewesen wäre. Auch die Dokumente, welche innerhalb des
Workflows über eine vordefinierte Zeit (Fälligkeit) nicht überprüft werden konnten, werden
aktuell nicht weiterbehandelt.

Wenn wir uns die Prozessdefinition jedoch einmal genauer anschauen, werden zu den
verschiedenen Aktivitäten Änderungen am Dokument durchgeführt. Schauen wir einmal
in den `extensionElements`-Bereich beim `process`-Element. Dort sehen wir z. B., dass der
Aspekt `cmprw:published-document` hinzugefügt wird. Und genau hier kommen unsere
bereits eingeführten Business Rules von Alfresco zum Einsatz. Diese können nämlich so
konfiguriert werden, dass eine Aktion ausgelöst wird, wenn ein spezifischer Aspekt an ein
Dokument angefügt wird. Dadurch haben wir die vollkommene Freiheit, das zu tun, was wir
wollen – und das mit Alfresco-Standard-Mitteln. Im einfachsten Fall versenden wir eine
E-Mail an eine Gruppe, um über den neuen Workflow zu berichten.

Wenn wir in die jeweiligen `serviceTasks` schauen, sehen wir ebenfalls, dass bei Überschreiten einer Aufgabe ein Aspekt (technisch oder fachlich) an das Dokument angefügt
wird. Diese beiden Aspekte `cmprw:escaltion-technical-lane` sowie `cmprw:escaltion-
manager-lane` können über die Rules ebenfalls angesteuert und durch verschiedene Aktio-
nen eskaliert werden. Wenn ein Dokument erfolgreich von den notwendigen Teilnehmern
freigegeben worden ist, erfolgt das Setzen eines weiteren Aspekts `cmprw:approved-
document`. Außerdem wird ein wichtiges Metadatum auf dem Dokument bei erfolgreichem
Ausgang auf den Wert `true` gesetzt – `cmprw:published`. Genau das Gegenteil passiert,
wenn das Dokument nicht freigegeben werden konnte. Mit dem Metadatum `cmprw:
published` könnten wir beispielsweise direkt in der Eigenschaftsansicht diesen Wert dar-

stellen. Hierzu muss man in Alfresco Share nur folgende Konfiguration durchführen, um einen neuen Wert direkt an den Standard-Typen (`cm:content`) von Alfresco zu hängen:

Listing 9.38 Die Aspekt-Eigenschaft cmprw:published soll bei Standard-Content angezeigt werden.

```
<config evaluator="node-type" condition="cm:content">
  <forms>
    <form>
      <field-visibility>
        <show id="cmprw:published"/>
      </field-visibility>
    </form>
  </forms>
</config>
```

Nach erneutem Aktualisieren der Web Scripts und dem erfolgreichen Freigeben eines Dokumentes erscheint in einem Standard-Dokument anschließend der in Bild 9.9 gezeigte Status.

Bild 9.9
Das letzte Metadatum ist dem Ausgang unseres Workflows geschuldet. Hier könnte man ebenfalls auch Statusbilder zur besseren Akzeptanz verwenden.

Eine weitere Möglichkeit besteht jedoch auch darin, dass man anstatt eines simplen Textes, wie „Ja" oder „Nein", ein Statusbild anzeigt. Durch einfache Ampelsymbole z.B., ist es für den Nutzer einfacher, schneller den Status einzusehen. Natürlich könnte man auch den Indikator in der Dokumentenbibliothek hierfür erweitern, um direkt in der Übersicht aller Dokumente den Status anzeigen zu lassen. Sie sehen also, dass Sie über außerordentlich viele Möglichkeiten mit Alfresco verfügen, das System auf die Bedürfnisse der Nutzer anzupassen.

Abschließend wollen wir uns noch ein Beispiel für eine Rule ansehen. Diese Rule soll ausgeführt werden, wenn ein Dokument erfolgreich freigegeben worden ist. Hierzu konfigurieren wir auf einem Verzeichnis, in welchem freizugebende Dokumente liegen, eine neue Rule.

Wir müssen jedoch zuerst die notwendigen Aspekte in der Konfigurationsdatei *share-config-custom.xml* zur Auswahl zur Verfügung stellen.

In dem bereits bekannten Konfigurationsbereich *DocumentLibrary* müssen wir die benötigten Aspekte eintragen. Denken Sie bitte immer daran, dass wir immer das bestehende *DocumentLibrary*-Element bearbeiten und nie ein einziges *config*-Element hierfür anlegen.

Listing 9.39 Hinzufügen der Aspekte, um mittels Rules darauf reagieren zu können

```
<config evaluator="string-compare"
condition="DocumentLibrary" replace="true">
  <aspects>
    <visible>
<!-- bestehende Aspekte bitte mit stehen lassen, nicht löschen! -->
      <aspect name="cmprw:escaltion-technical-lane"/>
      <aspect name="cmprw:escaltion-manager-lane"/>
      <aspect name="cmprw:approved-document"/>
  </aspects>
</config>
```

Reinitialisieren Sie durch das Aktualisieren des Alfresco Share Web Scripts die Konfigurationsdateien und gehen anschließend in den Konfigurationsbereich des jeweiligen Verzeichnisses, um eine Rule anzulegen (Bild 9.10).

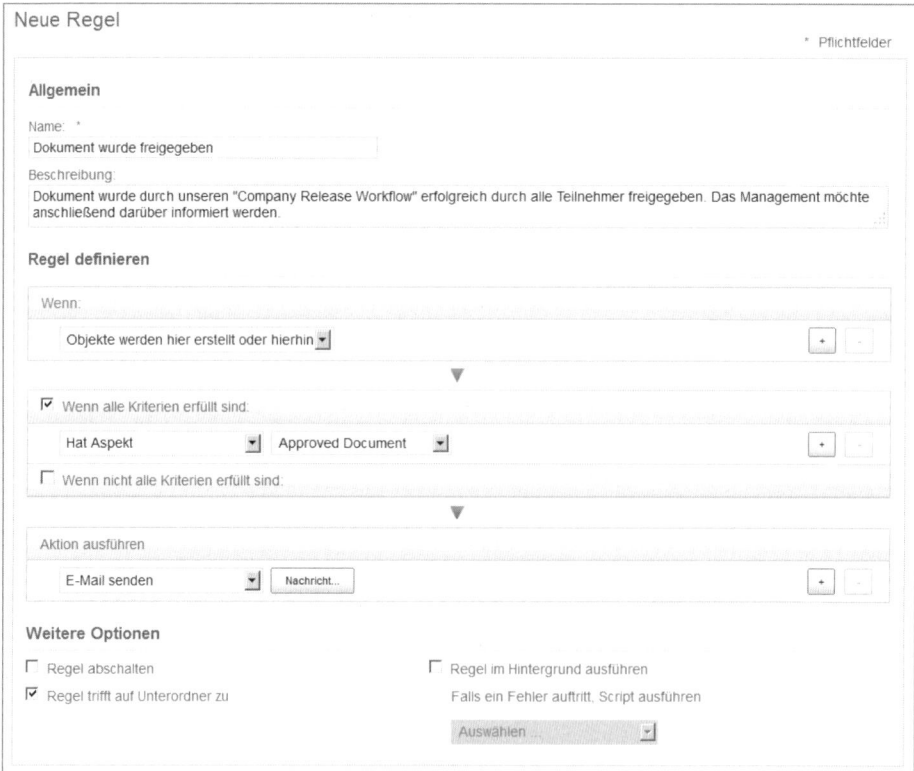

Bild 9.10 Beispielhafte Business Rule, welche dann ausgeführt wird, wenn der Aspekt „approved-Document" an das Dokument angefügt wird: Dies geschieht nur dann, wenn das Dokument erfolgreich durch unseren Workflow freigegeben worden ist.

Teil II:
Liferay

10 Liferay, das führende Open Source-Portal

Jedem von meinen Lesern mag wohl das Schweizer Messer ein Begriff sein. Es entstand aus der Anforderung heraus, verschiedene (überlebenswichtige) Funktionen im alltäglichen Soldaten-Leben auf die eine dafür notwendige Anzahl an Werkzeugen zu reduzieren. Jeder kennt das Messer heute und viele nutzen es im täglichen Alltag.

Meiner Meinung nach stellt Liferay ebenfalls ein solches Feature bereit. Mit relativ wenigen Anforderungen an die Umgebung (Infrastruktur, Sizing der Server) kann man Liferay produktiv verwenden. Dabei sticht besonders hervor, dass Liferay verschiedene Teilbereiche, wie z. B. Social Collaboration, Web Content Management oder Enterprise Integration nahezu perfekt umgesetzt hat. Liferay ist jedoch viel mehr als die Summe seiner Teile. Denn es kommt immer auf die Anforderungen der Geschäftsprozesse im Business an und wie diese effektiv am besten mit geeigneten Mitteln umgesetzt werden können. Liferay bietet hierfür jede Menge Möglichkeiten, das Portal mit geringem Aufwand auf die eigenen Geschäftsprozesse zu optimieren.

Das Wort Portal ist bereits ein weit verbreiteter Begriff, wenn wir uns im Internet bewegen. Große Websites, wie Facebook, eBay, Google+, aber z. B. auch Spiegel Online, werden als solche bezeichnet. Ein Portal bietet die Möglichkeit, als Schnittstelle zwischen den Usern, welche Interaktionen durchführen möchten, und den Anwendungen dahinter zu spielen. Liferay stellt ebenfalls ein Portal dar und bietet den Anwendern die Möglichkeit, mit den (bereits vorhandenen) Anwendungen zu interagieren oder mit anderen Nutzern neue Informationen auszutauschen. Es kann als Anlaufstelle für den morgendlichen News Flash im Unternehmen dienen (Stichwort Intranet) oder auch der Kommunikation zwischen verschiedenen Fremdsystemen, welche miteinander interagieren sollen.

Brian Chan gründete im Jahre 2000 das Liferay-Projekt. Von Anfang an hat Liferay den Open Source-Weg eingeschlagen und hat sich dadurch zu einer der größten Business Open Source-Anwendungen in den vergangenen Jahre entwickelt. Unternehmensgrößen, wie z. B. Volkswagen[1], setzen auf das Open Source-Portal der ersten Stunde. Mittlerweile findet man Liferay in nahezu jeder Branche wieder.

Dabei stellt Liferay auch eine ernstzunehmende SharePoint-Alternative dar. Durch die beispielsweise im Portalansatz umgesetzten Kollaborations-Features, wie das Arbeiten an Office-Dokumenten und den vielen Möglichkeiten des Aufbaus von Websites, stellt Liferay die ideale Lösung für Unternehmensseiten dar.

---

[1] http://www.liferay.com/products/liferay-portal/stories/volkswagen

Nicht zu vergessen an dieser Stelle, dass man mithilfe von Liferay auch auf Alfresco zugreifen kann. Mittels CMIS[2] (Content Management Interoperability Services) können Sie aus der Dokumentenbibliothek von Liferay auf ein anderes Repository (Ablageort für Dokumente und anderen Media Assets), wie das von Alfresco, zugreifen.

Liferay ist das wohl mit Abstand anwenderfreundlichste Open Source-Portal und wird sich auch in den kommenden Versionen verstärkt für die vereinfachte Nutzung einsetzen. Durch die Möglichkeit der Nutzung von Liferay in den verschiedensten Bereichen, wie z. B. Intranet, Internet, Integration von Fremdsystemen oder Kollaboration, kann der eigene Wildwuchs verringert und der Fokus der Anwender auf ein System gelenkt werden, in welchem sich die verschiedenen Arbeitsschritte aggregiert darstellen lassen. Durch die vielseitige Verwendung von Liferay erzeugt man weniger Reibungseffekte, da der Fokus auf ein System gelegt werden kann. Die Unterstützung von Integrationsschnittstellen auf Basis von Industriestandards, wie JSR-168 oder JSR-286, ermöglichen eine standardisierte Integration von eigenen Anwendungen in das Portal.

■ 10.1 Historie von Portalen und Liferay

Liferay wurde initial von Brian Chan in einem WCM-Projekt im Jahre 2000 ins Leben gerufen. Nachdem der Portlet-Standard JSR-168[3] im Jahre 2003 vom *Java Community Process*[4] vorgestellt worden ist, wurde Liferay dahingehend erweitert. Je mehr sich im Laufe der Zeit, das Web in Richtung „2.0" weiterentwickelt hatte, so wurden auch immer mehr Social Networking Features, wie z. B. Blogs, Wikis, in Liferay integriert. Je häufiger Liferay in Unternehmen, z. B. für die Abbildung von Organisationsstrukturen, eingesetzt worden ist, desto mehr entwickelte sich auch Liferay weiter und wuchs zu einer immer professioneller werdenden Lösung für Unternehmenseinsätze heran.

Auch die Ausrichtung am Markt durch eine große Community sowie die aktive Kommunikation zwischen den Partnern und Liferay spielte sicherlich eine weitere große Rolle, dass heute Liferay das mit Abstand innovativste Portal-Produkt auf dem Markt darstellt.

10.1.1 2000: Das Jahr, in dem alles begann

Im Jahre 2000 passierte viel mit dem Internet. Immer mehr Menschen hatten Zugang zu dem Medium. Durch kostengünstige (Einwahl-)Tarife und dem flächendeckenden Ausbau von zuverlässigen Netzwerken, wuchs das Internet sehr schnell zu einer enormen Größe heran. Viel war nun möglich: Man erkannte durch die Masse an Anwendern viele Möglichkeiten der Vermarktung von Produkten oder das Erreichen von Botschaften durch eine zentrale Anlaufstelle (wie einer Website). Für das immer schneller werdende Internet benötigte

---

[2] *https://www.oasis-open.org/committees/cmis/*
[3] *http://www.jcp.org/en/jsr/detail?id=168*
[4] *http://www.jcp.org*

man ebenfalls geeignete Mittel der Verwaltung, Steuerung und Überwachung von Inhalten. Die ersten Portale bildeten sich, um der Menge an Nutzern „ein Zuhause" geben zu können.

Liferay wurde in diesem Jahr gegründet – in Form eines Open Source Web Content Management-Systems, erstellt von Brian Chan.

10.1.2 2003 – 2004: Portalspezifikation wird freigegeben und Liferay gegründet

Immer mehr Anwendungsportale für verschiedene Zwecke (Mail, Informationsplattformen, eCommerce) entstanden und führten zu einem immer größer werdenden Wildwuchs an Systemen, die notwendig waren, um die verschiedenen Anforderungen abzubilden. Die Wichtigkeit von Suchmaschinen wuchs stetig mit der Anzahl der Nutzer und die dadurch einhergehende Informationsflut durch News-Netzwerke von z. B. Zeitungen.

Immer wichtiger wurde das Reagieren auf Veränderungen von Informationen und auf die Bedürfnisse von Nutzern nach Neuerungen im Web. Viele Websites behielten den eigenen Beta-Status bei, um fortlaufend Neuerungen und Möglichkeiten für die Interaktionen mit den Nutzern bieten zu können. Das Web 2.0 war somit längst geboren, und Social Collaboration über das Web wurde ein Teil des täglichen Lebens.

Auch Liferay erkannte diesen Bedarf, implementierte fortlaufend Features im Kollaborations-Bereich und baute den Web Content-Bereich immer weiter aus. Gleichzeitig kam mit dem *Java Community Process* im Jahre 2003 die erste Version der Portlet-Spezifikation (JSR-168) auf den Markt und ebnete somit die Möglichkeit, ein Portalwerkzeug aufbauen zu lassen.

 Anfangs erhoffte man sich sehr viel von dem neuen Portlet-Standard, um die Interoperabilität zwischen verschiedenen Systemen zu vereinfachen. Doch die vielen offenen Fragen, die sich nach einiger Zeit ergaben, wie z. B. die fehlende Angabe der Kommunikation zwischen verschiedenen Anwendungen, mussten automatisch in die Weiterentwicklung der Portlet-Spezifikation münden (welche Sie im Abschnitt zum Jahr 2008 einsehen können). ∎

Ab der Liferay-Version 2.2.0 unterstützte Liferay diesen Standard. Die Portlet-Spezifikation sieht unter anderem vor, dass auf standardisierten Schnittstellen der Lebenszyklus von Anwendungen im Web vorgegeben wird. Dadurch fällt der Austausch zwischen Portalen einfacher aus, da die Basis die Gleiche darstellt.

Durch den immer größer werdenden Zuwachs an Liferay-Projekten wurde im Jahre 2004 das Unternehmen Liferay Inc. gegründet. Fortan wuchs das Unternehmen mit dem gleichnamigen Produkt rapide an und wurde immer professioneller im Umgang mit den Weiterentwicklungen.

Teil II – Liferay

10.1.3 2006: Gründung einer europäischen Niederlassung

Vor allem im europäischen und insbesondere auf dem deutschen Markt fand Liferay durch seine Flexibilität und Open Source-Affinität starken Zuwachs. Es bildeten sich schnell User Groups rund um das Liferay-Netzwerk. Das Produkt existierte jetzt bereits in der Version 4 und bot dem Nutzer eine breite Palette an Anwendungen in Form von Portlets zur Nutzung an. Die Version 4 integriert die Spezifikation JSR-170 (Java Content Repository), um den Austausch von Informationen zwischen Repositories zu vereinfachen (damals existierte noch kein CMIS, welches konzeptionell für Unternehmen besser geeignet ist). Auch die ersten Organisationsstrukturen konnten mit Liferay 4.0 nun abgebildet werden. Die Nutzung von Workflows zur Freigabe von Inhalten wurde kurze Zeit später mit Version Nummer 4.2 ebenfalls mit Unterstützung der Workflow-Engine jBPM eingeführt. Auch die heutige Chat-Funktionalität zwischen Liferay-„Freunden" fand dort ihren Ursprung.

 Genau wie Liferay begann auch Alfresco mit der Workflow-Engine jBPM zur Abbildung komplexerer Geschäftsprozesse. Als Alfresco begann, eine eigene Workflow-Engine *Activiti* zu erstellen, zog Liferay nach und bot eine Implementation für das eigene Portal an. Liferay und Alfresco standen sich technologisch immer besonders nahe, sodass sich heute im Unternehmensumfeld beide Lösungen in Kombination häufig wiederfinden lassen.

Im Bereich Integration in Unternehmenswelten bot Liferay Version 4.2 die Nutzung eines Enterprise Services Bus (Apache ServiceMix[5]) sowie die Nutzung von Workflows auf Basis jBPM[6] an. Bereits im Jahre 2006 existierte eine Integration durch verschiedene Portlets mit Alfresco, die jedoch sehr rudimentär gewesen sind.

10.1.4 2007: Das Jahr des Anwenders

Nachdem Liferay im Laufe der Jahre zahlreiche Möglichkeiten der Individualisierung des Portals entwickelt hatte, musste man sich eine effektivere Verwaltung überlegen. Die schier unendlichen Möglichkeiten des Aufbaus von Organisationsstrukturen und die damit verknüpften Pages (Seiten, auf denen Anwendungen zu sehen sind) sowie deren Interaktion mit den Benutzern, müssen auf eine einfache Art und Weise verwaltet werden können. Liferay entwickelte ein innovatives Benutzerführungskonzept und integrierte es in die Version 4.3.1. Liferay 2007 setzte auf ein bis dato relativ neues Konzept, welches nur auf Betriebssystemen vorzufinden war: Drag & Drop im Browser.

Dadurch konnten Anwendungen mit einem Mausklick aus der Anwendungsliste auf einen beliebigen Steller der aktuellen Page geschoben und somit installiert werden – für die damalige Zeit war das echtes Neuland und begeisterte die Fachwelt. Auch Mehrmandantenfähigkeit zog mit der Version 4.3.1 in Liferay ein, sodass mehrere Unternehmen parallel mit einem Liferay-Server arbeiten konnten, ohne voneinander zu wissen. Die Tatsache, dass

---

[5] *http://servicemix.apache.org/*
[6] *http://www.jboss.org/jbpm/*

immer größere WCM-Projekte mit Liferay umgesetzt wurden, veranlasste Liferay dazu, ein Staging Feature zur Veröffentlichung von Web-Inhalten einzuführen. Mittels Staging konnten nun beispielsweise auf einem Redaktionssystem neue Inhalte generiert, freigegeben und anschließend auf das Produktionssystem übertragen werden.

Die heute bekannte Liferay IDE (Eclipse-Plug-in) zur Entwicklung neuer Features für Liferay wurde in dieser Version ebenfalls eingeführt.

Die Innovationen führten dazu, dass Liferay bereits mehrfach ausgezeichnet worden ist. Zum einen wurde Liferay im Jahre 2006 zu den Top-100 Digital-Content[7]-Unternehmen gekürt, welche den meisten Einfluss auf die Fortentwicklung des Webs haben.

10.1.5 2008: Neue Welten für Liferay

Mit Beginn des Jahres 2008 wurde die komplette Oberfläche von Liferay durch eine Java-Script Engine neu aufgebaut: jQuery. Der Grund war klar: Der Wildwuchs an JavaScript Code sollte deutlich minimiert und vor allem standardisiert werden. Liferay 5, welches im ersten Halbjahr veröffentlicht wurde, fokussierte auf das Thema Social Networking. Funktionalitäten, wie Blogs, Foren und Wikis, wurden in Liferay eingeführt bzw. deutlich überarbeitet. Die Anwender waren nun in der Lage, Tags vergeben zu können. Funktionen entstanden, wie z. B. das Kommentieren, Bewerten und die Benachrichtigungen (bei Änderungen) an User, wenn Neuerungen im Portal geschehen sind.

In diesem Jahr wurde ebenfalls ein neuer Portlet-Standard, JSR 286, verabschiedet. Mit diesem Standard wurden Versäumnisse, welche im Portlet-Standard definiert oder auch überhaupt nicht definiert waren, ausgemerzt. Eine der wesentlichsten Neuerungen enthielt die Möglichkeit, zwischen verschiedenen Portlets zu kommunizieren: das sogenannte IPC. IPC (Inter-Portlet Communication) stellte einen standardisierten Weg zur Verfügung, Daten aus der einen Applikation (Portlet) in eine andere Applikation zu übertragen. Darüber hinaus existierte nun die Möglichkeit, Dateien zum Download anbieten zu können – was vorher unglaublich kompliziert war und nur durch Workarounds umgesetzt werden konnte. Liferay implementiert mit der Version 5.0 die erste Beta-Umsetzung der Portlet-Spezifikation 2.0 (also JSR-286), welche in der zweiten Hälfte des Jahres erschienen ist.

Im zweiten Halbjahr gewinnt Liferay den Open Source Portal Award[8], welcher von InfoWorld vergeben worden ist. Einmal mehr bestätigt der Weg von Liferay mit der einfachen und innovativen Benutzerführung und der Möglichkeit, komplexe Anforderungen, wie beispielsweise Intranets, Websites oder Organisationsstrukturen, hiermit umzusetzen, die Stärke des Portals. Um die Auszeichnungen abzurunden, gelangt Liferay erstmalig in den für das Business so wichtigen „Magic" Gartner Quadranten[9] (in den visionären Bereich).

---

[7] http://www.businesswire.com/news/home/20061120005621/en/Liferay-Breaks-EContent-Magazines-EContent-100-Industry

[8] http://www.infoworld.com/node/61293

[9] http://www.liferay.com/about-us/awards/gartnermq-portals

10.1.6 2009: Gamechange für Liferay – neue Version für das kritische Geschäftsumfeld verfügbar

Mit der stetigen Anzahl an Geschäftskunden und den damit umzusetzenden Anforderungen entstand der Bedarf nach einer Lösung, welche zum einen gegen bestimmte Systeme zertifiziert und getestet worden ist, um eine optimale Produktionsumgebung bieten zu können. Zum anderen wurde es immer wichtiger, bei Problemstellungen schnelle Hilfe parat zu haben. Hier gab es jedoch bis dato keine offizielle Möglichkeit, Unterstützung seitens Liferay zu erhalten. Mit dem Jahr 2009 änderte sich das Business Model von Liferay grundlegend durch die Einführung einer Enterprise-Version. Dadurch konnten Reaktionszeiten angeboten werden, die je nach Notwendigkeit des Geschäftsumfeldes für Stabilität im täglichen Betrieb sorgen würden. Eine veröffentlichte Enterprise-Version wird unter einen so genannten LTS-Vertrag gestellt, welcher dem Kunden für eine gewisse Zeit (in Jahren) die Unterstützung bei Problemen und Bug Fixes zugesagt. Natürlich existiert auch noch die Community-Version, welche weiterhin frei verfügbar sein wird.

Die erste Enterprise-Version trug die Versionsnummer 5.2 und verfügte über viele Neuerungen, wie z.B. die Integration in Office-Programme über das SharePoint-Protokoll. Durch die Umstellung des Business auf „Enterprise Ready" wurden Dinge, wie Performance, Skalierbarkeit und Stabilität, immer wichtiger. Wichtige Neuerungen diesbezüglich ist z.B. eine Terracotta[10]-Integration in Liferay (Cluster-Framework).

Auch im Jahr 2009 wurde Liferay im visionären Quadranten von Gartner auszeichnet. Dadurch bestätigte sich erneut die Open Source-Strategie von Liferay.

10.1.7 2010: Liferay 6 und Social Office werden veröffentlicht und ändern noch einmal alles

Die immer größer werdende Vielfalt an Social Networking Features in Liferay sowie die stetig steigende Anzahl an Portal-Anforderungen zur Optimierung der Mitarbeiter-Kommunikation über einfache Schnittstellen, führten dazu, dass Liferay ein separates Produkt auf den Markt gebracht hatte. Mit Social Office konnten nun kleine als auch große Teams in kurzer Zeit loslegen und über Liferay miteinander arbeiten und kommunizieren.

Im Jahre 2010 veröffentlichte Liferay zusätzlich eine komplett neue Version von Liferay mit der Versionsnummer 6. Mit Liferay 6 wurden bisherige Funktionalitäten grundlegend überarbeitet und für die Zukunft optimiert. jQuery wurde als JavaScript-Framework entfernt und gegen das von Yahoo erstellte JavaScript-Framework ausgetauscht (YUI). Um YUI baute Liferay noch eine Schicht, welche eine einfache Weiterentwicklung (sowohl von Liferay selbst als auch von den Anwendern), weitestgehend browserunabhängig, ermöglichen sollte. Alloy UI hieß das Framework von Liferay, welches auch im Fachchinesisch Metadaten-Framework genannt wird, weil alle Belange zur unabhängigen Gestaltung, z.B. von Schaltflächen, browserunabhängig (und auch mobil!) funktionieren sollen.

---

[10] http://terracotta.org

Kennen Sie Gartner? Sicherlich, wenn Sie die letzten Zeilen gelesen haben. Im Jahre 2010 wurde Liferay in den Leaders-Quadranten identifiziert, was Liferay beweist, dass es immer mehr fokussierter auf die Geschäftsprozesse abzielt, um diese zu optimieren.

10.1.8 2011 bis 2013 – und darüber hinaus

Im Jahre 2011 beteiligte sich Liferay an einer neuen Initiative, um den Austausch von Web Content zwischen Systemen zu vereinfachen. Die Initiative, welche auch Web Experience Management Interoperability (WEMI)[11] genannt wird, gab Liferay eine einfache Möglichkeit, sowohl als Frontend (also für die Darstellung von Websites) als auch als Delivery-Portal verwendet zu werden.

2012 wurde dann Liferay 6.1 veröffentlicht. Mit Liferay 6.1 wurde vor allem die Dokumentenbibliothek überarbeitet, sodass jetzt mehr Benutzerfreundlichkeit durch Drag & Drop existierte. Durch eine CMIS[12]-Integration, konnten nun sofort andere Dokumentenmanagement-Systeme bzw. Repositories mit dem Liferay-System verbunden werden. Das Repository wird fortan als separates „Laufwerk" in der Dokumentenbibliothek angezeigt und kann sofort verwendet werden.

 HINWEIS: Wir werden uns im Kapitel 21 genauer mit der Integration von Liferay und Alfresco beschäftigen. Hierbei nutzen wir die Standard-CMIS-Schnittstelle von Liferay, um auf Dokumente im Alfresco-Repository zuzugreifen und in Liferay zu verwenden.

Mit Liferay 6.1 wurde eine Synchronisations-Lösung (**Liferay Sync**) für iPad, IPhone und Desktop vorgestellt. Dokumente konnten somit unterwegs mitgenommen und bearbeitet werden (zumindest auf dem Desktop).

Neue Features, wie das Erstellen von neuen Dokumententypen oder Datenlisten aus dem Browser heraus, wurden durch eine benutzerfreundliche Drag & Drop-Oberfläche bereitgestellt. Apropos Datenlisten: Dieses Feature fand in Liferay 6.1 sehr viel Zuspruch seitens der Community und der Anwender, da einfache Listen im Excel-Format jetzt dynamisch im Portal erstellt werden konnten.

In der zweiten Hälfte des Jahres 2012 eröffnete Liferay offiziell den Marketplace[13]. Durch das Anbieten eines zentralen Services konnte Liferay die Strategie zur Kanalisierung des Produktportfolios und der damit verbundenen langfristigen Ausrichtung des Liferay-Segments an die Kundenbindung effizienter umsetzen. Endkunden profitieren von der Möglichkeit, einen zentralen Service nutzen zu können, um offizielle Erweiterungen von Liferay oder geprüfte Pakete von externen Unternehmen zu erwerben und nutzen zu können. Marketplace ist ebenfalls in das Liferay-Portal integriert und kann bei entsprechender Konfiguration direkt aus dem eigenen Intranet heraus angesteuert werden.

---

[11] *http://www.oasis-open.org/committees/tc_home.php?wg_abbrev=wemi*
[12] Content Management Interoperability Services
[13] *http://www.liferay.com/marketplace*

■ 10.2 Warum Liferay?

Ist ein Unternehmen gewillt, eine Lösung für Geschäftsprozessoptimierung einzuführen, steht es heute mehr denn je vor der Qual der Wahl. Viele Anwendungen buhlen um die Gunst der Unternehmen und etablieren sich für Nischenlösungen für bestimmte Branchen. Viele Unternehmen sind von der schieren Anzahl an Produkten überfordert und versuchen, anhand von einigen Merkmalen, ein geeignetes Produkt auszuwählen. Häufig endet die Suche damit, dass verschiedene Anwendungen für ganz spezifische Anforderungen eingeführt worden sind (Nischenlösungen) und nun ein Konvolut an Applikationen für die Verwendung der Anwender existiert. Der Nutzer muss viel Zeit am Tag damit verbringen, sich in verschiedenen Applikationen anzumelden und um etwaige Neuigkeiten zu aktuellen Prozessen in Erkenntnis zu bringen. Ein großer Vorteil würde hier durchaus darin liegen, wenn eine zentrale Plattform die jeweiligen Applikationen aggregiert darstellen könnte, umso eine einheitliche Oberfläche für die Nutzer zur Verfügung zu stellen.

Portale bietet hierfür eine ideale Lösung: Konstruieren Sie Ihre Integrationslösung, welche die wesentlichsten Anwendungen in einem System fokussiert darstellt. Ziel ist es natürlich nicht, die komplette Applikationslogik nachzubilden (dann bräuchte man ja nicht mehr die jeweiligen Applikationen). Dennoch können die wichtigsten und vielleicht zeitintensivsten Arbeitsschritte in einer Portallösung, wie z.B. Liferay, dargestellt werden.

Je nach Portallösung existieren weitere Features, die weitere Verwendungsmöglichkeiten für das Unternehmen aufzeigen. Der Vorteil liegt hierbei klar auf der Hand: Durch die Verringerung der Produktvielfalt wird die interne IT deutlich verschlankt und kann deutlich agiler auf neue Anforderungen reagieren. Außerdem benötigen die Anwender weniger Zeit, um wichtige Entscheidungen zu treffen.

Liferay ist ideal für die Umsetzung einfacher, aber auch komplexer, Unternehmensportale geeignet. Und von dieser idealen Besetzung wollen wir uns selbst genauer in verschiedenen Kriterien überzeugen.

10.2.1 Liferay – mehrere nahtlos ineinander greifende Enterprise-Lösungen

Mit Liferay erwirbt man nicht nur die Möglichkeit, verschiedene Applikationen nahtlos miteinander zu integrieren. Wie bereits erwähnt, entstand Liferay aus dem Web Content Management-Bereich heraus und entwickelte sich zu einem Portal weiter. Eben aus diesem Web-Segment entwickelten sich sukzessive die Kollaborations-Features (Blogs, Wikis, Polls oder auch Umfragen genannt usw.), welche seit dem Jahr 2000 eine immer stärkere Bedeutung erhalten haben. Des Weiteren konnten beliebig komplexe Strukturen (Organisationen, Locations und Sites, siehe Kapitel 15) mit Sites und Anwendungen (Portlets), basierend auf komplexen Berechtigungen, konfiguriert werden, sodass eine hohe Flexibilität hinsichtlich der Abbildung von neuen Geschäftsanforderungen gegeben ist.

Und jetzt kommt das eigentliche Tolle daran: Liferay hat sich in jeder Version um eine noch intelligentere Integration der verschiedenen Komponenten bemüht. Dadurch können im Web Content Management-Bereich, Elemente aus anderen Bereichen, wie Blogs und Wikis, verwendet werden (z. B. Einträge). Eigene Erweiterungen, um z. B. Applikationen in das Portal zu integrieren, können mühelos auf Kollaborations- oder WCM-Feature zugreifen und diese verwenden. Der Nutzer profitiert von dieser Umsetzung am meisten: Dieser befindet sich in der gesamten Zeit ausschließlich in nur einem System, dem Liferay-Portal.

 HINWEIS: Neben der Möglichkeit, Liferay als die zukünftige Kollaborations-Plattform für die Zusammenarbeit zwischen Mitarbeitern auszubauen, sollten Sie sich auch das Produkt **Social Office** (siehe Abschnitt 16.4) im Detail anschauen. Dieses Produkt bietet im Bereich Social Networking sowie Kollaboration noch mehr als z. B. Micro-Blogging oder die Pflege von Kontakten. ■

Die Vereinheitlichung von Arbeitsweisen oder auch das Einführen von neuen Unternehmensstrategien (z. B. Optimierung der Zusammenarbeit) können über das Portal umgesetzt und gesteuert werden. Wichtige Meldungen und Informationen über das Unternehmen können über Liferay veröffentlicht und für die Mitarbeiter zur Diskussion gestellt werden. Die Vernetzung von Wissen und Aktionen der Nutzer wird Liferay in Aktivitäten wiedergeben und zeigt quasi die Historie eines Bereichs oder eines Nutzers an.

Dadurch ergeben sich für Unternehmen gleich mehrere Verwendungsmöglichkeiten, welche wir beispielhaft im Abschnitt 10.9.2.1 betrachten möchten.

10.2.2 Offene Architektur und Standards

Liferay als Open Source-Portal bietet sehr viel Gestaltungsfreiheit für Unternehmen, wenn es um die Integration in die eigene Umgebung geht. Hierbei ist jedoch nicht nur die Installation & Konfiguration von Liferay in die eigene Infrastruktur gemeint, sondern vor allem die Integration in verschiedene Fremdsysteme.

Doch schauen wir uns zunächst die Flexibilität im Bereich Infrastruktur etwas genauer an. Liferay kann auf jedem System installiert werden, auf welchem man ebenfalls **eine Java Runtime Environment (JRE)** installieren kann – also praktisch gesehen, überall. Ob es ein UNIX-basierendes System oder ein Produkt aus dem Hause Microsoft ist, ist völlig unerheblich. Auch im Bereich Datenbanken lässt sich eine geeignete Lösung für den internen Gebrauch finden.

 PRAXISTIPP: Für die Installation von Liferay in Ihre Infrastruktur sollten Sie immer auf den Supported Stack[14] achten. In der Regel spielt die Entscheidung für ein bestimmtes Betriebssystem oder eine Server-Komponente nur eine Rolle für das Unternehmen und nicht für Liferay. Wichtig in erster Linie ist die Nutzung von IT-Komponenten, welche bereits weitläufig bekannt und im Unternehmen verwendet werden. Die Erfahrung der internen Mitarbeiter stellt eine wichtige Komponente bei der Einführung IT-kritischer Anwendungen dar. ■

---

[14] http://www.liferay.com/products/liferay-portal/tech-specs

Teil II – Liferay

Im Bereich Web-Zugriff kann nahezu jeder Browser mit Liferay verwendet werden. Aktuelle Browser, wie ein Microsoft Internet Explorer, Mozilla Firefox oder Safari, werden standardmäßig unterstützt, genauso wie beispielsweise Google Chrome. Für die optimale Verwendung sollte jedoch immer JavaScript eingeschaltet sein.

Liferay bietet neben einem Fundus an Installationsmöglichkeiten eine breite Palette an unterstützenden Schnittstellen und Spezifikationen an, um die Integration in andere Systeme zu vereinfachen. Vorangestellt natürlich die Portlet-Standards JSR-168 und JSR-286, welche standardisierte Möglichkeiten zur Applikationsentwicklung im Portalumfeld ermöglichen. Durch diese Standards ist es möglich, sehr schnell neue Applikationen in Liferay zu entwickeln oder diese zu integrieren. Mittels des Standards WSRP[15] können anschließend die eigenen Portlets auch auf fremde Portal-Server via SOAP übertragen und angezeigt werden. Natürlich bedarf es hierzu keines eigenen Portal-Servers – viele Enterprise-Systeme bieten bereits WSRP-Integrationen an (z. B. SAP NetWeaver Portal). Einen weiteren wesentlichen Standard stellt das Java Content Repository (JCR) dar. JCR (auch unter JSR-283[16] zu finden) ermöglicht den einheitlichen Zugriff auf ein Repository, um Informationen zu lesen, zu schreiben oder zu löschen.

 HINWEIS: Ein Repository stellt einen ganzheitlichen Informationsspeicher für digitale Dokumente oder Medien dar. Diese wiederum können verschiedene Metadaten besitzen und in Verbindung mit anderen Objekten im Repository stehen.

JCR wird jedoch nicht mehr in dem Maße verwendet, da es zu technisch ist. Der heutige Dokumentenaustausch erfolgt via CMIS (Content Management Interoperability Services). Via CMIS können Sie an Liferay ein anderes Repository anbinden und somit ganz einfach in Ihrer täglichen Arbeit verwenden. In Kapitel 21 schauen wir uns diese Funktionalität etwas genauer an. CMIS wird vor allem für den Austausch von Dokumenten unterschiedlicher Dokumentenmanagement-Systeme oder Anwendungen mit Dokumentenbezug verwendet.

WebDAV bietet den Anwendern in Liferay die Möglichkeit, ein Netzlaufwerk auf dem eigenen Desktop erstellen zu lassen, um z. B. dokumentenbasiert und effektiver zu arbeiten. Früher wurde WebDAV in Liferay auch für die Office-Integrationen genutzt, wurde dafür jedoch durch die Implementation des SharePoint-Protokolls hinfällig.

Wie bereits im vorigen Absatz angedeutet, implementiert Liferay das SharePoint-Protokoll, sodass man beispielsweise aus Liferay heraus ein Dokument direkt bearbeiten kann. Das umständliche Auschecken, Herunterladen, Bearbeiten und wieder Einchecken gehört bei Office-Dokumenten somit der Vergangenheit an. Auch eine direkte Integration in Microsoft Office ist standardmäßig dabei (keine Konfiguration notwendig), sodass Sie beispielsweise direkt aus Word heraus auf Ihre Dokumente in Liferay zugreifen können.

Die Unterstützung von Activiti (Workflow-Engine, gegründet von Alfresco) ist automatisch mit dabei und bietet z. B. die Möglichkeit, applikationsübergreifende Geschäftsprozesse abzubilden. Activiti ist die aktuell wichtigste Open Source Engine auf dem Markt. Betrieben

---

[15] *https://www.oasis-open.org/committees/wsrp/*
[16] *http://jcp.org/en/jsr/detail?id=283*

von Alfresco, ist die Workflow-Engine auf die Abbildung von komplexen Geschäftsprozessen ausgelegt.

 HINWEIS: Die Standard-Workflow Engine in Liferay stellt *Kaleo*, eine von Liferay selbst entwickelte Workflow-Engine, dar. Wird *Kaleo* als Standard-Workflow Engine verwendet, steht z. B. das Feature *Kaleo Workflow Designer* zur Verfügung, welches nahtlos in Liferay integriert ist. *Activiti* verfügt zwar auch über einen Editor, der jedoch nicht in Liferay als Modul vorhanden ist. Für einfache oder portalinterne Workflows benötigt man nicht mehr als die *Kaleo-Workflow Engine*. Für komplexere, applikationsübergreifende Workflows sollte über die Nutzung von *Activiti* nachgedacht werden, da *Activti* u. a. BPMN 2.0 unterstützt und deutlich mehr „Reife" besitzt, als die interne Workflow-Engine von Liferay.

Die Aggregation und Steuerung übernimmt das Liferay-Portal, während die Nutzer nur eine Anlaufstelle benötigen, um ihre Arbeitsschritte abzuarbeiten – den Rest übernimmt das Portal.

Eine wesentliche Größe bei Liferay stellt die skalierbare Architektur für große Anwendungszwecke dar. Das Portal ist vom Kern her so aufgebaut, dass mehrere Liferay-Systeme im Verbund (Cluster) einen enormen Performance-Schub bieten. Liferay kann u. a. auf Applikationsebene (mehrere Liferay Server) und im Bereich Search Server verteilt betrieben werden. Im Letzten muss SolR als Search-Engine verwendet werden. Dann können mehrere Suchserver parallel betrieben und mit RSync[17] auf Dateisystem-Ebene miteinander verbunden werden.

10.2.3 Hohe Benutzerfreundlichkeit

Bereits in Abschnitt 10.1 haben wir uns ausführlicher mit der Steigerung der Benutzerfreundlichkeit bei Liferay auseinandergesetzt. Vor allem die innovativen Lösungen, wie das Drag & Drop und der intelligente AJAX-Support, bieten sehr viel Arbeitsqualität für Anwender im Unternehmen. Darüber hinaus befindet sich nahezu zu jeder Funktionalität ein Hilfetext, der den Nutzer bei der Eingabe und beim Bearbeiten einer Aufgabe aktiv unterstützt. Der Zugang zu wichtigen Verwaltungsroutinen, um z. B. neue Pages mit Applikationen oder neue Websites zu entwerfen, sind nahtlos in das Live Look & Feel der Oberfläche integriert. Das heißt, dass man immer direkt sehen kann, wie sich eine Veränderung direkt live auswirkt (natürlich kann mittels Staging ein intelligenter Prozess dahinter geschalten werden, der erst bei erfolgter Genehmigung eines Verantwortlichen alle Änderungen „live" schaltet).

Neben der Möglichkeit, direkt in der Live-Ansicht das Portal an die Bedürfnisse anzupassen, existiert über eine separate Verwaltungsoberfläche die weitere Möglichkeit, eine strukturierte Arbeitsweise, z. B. für Content-Editoren, zur Verfügung zu stellen. In großen Web-Portalen beispielsweise macht es eher Sinn, über entsprechende Content-Listen neue

---

[17] RSync dient dem Netzwerk-Austausch von Dokumenten und Verzeichnissen auf Linux-Systemen. SolR verwendet dieses Feature als Standard-Cluster-Funktion.

Inhalte zu erzeugen, statt mühselig auf der „Live"-Site die richtige WCM-Komponente zwecks Änderung herauszusuchen.

 HINWEIS: Hohe Benutzerfreundlichkeit bedeutet auch, dass der Zugang zu alltäglichen Arbeitsmitteln erleichtert wird. Liferay unterstützt das SharePoint-Protokoll, sodass aus der Liferay-Oberfläche heraus Office-Dokumente bearbeitet werden können.

Darüber hinaus kann der Nutzer seine eigene, persönliche, öffentliche und private Site pflegen, um seine Arbeitsumgebung optimal für den Alltag zu konfigurieren. Öffentliche Sites können als Einstiegspunkt (oder auch Profilsites) für andere Mitarbeiter genutzt werden, um sich über aktuelle Aktivitäten des Nutzers zu informieren. Beispielsweise kann ein Nutzer auf seiner öffentlichen Site einen Blog erstellen, welcher anschließend von anderen Mitarbeitern eingesehen kann. Auf der privaten Site können ganz persönliche Informationen abgelegt und wiederverwendet werden.

10.2.4 Komplexe Erweiterungen in kurzer Zeit

Liferays Bedienoberfläche und Einfachheit schlägt sich auch auf die Weiterentwicklung des Portals nieder. So können verschiedene Bereiche in Liferay teilweise oder komplett überarbeitet werden – und das mit wenig Aufwand. Hierfür liefert Liferay ein so genanntes SDK[18] aus. Dieses wird mittels ANT, einem Entwicklungswerkzeug zum Erstellen von installierfähigen Dateien, ausgeliefert und kann beispielsweise in IDE-Umgebungen, wie Eclipse[19] oder NetBeans[20], eingebunden werden. Das Einbinden muss jedoch durch separate Konfiguration innerhalb der jeweiligen IDE erfolgen.

Im Gegensatz zum SDK bietet die Liferay IDE[21] eine direkte Integration in Eclipse, welche bereits das SDK integriert hat. Dadurch sind umständliche Konfigurationsarbeiten passé, und es kann sofort losgelegt werden. Der große Vorteil hierbei: Man kann direkt aus Eclipse heraus den Server starten und neue Erweiterungen sofort testen. Mit der Eclipse IDE können über Dialog-Wizards neue Erweiterungen konfiguriert und bereits installationsfertig bereitgestellt werden. Anschließend können über verschiedene weitere Liferay-Plug-ins für Eclipse z. B. Oberflächen oder neue Datenmodelle erstellt werden.

Doch welche Komponenten in Liferay können denn genau erweitert werden? Angefangen über die Möglichkeit, eigene Portlets zu entwickeln, können z. B. auch neue Layouts (die Zeilen- und Spaltenanzahl auf einer Page in Liferay) erstellt werden.

Ein wichtiges Feature haben wir hier noch vergessen: den **Service-Builder**. Für mich persönlich stellt der Service Builder eines der fundamentalsten Features von Liferay im Bereich Entwicklung dar. Mithilfe dieses Werkzeuges können Sie komplett neue Datenmodelle aufbauen, um diese z. B. für Ihre eigenen Applikationen zu nutzen. Mit einer XML-Datei erstellt

---

[18] Software Development Kit
[19] http://www.eclipse.org/
[20] http://netbeans.org/
[21] http://www.liferay.com/downloads/liferay-projects/liferay-ide

man zunächst die Entitäten, welche anschließend durch den Service-Builder mit Java-Klassen komplettiert werden. Diese Java-Klassen stellen bereits fertige CRUD[22]-Objekte sowie Cluster- und Indexierungsfunktionen für Liferay bereit. Darüber hinaus werden direkt Web-Services via SOAP und REST bereitgestellt und werden bei dem nächsten Deployment direkt aktiviert. Die nahtlose Integration zur Gestaltung der korrespondierenden Oberflächen ist ebenfalls vorhanden, sodass über vordefinierte Tags die neu erstellten Entitäten ausgewählt werden können, um sehr schnell neue Benutzeroberflächen erstellen zu können.

Nicht zu verachten ist natürlich auch die unglaublich große Community, welche Liferay aktiv unterstützt. Bei Fragen und Problemen benötigt man nur ein paar Schritte im Forum oder Wiki von Liferay, um die benötige Antwort zu finden. Falls nicht vorhanden, kann über einen neuen Foreneintrag eine Anfrage gestellt werden. Antworten auf neue Anfragen sind sehr schnell verfügbar. Da die Community weltweit aktiv ist, finden sich Tag und Nacht in Liferay Community-Helden, welche aktiv bei Problemen Hilfestellung geben.

10.2.5 Marketplace

Der Marketplace[23] von Liferay bietet die einmalige Möglichkeit, neue Applikationen zu erwerben und direkt in das eigene Portal zu installieren. Der große Vorteil für Unternehmen besteht dabei aus Grundlage dessen, was bereits heute versucht wird, zu vermeiden: Das Rad neu zu erfinden. Der Marketplace bietet Entwicklern, Partnern und der Community an sich die Möglichkeit, neue Apps für spezifische Versionen zur Verfügung zu stellen. Unternehmen profitieren von diesem Ansatz in mehrerer Hinsicht:

- **Qualität & Stabilität:** Nur fertige und getestete Applikationen werden im Marketplace angeboten.
- **Keine Wartezeit:** Nach Erwerb des Moduls erfolgt direkt die Installation auf dem eigenen Server oder falls nicht aktiviert, durch einen Systemadministrator.
- **Zukunftsorientierter Service:** Erscheint Liferay in einer neuen Version, werden die entsprechenden Module ebenfalls sukzessive nachgezogen.
- **Unabhängigkeit:** Das Unternehmen ist unabhängiger von einem spezifischen Partner oder Dienstleister.

10.2.6 Integrationsplattform

Einen wesentlichen Bestandteil von Liferay stellt die Möglichkeit dar, andere Systeme in das eigene zu integrieren und damit eine Aggregationsplattform für Anwender bieten zu können. Die Portlet-Spezifikationen geben dabei den Rahmen vor, wie sich eine Applikation unter bestimmten Aktionen verhalten soll. Beispielsweise gibt die Spezifikation eine genau definierte Methode vor, wie das Darstellen der Applikation gedacht ist. Hier muss anschließend der Code untergebracht werden, der von Browsern angezeigt werden soll.

---

[22] Create, Read Update, Delete – Der klassische Aktionszyklus auf Datenobjekten
[23] *http://www.liferay.com/de/marketplace*

Über IPC (Inter-Portlet Communication) können anschließend, basierend auf Aktionen (wie das Betätigen einer Schaltfläche in der eigenen Applikation), bestimmte Werte an andere Applikationen übertragen werden. Wir wollen uns im nächsten Abschnitt etwas genauer mit dieser Thematik auseinandersetzen.

■ 10.3 Liferay-Portal vs. ESB

Vielleicht stellen Sie sich jetzt die Frage, warum Liferay eine Integrationsplattform darstellt? Es existieren doch beispielsweise Konzepte wie eine ESB (Enterprise Service Bus), um verschiedene Dienste miteinander zu verbinden, um Daten auszutauschen. Wo liegt hier denn der Unterschied bzw. der genaue Vorteil von Liferay?

Zunächst einmal muss man hierzu erwähnen, dass ESBs nach wie vor ihre Berechtigungen haben – vor allem bei komplexen Applikationsumgebungen, wo viele verschiedene Geschäftsprozesse voneinander abhängen und eine gewisse Verbindlichkeit hinsichtlich der Applikationsdienste und deren Schnittstellen zwecks Monitoring, Schnittstellenverarbeitung, Orchestrierung, Routing usw. Voraussetzung ist.

Hierfür ist Liferay in der Regel nicht gedacht, auch wenn Liferay selbst ebenfalls über eine ESB verfügt. Liferay beschäftigt sich in der Linie mit dem Web – das hat es schon immer. Und im Web werden sehr schnell neue Applikationen erstellt, welche dem Nutzer massive Vorteile in seiner Arbeitsweise ermöglichen. Hierzu bedarf es einer schlanken, aber intelligenten Architektur. Liferay bietet mit einem schlanken Ansatz durch die Implementation der Portlet-Spezifikationen weit reichende Unterstützung, um sehr schnell verschiedene Applikationen zu erstellen und um diese anschließend miteinander zu verbinden. Hierbei ist vor allem der Fokus auf das Wesentliche (der Integration und Kommunikation) gelegt worden, jedoch mit Unterstützung von Entwicklungswerkzeugen seitens Liferay. Der *Return on Invest* findet hier deutlich schneller statt, als zunächst eine komplexe ESB-Umgebung zu installieren und um anschließend verschiedenste Schnittstellen zu entwickeln, um eine Kommunikation aufzubauen. Dann wäre immer noch das Problem vorhanden, dass der User zwar vielleicht von der einen Anwendung eine Aktion im anderen System implizit aufrufen kann. Das nächste Problem ist jedoch dann, dass der Nutzer sich in der verknüpften Anwendung anmelden muss, um eventuell den Geschäftsprozess weiter bearbeiten zu können. Mit Liferay hätte man genau hierfür verschiedene Portlets für die verschiedenen Applikationen zur Verfügung. Der Nutzer sieht den Geschäftsprozess in einer Applikation ablaufen. Welchen besseren Mehrwert kann man dem Nutzer noch bieten?

Müssen Änderungen im Geschäftsprozess eingearbeitet werden, wirkt sich dies direkt auf die hierfür notwendigen Applikationen aus. Erfolgte eine Integration mittels Liferay und der Portlet-Spezifikationen, kann sehr schnell auf neue Anforderungen reagiert und eine neue Version erstellt werden. Der Lebenszyklus von Liferay-Applikationen im Bereich Entwicklung ist deutlich kürzer als bei ESB-Projekten, sodass auch sehr viel schneller und vor allem flexibler auf eben solche neuen Anforderungen aus dem Management reagiert werden kann. Der Nutzer muss also nicht lange auf Neuerungen warten, sodass langfristig eine deutliche Steigerung der Akzeptanz zur Arbeit mit verschiedenen Applikationen zu erwarten ist.

10.4 Community vs. Enterprise

Liferay existiert in zwei verschiedenen Versionen. Die Community-Version kann von jeder Person auf dieser Welt frei heruntergeladen[24] und verwendet werden. Eine neue Community-Version wird bei Neuerungen immer zuerst veröffentlicht und birgt somit in der Regel einige Fehler mehr in sich als die kommerzielle Version von Liferay. Dafür haben jedoch vor allem Unternehmen die Möglichkeit, neue Features auszutesten und ggf. gegen interne Applikationen testen zu lassen. Dadurch entstehen keine unangenehmen Überraschungen, wenn eine Migration auf eine neuere Version ins Haus steht. Vor allem bei kompletten neuen Features ist das Ausprobieren eine wichtige Funktion, welche ab und zu verwendet werden sollte (beispielsweise, wenn sich Authentifizierungsmechanismen geändert haben). Aus genau diesem Grund – der Veröffentlichung neuer oder stark modifizierter Features – finden sich ab und zu kleinere Fehlerteufel in Liferay wieder, welche sich jedoch bei einer großen Anwendung nicht verhindern lassen. Das rege Feedback bei der Veröffentlichung neuer Community-Versionen führt zu fortlaufenden Verbesserungen und Aktualisierungen, welche sich anschließend in erster Linie auf die kommerzielle Version niederschlagen.

 HINWEIS: Als Beispiel können wir die Neuentwicklung an der NTLM-Schnittstelle, einer Authentifizierungsmethode für Microsoft-Umgebungen, zur Hand nehmen. Als mit Liferay 6 die Authentifizierung mit jCIFS[25] ausgetauscht worden ist, wurde die Authentifizierung durch einen Mittler (ein Service-Konto) durchgeführt. Diese Änderung musste jedoch vorher in die Landschaft von Unternehmen konfiguriert werden. Zu Beginn war die Konfiguration etwas schleppend, da wenig Dokumentation zur Einrichtung zur Verfügung gestanden hatte. Durch die Verwendung der Community-Version hätte man dieses Problem schon beheben und bei einer anstehenden Migration nicht mehr in Betracht ziehen müssen.

Die kommerzielle Version (**Enterprise-Version**) kann man eigentlich nicht direkt mit der öffentlichen Variante vergleichen. Vor allem Bugfixes oder auch gänzlich neue Module stehen nur für den kommerziellen Gebrauch zur Verfügung. Die Code-Basis ist im Großen und Ganzen die Gleiche. Sicherheits-Updates und Migrationshilfen werden jedoch vorrangig und zunächst für die Enterprise-Version zur Verfügung gestellt. Jede Version, auch wenn Sie nur minimale Änderungen mit sich bringen, wird ausgehend auf Fehler und Stabilität geprüft und ggf. optimiert. Darüber hinaus, erhält man über ein Portal Zugang zum direkten Support von Liferay, in dem man direkt mit dem Liferay-Team verbunden ist. Des Weiteren werden Tests in verschiedenen Software-Schichten durchgeführt. Angefangen beim Betriebssystem erfolgt das Testen gegen verschiedene Datenbanken, Authentifizierungssysteme sowie Browsern.

---

[24] http://www.liferay.com/de/downloads/liferay-portal/available-releases
[25] http://jcifs.samba.org/

Teil II – Liferay

	Community	Kommerziell
Code-Basis	Open Source, Zugriff über öffentliche Internetseiten	Open Source, Zugriff über individuellen Zugang auf komplette Projekthistorie der kommerziellen Version
Support	Nein	Ja, entweder direkter Liferay- oder Partner-Support. Telefon- und Mail-Kontakt möglich.
Alerts	Nein	Ja, Security Alerts, wichtige Updates werden sehr schnell für Kunden veröffentlicht
Getestet/ zertifiziert	Nein	Ja, jedes Release wird gegen aktuell weit verbreitete Software geprüft[26]
Upgrade-Support	Nein, testen und ausprobieren	Ja, Migrationspfad wird vorgegeben
Kosten	Keine	Jährliches Abonnement, rechnerbasierend

Ein wichtiger Grund, warum man eine kommerzielle Version erwerben sollte, ist schlicht und ergreifend die Möglichkeit, sie zu besitzen und sich bei Problemen und Fragen an Experten wenden zu können, die aktiv bei der Problemstellung unterstützen. Eine vertragliche Grundlage der Zusammenarbeit schützt außerdem in Extrem-Fällen das Unternehmen vor großem Schaden. Hochkritische Liferay-Installationen können über einen 24x7-Support (sowohl Telefon als auch Mail) krisensicher überwacht und administriert werden.[26]

■ 10.5 Liferay als SharePoint-Ersatz

Mit SharePoint versucht Microsoft immer stärker den Kollaborations-Markt aufzumischen. Lange Zeit wurde SharePoint als eben solches verkauft – als Kollaborations-Tool, welches sich sukzessive zu einem ECM-Tool weiterentwickelt hat. Dabei bot SharePoint klassische Funktionalitäten, welche in den letzten Jahren verstärkt Verwendung fanden, wie z.B. Blogs, Wikis usw. SharePoint zeichnete sich vor allem durch die hohen Konfigurationsmöglichkeiten aus, welche auch von nicht technisch versierten Anwendern bedient werden konnten.

Liferay ist vor allem als Kollaborations-Segment stark vertreten und kann vor allem im Strukturierungsbereich deutlich die Karten gegenüber SharePoint ausspielen. Liferay bietet ebenfalls neben den klassischen Kollaborations-Features, wie Blogs, Wikis und Umfragen, die Möglichkeit, mittels einfachen Look & Feel die jeweiligen Anwendungen auf den verschiedenen Pages abzulegen und zu verwenden. Es können verschiedene Arbeits- oder Projektbereiche erstellt und mit verschiedenen Nutzern und Rollen ausgestattet werden.

Im Gegensatz zu SharePoint können beliebig komplexe Sites-Aufbauten erstellt und Organisationsstrukturen abgebildet werden. Jede dieser Organisationsstrukturen verfügt über eine eigene Berechtigungshierarchie, angefangen mit dem Administrator (oder beispielhaft

---

[26] *http://www.liferay.com/products/liferay-portal/tech-specs*

auch der Abteilungsleiter), welcher die gesamte Organisation verwalten kann. Verschiedene andere Rollen komplettieren die Organisation. Hierzu erfahren Sie mehr in Kapitel 15.

Darüber hinaus bietet Liferay die Möglichkeit an, Office-Dokumente direkt aus dem Browser heraus zu öffnen und zu bearbeiten. Diese Funktionalität wird mittels SharePoint-Protokolls, welches Liferay implementiert hat, zur Verfügung gestellt. Liferay simuliert für Office-Anwendungen einen SharePoint Server und ermöglicht somit eine automatische Integration (ohne zusätzlichen Installationsaufwand im Client) auf jedem Rechner im Unternehmen, welches Office integriert hat.

Liferay kann im Gegensatz zu SharePoint auf nahezu jeder Umgebung installiert und produktiv geschalten werden. Sowohl das Server-Betriebssystem als auch die Datenbank können nahezu freigewählt werden. Notwendig jedoch, ist immer die Installation einer JRE von Oracle, mit welcher anschließend der jeweilige Application Server betrieben werden kann. Auch im Bereich Browser-Unterstützung bietet Liferay nahezu jedem Browser die Möglichkeit an, mit Liferay ordnungsgemäß zu arbeiten. Das Festlegen auf einen oder nur wenige Browser entfällt bei der Nutzung der Liferay-Oberfläche.

Eine wesentliche Frage, die sich natürlich das Business bei der Wahl des Kollaborations-Systems stellen muss, ist, ob man mit Liferay auch mehr als nur Kollaboration betreiben kann. Liferay hat, wie bereits zuvor beschrieben, flexible Einsatzmöglichkeiten. Angefangen von der Nutzung eines reinen Web-Portals mit eCommerce-Funktionalität, über eine Intranet-Funktion bis hin zu einem Customer-Portal, ist alles möglich. Natürlich bietet die Möglichkeit der Nutzung des Integrations-Frameworks seitens Liferay tolle Gelegenheiten, die täglichen Arbeitsstrukturen aufzubrechen und mit einem Werkzeug zu vereinheitlichen.

Auf der Internetsite von Liferay[27] finden Sie allerhand Informationen zu den bereits gewonnen Awards bzw. den jeweiligen Platzierungen in verschiedenen Marktforschungs-Unternehmen, wie beispielsweise Gartner.

■ 10.6 Community-Version im Unternehmens-umfeld

Liferay finde man bei Unternehmen, Institutionen oder generell öffentlichen Einrichtungen nicht nur in der kommerziellen Version vor. Wie jede Open Source Software, so hat auch Liferay seinen Reiz, kostenlos verwendet zu werden, um dabei eine Fülle an Enterprise Features erhalten zu können. Bei vielen kleinen Unternehmen ist die kostenlose Lösung gänzlich unerlässlich für den täglichen Einsatz geworden. Doch hier muss man sich die konkrete Frage stellen: Was passiert, wenn es passiert? Damit ist gemeint: Wenn doch mal etwas mit der Community-Version schief geht? Wie wir bereits in Abschnitt 10.4 erfahren haben, unterliegt die kommerzielle Version von Liferay einem langwierigen Test, bevor sie an die Kunden weitergegeben wird. Fehler, welche sich bei Neuerungen in der Community-Version eingeschlichen haben, werden in der Regel gefunden und gelöst. Des Weiteren

---

[27] *http://www.liferay.com*

besteht durch die Nutzung einer kommerziellen Version die Möglichkeit, Hilfe- und Support-anfragen an Liferay, respektive an den zuständigen Liferay-Partner zu stellen, um eventu-elle Probleme schnell zu lösen. Sollten im schlimmsten Fall beispielsweise Daten verschwin-den, der Server nicht mehr hochfahren, und man besitzt dann eine Community-Version, ist guter Rat teuer. Und nicht immer erwartet man den Rat von den vielen Freelancern, die sich um Liferay mehr angesiedelt haben als einem lieb ist. Hat man dazu noch seinem eventuell eigenem Management oder seinem Kunden eine (vertragliche) Zusicherung hinsichtlich einer Verfügbarkeit gegeben, steht es schlecht mit dem Schlaf in der Nacht.

 PRAXISTIPP: Der produktive Einsatz der Community-Version von Liferay ist nur sinnvoll, wenn man das entsprechende, qualifizierte, technische Personal für den Support- und Fehlerbehebung bereithält. Auftretende Fehler müssten ansonsten dann selbst erkannt, analysiert und selbstständig behoben werden. Wahlweise durch einen neuen Patch von Liferay oder durch Eigenregie mithilfe von Entwick-lungsarbeiten.

An dieser Stelle möchte ich in aller Deutlichkeit noch einmal sagen: Die Community-Version soll man nicht verteufeln, sondern im Gegenteil. Durch eine Community-Version haben Unternehmen die Möglichkeit, eine neue Version intensiv zu testen, um auf Eventualitäten vorbereitet zu sein. Neue Features können getestet und schon einmal in eventuelle Geschäfts-prozesse eingeplant werden. Wirklich kleinen Unternehmen ist die Wahl von Liferay in der Community-Version dennoch nicht zu verwehren. Jedoch sollten dann nicht gleich alle neuen Features in der Breite Verwendung finden, sondern auf bereits „gediegenere" Funk-tionalitäten zurückgegriffen werden.

■ 10.7 Liferay-Subskription

Bei Liferay fallen keine Lizenzkosten für eine kommerzielle Version an. Stattdessen erwirbt man bei der jährlichen Subskription (Abonnement) sowohl garantierte Wartungs- und Sup-portleistungen für die von Liferay getestete und zertifizierte Version, welche Sie verwenden wollen. Der professionelle Support mit Patches, Hotline, Kunden-Portal, Knowledge Base und Releases stellt die einwandfreie, problemlose und sofortige Funktion in Ihrer IT-Umge-bung sicher.

Der Enterprise Subskriptionsvertrag ermöglicht Ihnen Zugriff auf folgende Dienstleistun-gen:

- Technischer Support
- Systempflege durch Fehlerbehebung, Patches und Updates
- Unterstützung bei Entwicklung/Eskalation
- Liferay-Netzwerk: Portal für Endbenutzersupport
- Zertifizierte und ausführlich getestete Software
- Zugriff auf die Liferay Enterprise Software

Wichtig ist zu verstehen, dass Liferay in der Regel von einem zertifizierten Partner erworben wird. Natürlich kann ein Unternehmen auch entscheiden, eine Subskription direkt über Liferay zu beziehen, um sich die Partner-Marge zu sparen. Jedoch muss dann erwähnt werden, dass das Unternehmen selbst dafür Sorge tragen muss, in allen technischen Belangen die Anfragen oder Probleme an Liferay (und das in englischer Sprache) weiterzugeben und die entsprechenden Antworten zu verwerten. Das bedeutet nichts anderes, als dass Sie bei sich massiv eine Ressource mit Liferay-Know-how aufbauen müssen – und damit ist nicht nur die Oberfläche gemeint, sondern insbesondere der technische Aufbau.

 HINWEIS: Es ist dringend zu empfehlen, ein Abonnement über den Partner abzuschließen. Der Partner schließt die Lücke zwischen dem Hersteller und dem Kunden und ergänzt Ihr Portfolio an „Mitarbeitern" optimal im Bereich Portale/Liferay. Wenn Sie ein direktes Abonnement von Liferay wünschen, müssen Sie dafür Sorge tragen, dass sich eine Person bei Ihnen mit Liferay stärker auseinandersetzt. Zertifizierte Partner schließen die Wissenslücke im Unternehmen und sorgen für eine reibungslose Kommunikation sowie „Übersetzung".

In der Regel entscheiden sich deshalb die meisten Unternehmen dafür, eine Subskription direkt von einem Partner zu erwerben. Dadurch überlassen Sie die wirklich technische Abarbeitung von Fragen oder Problemen dem Partner, welcher Ihnen anschließend Feedback geben kann – und das in Ihrer Sprache, was sehr wichtig ist für einen reibungslosen Betrieb.

■ 10.8 Liferay im kritischen Unternehmens- umfeld

Wir haben in den letzten Abschnitten bereits sehr viel über den Einsatz von Liferay im kritischen Umfeld der Abbildung von Geschäftsprozessen mitgenommen. Doch wenn wir uns im kritischen Umfeld von Unternehmen befinden, sind auch ganz andere Parameter für den ordnungsgemäßen Betrieb notwendig. Zwar versteht jedes Unternehmen unter der Begrifflichkeit *kritisch* immer etwas anderes, jedoch bleiben doch einige Kernthemen unabdingbar, wenn es um die Einführung eines solch wichtigen Werkzeuges geht. In der Regel können wir zu einem kritischen Einsatz folgende Kriterien zählen:

- Hochverfügbarkeit
- Lastverteilung
- Ausfallsicherheit
- Stabilität
- Integrierbarkeit
- Wiederherstellungsfähigkeit

Sicherlich gibt es viele weitere Punkte, die je nach Bedarf ein Kriterium sein könnten. Die dargestellten Punkte sind jedoch definitiv nahezu in jedem Umfeld vorzufinden

Hochverfügbarkeit beschreibt im Allgemeinen die Erreichbarkeit eines Systems über einen längeren Zeitraum hinweg, in welchem ein System zur Verfügung steht und „antworten" muss. Liferay unterstützt diese Anforderungen durch die Verwendung von Maßnahmen, wie dem Aufbau von Cluster-Umgebungen. Darüber hinaus bietet die Verwendung von Hot-Backup-Funktionalität zur Laufzeit die Möglichkeit, ein Backup zu erstellen.

Das Kriterium **Lastverteilung** wird durch den Aufbau von Cluster-Nodes und die damit einhergehende Verteilung von Aufgaben ermöglicht. Mit Liferay können beliebig viele Nodes (also Liferay-Server) zu einem Verbund geschaltet werden. Die Kommunikation zwischen den Nodes übernimmt jGroups, eine Open Source TCP/UDP-basierende Bibliothek zum effizienten Austausch von Informationen zwischen verschiedenen Systemen. Neben der Lastverteilung des reinen Portals kann ebenfalls der Such-Server SolR verteilt aufgebaut werden. Vor allem in dem Umfeld, wo der Such-Server deutlich beansprucht wird (Suche im klassischen Sinne beispielsweise), sollte über eine intelligente Lastverteilung des Such-Servers nachgedacht werden.

Die **Ausfallsicherheit** wird vor allem durch die Punkte Hochverfügbarkeit sowie Lastverteilung gewährleistet. Ein System wie Liferay hängt natürlich auch von den anknüpfenden Systemen, wie Datenbanken, Betriebssysteme und Netzwerke, ab. Hier kann nur mit einer ganzheitlichen Monitoring-Lösung auf Basis eines Nagios die Infrastruktur überwacht und optimiert werden.

Eines der wichtigen und integralsten Kriterien stellt sicherlich die **Stabilität** an sich dar. Basierend auf den bereits erläuterten Kriterien impliziert die Stabilität die Gewährleistung der bereits aufgeführten Kriterien. Liferay unterstützt dabei den täglichen Betrieb z.B. durch die Auslagerung des Such-Servers SolR. Dadurch verringert sich die Auslastung des Hauptsystems merklich. Im Gegensatz zu Alfresco kann jedoch OpenOffice nicht auf ein komplett anderes System ausgelagert werden. Falls Sie massiv Gebrauch von der Dokumentenbibliothek, inklusive der Nutzung von Office-Dokumenten, machen wollen, testen Sie durch ein massives Upload und einen Preview-Test die Stabilität des Systems. OpenOffice, eine zentrale Komponente zur Transformation und Indexierung von Dokumenten, bezieht sonst 100 % der CPU-Leistung und führt zu einem so genannten Starve[28]-Prozess. Liferay kann dann normale Anfragen, wie das Darstellen von Websites, nicht mehr gewährleisten, da sich die CPU-Last vollkommen auf den OpenOffice-Prozess konzentriert. Ein Workaround hierfür wäre das Weiterleiten der Anfragen einer OpenOffice-Anfrage auf einen dedizierten Kern (ist z.B. machbar in einer virtuellen Umgebung).

Liferay kann sich in unterschiedliche Systeme integrieren. Damit kann eine hohe **Integrierbarkeit** bereits im Standard gewähreistet werden. Angefangen mit dem Authentifizierungssystem können beispielsweise CAS, NTLM oder OpenSSO verwendet werden. Die Datenbank kann nahezu freigewählt und das Betriebssystem nach eigenen Erfahrungen ausgesucht werden. Durch offene Schnittstellen, wie CMIS, WebDAV, JCR oder WebServices, kann Liferay von anderen Systemen angesprochen werden. Über das SharePoint-Protokoll ist automatisch die Unterstützung für die Integration in die Office-Welt und damit auf jeden

---

[28] Verhungern: Es existieren blockierende Prozesse, welche auf Zuweisung von CPU-Rechenleistung warten, die jedoch nur stark verzögert zugeteilt wird. Bis dahin können die wartenden Prozesse schon invalidiert sein.

Client-Rechner ohne Installation möglich. Über die bereits diskutierten Standards, wie JSR-168 und JSR-286, können weitere Systeme im Unternehmen auf eine einheitlichen Weise in das Portal integriert und miteinander in Beziehung gebracht werden.

Die **Wiederherstellungsfähigkeit** ist die letzte Rettung, wenn auch wirklich alles schief gegangen ist. Mittels dieses Kriteriums ist Liferay in der Lage, einen vorherigen Stand wieder einzuspielen. Liferay unterstützt sowohl Cold- sowie Hot-Backup-Funktionalitäten. Ein Backup bei Liferay besteht aus der Wegsicherung der Datenbank, des Suchindexes als auch der Dokumente. Da die Dokumente in der Regel im SAN/NFS liegen, muss meist kein Backup an der Stelle erfolgen, da diese bereits redundant abgespeichert werden.

◼ 10.9 Open Source-Portal für das gesamte Unternehmen

Liferay bietet mit der seit Jahren bereits geprüften hoch skalierbaren Architektur flexible Einsatzmöglichkeiten im eigenen Unternehmen. Jeder Geschäftsprozess kann beispielsweise über die Portlet-Spezifikation in einem Portal abgearbeitet werden. Auch bei hoher Last kann Liferay durch das Mehrschichten-Modell (siehe nächster Abschnitt) punkten und eine stabile und wartungsfreundliche Umgebung bieten.

Liferay bietet für verschiedene Verantwortungsbereiche die richtigen Werkzeuge zur täglichen Nutzung an. Es ist beispielsweise entscheidend, dass die wesentlichen Bedienkonzepte, Schnittstellen als auch Arbeitsabläufe auf einem geeigneten Weg überwacht und ggf. gesteuert werden können. Genauso wichtig ist es jedoch auch, dass die Entscheider genau verstehen, welche Nutzungsszenarien man mit Liferay abbilden will. Die einfache und schnelle Erweiterbarkeit durch die Nutzung der Portlet-Spezifikation von Liferay spielt ebenso eine entscheidende Rolle.

10.9.1 Architektur im Überblick

Liferay an sich basiert auf Java und kann deshalb sehr flexibel auf verschiedenen Server-Umgebungen eingesetzt werden. Liferay im Kern stellt heutzutage ein Portal dar, welches die Spezifikationen JSR-168 sowie JSR-286 stark verinnerlicht hat. Die Speicherung von Inhalten erfolgt in mehreren Schichten. Zum einen wird die Information an sich in einer Datenbank gespeichert. Zum anderen erfolgt die optimierte Speicherung im Such-Server. Das kann wahlweise Lucene oder SolR sein. Dokumente und Bilder bzw. Dateien im Allgemeinen werden in Liferay etwas anders gespeichert. Das Dokument wird nach dem Hochladen in das Portal zunächst auf einem Dateisystem abgelegt. Anschließend erfolgt das Auslesen der Metadaten und, wenn möglich, des Inhalts. Die Metadaten werden anschließend sowohl in der Datenbank als auch im Such-Server vorgehalten. Der Inhalt des Dokumentes wird anschließend (teilweise mit OpenOffice und durch andere Open Source-Komponenten), ebenfalls für Suchanfragen optimiert, im Such-Server abgespeichert.

In der Regel kann auf Dokumente durch das Repository von Liferay (JCR) zugegriffen werden. Dokumente werden nach veränderter Konfiguration des Portals auf dem Dateisystem, respektive auf Netzlaufwerken (SAN/NFS), abgelegt. Diese Konfiguration ist auch für Cluster-Umgebungen entscheidend. Die Speicherung von Dateien in der Datenbank ist weder performant noch langfristig zukunftsfähig und für Lastverteilmaßnahmen einfach nur hinderlich. In Produktivumgebungen sollte SolR als Such-Server verwendet werden. Dadurch lässt sich nicht nur die Last von einzelnen Komponenten schön verteilen. Separierte Bereiche lassen sich auch dadurch viel besser und perfekt für den jeweiligen Einsatz optimieren. Verwendet man nämlich erst einmal einen Such-Server wie SolR auf einer separaten Umgebung, können beispielsweise Monitoring-Lösungen die Last überwachen.

 PRAXISTIPP: Bei ausgiebigen Suchanfragen sollte darauf geachtet werden, dass die für SolR notwendigen Leistungen der CPU und der Festplatte nicht unbeachtet bleiben sollten. Da SolR sehr viel Zeit damit verbringt, Daten auf die Festplatte zu schreiben und wieder zu lesen, sollten Sie ausschließlich 10 bis 15 k Umdrehungen für Festplatten verwenden – oder am besten gleich eine SSD.

Die Portalarchitektur erstreckt sich natürlich nicht nur über Server-Einstellungen. Über die Spezifikation JSR-208[29], auch Java Business Integration genannt, lassen sich serviceorientierte Integrationen mit anderen Systemen im Unternehmen herstellen. Mittels WSRP können eigene geschriebene Applikationen in anderen Portalen angezeigt und verwendet werden (z.B. SAP NetWeaver). Über die Web Content Management-Komponente kann ein mehrstufiger Editier- und Freigabeprozess auf mehrere Systeme ausgelagert werden.

10.9.2 Entscheider/fachlich Verantwortliche

Soll ein Portal für eine spezifische Lösung eingeführt werden, stellt sich natürlich die Frage, in welchen Bereichen insbesondere Liferay unterstützen kann. Ziel einer solchen langfristigen Entscheidung ist im Endeffekt, vorhandene Geschäftsstrategien und Geschäftsabläufe zu erneuern und mittels eines Portals abzubilden. Die andere Möglichkeit besteht darin, gänzlich neue Geschäftsabläufe durch die Nutzung eines Portals umzusetzen. Die Möglichkeiten durch die Nutzung eines Portals sind breitgestreut, jedoch nicht in dem Sinne, dass wir viele unfertige Komponenten besitzen. Es arbeiten unzählige Entwickler fortwährend an der Weiterentwicklung und Fokussierung des Liferay-Portals, um wesentliche geschäftskritische Abläufe abbilden zu können. Liferay wird hier grob in mehrere Bereiche eingeteilt (Bild 10.1), welche wir an dieser Stelle kurz einführen und anschließend in Kapitel 12 näher betrachten wollen.

---

[29] http://www.jcp.org/en/jsr/detail?id=208

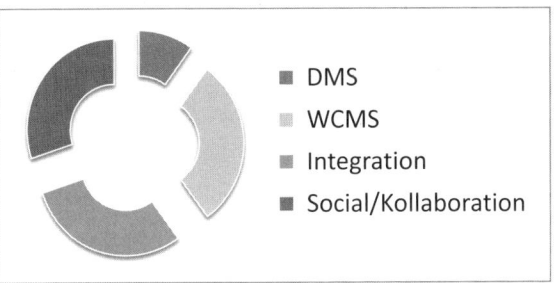

Bild 10.1 Anteilige (ausgeprägte) Funktionalitäten am Liferay-Portal

Wie in Bild 10.1 gut zu erkennen ist, bilden sich im Wesentlichen vier verschiedene Bereiche heraus, die zunächst einmal jeder für sich einzeln in Liferay verwendet werden kann. Das tolle an dem Konzept des Liferay-Portals ist jedoch hingegen, dass die verschiedenen Bereiche auch ineinander verzahnt sind. Dadurch ergeben sich viele verschiedene Einsatzmöglichkeiten für Entscheider und fachlich Verantwortliche.

Angefangen vom klassischen Integrationsansatz, durch welchen sich ein Portal auszeichnet, können Geschäftsprozesse, die bisher verteilt in verschiedenen Anwendungen abgelaufen sind, konzentriert dargestellt und abgearbeitet werden (Bild 10.2). Der Vorteil für die Anwender ist klar: Der Fokus auf das Wesentliche und die Erhöhung der Akzeptanz bei der täglichen Arbeit. Nicht vergessen sollte man an dieser Stelle die weiteren Features, wie die bereits standardmäßig vorhandenen Schnittstellen, um sich in bestehende Systeme, wie z. B. LDAP-Systeme oder Office-Programme, zu integrieren.

Eine weitere Möglichkeit besteht darin, den Web Content Management-Bereich von Liferay zu verwenden. Diese Komponente stellt eine der Hauptfunktionalitäten in Liferay dar. Denn wie wir bereits in Abschnitt 1.1 erfahren haben, ist die WCM-Funktionalität die älteste Komponente in Liferay. Sehr viele Erfahrungen sind im Laufe der Jahre in dieses Feature geflossen und führten u. a. dazu, dass diese Komponente bereits ausgezeichnet[30] worden ist. Durch intelligente und vor allem benutzerfreundliche Verwaltungsfunktionen, lassen sich in extrem kurzer Zeit, komplette Websites oder Intranet-Seiten erstellen.

Liferay verfolgt schon sehr lange das Ziel, die Zusammenarbeit auf einer Plattform zu zentralisieren. Durch die Integration des SharePoint-Protokolls können Dokumente parallel über Office-Programme wie Word bearbeitet werden. Kollaborations-Anwendungen, wie Blogs, Wikis oder Foren, können beliebig verwendet und strukturiert werden. Soziale Erweiterungen, um beispielsweise miteinander zu kommunizieren (Chats) sowie die Auswertung der Kollaborations-Aktivitäten in Form von Nutzer-Rängen (Social Equity) oder Aktivitäten-Kanäle, bringen deutlich mehr Schwung in die tägliche Arbeit und geben dieser endlich automatisch die benötigte Struktur, da fortan in Liferay jede Aktivität abgebildet wird.

Teil II – Liferay

---

[30] Siehe Water & Stone unter *http://www.liferay.com/de/about-us/awards*

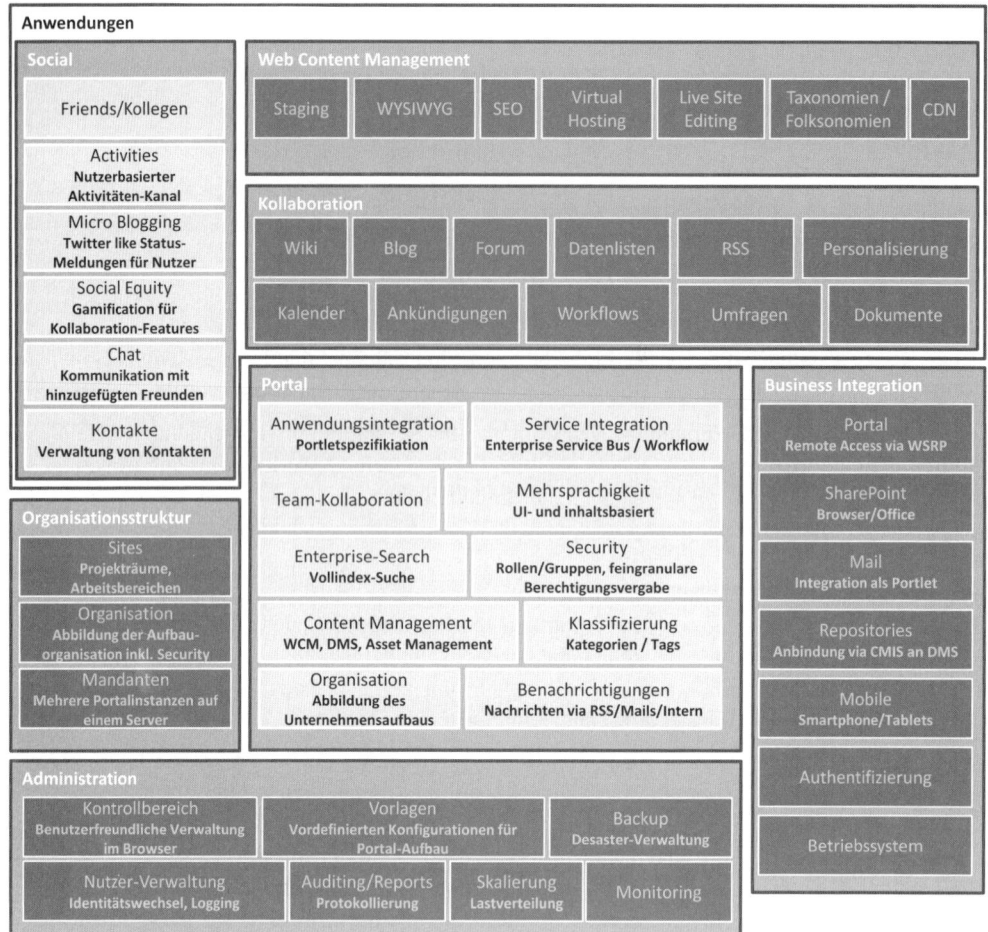

Bild 10.2 Wichtige Liferay-Features zur Unterstützung von Geschäftsprozessen

Der Dokumentenmanagement-Bereich in Liferay stellt eher eine klassische Asset-Management-Funktionalität als eine „richtige" DMS-Lösung dar. Jede der bereits eingeführten Liferay-Komponenten in Liferay, wie z. B. das Web Content Management-System, hat direkten Zugriff auf den Dokumentenmanagement-Bereich. Seit Liferay 6.1 lassen sich ganz einfach neue Repositories (also andere Dokumentenmanagement-Systeme) an das Portal anbinden. Dadurch hat der Nutzer z. B. von jeder Position im Portal Zugriff auf die zentrale Dokumentenablage.

Darüber hinaus lässt sich das Portal über die Web-Oberfläche nahezu komplett verwalten und administrieren. Live-Backups können auch direkt aus dem System exportiert und aufbewahrt werden. Falls Nutzer Probleme haben, einige Komponenten des Portals zu nutzen, kann sich ein Administrator temporär als dieser Nutzer ausgeben, um eventuelle Probleme schnell zu identifizieren und zu lösen.

10.9.2.1 Einsatz im Bereich Web Content Management

Liferay bietet eine stark ausgeprägte WCM-Funktionalität, welche für verschiedene Einsatzzwecke verwendet werden kann. Natürlich, in erster Linie lässt sich beispielsweise ein Web-Portal oder eine Website an sich mit abbilden. Am Beispiel der Website Sesamstraße auf *www.sesamestreet.org* können Sie erkennen, welche Möglichkeiten Liferay in diesem Bereich[31] bietet. Es können beliebig viele komplex-strukturierte Sites entworfen und individuell bearbeitet werden. Beispielsweise kann jede Site mit unterschiedlichen Berechtigungen versehen und somit von unterschiedlichen zuständigen Themenverantwortlichen bearbeitet werden. Mit Liferay können beliebig komplexe Web Content-Strukturen erstellt werden. Durch Staging-Mechanismen können neue Portal-Sites zunächst auf einem internen Redakteuren-Server bearbeitet und anschließend durch den Chefredakteur für das Live-System freigeschalten werden. Anschließend werden die neuen Inhalte automatisch vom Redaktions-Server auf den produktiven Server übertragen.

Neben der Möglichkeit der Erstellung von Content und Sites, kann die korrespondierende Veröffentlichung prozessgestützt ablaufen. Durch eine integrierte Workflow Engine (Kaleo oder auch Activiti) können die Freigaben neuer Inhalte nur durch verantwortliche Personen aus dem jeweiligen Resort/Bereich erfolgen.

Da Liferay neben der WCM-Komponente auch Kollaborations-Funktionalitäten bietet, kann ein interaktives Web-Portal erstellt werden. Dadurch kann beispielsweise ein Unternehmen viel stärker den Kontakt zu seinen Kunden gewährleisten und quasi ein B2C-Portal oder eine Kundenplattform aufbauen.

Im Wesentlichen bietet die WCM-Komponente folgende Features:

- **Komplexe Websites-Strukturen:** Beliebig viele Pages mit Hierarchien sowie verschiedene Content-Bereiche samt Zuständigkeiten stellen für Liferay kein Problem dar.
- **Einfache Bearbeitung und Verwaltung:** Via Drag & Drop können neue Sites und Strukturen sehr schnell hochgezogen werden. Sowohl das direkte Bearbeiten von Inhalten in der Live-Ansicht sowie in einer Verwaltungsübersicht sind möglich – je nach Bedarf.
- **Prozessunterstützung:** Jeder Content, der veröffentlicht werden will, muss zunächst, gesteuert über einen Freigabeprozess, durch einen verantwortlichen Themenleiter freigegeben werden. Darüber hinaus kann über einen Staging-Prozess das Veröffentlichen noch strukturierter erfolgen.
- **Interaktive Kommunikation:** Natürlich können Blogs, Wikis oder Foren zur Kommunikation mit den Anwendern, Besuchern oder Kunden verwendet werden.

10.9.2.2 Schaffung von flexiblen Geschäftsprozessen durch die Integration vorhandener Business-Anwendungen

Portale, wie Liferay, bilden das Basis-Framework, um bestehende Applikationen im Unternehmen einzubinden und miteinander in Beziehung zu bringen. Das primäre Ziel ist es dabei, dem Nutzer eine ganzheitliche Oberfläche für die tägliche Arbeit bieten zu können. Einheitliche Standards, wie JSR-168, JSR-286 (Portlet-Spezifikation), unterstützen die Integration von verschiedenen Anwendungen auf der Grundlage von Schnittstellen.

---

[31] Die entsprechende Case Study finden Sie unter *http://www.liferay.com/products/liferay-portal/stories/sesame-street*

In Regel verwendet man mit Liferay vor allem die Portlet-Integration, da diese in den meisten Fällen vollkommen ausreichend für die gegebenen Anforderungen ist.

 HINWEIS: Liferay bietet sowohl Backend- als auch Frontend-Integrationen an. Frontend-Integrationen werden mit Liferay durch die Nutzung der Portlet-Standards JSR-168, JSR-286 umgesetzt. Backend-Integrationen erfolgen meist durch die Nutzung von serviceorientierten Architekturen, wie eines Enterprise Services Bus.

Außerdem können somit deutlich schneller Ergebnisse erzielt werden. Auch neue Entwicklungen, die zunächst erprobt werden müssen (so genannte Prototypen), welche im Web durchaus üblich sind, lassen sich sehr schnell entwickeln. Falls der Prototyp nicht die gewünschte Wirkung entfaltet, hat man nicht sehr viel Zeit verloren und kann andere Wege ausprobieren. Das Portal bietet dadurch die Möglichkeit, verschiedene Ideen und Gedanken sowie Konzepte in die Tat umzusetzen. Große Konsequenzen, wie die Generierung von hohen Aufwänden, sind nicht ansatzweise so hoch, als wenn man komplett auf serviceorientierte Architektur setzen würde. Zum anderen verlaufen Neuentwicklungen von Integrationen in Liferay dank Portlet-Spezifikation immer nach demselben Schema ab. Dadurch wird auch auf Entwicklerseite der Fokus auf das Wesentliche gelenkt – der Anbindung verschiedener WebServices zu einer integrierenden Anwendung in dem Portal.

 PRAXISTIPP: Integrieren von Anwendungen heißt nicht ablösen! Nur wesentliche Geschäftsprozesse, welche es „wert" sind, sie in einem Portal als Arbeitsprozess abzubilden, machen überhaupt für diesen Zweck Sinn. Nur dort, wo Sie eine merkliche Vereinfachung des Arbeitskreislaufes oder die Verringerung bzw. Vermeidung von Fehlern nachvollziehen können, sollte eine Integration stattfinden.

Ein einfaches Beispiel wäre die Nutzung einer bereits im Unternehmen schon existierenden und dadurch verfügbaren Workflow Engine. Jetzt sollen beispielsweise Freigabeprozesse von Geschäftsdokumenten durch die Nutzung dieser Workflow-Engine erfolgen. Dann könnte man z. B. zwei verschiedene Portlets erstellen. Im ersten Portlet, der Dokumentenbibliothek von Liferay, sucht man das richtige Dokument für eine Freigabe heraus. In einem weiteren Portlet wird das ausgewählte Dokument zum Starten eines Freigabe-Workflows in „Empfang" genommen. Diese Portlet-Kommunikation wird auch Inter-Portlet Communication oder kurz IPC genannt, ist mit dem Standard JSR-286 spezifiziert und in Liferay anschließend umgesetzt worden. Das Workflow-Engine Portlet kann anschließend das übertragene Dokument in den dafür definierten Workflow inkludieren und somit diesen Arbeitsprozess abschließen. Während des Freigabeprozesses ist das Dokument in Liferay gesperrt.

HINWEIS: Natürlich ist das nur ein einfaches Beispiel, welches viele Randbedingungen bei einer echten Umsetzung mit sich bringen würde. Hierbei benötigt
man vor allem die fachlich Verantwortlichen für die jeweiligen Geschäftsprozesse, um sich über die Details abzustimmen (Frage: Wie könnte eine optimierte
Variante korrekt aussehen?). Zum anderen benötigt man die notwendigen, technischen Ressourcen, um die Integration auch umzusetzen. In der Regel benutzt
man für Letzteres einen Liferay-Partner. Achten Sie jedoch darauf, dass dieser
auch über genügend Business-Erfahrung besitzt. Reine Techniker sind hier fehl
am Platze!

Nach erfolgter Freigabe wird das Dokument in Liferay wieder zurückgespeichert und ein
neuer Status („Freigeben" oder „Nicht Freigegeben") gesetzt. Der Vorteil für den Anwender
liegt klar auf der Hand. Das Dokument muss nicht mühselig in Netzlaufwerken gesucht und
anschließend beispielsweise in der dafür zuständigen Applikation hochgeladen werden.
Stattdessen verwendet man das Repository von Liferay (oder auch via CMIS des anderen
DMS) und startet mit zwei Klicks den Freigabeprozess. Das Fehlerpotenzial wird dadurch
einmal merklich verringert.

10.9.2.3 Abbildung der Unternehmensorganisation

Eine wesentliche Eigenschaft eines jeden größeren Unternehmens ist die Hierarchie oder
auch Aufbauorganisation. Dadurch gelangt ein Unternehmen erst zu der Möglichkeit, strukturiert und logisch „Unternehmungen" auszuführen. Zuständigkeiten, Vorgesetzte, Abteilungen und Verantwortung spiegeln sich direkt durch eine solche Struktur wider. Soll ein
Unternehmensportal vielleicht sogar international eingeführt werden, spielen diese Faktoren eine sehr entscheidende Rolle, um eine vernünftige Basis für den Aufbau eines Intranet-
Portals zu ermöglichen. Sollen Kunden oder gar Lieferanten auf dem Portal zugelassen
werden, würde ohne eine solche Struktur, dass reinste Chaos ausbrechen. Verschiedene
Abteilungs-Sites müssen eventuell erstellt und den jeweiligen Abteilungsleitern zugewiesen werden. Diese wiederum haben Vorgesetzte, welche ebenfalls einen eigenen Bereich
zur Ablage von Inhalten oder zur Zusammenarbeit benötigen.

Darüber hinaus können Nutzer mit entsprechenden Rechten, neue Projekt- bzw. Organisa-
tionsräume erstellen und Nutzer darin einladen. Innerhalb dieses Raumes existieren wiederum eigene Berechtigungen (welche vergeben werden können) und eine eigene Hierarchie,
angefangen beim Administrator des Projektraumes bis hin zum Gast. Verschiedene Projekt-
rollen haben darüber hinaus implizit Bedeutung, wenn bestimmte Aktionen im Portal ausgeführt werden. Sollen beispielsweise Web-Inhalte für eine neue Abteilungs-Site verändert
werden, kann der Administrator einstellen, ob zunächst eine Freigabe durch einen Themen-
verantwortlichen erfolgen soll. Dieser Verantwortliche verfügt in diesem Projektraum über
die entsprechende Rolle und erhält Freigabeanträge der jeweiligen Bearbeiter, welche er
anschließend freigeben oder zwecks Überarbeitung zurückgeben kann.

Ein Beispiel aus der Praxis: Ein großer Energieversorger will ein Unternehmensportal für
seine Mitarbeiter aufbauen. Der Energieversorger teilt sich klassisch in verschiedene Bereiche, wie Einkauf, Verkauf, Betrieb, Verwaltung usw., auf. Darüber hinaus besitzt der Energieversorger verschiedene Sub-Unternehmen, welche in der Vergangenheit als Unterneh-

men zugekauft oder eigene Bereiche zwecks Verschlankung ausgelagert worden sind. Eine klassische Tochtergesellschaft stellt beispielsweise der Service dar. Jedes dieser Unternehmen berichtet (je nach Struktur) der Geschäftsführung des Konzerns. Verschiedene Unternehmen arbeiten direkt oder indirekt mit anderen Bereichen oder Unternehmenszweigen zusammen, um die jeweiligen Geschäftsprozesse abbilden zu können. Mit einem Unternehmensportal soll teilweise die Kommunikation und die Abwicklung von Serviceaufträgen zwischen Mitarbeiten und anderen Bereichen vereinfacht werden.

Mit Liferay können Sie Ihre Organisationsstruktur genau wie eben beschrieben mit den entsprechenden Zuständigkeiten abbilden, denn Liferay verfügt über verschiedene strukturelle Konzepte. Unter anderen kennt Liferay die Möglichkeit, so genannte verschachtelte Organisationen aufzubauen, welche Hierarchien abbilden. In Kapitel 15 können Sie diesbezüglich mehr über die Möglichkeiten von Liferay erfahren, um die Abbildung des eigenen Unternehmens bzw. der eigenen Organisation zu ermöglichen.

10.9.2.4 Aufbau eines Unternehmensportals

Wir haben bereits erfahren, dass ein Portal wichtige Kriterien in Bezug auf die Organisationsabbildung beherrschen muss, damit eine Einführung überhaupt Sinn macht. Ziel einer Portaleinführung ist es doch, dass die Mitarbeiter, Kunden und Lieferanten einen einfachen Zugang zu Informationen oder auch ggf. zu verschiedenen Abteilungen haben. Die Zusammenarbeit soll durch ein Unternehmensportal vereinfacht und die Arbeit zentralisiert werden. Dadurch entfallen eventuell bis dato angefallene Arbeitsvorgänge und verringern langfristig die „Aufreibung" der Mitarbeiter bei der stetigen Steigerung von Informationen und den damit einhergehenden Anwendungen im Unternehmen. Portale sollten im Wesentlichen die tägliche Arbeit der eigenen Mitarbeiter vereinfachen. Das kann zum einen dadurch gelingen, dass verschiedene Applikationen teilweise in das Portal integriert werden. Zum anderen soll es der Kommunikation der Mitarbeiter untereinander dienen. Neueste Informationen rund um bestimmte Abteilungen oder des Unternehmens an sich, können zentralisiert auf einem Portal platziert und für Mitarbeiter zu Diskussion gestellt werden.

Kollaborations-Features, wie Wikis, Blogs, Foren, Polls und die Integration z. B. in Office-Programme, bringen einen deutlichen Mehrwert für die Mitarbeiter, welche täglich zusammen arbeiten müssen und bisher ihre Arbeitsstände über den Mail-Verkehr ausgetauscht haben. Kurzfristig mag das eine „schnelle" Lösung sein. Bei größeren Projekten weiß man hingegen schon nach einigen Tagen nicht mehr, wie genau, welcher Entscheidungspunkt zustande gekommen ist. Hier hilft das Gedächtnis einer Kollaborations-Lösung, wie Liferay, jedem Beteiligten nach.

Mittels der Web-Content Management-Komponente von Liferay können Sie dem Portal ein „Gesicht" geben. Das Portal soll nicht abschreckend, sondern anziehend wirken. Umso wichtiger sind kleinere Informationstafeln oder bebilderte Informationen zu bestimmten Bereichen. In unserem Beispiel des Energieversorgers könnte beispielsweise ein eigener Bereich existieren, welcher mittels Bilder-Show (ist bereits in Liferay integriert) die neusten Energiegewinnungs-Anlagen präsentiert – mit einer kleinen Story dazu. Die Identifikation des Portals mit den Mitarbeitern ist eine wichtige Größe zur Akzeptanzentwicklung. Mitarbeiter arbeiten gerne in ihren Unternehmen und möchten mehr über laufende Projekte und Erfolge (vielleicht auch Niederlagen) erfahren. Das Portal bietet ihnen diese Möglichkeit auf einfache und schöne Art und Weise!.

Wie bereits in Abschnitt aufgeführt, ist die Abbildung der Organisationsstruktur eine wesentliche Herausforderung bei Unternehmensportalen. An dieser Stelle sei noch einmal die wichtige Bedeutung der Abbildung einer Organisationsstruktur für eine erfolgreiche Einführung eines Unternehmensportals erwähnt. Über ein Portal lassen sich Aufgaben, Zuständigkeiten und Kommunikationen klarer strukturieren.

Ein weiterer Vorteil eines Unternehmensportals besteht natürlich auch in der Möglichkeit, nicht nur Mitarbeiter auf dem Portal arbeiten zu lassen, sondern das Portal als Kommunikations-Plattform zwischen Kunden oder Lieferanten und dem Unternehmen zu nutzen. Dokumente für gemeinsame Projekte können in Liferay abgelegt und in Projekträumen miteinander ausgetauscht werden. Kunden können sich über neue Projektanträge bzw. -aufträge direkt im Portal informieren, was langfristig auch die Mitarbeiter in ihrer Kommunikation mit den jeweiligen Lieferanten entlastet.

10.9.2.5 Wissensmanagement – Liferay als Kollaborationsplattform

Portale bieten eine ausgezeichnete Basis, um Wissensmanagement im Unternehmen auf die nächste Stufe zu heben. Mit Wissensmanagement verfolgt ein Unternehmen das primäre Ziel, das bereits vorhandene Wissen (beispielsweise, welches sich in den Köpfen der Mitarbeiter befindet) oder neues Wissensstränge auf einem zentralen Bereich wiederzugeben. Das Anbieten von Kollaborations-Funktionen sowie die daraus resultierende Verknüpfung verschiedenster Inhalte fördern zum einen das Wiederauffinden von Informationen und bereits vorhandenem Wissen über Monate und Jahre hinweg. Zum anderen kann durch Zusammenarbeiten oder vielleicht auch Diskussionen neues Wissen entstehen.

Liferay bietet verschiedene Möglichkeiten, um den Bereich Wissensmanagement aktiv voranzutreiben. Zum einen existieren viele Standard-Funktionalitäten, welche in der Lage sind, viele Möglichkeiten des Kommunikationsaustauschs für die Mitarbeiter zu bieten. Es existieren viele Kollaborationsfeatures, welche aktiv das Mitbestimmungsrecht von Mitarbeitern fördern. Dies ist eine sehr wichtige Möglichkeit, um der Meinungsäußerung ein Gesicht bzw. einen Platz zu geben. Zum anderen eröffnen sich durch die Mitarbeit an Projekten und die Unterstützung des Portals neue Möglichkeiten der Informationsgewinnung an sich.

Durch die herausragende Suche in Liferay können Sie nach bereits vorhandenen Informationen suchen und sofort darauf zugreifen. Ein Durchstöbern des Netzlaufwerkes oder des E-Mail-Verkehrs sollte damit in weiten Teilen der Vergangenheit angehören.

Schnittstellen zu anderen Systemen, zum einen bereits integrierte, aber auch neue Integrationen führen zu deutlich mehr Fokussierung mit der täglichen Arbeit im Portal. Die jeweiligen Aktivitäten werden im Portal gespeichert und für andere Mitarbeiter zugänglich gemacht. Alleine dieses Feature sticht deutlich von anderem System hervor. Durch die zentrale Oberfläche, welche mit nahezu allen Browsern bedient werden kann, verringert sich die Hürde, eine neue Applikation erlernen zu müssen. Im Browser werden verschiedenste Module zur Zusammenarbeit dargeboten. Via Schnittstellen zu Office, Mail Clients oder Netzlaufwerken kann ohne großen Zeitverlust an Dokumenten gearbeitet werden. Die Nutzung von CMIS zur Anbindung an andere Repositories oder allgemeine Dokumentenmanagement-Systeme erhöhen den Verwendungsgrad einer einzigen Lösung.

Teil II – Liferay

Ein Wissensportal kann dem Unternehmen als ganzheitliche Lösung zur Generierung von neuen Informationen bzw. Wissen dienen, indem es die Mitarbeiter aktiv in die Kommunikation und Mitarbeit auf dem Portal einbezieht.

Die wesentlichen Vorteile sind kurz hier aufgeführt:

- **Verknüpftes Wissen:** Automatische Verknüpfung von verschiedenen Informationselementen möglich (Wikis mit Blogs usw.)
- **Kollaborationsmöglichkeiten für jeden Zweck:** Nutzen von Wikis, Blogs, Datenlisten, Dokumentenbibliothek, Umfragen, Formularen, die Mitarbeit und Zusammenarbeit für Mitarbeiter so einfach wie möglich gestalten
- **Modellierung via Drag & Drop:** Neue Informationselemente, wie z.B. die Erzeugung neuer Web Content-Strukturen oder neuer Dokumententypen erfolgt durch die Nutzung einer extrem benutzerfreundlichen Web-Oberfläche
- **Prozessgestützte Veröffentlichung:** Workflow gesteuerte Verarbeitung von Informationen
- **Standardmäßige Integrationsplattform für verschiedenste Applikationen:** Zentrale Ablage durch offene Schnittstellen und Integrationen in verschiedenste Anwendungen, wie Mail Clients, Office usw.
- **Integrationsplattform für Anwendungen:** Integration via JSR-168, JSR-286 oder WSRP, um langfristig mehr Nutzen aus den Geschäftsabläufen zu ziehen
- **Abbildung von Organisationsstrukturen:** Wie bereits erwähnt, bietet Liferay die Möglichkeit, beliebig komplexe Hierarchien zu konstruieren. Jede Organisation besitzt noch einmal einen eigenen Berechtigungsbaum, welcher mit dem Organisationsadministrator beginnt und mit einem Gast enden kann.
- **Arbeiten in Projekträumen:** Es können beliebig viele Projekträume erstellt und mit verschiedenen Mitarbeitern oder Nutzern ausgestattet werden. Jeder Projektraum kann extrem flexibel an die jeweiligen Arbeitsanforderungen angepasst werden.

10.9.2.6 Integration in Dokumentenmanagement-Systeme

Liferay bietet bereits im Standard die Möglichkeit, weitere Repositories anzubinden. Repositories, wie Alfresco, können via Schnittstelle an CMIS angebunden und sofort verwendet werden. Hierzu ist keine weitere Erweiterung in Liferay notwendig. In der Dokumentenbibliothek von Liferay erscheint anschließend eine neue Datenquelle, welche sofort verwendet werden kann.

Einsatzbereiche hierfür gibt es wahrlich viele. Dadurch lassen sich beispielsweise wichtige Dokumente in das Portal publizieren und so für eine breitere Öffentlichkeit zur Verwendung freigeben. Beispielsweise könnte das Zielverzeichnis des angehängten Repositories auf einen publizierten Arbeitsbereich im Dokumentenmanagement-System zeigen. Durch Workflow gestützte Freigaben im DMS werden nur die Dokumente in Liferay angezeigt, welche auch tatsächlich freigegeben worden sind.

10.9.2.7 Entwicklungsplattform

Liferay bietet extrem viele Möglichkeiten, das Portal weiterzuentwickeln. Zum einen lassen sich bereits ohne Entwicklungsaufwände viele Konfigurationen und Änderungen direkt im Browser durchführen. Dokumententypen oder Datenlisten können via Drag & Drop zusammengebaut und für Nutzer freigeschalten werden. Das Gleiche gilt für den Web-Content, welcher relativ einfach über die Web-Oberfläche zusammengeklickt werden kann. Neue Attribute für bestimmte Informationstypen, wie Wikis oder Blogs, lassen sich direkt über die Oberfläche dazu konfigurieren. Nahezu die komplette Oberfläche, welche den Anwendern zur Verfügung steht, kann auf benutzerfreundlichem Wege bearbeitet werden.

Muss dennoch einmal das Portal angepasst oder gar eine Integration in ein neues System hergestellt werden, so wird man von Liferay nicht allein gelassen. Mittels SDK oder der Liferay IDE (Editor) können sehr schnell neue Erweiterungen für das Portal gebaut werden. Über diese Möglichkeit lassen sich z.B. auch neue Oberflächen-Designs (Theme) und Layouts (wie viele Spalten soll die Oberfläche haben) gestalten.

10.9.3 Entwickler

Da wir bereits viele Details über Liferay und die möglichen Einsatzzwecke erfahren haben, wird es nun wichtig, dass wir uns den Erweiterungsmöglichkeiten widmen. Eine Kernkomponente von Liferay stellt die Integrationsplattform dar, welche wir mittels Portlet-Spezifikationen JSR-168 bzw. JSR-286 ansprechen können. Diese Spezifikationen sehen vor, basierend auf der Programmiersprache Java, neue Anwendungen in das System zu integrieren. Doch nicht nur Java-Applikationen lassen sich in Form von Portlets entwickeln und Liferay somit auf die eigenen Geschäftsabläufe erweitern. Über Skripte welche in JavaScript vorliegen, oder Template-Sprachen, wie Velocity[32], lässt sich das Verhalten bzw. das Erscheinungsbild stark beeinflussen. Liferay bietet verschiedene Modellierungsmöglichkeiten, welche den Entwicklern erlauben, viele Einstellungen oder Erweiterungen für eine Oberfläche „vorzuarbeiten", um anschließend mittels Programmierung zu verfeinern (Bild 10.3).

Über ein von Liferay mitgeliefertes SDK sowie ein Entwicklerstudio lässt sich auf Basis von Vorlagen, welche Liferay selbst mitliefert, in wenigen Sekunden ein fertig zu installierendes Portlet entwerfen. Da Liferay im Kern auf dem Spring-Framework basiert, erfolgt die Initialisierung neuer Objekte in der Regel direkt hierüber. Über dieses Framework verfügt man den Zugriff auf alle Services, welche Liferay für den normalen Gebrauch zur Verfügung stellt. Einige Services sind jedoch über die normalen Erweiterungspunkte nicht erreichbar. Liferay schottet Teile der Logik vom öffentlichen Gebrauch ab.

Bei der Entwicklung neuer Applikationen verfügt der Entwickler über eine große Entscheidungsfreiheit, welches (MVC-)Framework hierfür verwendet werden soll. Erstens können klassische JSP-Sites erstellt und durch die Implementation des eigenen Portlets ein „Backend" geschrieben werden, welches anschließend alle Anfragen (Formulare, Links) bearbeitet. Und zweitens kann auch JSF verwendet werden. Neben der Unterstützung von JSR-301[33], um verschiedene JSF-Frameworks in Liferay zu integrieren, bietet Liferay eine eigene Implementierung (Liferay Faces[34] genannt) an. Seit Liferay 6 basieren viele Browser-Skripte auf Alloy UI[35], welches von Liferay erstellt wurde und auf YUI[36] basiert.

---

[32] http://velocity.apache.org/

[33] http://www.jcp.org/en/jsr/detail?id=301

[34] http://www.liferay.com/community/liferay-projects/liferay-faces/bridge

[35] http://www.liferay.com/community/liferay-projects/alloy-ui/overview

[36] http://yuilibrary.com/

Teil II – Liferay

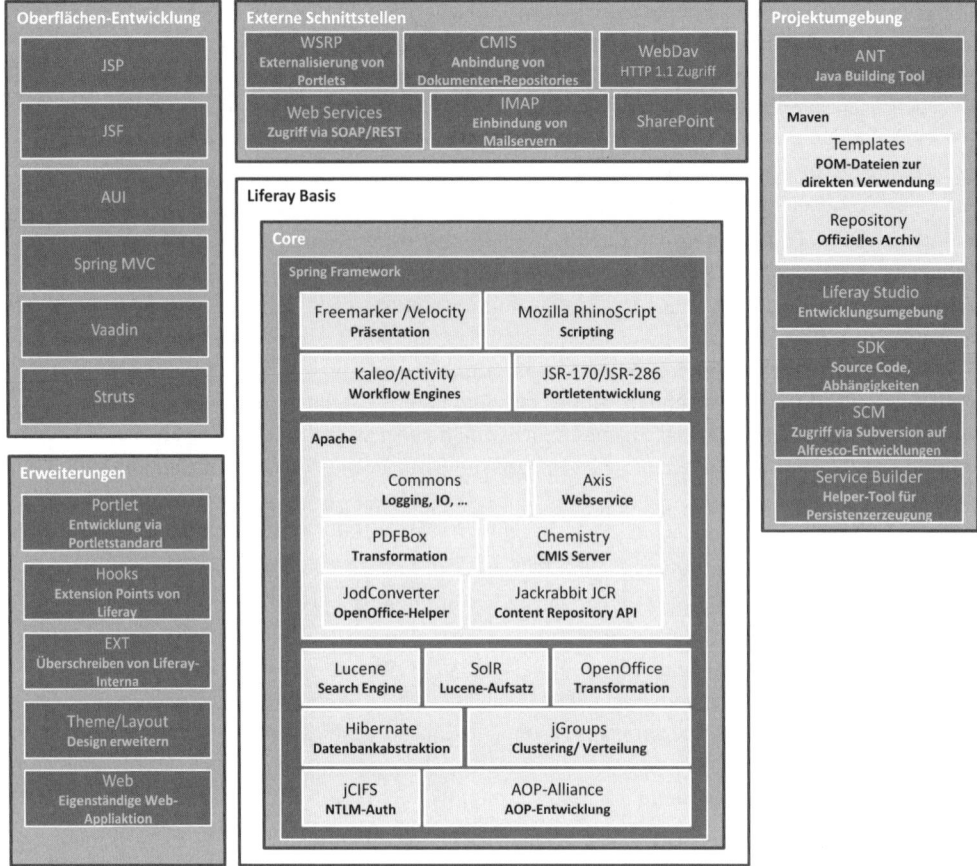

Bild 10.3 Darstellung der verschiedenen Möglichkeiten für Entwickler, um das Portal zu erweitern.

Neue Applikationen benötigen auch eigene Berechtigungen, um z. B. bestimmte Aktivitäten nur bestimmten Nutzerkreisen zur Verfügung zu stellen. Liferay integriert nahtlos neue Applikationen in die eigene Umgebung. Innerhalb einer Applikation, welche mit einem oder mehreren Portlets abgebildet wird, können Berechtigungen definiert werden, welche anschließend in Liferay über den Administrationsbereich für bestimmte Rollen zur Verwendung freigeschaltet werden können. Über den `PermissionChecker` kann anschließend im Quellcode geprüft werden, ob der aktuelle Nutzer (oder ein anderer Nutzer) Zugriff auf eine bestimmte Aktion hat.

Liferay basiert auf vielen einzelnen Transaktionen. Liferay verfügt auch über die Möglichkeit, via aspektorientierter Programmierung, neue Funktionen an bestehende Services „anzuhängen".

10.9.3.1 Erweiterungsmöglichkeiten und Projektentwicklung via Plug-in-SDK sowie Liferay Studio

Liferay verfügt über mehrere Ansatzpunkte, das Portal zu erweitern. Über **Portlets** lassen sich neue Applikationen in das Portal integrieren und auf beliebigen Pages (siehe Abschnitt 14.2.2) zur Präsentation platzieren. **Hooks** hingegen, stellen Möglichkeiten dar, bestimmte

Punkte in Liferay anzusprechen, um diese zu überschreiben oder Funktionalität hinzuzufügen. **Layouts** geben den Entwicklern die Möglichkeit, die Platzierungsmöglichkeiten der Portlets auf einer Page zu definieren. Beispielsweise besteht ein einfaches Layout aus zwei Spalten. In jede dieser zwei Spalten können Portlets abgelegt werden. Da diese Spalten einer festen Breite zugeordnet sind (z. B. 50 %), kann so eine einheitliche Struktur auf einer Page aufgebaut werden. Ein **Theme** gibt einem die Möglichkeit, ein neues Design für das eigene Unternehmen zu erstellen. Über die **EXT**-Umgebung können im Gegensatz zu den Portlets auch die internen Services und Funktionen von Liferay überschrieben bzw. angepasst werden.

Die jeweiligen Komponenten können einmal über das **Plug-in-SDK** erstellt und mit **ANT** ausgeliefert werden. Darüber hinaus existiert seit langem das Bestreben, *Maven* als weiteres Building-Tool zu unterstützen. Mehr dazu erfahren Sie auf der Liferay-Site[37]. Neben der Möglichkeit, das SDK zu verwenden, gibt es mit dem Liferay Studio eine komfortable Oberfläche, um Erweiterungen für das eigene Unternehmen zu entwickeln. Liferay Studio basiert auf der Eclipse-IDE und wird um das SDK sowie eine Laufzeitumgebung erweitert. Konkret bedeutet das, dass Liferay direkt mit dem Studio ausgeliefert wird und aus dem Studio gestartet werden kann, um eigene Erweiterungen zu testen. Für den schnellen Einstieg in die Liferay- bzw. Portal-Welt genau das Richtige.

10.9.3.2 Eigene Felder

Die einfachste Möglichkeit, bestehende oder auch neue Objekte in Liferay zu erweitern, besteht darin, neue Informationen an diese Objekte zu „hängen". Diese Informationen stellen **Felder** in Text-, Zahlen oder beispielsweise Boolesche Datentypen dar, welche Objekten, wie Pages, Benutzern, Foren-Posts oder auch Organisationen, hinzugefügt werden kann. Diese extrem generische Funktion führt zum einen dazu, dass sehr schnell kleine Erweiterungen dem Endnutzer präsentiert werden können. Zum anderen jedoch, können diese Felder auch versteckt werden – und hier wird die Sache für Entwickler erst so richtig spannend. Sollen sich für bestimmte Pages (Websites) bestimmte Applikationen anders verhalten, so hat man mehrere Möglichkeiten, eine Lösung hierfür zu entwickeln. Die klassische Variante besteht darin, eine Erweiterung für die eigene Applikation zu bauen, in welcher konfiguriert werden muss, auf welchen Websites ein anderes Verhalten an den Tag gelegt werden muss (z. B. ob die Applikation bestimmte Daten auf eine andere Weise darstellen soll). Dafür muss die jeweilige Applikation nur bei jedem neuen Render-Vorgang die jeweiligen Informationen aus der aktuellen Page lesen, welche als separates Feld angelegt und gepflegt worden ist.

 HINWEIS: Sie haben es vielleicht schon gemerkt: Die Verlagerung findet von einer spezifischen Applikation auf das Portal statt. Durch die Möglichkeit, konfigurierbare Felder für bestimmte Objekte zu definieren, können in einem viel schnelleren Turnus neue Weiterentwicklungen entwickelt und produktiv gesetzt werden.

[37] *http://www.liferay.com/de/web/mika.koivisto/blog/-/blogs/getting-started-with-liferay-maven-sdk*

Wie bereits beschrieben, können auch auf neu erstellte Objekte innerhalb der eigenen Applikation mit eigenen Felder ausgestattet werden. Liferay bietet ein sehr generisches Framework, um eine hohe Flexibilität zu erreichen.

10.9.3.3 Asset Framework

Falls Sie weitere Inhaltstypen mit Ihrer eigenen Applikation erstellen wollen und sich vielleicht die Frage stellen, ob Liferay diesen Inhaltstyp ähnlich behandeln kann, so kann das nur positiv bejaht werden. Mittels des **Asset Frameworks**[38] von Liferay können neue Inhaltstypen (als Beispiel: ein Inhaltstyp kann beispielsweise Web Content oder ein Foren-Post sein) erstellt und über das Asset Framework in den Liferay-Pool an Content mit aufgenommen werden. Über verschiedene Standard-Portlets, wie z.B. der Asset Publisher von Liferay, können dann eigene Inhaltstypen zentralisiert über Liferay auf das Portal gestreut werden. Eigene Publizierungsmechanismen sind dafür nicht notwendig. Darüber hinaus bietet das Framework noch einiges mehr. Beispielsweise können einfache Klassifizierungsmöglichkeiten, wie Tags und Kategorien, an das eigene Inhaltsobjekt angefügt werden. Vorhandene Taxonomien oder Tags werden direkt aus dem Liferay-Kontext bereitgestellt.

10.9.3.4 Service Builder

In Abschnitt 9.3.2 sowie 9.3.3 haben wir uns ein wenig mit der Thematik beschäftigt, dass man in Liferay neue Inhaltstypen erstellen kann. Das Erstellen neuer Inhaltstypen funktioniert mit Liferay extrem einfach und sehr schnell. Hierfür geht Liferay einem modellgetriebenen Ansatz nach, mit welchem es möglich ist, die jeweiligen Entitäten durch die Benutzung von Liferay Studio oder einer XML-Datei zu definieren. Anschließend erzeugt der von Liferay eigens dafür entwickelte **Service Builder**[39] die notwendigen Java-Klassen, WebServices (sowohl REST als auch SOAP) sowie Persistenz-Schichten automatisch. Nach erfolgter Generierung können über entsprechende generierte Services, neue Inhaltsobjekte angelegt, gelesen oder auch gelöscht werden. Eine Indexierungsfunktion für die Suche kann ebenfalls genutzt werden, sodass eine nahtlose Einbindung in die Standardsuche erfolgen kann. Die Persistenz-Schicht muss darüber hinaus nicht von einem Administrator selbst angelegt werden. Diese wird automatisch von Liferay bei der initialen Installation des dazugehörigen Plug-ins (z.B. Portlet) aufgerufen und installiert.

Mit der Kombination aus dem Asset Framework, dem Service Builder und den eigenen Feldern können sehr schnell komplexe Anwendungen mit Liferay umgesetzt werden.

10.9.4 Administratoren

Der tägliche Betrieb einer kritischen Applikation, wie Liferay, führt zu den Anforderungen, ein geeignetes Betriebs-, Wartungs- und Verwaltungskonzept zu besitzen. Diese Anforderungen können nur dann entsprechend abgedeckt werden, wenn Liferay die dafür notwendige Architektur und Flexibilität für Administratoren mitbringt. Die bereits in Abschnitt 10.8 beschriebenen Kriterien, welche Liferay erfüllt, stellen solide Grundlagen für den täglichen

---

[38] *http://www.liferay.com/de/documentation/liferay-portal/6.0/development/-/ai/asset-framework*
[39] *http://www.liferay.com/de/documentation/liferay-portal/6.0/development/-/ai/service-build-2*

Betrieb einer solchen Lösung dar. Darüber hinaus ist es wichtig, bei Rückfragen von Anwendern, Problemstellungen oder Ausfällen, schnell agieren zu können. Zum einen ist eine hierfür notwendige Unterstützung seitens des Herstellers (Liferay) respektive eines zertifizierten Partners notwendig. Für die tägliche Arbeit bietet Liferay einen komplett in der Web-Oberfläche vorhandenen Administrationsbereich, welcher in der Regel für die meisten Aufgaben vollkommen ausreichend ist.

Darüber hinaus existieren Modellierungsmöglichkeiten, um beispielsweise Workflows zu erstellen. Hierzu kann der grafische Editor (Liferay Studio) verwendet werden. Über die Oberfläche können neue Strukturen für bestimmte Inhaltsobjekte angelegt werden. Neue Dokumententypen oder auch neue Datenlisten erstellt man via Drag & Drop. Hierzu bedarf es nur vorab der Spezifikation seitens der Fachabteilung, wie die Datenlisten auszusehen haben.

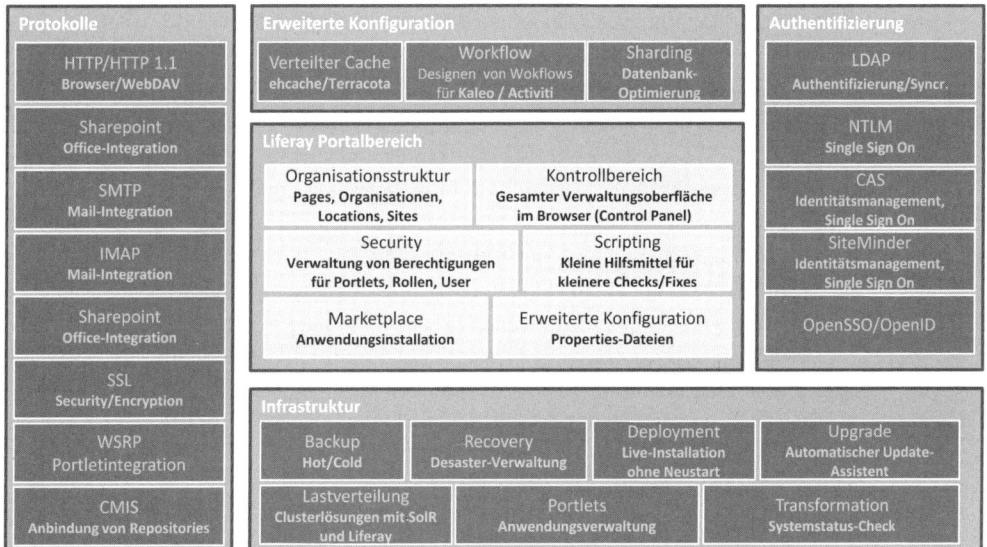

Bild 10.4 Administrationsmöglichkeiten im Liferay-Portal in der Übersicht

Komplexe Berechtigungen über Rollen können implizit an Nutzer weitergegeben werden. Rollen können auf spezifischen Portlets bzw. Applikationen Berechtigungen erhalten oder diese auch entzogen bekommen. Diese Konfigurationen werden ausschließlich über die Web-Oberfläche durchgeführt.

Liferay bietet zusammengefasst, folgende Features für administrative Zwecke an:

- Administration über die Web-Oberfläche von Liferay
- Monitoring der Live-Sessions der Nutzer
- Hot-/Cold-Backup
- Load-Balancing/-Clustering
- Index-Recovery (im Live-Betrieb)
- Verwaltung der Applikation (Portlets)
- Designen von Workflows und Datenmodellen

10.9.4.1 Kontrollbereich – zentrale Verwaltungsstelle

Eine der wesentlichen Verwaltungsmöglichkeiten des Administrators im täglichen Portal-betrieb befindet sich direkt in der Web-Oberfläche von Liferay. Über den Kontrollbereich (Control Panel) gelangt der Administrator auf eine zentrale Stelle des Systems, auf welcher man das Portal steuern und (teilweise) überwachen kann. Liferay hat nicht nur versucht, eine einfache Benutzerführung für Anwender bereitzustellen. Auch Administratoren kön-nen viele Konfigurationen (die wichtigsten) über die Oberfläche durchführen.

Da wäre z. B. die Authentifizierung ein perfekter Einstiegspunkt, um die Einfachheit dar-zustellen. Im Authentifizierungsbereich kann über den Administrator beispielsweise die notwendige Anbindung an bestehende Authentifizierungsdienste, wie LDAP-Server oder Domain-Controller via NTLM, erfolgen. Bei der LDAP-Konfiguration kann direkt im Browser die eingegebene Konfiguration getestet werden. Ist z. B. die Filterauswahl zum Auslesen der Nutzer nicht korrekt konfiguriert, erhält man über einen Test-Button direktes Feedback und kann die Einstellungen anpassen.

Aber nicht nur Konfigurationen können über die Oberfläche durchgeführt werden. Über Logging-Mechanismen lassen sich aktuell angemeldete Nutzer-Sessions einsehen und ggf. Nutzer-Aktionen nachverfolgen. Über eine weitere Funktion erhält dieses Logging-Feature eine komplett andere Bedeutung: Ein Administrator kann sich als ein anderer Nutzer ausge-ben, um beispielsweise Fehler besser nachstellen zu können. Die Kombination aus Logging und der Möglichkeit, sich als andere Person „auszugeben" hilft den Administratoren und dem täglichen Betrieb, schneller an Problemlösungen arbeiten zu können.

Über den Administrationsbereich ist es auch möglich, kleinere Fixes oder Abfragen sofort gegen das Portal laufen zu lassen. Beispielsweise können durch die Nutzung von JavaScript Abfragen gegen das Portal auf Basis der vorhandenen Services von Liferay gestellt werden. Das hilft Administratoren eventuelle „harte" Einstellungen umzuschreiben oder um klei-nere Analysen zu fahren.

Viele Administratoren müssen auch die entsprechenden Log-Files einer Applikation zumin-dest teilweise auswerten und ggf. bei Problemstellungen an Liferay oder die Entwicklungs-abteilung (könnte natürlich auch ein Implementierungspartner sein) weiterleiten. Oft ist es so, dass spezifische Probleme bei bestimmten Funktionalitäten dann auftreten, wenn die entsprechenden Log-Einstellungen gar nicht oder nur unzureichend gepflegt worden sind. Oft will man im laufenden Betrieb nur wirklich „richtige" Fehlermeldungen zwecks Eskala-tion in den Log-Files aufgelistet wissen. Muss doch einmal eine spezifische Funktionalität im laufenden Betrieb stärker überprüft werden, kann man mit Liferay entsprechende Log-Einträge über den Kontrollbereich konfigurieren und auch neue Log-Konfigurationen hinzu-fügen.

Eine wesentliche Funktion, welche ebenfalls über das Portal administriert werden kann, stellt die Wartung von installierten Applikationen dar. Da sich Liferay die Portlet-Spezifika-tion einverleibt hat und eine entsprechende Laufzeitumgebung darum gebaut hat, ist es möglich, im laufenden Betrieb neue Applikationen (in Form von Portlets) zu installieren oder auch zu deaktivieren. Dies gibt den Administratoren vollkommen neue Möglichkeiten in der Gestaltung eines Betriebskonzeptes.

HINWEIS: Liferay 6.1 ist mehr oder weniger zeitgleich zum Marketplace eröffnet worden. Bisherige Plug-ins (Portlets, Themes, Layouts) werden nicht mehr, wie bisher, auf einer separaten Downloadsite angeboten. Man benötigt nun einen Zugang zum Liferay-Portal (Account), um für die Community- oder kommerzielle Version die entsprechenden Plugins zu erhalten. Außerdem ist der Marketplace direkt in Liferay integriert, sodass auch über den eigenen Liferay-Server eine Verbindung zum Marketplace aufgebaut werden kann (wenn es die IT-Security Compliance erlaubt). ▪

10.9.4.2 Berechtigungsverwaltung

Die Vergabe von Berechtigungen in Liferay kann sehr komplex sein und bietet für jedes Unternehmen und jede Anforderung den besten Rahmen, um ein vernünftiges Organisations- und Security-Konzept zu erstellen und anschließend umzusetzen. In Liferay existieren Personen, Gruppen, Rollen, Sites, Organisationen, Portlets usw., welche in Abhängigkeit der vergebenen Berechtigungen bestimmte Aktionen zur Verfügung haben oder auch bestimmte Aufgaben im Portal erhalten. Die Konfiguration von Berechtigungen erfolgt natürlich über die Web-Oberfläche und basiert in der Regel auf Rollenbasis. Portlets geben bestimmte Berechtigungskriterien vor (Schreiben, Lesen usw.), welche anschließend verschiedenen Rollen zugewiesen werden können. Komplexer wird es dann, wenn strukturelle Arbeitsbereiche hinzukommen, um z.B. Projekträume abzubilden. Jeder Raum verfügt anschließend über eine eigene hermetisch abgeschlossene Berechtigungshierarchie – angefangen mit dem Administrator. Neue Rollen für Projekträume können genauso erstellt werden, wie die Möglichkeit, komplexe Organisationsstrukturen (Aufbauorganisation) abzubilden.

10.9.4.3 Wartung, Betrieb und Skalierfähigkeit

Für einen stabilen und ausfallsicheren Betrieb von Liferay stehen weitere Funktionalitäten zur Verfügung. Liferay gibt Ihnen die Möglichkeit, aus dem laufenden Betrieb heraus, Backups vom System erstellen zu lassen. Hierbei muss auf die Reihenfolge geachtet werden, in welcher das Backup erstellt werden muss: Index, Datenbank, Dokumentenspeicher. Das Einspielen von Backups funktioniert relativ unproblematisch durch die Nutzung von simpler Copy/Paste oder das Importieren in die Datenbank. Über Lastverteilungsmechanismen, wie das Davor-Schalten einer Apache als LoadBalancer und das Koppeln von zwei Liferay-Servern (Nodes), kann die Hochverfügbarkeit im Unternehmenseinsatz deutlich gesteigert werden. Falls ein System gewartet werden muss, kann das eine System heruntergefahren und zur Wartung zurückgestellt werden. In diesem Moment reden wir natürlich nicht mehr über eine klare Lastverteilung, sondern auch über die Möglichkeit, die Verfügbarkeit durch das Hinzufügen von mehreren Liferay Nodes immer weiter zu maximieren. Zwischen den Systemen werden dann Caching-Informationen ausgetauscht. Liferay bietet die Option, den Suchindex SolR auf einem separaten Server betreiben zu lassen. Diese Option sollten Sie definitiv in Erwägung ziehen, da keine zusätzlichen Kosten seitens Liferay anfallen.

11

Installation und Konfiguration von Liferay

In diesem Kapitel wollen wir uns mit der prinzipiellen Vorgehensweise bei einer Installation von Liferay befassen. Dabei gehören neben der reinen Installation noch weitere Schritte, um das System für die erstmalige Verwendung vorzubereiten – auch als Demo oder Testsystem. Nachdem wir die Installation soweit abgeschlossen haben, gilt es eventuell neue Plugins zu installieren, welche nur über den Marketplace von Liferay bezogen werden können. Hierzu ist ein Liferay-Account notwendig, welcher natürlich kostenfrei ist.

In einem Test- oder produktiven Betrieb müssen bei der erstmaligen Installation einige Einstellungen vorgenommen werden, welche sich anschließend komplett auf das gesamte Portal auswirken sollen. Beispielsweise kann definiert werden, auf welche Weise hochgeladene Dokumente gespeichert werden. Zur Auswahl stehen u. a. die Datenbank, ein Laufwerk oder eine CMIS-Schnittstelle. Darüber hinaus sind Themen, wie Such-Index, Dokumenten-Transformation usw., ebenfalls zu beachten und müssen vorher konfiguriert werden. Und schließlich muss zusätzlich auch noch Software auf den Server bzw. den eigenen Testrechner nachinstalliert werden.

■ 11.1 Liferay installieren

Die Installation von Liferay selbst ist sehr unkompliziert, da man bereits Liferay in so genannten Bundles herunterladen kann. Für unsere Bedürfnisse in diesem Buch genügt ein solches Bundle vollkommen. Das Bundle muss auf der lokalen Platte anschließend nur entpackt und an die richtige Stelle kopiert werden.

11.1.1 Paket von der Liferay-Website herunterladen und installieren

Zunächst rufen wir die Site *https://www.liferay.com/downloads* auf und wählen im Community-Bereich die aktuelle Version mit dem Bundle **Tomcat** aus. Anschließend klicken wir auf die Schaltfläche *Download* und speichern das ZIP-Paket auf der lokalen Platte ab.

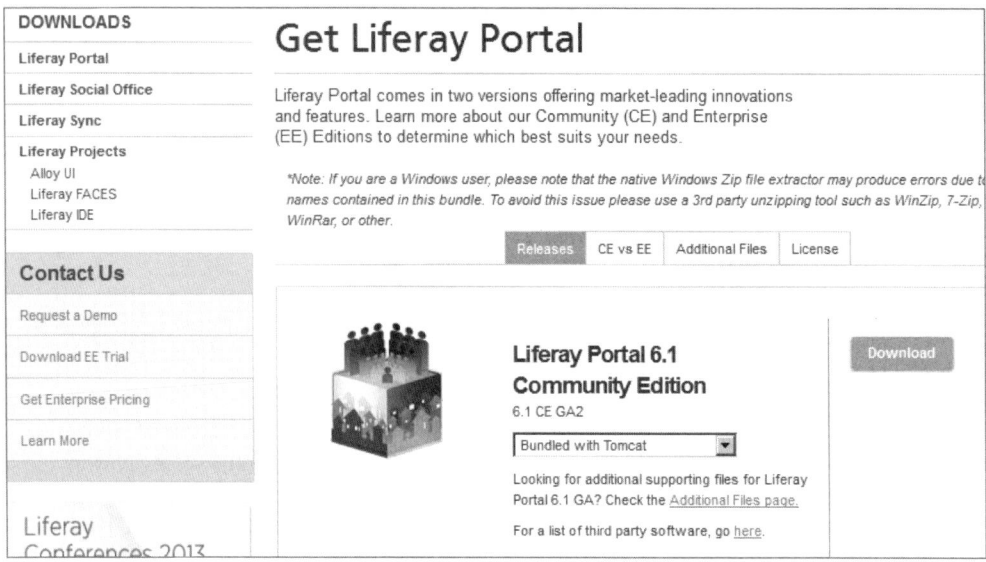

Bild 11.1 Download-Bereich auf Liferay.com, um die aktuelle Version von Liferay herunterzuladen

Beispielsweise könnte das ZIP-Paket nach dem Herunterladen folgenden Namen haben: *liferay-portal-tomcat-6.1.1-ce-ga2-20120731132656558.zip*. Wobei die Versionsnummern natürlich bereits aktueller als die im Buch verwendeten sein können. Anschließend entpacken wir die heruntergeladene ZIP-Datei in unser Zielverzeichnis.

 HINWEIS: Das Zielverzeichnis von Liferay wird fortlaufend als *LIFERAY_HOME* bezeichnet. Direkt unterhalb des *LIFERAY_HOME*-Verzeichnisses liegt dann der Application Server mit dem Verzeichnis tomcat-X-Y, wobei X und Y für die entsprechenden Versionen gelten (z. B. tomcat-7.0.27). Er wird fortlaufend *LIFERAY_TOMCAT_HOME* genannt.

Da Liferay mit einer eigenen Java Runtime ausgeliefert wird, entfällt dieser Schritt bei der Konfiguration unseres Demo-Systems. Des Weiteren wird im Standard eine Test-Datenbank mit ausgeliefert, sodass wir auch hier keine weiteren Installationen durchführen müssen.

11.1.2 Testweises Starten von Liferay

Nachdem wir Liferay entpackt haben, können wir Liferay starten, indem wir in das Verzeichnis *LIFERAY_TOMCAT_HOME* wechseln und dort im Verzeichnis *bin/startup.bat* (für Windows) bzw. *bin/startup.sh* (für Unix/Linux) Liferay starten. Das Starten von Liferay bedarf je nach Rechnerkapazität mehrerer Minuten – vor allem beim ersten Start. Nach erfolgtem Start können Sie im Browser die Adresse *http://localhost:8080* eintragen und das Portal verwenden. Anschließend müssen wir hier die initiale Konfiguration durchführen, indem wir den Portalnamen sowie die Daten zum Administrator angeben. Wir belassen diese Daten soweit im Standard und wählen als Portalsprache Deutsch aus.

■ 11.2 Installation von neuen Plug-ins im Liferay-Portal

Die Installation von neuen Plug-ins gestaltet sich in der Regel sehr einfach. Hierzu muss in der Regel das Plug-in in das Deployment-Verzeichnis von Liferay kopiert werden. Alle weiteren notwendigen Installationsarbeiten übernimmt anschließend Liferay. Ein Plug-in kann beispielsweise ein Portlet, ein Layout oder auch ein Theme darstellen.

Plug-ins von Liferay oder auch von Drittanbietern werden meist im Marketplace[1] angeboten. Im Marketplace findet man, unterteilt in Theme-Blöcke, verschiedene Plug-ins für das eigene Portal wieder. Nachdem man ein Plug-in zur Verwendung entdeckt hat, muss das zunächst erworben werden. Hierbei ist es unerheblich, ob das Plug-in kostenlos oder ein Betrag X fällig wird. Auf jeden Fall ist es notwendig, diese Transaktion abzuschließen.

 HINWEIS: Auch kostenfreie, von Liferay selbst gestellte Plug-ins, müssen „gekauft" werden. Dahinter verbirgt sich jedoch kein rechtlicher Vertragsaufbau bezüglich versteckter Kosten. Sie können also ganz beruhigt kostenfreie Plug-ins „erwerben" und diese in Ihrem Portal verwenden – zumindest trifft dieser Sachverhalt auf offizielle Liferay Plug-ins zu!

Nach erfolgreichem Abschluss landet das „gekaufte" Plug-in im so genannten App Manager, welcher individuell für jeden Benutzer angelegt wird. Die Konsequenz daraus bedeutet, dass wir einen Liferay-Account benötigen, um neue Plug-ins herunterladen zu können. Erstellen Sie sich also einen entsprechenden Account und melden sich anschließend mit den Zugangsdaten an, damit Sie mit den folgenden Schritten weitergehen können.

Als Beispiel wollen wir eine Theme herunterladen, um das Look & Feel in unserem Portal etwas aufzufrischen. Hierzu gehen wir im Marketplace auf den Theme-Block Templates bzw. Site Templates und wählen beispielsweise **Zoe Bruchure** aus. Anschließend klicken wir auf den Button *kostenlos* bzw. *free*. Dann erscheint eine neue Site, auf welcher wir angeben sollen, für welches Unternehmen wir das Produkt erwerben wollen.

---

[1] *https://www.liferay.com/marketplace*

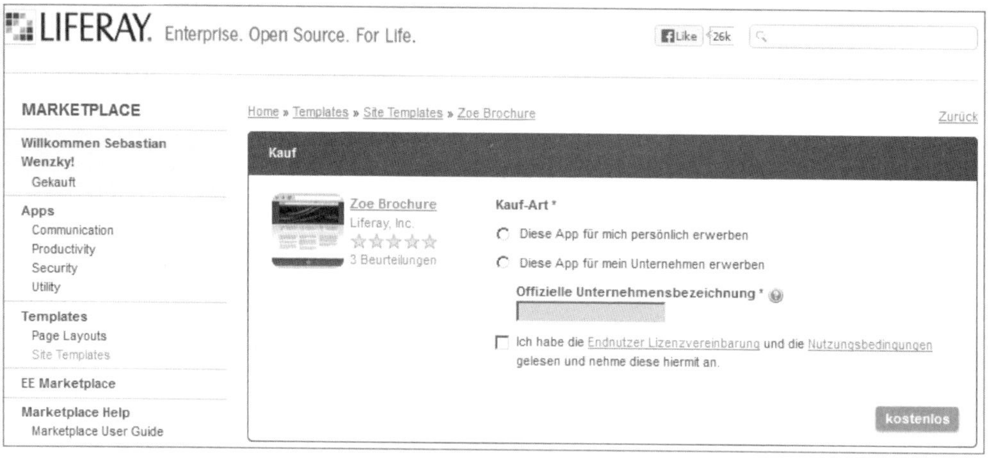

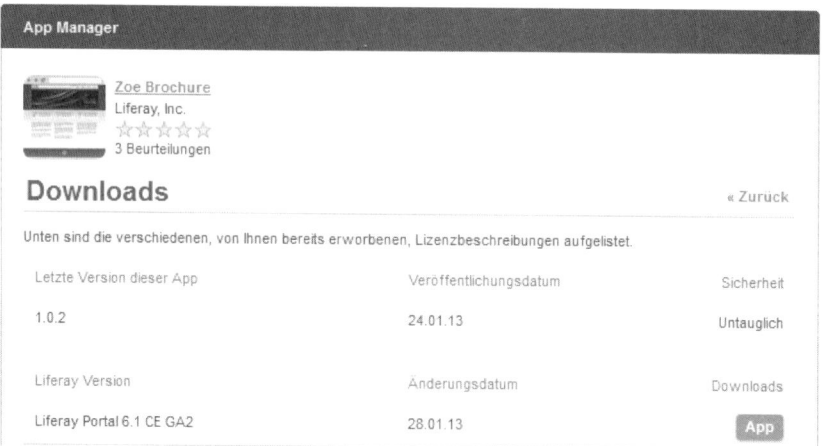

Bild 11.2 Kaufoption bei dem Plug-in auswählen

Wählen Sie die Option „Diese App für mich persönlich erwerben" aus und bestätigen die Endnutzer-Lizenzvereinbarungen. Mit dem Abschluss dieser Transaktion können Sie in Ihren App Manager wechseln, welcher über die ebenfalls hier vorhandene DockBar aufgerufen werden kann: *Places* > *Benutzerprofil* > *App Manager*. Dort suchen Sie aus den eventuell bereits gekauften Plug-ins Ihre Theme heraus. Anschließend klicken Sie auf den Button *Downloads* und wählen für die aktuelle Version von Liferay den Button *App* aus – Jetzt können Sie das Plug-in herunterladen.

Bild 11.3 Für verschiedene Versionen stehen Plug-ins zur Verfügung

Nach erfolgtem Download kopieren Sie die Datei in das Verzeichnis *LIFERAY_HOME/deploy*, womit das Plug-in automatisch installiert wird. Nach kurzer Zeit ist das neue Plug-in (in dem Fall ein Theme) in Liferay aktiviert und Sie können über *Portal* > *Dockbar* > *Seite* > *Look & Feel* das neues Theme auswählen und aktiv schalten.

■ 11.3 Installation und Konfiguration von wichtigen Features

Das vorangegangene Beispiel sollte nur den prinzipiellen Ablauf zeigen, wie ein neues Plug-in in Liferay installiert werden kann. Darüber hinaus benötigen wir für dieses Buch noch weitere Plug-ins, welche Sie ebenfalls im Marketplace „kaufen", herunterladen und anschließend installieren sollten:

- **Kaleo Workflow:** Die Workflow Engine von Liferay, mit welcher wir Freigabeprozesse auf Basis von Inhaltstypen (Web Content, Blogs usw.) starten können[2]
- **Social Networking:** Hiermit können wir Personen zu Freunden hinzufügen und beispielsweise über das Portal Nachrichten verschicken. Außerdem wird hierüber ebenfalls das Google Maps Portlet zur Verfügung gestellt.[3]
- **Social Office:** Ebenfalls notwendig ist die Installation von Social Office, wenn der entsprechende Abschnitt im Buch aktiv durchgearbeitet werden will.[4]

Teil II – Liferay

---

[2] Kaleo Workflow EE-Version: *https://www.liferay.com/de/marketplace/-/mp/application/15194706 und CE-Version: https://www.liferay.com/de/marketplace/-/mp/application/15193893*

[3] Social Networking EE-Version: *https://www.liferay.com/de/marketplace/-/mp/application/15188348 und CE-Version: https://www.liferay.com/de/marketplace/-/mp/application/15196233*

[4] Social Office EE-Version: *https://www.liferay.com/de/marketplace/-/mp/application/18535553 und CE-Version: https://www.liferay.com/de/marketplace/-/mp/application/15190404*

12

Liferay im Detail

Wir haben bereits in Kapitel 10 und 11 viel über Liferay erfahren. Die Unterteilung in verschiedene Zielgruppen (Entscheider, Entwickler, Administratoren) lieferte uns ein detailliertes Bild über Liferay. Doch haben Sie etwas bemerkt? Wir haben sehr oft das Wort **Portal** verwendet, haben uns jedoch niemals hiermit genau beschäftigt. Die Erklärung hierfür ist aus heutiger Sicht relativ einfach. Schauen wir in das Internet, werden wir förmlich von Portalen erschlagen. Ein Beispiel hierfür stellt AOL dar, welches eines der frühen Portale im Netz war. Portale entwickelten sich zunächst aus dem Bedarf, eine Einstiegsadresse zu einem bestimmten Bereich zu ebnen.

Yahoo stellte beispielsweise im frühen Web der 90er-Jahre zunächst ausschließlich eine Link-Sammlung dar.[1] Im Zuge der immer größer werdende Menge an Haushalten, welche sich in das Netz einwählen konnten, transformierten sich diese relativ statischen Websites mit einfachen Inhalten und Verzweigungen zu komplexeren Sites (dynamische Anzeige von Inhalten usw.), die auch sehr bald die Möglichkeit boten, sich noch stärker mit diesen Sites zu identifizieren.

■ 12.1 Was ist ein Portal?

Durch das Anmelden auf Websites wie Yahoo und der Fokussierung auf die Personalisierung der Nutzer über ihre Interessen sowie die Möglichkeit, sich über eine einheitliche Site miteinander auszutauschen (ohne Mail-Adresse oder Telefon), änderte sich die Wahrnehmung und die Bedeutung solch zentraler Anlaufstellen. Das Online-Portal war geboren und hat sich bis heute immer wieder weiterentwickelt. Heute bezeichnen wir auch Facebook oder Twitter als Portale, jedoch mit einem anderen Fokus als dem von Yahoo.

---

[1] *http://de.wikipedia.org/wiki/Yahoo*

Überall wo Menschen miteinander kommunizieren und kooperieren können, wo eine Individualisierung möglich erscheint und der Zugriff auf wichtige Funktionen, die ggf. von anderen System integriert wurden, für die Nutzer einfach zur Verfügung gestellt werden, kann von einem Portal die Rede sein.

Jetzt kommen wir der ganzen Sache doch ein wenig näher. Betrachten wir noch einmal den Bereich der Unternehmensportale, sehen wir ein wichtiges Feld, welches stark individuell ausgeprägt ist. Durch die Integrationsfähigkeit von Portalen im Allgemeinen können auf relativ einfache Weise neue Unternehmensapplikationen integriert und für Mitarbeiter zur Verfügung gestellt werden. Im Wesentlichen gewinnen dann Integrationsprojekte einen großen Scharme, wenn sich eine echte Verbesserung bzw. Optimierung der Geschäftsprozesse nachweisen lässt. Benötigten somit beispielsweise sechs Mitarbeiter jeden Tag 15 Minuten weniger Zeit, um ihre Geschäftsvorfälle abzuarbeiten, ergeben sich im Jahr deutliche Zahlen. Gehen wir von einem Arbeitsjahr mit 200 Tagen aus, sind das insgesamt schon 37,5 Arbeitstage (à 8 Stunden), die eingespart werden können. Das sind nahezu zwei Monate.

Portale gliedert man in zwei Bereiche: vertikal und horizontal. Vertikale Portale bieten eine generische Lösung für den Einsatz in vielen Unternehmensfeldern und Anforderungen an. Horizontale Portale sind hingegen auf ein ganz spezifisches Feld, wie z.B. eine Branche, spezialisiert und verfügen dadurch automatisch über eine viel genauere Tiefe für spezifische Anforderungen in diesem Bereich.

Liferay ist ein Portal, welches den Fokus auf Unternehmensportale sowie Intranet-Lösungen gesetzt hat. In Abschnitt 10.9.2 (Bild 10.1) haben wir eine Einteilung des Liferay-Portals in vier wesentliche Komponenten vorgenommen. Der WCM-Bereich trägt Sorge, dass Sie auf einfache Art und Weise neue Inhalte über das Portal publizieren können. Mittels Kollaboration können verschiedene Nutzer miteinander kooperieren und beispielsweise in Teams zusammenarbeiten.

 Liferay stellt ein horizontales Portal dar, da es viele verschiedene Bereiche abdeckt, die wir bereits in Kapitel 11 eingehend erläutert haben. Liferay wurde im Magic Quadrant für horizontale Portale in den Leaders-Bereich aufgewertet[2].

Über soziale Funktionen, wie das Hinzufügen von Freunden in meine Mitarbeiterliste, erhöhen sich der individuelle Charakter des Portals und der persönliche Ausdruck eines Mitarbeiters. Jeder Mitarbeiter kann darüber hinaus seine eigenen Profilsites individuell gestalten. Mit der Integrationskomponente von Liferay lassen sich, basierend auf Industriestandards, bestehende Applikationen in das Portal einbinden. Das erhöht die Akzeptanz der Nutzer (weniger Aufwand, um mit verschiedenen Applikationen arbeiten zu müssen) und verringert die Fehlertoleranz – nicht zu vergessen steigert dieses Vorgehen nachhaltig die Produktivität.

---

[2] http://www.liferay.com/about-us/awards/gartnermq-portals?

■ 12.2 Was sind Portlets?

Den Kern eines jeden Portals stellen Portlets dar. Portlets sind Applikationen, welche über das Web für den Anwender zur Verfügung gestellt werden. In Liferay beispielsweise, stellt jede Komponente, auf welche wir zugreifen wollen, ein Portlet dar. Es wird uns oft nur nicht so präsentiert. Stattdessen sehen wir ein einheitliches Portal-Layout ohne Unterbrechungen, sodass uns eine nahtlose Anwendungsoberfläche präsentiert wird. Doch dahinter kann sich eine gewaltige Komplexität verbergen. Insbesondere dann, wenn verschiedene Portlets miteinander kommunizieren können.

Wenn wir uns ein Portlet mit der entsprechenden Portlet-Spezifikation (JSR-168 und JSR-286) genauer ansehen, entdecken wir einen Lebenszyklus. Diese gesamte Komplexität der verschiedenen Portlets ist prinzipiell in einem solchen Kreislauf verborgen. Für das Portal ist es nicht entscheidend zu wissen, welche Funktionalität eine spezifische Applikation besitzt.

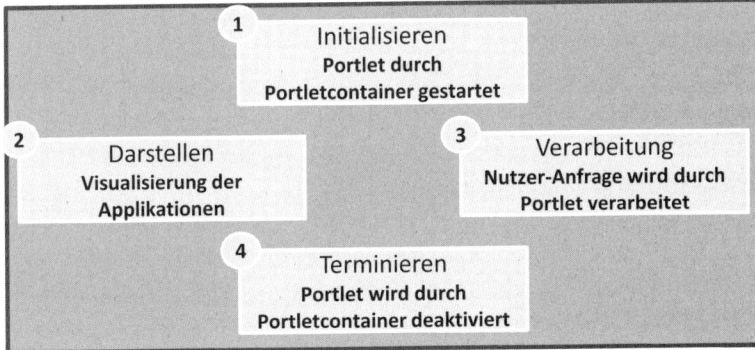

Bild 12.1 Funktionalitäten, welche die Portlet-Spezifikation 1.0 (JSR-168) beschreiben und die wesentlichen Basismerkmale einer Applikation darstellen

In Bild 12.1 sind die wesentlichen Bestandteile des Lebenszyklus zu sehen. Mit der Initialisierung des Portlets **(1)** beginnt der Portlet-Container damit, das Portlet zu registrieren. Das Portlet selbst enthält ebenfalls eine Methode init. Diese Methode steht den Entwicklern zur Verfügung, um die Applikation korrekt zu starten. Beispielsweise könnte das Starten von Datenbank-Verbindungen bzw. eines separaten Connection-Pools eines der Aufgaben während dieser Phase sein. Einmal gestartet, kann das Portlet angezeigt werden **(2)**. Hierzu existiert die Methode render. Dahinter kann einfacher HTML-Code liegen oder auch komplexe MVC-Komponenten, wie z.B. JSF, welche wiederum für die Auslieferung des HTML-Codes verantwortlich sind. Über den mitgelieferten Parameter des Typs ActionResponse, kann der Output in Form von z.B. HTML ausgegeben werden. Wird eine spezifische Aktion, wie beispielsweise das Verschicken eines Formulars oder das Anklicken eines Links innerhalb eines Portlets ausgeführt, erfolgt zunächst die Verarbeitung der Anfrage **(3)** über die Methode processAction. Der Parameter ActionRequest stellt alle gesendeten Parameter zur Verarbeitung zur Verfügung. Beispielsweise können die verschickten Formularwerte in einer Datenbank gespeichert werden. Anschließend erfolgt die Darstellung des Ergebnisses der Anfrage **(4)**. Beim Beenden des Portals oder Deaktivierung/Deinstallation des Portlets erfolgt der Aufruf der Methode destroy.

Diese Funktionalitäten umfassen die erste Version der Portlet-Spezifikation (JSR-168). Sehr schnell wurde klar, dass viele Fragen offen geblieben sind, wie beispielsweise das Verarbeiten von Download-Anfragen über Portlets, da diese nicht direkt behandelt werden konnten, sondern auf spezifische Portalfunktionen ausgelagert werden mussten. Ein viel größeres Problem stellte die Kommunikation zwischen verschiedenen Portlets bzw. Applikationen dar. Bis dato existierte keine einheitliche Spezifikation, wie diese Funktionalität korrekt umgesetzt werden konnte. Die Folge waren proprietäre Lösungen von verschiedenen MVC-Anbietern (z. B. ICEFaces[3]) bis hin zu einem Session-basierten Austausch von Informationen über Portlets hinweg. Diese Lösungen warfen jedoch wiederum einige andere Fragen auf, und Sie sehen, worauf ich hinaus will. Es musste eine weitere Spezifikation konzipiert werden, welche genau diese Problemstellungen auflöst.

Mit genau dieser Portlet-Spezifikation, die die Versionsnummer 2 (JSR-286) erhielt, waren die Sorgen der Portalentwickler deutlich gesunken. Es gab offizielle Abhilfe durch einen Standard. Über die Methode `serveResource` konnte eine beliebige Datei an den Client zurückgegeben werden.

Bild 12.2
Portlet-Spezifikation 2.0: Die Inter-Portlet-Kommunikation (IPC) stellt wohl die wichtigste Neuerung dar.

Zum anderen existieren neue Events, welche den Entwicklern endlich die Möglichkeit gaben, eine Kommunikation **(5)** (Bild 12.2) zwischen verschiedenen Applikationen aufzubauen.

Wir wollen uns an einem einfachen Beispiel die Reihenfolge der beschrieben Phasen einmal genauer anschauen. Die Darstellung ist zwecks Komplexität auf eine einfache Abbildung heruntergebrochen (siehe Bild 12.3).

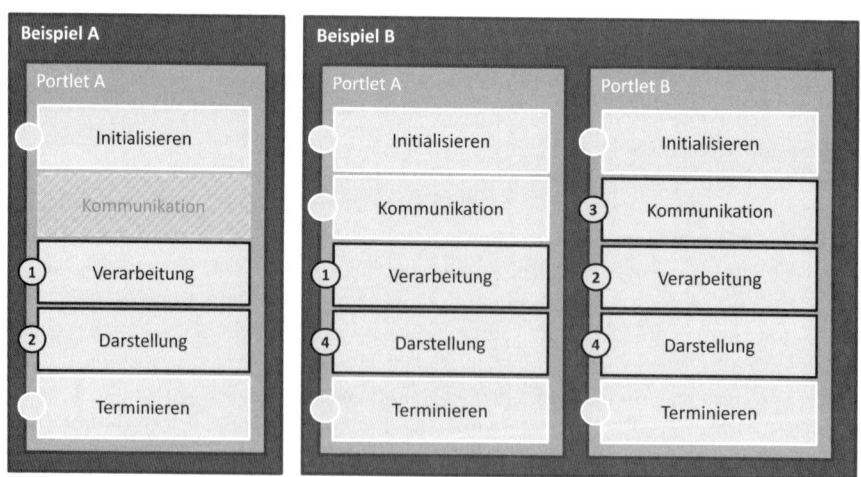

Bild 12.3 Darstellung der Reihenfolge der Phasenaufrufe

---

[3] *http://www.icesoft.org/java/projects/ICEfaces/*

Im ersten Beispiel auf der linken Seite in Bild 12.3 ist ein klassisches Szenario im Portal-Kontext dargestellt. Der Nutzer klickt auf der Portal-Site innerhalb des Portlets A auf einen `ActionLink`, welcher dazu führt, dass die Verarbeitungsphase mit der Methode `processAction` aufgerufen wird. Hier werden die übergebenen Parameter, welche durch den Link definiert wurden, ausgelesen und weiterverarbeitet. In der darauf folgenden Darstellungsphase erfolgt die eventuell veränderte Ausgabe von Informationen, da durch die Verarbeitungsphase, z.B. Filterkriterien zwecks Einschränkung der Darstellung, übermittelt worden sind.

Im zweiten Beispiel auf der rechten Seite in Bild 12.3 ist die Portlet-Kommunikation dargestellt. Beispiel B erhält eine Anfrage über das Portlet A, welche anschließend in veränderter Form an ein weiteres Portlet weitergegeben wird. Ein Beispiel aus der Praxis hierzu stellt ein Tag-Cloud dar. In Liferay existiert ein solches Portlet mit einer IPC-Funktion. Verfügt man innerhalb einer Site ein Tag-Cloud-Portlet sowie einen Asset Publisher (stellt verschiedene Informationen aggregiert dar), kann folgendes Beispiel ausprobiert werden. Durch den Klick auf einen Tag in der Tag-Cloud erfolgt das Anstoßen eines IPCs an alle Portlets, welche sich auf dieser Kommunikation registriert haben. Denn die Kommunikation muss nicht bi-direktional erfolgen, sondern kann an beliebig vielen Portlets auf der Page verarbeitet werden. Der Asset-Publisher erhält diese Anfrage und verarbeitet die Information zwecks Darstellung neuer Inhalte während der Darstellungsphase.

Jedes Portlet verfügt darüber hinaus über einen eigenen Kontext, in welchem Informationen für den laufenden Betrieb gespeichert sind. Des Weiteren existiert eine separate Session für jedes Portlet. Innerhalb eines Portlets ist man nicht in der Lage, auf andere Sessions zuzugreifen – dasselbe gilt für den Kontext.

Vielleicht fragen Sie sich im Moment, wer eigentlich für den Aufruf bzw. der Darstellung von Portlets verantwortlich ist? Das übernimmt immer der Portlet-Container (Liferay). Der Portlet-Container hat die Aufgabe, die jeweiligen Lebenszyklen der Portlets zu verwalten und die Portalanfragen zu interpretieren und an die richtigen Stellen weiterzuleiten. Der Container gibt jedoch Anfragen von Anwendern oder andere Informationen zum Portal nicht ungefiltert weiter.

 PRAXISTIPP: Ein Portlet und der Portlet-Container haben einen „Vertrag geschlossen". Beide Seiten wollen von dem jeweils anderen nicht zu viel erfahren. Es könnte unter Umständen der langfristigen Zusammenarbeit deutlich schaden! Gehen Sie also bitte sorgsam mit Portlet-Entwicklungen um.

Aus jeder Anfrage und jeder Antwort erstellt der Portlet-Container zunächst ein für Portlets geeignetes Format, welche Portlets anschließend als Parameter in den jeweiligen Phasen verwendet werden kann. Das bedeutet konkret, dass Sie von der gesamten Portalwelt immer ein wenig abgeschnitten werden. Das klingt im ersten Moment wirklich schlimmer, als es ist. Aber interessieren Sie z.B. die jeweiligen zwischengespeicherten Inhalte eines anderen Portlets? Wahrscheinlich eher nicht. Falls Sie doch einmal auf spezifische Informationen zugreifen müssen, dann müssen Sie in der Regel spezifische Liferay-Funktionen aufrufen oder gar umgehen. Keine Empfehlung aus langfristiger Sicht.

■ 12.3 Strukturieren von Inhalten, Anwendungen und Usern in Liferay

Bevor wir uns in Kapitel 13 in die direkte Praxis stürzen wollen, sollten wir uns mit der Thematik befassen, wie man in Liferay überhaupt generell arbeitet. Wir wissen bereits aus Abschnitt 10.9.2, dass Liferay eine feste Palette an Themengebieten besitzt, welche durch Applikationen bzw. Portlets umgesetzt werden. So gibt es z. B. das große Thema Kollaboration, in welchem sich beispielsweise Foren oder Wikis befinden. Wir wissen dadurch auch, dass es unterschiedliche Inhaltstypen, wie Dokumente, Bilder, Web Content oder ein Blog Post gibt. Was jedoch noch völlig unklar ist, stellt die Möglichkeiten dar, diese auch in Liferay zu verwenden. Die Platzierung (bzw. Konfiguration) der jeweiligen Anwendung kann nahezu komplett dynamisch an einem beliebigem Platz erfolgen. Liferay gibt Anwendern bzw. verantwortlichen Personen nur bedingte Regeln vor, wo eine Anwendung darzustellen ist.

Liferay verfügt über mehrere logische Container, die, je nach Anforderungen, unterschiedlich verwendet werden können. Damit bleibt man flexibel. Liferay strukturiert sich im Kern in so genannte Pages. Eine **Page** stellt einer Site im Web dar, welche man auch über eine URL erreichen kann. Innerhalb einer Page können die jeweiligen Portlets aus der Applikationsliste in die vorhandenen „Platzier"-Stellen geschoben werden. Die Stelle hängt vor allem damit zusammen, welches **Layout** für die aktuelle Page definiert wurde. Ein Layout definiert die Möglichkeiten, in welcher Größenordnung Portlets abgelegt werden können. Ein Layout stellt technisch gesehen, eine dynamische Tabelle dar, in welcher man in jeder Zeile oder Spalte ein Portlet ablegen kann.

Eine Page verfügt noch über viele weitere Eigenschaften, welche wir uns anschauen wollen. Pages können beliebig ineinander verschachtelt werden – der Aufbau von komplexen Hierarchien sind so keine Grenzen gesetzt. Eine Page kann, wie schon beschrieben, durch das Web via URL aufgerufen werden. Das Wichtigste ist jedoch, dass die URL nutzerfreundlich gestaltet werden kann. Pages erhalten Berechtigungen. Jede Page kann, wenn man möchte, beliebig frei von anderen Pages konfiguriert werden. So kann jede Page ein eigenes Theme erhalten. Ein **Theme** definiert die grafischen Vorgaben auf einer Site. Hier wird beispielsweise vorgegeben, wie groß der Text auf der Page sein soll und welche Link-Farben existieren. Außerdem gibt eine Theme eine grobe Richtung hinsichtlich Positionierung der Page (mittig, linksbündig usw.) vor.

Eine oder mehrere Pages werden in einem logischen Raum zusammengehalten. Hierbei handelt es sich um so genannte Sites. Eine **Site** stellt ein umfassendes Konzept zur Strukturierung verschiedenster Inhalte und Personen dar. Jede Site verfügt über eine eigene Berechtigungshierarchie, welche mit dem Administrator beginnt und mit dem Gast enden kann. Jede Site verfügt über öffentliche als auch private Pages. Eine Site ist nicht immer nur eine Site in Liferay. Durch die Möglichkeit, Unternehmen über Organisationen und Locations zu verwalten, können diese ebenfalls ein solches Raumkonzept erhalten. Dadurch wird z. B. exklusiv für Organisationsmitglieder eine korrespondierende Site geöffnet, worauf die Nutzer anschließend Zugriff haben. Eine Site ist in sich abgeschlossen. Drei verschiedene Zugriffsoptionen definieren den groben Zugang zu der jeweiligen Site. **Öffentlich** bedeutet als erste Option, dass jede Person von außen auf die Site Zugriff hat. Darüber hinaus kann sich eine jeweilige Person auf der Site selbst als Mitglied hinzufügen. Bei der

Option **Moderiert** können nur Administratoren neue Mitglieder einladen. Zugriff auf private Pages gibt es nur für explizite Mitglieder der Site. **Privat**, als letzte Option, bedeutet nichts anders, als dass für Nichtmitglieder die Site überhaupt nicht zur Verfügung steht und nirgendswo auftaucht.

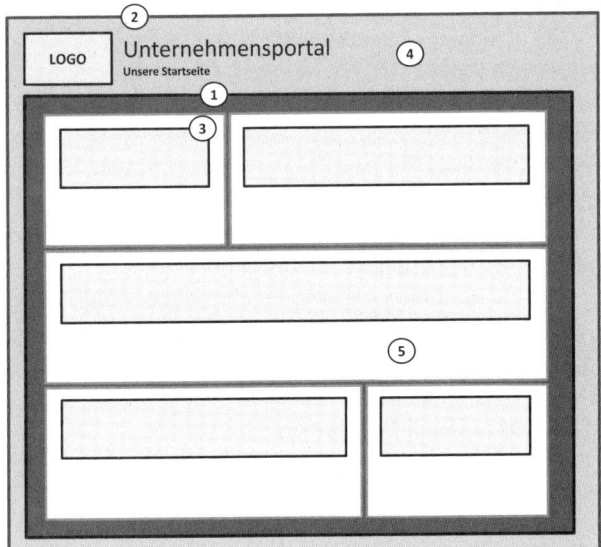

Bild 12.4
Grober Aufbau einer Page
innerhalb einer Site

In Bild 12.4 sind die verschiedenen Komponenten einer Site, welche zusammenbetrachtet ein rundes Bild ergeben, zu sehen. **(2)** stellt dabei die Page dar, welche über ein Layout **(1)** verfügt. Wie zu erkennen, besteht das Layout aus einem mehrzeiligen und mehrspaltigen Layout. Die erste Zeile verfügt über eine 30/70-prozentige Aufteilung, in welcher jeweils Portlets platziert werden. Die zweite Zeile verfügt nur über eine einzige Spalte. Die letzte Zeile ist genau entgegengesetzt zur ersten Zeile angereiht. Dieses Layout ist ein Standard-Layout in Liferay. Es gibt in der Grundausstattung genug Layouts, um die wichtigsten Anforderungen an die Strukturierung der Portlets abzudecken. Apropos Portlets: **(3)** zeigt beispielhaft die Platzierung eines Portlets. Jedes weitere Portlet innerhalb dieses Layout-Segments wird entweder vor- oder nach dem aktuellen Portlet platziert. **(4)** stellt das Theme dar, welches das Layout umschließt. Ein Layout-Segment **(5)** in Liferay stellt einen Bereich dar, in welchem sich Portlets aufhalten können. Ein Segment kann auch zur Konfiguration durch Standard-Anwender freigeschaltet werden.

Im Folgenden wollen wir uns die verschiedenen Abhängigkeiten genauer ansehen.

Element	Abhängig von	Beschreibung
Portlet	Layout	Für ein Portlet ist es einfach: Ausschließlich in Layouts können Portlets hinzugefügt und damit verwendet werden.
Layout	Theme	Ein Layout existiert nur innerhalb einer Page. Das Layout kann jedoch mehrmals in verschiedenen Pages Verwendung finden.
Theme	Site	Stellt die Position des Layouts zur Verfügung und gibt den prinzipiellen Rahmen (z. B. das Logo und die Style-Klassen) vor

Element	Abhängig von	Beschreibung
Page	Page, öffentliche oder private in einer Site	Eine Page kann wiederum ein untergeordnetes Element einer bestehenden Page sein. Wir können beliebige Hierarchien bilden. Darüber hinaus gehört jede Page zu einer öffentlichen oder privaten Gruppe an Pages innerhalb einer Site.
Site	Portalinstanz, Organisation, Location	Eine Site gehört immer zu einer Portalinstanz – eine Page beispielsweise auch, aber von der logischen Einordnung her trifft die Abhängigkeit am besten zu.
Organisation	Portalinstanz, Organisation	Eine Organisation kann wieder als übergeordnetes Element einer anderen Organisation zugewiesen sein oder steht für sich alleine.
Location	Organisation	Eine Location ist ein logischer Container, der nicht mehr weiter hierarchisch strukturiert werden kann. Eine Location muss als übergeordnetes Element eine Organisation aufweisen.

Die Abhängigkeiten sollen einen einfachen Überblick darüber geben, welche Auswirkungen Änderungen in übergeordneten Elementen auf alle beteiligten Komponenten haben können. Ändere ich beispielsweise die Sichtbarkeit einer Site von „Moderiert" auf „Privat", verschwindet komplett ein ganzer Bereich für Nichtmitglieder.

■ 12.4 Berechtigungsvergabe in Liferay

Wir haben uns bereits ausgiebig mit der Struktur eines prinzipiellen Liferay-Aufbaus beschäftigt. Dabei gibt es verschiedene Möglichkeiten, Berechtigungen vergeben zu können. Doch zunächst einmal muss geklärt werden, aus welcher Kombination eine Berechtigungsvergabe erfolgen kann. In Liferay existieren unzählige Kombinationsmöglichkeiten, verschiedene Inhaltstypen miteinander zu kombinieren. Hierzu ist jedoch eine entsprechend flexible Berechtigungsvergabe notwendig, die auch sehr schnell sein muss. In Liferay kann man deshalb nicht direkt Berechtigungen auf Nutzer vergeben, sondern diesen Rollen zuweisen. Dies vereinfacht zum einen die Verwaltung der Berechtigungen, erhöht die Performance des Systems, da weniger Überprüfungen durchgeführt werden müssen. Aber einen wichtigen Punkt haben wir unterschlagen: Der Nutzer erhält eine Rolle, mit welcher er sich „identifizieren" kann. Dadurch sind Zuständigkeiten deutlich klarer, als wenn beispielsweise bestimmte Bereiche plötzlich nicht zugänglich sind.

Natürlich existieren in Liferay bereits viele verschiedene Rollen, welche wir uns näher anschauen wollen. Neben der einen Möglichkeit, „normale" Rollen anzulegen, gibt es auch die zweite Möglichkeit, für Organisationen sowie Sites Rollen zu definieren. Reguläre Rollen können dabei überall Verwendung finden, wo hingegen Site-Rollen nur innerhalb von Sites funktionieren. Wir wollen uns zunächst die regulären Rollen anschauen.

- **Administrator:** Haben vollen Zugriff auf das Portal und können alles verändern

- **Owner:** Eine Rolle, die implizit gesetzt wird, wenn irgendetwas im Portal erstellt worden ist. Dadurch wird der Eigentümer zum „Administrator" über das neu hinzugefügte Element. Eine Owner-Rolle kann nicht direkt einer Person zugewiesen werden

- **Power User:** Eine Person, welche die Möglichkeit besitzt, eigene private Bereiche zu erstellen (quasi ein Subprofil für sich) und nach Wünschen anzupassen
- **User:** Ähnlich wie ein Power User, nur mit der Einschränkung, dass der User keine eigenen Bereiche als Sub-Sites anlegen kann

Organisationsrollen unterscheiden sich in ihrer Verfügbarkeit. Diese Rollen sind nur innerhalb einer Organisation gültig und verlieren ihre Bedeutung außerhalb.

- **Organization Administrator:** Vollzugriff auf die Organisationseinstellungen – jedoch können Administratoren andere Personen nicht in denselben Stand der Berechtigungen heben
- **Organization Owner:** Nutzer können andere Nutzer mit verschiedenen Organisationsrollen ausstatten.
- **Organization User:** Klassische Benutzer einer Organisation

Zu guter Letzt existieren die Site-Rollen, welche wir uns ebenfalls genauer anschauen wollen.

- **Site Administrator:** Basiert auf dem ähnlichen Prinzip des Organization Administrators
- **Site Owner:** siehe Organization Owner
- **Site Member:** Alle normalen Anwender werden mit dieser Rolle verknüpft.

Diese Rollen stellen das Standard-Repertoire in jeder Liferay-Umgebung dar und können beliebig über die Oberfläche angepasst werden. Neue Rollen können sehr schnell erstellt und den verschiedenen Personen zugewiesen werden.

12.4.1 Vergabe von Berechtigungen

In einem so komplexen System wie Liferay, in welchem sich verschiedene Konzepte in einem Portal vereinen, ist eine einfache aber jedoch hoch flexible Berechtigungsvergabe notwendig. Wir haben bereits gelernt, dass unterschiedliche Rollentypen für verschiedene logische Container in Liferay existieren. Sollen Berechtigungen vergeben werden, erfolgt in der Regel die Vergabe von Zugriffsberechtigungen auf dem jeweiligen Inhaltstyp. Doch in Liferay ist das noch nicht genug. Ein weiterer wichtiger Punkt, ist die Konfigurierbarkeit von Applikationen an sich. Jedes Portlet auf jeder Seite kann individuell konfiguriert werden. Hierfür gibt es für jeden Applikationstyp eigene Berechtigungen, die individuell an verschiedene Rollen vergeben werden können.

 HINWEIS: Die Berechtigungsvergabe in Liferay auf Inhaltstypen wie Web Content oder Dokumente ist immer fein granularer als auf den jeweiligen Portlets selbst.

Beide Konfigurationstypen können sich überschneiden. Wenn z. B. in einem Inhaltstyp (Web Content) die Anzeigenoption für die Beispiel-Rolle „Konsument" aktiviert ist, jedoch in dem dafür vorgesehenen Portlet für diese Rolle deaktiviert ist, wird keinerlei Information angezeigt werden. Wird hingegen der Zugriff auf den Inhalt bereits bei der Inhaltserzeugung für die Rolle „Konsument" untersagt, hilft eine nachgelagerte Konfiguration auf dem Portlet selbst nichts mehr. Die Vergabe von Berechtigungen im Content ist fein granularer.

Stellen Sie sich also ein Portlet vor, welches mehrere Inhalte untereinander in einer Liste anzeigt. Erfolgt das Verändern von Berechtigungen direkt auf dem jeweiligen Inhalt, so werden beispielsweise für die jeweiligen Nutzer statt fünf nur vier Einträge dargestellt. Wird hingegen direkt auf dem Portlet selbst der Zugriff für dieselbe Rolle eingeschränkt, werden überhaupt keine Inhalte mehr angezeigt – das Portlet ist leer bzw. wird nicht angezeigt. Der Vorteil jedoch hier: Für diese Nutzergruppe lässt sich der Content dennoch weiterverwenden, da nicht explizit auf fein granularer Ebene die Berechtigungen entzogen worden sind.

12.4.2 Reguläre Rollen vs. Site-Rollen

Vielleicht haben Sie sich auch schon die Frage gestellt, warum verschiedene Rollentypen in Liferay existieren. Und die Antwort ist generell ganz einfach: Flexibilität und damit höhere Abdeckung von Nutzeranforderungen. Doch was genau bedeutet das? Stellen Sie sich vor, dass ein Community Manager in Ihrem Unternehmen die jeweiligen Sites bzw. Projekträume pflegen soll. Normalerweise müsste man jetzt so vorgehen, dass die jeweilige Person mit der entsprechenden Rolle in der jeweiligen Site ausgestattet werden müsste. Das führt jedoch bei immer komplexer werdenden Anforderungen und dem überhaupt hektischen Alltag zu hohen Aufwänden und damit einhergehenden Fehlern. Viel besser wäre es doch deshalb, wenn eine normale Rolle bereits über die notwendigen Berechtigungen verfügt und diese auf jede Site „vererbt" werden. Dadurch muss der Nutzer nur einmalig einer regulären Rolle zugewiesen werden. Anschließend kann der Nutzer sofort auf jede Site zugreifen.

12.4.3 Rollen vs. Gruppen

Auch an dieser Stelle sei nun noch einmal kurz der Zusammenhang zwischen Rollen und Gruppen erläutert. Gruppen dienen in erster Linie der Zusammenführung von Personen mit gleichen Interessen bzw. mit ähnlichem Aktionsradius. Gruppen definieren jedoch in Liferay keinerlei Berechtigungen. Jedoch können sehr wohl auf Gruppen, verschiedene Rollen vergeben werden, welche wiederrum mit Berechtigungen ausgestattet sind. Die Vergabe von Berechtigungen auf Gruppen vereinfacht die Arbeitsweise spürbar. Weniger Arbeitsschritte sind notwendig, um Berechtigungen an einen größeren Nutzerkreis weitergeben zu können.

 PRAXISTIPP: In Liferay existiert die Möglichkeit, bei einem LDAP-Import zu jeder importierten Gruppe eine separate Rolle anlegen zu lassen[4]. Durch eine einmalige Konfiguration der angelegten Rollen, lassen sich die vorhandenen Namensgebungen im bisherigen Verzeichnisdienst in Liferay weiterverwenden und ausbauen.

---

[4] http://www.liferay.com/de/documentation/liferay-portal/6.1/user-guide/-/ai/ldap

■ 12.5 Scope – eingeschränkter Datenbereich in Liferay

In Liferay existiert eine sehr interessante Möglichkeit, verschiedene Inhalte in andere Bereiche von Liferay auszulagern. Diese Bereiche in Liferay werden auch Scopes genannt. Ein Scope ist ein Datenbereich, welcher hermetisch abgeschlossen von anderen Datenbereichen betrachtet werden kann. Ein Standard-Scope in Liferay stellt eine Site dar. Innerhalb einer Site befinden wir uns in nur einem Scope. Wenn also Dokumente in dieser Site hochgeladen und beispielsweise mit Web-Content verknüpft werden, sind diese Inhalte ausschließlich in diesem Datenbereich verfügbar. Andere Sites mit anderen Datenbereichen bzw. Scopes haben dadurch einen Vorteil: Sie können unbehelligt eigene Inhalte produzieren, ohne Rücksicht auf andere Sites nehmen zu müssen. In Liferay existieren drei verschiedene Scopes, die verwendet werden können:

- **Global:** Die Informationen können im Portalkontext abgelegt werden. Wenn andere Sites ebenfalls den Scope auf *Global* gesetzt haben, können diese miteinander interagieren.

- **Site:** Die Standardeinstellung in Liferay – jede Site verfügt über einen eigenen Datenbereich.

- **Page:** Sollen gleiche Applikationen mit immer wieder komplett neuen Inhalten innerhalb einer Site verwendet werden, lassen sich die Datenbereiche auch auf eine Page einschränken.

Es kann jedoch nicht auf einem Portlet, welches im Standard von Liferay existiert, eine Scope-Änderung durchgeführt werden. Zum Beispiel kann das Message Board der Scope jederzeit beliebig geändert werden.

 HINWEIS: Wird der Scope verändert, ändert sich auch die Aktivitäten-Anzeige innerhalb einer Site und im Portal. Der Content wird zwar in einer Site erstellt, jedoch in einem ganz anderen Datenbereich gespeichert.

■

13

Einstieg in Liferay – eine erste Übersicht über die Portalwelt

In diesem Kapitel wollen wir damit beginnen, den praktischen Teil voranzutreiben. Wir haben bereits gelernt, welche Herausforderungen heutige Unternehmen für die Geschäftsprozessoptimierung meistern müssen und welche Möglichkeiten mit dem Liferay-Portal zur Verfügung gestellt werden. In Kapitel 12 haben wir wichtige Grundlagen über Portale und insbesondere Liferay kennengelernt. Diese Grundlagen helfen uns jetzt, den nächsten Schritt zu gehen. Liferay besteht aus einer extrem benutzerfreundlichen Oberfläche. Dennoch existiert eine hohe Komplexität, welche durch die verschiedenen Bereiche in Liferay zur Verfügung steht. In diesem Kapitel wollen wir uns zunächst mit den Grundlagen der verschiedenen Verwendungsmöglichkeiten und den Verwaltungsaufgaben beschäftigen. Dadurch sind die in den folgenden Kapiteln gezeigten Umsetzungen verschiedener Lösungen für uns besser nachvollziehbar.

In der Oberfläche selbst bietet Liferay zunächst keine strikte Trennung an, welche die Verwaltungsaufgaben von den Nutzern unterscheidet. Viele Funktionen sind quasi in die bestehende Umgebung, wie Pages, eingebettet und können hieraus bedient werden. **Live-Editing** wird solch ein Mechanismus genannt und kann für den täglichen Betrieb ein wahrer „Heilsbringer" sein – wenn er richtig verwendet wird. Denn dadurch können „normale" Anwender, welche vielleicht teilweise redaktionelle Aufgaben übernommen haben, direkt in der Oberfläche die jeweiligen Stellen identifizieren, z. B. für einen neuen Web-Content, und diesen entsprechend auch schreiben.

Darüber hinaus werden wichtige Verwaltungsaufgaben über die so genannte Dockbar vorgestellt, welchen wir uns in den folgenden Kapiteln noch intensiver widmen werden. Die Ausgangsbasis bilden jedoch immer die Funktionalitäten, welche im Web Content Management-Bereich oder der Social Collaboration Anwendung finden, und somit auch beim Bau von Unternehmensportalen oder Internetlösung unablässig sind.

Auch hier sei noch einmal erwähnt, dass zu jedem Feature auch klare Empfehlungen und Erfahrungen wiedergegeben werden, wie einzelne Komponenten am besten verwendet werden können. Jedoch gehen wir in späteren Kapiteln noch genauer auf viele einzelne Punkte ein.

Dieses Kapitel ist sehr relevant, um ein ganzheitliches Bild über Liferay zu erhalten. Am Ende des Kapitels wissen Sie, welche wichtigen Features Sie von Liferay kennen müssen, um das Bedienkonzept (insbesondere zur Verwaltung) zu verinnerlichen. In den folgenden Kapiteln vertiefen wir die teilweise bereits beschriebenen Anwendungsszenarien durch die

Umsetzung in Liferay. Ziel ist hierbei, dass Sie ein immer besseres Gefühl dafür entwickeln, für welche Szenarien Liferay in Ihrem Unternehmen eingesetzt werden kann.

■ 13.1 Startseite von Liferay

Wenn Sie Liferay starten, wird normalerweise die Web-Oberfläche direkt mit Ihrem Standard-Browser geladen. Falls Sie aktuell noch nicht die Web-Oberfläche im Browser geöffnet haben, geben Sie einfach in einem Browser Ihrer Wahl die Adresse *http://localhost:8080* ein. Wenn der Liferay-Server gestartet ist, sollte sich die Startseite von Liferay öffnen.

13.1.1 Einstiegsseite von Liferay

Einmal auf dem Portal angekommen, erwartet uns Liferay bereits mit einer Einstiegsseite (Bild 13.1), um uns den Einstieg zu erleichtern. Diese Seite wurde automatisch bei der Installation mit angelegt – einige Beispieldaten sind bereits jetzt in Liferay verfügbar. Das dort angezeigte Startbild, kann natürlich von der Liferay-Version abhängen, welche Sie aktuell installiert haben. Auch existiert ein Unterschied zwischen der Community- und Enterprise-Version.

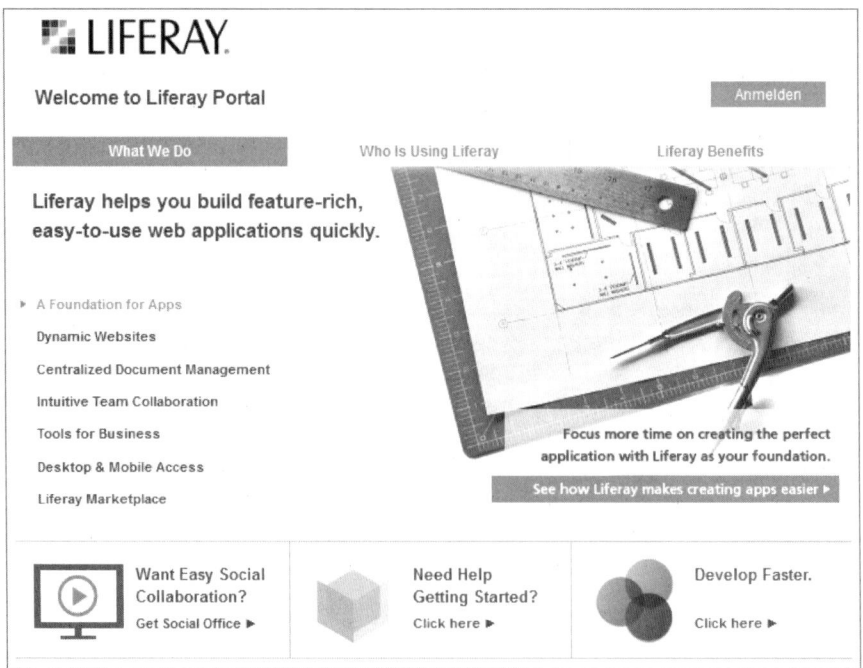

Bild 13.1 Einstiegsseite von Liferay beim erstmaligen Start in der Community-Version

Die Startseite kann natürlich zentral von Liferay aus konfiguriert werden, sodass eine zentrale Anlaufstelle für jeden Nutzer ermöglicht wird.

 HINWEIS: Dieses Design, welches Sie aktuell sehen, ist Standard nach dem initialen Starten von Liferay. Wir werden dieses Design in Kapitel 14 für eine separate Site ändern, um eine bessere Übersicht gewährleisten zu können.

13.1.2 Anmelden im Portal

Damit wir die verschiedenen Funktionen im Portal näher anschauen können, müssen wir uns zunächst anmelden. Hierzu existiert der Button *Anmelden* auf der Startseite. Mit Klick auf *Anmelden* (Bild 13.2), gelangen wir auf eine separate Seite, in welche wir die Login-Daten eingeben müssen. Die Login-Daten lauten hier „test@liferay.com" mit dem Passwort „test".

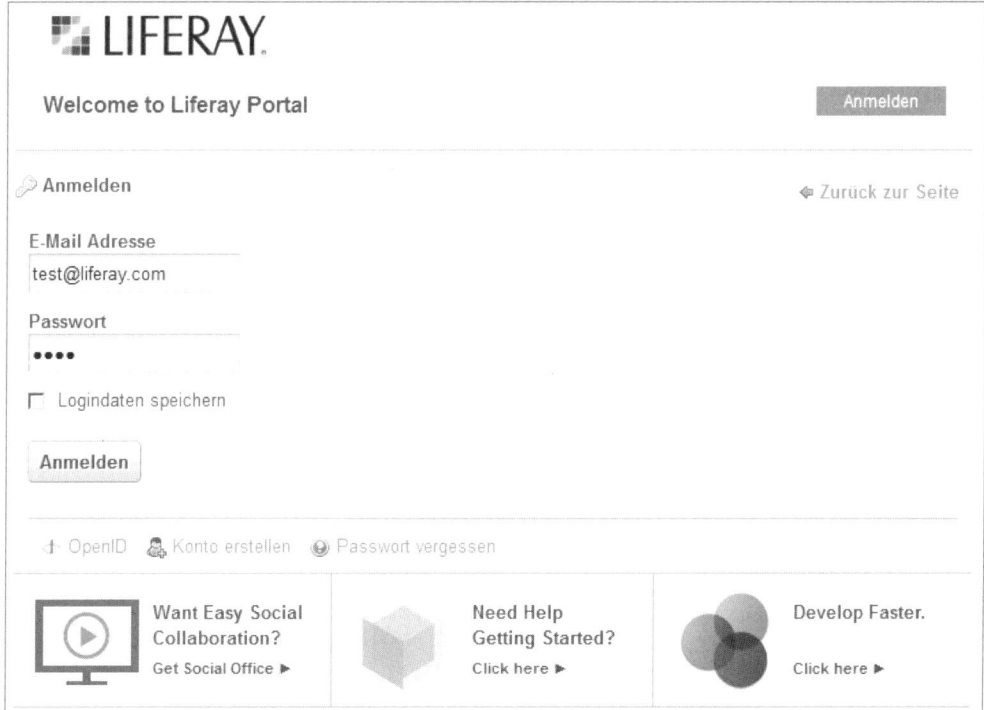

Bild 13.2 Anmeldebereich in Liferay

Mit diesen Login-Daten melden wir uns als Portaladministrator an und können uns nach Belieben in den verschiedenen Bereichen bewegen.

Teil II – Liferay

■ 13.2 Dockbar

Die Dockbar stellt eines der wichtigsten Verwaltungselemente in Liferay dar. Im oberen Bereich erscheint direkt nach erfolgter Anmeldung die Dockbar, welche alle wichtigen Funktionen des Portals auf einen Blick zur Verfügung stellt. Wir wollen uns einmal genauer von links nach rechts mit den verschiedenen Optionen vertraut machen (Bild 13.3).

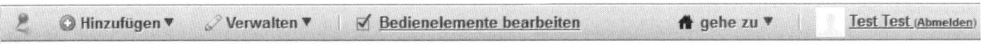

Bild 13.3 Die Dockbar von Liferay

Die Aktionselemente (siehe Bild 13.3) unterscheiden sich in folgende Bereiche:

- **Stecknadel:** Einstellen, ob die Dockbar mit dem Seitenverlauf mitgehen soll
- **Hinzufügen:** Pages sowie Portlets werden hierüber auf die aktuelle Seite platziert.
- **Verwalten:** Verschiedene Optionen zur Verwaltung der aktuellen Page sowie des Contents
- **Bedienelemente bearbeiten:** Einmal aktiviert, werden Live-Editing-Funktionen direkt in einer Page angezeigt. Will man sich die Seite so anzeigen lassen, wie der Nutzer die Seite sieht, können die Bedienelemente deaktiviert werden.
- **Gehe zu:** Schnellzugriffsfunktion auf wichtige Bereiche im Portal, wie den Kontrollbereich von Liferay oder die persönlichen Seiten vom aktuell angemeldeten Nutzer
- **Account:** Hier wird der Account des aktuell angemeldeten Nutzers dargestellt. Durch Klick auf den Namen wird man auf eine Seite zur Bearbeitung des eigenen Profils umgeleitet.

Die **Stecknadel** ganz links in Bild 13.3 bietet die Möglichkeit, dass die Dockbar mit dem Seitenverlauf „mitgeht". Bei größeren Seiten kann somit trotzdem schnell auf wichtige Dockbar-Funktionen zugegriffen werden.

Die Funktion **Hinzufügen** bietet die Möglichkeit, neue Pages sowie Portlets hinzuzufügen. Beim Darüber-Gleiten mit dem Cursor erscheint unter dieser Funktion bereits ein Sammelsurium wichtiger Komponenten (Bild 13.4).

Bild 13.4
Übersicht einiger wichtiger Funktionen im Hinzufügen-Bereich

Das erste Element in Bild 13.4 (**Seite**) führt beim Klick dazu, dass eine neue Page erstellt wird. Diese Page wird direkt neben der aktuellen Page erstellt und kann sofort verwendet werden. Über die Aktion **Mehr** können verschiedene Portlets auf der aktuellen Seite platziert werden. Wir werden uns in Abschnitt 14.2.2 mehr mit dieser Funktion befassen.

Der nächste Bereich dient der Verwaltung der aktuellen Seite. Der Link **Verwalten** führt ebenfalls beim Darüber-Fahren zum Öffnen der wesentlichsten Funktionen. Der Bereich ist vor allem der aktuellen Seite gewidmet, um diese anzupassen. Darüber hinaus kann hierüber direkt auf den Content der aktuellen Site zugegriffen werden.

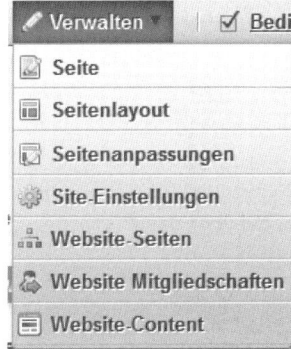

Bild 13.5
Verwaltung der aktuellen Page sowie der Inhalte der Site erfolgt über den Verwalten-Bereich

Wir wollen uns nun noch einmal den **Gehe-Zu**-Bereich (Bild 13.6) näher anschauen. Dieser Bereich stellt den Zugriff in den Kontrollbereich von Liferay zur Verfügung. Außerdem kann man hierüber auf Sites zugreifen, in welchen man Mitglied ist. Über den Link *Meine öffentliche Seiten* sowie *Meine privaten Seiten* gelangt man auf die Profilseiten des aktuell angemeldeten Nutzers.

Bild 13.6
Gehe-Zu-Bereich in Liferay mit einer Schnellzugriff-Funktion für Sites, Profile sowie Kontrollbereich

■ 13.3 Portlet

Wir wollen uns natürlich auch ein wenig mit der wichtigsten Komponente im Portal befassen: dem Portlet. Wir haben uns bereits in Abschnitt 12.2 eingehend mit dem Portlet beschäftigt. Jetzt wollen wir uns genauer mit dem Portlet in der Praxis auseinandersetzen. In Liferay kann ein Portlet nicht nur verschiedene Lebenszyklen besitzen. Viele weitere Einstellungen können an einem Portlet durchgeführt werden, wie z. B. das Verändern des Look & Feels oder die Konfiguration des Portlet-Inhalts.

Wir unterscheiden also in zwei verschiedene Bereiche, welche am Portlet konfiguriert werden können:

- **Verwaltung der Inhalte:** Das Portlet stellt in der Regel verschiedene Informationen wie beispielsweise einen Blog-Posts mit Kommentaren dar. Diese können direkt im Portlet angepasst und für aktuelle Bedürfnisse sofort verändert werden.

- **Ändern des Portlet-Verhaltens sowie des Erscheinungsbildes:** Die Konfiguration einer spezifischen Komponente, wie z. B. einem Blog, können für dieses Portlet auf der aktuellen Page angepasst werden. Außerdem können Berechtigungen für dieses Portlet vergeben werden. Das Verändern des Designs, wie z. B. das Einstellen des Portlet-Rands, erfolgt ebenfalls hierüber.

Die Veränderung der Inhalte ist für den weiteren Gebrauch immer eindeutig. Das heißt, dass diese Änderung überall sichtbar ist. Eine Änderung des Portlets-Verhaltens führt jedoch nur zu einer veränderten Darstellung des Portlets. Da ein bestimmter Portlet-Typ mehrmals verwendet werden kann, können verschiedene Einstellungen konfiguriert werden, die je nach Bedarf ein anderes Erscheinungsbild hervorrufen, ohne die Inhalte dabei zu verändern. Jedoch kann man dadurch sehr wohl „mogeln" und z. B. ein Portlet für eine spezifische Gruppe ausblenden.

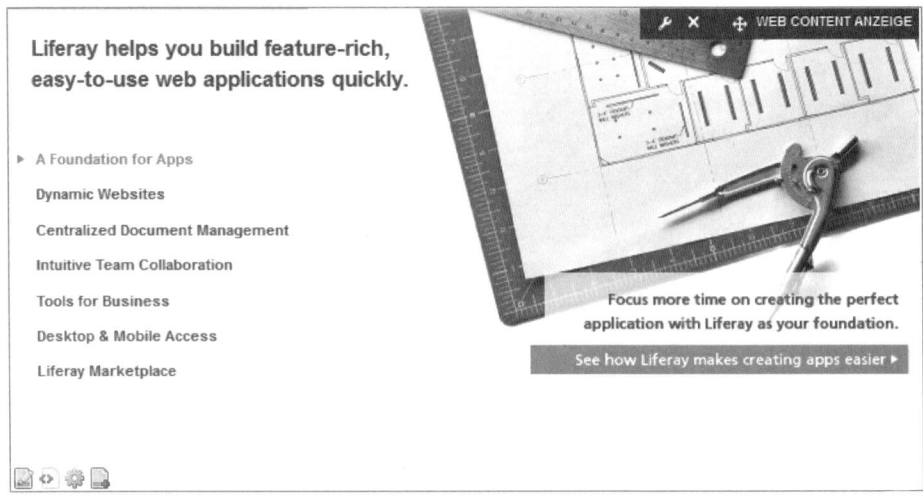

Bild 13.7 Portlet „Web-Content-Anzeige" mit Bedienelementen zur Verwaltung des Inhalts sowie des Portlets

Prinzipiell sind die zwei Bereiche in Liferay immer gleich aufgebaut. Der Einstieg zur Konfiguration des Portlet-Verhaltens bzw. des Erscheinungsbildes erfolgt über den Portlet-Rahmen bzw. über die Menüleiste im oberen rechten Bereich eines Portlets.

13.3.1 Ändern der Portlet-Konfiguration sowie des Erscheinungsbildes

Wenn wir mit der Maus über den oberen rechten Bereich fahren, erscheint das Menü zur Verwaltung. Über dieses Menü lässt sich einfach auf die Konfigurationsbereiche zugreifen (Bild 13.8).

Bild 13.8 Menü zur Bearbeitung des Portlet-Verhaltens und des Erscheinungsbildes

Wir wollen uns von links nach rechts die einzelnen Elemente näher anschauen. Das linke Symbol in Bild 13.9 repräsentiert eine Auswahlliste an Konfigurationsmöglichkeiten auf diesem Portlet. Je nach Portlet-Typ können unterschiedlich viele Optionen vorhanden sein.

Bild 13.8
Auswahlliste der möglichen Konfigurationen

Über die Option **Look-and-Feel** (Bild 13.9) kann das Portlet visuell an die aktuelle Page angepasst werden. Zum einen können hier eigene Stile individuell eingetragen werden. Zum anderen kann entschieden werden, ob das Portlet über einen Rahmen und damit über einen Namen verfügt. Unter dem Element **Konfiguration** befindet sich die Möglichkeit, dass aktuelle Portlet hinsichtlich des Typs anzupassen. In unserem Fall hätten wir die Option, einen anderen Web-Inhalt für die aktuelle Page aussuchen zu können. Darüber hinaus könnten die Berechtigungen hierüber für das komplette Portlet konfiguriert werden. Alle weiteren Optionen sind mehr oder weniger abhängig von der technischen Konfiguration des Portlets, welche hier dargestellt werden können. In unserem Beispiel findet man eine weitere Option vor, welche **Export/Import** genannt wird. Diese Option sieht vor, dass Web-Inhalte aus dem Portal heraus als Liferay-Archiv exportiert werden können – oder vice versa!

Das nächste Element in der Reihe ist schnell erklärt. Dieses Element löscht das Portlet von der aktuellen Page. Hier darf man jedoch nicht verwechseln, dass ausschließlich das Portlet und die damit verbundene Konfiguration entfernt werden. Die im Portlet angezeigten Inhalte bleiben hiervon komplett unberührt.

Das letzte Element stellt die Möglichkeit dar, das Portlet auf der aktuellen Page an einer anderen Stelle zu platzieren. Hier wird der Drag & Drop-Ansatz von Liferay verwendet, um mit einfachen Handgriffen das Portlet in eine andere Spalte des vorkonfigurierten Layouts zu verschieben. Wie bereits erwähnt, hängen die Möglichkeiten der Neuplatzierung des Portlets von der Vorauswahl des Layouts ab. Wurde ein relativ einfaches Layout konfiguriert, z. B. ein einspaltiges Layout, kann nur das Portlet vor oder nach einem bestehenden Portlet verschoben werden.

Teil II – Liferay

13.3.2 Verwaltung von Inhalten

Die Verwaltung von Inhalten kann auf zwei verschiedenen Wegen erfolgen. Zum einen kann man diesen über einen separaten Verwaltungsbereich verändern. In Abschnitt 13.2 habe ich bereits auf den Optionspunkt **Verwalten** hingewiesen. Dort existiert eine Option, die **Website-Content** genannt wird. Hierüber erhalten wir eine strukturierte Übersicht aller Inhalte der aktuellen Site.

Die zweite Verwaltungsmöglichkeit ist jedoch direkt im Portlet vorhanden. In Bild 13.9 können Sie die möglichen Optionen für unser Web-Content-Portlet auf der Einstiegsseite genauer ansehen.

Bild 13.9
Optionen im Web-Content-Portlet auf der Einstiegsseite

Wir wollen uns an dieser Stelle noch nicht detailliert mit den verschiedenen Optionen befassen, da diese auch von Typ zu Typ sehr unterschiedlich sein können. In unserem konkreten Fall sehen Sie jedoch vier verschiedene Optionen zur Auswahl (Bild 13.10).

Die linke Option bietet Ihnen die Möglichkeit an, direkt den aktuellen Content auf der aktuellen Page zu bearbeiten. Diese Option kann durch einen anschließenden Freigabe-Workflow als Arbeitsprozess komplettiert werden. Dadurch erfolgt die Freigabe nur durch vorherige Überprüfung durch einen Site-Verantwortlichen.

Mit der nächsten Option können Sie die Web-Ansicht des Contents verändern. Wenn Sie eine eigene komplexere Web-Content-Struktur erstellt haben, müssen Sie hierfür eine Web-Ansicht erstellen. Über diese Option können Sie diese sofort anpassen.

Die nächste Option bietet die Konfiguration des Web-Contents an. Wir haben dieses Konfigurationselement bereits im oberen rechten Bereich kennen gelernt. Je nach Portlet-Typ kann sich diese Darstellung unterscheiden. Sicher ist jedoch, dass dieses Konfigurationselement immer im oberen rechten Bereich vorzufinden ist.

Die letzte Option bietet hier die Möglichkeit an, neuen Inhalt direkt auf dieser Page zu erstellen. Auch hier gilt, dass durch einen vorher eingestellten Freigabeprozess neue Inhalte nicht direkt publiziert werden.

■ 13.4 Profilbereich des Nutzers

Einen weiteren wichtigen Bereich neben der Möglichkeit Content zu produzieren und auf verschiedene Pages in Form von Portlets darzustellen, stellt der Umgang mit den Benutzern dar. Eine wichtige Adresse im Portalumfeld beim Aufbau von Unternehmensportalen sind die Interaktionsmöglichkeiten für Benutzer. Interaktionen können zum einen durch die Verwendung von Portlets in Liferay umgesetzt werden. Zum anderen gibt es jedoch eine weitere feste Größe, die sich bei einem Informationsportal bzw. Wissensmanagement-System darstellt – der Nutzer und dessen Profil. Denn das Profil gibt erstens wichtige Informationen über einen Nutzer wieder. Andere Nutzer erkennen z. B. Kontaktdetails oder auch Organisationszugehörigkeiten. Dadurch bildet sich bereits ein erstes Netzwerk für verschiedene Nutzer ab, denn ein Profil bzw. ein Nutzer kann als Freund bzw. Kollege hinzugefügt werden. Eine eigene kleine Mitarbeitergruppe kann so ihren persönlichen Bekanntenkreis via Social Networking pflegen und sich über das Portal, z. B. via Chat-Funktionen, austauschen.

Zweitens existiert noch eine weitere wichtige Funktion, welche vor allem im Bereich Social Collaboration eine entscheidende Rolle spielen kann. Jeder Nutzer ist in der Lage, eigene Profilseiten zu erstellen und mit verschiedenen Funktionen in Form von Portlets auszustatten. Dabei werden diese Profilbereiche unterteilt in einen öffentlichen und privaten Teil. Der private Bereich ist nur für den Nutzer selbst oder ausgewählte Benutzer zugänglich. Der öffentliche Bereich kann von jedem Nutzer in Liferay eingesehen werden. Dadurch ergeben sich vollkommen neue Möglichkeiten, um die Informationsgewinnung im Unternehmen voranzutreiben. Ein klassisches Beispiel wäre, dass verschiedene Nutzer in ihren öffentlichen Profilen eine Blog-Funktion aktivieren. Dieser Blog wird von den Profilnutzern (also den Eigentümern) gepflegt. Die verschiedenen Blog-Einträge werden über ein Blog-Aggregator zentralisiert im Unternehmens-Blog dargestellt. Durch einfache Konfigurationsaufgaben aktiviert man sehr viel Potenzial der eigene Informationsstrategie und setzt es mit Liferay in die Tat um. Die Verwendung dieser Informationen kann auf vielfältigem Wege anschließend verwendet werden.

Wir fassen kurz die zwei Bereiche noch einmal zusammen:

- **Nutzerprofil:** Bearbeitung wichtiger Informationen, wie Kontaktdetails, welche zu dem aktuellen Nutzer gehören. Darüber hinaus können einige Einstellungen hinsichtlich der Anzeige erfolgen und bestimmte Benachrichtigungen, z. B. von neuen Ankündigungen, angepasst werden.

- **Nutzerseiten:** Eine auf Pages basierende Darstellung von Content, welches der Nutzer auf den eigenen Seiten pflegt. Diese Informationen können von einer Site verwendet werden.

13.4.1 Kontrollbereich zur Bearbeitung des Profils

Der erste Bereich, welchen wir nun betrachten wollen, stellt das reine Profil des Nutzers dar, welches dieser auch überarbeiten kann. Über die Dockbar hat man direkt Zugriff auf das eigene Profil (Bild 13.10). Hierzu muss man im oberen rechten Bereich der Dockbar auf den eigenen Namen klicken. Anschließend öffnet sich ein Dialog, in welchem sich die Profildaten des Nutzers bearbeiten lassen.

Jedes Nutzerprofil teilt sich in verschiedene Bereiche auf, welche in der rechten Hälfte des Profils nacheinander bearbeitet werden kann. Wurden Informationen in den verschiedenen Bereichen verändert, zeigt Liferay hinter der jeweiligen Kategorie eine Warnmeldung, sodass das Abspeichern der Seite durch den Nutzer nicht vergessen wird. Die verschiedenen Bereiche sind:

- **Einzelhandel:** Hinter der etwas fehlgeleiteten Übersetzung der Kategorie verbirgt sich die Konfiguration der Basisdaten des Nutzers – damit ist in erster Linie der Benutzername, der Vor- sowie Nachname sowie das Geburtsjahr gemeint.

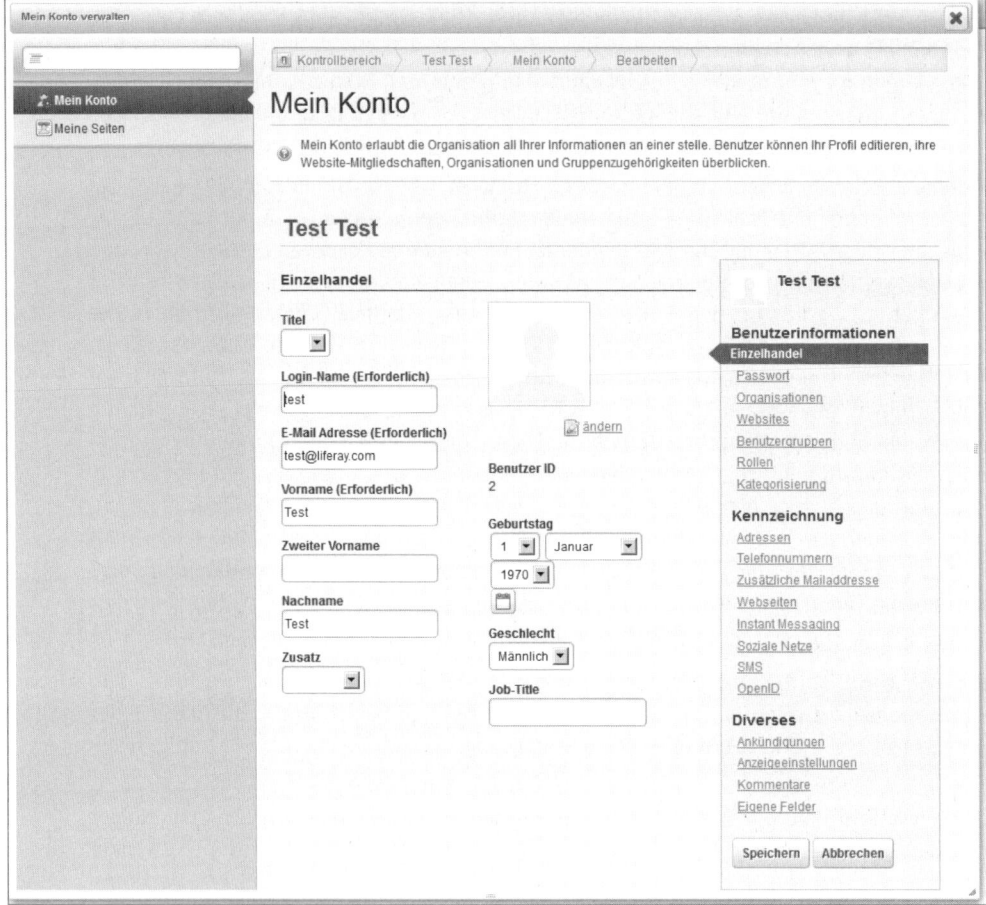

Bild 13.10 Profilbereich des Nutzers, welcher in verschiedene Kategorien aufgeteilt ist

- **Passwort:** Falls kein Authentifizierungssystem angeschlossen ist, kann das Passwort durch den Nutzer angepasst werden.

- **Organisationen:** Zeigt die Zugehörigkeiten zu verschiedenen Organisationsstrukturen innerhalb des Unternehmens sowie die damit verbundenen Rollen

- **Websites:** Hier werden die Site-Mitgliedschaften mit samt den dazugehörigen Rollen des Nutzers gezeigt.

- **Benutzergruppen und Rollen:** Beide Bereiche zeigen die zugewiesenen Rollen des Nutzers dar.

- **Kategorisierung:** Der Nutzer kann „verschlagwortet" und über die Suche aufgefunden werden.

- **Adressen und Telefonnummern:** Pflege der Anschriften, welche der Nutzer im Unternehmen besitzt. Außerdem können verschiedene Telefonnummern gepflegt werden.

- **Webseiten:** Falls eigene Blogs oder weitere Seiten zu dem Nutzer existieren bzw. dieser gerne den anderen Nutzer zur Verfügung stellen will, können hier unter Angabe des Typs (z. B. Blog) verschiedene Einträge vorgenommen werden.

- **Instant Messaging und soziale Netze:** Pflege der verschiedenen Chat-Clients, um hierüber mit anderen Nutzern in Kontakt treten zu können

- **Ankündigungen:** Hier kann konfiguriert werden, ob ein Nutzer zu bestimmten Informationstypen bei neuen Veröffentlichungen informiert werden möchte (via E-Mail)

- **Anzeigeeinstellungen:** Einstellen der Zeitzone und der Anzeigesprache – die Voreinstellung gibt das Portal vor und kann von einem Portaladministrator konfiguriert werden

- **Kommentare:** Angabe von weiteren Informationen für andere Nutzer

- **Eigene Felder:** Falls weitere Profildaten durch einen Portaladministrator aktiviert worden sind, können Nutzer weitere Angabe zu ihren Profil hier angeben.

13.4.2 Öffentliches Profil

Wir wollen es uns an dieser Stelle natürlich nicht nehmen lassen, uns die Profilseiten kurz anzuschauen. Hierzu gehen wir in der Dockbar auf den Button *Gehe zu* und hierüber auf die Option *Meine öffentlichen Seiten*. Dort angekommen, erkennt man zunächst, dass sich dich Darstellung grundlegend verändert hat. Jetzt wird das Standard-Design von Liferay angezeigt. Außerdem befinden sich auf dieser Page einige Portlets, die Sie als „Inhaber" dieser Page verändern und benutzen können. Über die Dockbar lässt sich außerdem die gesamte Palette an Verwaltungsoptionen verwenden, welche wir bereits kennen gelernt haben.

 PRAXISTIPP: Portaladministratoren können konfigurieren, ob Profilseiten für Nutzer strukturell verändert werden können (z.B über das Hinzufügen neuer Portlets). Außerdem kann eine Vorlage für Portlets definiert werden, die jedem Benutzer auf der Profilseite zur Verfügung steht. Diese Option hat definitiv ihren Reiz, um einen möglichen Wildwuchs der Nutzer zu verhindern. Es kommt jedoch immer auf die Philosophie des Unternehmens und die Akzeptanz der Nutzer an.

Neue Portlets können auf der aktuellen Page platziert, das Layout angepasst oder neue Pages hinzugefügt werden. Die Grenzen werden nur durch den Nutzer selbst oder einer Einschränkung seitens der Portaladministratoren gegeben.

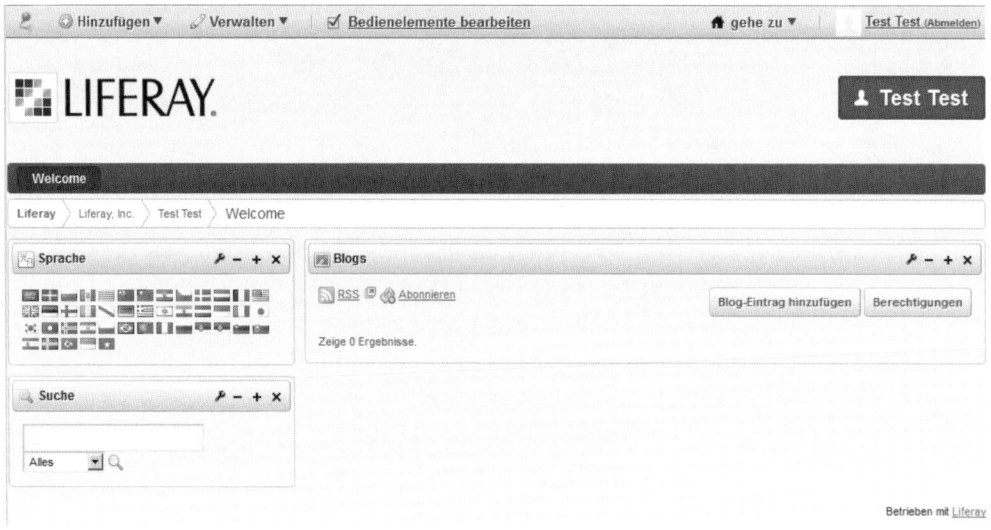

Bild 13.11 Profilseite des aktuell angemeldeten Nutzers (Administrators)

■ 13.5 Kontrollbereich zur Verwaltung von Liferay

Ein weiterer wichtiger Bereich, welchen wir bereits jetzt kurz in der Übersicht vorstellen wollen, ist der Kontrollbereich von Liferay. Liferay verfügt über intuitive Möglichkeiten, die Konfiguration des Portals über die Web-Oberfläche durchzuführen. In diesen Bereich gelangt man am einfachsten, indem man in der Dockbar über den *Gehe-Zu*-Button fährt und anschließend die Option *Kontrollbereich* auswählt.

Anschließend erscheint eine komplett neue Seite in einen anderen Look & Feel. Hier findet die Einteilung in zwei Bereiche statt. Der linke schmale Bereich stellt die Konfigurationsmöglichkeiten für den Nutzer bzw. dem Administrator zur Verfügung. Verschiedene Unterbereiche gliedern den Konfigurationsbereich deutlich auf (Bild 13.12).

Wir gehen in Kapitel 20 detailliert auf die einzelnen Teilbereiche ein. An dieser Stelle sollen nur der Vollständigkeit halber der Aufbau und die Verwaltung kurz angerissen werden.

- **Markt:** Hinter diesem Bereich verbirgt sich der Marketplace von Liferay.
- **Test Test:** Dieser Bereich stellt die Verwaltungsoptionen für den aktuellen Nutzer dar. In unserem Beispiel stellt „Test Test" den Vornamen sowie Nachnamen des Nutzers dar. Falls Aufgaben dem aktuellen Nutzer zugewiesen sind, werden diese ebenfalls hier angezeigt, wie zugewiesene Lesebestätigungen.

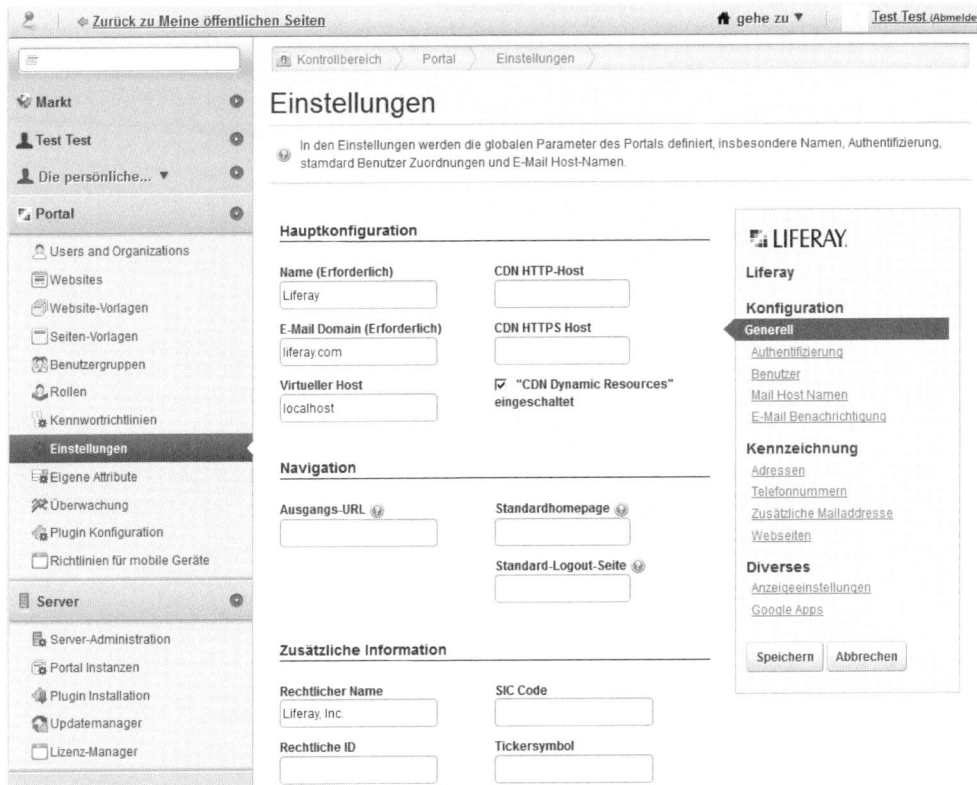

Bild 13.12 Kontrollbereich in Liferay, worüber nahezu jede Einstellung im Portal vorgenommen werden kann

- **Die persönliche …:** Auch hier ist die Namensgebung etwas schwierig. Dahinter verbirgt sich jedoch ein sehr wichtiger Bereich in Liferay. Da verschiedene Sites in Liferay existieren können, muss irgendwie die Möglichkeit geschaffen werden, diese zwecks Verwaltung auch ansteuern zu können. Hierzu gibt es in diesem Bereich ein Auswahlfeld, um die Site auszuwählen. Neben Sites lassen sich außerdem Scopes auswählen. Nach erfolgter Auswahl können die verschiedenen Inhalte bearbeitet werden.

- **Portal:** Dieser Bereich ist vor allem den Portaladministratoren vorbehalten. Hierüber lässt sich das gesamte Liferay-Portal bzw. die aktuelle Instanz verwalten und wichtige Einstellungen, wie z. B. die Authentifizierung oder Berechtigungen, definieren.

- **Server:** Hier lassen sich Server spezifische Einstellungen vornehmen. Beispielsweise können verschiedene Log-Level in Liferay zur Laufzeit angepasst werden. Außerdem kann der Systemstatus und der aktuelle Speicherverbrauch direkt im Browser angezeigt und überprüft werden. Darüber hinaus lassen sich die verschiedenen Portlets und Erweiterungen verwalten und ggf. sogar deaktivieren.

14 Planung und Umsetzung eines Portalprojekts mit Liferay

In diesem Kapitel steht das erste Portalprojekt mit Liferay im Vordergrund. In den vorangegangenen Kapiteln haben wir bereits detailliert erfahren, in welche verschiedenen Bereiche Liferay eingeteilt werden kann. Jeder der einzelnen Bereiche, wie z. B. Kollaboration, wird mit mehreren Portlets in Liferay abgebildet. Damit Portlets überhaupt für den Anwender zur Verfügung stehen können, müssen diese auf Portalseiten in Liferay platziert und eventuell konfiguriert werden. Portalseiten in Liferay stellen Pages dar, die beliebig hierarchisch angeordnet werden können. Darüber hinaus existieren weitere Kapselfunktionen, um bestimmte Bereiche von Nutzergruppen auszuschließen.

Hier ist eine ausgiebige und intelligente Planung für die Umsetzung verschiedener Projekte in den bereits genannten Bereichen notwendig. Die Planung solcher Portalprojekte ist eine wichtige Angelegenheit bei der Umsetzung einer Unternehmensstrategie zur Optimierung der Geschäftsabläufe. Dabei betrifft die Planung nicht die direkte Einführung von kompletten Unternehmensportalen, sondern der fortlaufenden Weiterentwicklung des eigenen Systems. Auch stellt die Planung keinen Projektmanagement-Ansatz dar, sondern hilft im Liferay-Umfeld auf die wesentlichen Dingen zu achten.

Dieses Kapitel versucht beiden arbeitsintensiven Schritten, der Planung und anschließenden Umsetzung, mehr Konturen zu geben, damit ein roten Faden bei der Einführung von Portalprojekten entsteht. Angefangen bei der Planung, unterteilen wir diese in verschiedene Schritte, die gedanklich dafür eine wichtige Rolle spielen, welche Elemente in Liferay verwendet und ggf. angepasst werden sollen. Nachdem der prinzipielle Weg zur Umsetzung neuer Portalprojekte geklärt worden ist, können wir uns der ersten Umsetzung in Liferay widmen. Die Umsetzung wird darauf basieren, dass eine minimalistische Collaboration-Site erstellt werden soll. Dort sollen verschiedene Blog-Posts von den Nutzerseiten aggregiert dargestellt und mit einer Aktivitätsfunktion versehen werden. Außerdem wird eine Umfragefunktion die Site komplettieren. Anschließend werden Nutzer erstellt und in die Site eingeladen. Der praktische Teil soll uns mit der prinzipiellen Verwendung der Liferay-Funktionen, welche wir bereits in Kapitel 13 kennengelernt haben, vertraut machen und uns für die kommenden Kapitel vorbereiten. Dort benötigen wir nämlich das gelernte Handwerk aus diesem Kapitel, um zum einen die verschiedenen Bereiche in Liferay näher kennenzulernen als auch eine entsprechende Verwendung finden zu können.

■ 14.1 Vorgehen bei der Umsetzung von Portalprojekten

Befindet man sich erstmalig vor der Herausforderung, ein Portalprojekt einzuführen oder neue Anforderungen zur Optimierung der Arbeitsprozesse und Kommunikation umzusetzen, steht man immer zunächst vor der Frage, was überhaupt das Richtige ist. Klassischerweise sind Aussagen wie „Jetzt starten wir mit Collaboration und Social Networking durch" schon einmal eine Richtung, jedoch nicht der Weg. Nutzer, welche mit solchen Umsetzungen arbeiten sollen, fühlen sich oft schnell überfordert und gereizt. Kein Wunder, denn die tägliche Arbeit wird immer schneller, die Zeit immer weniger und Applikationen immer mehr. Das führt natürlich zu einer Patt-Situation, die man nur schwer auflösen kann, wenn Sie einmal entstanden ist. Mit Liferay kann man das Ziel verfolgen, die beschriebenen Anwenderprobleme bzw. Anforderungen optimal umzusetzen.

 HINWEIS: Wir betrachten vor allem die Umsetzung von Anforderungen auf Basis der Möglichkeiten, welche uns Liferay im Standard zur Verfügung stellt. Integrationsprojekte mit Entwicklungsaufwand werden hier nicht eingehend besprochen bzw. behandelt.

Wie bereits in Abschnitt 10.9.2 erläutert, kann Liferay als Portal für verschiedene Anwendungsszenarien eingesetzt werden. Hierbei gilt jedoch immer zu beachten, dass wir den Fokus des Nutzers in seiner täglichen Arbeit nicht vernachlässigen dürfen. Es steht jedoch zunächst prinzipiell die Frage an, auf welchem Weg eine Umsetzung verschiedenster Anforderungen mit Liferay für den Nutzer am effektivsten erfolgen kann. Da dies nicht immer im ersten Wurf gelingt, muss Liferay flexibel genug sein, schnelle Änderungen an dem bereits umgesetzten Portalprojekt zuzulassen. Durch so genanntes Prototyping[1] gelangt man mit den Umsetzungen zu einem immer besser werdenden Stand, der perfekt auf die Nutzerbedürfnisse abgestimmt ist. Diese Anforderung ist mit Liferay möglich und bietet so viele Sicherheiten für die IT-Abteilung bzw. den Fachverantwortlichen, eine optimale Lösung zu schaffen.

Wenn eine Anforderung herangetragen wird, gilt es, verschiedene Schritte nacheinander zu beachten.

- **Anforderungsanalyse im Portalumfeld:** Wie bereits beschrieben, muss zunächst mit den Fachabteilungen geklärt werden, welche Anforderungen vorhanden sind. Hier sollte auch direkt in die verschiedenen Bereiche von Liferay eingegangen werden, damit für den Fachanwender bzw. den fachlichen Verantwortlichen eine vorgegebene Struktur erstellt wird, in der die Anforderungen abgebildet werden können.

- **Auswahl des Projekttyps und der Struktur:** Für die gegebenen Anforderungen muss ein „Rahmen" in Liferay geschaffen werden. Jede (komplexere) Anforderung mündet in der Erstellung von Informationskanälen bzw. neuen Arbeitsabläufen, die in Liferay umge-

---

[1] http://de.wikipedia.org/wiki/Prototyping_%28Softwareentwicklung%29

setzt werden sollen. Hier muss die Frage gestellt werden, wie das angehende Projekt in Liferay aufgefangen bzw. gekapselt werden soll.

■ **Identifizierung der notwendigen Anwendungen:** Nachdem wir den ersten Schritt geklärt haben, können wir uns der Frage widmen, welche Anwendungen für die Umsetzung der Anforderungen benötigt werden.

■ **Feinjustierung des Projekts und der Anwendungen:** Hier ist es wichtig, kleine Details zu klären und zu prüfen, wie diese mit der bestehenden Planung durch die ersten beiden Schritte weiter verfeinert werden können. Beispielsweise sind Fragen nach der Verfügbarkeit von Optionen im Anwendungsbereich zu klären, wie die Verfügbarkeit von Kommentarfunktionen bei Blog-Einträgen usw.

■ **Bestimmung der Zuständigkeiten:** Für ein Portalprojekt ist es in der Regel notwendig, eine verantwortliche Person zu bestimmen, welche einen bestimmten Bereich steuert und verwaltet. Diese Person ist Ansprechpartner für Fragen und Anliegen und übermittelt bei „unlösbaren" Aufgaben an die IT-Abteilung.

■ **Umsetzung und Verifikation der Anforderungen:** Nach erfolgter Planung kann die Umsetzung in Liferay erfolgen. Anschließende Überprüfungen durch die Fachabteilung führen ggf. zu Nachbesserungen, die jedoch durch den flexiblen Aufbau von Liferay sehr schnell umgesetzt werden können.

Wir wollen uns im Detail die verschiedenen Schritte noch einmal vor Augen führen, damit ein roter Faden für zukünftige Portalprojekte aufgebaut werden kann.

14.1.1 Anforderungsanalyse im Portalumfeld

Zunächst steht die Anfrage von einer Fachabteilung oder sogar dem Management im Raum, eine neue Anforderung zu prüfen und umzusetzen. Hier gilt es zu klären, ob diese Anforderung überhaupt mit Portaltechnologie umgesetzt werden kann oder ob andere Applikationen im Unternehmen verwendet werden. Häufig tritt der Fall ein, dass keine 100-%-Abdeckung mit dem Portal vorhanden ist. Schnell kann es passieren, dass man für diese Anforderung Liferay erweitern möchte oder eine gänzlich neue Applikation in das Unternehmen einführen will. Beide Wege führen oft nur dahin, dass man am Ende vor noch mehr Arbeit steht als zuvor, und das Ergebnis sich oftmals nur gering von einer nahezu perfekten Lösung unterscheidet. Viele Randbedingungen sorgen nämlich anschließend dafür, dass neue Applikationen oder Erweiterungen viel Aufwand produzieren, die Wartbarkeit schmälern und längere Zeiträume eingeräumt werden müssen, bis umgesetzte Anforderungen an das Unternehmen weitergegeben werden können.

Liferay bietet bereits im Standard viele Möglichkeiten, Erweiterungen mit Standardwerkzeugen zu erreichen. Hierbei helfen u. a. die Möglichkeit der Nutzung von eigenen Feldern (siehe Abschnitt 17.3) sowie das Erstellen eigener Dokumententypen oder Anpassung der Struktur des Web Contents. In Kapitel 18 werden wir uns noch ausgiebig mit diesem Feature auseinandersetzen.

14.1.2 Auswahl des Projekttyps und der Struktur

Im Vordergrund der Anforderungsanalyse steht immer die Frage nach der Struktur, welche die Umsetzungen umschließen. Hierbei ist gemeint, ob z. B. eine Anfrage aus einem Fachbereich zu einem Projektbereich gegeben ist. Dann ist die Beantwortung nach der Frage des Projekttyps ziemlich eindeutig: Eine Site in Liferay ist hierfür bestens geeignet. Doch wie genau ermittelt man die korrekte Struktur für ein Projekt? Prinzipiell müssen Fragen in Hinblick auf die Kapselung des Projekts und die darin enthaltenen Informationen gestellt werden. Sollen die Informationen für keine anderen Bereiche zur Verfügung stehen und ausschließlich dem Projekt dienlich sein, ist eine Erstellung von Projektseiten unter Berücksichtigung von Pages in Liferay sicherlich nicht der geeignetste Weg. Pages dienen nicht der Kapselung von Nutzern sowie Inhalten, sondern stellen immer einen klaren Teil einer Site dar. Dadurch erhält man bereits einen wichtigen Indikator zur Auswahl des richtigen Projekttyps. Sollen hingegen nur neue Funktionen für die Allgemeinheit zur Verfügung gestellt werden, genügt in der Regel das Anlegen von Pages.

Neben diesen Projekttypen existieren ebenfalls Organisationen und Locations, mit welchen man Unternehmenshierarchien abbilden kann. Seit Liferay 6.1 unterscheidet man jedoch bei dem Aufbau von Projektseiten zwischen Organisationen und Sites nicht mehr. Eine Organisation wird mit einer Site verlinkt, wenn diese über Pages verfügen soll. So schließt sich der Kreis der möglichen Projekttypen.

14.1.3 Identifizierung der notwendigen Anwendungen

Die Auswahl der benötigten Anwendungen erfolgt auf Basis der Anforderungsaufnahme in den Fachabteilungen. Hier ist es tatsächlich sinnvoll, den Abteilungen bereits Möglichkeiten mit Liferay zu präsentieren, um erste konkrete Eindrücke von dem Portal zu übermitteln. Diese Anwendungen müssen anschließend auf den Pages platziert und mit dem richtigen Layout ausgerichtet werden. Auch hier ist es einfacher, den Abteilungen damit zu begegnen, dass man Liferay in die verschiedenen Bereiche einteilt, welche wir uns bereits in Abschnitt 10.9.2 angeschaut haben.

14.1.4 Feinjustierung des Projekts und der Anwendungen

Nachdem wir das Projekt definiert und die Anwendungen identifiziert haben, müssen in der Regel die Details der Anforderungen abgestimmt werden. Beispielsweise kann es möglich sein, dass für eine neue Liferay-Seite andere Rollen notwendig sind, die extra hierfür angelegt werden müssen. Das impliziert jedoch anschließend, dass auch für andere Bereiche diese Rollen zur Verfügung stehen, und die Frage gestellt werden muss, ob nicht auch eine einfachere Version der Berechtigungsvergabe in der jeweiligen Site abgebildet werden kann. Natürlich können komplexe Berechtigungsverfahren mit Liferay abgebildet werden, aber auf das Detail kommt es immer an. Deswegen gibt es viele Detailfragen, die sich eher während der prototypischen Umsetzung ergeben und parallel durch die Abteilungen beantwortet werden müssen. Die unzähligen Features (in Form von Portlets) in Liferay führen dazu, dass eine fortwährende Kommunikation mit den Anwendern bzw. den fachlich Verantwortlichen notwendig ist. Denn teilweise können sich Fachabteilungen mit den vielen Funktionen etwas überfordert fühlen.

 PRAXISTIPP: Binden Sie bei Portalprojekten die jeweiligen Fachabteilungen aktiv mit ein. Führen Sie bei der Anforderungsaufnahme mögliche Beispiele mit Liferay voran, und beziehen Sie bei der Umsetzung fortlaufend die Fachabteilungen in den aktuellen Status mit ein.

Lassen Sie die Fachabteilungen ein Teil des Projekts werden, indem Sie aktiv mit den Mitarbeitern in die Diskussion gehen. Erklären Sie den Fachabteilungen die verschiedenen Funktionen und zeigen Vor- sowie Nachteile auf. Dadurch kann ein Projekt in der Regel viel erfolgreicher für alle Beteiligten abgeschlossen werden.

14.1.5 Umsetzung und Verifikation der Anforderungen

Die Umsetzung stellt die Kür des ganzen Procederes dar. Die Umsetzung erfolgt in der Regel auf einem dafür vorgesehenen Testsystem oder einem auf Staging-basierten Mechanismus. Werden die Anforderungen zunächst auf einem Testsystem umgesetzt, werden die aufgenommenen Anforderungen sowie skizzierten Schritte zur Umsetzung mit den bereits skizzierten Hilfsmitteln von Liferay verwendet. Anschließend erfolgt die Überprüfung durch die Fachabteilung und die am Ende hoffentlich erfolgte Freigabe zur Umsetzung auf dem Produktivsystem. Ganz im klassischen Sinne einer „Produktentwicklung". Die Installation auf dem Live-System muss nicht dadurch erfolgen, dass die umgesetzten Erweiterungen erneut auf dem Produktivsystem nachgebaut werden müssen. Liferay verfügt über eine sehr ausgereifte Import/Export-Funktion, um Inhalte und Strukturen auf andere Liferay-Systeme übertragen zu können.

Wird hingegen Staging verwendet, läuft der Prozess komplett anders ab. Staging bedeutet in Liferay so viel wie, stufenweise basiertes Publizieren von neuen Portalseiten und Inhalten. Dabei werden die Anforderungen nicht auf einem Testsystem umgesetzt, sondern auf einem vor dem Produktivsystem vorgeschaltetem Zweitsystem, welches bei erfolgter Freigabe die durchgeführten Inhalte auf das Produktivsystem überträgt. Vor allem im Internet-Bereich wird dieser Ansatz gerne verwendet, da dadurch eine 1:1-Abbildung erfolgen kann, und die getroffenen Änderungen nahtlos auf das Produktivsystem übertragen werden. Durch ein Freigabeverfahren erfolgt die prozessgestützte Freigabe von spezifischen Neuerungen auf das Produktivsystem. Liferay verfügt über zwei verschiedene Methoden, Staging zu verwenden. Zum einen kann Staging durch einen weiteren Server abgebildet werden. Zum anderen kann auch das Produktivsystem als Staging-Instanz Verwendung finden. Dann zeigt Liferay visuell in der Web-Oberfläche an, ob man sich gerade im Live- oder Stage-Status befindet.

Beide Konzepte, sowohl das Testsystem sowie das Staging, haben ihre Daseinsberechtigung. Je nach Unternehmen und die dahinterliegende Fach- sowie IT-Strategie kann die eine oder andere Variante besser passen. Am Ende entscheiden vor allem die an das Portal geknüpften Anforderungen und das Handling, welches von den Benutzern schließlich bedient werden muss.

Teil II – Liferay

■ 14.2 Portalprojekt mit Liferay umsetzen

Im vorangegangenen Abschnitt, haben wir uns bereits die grobe Vorgehensweise zur Umsetzung eines Portalprojekts mit Liferay angeschaut. Dafür wollen wir uns jetzt mit dem praktischen Teil unseres Kapitels befassen und ein erstes Portalprojekt mit Liferay umsetzen. Wie bereits erwähnt, wollen wir eine erste Lösung für unser Unternehmen zur Verfügung stellen, indem wir verschiedene Blog-Einträge der Nutzer auf Portalseiten zusammenfassen und diese den Mitarbeitern zum Lesen zur Verfügung stellen. Außerdem soll eine Abstimmung erstellt und die Seite mit einen Einführungstext zur Begrüßung des Nutzers versehen werden. Dieses erste Beispiel soll uns Liferay deutlich näher bringen und uns den Einstieg in die Portalwelt erleichtern. Hierfür lernen wir für unser erstes Projekt viele wichtige Funktionen von Liferay kennen, die Sie auch später immer wieder verwenden werden.

14.2.1 Erstellen des Projektraums und der Portalseiten

Der erste Schritt besteht daraus, dass wir den Projekttyp bestimmen, in welchem die Inhalte und die Nutzer miteinander in Beziehung gebracht werden sollen. In Abschnitt 14.1.2 haben wir bereits gelernt, dass verschiedene Möglichkeiten in Liferay bestehen, um neue Inhalte dem Nutzer zu präsentieren. Wir entscheiden uns in unserem Fall für eine Liferay-Site, da wir die jeweiligen Informationen nur für eine Informationen-Worker-Gruppe innerhalb des Unternehmens bereitstellen wollen. Diese arbeiten auch schon länger mit Blogs und anderen „neueren" Methoden, um Informationen im Unternehmen zu erzeugen und mit anderen zu teilen. Da wir eine klare Einschränkung hinsichtlich der Nutzergruppe und des damit verbunden Inhalts haben, kommt in der Regel nur eine Liferay-Site zur Abbildung der Anforderung infrage. Die Kapselung von Inhalten, Funktionen sowie Nutzern soll mit Unterstützung einer Site am effizientesten umgesetzt werden.

Zunächst muss ein Projektraum erstellt und an die Anforderungen angepasst werden. Anschließend erfolgt das Anlegen neuer Pages (Portalseiten) für die Site. Die Konfiguration des Layouts und des Designs erfolgt ebenfalls innerhalb der Pages.

14.2.1.1 Anlegen und Anpassung des Projektraums

Zum Anlegen einer Site müssen wir in den Kontrollbereich (Bild 14.1) von Liferay wechseln und als Administrator angemeldet sein. Der Kontrollbereich kann über die Dockbar mit *Gehe Zu* erreicht werden. Dort angekommen, müssen wir in den linken Menübereich unter *Portal > Websites* gehen. Hier befinden wir uns nun in der Übersicht der bereits vorhandenen Sites.

Über den Button *Hinzufügen* legen wir eine neue leere Site an. In dem darauf folgenden Menü müssen wir zunächst einen Namen sowie eine Beschreibung für die Site vergeben. Außerdem kann der Mitgliedschaftstyp ausgewählt werden. Es existieren drei verschiedene Kategorien:

- **Öffentlich:** Jeder Nutzer hat auf die Site Zugriff und kann sich selbst auf der Site als Mitglied hinzufügen.

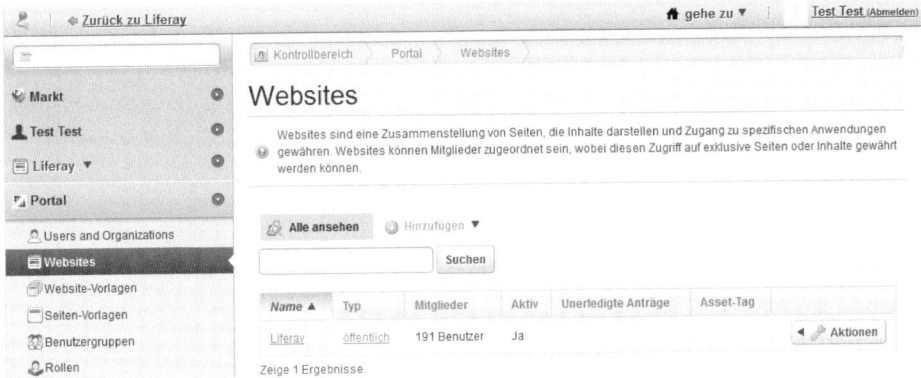

Bild 14.1 Site-Verwaltung im Kontrollbereich von Liferay. Hierüber werden wir eine neue Site erstellen.

- **Beschränkt:** Neue Nutzer müssen durch (Site-)Administratoren in die Site eingeladen werden. Des Weiteren können Nutzer eine Anfrage zur Mitgliedschaft den Administratoren der Site stellen. Der Zugriff auf private Seiten der Site ist nur Mitgliedern erlaubt.
- **Privat:** Nur Mitglieder sehen die Site. (Site-)Administratoren müssen explizit Nutzer als Mitglieder hinzufügen.

Wir erstellen eine Site mit dem Namen „Knowledge Worker Group" und setzen den Mitgliedschaftstyp auf „Beschränkt" (Bild 14.2). Dadurch können auch „fremde" Nutzer, die sich für die Site interessieren, eine Anfrage zur Mitgliedschaft und des Informationstausches nutzen.

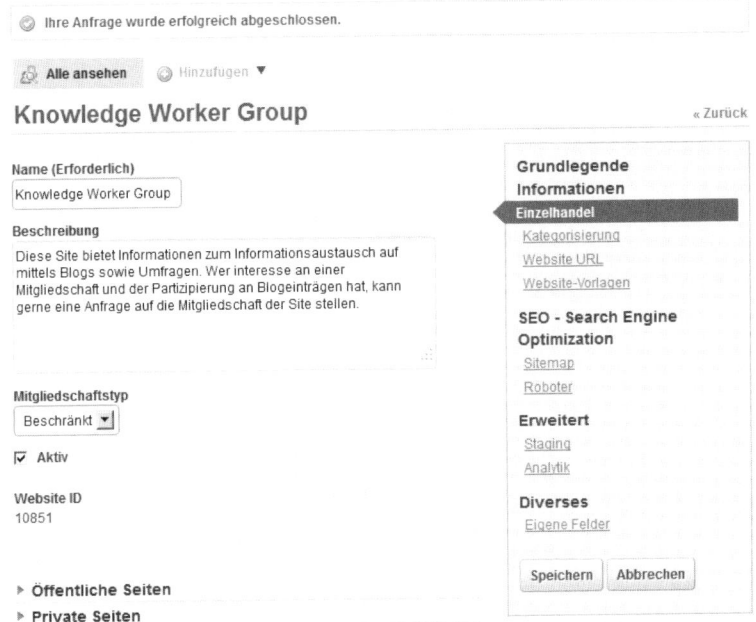

Bild 14.2 Site mit dem Namen „Knowledge Worker Group" wurde angelegt

Nach erfolgtem Speichern stehen deutlich mehr Optionen zur Verwaltung der Site zur Verfügung.

Die für uns nun relevanten Optionen der Pages erscheinen im unteren Bereich in Bild 14.2 und teilen sich in öffentliche als auch private Seiten auf. Diese Seiten heißen im Liferay-Gebrauch auch Pages. Wir verwenden dieses Vokabular.

 HINWEIS: Die Person, welche eine Site erstellt hat, ist automatisch Owner und Administrator der Site. Diese Person muss anschließend weitere Personen in die Site einladen, um eine Diversifizierung der Aufgabenstellungen im Verwaltungsumfeld zu erreichen.

In beiden Bereichen kann eine Site-Vorlage ausgewählt werden. Vorlagen stellen seit Liferay 6 eine klare Neuerung dar und helfen Administratoren, die Übersicht im Liferay zu bewahren. Vorlagen verfügen über vordefinierte Pages, Portlets und eventuelle Konfigurationen. Diese werden mit der jeweiligen Site bei der Erstellung verknüpft.

Wir verfügen nun über eine fertig erstellte Site, welche wir nun nach Belieben weiter konfigurieren können.

14.2.1.2 Portalseiten erstellen und konfigurieren

Die Portalseiten (Pages) können in Liferay auf verschiedenem Wege erstellt werden. Zum einen kann direkt auf den Live-Pages eine neue Page erstellt und angepasst werden. Da wir aktuell über keine einzige Page verfügen, müssen wir zunächst den zweiten Weg wählen. Hierzu müssen wir jedoch in den Kontext unserer Site wechseln. Im Kontrollbereich existiert hierfür auf der linken Seite ein Auswahlmenü (Bild 14.3), in welchem wir unseren Kontext aussuchen müssen, in dem wir fortan arbeiten wollen. Dieses Menü stellt die dritte oberste Kategorie im linken Menübereich des Kontrollbereichs dar.

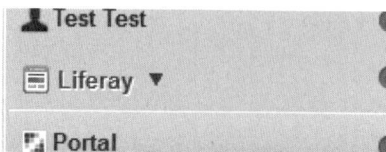

Bild 14.3
Über das Auswahlmenü wählt man die zu bearbeitenden Inhalte aus

Nachdem wir den Kontext gewechselt haben, sollte im Auswahlbereich unsere Site mit dem angegebenen Namen „Knowledge Worker Group" erscheinen. Anschließend klicken Sie innerhalb des Bereichs auf den Auswahlpunkt *Aufstellungsort-Seiten*, welcher die Pages-Struktur unserer Site anzeigt. Da wir über noch keine Pages verfügen, befinden sich natürlich noch keine Pages an dieser Stelle. Wir wollen nun eine neue Page anlegen, indem wir auf den Button *Seite hinzufügen* klicken (Bild 14.4). Anschließend erscheint ein kleiner Dialog, in welchem wir Pflichtfelder der neuen Page angeben müssen.

Hier können weitere Angaben zur Page angegeben werden, welche wir uns kurz in der Übersicht anschauen wollen.

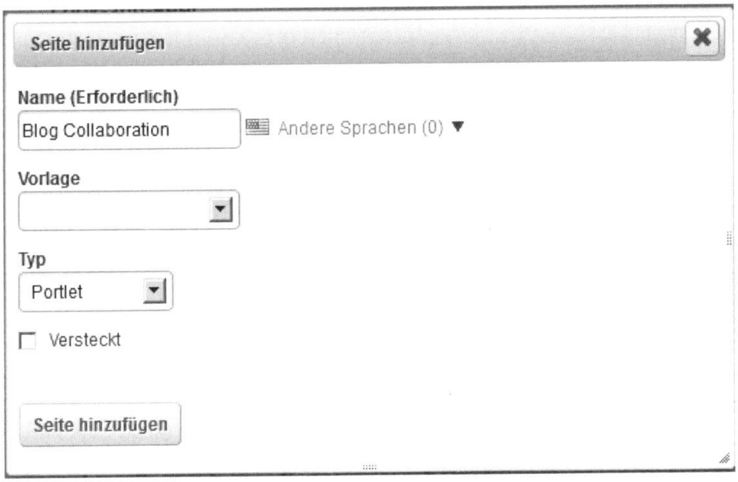

Bild 14.4 Dialog zum Erstellen einer neuen Page in Liferay

Über das Auswahlfeld **Vorlage** kann eine bereits angelegte Page-Struktur (Template) ausgewählt werden. Die hinterlegte Page-Konfiguration, Layout sowie platzierte Portlets sind
anschließend vorhanden. Die Vorlage kann nach dem Erstellzeitunkt nicht mehr verändert
werden. Vorlagen werden außerdem durch Administratoren erstellt.

Der **Typ** beschreibt das Verhalten des Portlets. Zur Auswahl stehen z. B. „Portlet" oder
„URL". Wird z. B. als Typ „Portlet" gewählt, existiert die Page und kann mit Portlets ausgestattet werden. Dieser Typ wird generell immer verwendet. Über die Check-Box „**Versteckt**",
kann die Page vor der Navigation versteckt werden. Die Page ist jedoch sehr wohl über die
URL bzw. über einen eigenen Link verfügbar.

Unser angelegte Seite „Blog Collaboration" erscheint nach erfolgter Erstellung in der Sitemap auf der Seite unter dem Menüpunkt *Öffentliche Seiten* (Bild 14.5). Falls unsere Seite
nicht zu sehen ist, muss zunächst die Sitemap aufgeklappt werden.

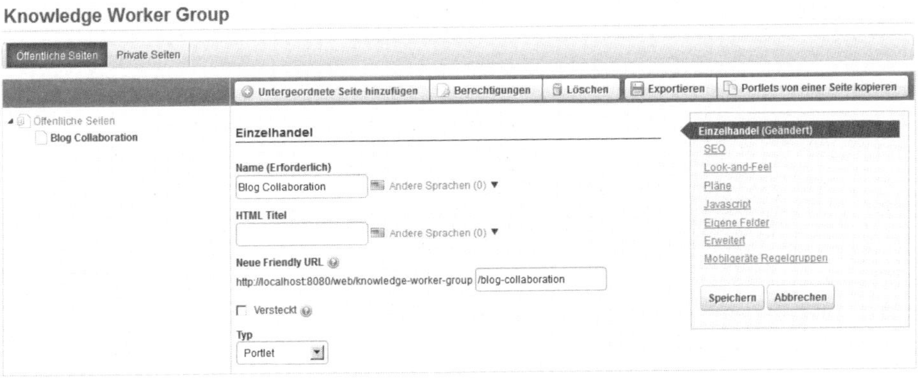

Bild 14.5 Fertig erstellte Page in der Übersicht

Hier wollen wir uns näher mit den einzelnen Menüs und Optionen auseinandersetzen. Im ersten Menü, auf welchem wir uns gerade befinden (**Einzelhandel**), werden die wichtigsten Einstellungen zur Page präsentiert.

Der **Name** stellt den Navigationsnamen der Page dar, während der HTML-Titel den Browser-Titel darstellen kann. Beide Optionen können mehrsprachig gepflegt werden. Die URL kann über den Punkt **Friendly URL** bestimmt werden. An dieser Stelle sei jedoch gesagt, dass hier keine mehrsprachigen URLs aktuell erlaubt sind. Ein Link präsentiert eine mehrsprachige Page.

Im Menü **SEO** können Einstellung für Suchmaschinen vorgenommen werden, die der Indexierung und Wiederauffindung der Page dienlich sein können. Über das Menü **Look-and-Feel** kann das Design der Seite angepasst werden. Sowohl andere Designs stehen zur Verwendung bereit als auch die Möglichkeit, via CSS diese Page zu verändern. Hinter dem Menü **Pläne** verbergen sich die Layouts, welche für die aktuelle Page vergeben werden können. Mithilfe des Menüs **JavaScript** lässt sich das Client-Verhalten der Page anpassen. Falls bereits neue Felder für Pages erstellt worden sind, kann man diese unter dem Menüpunkt **Eigene Felder** nun verwenden. **Erweitert** hält einige mehr Konfigurationsmöglichkeiten für die Page bereit, wie das Setzen eines anderen Icons. Das letzte Menü gibt Ihnen die Möglichkeit, verschiedene mobile Regeln für die aktuelle Page zu vergeben.

14.2.1.3 Eigene Site live ansehen

Wir haben bereits eine Site und eine korrespondierende Page angelegt. Jetzt wollen wir uns das Ergebnis einmal live anschauen, so wie es auch Nutzer zu Gesicht bekommen (Bild 14.6). Hierzu gehen wir, ausgehend von unserer Page im Kontrollbereich, auf den obersten Punkt „Öffentliche Seiten". Anschließend erscheint ein neuer Button in der Button-Leiste neben Seite hinzufügen: *Seiten ansehen*. Nach erfolgtem Klick auf den Button erscheint die erste Page in unserer Site.

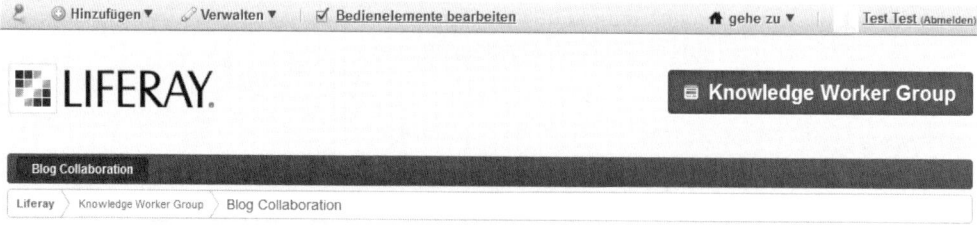

Bild 14.6 Fertiges Resultat der bereits erledigten Schritte im Portalprojekt

Wie Sie sicherlich richtig erkannt haben, erscheint uns diese Page in einem vollkommen anderem Erscheinungsbild als die Startseite von Liferay. Der Grund hierfür liegt an der Einstellung des Designs. Das aktuelle Design, welches wir auf unserer eigenen Page anschauen können, stellt das Standard-Design dar, das wir auch weiterhin verwenden werden. Das Startseiten-Design dient der reinen Präsentation und des Marketings und kann zukünftig vernachlässigt werden.

HINWEIS: Der Zugriff auf die jeweilige Page aus dem Kontrollbereich heraus kann immer etwas schwierig sein, da kein direkter „Zugriffslink" vorhanden ist. Über die Friendly-URL existiert zwar ein nachweisbarer Link, welcher auch in die Adresszeile manuell eingegeben werden kann, eine komfortablere Möglichkeit existiert jedoch bis dato nicht.

14.2.1.4 Layout bearbeiten

Nachdem wir bereits eine Liferay-Site und eine Page für die Ablage von Portlets erstellt haben, sollten wir uns die Möglichkeiten der Konfiguration des Layouts anschauen und für unser Projekt verwenden. Ein Layout stellt die Definition der Ablagestruktur für Portlets dar. In Form von Spalten und Zeilen erfolgt die Definition eines Layouts. Über den Konfigurationsbereich einer Page kann über den Menüpunkt **Pläne** ein entsprechendes Layout ausgewählt werden.

Wir wollen in unserer Page das Layout ändern. Hierfür gibt es mehrere Wege. Entweder wir wählen aus dem Live-Bereich unsere Page aus oder gehen über den Kontrollbereich. Wir wollen den Weg über den Live-Bereich gehen und uns auf unsere Page navigieren. Dort angekommen, gehen wir über die Dockbar in den Auswahlbereich *Verwalten* und klicken auf *Seite*. Anschließend erscheint ein Dialog, welchen wir bereits im vorangegangen Abschnitt kennengelernt haben. Anschließend klicken wir auf den rechten Menüpunkt *Pläne*. Jetzt erscheinen mehrere Layouts, die wir für die aktuelle Page verwenden können. Wir wählen das Layout *1-2 Columns (70/30)* (Bild 14.7).

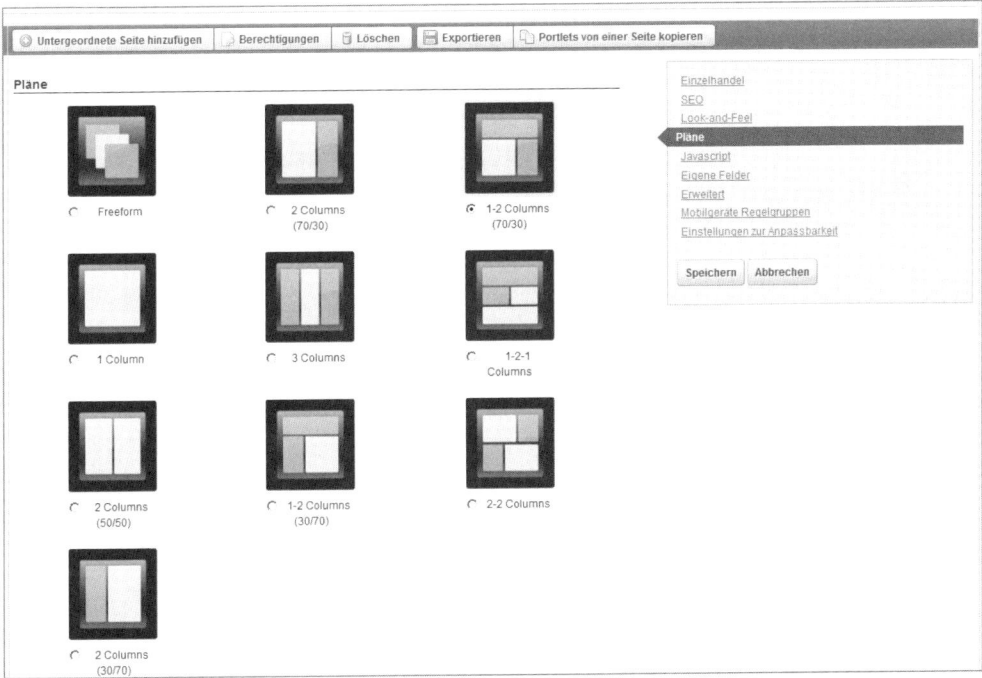

Bild 14.7 Auswahl des Layouts für unsere Page

Nach erfolgtem Speichern ändert sich automatisch das Layout unserer Page. Falls etwaige Portlets vorhanden sind, fallen diese teilweise aus dem aktuell hinterlegten Layout. Gegebenenfalls müssen diese Portlets neu platziert werden.

 PRAXISTIPP: Es existiert keine richtige Vorschaufunktion für Layouts. Ein einmal geänderter Plan ist dadurch direkt im Live-System sichtbar. Hier hilft es auch nicht wirklich, vorher ein Testsystem zu konfigurieren. Man sollte auf Staging setzen. Hierbei ist jedoch keine mehrschichtige Server-Anwendung mit Produktiv- und Redaktionssystem notwendig. Stattdessen genügt es, für die aktuelle Site auf dem Produktivsystem eine Staging-Funktion zu aktivieren. Dadurch erhält man eine Vorschau mitsamt einem Freigabeprozess, um „nutzersensitive" Änderungen von fachlich Verantwortlichen freigeben zu lassen.

14.2.2 Platzieren und Konfigurieren der Portlets auf den Portalseiten

Jetzt können wir uns ausgiebiger mit der Thematik rund um Portlets befassen. Wir haben bereits eine Page angelegt und diese mit einem entsprechenden Layout ausgestattet. Dieses Layout stellt die Basis für die Platzierung von Portlets dar, da es die Positionierung klar vorgibt. Unser Beispielprojekt soll aus einem Web-Content-Teil bestehen, welcher den Nutzer „anteasern" soll. Sobald ein Nutzer auf der Seite erscheint, wird er von einer Nachricht begrüßt. Des Weiteren wollen wir verschiedene Blogs in einer Liste anzeigen, die aktuelle Beiträge der Nutzer widerspiegelt. Außerdem wollen wir eine Umfrageoption einbauen, die von eingeladenen Nutzern zur Abstimmung verwendet werden kann.

14.2.2.1 Portlets auf den Portalseiten platzieren

Damit wir unsere Page entsprechend mit Portlets ausstatten können, müssen wir uns zunächst auf diese Page bewegen. Portlets werden immer in der „Live"-Ansicht auf der Page platziert, wonach der Kontrollbereich für uns an dieser Stelle erst einmal nebensächlich ist. Auf unserer Page angekommen, bewegen wir uns mit der Maus in die Dockbar, dort auf den linken Button *Hinzufügen* und anschließend auf *Mehr . . . .* Nun erscheint ein neuer Dialog, der alle zur Verwendung stehend Portlets präsentiert (Bild 14.8).

Die Portlets sind nach ihrem Verwendungsgrad in verschiedene Kategorien unterteilt. Die wichtigsten Kategorien wollen wir uns einmal in der Übersicht anschauen:

- **Community:** Hier werden Portlets, welche in Zusammenhang mit Sites und Pages verwendet werden, aufgelistet. Hier können z. B. Pages bewertet oder auch kommentiert werden.
- **Content Management:** Angefangen über WCM-Komponenten können über Dokumentenmanagement-Portlets bis hin zu Klassifizierungsfunktionen (Tags) auf der aktuellen Page platziert werden.
- **Nachrichten:** Ankündigungen für einen bestimmten Bereich oder RSS-Feeds stehen hinter dieser Kategorie zur Verwendung bereit.
- **Soziales:** Aktivitäten der Nutzer für einen bestimmten Bereich in Liferay können hier auf der Page präsentiert werden. Außerdem existieren Statistiken hinsichtlich bestimmter Aktivitäten (beispielsweise wie oft jemand die Kommentarfunktion verwendet hat).

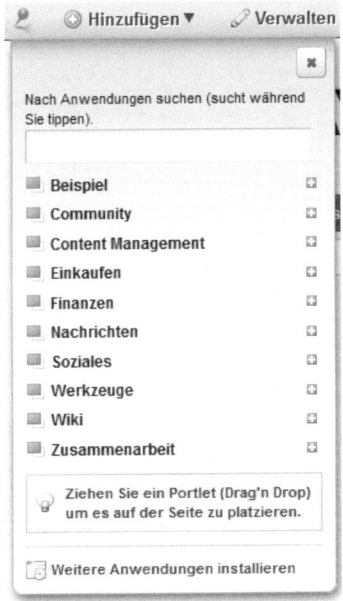

Bild 14.8
Der Dialog präsentiert alle verfügbaren Portlets.

- **Wiki:** Hierunter befinden sich separate Wiki-Funktionen.
- **Zusammenarbeit:** Hier befinden sich Kollaborations-Features, wie Blogs oder Foren.

Wir wollen unser erstes Portlet auf unserer Page platzieren. Hierzu müssen wir das Portlet **Web-Content-Anzeige** mit der Maustaste geklickt halten und anschließend via Drag & Drop in den oberen freien Bereich unserer Page schieben. Hier sollten blaue Markierungen auftauchen, die den ungefähren Platz für das Portlet bestimmen. Versuchen Sie einmal ein wenig über die verschiedenen Bereiche im Layout der Page zu wandern. Sie erkennen sofort, dass die blaue Markierung die Größenverhältnisse an das konfigurierte Layout anpasst. Dadurch weiß der Nutzer jederzeit, in welcher Zelle das Portlet aktuell platziert wird. Lässt man anschließend die Maustaste los, wird das Portlet an der Stelle platziert, an welcher sich die blaue Markierung zuletzt befunden hat.

Schauen Sie sich erneut das Layout an, das wir für unser Beispiel ausgesucht haben. Die erste Zeile verfügt über den gesamten Platz in der Breite. Die zweite Zeile verfügt über zwei Spalten. Die erste Spalte nimmt 70 % der Breite des Portals ein, während die zweite Spalte nur über eine Breite von 30 % verfügt. In die erste Spalte wollen wir den so genannten **Blog-Aggregator** einfügen. Der Blog-Aggregator befindet sich in der Kategorie *Zusammenarbeit*. Die zweite Spalte enthält das Portlet **Abstimmungsanzeige**, welches wir in der Kategorie *Content Management* vorfinden.

 PRAXISTIPP: Wie bereits angesprochen, ist eine direkte Veränderung einer Produktiv-Page nicht wirklich wünschenswert. Denken Sie an die mögliche Option des Stagings zur Erstellung und Konfiguration von Pages sowie der Publizierung von Inhalten.

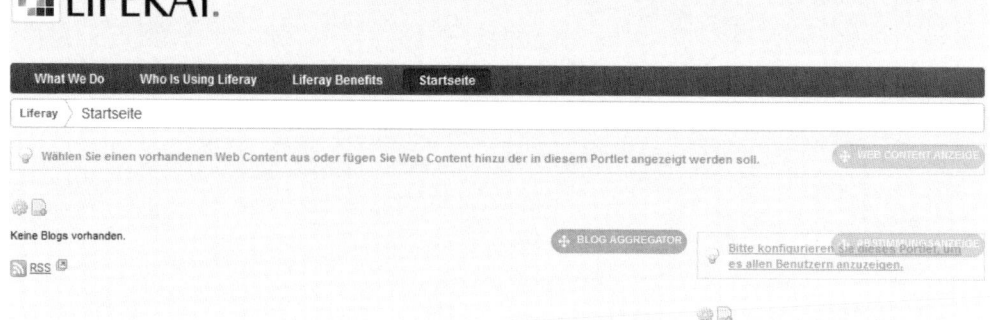

Bild 14.9 Aktuelles Ergebnis nach erfolgter Platzierung der Portlets

Nachdem wir unsere Portlets platziert haben, können wir uns eine erste Inspektion unserer Tätigkeiten anschauen. Gut zu sehen sind die Breitenverhältnisse der jeweiligen Portlets, welche sich nach dem Layout richten (Bild 14.9). Jedes der Portlets verfügt über einen Konfigurationsbereich, den wir bereits in Abschnitt 13.3.1 kennengelernt haben.

 HINWEIS: Sowohl das Portlet „Web Content-Anzeige" als auch „Abstimmungs-anzeige" werden im Gegensatz zum Portlet „Blog-Aggregation" transparenter dargestellt. Diese visuelle Darstellung gibt dem aktuellen Bearbeiter den Hin-weis, dass andere Nutzer diese Portlets noch nicht sehen können, da kein Inhalt konfiguriert wurde. Die entsprechenden Bereiche bleiben also erst einmal leer, bis entsprechender Inhalt diesen Portlets zugewiesen wurde.

Damit wir in unserem Beispiel den jeweiligen Portlets einen etwas besseren Rahmen geben, wollen wir im nächsten Abschnitt das Look & Feel ein wenig anpassen.

14.2.2.2 Konfiguration der Portlets

In diesem Abschnitt wollen wir uns mit der Konfiguration der Portlets befassen. Unser Portalprojekt ist an dieser Stelle glücklicherweise weniger komplex, sodass wir prinzipiell die Portlets aus dem Stand heraus verwenden könnten. Wir wollen aber das Erscheinungsbild der drei platzierten Portlets anpassen, um diese dem Benutzer besser visuell zu präsentieren. Jedes der Portlets soll einen Rahmen erhalten, um eine visuelle Abgrenzung zu erreichen.

Hierfür gehen wir in der oberen rechten Ecke eines jeden Portlets in den grauen Auswahlbereich und dann auf *Optionen > Look-and-Feel* (Bild 14.10). Anschließend erscheint ein neuer Dialog, in welchem wir das Design des aktuell ausgewählten Portlets anpassen können. In unserem Beispiel wollen wir einen Rahmen einblenden, um den Nutzer eine visuelle Abgrenzung zwischen den Anwendungen bieten zu können. Wenn benötigt, kann auch der Titel des Portlet-Rahmens, der dem Nutzer angezeigt wird, verändert werden – natürlich mehrsprachig.

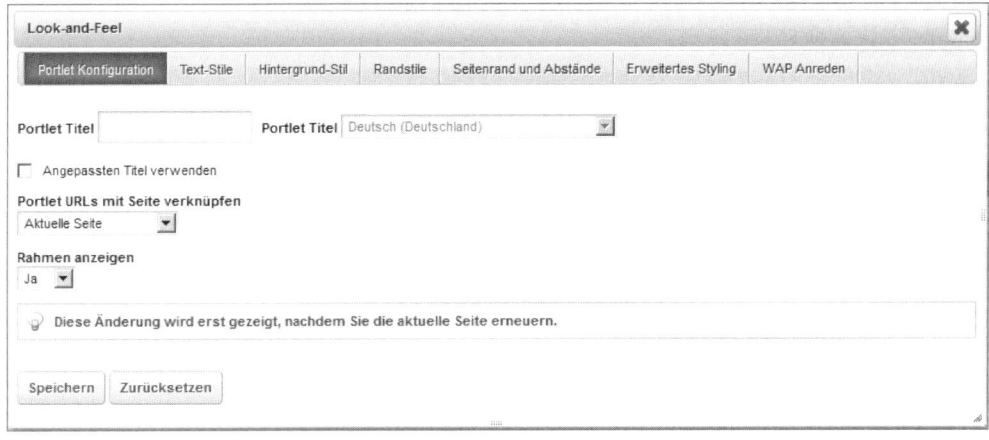

Bild 14.10 Das Design eines jeden Portlets kann individuell angepasst werden.

Nach erfolgtem Speichern der Änderungen für jedes der Portlets, erscheint ein entsprechender Portlet-Rahmen. Viele weitere Einstellungen können im Look-and-Feel-Bereich eingestellt werden, welche jedoch an dieser Stelle erst einmal nicht für das Verständnis von Liferay notwendig sind.

14.3 Erstellen des Contents

Nachdem wir unser Projekt soweit erstellt haben, fehlen die letzten Details, um die Site und die damit verbundenen Komponenten für die Besucher fertig zu stellen. Nachdem wir die Site fertig eingerichtet und die Page angepasst haben, können wir uns den Applikationen widmen, welche wir auf unserer Page platziert haben. Hierbei haben wir uns bereits dazu entschieden, drei verschiedene Portlets für unser erstes Portalprojekt zu verwenden, welche wir hier noch einmal zusammenfassen wollen:

- **Web-Content-Anzeige:** Hierbei wollen wir unsere Site mit den Funktionalitäten vorstellen. Wir wollen einen kleinen Begrüßungstext für den Nutzer erstellen, damit dieser sich leichter zurechtfindet.

- **Blog-Aggregator:** Da wir Nutzer-Blogs auf unserer Site aggregiert darstellen wollen, benötigen wir die Unterstützung eines extra hierfür vorhandenen Portlets.

- **Abstimmungsanzeige:** Über dieses Portlet werden wir unseren Nutzern in periodischen Abständen neue Umfragen zur Abstimmung anbieten. Diese Funktion komplettiert unser kleines Projekt.

Diese Portlets müssen zur Fertigstellung unseres Projekts entsprechend mit Inhalten ausgestattet werden. Anschließend können wir unsere Nutzer auf unser Portalprojekt einladen.

Teil II – Liferay

14.3.1 Bearbeitung des Web-Contents auf der Startseite

Als ersten Schritt wollen wir den Begrüßungstext für unsere Nutzer hinzufügen. Hierzu gehen wir zunächst auf unsere Page „Blog Collaboration". Wie bereits in Abschnitt 14.2.2.1 beschrieben, haben wir die verschiedenen Portlets in dem ausgewählten Layout-Format platziert. In der ersten Zeile des Layouts sollte sich unser Portlet „Web-Content-Anzeige" befinden. Da dieses Portlet aktuell noch leer ist, wird es transparent dargestellt und weist den Bearbeiter darauf hin, dass Standard-Nutzer dieses Portlet aktuell nicht sehen können. In Bild 14.11 ist ein Beispiel hiervon zu sehen.

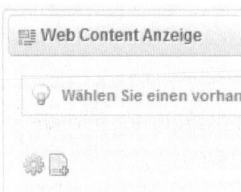

Bild 14.11
Verwaltungs-Schaltflächen des Portlets „Web Content-Anzeige"

Wir klicken nun auf den Button *Web Content hinzufügen*, um unseren Begrüßungstext einzugeben (Bild 14.12). Anschließend erscheint innerhalb des Portlets ein Formular zur Erstellung von neuem Web-Content.

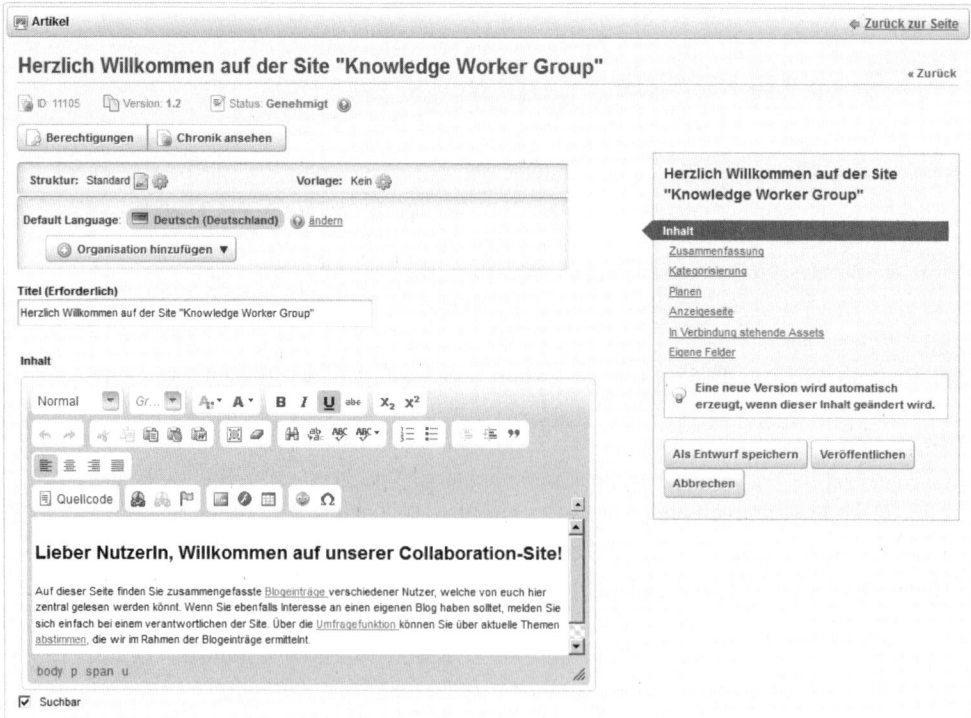

Bild 14.12 Eingabe des Begrüßungstextes in Form von Web-Content

An dieser Stelle wollen wir uns noch nicht mit den einzelnen Details des WCM-Bereichs von Liferay auseinandersetzen. In Kapitel 18 gehen wir detailliert auf diese wichtige Komponente ein. Wir vergeben in unserem ersten Beispiel einen Titel sowie einen Begrüßungstext im Inhaltsbereich und bestätigen unsere Eingabe durch das *Veröffentlichen* unserer Angaben im rechten bläulichen Menü (Bild 14.12). Anschließend werden wir automatisch auf die letzte Live-Page umgeleitet. Falls Ihnen das Erscheinungsbild mit dem Portlet-Rahmen nicht zusagen sollte, können Sie auch gerne, wie in Abschnitt 14.2.2.2 beschrieben, den Rahmen wieder ausblenden – je nach Anforderung und evtl. Style-Vorgaben des Unternehmens.

14.3.2　Anlegen einer Umfrage

Der nächste Schritt verhilft uns zu unserer ersten interaktiven Komponente in Liferay. Hierbei verwenden wir das Portlet *Abstimmungsanzeige*, um für unsere Site-Mitglieder periodische Umfragen zur Abstimmung anzubieten. Wir gehen hier genauso vor, wie wir es bereits im vorherigen Abschnitt mit dem Portlet „Web-Content-Anzeige" umgesetzt haben. In unserem Portlet existiert aktuell ebenfalls derselbe Button zum Anlegen einer neuen Umfrage. Über den Button *Frage hinzufügen* erscheint ein neuer Dialog, in welchen wir nun unsere Umfrage-Daten eingeben können (Bild 14.13).

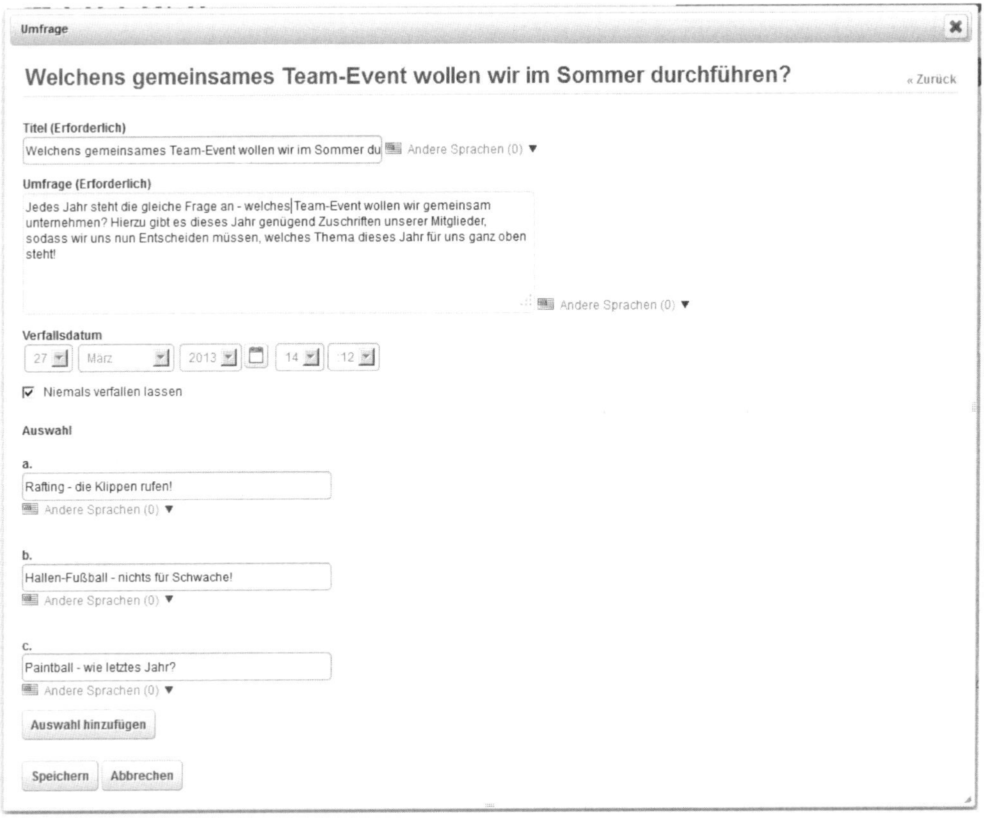

Bild 14.13 Erstellen einer neuen Umfrage für unsere Mitglieder

Dort angekommen, geben wir zunächst einen Titel für die Umfrage sowie die Umfragen-Beschreibung ein. Das große Textfeld (Bild 14.14) stellt gleichzeitig die Frage dar. Unter dem Punkt **Auswahl** können verschiedene Antworten zur aktuellen Frage gegeben werden. Der Button *Auswahl hinzufügen* gibt uns die Möglichkeit, neue Antworten für diese Frage zu definieren.

Bild 14.14
Fertige Umfrage, welche von Nutzern verwendet werden kann

Nach erfolgtem Speichern werden wir wieder auf unsere Page weitergeleitet, wo bereits unsere Umfrage zur Benutzung durch andere Nutzer freigeschaltet ist.

■ 14.4 Feinjustierung des Projekts

Unser Portalprojekt ist nahezu fertig. Ab jetzt geht es um die feinen Details, die wir jedoch in unserem ersten Projekt nicht im Detail ausführen wollen. Denn in Liferay ist extrem viel möglich. Dementsprechend muss bei jedem Projekt und den diesbezüglichen Anforderungen am Ende genau geschaut werden, welche kleinen „Schnitzer" am Projekt noch zu beheben sind. Oft findet die Feinjustierung in Abstimmung mit den Fachabteilungen statt, die das eine oder andere Usability-Merkmal verändert haben wollen. In unserem Beispiel sind es zwei verschiedene Einstellungen, welche wir nun noch ändern wollen. Zum einen befinden sich über unseren Portlets Standard-Titel, die einfach unschön und nichtssagend für Nutzer sind. Des Weiteren konfigurieren wir den Blog-Aggregator, da aktuell nach der Erstellung eines Blog-Posts durch den Administrator die Konfiguration für unsere Anforderungen noch nicht optimal ist (hier greifen wir auf Abschnitt 14.6 vor, um die Portlets zu testen).

In Bild 14.15 ist zu sehen, dass nur den Titel des Blog-Posts zu erkennen ist, und man keine Vorschau auf den Inhalt erhält, ohne direkt in den jeweiligen Post zu springen. Bild 14.15 zeigt außerdem beispielhaft, wie aktuell ein Blog-Post im Aggregator präsentiert wird.

Bild 14.15 Der Beispiel-Post wird den Nutzern aktuell nicht optimal präsentiert.

14.4.1 Ändern des Titels

Zunächst wollen wir uns der Anpassung der Portlet-Titel kümmern, welche aktuell sehr erklärungsbedürftig für Mitglieder sind. Sehen wir uns unsere eigene Einstiegsseite in der Site „Knowledge Worker Group" einmal genauer an. Titel, wie „Web-Content-Anzeige" oder „Abstimmungsanzeige" sind vielleicht nicht direkt die besten Titel. Jeder dieser Titel kann relativ simpel geändert werden. Zwei Wege stehen hierfür zur Verfügung:

- **Klick auf Portlet-Titel:** Der einfachste Weg besteht darin, mit der Maus einen einmaligen Aktionsklick direkt auf dem aktuellen Titel durchzuführen. Anschließend kann der Titel sofort in der Live-Ansicht geändert werden.

- **Look-and-Feel-Einstellungen:** Die zweite Möglichkeit besteht darin, in die Ansicht der Look-and-Feel-Einstellungen des jeweiligen Portlets zu wechseln. Dort angekommen, kann über den ersten Reiter ein Titel vergeben werden. Außerdem können hierüber sogar mehrsprachige Titel vergeben werden.

 HINWEIS: An dieser Stelle sollte vielleicht der Vollständigkeit halber erwähnt werden, dass Portlet-Titel nur dann angezeigt werden, wenn ein Portlet-Rahmen für das jeweilige Portlet aktiv geschaltet ist.

14.4.2 Blog-Portlet an die Posts anpassen

Wie bereits beschrieben, wird aktuell nur der Blog-Titel eines Posts im Aggregator dargestellt. Hier sollten wir Abhilfe schaffen, indem wir das Portlet an unsere Bedürfnisse anpassen. Wir gehen dazu in den Konfigurationsbereich des Blog-Aggregators. Dort angekommen, können wir direkt im ersten Reiter den Anzeigen-Stil anpassen. Wir stellen in der Option *Anzeigestil* auf den Wert **Zitat** um. Anschließend bestätigen wir die Änderungen durch den *Speichern*-Button (Bild 14.16).

Natürlich wirken sich die Änderungen auch auf bereits getätigte Posts aus, sodass wir fortlaufend auf neue Anforderungen reagieren und das Portlet anpassen müssen. Dieses Verhalten trifft auf nahezu jedes andere Portlet zu, welches Inhalte darstellt.

Teil II – Liferay

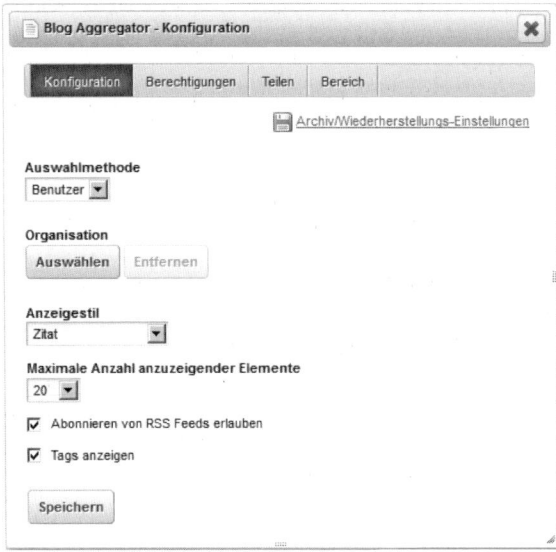

Bild 14.16
Anpassen des Blog-Aggregator-Portlets zur Anzeige einer kleinen Zusammenfassung im jeweiligen Blog-Post

14.5 Erstellen und Einladen von Nutzern in das Portalprojekt

Prinzipiell sind wir mit unserem Portalprojekt fast fertig – aber eben nur fast. Eine wichtige Größe fehlt aktuell noch, damit unser Portalprojekt einen Sinn erhält: die Nutzer. Die Nutzer stehen im zentralen Mittelpunkt eines jeden Portals, werden doch gerade für Anwender Portale in Unternehmen eingeführt. Unser aktuelles Projekt besteht ausschließlich aus Anwendungen, welche nur durch die Kombination aus den Aktivitäten der Nutzer zur Geltung kommt. In diesem Abschnitt wollen wir uns deshalb ausführlicher mit dem Anlegen von Nutzern und dem anschließenden Einladen und Beteiligen an den verfügbaren Aktivitäten in unserem Portalprojekt befassen.

14.5.1 Nutzer über den Kontrollbereich erstellen

Die Erstellung von Nutzern erfolgt in der Regel in Unternehmen nicht direkt in Liferay. Stattdessen werden Verzeichnisdienste angebunden, worüber Benutzer und die damit verknüpften Gruppenzugehörigkeiten in das Portal automatisiert übertragen werden. In unserem Fall beschränken wir uns jedoch auf die Möglichkeiten, die uns aktuell gegeben sind. Wir wollen für unser Beispiel zwei weitere Nutzer anlegen und diese anschließend in unsere Seite einladen, jedoch auf unterschiedlichem Wege. Ein Nutzer wird über den Kontrollbereich erstellt, sodass wir uns zunächst über die Dockbar in den *Gehe-Zu*-Bereich bewegen müssen, um anschießend den *Kontrollbereich* aufrufen zu können. Dort angekommen, gehen wir im linken Menübereich in die Kategorie *Portal* und anschließend auf den Punkt

Users and Organizations. Jetzt werden im Standard zunächst nur Organisationen und keine Nutzer angezeigt (Bild 14.17).

Bild 14.17 Standardansicht im Bereich Users and Organizations

Nun lassen sich die bereits vorhandenen Nutzer über den Link *Benutzer durchsuchen* anzeigen. Über den Button *Hinzufügen > Benutzer* gelangen wir auf eine neue Seite, die es erlaubt, zwei verschiedene Nutzer anzulegen. Hier legen wir die Benutzer Stephan Heinig und Martina Trost an. Der Benutzer Stephan Heinig soll den Benutzernamen **stephan.heinig** erhalten, der zweite Benutzer entsprechend **martina.trost**.

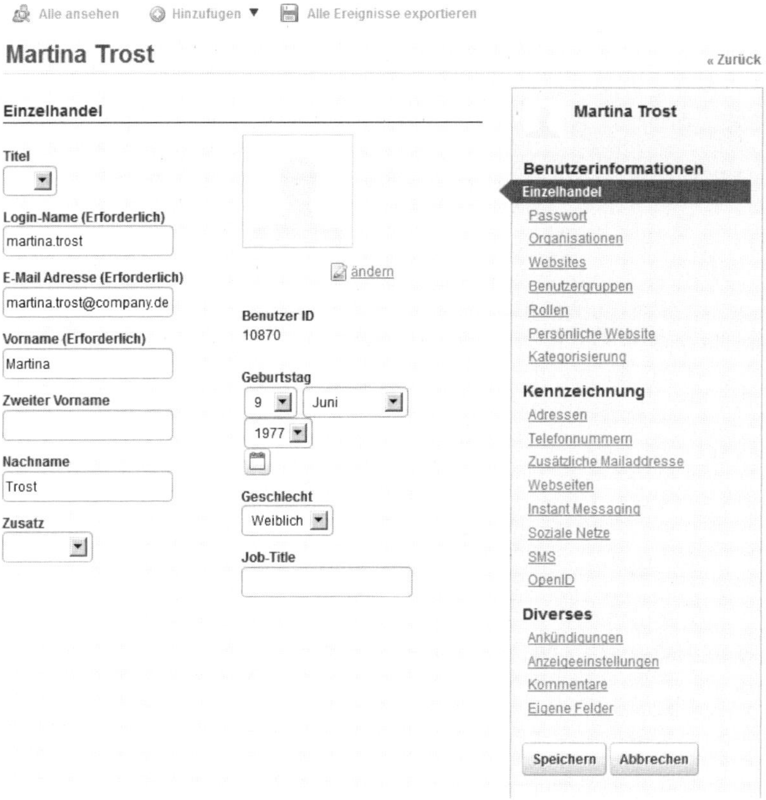

Bild 14.18 Anlegen eines Benutzers in Liferay

Nach erfolgtem Abspeichern kann ein Passwort im rechten Reiter (blauer Bereich) in der Kategorie *Benutzerinformationen* vergeben werden (Bild 14.18).

Anschließend melden Sie sich mit den verschiedenen Nutzern im System an und begutachten z. B. die zur Verfügung stehenden Funktionalitäten. Deutlich zu erkennen sind die fehlenden Bereiche in der Dockbar, deren Verwendung bisher für uns eine Selbstverständlichkeit war.

 PRAXISTIPP: Administratoren oder Benutzer mit entsprechenden Verwaltungs-rechten benötigen manchmal die Sichtweise standardmäßig angemeldeter Nutzer, um ein besseres Gefühl für die durchgeführten Änderungen zu erhalten. Über die Dockbar kann die Check-Box *Bedienelemente bearbeiten* deaktiviert werden. Dadurch verschwinden alle Aktionsbereiche für Verwaltungsnutzer. ∎

Auch die verschiedenen Buttons und Konfigurationsbereiche auf der Startseite stehen nur eingeschränkt zur Verfügung. In Bild 14.19 sehen wir das Portal aus dem Blickwinkel des Nutzers Stephan Heinig.

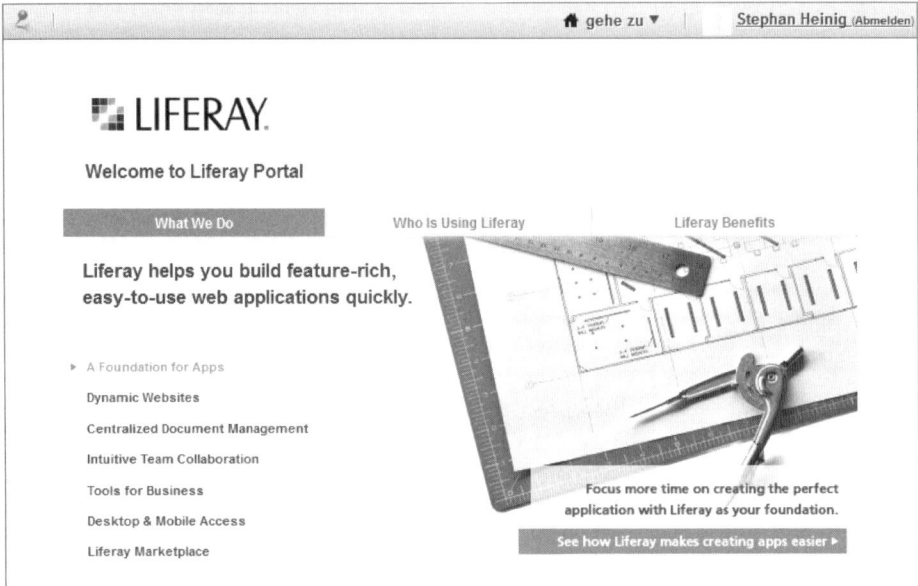

Bild 14.19 Verwaltungsoptionen für Standard-Nutzer in Liferay stehen nur eingeschränkt zur Verfügung.

14.5.2 Verbinden von Nutzern und Sites

Nachdem wir unsere Benutzer angelegt haben, wollen wir uns damit beschäftigen, unsere Site mit Leben zu füllen. Und genau hierzu benötigen wir unsere Benutzer. Wir wollen zwei verschiedene Wege besprechen, Nutzer auf unserer Site hinzuzufügen. Beide Wege sind valide Möglichkeiten im täglichen Liferay-Betrieb, um Mitglieder auf der Site dazuzu-gewinnen.

- **Nutzer stellt Mitgliedschaftsanfrage:** Bei diesem Weg wird der Nutzer von irgendeinem anderen Bereich auf unsere Site aufmerksam gemacht. Zum Beispiel kommt dies oft in Internetlösungen vor. Es existieren „Themen-Gruppen", welche auf einer zentralen Seite aufgelistet werden. Der Nutzer hat dann die Möglichkeit, dieser Site direkt oder über eine Anfrage beizutreten.

- **Nutzer wird durch Site-Administrator hinzugefügt:** Hierbei werden Nutzer durch einen Site-Administrator der Site hinzugefügt. Vor allem bei privat geführten Sites kann ausschließlich durch Stellvertreter der Site eine Zuweisung von neuen Nutzern erfolgen.

14.5.2.1 Nutzer stellt Anfrage auf Mitgliedschaft in unserem Portalprojekt

Damit ein Nutzer unserer Site beitreten kann, existiert in Liferay die Möglichkeit, ein Portlet auf einer zentralen Page hinzuzufügen, um über bestehende Sites hinzuweisen oder über Aktivitäten der Nutzer. Hierfür gibt es ein Portlet bei Liferay, welches u. a. für diesen Zweck gedacht ist. Wir wollen dieses Portlet zum Test auf unserer Einstiegsseite in Liferay hinzufügen. Hierzu müssen wir erneut wieder in die *Dockbar > Hinzufügen* und anschließend im erscheinenden Dialog in die Kategorie *Community* wechseln. Das Portlet **Meine Sites** werden wir nun via Drag & Drop auf der Einstiegsseite hinzufügen.

Bild 14.20 Portlet „Meine Sites", welches uns die Möglichkeit gibt, fremden Sites beizutreten: Beispielhaft wurde das Portlet auf der Einstiegsseite platziert.

Anschließend können wir uns abmelden und uns als Stephan Heinig wieder anmelden. Nach dem Anmelden haben wir auch als Standard-Nutzer Zugriff auf das soeben hinzugefügte Portlet und können dort zwischen den Reitern **Meine Sites** sowie **Verfügbare Sites** wählen. Unter dem Reiter **Verfügbare Sites** finden wir alle Sites, welche öffentlich oder eingeschränkt sind und für die wir noch keine Mitgliedschaft erworben haben.

Wie wir in Bild 14.20 sehen, findet sich unsere Site „Knowledge Worker Group" in der Liste der verfügbaren Sites vor. Dadurch haben wir eine Verknüpfung zwischen unserem Portalprojekt und dem „normalen" Portalgeschehen geschaffen. Denn auf einer Intranet-Plattform muss z.B. ein Bereich existieren, über den Nutzer in der Lage sind, sich in bestehenden Sites oder „Wissensgruppen" zu formieren.

 HINWEIS: In Bild 14.20 ist zu erkennen, dass zwei verschiedene Sites zur Verfügung stehen. Die Site „Liferay" ist die Standard-Site, die mit der Installation ausgeliefert wird. Innerhalb dieser Site existiert die bereits kennengelernte Einstiegsseite. Diese Site ist öffentlich, sodass wir direkt der Site beitreten können. Da wir den Mitgliedschaftstyp unserer Site in Abschnitt 14.2.1.1 auf „beschränkt" gesetzt haben, muss jeder Benutzer einen Betritt beantragen.

Jetzt kann der Benutzer auf den Link *Mitgliedschaft beantragen* klicken, worauf eine Begründung zum Zweck der Mitgliedschaft angegeben werden muss. Anschließend erhalten die Site-Administratoren einen Antrag, welcher abgelehnt oder bestätigt werden kann. Zum einen werden die Administratoren per E-Mail informiert, zum anderen können diese über die Dockbar die Mitgliedschaftsanträge aufrufen und bearbeiten. Hierzu melden wir uns zunächst wieder als Administrator in Liferay an. Nun existieren zwei Möglichkeiten, Mitgliedschaftsanträge einzusehen. Der erste Weg führt über den Kontrollbereich, während der zweite Weg über die Live-Site unseres Portalprojekts führt. Wir wählen für unser Beispiel die Live-Site und gehen hierfür, wenn nicht schon getan, auf unsere Einstiegsseite in unserer Site, wie in Abschnitt 14.2.1.2 beschrieben. In der Regel gehen wir über den Kontrollbereich in den Kontext „Knowledge Worker Group" (linker Auswahlbereich der verfügbaren Site) in unser Portalprojekt. Der Link *Aufstellungsort-Seiten* gibt uns im rechten Bereich die Möglichkeit, über den Link *Seite ansehen* auf unsere Einstiegsseite zuzugreifen. Dort angekommen, gelangen wir über die Dockbar in den Menüpunkt *Verwalten > Website Mitgliedschaften*.

Bild 14.21
Aktuell liegt in unserem Beispiel ein Mitgliedschaftsantrag vor

Mit einem Klick auf die ausstehenden Mitgliedschaftsanfragen (siehe Bild 14.21), gelangen wir in eine erweiterte Übersicht, in der die Benutzer angezeigt werden, welche sich um eine Mitgliedschaft in dieser Site beworben haben. Über den Antworten-Button gelangen Sie anschließend in einen separaten Dialog, in dem Sie den Antrag annehmen oder ablehnen können. Anschließend wird der Initiator des Antrags via E-Mail über die gefallene Entscheidung informiert (Bild 14.22).

Bild 14.22 Bearbeiten eines Mitgliedschaftsantrag

14.5.2.2 Nutzer über Kontrollbereich automatisch unserem Portalprojekt zuweisen

Der zweite Ansatz ist vor allem dann wichtig, wenn die Site den Mitgliedschaftstyp „Privat" aufweist. Dann können Standard-Nutzer diese Sites überhaupt nicht im Portal auffinden. Hier muss ein Site-Administrator die entsprechenden Nutzer manuell der Site hinzufügen. Dabei kann wie im vorangegangenen Abschnitt sowohl der Kontrollbereich als auch die Live-Site verwendet werden. In unserem Beispiel wollen wir wieder über die Live-Site auf die Mitgliedschaftsverwaltung zugreifen. Im Dialog, in welchem die Mitgliedschaftsanträge angezeigt werden, gibt es einen Button, der bereits unsere Aktion benennt: *Mitglieder hinzufügen*. Hier wählen wir den Benutzer aus und suchen in dem erscheinenden Suchdialog nach der Person „Martina Trost". Über die verfügbare Check-Box und dem anschließenden Bestätigen der Aktion durch Betätigen der *Speichern*-Schaltfläche, übernehmen wir diese Person in unsere Site als Mitglied (Bild 14.23).

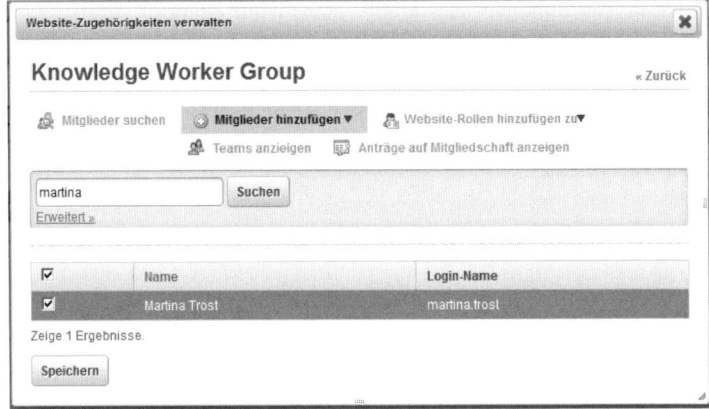

Bild 14.23 Neue Mitgliedschaften manuell in eine Site einfügen

14.5.3 Mitgliedschaften verwalten

In den vorangegangenen Abschnitten haben wir bereits gelernt, neue Mitglieder für unsere Site zu gewinnen. Jeder der Benutzer kann eine unterschiedliche Rolle innerhalb einer Site einnehmen. Im Standard existieren zwar nicht viele, welche zur Auswahl stehen. Der Vollständigkeit halber sollte dieses Feature vor allem für den täglichen Betrieb nicht unerwähnt bleiben. Ebenfalls über den Dialog *Website Mitgliedschaften* aus der Dockbar heraus, findet man die bereits existierenden Mitglieder vor. Darüber hinaus können aus diesem Dialog weitere Autoritäten der Site hinzugefügt werden, wie z.B. Gruppen oder Organisationen.

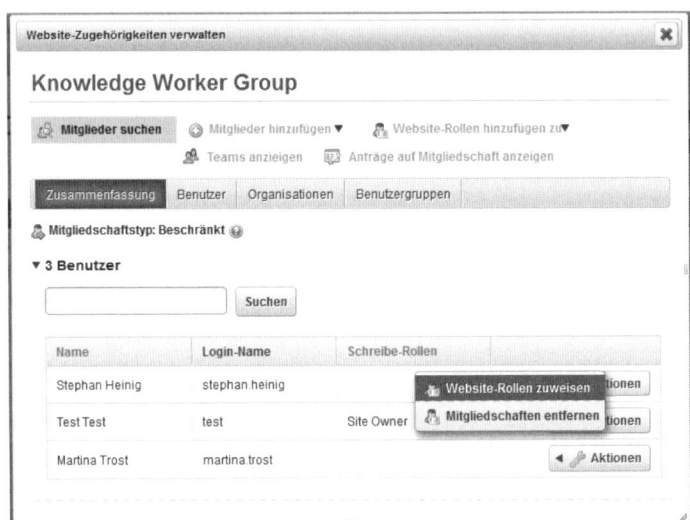

Bild 14.24 Übersicht der Mitglieder einer Site

Ebenfalls kann ein Team angelegt und mit Nutzern aus der Site zugewiesen werden. Dadurch müssen keine Gruppen portalweit existieren, um eine Bündelung von Nutzern zu erreichen. Der Vorteil hierbei liegt vor allem darin, dass das Team nur innerhalb einer Site existiert und ansonsten für andere Bereiche nicht.

■ 14.6 Erstellen von Blog-Posts mithilfe der Nutzer

Wie bereits beschrieben, können Nutzer auf ihren Profilseiten einen neuen Blog erstellen und neue Blog-Einträge darüber erstellen. Diese Blog-Einträge sollen über die Nutzer hinweg auf unserer Page aggregiert dargestellt werden. Hierzu bedarf es in Liferay der Unterstützung des Portlets „Blog-Aggregator". Damit Blog-Einträge überhaupt angezeigt werden können, müssen die verschiedenen Nutzer einen Blog auf ihren Pages platziert haben. Erstellte Einträge werden automatisch im Blog-Aggregator dargestellt. Sowohl der Administrator als auch der jeweilige Nutzer kann in seinen öffentlichen Pages einen Blog hinzufügen. In der aktuellen Version von Liferay ist bei jedem Nutzer ein Blog automatisch vorhanden.

Melden wir uns jetzt einfach als Martina Trost an und gehen über die *Dockbar > Gehe Zu > Meine öffentlichen Seiten* in den Bereich, in welchem bereits ein Blog vorhanden ist. Wir wollen mit den Nutzern Stephan Heinig und Martina Trost jeweils einen neuen Blog-Post erstellen.

Bild 14.25 Profilseite der Nutzerin Martina Trost und dem Blog-Portlet

Über den Button *Blog-Eintrag hinzufügen* können wir anschließend einen neuen Blog-Post erstellen. Hierbei werden wir für unser Beispiel auf weitere Optionen in Hinblick auf ein Blog-Post erst einmal verzichten und geben sowohl einen Titel sowie den Inhalt an. Durch anschließendes Veröffentlichen wird der Blog-Post sowohl auf der Profilseite des Nutzers sichtbar als auch in unserem Blog-Aggregator (Bild 14.26).

Teil II – Liferay

Bild 14.26 Erstellen eines Blog-Posts aus den Nutzerseiten eines Nutzers heraus

■ 14.7 Fertiges Ergebnis in der Übersicht

Nachdem wir in den letzten Abschnitten relativ viel über das Erstellen von Portalprojekten in Liferay gelernt haben, können wir uns das Ergebnis in Ruhe noch einmal anschauen und die verschiedene Arbeitsschritte reflektieren. In Abschnitt 14.2 haben wir zunächst überlegt, welcher Typ von „Container" für unsere Anforderung am geeignetsten erscheint. Eine Site bot für unsere Zwecke die geeignete Grundlage, da die Anforderungen vorhanden waren, eine geschlossene Gruppe mit Teilnahmeanträgen zu ermöglichen. Hier ist eine Site geradezu prädestiniert. Außerdem sollten Informationen, wie beispielsweise Umfragen, nur innerhalb einer bestimmten Nutzergruppe sichtbar sein. Die einfachste Option hierfür ist die Nutzung einer Site zur Kanalisierung von Inhalten. In Abschnitt 14.2.1 haben wir anschließend eine Site erstellt und diese mit dem Mitgliedschaftstypen „Moderiert" ausgestattet. Dieser Mitgliedschaftstyp war deswegen so wichtig, weil nicht jeder Nutzer in unser Projekt „passt". Deswegen wollen wir mittels eines Site-Administrators die Mitgliedschaftsanträge selbst überprüfen und ggf. ablehnen. Anschließend haben wir in Abschnitt 14.2.2 die Portlets auf unseren angelegten Pages platziert – auf Basis des vorher eingestellten Layouts. Dann haben wir uns in Abschnitt 14.3 mit dem Content befasst und den Willkommenstext in Form von Web-Content erstellt sowie eine Umfrage für unsere Nutzer angelegt. Änderungen des Projekts durch die Anpassung der Portlet-Titel sowie des Blog-Portlets in Abschnitt 14.4 verbesserten die Nutzerfreundlichkeit für unsere Mitglieder, welche wir in Abschnitt 14.5 exemplarisch erstellt und anschließend eingeladen haben. Durch das Erstellen von Blog-Posts in Abschnitt 14.6 mittels der angelegten Nutzer komplettieren wir unser Projekt.

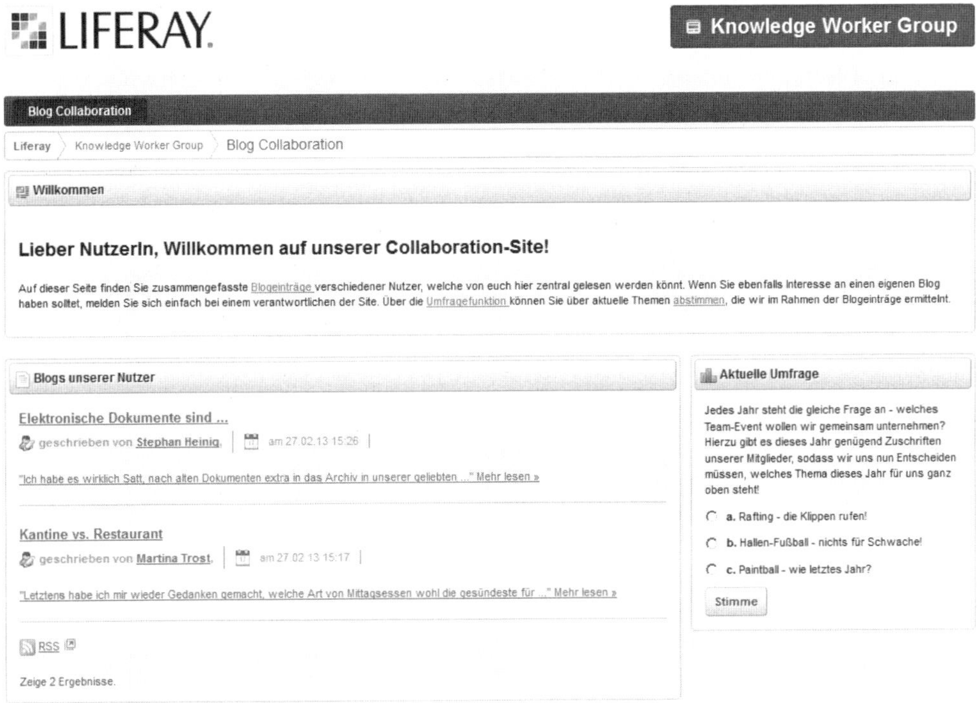

Bild 14.27 Unser Portalprojekt in der ersten Version

■ 14.8 Steuern und Überwachen des Portalprojekts

Nachdem wir unser Projekt erfolgreich umgesetzt haben, gilt es nun einen weiteren wichtigen Punkt zu betrachten. Denn ab jetzt können sich die Benutzer in unserer Site (zumindest in eingeschränkter Form) austauschen. In unserem Fall mag das zwar noch sehr überschaubar sein. Folgen wir aber dem Pfad in Liferay, in die Welten, wie Collaboration oder Web Content Management, kann sehr schnell ein unkontrolliertes Konvolut an Daten entstehen, das nur noch schwer unter Kontrolle zu bringen ist. Hier benötigen Verantwortliche der Site aber auch Administratoren geeignete Mittel, um den Status überwachen zu können. Liferay bietet verschiedene Möglichkeiten, die uns hierbei unterstützen:

- **Verwaltung der Inhalte:** In Liferay existiert eine Übersicht für jede Site, in der die verschiedenen Inhalte (sowohl von verantwortlichen Personen bzw. Administratoren als auch Benutzern) eingesehen und verwaltet werden können.

- **Prozessgesteuerte Freigabe:** Falls kritische Inhalte innerhalb einer Site nur durch vorherige Abstimmung mit verantwortlichen Personen veröffentlich werden dürfen, kann dies ebenfalls durch einen Workflow gesteuert werden.

- **Mitgliedschaften:** Wir haben diese Funktionalität bereits kennengelernt. Hierbei werden Anträge und bestehende Mitglieder verwaltet.

- **Monitoring:** Man kann in Liferay verschiedene Logging-Optionen aktivieren. Dadurch haben Administratoren exklusiv Zugriff auf Daten und Aktivitäten aktiver und bereits abgemeldeter Nutzer. Diese Funktion muss mit den Datenschutz-Richtlinien des Unternehmens einhergehen.

- **Imitierung des Nutzers:** Dieses Feature verwendet man häufig in Kombination mit der Funktion des Monitorings. Administratoren können sich aus dem Portal heraus als andere Nutzer „ausgeben", um z. B. Fehler nachzuvollziehen und zu beheben.

14.8.1 Verwaltung der Inhalte

Die Verwaltung der individuellen Inhalte kann sowohl über die Live-Ansicht als auch über den Kontrollbereich geregelt werden. Über den Kontrollbereich wählt man hierzu die gewünschte Site aus. Anschließend befindet man sich automatisch in dem ausgewählten Kontext, wie beispielsweise der Site „Knowledge Worker Group". Anschließend kann man in den verschiedenen Subkategorien die jeweiligen Inhalte bearbeiten.

Verfügen verantwortliche Site-Administratoren nur über eine Site, in welcher sie Administratoren sind, fällt die Auswahl zur Bearbeitung deutlich einfacher aus. Die zweite Möglichkeit des Zugriffs kann über die Dockbar erfolgen. Dort gibt es unter dem Menüpunkt *Verwalten* die Option *Website-Content*.

Jede dieser Einstellungen, die dort durchgeführt werden, haben nur Auswirkungen auf die aktuell ausgewählte Site.

 PRAXISTIPP: Teilen Sie sich vor allem bei größeren Sites, in welchen die Benutzer selbst Inhalte anlegen und bearbeiten können, die Arbeit auf. Es ist durchaus normal, dass mehr als ein Administrator für eine Site verantwortlich ist. Vor allem im Zusammenhang mit möglichen Ausfällen und Urlaubsvertretungen ergibt ein Teamplay Sinn.

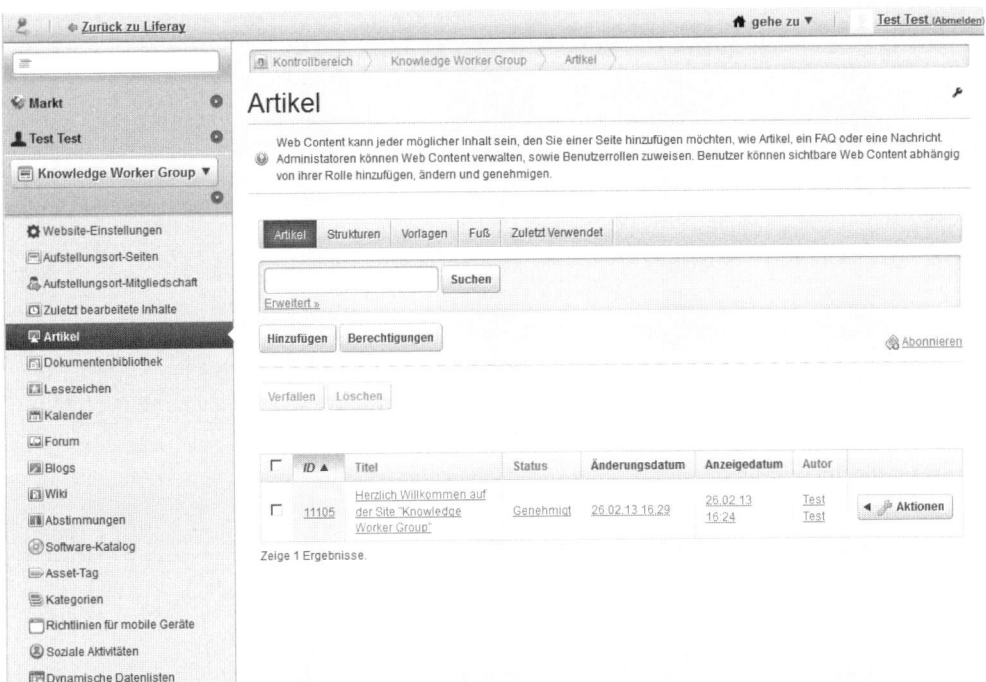

Bild 14.28 Auswahl des Kontexts führt zur Einschränkung der Inhalte auf der jeweiligen Site und der damit einfacheren Verwaltung und Steuerung

14.8.2 Prozessgesteuerte Freigabe

Eine weitere Möglichkeit der kontrollierten Steuerung der Erstellung von Inhalten ist die Unterstützung durch Workflows. Liferay setzt im Standard auf die Kaleo Workflow Engine[2], welche eine reine Eigenentwicklung darstellt. Darüber hinaus kann Activiti als Standard-Workflow-Engine installiert werden.

Es kann für jeden Inhaltstyp eingestellt werden, ob ein Workflow hinterlegt werden soll. Hierzu muss das dazugehörige Kaleo-Plug-in installiert sein, welches wir bereits in Abschnitt 11.3 durchgeführt haben oder spätestens an dieser Stelle tun sollten.

Über den Link Workflow-Konfiguration können wir für die vorhandenen Typen, wie Blog, Web-Content oder für eine Page, einen Freigabeprozess hinterlegen, welcher anschließend durch den Site-Administrator freigegeben werden muss.

---

[2] Kaleo CE: *http://www.liferay.com/marketplace/-/mp/application/15193893* und Kaleo EE: *http://www.liferay. com/marketplace/-/mp/application/15194452*

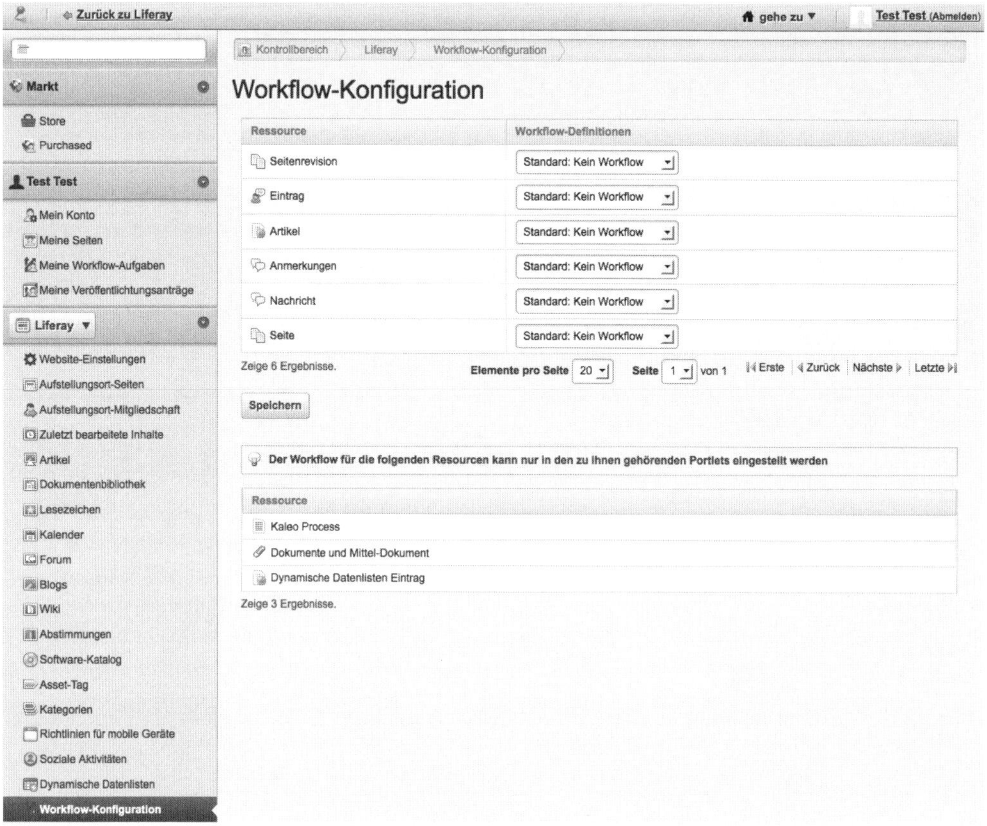

Bild 14.29 Verwaltung der Workflow-Einstellungen für die aktuelle Site

> **PRAXISTIPP:** Prozessgesteuerte Freigabe ist in der Regel nicht sinnvoll für hochfrequente Inhalte, wie z. B. Forenbeiträge, da der Verwaltungsaufwand der Site-Administratoren in keinem Verhältnis zum Ergebnis der „Qualität" steht. Außerdem wirkt dieser Schritt dem Prozess der Zusammenarbeit über ein Portal stark entgegen. Dagegen macht es durchaus Sinn, ein Freigabeverfahren bei der Publizierung neuer Inhalte für z. B. Marketing-Broschüren einzubauen. Auch die Überarbeitung einer Page kann durch die vorherige Freigabe eines Site-Administrators sinnvoll sein.

Wir wollen uns in Abschnitt 18.4 genauer mit der Thematik der Workflow-Unterstützung beschäftigen und anhand eines Beispiels ein Verständnis hierfür aufbauen.

14.8.3 Mitgliedschaften

Wir haben bereits eine wichtige Eigenschaft kennengelernt: die Verwendung des Site-Mitgliedschaften-Dialogs, um Anträge und Mitglieder verwalten zu können. Wir wollen an dieser Stelle nur noch einmal deutlich auf diese Funktionalität hinweisen. Natürlich steht diese Funktion nur dann zur Verfügung, wenn der Mitgliedschaftstyp der Site auf „Moderiert" konfiguriert ist – nur dann können Benutzer einen Mitgliedschaftsantrag erfassen. Dieser Prozess kann auch noch weiter verfeinert werden, indem z. B. gesonderte Informationen an den Nutzer zur Site geschickt werden. Durch einen klar strukturierten Prozess ist dieses Vorgehen durchaus auch für größere Sites machbar.

14.8.4 Monitoring

Die Überwachung des Live-Systems kann auch darüber erfolgen, dass man kontinuierlich die Aktivitäten angemeldeter Nutzer im Auge behalten kann. Mit Liferay gibt es hierfür zwei verschiedene Möglichkeiten, die auch kombiniert werden können. Das erste Modul nennt sich *Audit* und steht nur für die kommerzielle Version von Liferay zur Verfügung. Dieses Modul protokolliert Änderungen auf Inhalten, welche anschließend über die Oberfläche genauer inspiziert werden können. Die zweite Möglichkeit stellt die Möglichkeit für Administratoren dar, eine Übersicht der angemeldeten Nutzer zu erhalten. Hierüber können auch die jeweiligen Werte in den Benutzer-Sitzungen (Sessions) separat angezeigt werden. Dieses Feature kann auch in der Community-Version verwendet werden.

 PRAXISTIPP: Damit das Überwachungs-Portlet verwendet werden kann, muss eine Datei im Verzeichnis *LIFERAY_HOME* mit dem Namen *portal-ext.properties* angelegt werden. Hier erfolgt die Angabe einer Konfigurationsänderung, damit Liferay dieses Feature beim nächsten Start aktiviert: `live.users. enabled=true`

Auch ohne das Audit-Portlet lassen sich hierüber schon einige Möglichkeiten zur Unterstützung des täglichen Betriebs ableiten. Treten bei Nutzern seltene Fehler in der Darstellung von Inhalten oder Erweiterungen auf, kann die Sitzung auf falsche Daten hin überprüft werden. Der Zugriff auf diese Funktionalität findet über den Kontrollbereich statt. Dort angekommen, gelangen wir über die Kategorie *Portal* auf die Option *Überwachung*. Anschließend öffnet sich eine Übersicht, in welcher die verschiedenen angemeldeten Nutzer in Form der Sitzungen angezeigt werden (Bild 14.30).

Teil II – Liferay

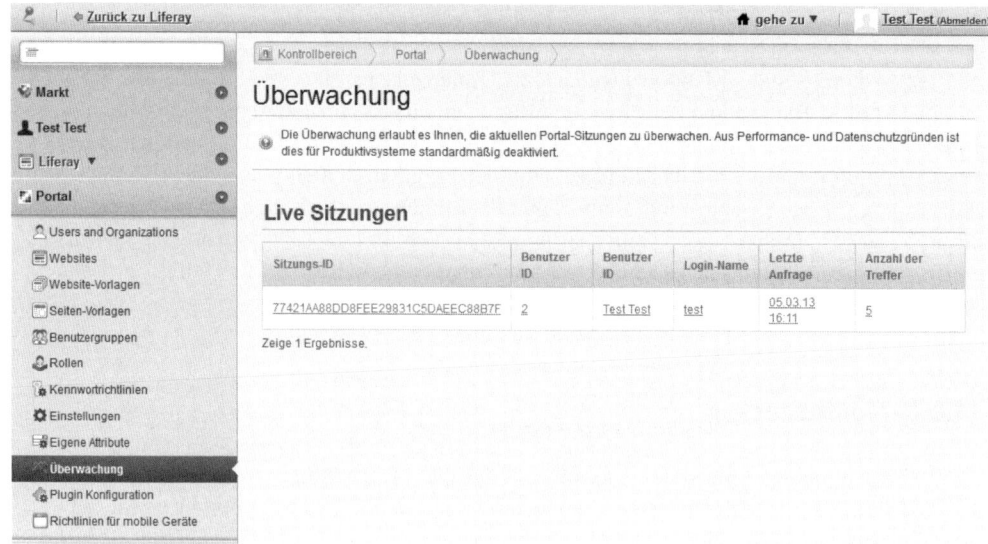

Bild 14.30 Benutzer-Sitzungen können überwacht sowie detailliert eingesehen werden. Zunächst muss dieses Feature jedoch separat aktiviert werden.

14.8.5 Imitierung des Nutzers

Ein weiteres wichtiges Feature in Liferay stellt die Möglichkeit der Imitierung eines Nutzers dar. Damit ist konkret gemeint, dass ein Administrator in der Lage ist, sich als ein Benutzer im Portal auszugeben. Verwendung findet diese Funktionalität vor allem bei auftretenden Problemen, beispielsweise in Zusammenhang mit Berechtigungen oder Design-Fehlern in bestimmten Browsern. Auch Fehler in Weiterentwicklungen können somit viel besser erkannt und schneller gelöst werden. Denn dadurch muss der Nutzer keine Video-Konferenz beantragen (falls überhaupt nach IT-Compliance erlaubt), um dem Administrator den Fehler zu zeigen. Ein Administrator kann selbst aktiv die Schritte durch die Imitierung nachverfolgen. Natürlich gibt es immer Probleme, bei denen eine Vor-Ort-Sitzung sinnvoll ist, jedoch erleichtert dieses Feature deutlich die tägliche Arbeit von Administratoren. Über den Kontrollbereich und die Kategorie *Portal* kann man über den Punkt *Users und Organizations* im rechten Aktionsfeld *Aktionen* eine Imitierung starten (Bild 14.31).

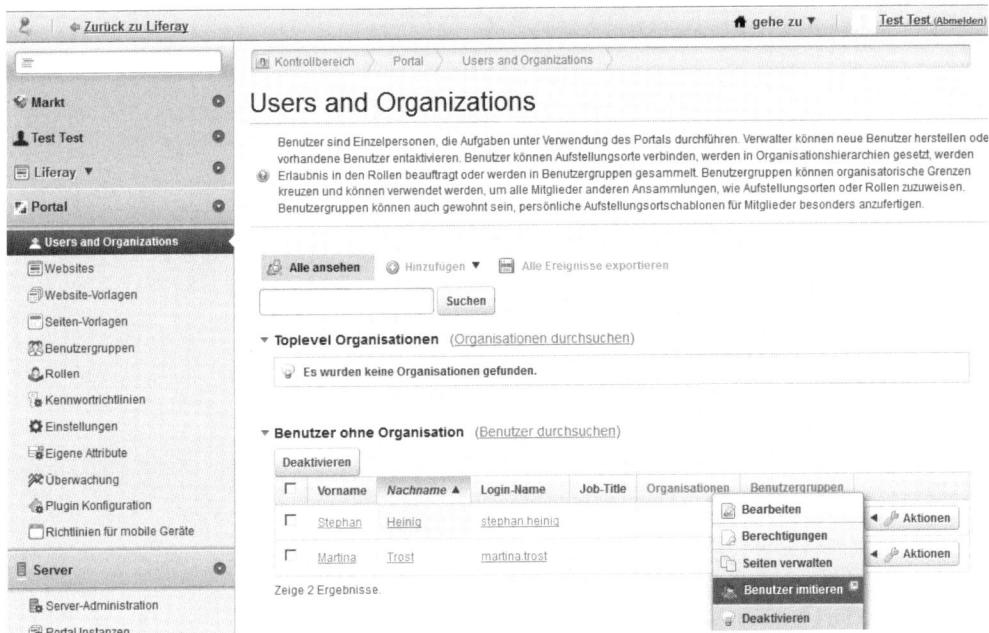

Bild 14.31 Die Imitierung stellt ein wichtiges Feature zur Administration dar.

14.8.6 Weitere wichtige Features

Es gibt unzählige weitere Funktionalitäten, die es zu erwähnen gilt, die Administratoren das tägliche Leben erleichtern können. Oft bringt die Verwendung von unterschiedlichen Administrationsmöglichkeiten eine Lösung zu Tage. Ein Beispiel hierfür stellt die Nutzung von Überwachungsfunktionen und die Imitierung dar. Oft basieren diese Verwendungsmöglichkeiten auf Erfahrungen. In Kapitel 20 wollen wir uns deshalb etwas detaillierter mit der Verwaltung des Portals befassen.

15 Organisationsabbildung und Aufbau von Zuständigkeiten

Ein Portal, welches z. B. als Unternehmensportal Verwendung findet, bedarf eines für das jeweilige Unternehmen angepassten Verwaltungsapparates zur Steuerung und Weiterentwicklung verschiedener Bereiche. Je nach Größe und der damit einhergehenden Relevanz eines Portals, müssen immer neue Aufgaben auf einem Portal durchgeführt werden. Diese Aufgaben können sehr schnell nicht mehr (oder nur eingeschränkt) von der IT-Abteilung erledigt werden. Aufgaben, die fachlicher Natur sind, können nur durch beteiligte Nutzer durchgeführt und erfolgreich erledigt werden. Darüber hinaus sind Systemadministratoren dafür da, den Systembetrieb zu gewährleisten – dasselbe trifft auf fachliche Projektleiter zu, welche beispielsweise in Zusammenarbeit mit einem externen Dienstleister Liferay als Portallösung eingeführt haben. Hierzu bedarf es der Bereitschaft der zuständigen Abteilungen und der hierfür notwendigen Voraussetzungen in Portalen zur Verwaltung von Bereichen, welche Liferay von Hause aus mitbringt.

Doch die Zuständigkeiten, um Aktivitäten auf verschiedene Nutzer zu bündeln, stellen nur eine der Aufgaben innerhalb eines Portals dar. Die Abbildung kompletter Organisationsstrukturen von Unternehmen in Liferay führt ebenfalls zum einen zur besseren Transparenz eines jeden Nutzers, hinsichtlich des Aufbaus des eigenen Unternehmens. Zum anderen lassen sich dadurch komplexe Aufgaben und Themengebiete abbilden, sodass auch Nutzer aus verschiedenen Abteilungen oder verschiedenen Unternehmensbereichen miteinander über eine Plattform kommunizieren können.

Darüber hinaus muss überlegt werden, welche Rollen die verschiedenen Personen erhalten sollen, damit diese ihre Zuständigkeiten und Aufgaben überhaupt ordnungsgemäß mit Liferay umsetzen können. Hierzu bietet Liferay im Gegensatz zu vielen anderen Systemen eine Möglichkeit, direkt aus der Oberfläche heraus, neue Rolle zu konfigurieren und mit verschiedenen Rechten aus den Portlets heraus auszustatten. Das funktioniert absolut problemlos und fördert den Prozess, verschiedene Aufgaben in kleineren Paketen an unterschiedliche Personen innerhalb von Abteilungen bzw. des Unternehmens zu verteilen.

Des Weiteren können aus verschiedenen Sites heraus, Inhalte vor der Publizierung durch einen Freigabeprozess auf Richtigkeit durch verantwortliche Personen überprüft werden. Hierzu kann für jede Site ein Workflow für verschiedene Typen an Inhalten oder Liferay-Komponenten hinterlegt werden – anschließend wird bei jeder Neueinstellung oder Änderung zunächst die zuständige Site-Rolle mit der Überprüfung beauftragt.

Mit diesen ganzen Möglichkeiten des Aufbaus von Organisationsstrukturen, der Erstellung auf Rollen, dem Zuweisen von Aufgabengebieten an Nutzer oder Personengruppen, wollen wir uns sukzessive alle Bereiche näher anschauen, auf Basis unseres Portalprojekts eine praxisnahe Umsetzung durchführen und dabei auf alle vorgestellten Features genauer eingehen.

■ 15.1 Auswahl der richtigen Mittel für den optimalen Einsatz im Liferay-Portal

Egal, ob ein komplexes Unternehmensgeflecht abgebildet werden soll oder es sich ausschließlich um einige Abteilungen handelt – Liferay bietet für jede Anforderung eine geeignete Möglichkeit. Wir wollen uns jetzt mit den verschiedenen Typen der Abbildung solcher Strukturen beschäftigen und optimale Einsatzmöglichkeiten für unser Portal identifizieren. Bereits in Kapitel 14 haben wir uns mit dem Thema auseinandergesetzt, welcher Projekttyp der Richtige für uns ist. Dabei haben wir jedoch nur die Spitze des Eisbergs kennengelernt. Denn hier haben wir nur zwischen dem Einsatz einer Page und einer Site miteinander verglichen und uns für die Verwendung einer Site entschieden. Liferay hat jedoch darüber hinaus noch viel mehr zu bieten.

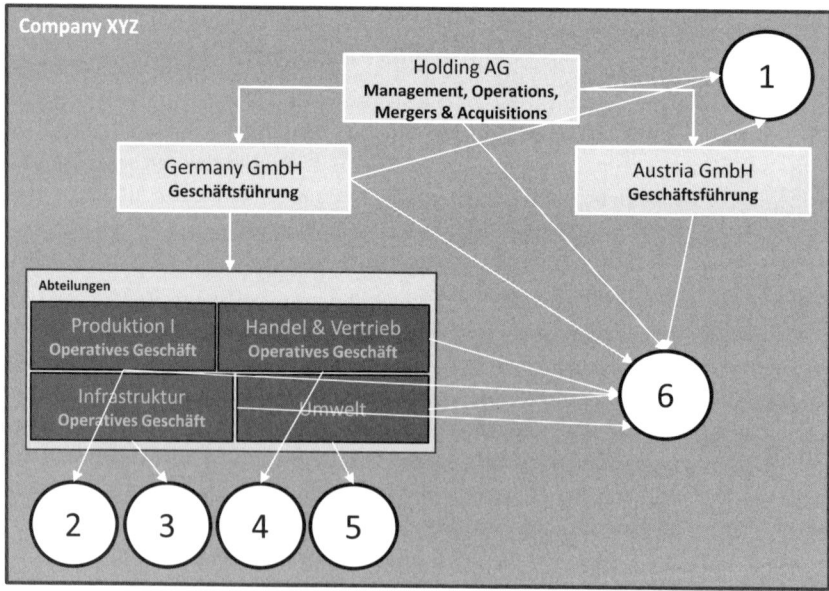

Bild 15.1 Beispielhafter Aufbau eines Unternehmens mit Liferay

Bis Liferay 6.0 existierten so genannte Communities und Organisationen, die jeweils über Pages, Inhalte usw. verfügen konnten. Mit Liferay 6.1 rückten beide Typen etwas näher zusammen. Aus den Communities entstanden Sites, und Organisationen verfügten nicht über eigene Inhalte, sondern wurden mit einer entsprechenden Site verlinkt. Daraus bildeten sich also neue Möglichkeiten der Strukturierung von Abteilungen und Themen. Eine Site stellt einen Bereich für Nutzer zur Verfügung, um miteinander über verschiedene Inhalte zu diskutieren oder schlicht und einfach zusammenzuarbeiten. Zu einer Site kann eine Organisation übergeordnet definiert werden, welche das Unternehmen in Bereiche aufteilt. Bereits hier können Berechtigungen in Form von Rollen an Nutzer und Gruppen vergeben werden, die sich automatisch in Sites weitervererben (in Form von Organisationsrollen), damit die Verwaltung von Rollen und die damit einhergehenden Zuständigkeiten auch noch nach Monaten und Jahren übersichtlich erscheint. Die Kombination aus verschiedenen Typen der Organisation, wie z. B. die Nutzung von Sites, Organisationen oder Locations sowie Rollen, welche auf Typ-Ebene angewandt werden können, führt zu einem extrem flexiblen Modell zur Abbildung von geordneten Zuständigkeiten und die damit einhergehenden Berechtigungsvergaben.

In Bild 15.1 kann der grobe Aufbau eines Unternehmens eingesehen werden. Natürlich ist diese Abbildung eine stark vereinfachte Form, soll an dieser Stelle jedoch der Einfachheit wegen berücksichtigt werden. Das Unternehmen verfügt über zwei Geschäftsgebiete, in welchen Niederlassungen vorhanden sind: Deutschland und Österreich. Während in Deutschland bereits ein ausgeprägter Geschäftsbereich mit Produktion und Vertrieb aufgebaut ist, verfügt das Unternehmen in Österreich noch über keinerlei solche Abteilungen, da das Unternehmen erst seit kurzer Zeit begonnen hat, sich zu verbreitern. Beide Gebiete sind durch eine Holding miteinander verbunden.

Auf Basis dieser einfachen Darstellung eines Unternehmens, lassen sich verschiedene Konzepte von Liferay einführend am besten erklären. Die Holding AG, Germany GmbH sowie Austria GmbH stellen in Liferay Organisationen dar, welche hierarchisch angeordnet werden können. Jede Organisation kann über separate Mitglieder und Rollenzuweisungen verfügen. Dadurch gliedert man bereits organisatorisch die Nutzer in verschiedene Gebiete auf. Die Verwaltung geht dadurch langfristig deutlich einfacher von der Hand. Die Germany GmbH verfügt darüber hinaus über Abteilungen, welche in Liferay, z. B. als Locations, abgebildet werden können. Locations stellen Untergruppen von Organisationen dar, die nicht weiter verzweigt werden können. Eine Location gehört immer zu einer Organisation, ansonsten funktionieren beide Typen gleich. Jede dieser Abteilungen verfügt über eine eigene Site **(2)**, **(3)**, **(4)**, **(5)** in Liferay, um miteinander zu kommunizieren. Eine ganzheitliche Einstiegsseite wird mithilfe einer separaten Site **(6)** umgesetzt, welche die Aktivitäten und Kollaborationsfunktionen, wie ein Wiki sowie Foren, bereitstellt. Darüber hinaus sind die drei Geschäftsführungsbereiche ebenfalls noch einmal mit einer separaten Site mit den verschiedenen Nutzern aus den Organisationen verbunden, um Strategien, Finanzen und Konzepte auf Geschäftsführer- bzw. Vorstandsebene zu besprechen und Protokolle sowie Kommunikationsdaten dort langfristig abzulegen.

Aus diesem Beispiel heraus lassen sich die verschiedenen Typen an Organisationseinheiten sehr gut in ihre wichtigen Verwendungsbereiche aufteilen:

- **Organisationen:** Werden zur hierarchischen Abbildung von (Unternehmens-)Bereichen verwendet. Mitglieder können sich nicht selbst aus diesen Organisationen entfernen.

- **Location:** Eine Location stellt prinzipiell die gleiche Funktionalität wie eine Organisation zur Verfügung. Eine Location muss immer eine Organisation als übergeordnetes Element besitzen und kann nicht weitergehend in Unterbereiche (wie es bei Organisationen eben möglich ist) aufgeteilt werden.

- **Site:** Stellt die zentrale Anlaufstelle von Nutzern, Inhalten und Funktionen bereit. Eine Site kann ein loses Zusammentreffen einer Gruppe von Personen sein, die ein bestimmtes Thema bearbeiten oder auch einer Organisation mit vielen tausend Menschen entsprechen.

- **Community:** Stellt dasselbe dar wie eine Site und existiert seit Liferay 6.1 nicht mehr. Organisationen, welche bis Liferay 6.0 eigene Pages mit Inhalten verwendet haben, werden automatisch mit Liferay 6.1 (bei einer Migration) in Sites umgewandelt und mit der entsprechenden Organisation oder Location verknüpft.

An dieser Stelle darf natürlich nicht vergessen werden, dass Rollen zur Abbildung von Berechtigungen bzw. Zuständigkeiten sowohl auf Sites, Organisations- und globaler Ebene erstellt und verschiedenen Nutzern oder Gruppen zugewiesen werden können. Doch Rollen bündeln Berechtigungen und können anschließend an verschiedene Autoritäten weitergegeben werden. In Liferay existieren verschiedene Konzepte, um nahezu jeder Anforderung gerecht zu werden. Zum einen lassen sich Rollen auf globaler Ebene erstellen, was bedeutet, dass diese Rolle (Benutzerrolle genannt) unabhängig von einer Site oder Organisation vergeben werden kann und damit uneingeschränkte Gültigkeit in den verschiedenen Bereichen, wie beispielsweise einer Site, mit sich bringt.

 HINWEIS: Ein Portaladministrator kann als eine solche Benutzerrolle gesehen werden. Durch die Vergabe aller möglichen Berechtigungen an die Nutzerrolle „Administrator" verfügt der ausgewählte Nutzer, unabhängig von weiteren Konfigurationen in einer Site, Organisation oder Location, über die vollen Rechte.

Des Weiteren existieren sowohl Rollen für Sites als auch Organisationen, welche auch nur dort Gültigkeit besitzen. Je nach Anforderung hinsichtlich Berechtigungen macht es also Sinn, darüber nachzudenken, auf welcher Ebene die Rolle definiert werden soll. Dadurch ergeben sich ganz neue Möglichkeiten in der Gestaltung von Zuständigkeitsbereichen.

Darüber hinaus lassen sich diese verschiedenen Rollen weitergehend mit einer Nutzergruppe oder einem so genannten Team abbilden. Eine Nutzergruppe stellt dabei eine Portalgruppe dar, welche über Organisationen und Sites hinweg zur Verwendung bereitsteht. Ein Team hingegen, wird innerhalb einer Organisation oder einer Site erstellt und ist auch nur dort sichtbar. Die Vergabe von Rollen an diese jeweiligen Typen von Gruppierungen verfeinert das Konzept in Liferay hinsichtlich der Strukturierung von Zuständigkeiten noch einmal.

■ 15.2 Erweiterung des Portalprojekts um Zuständigkeiten, Organisations- bereiche und Rollen

Wir haben uns jedoch, aktuell bezogen auf unser Beispiel in Bild 15.1, noch überhaupt nicht mit der Vergabe von Rollen bzw. dem Berechtigungskonzept im Detail befasst. Wir können uns jedoch mit den bisherigen Erkenntnissen sehr gut selbst erste Ideen hinsichtlich der Abbildung von Zuständigkeiten, Zugriffen und Organisationsstrukturen überlegen, wie unser Beispiel dadurch komplettiert werden kann.

Wir wollen uns jetzt etwas praktischer mit dieser Thematik auseinandersetzen, indem wir uns in Liferay die verschiedenen Möglichkeiten anschauen. Dabei wollen wir Schritt für Schritt vorgehen und uns langsam von den Rollen zu den Organisationen nähern. Dabei nehmen wir Bezug auf unser bereits in Abschnitt 14.2 umgesetztes Projekt.

- **Erstellen und Vergabe von Rollen:** Wir beginnen bei der Definition von Berechtigungen und der Anwendung auf unsere bereits angelegten Nutzer.

- **Verknüpfen von Sites und Organisationen:** Sites können mit Organisationen verbunden werden. Die Vorgehensweise schauen wir uns noch einmal genauer an.

15.2.1 Erstellen und Vergabe von Rollen

Wie bereits beschrieben, bilden Rollen den Kern der Berechtigungsvergabe, mit welchen man komplexe Rollen erstellen und verschiedenen Autoritäten zuweisen kann. Rollen basieren in Liferay auf Portlets (Anwendungen) oder Portaleinstellungen. Im Normalfall befinden wir uns jedoch im Bereich der Portlets. Jedes Portlet kann über komplett eigene Berechtigungsdefinitionen verfügen und sich auch (theoretisch) von der Rolleneinstellung des Portals komplett lösen. Dadurch, dass die Überprüfung auf die Autorisation einer Aktion im Portlet selbst und nicht an einer zentralen Stelle aufgerufen wird, kann jedes Portlet frei entscheiden, wie es mit den Berechtigungen umgeht. Der Liferay-Standard ist davon jedoch nicht betroffen. Jedes der beteiligten und ausgelieferten Portlets greift auf Rollen, wie Administratoren oder Mitglieder, zu.

Doch zurück zu unseren Rollen: Wir wollen für unser Portalprojekt die Zuständigkeiten etwas verbreitern, indem ausgewählte Mitglieder eine Rolle „Site-Organizer" erhalten sollen. Diese Rolle soll die Autorisation beinhalten, neue Mitgliedsanfragen zu bearbeiten sowie Mitglieder in der Site zu verwalten. Eine entsprechende Rolle existiert hierfür noch nicht, daher müssen wir eine neue Rolle mit den Namen und den Berechtigungen über den Kontrollbereich anlegen. Anschließend können wir in unserer Site „Knowledge Worker Group" dieser Rolle beispielhaft einen unserer Mitglieder zuweisen.

Damit wir Rollen anlegen können, müssen wir als Administrator angelegt sein, da solche Änderungen portalweite Auswirkungen haben. Im Kontrollbereich angekommen, klicken wir über die Kategorie *Portal* auf die Option *Rollen* (Bild 15.2).

Teil II – Liferay

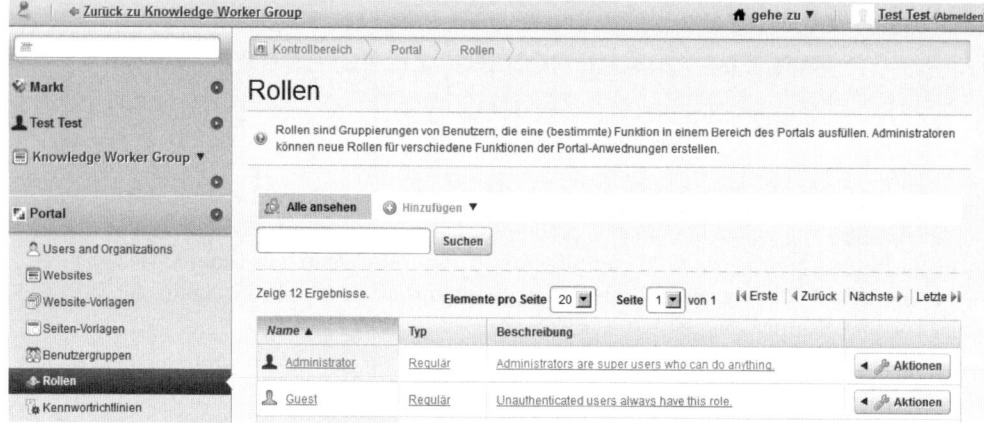

Bild 15.2 Übersicht aller Rollen, welche im Liferay-Portal zur Verfügung stehen

Über die Option *Hinzufügen* > *Website-Rollen* gelangen wir in einen neuen Bereich zum Anlegen einer neuen Rolle. Hier geben wir als Namen „Site-Organizer" ein und bestätigen unsere Eingaben durch das Betätigen des Speichern-Buttons.

Wieder in der Übersicht angekommen, entdecken wir in der Auflistung der Rollen unsere Rolle wieder, worüber wir nun über die *Aktionen-Schaltfläche* die Rolle weiterbearbeiten können. Im Aktionen-Bereich angekommen, klicken wir nun auf die Option *Berechtigungen definieren*, worauf wir anschließend in den für uns entscheidenden Verwaltungsbereich zur Definition von Berechtigungen weitergeleitet werden (Bild 15.3).

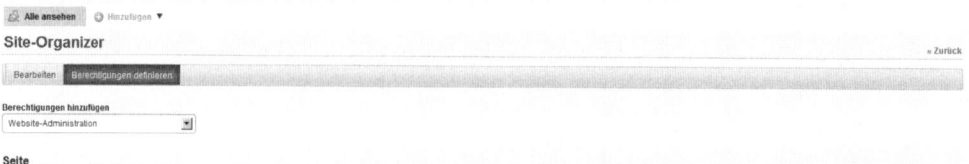

Bild 15.3 Berechtigungen werden in verschiedene Bereiche zur Übersichtlichkeit strukturiert dargestellt.

Es existieren viele verschiedene andere Optionsbereiche, die aber für uns aktuell nicht von Interesse sind. Wir wählen, wie in Bild 15.3 zu sehen, im Auswahlbereich die Option **Website-Administration** aus. Automatisch werden die dazugehörigen Berechtigungen geladen und uns präsentiert. Durch das Aktivieren einer Check-Box wird die korrespondierende Berechtigung der ausgewählten Rolle (also Site-Organizer) zugwiesen. Dadurch sind die betroffenen Benutzer autorisiert, diese Aktionen im Portal auszuführen. In unserem Beispiel müssen wir nun in die Kategorie **Website** gehen. Dort angekommen, aktivieren wir die Check-Box für die Optionen *Benutzerrollen zuweisen*, *Mitglieder suchen*, *Mitglieder zuweisen* sowie *Teams verwalten* (Bild 15.4).

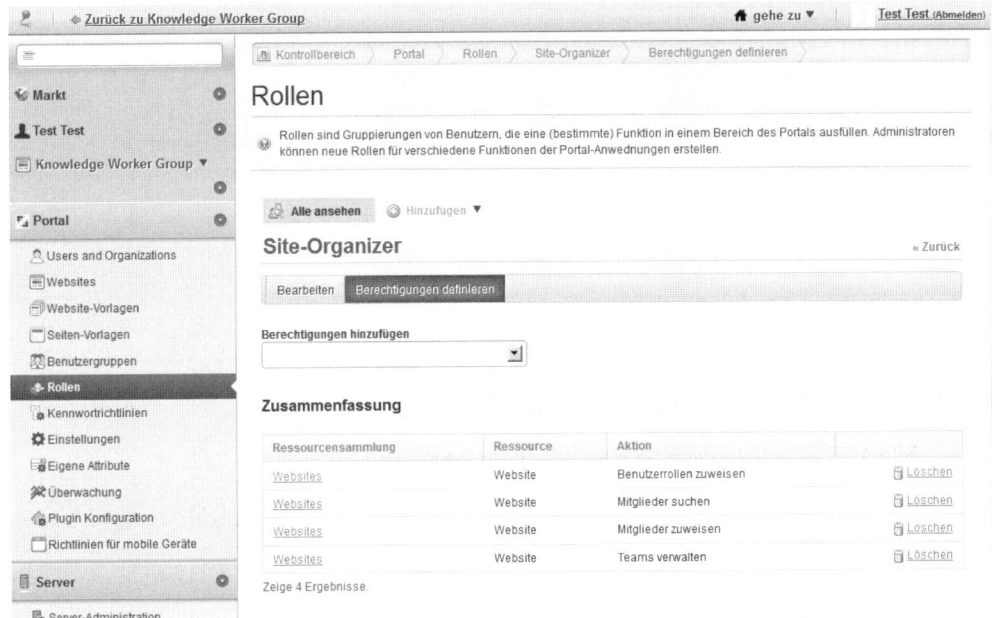

Bild 15.4 Rolle „Site-Organizer" mit zugewiesenen Berechtigungen

Nach erfolgtem Speichern ist unsere Rolle fertig für die Benutzung konfiguriert. In Bild 15.4 werden uns die Berechtigungen in der Übersicht noch einmal angezeigt. Wenn wir nun in unsere Site „Knowledge Worker Group" wechseln, wollen wir unsere neue Site-Rolle dem Benutzer Stephan Heinig zuweisen. Wenn wir in unserer Site auf der Live-Ansicht angekommen sind (Bild 15.5), gehen wir über die Dockbar *Verwalten > Website Mitgliedschaften* in den für uns relevanten Administrationsbereich der Site. Dort suchen wir uns aus den bereits vorhandenen Mitgliedern die Person Stephan Heinig aus und gehen über den Aktions-Button *Aktionen* auf die Option *Website-Rollen zuweisen*.

	Name ▲	Typ	Beschreibung
☰ ☐	Site Administrator	Größe	Site Administrators are super users of their site but cannot make other users into Site Administrators.
☰ ☐	Site Owner	Größe	Site Owners are super users of their site and can assign site roles to users.
☰ ☑	Site-Organizer	Größe	

Website-Zugehörigkeiten verwalten

Rollen « Zurück

Rollen des Nutzers bearbeiten:: Stephan Heinig

[Suchen]

[Verknüpfungen aktualisieren]

Zeige 3 Ergebnisse.

Bild 15.5 Zuweisung der Rolle „Site-Organizer" an den User Stephan Heinig

Nach erfolgtem Speichern durch den Button *Verknüpfung aktualisieren* erhält der Benutzer Stephan Heinig die Möglichkeit, die Mitglieder in unserer Site zu verwalten. So einfach kann die Auflösung von Kompetenzgebieten und der Aufbau von Zuständigkeiten mit Liferay erfolgen. Probieren Sie einfach ein wenig mit den verfügbaren Berechtigungen herum. Sie werden sehen, wie schnell Sie für Ihre Anforderungen die geeigneten Rollen erstellen können.

 HINWEIS: Der Nutzer Stephan Heinig kann nun über den *Kontrollbereich > Portal > Websites* auf „Knowledge Worker Group" administrativ zugreifen und Mitglieder verwalten, Mitgliedschaftsanträge bearbeiten und Rollen verschiedenen Mitgliedern zuweisen.

15.2.2 Verknüpfen von Sites und Organisationen

Wir wollen uns jetzt um die Erstellung einer Organisation und die entsprechende Verknüpfung einer Site beschäftigen (Bild 15.6). Wie bereits eingangs erwähnt, werden Organisationen sowie Locations für die Abbildung komplexer Unternehmensstrukturen und Abteilungen verwendet. In unserem ersten Beispiel wollen wir erst einmal nur eine Organisation erstellen. Hierzu müssen wir in den Kontrollbereich unseres Portals wechseln und dort unter der Kategorie *Portal* auf die Option *Users and Organizations* klicken. Dort angekommen, gehen wir in den erscheinenden rechten Bereich auf den Button *Hinzufügen* und wählen dort *Reguläre Organisation* aus.

Als Organisationsnamen vergeben wir „Company XYZ" und speichern unsere Organisation ab. Im nächsten Schritt wechseln wir in unsere Site „Knowledge Worker Group" in den Kontrollbereich und gehen in die Option *Aufstellungsort-Mitgliedschaften*. Dort klicken wir auf die Schaltfläche *Hinzufügen*, um die Option *Organisation* zu erreichen. Dort angekommen, suchen wir unsere neu angelegte Organisation „Company XYZ" heraus und aktivieren die Check-Box. Mit dem *Speichern*-Button bestätigen wir unsere Einstellung.

Doch welchen Effekt hat diese Änderung auf unser bereits umgesetztes Portalprojekt denn nun genau? Die Antwort ist relativ einfach: Wenn Sie jetzt z. B. neue Nutzer direkt der Organisation „Company XYZ" zuweisen, erfolgt die automatische Mitgliedschaft in der korrespondierenden Site „Knowledge Worker Group". Sind Organisations-Rollen auf einen Nutzer vergeben, werden diese automatisch an die jeweilige Site mit weitergegeben. Dadurch ist ein mehrfaches Verwalten von Nutzerrollen nicht notwendig. In der Regel haben beispielsweise Abteilungsleiter auf jede Site, welche innerhalb ihrer Organisation vorhanden sind, vollen Zugriff. Deswegen ist diese Vererbung von Berechtigungen durchaus sinnvoll.

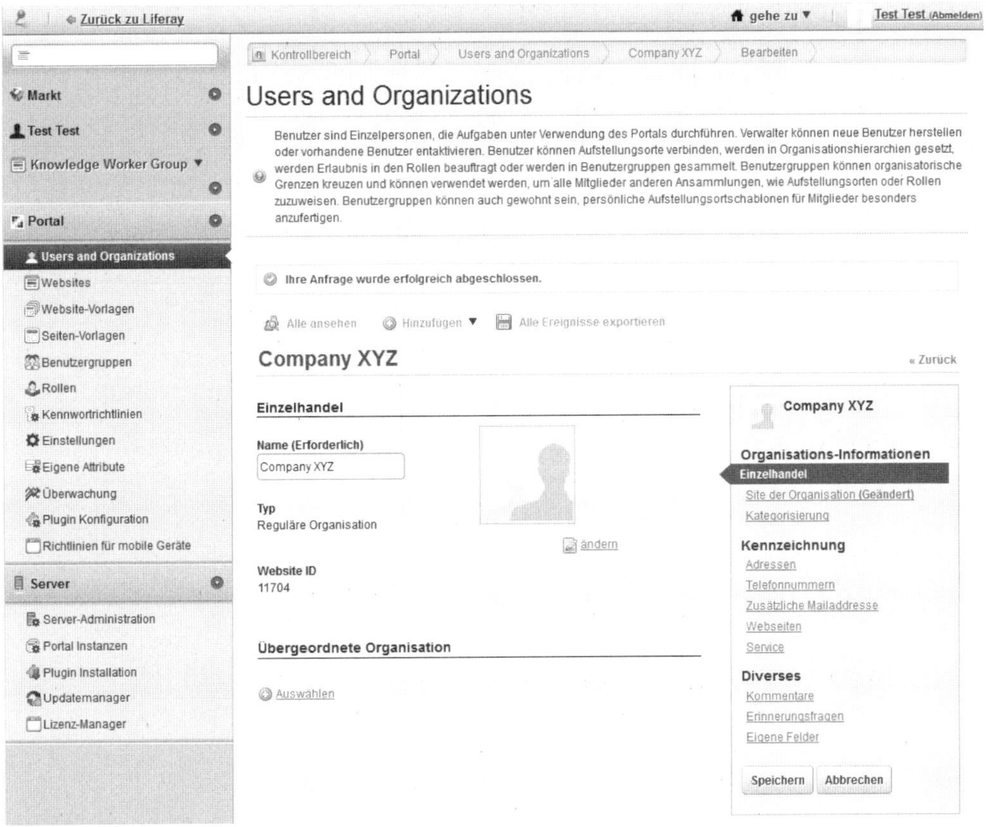

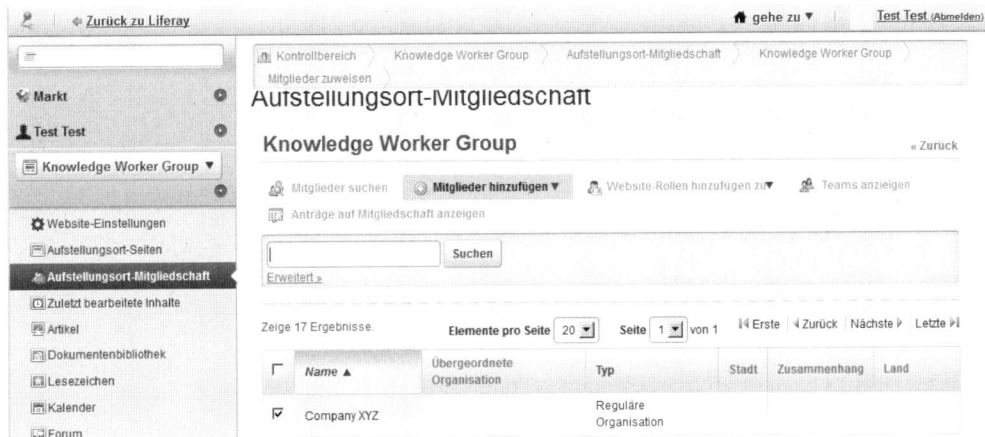

Bild 15.6 Das Unternehmen Company XYZ stellt unsere erstellte Organisation dar, welche anschließend mit der bereits vorhandenen Site verknüpft wird.

Bild 15.7 Zuweisen der Site „Knowledge Worker Group" an die von uns angelegte Organisation „Company XYZ"

16 Neue Arbeits- und Kommunikations- potenziale mit Liferay erschließen

Heutige Unternehmen müssen stark bei der Gestaltung von Arbeitsprozessen umdenken. Der steigende Konkurrenzdruck und die damit einhergehende Anforderung, neue innovative Ideen in Produkte oder Dienstleistungen umzusetzen, haben starken Einfluss auf die Arbeitsweise der Mitarbeiter. Fachbereiche, welche bis dato nahezu autark unterwegs gewesen sind, müssen nun zur Steigerung der Wertschöpfungskette zusammenarbeiten. Neue Konflikte entstehen dadurch zwangsläufig, nicht nur in den verschiedenen Arbeitsabläufen. Doch sind diese die wichtigste Größe bei der Herausforderung, interdisziplinärer Arbeit zwischen verschiedenen Arbeitsbereichen nachzugehen. Darüber hinaus nutzen viele Mitarbeiter im privaten oder (versteckten) Arbeitsumfeld viele moderne Werkzeuge zur Zusammenarbeit. Nutzen wir hier doch die Gelegenheit, um eine offizielles Werkzeug für die verschiedenen Fachbereiche zum Austausch der Kommunikation und Informationen einzuführen.

Liferay verfügt in diesen Bereichen über viele Möglichkeiten, um heutige und zukünftige Lösungen für die wachsende Zusammenarbeit und Kommunikation zur Verfügung zu stellen. Das große Buzzword **Social Collaboration** hat Liferay sich ebenfalls einverleibt und kann in verschiedenen Ausprägungen für das eigene Unternehmen verwendet werden. Hierbei möchten wir zunächst Social Collaboration sowohl in Collaboration als auch in Networking unterteilen.

Im Bereich **Collaboration** bietet Liferay eine breite Fassette an Portlets, wie Foren, Blogs oder Wikis, welche sehr individuell gestaltet werden können. Über die Funktion *Social Equity* können individuelle Einstellungen hinsichtlich der Bewertung von Arbeitsaktivitäten gemacht werden. Nutzer, die aktiver am Geschehen teilnehmen, werden höher „bewertet". Diese Funktion klingt für manche etwas bizarr –, doch Gamification (so nennt man die Kombination aus Werkzeug und dem spielenden Ansatz, Neugier und Initiative zu wecken) wird ein immer wichtigerer Faktor, um die Mitarbeiter freiwillig zu neuen Konzepten bzw. Strategien (Web-Collaboration) und den damit verbundenen Produkten (Liferay) zu bewegen.

Das Thema **Networking** schließt sich wunderbar in die Collaboration-Funktionen an. Hierbei spielen Aspekte, wie die direkte Kommunikation (z. B. über Chats), das „Folgen" von Personen, um individuelle Neuigkeiten zu erfahren, oder das Pflegen eigener Kontakte, eine besondere Rolle.

Der **Social**-Aspekt bringt beide Themen zusammen und verknüpft zum einen die erstellten Informationen mit den Nutzern, welche von diesen Inhalten partizipieren, mit Möglichkeiten des aktiven Austausch untereinander oder direkt mit den Inhalten selbst.

In diesem Kapitel wollen wir uns mit der Thematik Collaboration intensiver auseinandersetzen. Hier wollen wir uns zunächst die verschiedenen Features im Detail anschauen und fortführend diese auch praktisch verwenden. Anschließend müssen wir uns anschauen, wann welches Feature zum Einsatz kommen soll bzw., es sinnvoll ist, die Einsatzmöglichkeiten zu bestimmen. Im Networking-Bereich wollen wir uns mit den Möglichkeiten Vertraut machen, welche uns Liferay hier anbietet.

Daneben existiert ein separates Produkt von Liferay, welches Social Collaboration noch stärker in den Vordergrund bringt. Die Rede ist von Social Office, und diese Lösung wollen wir uns ebenfalls einmal genauer ansehen.

■ 16.1 Liferay als zentrale Austauschplattform von Informationen für die tägliche Arbeit

Wenn wir uns die Arbeitsprozesse in den letzten Jahren bis heute ansehen, können wir vor allem in der letzten Zeit einen starken Wandel in den neuen Medien beobachten. Informationen werden der Einfachheit halber in Cloud-Lösungen, wie DropBox[1], ausgelagert und mit anderen Kollegen getauscht. Wikis, Blogs und andere Werkzeuge zur Generierung von (personalisiertem) Wissen werden teilweise unabhängig von der Unternehmensstrategie betrieben und produktiv für Projekte eingesetzt. Ich glaube, dass wir an dieser Stelle noch viele weitere Beispiele bringen können, um den aktuellen Zustand in den Unternehmen zu beschreiben.

Doch wie können wir diesen steten Wandel aktiv mitgestalten und den Nutzern gleiche Mehrwerte bieten, welche sich nicht gegen die jeweilige Compliance des Unternehmens stellen? Wenn wir uns der Thematik der Kommunikation und des Austauschs an Informationen stellen wollen, kommen wir nicht um Liferay herum. Denn Liferay bietet genau in diesem Umfeld enorme Stärken, welche wir nur noch für uns einsetzen müssen.

Angefangen von der Möglichkeit, Blogs, Wikis, Foren, Umfragen usw. zu verwenden, können wir diese durch Sites eine klare Struktur geben und unabhängig bzw. individuell verwenden und gestalten. Darüber hinaus gibt es weitere Funktionen im Bereich Networking, welche die Bindung zwischen den einzelnen Benutzern stärkt, indem z. B. ein Nutzer als Freund bzw. Kollege hinzugefügt werden kann (und sich anschließend via Chat ausgetauscht werden kann).

Durch die Nutzung von modernen Werkzeugen zur Gestaltung der täglichen Arbeit, verfügen Sie automatisch über weitere wichtige Features, welche Sie implizit dadurch mitnutzen können. Zum einen verfügen Sie über die Möglichkeit, den Aktivitäten-Strom – wie auch auf Facebook oder Xing zu sehen – den Nutzern zur Verfügung zu stellen. Dadurch sehen Nut-

---

[1] https://www.dropbox.com/

zer beim Anmelden im Portal automatisch die letzten Änderungen in Ihren Projekträumen (Sites) bzw. Organisationen und können sofort Bezug nehmen. Über Subscriptions können Nutzer sich auf verschiedenen Einträgen, z.B. in Foren-Posts oder bei einem Blog, anmelden, um Änderungen effektiver mitzubekommen.

Gibt man den vielen Features einen entsprechenden Rahmen, in Form von Projekträumen (Sites), und passt sie eventuell an bestimmte Geschäftsabläufe über die vielen Konfigurationsmöglichkeiten noch besser an, schlägt man mehrere Fliegen mit einer Klappe.

- **Zentralisierung der Informationen:** Erfolgt die Kommunikation und der Austausch von Informationen über eine zentrale Plattform, werden diese dort auch strukturiert in der jeweiligen Form (Forum, Blogs, Dokumente usw.) langfristig abgespeichert und sind auch noch nach Monaten wieder auffindbar, z.B. durch Nutzung der Suche. Das Durchsuchen der eigenen Mailbox oder anderen Applikationen wird somit mehr und mehr hinfällig, und die Akzeptanz für die Nutzung einer Lösung steigt.

- **Einhaltung der Compliance:** Durch die Vorgabe der Nutzung einer klaren Lösung für die Zusammenarbeit und den Austausch von Informationen und den damit verbundenen Features, findet mittel- bis langfristig eine Abkehr der Nutzung von Kommunikations- und Austauschplattformen statt, die außerhalb der Reichweite des Unternehmens liegen.

- **Flexibilisierung der Arbeitsprozesse:** Durch die Nutzung von neuen Werkzeugen, wie Wikis, Blogs und Foren, lassen sich neue Wege der Zusammenarbeit erschließen. Natürlich kann nicht von heute auf morgen ein totaler Umbruch entstehen. Doch eine sukzessive Ausrichtung auf ein Portal führt zur erhöhten Akzeptanz der Nutzer, da einfacherer Kommunikationsmöglichkeiten zur Verfügung gestellt werden.

- **Zukunftsfähig für den interdisziplinären Einsatz:** Auch dieser Aspekt ist ganz besonders wichtig. Die Arbeit zwischen den Abteilungen wird wichtiger. Über ein Tool lassen sich verschiedene Arbeitswelten zueinanderbringen. Doch auch hier gilt, dass ein langsamer Umbruch passieren sollte.

Das mag für den einen oder anderen als Marketing-Gerede daherkommen. Meine persönliche Praxis hat gezeigt, dass durch die Verwendung von Liferay und die sukzessive Ausrichtung auf die Lösungen von Liferay die oben genannten Punkte definitiv erreicht werden. Wie immer gilt: Rom wurde auch nicht an einem Tag erbaut, so kann sich auch nicht die Strategie innerhalb weniger Wochen ändern – und erst recht nicht in den Köpfen der Mitarbeiter.

 PRAXISTIPP: Beginnen Sie mit einem Projekt für einen Bereich, der besonders offen für neue Ideen ist und diese vielleicht aktiv außerhalb des Unternehmens (bzw. nicht Unternehmens-Compliant) verwendet. Durch die Unterstützung des Managements, mit der Kombination der Feature-Komplettierung von Liferay eine zentrale Lösung zu schaffen, sollte die Überzeugungsarbeit zur Nutzung von Liferay und deren Tools nicht lange dauern. Als Nächstes können weitere Bereiche aufgenommen werden, vielleicht jedoch in stark abgespeckter und betreuter Form, um den Einstieg zu erleichtern. Bieten Sie, wenn möglich, aktiv Nutzerschulungen zu den nutzbaren Funktionen an.

Am Ende kommt es natürlich auch immer auf das jeweilige Unternehmen an, in welche Richtung es die Arbeitsprozesse hinbewegen will und welche Affinität zu bestimmten Werkzeugen, wie beispielsweise Wikis oder Blogs, vorhanden ist. Nicht jedes Tool ist für jeden Arbeitsprozess geeignet. Das findet man jedoch sehr schnell heraus, indem man mit einem kleinen Projekt beginnt und eine Gruppe von Personen (Abteilung, Arbeitskreis usw.) auf eine wohldefinierte Site in Liferay „loslässt", und darüber die Kommunikation und Ablage von Informationen in Form bereits bekannter Werkzeuge steuert. Ein gekochtes Ei mag (fast) jeder, der eine jedoch weich und der andere eben hart gekocht!

■ 16.2 Arbeitsabläufe und Zusammenarbeit mithilfe von Collaboration stärken

Wir wollen uns in diesem Abschnitt mit den verschiedenen Collaboration-Features auseinandersetzen, welche Liferay zu bieten hat. Nach einer kurzen Vorstellung der jeweiligen Werkzeuge wollen wir uns mit dem Thema befassen, wann eine bestimmte Funktionalität eingesetzt werden könnte bzw. wo sich die meisten Potenziale bei der Verwendung ergeben. Ein weiteres wichtiges Thema wird es sein, sich mit der Thematik **Social Equity** zu befassen. Seit Liferay 6 existiert dieses Feature und bietet mehr Kontrolle darüber, wie verschiedene Aktionen im Bereich Collaboration bewertet werden, wodurch ersichtlich sein kann, wie stark Nutzer sich mit dem Thema Collaboration befassen und aktiv einsetzen.

Anschließend wollen wir uns es natürlich nicht nehmen lassen, die verschiedenen Werkzeuge in der Praxis zu verwenden. Hierbei wollen wir auf Basis unseres vorhandenen Projekts weitere Features hinzufügen, die wir in diesem Abschnitt kennenlernen werden.

16.2.1 Features in der Übersicht

Liferay bringt im Standard bereits verschiedene Werkzeuge mit, welche in verschiedenen Portlets zur Verfügung gestellt werden. Das bedeutet für unseren Einsatz mehr Flexibilität. Das Wiki beispielsweise verfügt über zwei Portlets, welche verschiedene Aufgaben erfüllen, jedoch kombiniert für verschiedene Einsatzzwecke dienlich sein können. Doch welche Features existieren nun eigentlich im Bereich Collaboration?

- **Forum:** Der klassische Austausch zwischen verschiedenen Personen zu einer bestimmten Thematik kann man in Liferay mithilfe eines Forums abbilden. Innerhalb des Forums können verschiedene Unterkategorien bzw. Bereiche für verschiedene Oberthemen erstellt werden. Jeder Nutzer kann eine Thematik oder ein Posting abonnieren, um schneller Feedback zu Änderungen zu erhalten oder einfach nur, um es den eigenen Favoriten hinzuzufügen.

- **Wiki:** Hierbei existieren zwei verschiedene Portlets zum Erstellen und Verwalten von Wiki-Seiten. Das Portlet „Wiki" ermöglicht das Erstellen von Wiki-Seiten, während das Portlet „Wiki-Anzeige" eine bestimmte Seite auf einer Page darstellt. Dadurch können einfacher bestimmte Themen aus dem Wiki heraus auf der aktuellen Site besser gestreut bzw. dargestellt werden.

- **Blog:** Nutzer können auf ihren eigenen Profilseiten Blog-Einträge erstellen oder auch basierend auf einem Projekt innerhalb einer Site gemeinschaftlich agieren. Liferay bietet hierzu, neben dem klassischen Blog, einen Blog-Aggregator an (welchen wir bereits in Abschnitt 14.2.2 kennen gelernt haben).

- **Poll:** Die Möglichkeit, eine Abstimmung zu bestimmten Themen in Liferay in wenigen Sekunden zu erstellen, hilft bei der Bindung zwischen den Site-Mitgliedern und den Site-Verantwortlichen. Außerdem hilft es, Themen voranzutreiben und einfache „demokratische" Verhältnisse in einer Site aufzubauen. In Abschnitt 14.3.2 haben wir bereits diese Funktionalität kennengelernt.

- **Datenlisten:** Eines der neusten Features von Liferay ist die Verwaltung von strukturierten Listen. Wie in einem Tabellenkalkulationsprogramm können Sie eigene Spalten über die Administrationsoberfläche definieren und anschließend für die Verwendung durch die Nutzer freigeben.

- **Kalender:** Auch ein Kalender gehört thematisch zu der Kategorie Collaboration. Mithilfe eines Kalenders können Sie gemeinschaftlich mit anderen Mitgliedern der Site Projekttermine pflegen oder gesonderte Terminpflege halten. Natürlich sollte das nur eingeschränkt passieren, da keine bidirektionale Schnittstelle zu einem Mail-System existiert.

16.2.2 Auswahl der richtigen Funktionen für den täglichen Einsatz

Viele dieser Features sind bereits im Unternehmen bekannt, konnten oder durften aus bestimmten Gründen vielleicht teilweise oder überhaupt nicht zum Einsatz kommen. Die verschiedenen Gründe haben wir bereits in den vorherigen Abschnitten vertieft. Was wir jedoch nicht besprochen haben, ist, welche Funktionalitäten, wann am besten einzusetzen sind. Im Unternehmen muss man sich deutlich mehr Gedanken über den Einsatz neuer Komponenten und Features machen, als im privaten Umfeld. Denn die langfristigen Auswirkungen auf die Arbeitsprozesse und die darin verwickelten Mitarbeiter können sehr bedeutend sein. Die Frage, ob man beispielsweise eine neue Wiki-Seite pflegt oder ein neues Dokument erstellt, scheint zwar in erster Sicht klar voneinander trennbar zu sein.

 PRAXISTIPP: Es versteht sich von selbst, dass viele Vergleiche bezüglich des Einsatzes von Liferay streitbar sind. Dadurch werden neue Gedanken im Unternehmen angeregt und man kommt auf diese Weise erst zu neuen (Einsatz-) Möglichkeiten, hinsichtlich der Verwendung verschiedener Funktionalitäten in eigenen Geschäftsfeldern.

Wenn Sie Ihr tägliches Geschäft jedoch einmal von neuem überprüfen, werden Sie zu dem Schluss kommen, dass auch diese Funktionalität in bestimmten Bereichen effektiver sein kann als herkömmliche Techniken, wie z. B. Dokumente oder E-Mails. Wir wollen uns im Folgenden mit einigen dieser Szenarien genauer beschäftigen.

16.2.2.1 Wiki vs. Dokument

Schauen wir uns beide Konzepte (die einer Wiki-Page und die eines Dokuments) genauer an, stellen wir zunächst fest, dass die Erstellung, Pflege und Einsicht des Inhalts auf ähnliche Weise passieren. Die Fragestellung von Nutzern, ob ein Wiki oder ein Dokument erzeugt werden soll, kann auf Basis dieser einfachen Anforderung noch nicht geklärt werden. Viel mehr genauer wird es, wenn man beleuchtet, welche weiteren Arbeitsabläufe mit dem zu erstellenden Inhalt in Verbindung stehen. Falls Inhalte über weitergehende Klassifizierungen und Typisierungen ausgestattet werden, kann das ebenfalls in Liferay über eine Wiki-Page und ein Dokument erfolgen. Ein prinzipielles Ausschließen einer Wiki-Page, nur weil Klassifizierungen „logischerweise" nur an Dokumente angefügt werden, ist in der heutigen Zeit nicht mehr gültig. Neue Arbeitsweisen erfordern oftmals andere und einfacherer Konzepte. Natürlich spielt auch die Komplexität des Inhalts eine Rolle. Je umfangreicher ein Werk wird (Inhalt, Strukturierung, Formatierung), desto mehr macht der Einsatz von Office-Programmen aus heutiger Sicht gesehen Sinn. Natürlich spielt auch die Akzeptanz eine große Rolle. Der Einstieg in die Nutzung von Wiki-Pages sollte natürlich im Kleinen ausprobiert und immer weiter in den verschiedenen Abteilungen optional angeboten werden. Beispielinhalte stellen den ersten Nutzen für die verschiedenen Mitarbeiter dar, sodass diese sukzessive selbst entscheiden können, ob eine Wiki-Page ebenfalls für eine aktuelle Anforderung ausreichen könnte.

So stellt sich automatisch die Frage nach dem Verarbeitungsgrad des Inhalts. Soll das Dokument z. B. auch heruntergeladen und dort verändert werden können, fällt automatisch eine Wiki-Page weg. Dinge, wie Netzwerkzugriff (Liferay kann via WebDAV in die Betriebssystem-Umgebung integriert werden), spielen eine weitere wichtige Rolle, denn ausschließlich nur Dokumente und Verzeichnisse sind über einen Datei-Explorer zugreifbar.

Das Gleiche gilt für Dokumente, die mit Lieferanten oder Kunden ausgetauscht werden müssen. Existieren Integrationen in andere Systeme, welche z. B. „nur" dokumentenorientiert arbeiten (z. B. ERP-System zur Kontierung einer Rechnung), ist der Einsatz eines Dokumentes klar. Sind jedoch ausschließlich auf einfache Art und Weise Informationen zu sammeln und zu strukturieren, welche ebenfalls mit anderen Nutzern geteilt werden können, ist der Einsatz von Wiki-Pages zu überlegen. Beispielsweise ist der Einsatz von Wikis in Besprechungen durchaus sinnvoll. Sofort besitzt man die Inhalte im Wiki und kann diese dort weiterverwerten.

16.2.2.2 Forum vs. Mail

Die Kommunikation via Mail ist die wahrscheinlich am meisten genutzte Form der Kommunikation im Unternehmen, sogar noch wichtiger als das Telefon. Und das zu Recht – die Nachweisbarkeit von Kommunikation und die damit verknüpften Attachments, stellen ein wichtiges Bindeglied zwischen den Abteilungen, den Lieferanten und Kunden dar. Nicht zu vergessen ist hier das einfache Handling bezüglich der Office-Programme, welche viele Möglichkeiten der individualisierten Ablage (Konten, Ordner, Kategorisierung) und Verwaltung (Rules) bieten.

Doch auch Foren können anstatt Mails verwendet werden. Vor allem dann, wenn alle Kommunikationspartner Zugriff auf das Portal besitzen. Dann können verschiedene Möglichkeiten der Individualisierung der Inhalte durch die Nutzung von Liferay-Funktionalitäten geboten werden. Verknüpfung von Verschiedenem, wie das erweiterte Socializing von Foren-Posts, das „Liken" und das Abonnieren, sind nur einige Punkte. Findet eine geregelte Kommunikation innerhalb eines Projekts statt, kann eine dauerhafte Ablage in Form von Foren-Posts mehr Sinn ergeben, als Mails zu versenden. Nicht zu vergessen, dass Dokumente und andere Dateien, welche in Liferay referenziert werden müssten, so direkt über den Foren-Artikel verknüpft werden könnten. Natürlich ergeben Foren-Posts nur dann Sinn, wenn als Kommunikation eine „wirkliche" Kommunikation zwischen den Beteiligten vorhanden ist. Ansonsten ergibt hier die Verwendung von Foren-Posts eventuell nicht sehr viel Sinn. Nur wenn die Kommunikation ein nachhaltiges Ziel in sich birgt, wie beispielsweise die Planung von neuen Projektmeilensteinen oder die Frage nach der Lösung eines Problems, welches eventuell mehrere Personen beantworten könnten, macht die Verwendung eines Foren-Posts durchaus Sinn.

16.2.2.3 Blog vs. Wiki

Ein Blog wird prinzipiell immer dann verwendet, wenn vor allem Statements eines Autors oder einer Autorengruppe zu bestimmten Themen verfasst werden. Auf diesen Blogs können anschließend Kommentare vergeben und ggf. ein einzelner Post bewertet werden. Blogs stellen eher personalisierte News für bestimmte Bereiche dar, welche einen Informationsfluss beinhalten. Ein Wiki stellt hingegen eine relativ statische Anordnung von Wiki-Pages dar, welche wichtige Informationen hierarchisch auflisten. Wiki-Pages stellen Quasi-Dokumente dar, welche nur in vereinfachter und ggf. vernetzter Form (verlinkte Wiki-Pages) auftreten. Werden dynamisch und fortlaufend neue Informationen von Nutzern produziert, sollte man überlegen, ob nicht ein Blog oder der Web Content besser hierfür geeignet sein könnte.

16.2.2.4 Blog vs. Forum

Prinzipiell stellt sich die Frage eigentlich überhaupt nicht – oder vielleicht doch? Jeder Blog-Eintrag lässt sich kommentieren, sodass der Eindruck entstehen kann, dass zumindest eine bidirektionale Kommunikation vorhanden ist. Jedoch wird ein Blog in der Regel nur von bestimmen Nutzern zur Erstellung von neuen Posts freigegeben. Darüber hinaus ist die Darstellung von Foren und Blogs grundverschieden. Foren werden strukturiert dargestellt, mit verschiedenen Foren-Topics und die sich darin befindlichen Antworten. Sind die Anforderungen klar umrissen, beispielsweise, dass es eine Austauschplattform geben soll, ist die Wahl in Richtung eines Forums schnell entschieden.

 HINWEIS: Blogs und Foren können über eine so genannte Pingback[2]-Funktion miteinander verknüpft werden. Dadurch kann eine Art losgelöste Synchronisation von einem Foren-Post und einem Blog erfolgen.

---

[2] *http://en.wikipedia.org/wiki/Pingback*

16.2.2.5 Poll vs. Forum

Mit Liferay können Sie prinzipiell Meinungsumfragen auf mehreren Wegen starten – und das mehr oder weniger strukturiert. Sowohl die Umfragefunktion als auch das Forum werden jedoch in der Regel für solche Mittel eingesetzt. Die großen Vorteile von Umfragen sind die einfache Verwendung und die Auswertungsmöglichkeiten (siehe Abschnitt 14.3.2). Denn die Nutzer müssen nur einen simplen Klick der für Sie richtigen Antwort angeben. Das Ergebnis wird sofort geliefert und kann entsprechend weiter ausgewertet werden. Weitere Kommentare oder Diskussionen von anderen teilnehmenden Nutzern sind jedoch nicht möglich, sodass eventuell eine eingeschränkte Sicht auf die Antworten entstehen kann.

 PRAXISTIPP: Erstellen Sie eine neue Umfragefunktion und verweisen Sie im Beschreibungstext auf eine extra hierfür geöffnete Foren-Post, in welcher sich die Teilnehmer weiter austauschen können. Zwar ist die Usability noch nicht „perfekt", da eine Kommentarfunktion in den Polls ggf. Sinn ergeben könnte, jedoch bringt man zumindest beide Welten trotzdem zusammen.

Foren hingegen erlauben durch die gezielte Fragenstellung eine fortlaufende und komplexe Diskussion. Leider ist eine direkte Umfragefunktion nicht Teil des Forums, sodass prinzipiell die Antworten genauer ausgewertet werden müssen.

16.2.2.6 Kalender-Feature in Liferay vs. Groupware-Lösungen

Liferay bietet ebenfalls die Möglichkeit an, Termine zu verwalten und mit anderen Mitgliedern einer Site zu teilen. Für jede Site existiert ein eigener Kalender, mit dem beliebig viele Einträge auf Tagesbasis (und natürlich auf die Minute genau) gepflegt werden können. Neben diesem Feature existieren in der Regel Groupware-Lösungen in Unternehmen, welche bereits diese Aufgaben lösen. Natürlich sollte man nicht durch das Aufleben einer Liferay-Funktion damit beginnen, die Organisation von Terminen mit einem Portal abzubilden. Das ist nicht die Idee hinter dieser Terminfunktionalität. Stattdessen können die Termine für Projektgruppen, welche in Sites arbeiten, genutzt werden, um beispielsweise wichtige Projekttermine zu skizzieren oder wöchentliche Status-Meetings (zusätzlich gepflegt über Groupware) zu pflegen. Dadurch entsteht eine noch bessere Abdeckung eines Portals an eine Projektplattform, die dem Austausch von Informationen und der Kommunikation dienlich sein soll.

16.2.2.7 Datenlisten vs. Tabellenkalkulationsprogramm

Wie bereits beschrieben, können in Liferay Tabellen erstellt werden, die Nutzer anschließend verwenden können, um dort Daten in Zeilenform zu hinterlegen. Der große Vorteil hierbei ist die sofortige Verfügbarkeit im Browser in tabellarischer Form. Dabei können die einzelnen Zeilen nach ihren Spalten sortiert und neue oder veränderte Einträge über ein Freigabeverfahren publiziert werden. Eine bessere Integration jeder einzelnen Zeile findet sich im Liferay wieder. Beispielsweise können Dokumente in einer einzelnen Zeile aus der Datenliste in Liferay heraus selektiert werden. Werden diese Dokumente verschoben oder umbenannt, bleibt die Referenz in der Datenliste zu diesen Dokumenten erhalten. In Tabellenkalkulationsprogrammen existiert dabei sehr wohl ein Problem. Dort würde eine Referenz auf eine abhängige Tabelle durch Verschieben in ein anderes Dokument zu großen Probleme führen. Tabellen aus Kalkulationsprogrammen sind meist starre Dokumente, die zunächst geöffnet werden müssen, um die Daten zu verändern oder in andere Sichtmodi zu bewegen. Dafür ist hier die Funktionalität durch Makros und die Anbindung von externen Datenquellen deutlich größer. Die Datenlisten sollten vor allem für einfache und übersichtliche Szenarien verwendet werden, in denen eine simple Auflistung vollkommen ausreichend ist – wie etwa das Anzeigen der neuesten Produkte, die weltweiten Unternehmensstandorte oder Projektteilnehmer. Tabellenkalkulationsprogramme spielen auch eine große Rolle bei dem Thema Business Intelligence und Reporting im Allgemeinen. Dafür sind weiterhin diese Dateiformate am meisten zu empfehlen.

16.2.3 Social Activitiy – Ranking von Nutzern bestimmen

Mithilfe von Social Activities (*Deutsch*: Soziale Aktivitäten) kann die Einflussnahme der Mitarbeiter „belohnt" werden. Je nach Aktivität, welche in Liferay im Collaboration-Bereich ausgeführt wird, kann der Nutzer sowohl **Contribution Points** als auch **Participation Points** erhalten. Diese Punkte ergeben zusammengenommen eine Gesamtpunkzahl, nach welcher sich die verschiedenen Mitarbeiter innerhalb einer Site „messen" können. Dieses Feature dient jedoch nicht der Konkurrenz unter den Mitarbeitern, sondern soll den Nutzern des Portals, aber auch den Verantwortlichen, eine messbare Größe im Bereich Zusammenarbeit mit Wikis, Blogs usw. zur Verfügung stellen. Die Mehrwerte, die Sie sich dadurch langfristig erschließen können, sind im Folgenden aufgeführt:

- **Transparenz:** Sehr schnell kann eingesehen werden, wie frequentiert die zur Verfügung gestellten Collaboration-Funktionen genutzt werden können.

- **Auswertung und Reports:** Über separate Datenbank-Anfragen oder über Scripting[3] kann exakt bestimmt werden, welche Features am häufigsten und in welchen Abständen genutzt werden. Aber bitte lassen Sie Vorsicht walten! Der Datenschutz kann hier eine Rolle spielen, da die Nutzerinformationen mitgespeichert werden.

- **Erhöhte Akzeptanz:** Das Feature „Social Equity" (Bild 16.1) enthält Gamification-Elemente, mit welchen versucht wird, den Nutzer auf spielerische Art und Weise den Einstieg in die verschiedenen Collaboration-Features zu erleichtern und langfristig daran zu binden.

Natürlich ist diese Funktionalität für den Einstieg in die Collaboration-Welt noch nicht wirklich geeignet, da sie Standard-Anwender komplett überfordern und ebenso falsch angenommen werden würden. Im Moment können die folgenden Funktionalitäten in Liferay konfiguriert werden:

- **Blog:** Wenn ein Nutzer einen Blog-Eintrag schreibt, aktualisiert oder auch, wenn jemand ein Blog abonniert, erhält der Nutzer entsprechende Punkte. Auch das reine Konsumieren eines Blog-Posts wird angerechnet.

- **Forum:** Ebenfalls möglich ist das Vergeben von Punkten innerhalb des Forums, beispielsweise wenn neue Topics erstellt oder diese beantwortet werden.

---

[3] Liferay kann über die Server Administration via Server Scripts direkt ohne Umwege angesprochen werden.

▪ **Wiki:** Wikis können ebenfalls sehr weit reichend hinsichtlich der Punktevergabe konfiguriert werden. Werden neue Wiki-Pages erstellt oder Anhänge mit hochgeladen, können separate Punkte vergeben werden. Das Gleiche gilt für das Abonnieren oder das Kommentieren einer Wiki-Page.

Es existieren noch viele verschiedene, weitere Einstellungsmöglichkeiten, welche wir hier jedoch nicht komplett vorstellen wollen. Jede Aktion kann noch einmal hinsichtlich der Punktevergabe eingegrenzt werden. Es macht beispielsweise keinen Sinn, dass ein Nutzer fortlaufend Punkte für das Lesen des immer gleichen Blog-Posts erhält. Stattdessen kann definiert werden, dass für diesen Post nur einmalig Punkte vergeben werden. Auch hier gibt es weitere Möglichkeiten, welche wir uns direkt im *Kontrollbereich* und dort unter dem Punkt *Soziale Aktivitäten* innerhalb einer Site anschauen können.

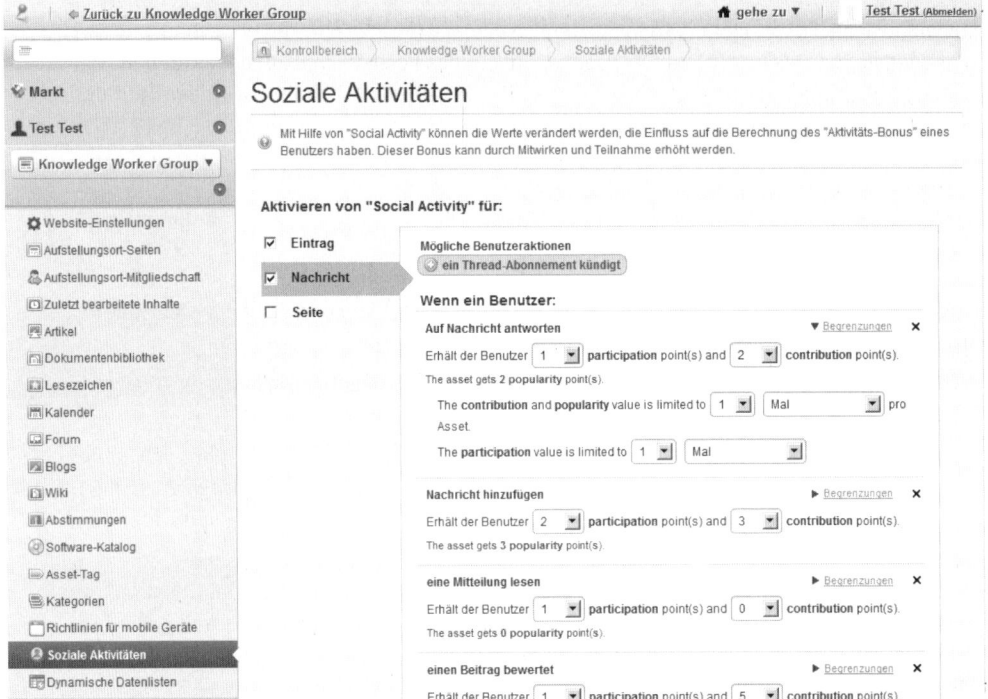

Bild 16.1 „Social Equity"-Einstellungen werden individuell für eine Site bestimmt. Dadurch lassen sich unterschiedliche Bewertungskriterien für verschiedene Sites und die dort vorhandenen Anforderungen erstellen.

Über sehr überschaubare Erweiterungen in Liferay lassen sich weitere Aktivitäten für andere Funktionalitäten, wie beispielsweise Polls, in die „Sozialen Aktivitäten" integrieren. Liferay hat hierbei stark darauf geachtet, dass eine modulare Lösung erreicht werden kann.

16.2.4 Social Collaboration in Liferay verwenden

Wir wollen nun bestehenden Funktionalitäten ausprobieren und melden uns hierzu wieder in unserem bestehenden Liferay-Portal an. Anschließend gehen wir in unsere erstellte Site „Knowledge Worker Group" und dort direkt auf die Startseite. Hier wollen wir die bereits in der Theorie kennengelernten Collaboration-Features anwenden und wichtige Funktionen hierüber erfahren.

16.2.4.1 Forum

Wir wollen für das Forum eine separate Page anlegen, damit wir genügend Platz für die verschiedenen Foren-Komponenten haben. Eine Page erstellen wir hierfür über die Dockbar mit der Option *Hinzufügen* und anschließend *Seite auswählen*. Nun erscheint automatisch eine neue Page, in welcher wir jetzt einen Namen (wie z.B. Forum) vergeben müssen. Anschließend wechseln wir in diese Page und fügen das Portlet *Foren* auf der aktuellen Page hinzu. Dafür gehen wir erneut über die Dockbar in den Auswahlbereich *Hinzufügen* und wählen hier *Mehr . . .* aus. Dort können wir in der Kategorie *Zusammenarbeit* das Portlet finden (Bild 16.2). Über die Suche können wir schneller das gewünschte Portlet identifizieren und via Drag & Drop auf der Page platzieren.

Bild 16.2 Auswahl des Foren-Portlets und Platzieren auf der aktuellen Page

Eventuell passen wir vorher das Layout (siehe Abschnitt 14.2.1.4) so an, dass nur eine Spalte zur Strukturierung von Portlets vorhanden ist. Dadurch füllt das Forum die gesamte Breite des Portals aus.

Vorbereitung des Forums

Wir wollen uns nun damit beschäftigen, dass Forum für die alltägliche Verwendung vorzubereiten. Prinzipiell ist es sinnvoll, verschiedene Kategorien zu erstellen, in welche Standard-Nutzer ihre Posts erstellen sollen. Für unser Forum bedeutet das, dass wir die **Kategorie Projekt 2020 – Restrukturierung des Anlagenbereichs** sowie **Umfragen** hinzufügen wollen. Hierzu klicken wir auf *Kategorie hinzufügen* im Startbereich des Forums (Bild 16.3).

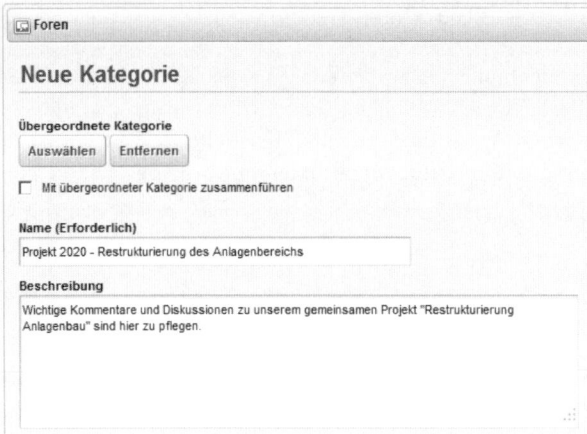

Bild 16.3
Erstellen einer neuen Foren-
Kategorie

Nachdem wir beide Kategorien angelegt haben, wollen wir uns kurz mit der erweiterten Konfiguration unseres Forums beschäftigen. Hierzu klicken wir im Portlet im oberen rechten Bereich auf *Optionen > Konfigurationen* (Bild 16.4).

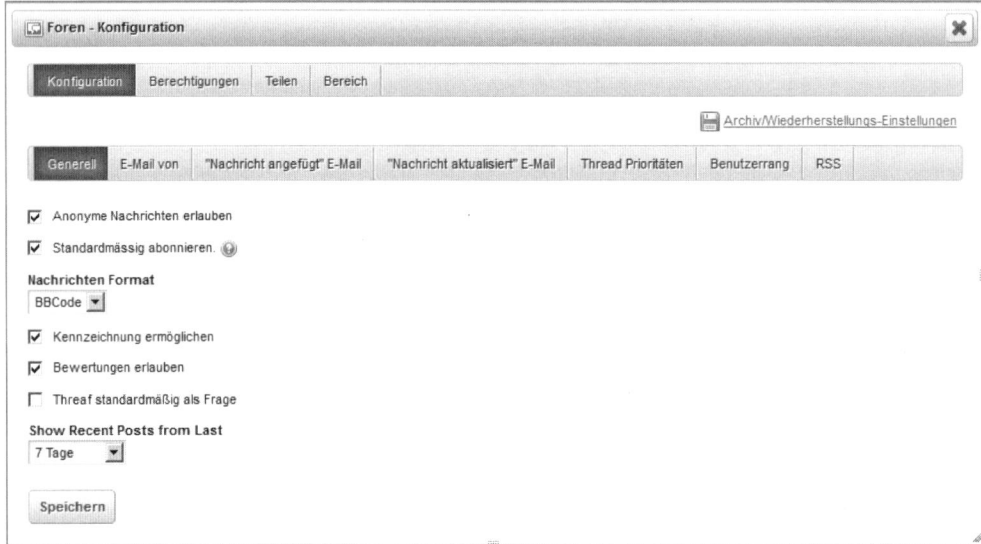

Bild 16.4 Konfiguration des Foren-Portlets

Hierbei können wir verschiedene Einstellungen für unser Foren-Portlet vornehmen, welche im Folgenden kurz erläutert werden:

- **Generell:** Hier lässt sich u. a. einstellen, in welcher Formatierung der Foren-Post erfolgen soll (BBCode oder HTML). Des Weiteren kann definiert werden, ob Bewertungen erlaubt und standardmäßig jeder Post abonniert werden, wenn ein User daran partizipiert.

- **E-Mail von:** Der Versender, welcher in der E-Mail erscheinen soll, wenn neue oder geänderte Foren-Posts vorliegen. Dabei können die Variablen in den Inputfeldern verwendet werden, welche dort mit angegeben sind.

- **Mail Templates:** Beide folgenden Reiter bieten eine Vorlage, welche für die jeweilige Aktion individuell konfiguriert werden kann. Auch hier stehen verschiedene Variablen zur Verfügung.

- **Thread-Prioritäten:** Verschiedene Stufen bzw. Kategorisierungen können hier für Foren-Posts hinterlegt werden.

- **Benutzerrang:** Je nachdem, wie ein Nutzer an dem Forum beteiligt ist, steigt er verschiedene Ränge auf. Diese werden hier definiert. Bitte nicht mit dem Thema Social Equity verwechseln, welches eine komplett eigene Dynamik besitzt und nichts mit diesem Feature zu tun hat.

Benutzung des Forums

Hier gibt es eigentlich nicht viel zu erklären. Das Prinzip eines Forums ist klar. Wir legen als Beispiel einige neue Foren-Posts an und probieren die verschiedenen Optionen aus. Am Ende könnte das Forum wie in Bild 16.5 aussehen oder noch weiter auf die jeweiligen Anforderungen angepasst werden.

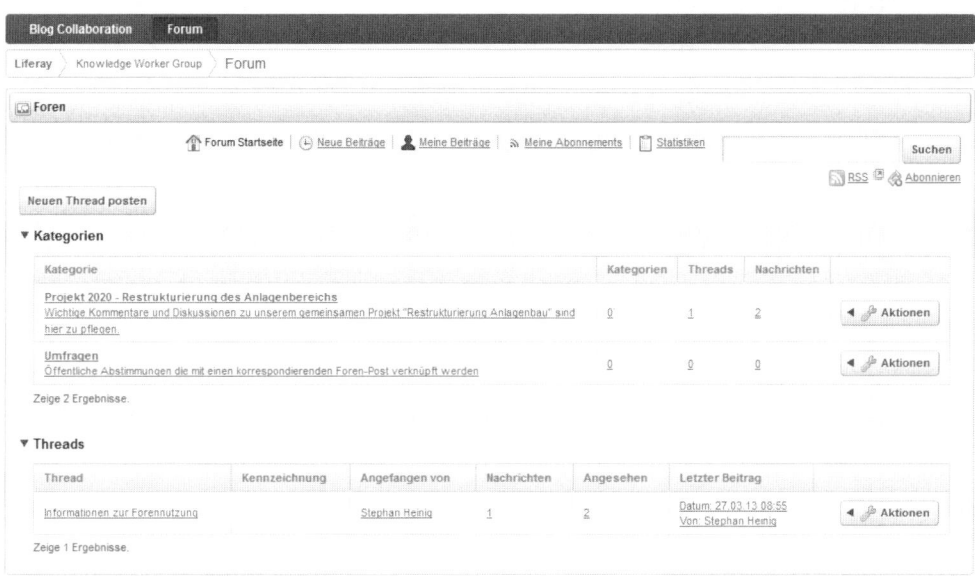

Bild 16.5 Beispielforum nach Konfiguration und Aufbau

Ob darüber hinaus die Verwendung der Foren beispielsweise als Mailing-Liste (Konfiguration findet über die Kategorien statt) möglich sein soll, liegt ganz am jeweiligen Unternehmen. Sowohl ein Foren-Post als auch eine gesamte Kategorie kann darüber hinaus abonniert werden.

Im oberen Bereich des Forums findet sich dann die Möglichkeit wieder, zum einen Ihre Beiträge unter dem Punkt *Meine Einträge* anzuschauen oder die eigenen Abonnements unter *Meine Abonnements* zu verwalten. Als Site-Administration gibt es darüber hinaus die Möglichkeit, gesperrte Nutzer zu verwalten und diese ggf. zu entsperren.

16.2.4.2 Wiki

Im Bereich der Wikis existieren zwei verschiedene Portlets, welche wir für den täglichen Einsatz verwenden können. Wir beginnen mit dem klassischen Wiki-Portlet, welches wir ebenfalls auf einer separaten Page in unserem Projekt (nach den gleichen Prinzipien wie im Forum) anlegen wollen. Ist die Page angelegt, gehen wir wieder über die Dockbar auf *Hinzufügen > Mehr ...*, suchen uns dort direkt das Wiki-Portlet heraus und platzieren es auf unserer neuen Page. Anschließend erscheint die Startseite des Wikis, welches mit dem Namen **FrontPage** betitelt ist.

 PRAXISTIPP: FrontPage ist aktuell nicht dynamisch und kann nur via Properties-Dateien für alle Sites verändert werden. Hierfür fügen Sie in die Datei *portal-exp.properties* folgende Zeile hinzu und passen diese nach Belieben an:

```
Wiki.front.page.name=FrontPage
Wiki.initial.node.name=Main
```

Über den Button *Bearbeiten* können wir nun unsere erste Wiki-Seiten mit Leben füllen. Hierbei haben wir zur Auswahl, dass wir eine von drei verschiedenen Formatierungsmöglichkeiten vorgeben können:

- **Kreolisch:** Stellt eines der Ur-Makros in der Wiki-Welt dar. Infos bezüglich der Verwendungsweise finden Sie auf der Website.[4]
- **MediaWiki:** Diese Syntax wird ebenfalls von dem allseits bekannten Wikipedia[5] verwendet. Eine entsprechende gut dokumentierte Syntax gibt es sogar in Deutsch.[6]
- **HTML:** Hierbei handelt es sich um die einfachste Art, Formatierungen durchzuführen, indem auf HTML-Elemente und einen WYSIWYG-Editor zurückgegriffen werden kann.

Anschließend speichern Sie Ihren ersten Wiki-Text ab und *Veröffentlichen* ihn.

 HINWEIS: Das tolle in Liferay ist jedoch, wenn Sie z.B. kreolisch als Standardsyntax verwenden und mit dem WYSIWYG-Editor kombinieren, erzeugt Liferay automatisch kreolischen Text. Dadurch müssen Sie sich prinzipiell nicht um die Syntax kümmern, könnten aber den erstellten Text später „weitergeben".

Das Wiki lebt natürlich davon, dass zwischen den verschiedenen Wiki-Seiten Verlinkungen aufgebaut werden können, wodurch sich somit ein sehr schnelles und flexibles Netzwerk an

---

[4] *http://www.wikicreole.org/wiki/Creole1.0*
[5] *http://www.wikipedia.de*
[6] *http://www.mediawiki.org/wiki/Help:Formatting/de*

Informationen ergibt. Dabei haben Sie in Liferay zwei verschiedene Möglichkeiten, Seiten miteinander zu verlinken:

- **Innerhalb eines Textabschnitts:** Über die eckigen Klammern [und] lassen sich neue Pages direkt innerhalb des Wiki-Textes platzieren – ein Beispiel hierfür: `[[Anlagenbau]]`

- **Anhang:** Direkt nach der Erstellung einer Wiki-Seite kann im unteren Bereich eine neue Wiki-Seite als untergeordnete Wiki-Seite erstellt werden.

Im oberen Bereich des Wiki-Portlets lassen sich verschiedene Sichten auf die Wiki-Seiten einsehen, wie z. B., ob verwaiste Seiten entstanden sind, welche ausschließlich nur über die Suche gefunden und aufgerufen werden können.

Das zweite Portlet, welches wir uns jetzt anschauen wollen, nennt sich Wiki-Anzeige. Dieses Portlet kann eine einzelne Wiki-Seite im Portlet anzeigen und beispielsweise auf Übersichtsseiten präsentiert werden. Dieses Portlet findet sich ebenfalls über die Dockbar **Hinzufügen > Mehr ...** und dort unter der Kategorie *Wiki*. Nach dem anschließenden Platzieren auf einer anderen Page in Liferay kann über die Konfigurationseinstellung eine Wiki-Seite ausgewählt werden, welche anschließend präsentiert wird.

16.2.4.3 Blog

Wir haben uns bereits mit dem Erstellen von Blogs und der aggregierten Darstellung von Blog-Posts in Abschnitt 14.2.2.1 auseinandergesetzt. Dieses Vorgehen bedarf keiner weiteren Erläuterungen.[7] Wir wollen uns an dieser Stelle noch einmal mit den verfügbaren Blog-Posts im generellen Sinne beschäftigen. Hierbei existieren drei verschiedene Portlets, welche ausschließlich das Thema Blog behandeln:

- **Blogs:** Erstellen, Verwalten und Einsehen von Blog-Posts auf einer Page. Hierbei kann der Scope verändert werden, sodass entweder die Daten nur auf der aktuellen Page, der Site oder global verfügbar sind. Darüber hinaus können Sie so genannte Trackbacks und Linkbacks verwenden, welche wir in Abschnitt 17.4.2 noch vorstellen werden.

- **Blog-Aggregator:** Blog-Posts werden entweder mit dem Scope *Site* oder *Nutzer*, sortiert nach den neuesten Einträgen, dargestellt. Dabei kann eingestellt werden, wie detailliert eine Vorschau gezeigt werden soll und ob beispielsweise ein RSS-Feed hiervon abonniert werden kann.

- **Letzte Blogger:** Stellt die Autoren von Blog-Posts dar, welche am meisten in einem bestimmten Scope gearbeitet haben. Auch hier kann der Scope zwischen Site und Nutzer ausgewählt werden. Die Anzeige von den entsprechenden Nutzern kann ebenfalls feinjustiert werden.

Darüber hinaus existieren viele weitere Funktionen, die im Blogging-Bereich verwendet werden können, um die Vernetzung von Wissen und die Kommunikation untereinander zu stärken. Beispielsweise kann ein Blog-Post bewertet und kommentiert werden. Via Facebook, Twitter und Google+ kann eine Integration in die wichtigsten sozialen Netzwerke stattfinden.

---

[7] Weitere Informationen finden sich unter *http://www.liferay.com/de/documentation/liferay-portal/6.1/ user-guide/-/ai/blo-4*

Teil II – Liferay

PRAXISTIPP: Wenn Sie generell keine Social Bookmarks anbieten wollen, empfiehlt es sich, das Feature zu deaktivieren. Hierzu fügen Sie in `LIFERAY_HOME/portal-ext.properties` folgenden Eintrag hinzu: `social.bookmark.types=`

16.2.4.4 Poll

Auch mit dem Thema Umfragen haben wir uns bereits in Abschnitt 14.3.2 auseinandergesetzt. Hierzu bedarf es keinerlei weiteren Detaillierung, da die im Standard vorhandene „Tiefe" des Features nicht weitergeht. Das vielleicht noch Erwähnenswerte an dieser Stelle betrifft die Funktion, dass die Lebensdauer einer Umfrage exakt eingestellt werden kann. Außerdem ist es möglich, für verschiedene Sprachen sowohl die Frage als auch die Antworten zu hinterlegen. So müssen nicht für verschiedene Länder unterschiedliche Umfragen gestartet bzw. auf eine Sprache als „Fallback" zurückgegriffen werden.

16.2.4.5 Kalender

Das Kalender-Feature in Liferay (Bild 16.6) dient der einfachen Verwaltung von Terminen für bestimmte Nutzergruppen. Gibt es z. B. verschiedene Projekt-Sites bzw. Projektgruppen, müssten normalerweise für Projekttermine die Teilnehmer separat via E-Mail eingeladen werden. Natürlich kann hier durch Mail-Gruppierungen die Komplexität stark vereinfacht werden, jedoch ist hierfür der Gang in die IT-Abteilung notwendig, was die meisten Mitarbeiter davon abhält, diesen Weg zu gehen. Eine weitere Möglichkeit besteht in Liferay darin, für jede Projekt-Sites eigene Termine zu pflegen und diese aktiv an die Teilnehmer zu kommunizieren. Dadurch müssen bei Termineinladungen nicht umständlich alle Personen identifiziert, ggf. neue Mitglieder eingeladen und „Aussteiger" ausgeladen werden. In Liferay regelt sich die Sichtbarkeit der Termine nach der jeweiligen Site. Mitglieder der Site sehen also nur die verschiedenen Termine und können darauf zugreifen.

Bild 16.6 Kalender-Portlet in Liferay mit eingetragenen Terminen

In Liferay existiert ein Portlet für die Verwaltung von Terminen, welches sich über die Dockbar *Hinzufügen > Mehr … > Zusammenarbeit > Kalender* verwenden lässt. Neue Kalender-Einträge werden durch den Klick auf die Schaltfläche *Ereignis hinzufügen* angelegt. Termine in Liferay beinhalten folgende wichtigen Bereiche, welche individuell bearbeitet werden können:

- **Termindaten:** Die wichtigsten Daten, wie das Datum, die Uhrzeit und die Inhalte, werden hierüber gepflegt.

- **Wiederholen:** Oft hat man den Fall, dass wiederkehrende Termine (z. B. Ausschüsse oder Meetings) abgehalten werden müssen. In Liferay können auf Tages-, Wochen-, Monats- und Jahresbasis diese Termine eingetragen werden.

- **Erinnerung:** Hier kann man einstellen, dass die Person, welche den Termin eingepflegt hat, über verschiedene Kommunikationskanäle informiert werden soll, wenn der Termin ansteht.

 HINWEIS: Solange keine automatische bidirektionale Kommunikation zwischen Liferay und dem Groupware-System vorhanden ist, sollten nur wirklich wichtige Termine bzw. Termine für eine größere Masse in Liferay gepflegt werden. Diese Vorgehensweise hilft bei der langfristigen Steigerung der Akzeptanz von Liferay – auch in vielen Bereichen, die von „Platzhirschen" (am Beispiel Groupware) aktuell beherrscht werden. Im Marketplace[8] von Liferay gibt es einige nützliche Tools, die in diese Richtungen gehen. Also schauen Sie einfach mal vorbei!

Darüber hinaus lassen sich diese Termine zum einen im ICalendar[9]-Format exportieren. Neue Termine lassen sich ebenso aus dem eigenen oder Gruppenkalender in Liferay importieren.

16.2.4.6 Datenlisten

Ein wichtiges Feature, welches seit Liferay 6.1 noch einmal stärker an Bedeutung gewonnen hat, ist die Datenliste. Mit Datenlisten lassen sich in tabellarischer Form (Spalten- und Zeilenformat) Informationen strukturiert hinterlegen, sodass sie gruppiert nach einer bestimmten Thematik (Aufgabenliste, Standorte, Produktkorb) den Mitarbeitern zur Verfügung gestellt werden. Datenlisten können dabei beliebig sortiert, nach ihnen gesucht und sogar als CSV- oder XML-Datei exportiert werden. Wie auch schon im vorherigen Abschnitt bezüglich der Terminproblematik erläutert, stellt auch dieses Feature keinen neuen heiligen Gral im Sinne der Ablöse von Tabellenkalkulationsprogrammen dar. Jedoch ist dieses Feature für smarte Lösungen für Projektgruppen sehr gut geeignet, da der Zugriff über das Web vor allem unterwegs viel einfacher ist, als wenn man sich über das VPN zunächst in das Netzwerk einwählen muss, um anschließend über ein bestimmtes Netzlaufwerk den aktuellen Status in einem Kalkulationsdokument herauszufinden.

In Liferay existiert hierfür ein Portlet, welches „Dynamische Datenlisten Anzeige" genannt wird. Dieses Portlet findet sich im Portlet-Menü in der Kategorie *Zusammenarbeit*. Anschließend müssen wir eine Datenliste auswählen oder eine neue Definition erstellen. Denn ab Liferay 6.1 steht Ihnen ein benutzerfreundlicher Formular-Editor zur Verfügung, mit welchem Sie eigene Spalten erstellen und für Nutzer zur Verfügung stellen können.

---
[8] *http://www.liferay.com/marketplace*
[9] *http://de.wikipedia.org/wiki/ICalendar*

Teil II – Liferay

Bild 16.7 Datenliste mit Beispieldaten, basierend auf einer eigenen Tabellendefinition, welche in Liferay erstellt worden ist

In Kapitel 19 wollen wir uns detaillierter mit dieser Thematik auseinandersetzen, um das Portal nach Belieben zu erweitern.

■ 16.3 Social Networking mit Liferay

Eine wichtige Veränderung, welche sich in den letzten Jahren langsam, aber stetig, in Unternehmen ausgebreitet hat, betrifft die Kommunikation der Mitarbeiter untereinander. IRC, ICQ und schlussendlich auch Skype führten zu einer Änderung der Arbeitsweise bei den Mitarbeitern und der Kommunikation untereinander. Denn beispielsweise konnten Dateien in solchen Applikationen schnell verteilt werden, oder man konnte sich via Remote-Verbindung auf das jeweilige System dazuschalten. Mittlerweile sind einige solcher Systeme bei vielen Unternehmen als Arbeitsmittel zugelassen. Das stärkt vor allem die Bindung zwischen Mitarbeitern, die sich nicht häufig zu Gesicht bekommen. Durch einfache Kommunikationsmittel, welche dem Austausch von Ideen, Konzepten (natürlich manchmal auch privaten Dingen) dienen, steigert man automatisch das Bewusstsein vieler Mitarbeiter für eine neue Form der Zusammenarbeit.

 HINWEIS: „Social" führt Informationen und Nutzer auf vollkommen neuem Wege zusammen. Nutzer lernen über Umwege neue Themen kennen, indem beispielsweise andere Nutzer Informationen „liken" oder darüber schreiben. „Social" führt außerdem zu einem größeren Bewusstsein für die Gesamtheit eines Projekts, einer Abteilung oder eines Unternehmens, da die Kommunikation und der Austausch von Neuigkeiten zentralisiert werden.

Denn wie wir bereits mehrfach erwähnt haben, bestehen Lösungen heute selten aus nur noch aus einem Fachbereich, sondern müssen technologischen, konzeptionellen, aber teilweise auch betriebswirtschaftlichen Ansprüchen genügen. Beispielsweise sei an dieser Stelle der Einstellungsprozess eines neuen Mitarbeiters genannt. Existieren viele verschiedene Standorte (vielleicht sogar im Ausland) des Unternehmens, wird die Kommunikation und die Zusammenarbeit komplexer. **Collaboration** Tools, wie wir sie bereits in Abschnitt 16.2.1 kennen gelernt haben, gehören sicherlich zu den Dingen der ersten Wahl – doch die Bindung unter den Teilnehmern kann durch das Thema **Social** noch viel besser verwirklicht und umgesetzt werden.

16.3.1 Features in der Übersicht

Liferay verfügt in diesem Bereich über verschiedene Applikationen und Erweiterungen, welche natürlich kostenfrei verwendet werden können. Hierbei muss jedoch erwähnt werden, dass bei der Standard-Installation von Liferay nicht alle der nun vorgestellten Features installiert werden. Wir haben jedoch in Abschnitt 11.3 bereits die hierfür notwendigen Installationen durchgeführt (bzw. müssen wir die Installation der Pakete jetzt umsetzen), sodass die notwendigen Portlets zur Verfügung stehen. Diese Erweiterungen wurden von Liferay selbst erstellt, sodass hier keine Unsicherheiten durch Drittanbieter usw. anfallen können.

Im Groben teilen sich die für uns relevanten und damit wichtigsten Features wie folgend auf:

- **Social Networking:** Mit dieser Erweiterung erhalten Sie einige neue Portlets. Zum einen können Sie die Profilseiten der Nutzer dahingehend erweitern, dass eine Aktivitätenliste des Nutzers und Freundschaftsabschlüsse möglich sind. In Liferay existiert bereits eine Aktivitätenliste, welche auf Site-Ebene basiert und die wir uns ebenfalls anschauen werden. Durch das Hinzufügen eines Freundes steht in der Chat-Funktion ein neuer Kontakt zum Austausch zur Verfügung.

- **Chat:** Applikation, um mit vernetzten „Freunden" in Liferay zu chatten, wenn diese online sind. Das Portlet wird automatisch auf jedem Bildschirm am unteren Rand dargestellt, sodass es immer verfügbar ist.

- **Kennzeichnungen und Anmerkungen:** Über Kommentar- und Bewertungsfunktionen können Liferay-Pages bewertet und dadurch fortlaufend verbessert werden, da entsprechendes Nutzer-Feedback für Retroperspektiven und Weiterentwicklungen verwenden werden können.

- **Statistiken:** Es existieren Benutzer- und Gruppenstatistiken, welche teilweise sogar grafisch bestimmte Aktivitäten widerspiegeln. Hierbei können wir zur Thematik „Social Equity" aus dem vorherigen Abschnitt eine Brücke schlagen, denn das Portlet „Top Users" stellt z. B. auf Basis der dort hinterlegten Konfiguration die aktivsten Nutzer in Liferay sortiert dar.

- **Google Maps:** Profilnutzer können z. B. die Koordinaten ihres aktuellen Aufenthalts posten, sodass andere Personen sofort visualisieren können, wo sie sich gerade befindet.

- **Social Bookmarks:** Hierbei können Posts, z. B. in Blogs oder Foren, auf verschiedene Netzwerke publiziert werden. Dies stellt eine Erweiterung zu der bereits vorhandenen Funktionalität in Abschnitt 16.2.4.3 dar. Diese behandeln wir in diesen Abschnitt jedoch nicht weiter, da die Funktionalität dieselbe darstellt, nur das deutlich mehr soziale Kanäle zur Verfügung stehen.

Teil II – Liferay

16.3.2 Wann ist es sinnvoll, dem Thema „Social" im Unternehmen nachzugehen?

Wir haben uns bereits etwas mit der Frage beschäftigt, wann solch ein Thema interessant bzw. auch von der Compliance zugelassen wird. Viele Unternehmen weigern sich noch heute strikt gegen neue Arbeits- und Kommunikationsmethoden. Hier können wir nicht viel Land gewinnen. Ist jedoch eine gewisse Offenheit gegeben, müssen wir uns damit beschäftigen, ob und in welchem Maße das Thema „Social" interessant sein könnte. Auch hier haben wir schon wichtige Punkte erörtert: Die Zusammenarbeit zwischen Mitarbeitern, welche ortsunabhängig arbeiten, kann dadurch noch einmal massiv gestärkt werden. Verwenden verschiedene Teams bereits mehrere Kommunikationsmittel, um sich untereinander auszutauschen, ist eine Zentralisierung durch ein Portal mehr als sinnvoll. Informationen können einfacher wiedergefunden werden und stehen in Verbindung zu anderen Informationselementen und Nutzern. Dadurch entsteht sukzessive ein aktives Informationsnetzwerk, was fortlaufend wächst und chronologisch geordnet ist.

 PRAXISTIPP: Verwenden bereits Kollegen und Abteilungen Facebook, Skype und andere Formen des Informationsaustauschs? Setzen Sie sich mit ihnen zusammen und besprechen Sie die gemeinsamen Schritte zur Homogenisierung der Arbeitsmittel. Ihre Vorschläge werden sicherlich positiv aufgenommen, wenn Sie den bereits „fortgeschrittenen" Abteilungen Raum für Ideen und Mitgestaltung geben, damit Sie die bereits verwendeten Techniken nicht gänzlich verlieren oder umstellen müssen.

Die Verbreiterung der Kommunikationsmittel kann auch dazu hilfreich sein, die Akzeptanz für die Bereitschaft der Nutzung eines Portals zu erhöhen, um fortlaufend die Zentralisierung der Arbeit voranschreiten zu lassen. Ist die Fragestellung geklärt, ob das Thema „Social" relevant sein könnte, und diese Frage einen positiven Ausgang gefunden hat, bemüht man sich zu identifizieren, welche wichtigen Features in diesem Themenbereich interessant sein können. Genau hierzu bietet Liferay viele Möglichkeiten der Entfaltung. Durch die im folgenden Abschnitt vorgestellten Features in der Praxis können wir uns schnell die Mehrwerte anschauen und ggf. adaptieren.

16.3.3 Social Features in Liferay verwenden

In diesem Abschnitt wollen wir sukzessive mit den verschiedenen Features von Social Office auseinandersetzen. Dabei wollen wir uns zunächst mit der Thematik befassen, die Profilseiten unserer bereits angelegten Benutzer zu vereinheitlichen und mit sozialen Elementen auszustatten. Anschließend wollen wir ein Netzwerk aus Kontakten aufbauen und die einzelnen Features darauf aufbauend verwenden.

16.3.3.1 Aufbau von sozialen Profilseiten

Wir wollen nun die Profilseiten unserer Anwender „Stephan Heinig" und „Martina Trost" so anpassen, dass dort viele interessante Informationen für die Besucher angezeigt werden, wie beispielsweise eine individuelle Anzeige von Aktivitäten und die Möglichkeit, „Freundschaften" zu schließen. Der gesamte Profilbereich soll dem Besucher die Möglichkeit geben, mehr über den aktuellen Nutzer zu erfahren!

Hierzu melden wir uns als „Stephan Heinig" an (Bild 16.8) und gehen über die Dockbar auf *Gehe zu > Mein öffentlichen Seiten*. Dort angekommen, wollen wir das Profil folgendermaßen nach dem Zwei-Spalten-Layout gestalten.

- **Linke Spalte:** Platzierung der Portlets Summary, Google Maps und Friends
- **Rechte Spalte:** Hinzufügen der Portlets Anträge, Kurznotiz, Aktivitäten und der Wall

Durch die Sucheingabe können die Portlets gefunden und via Drag & Drop auf den Seiten platziert werden.

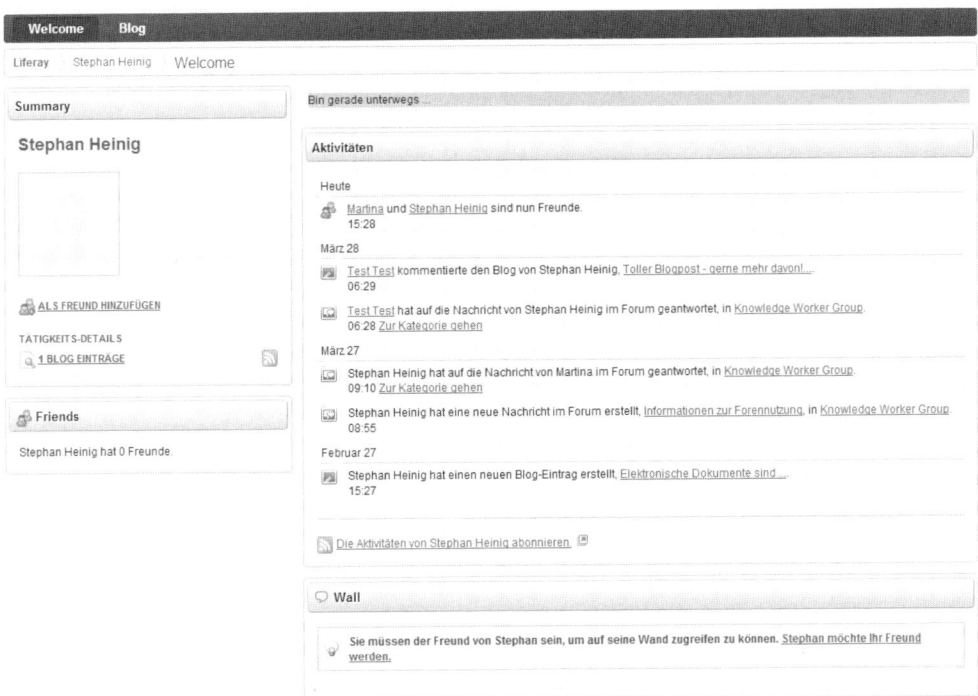

Bild 16.8 Darstellung der geänderten Profilseite des Nutzers Stephan Heinig, angemeldet als „fremde" Person Martina Trost

Natürlich fragen Sie sich wahrscheinlich jetzt, wie für neue Nutzer automatisch vordefinierte Profilseiten angelegt werden, ohne manuelle Konfigurationen, wie in diesem Abschnitt vorgestellt, vornehmen zu müssen. Hierzu existieren zwei verschiedene Möglichkeiten, die je nach Anforderung besser geeignet ist:

Teil II – Liferay

- **Pauschale Anpassung für alle Nutzer:** Hierzu wird die Datei *portal-ext.properties* im *LIFERAY_HOME-Verzeichnis* erweitert, um bei neu erstellten Nutzern sowohl das Layout als auch die entsprechenden Portlets für die privaten- sowie öffentliche Pages zu erstellen.

- **Individuelle Anpassung:** Hierbei kann jeder Nutzer seine eigene Profilseite so gestalten wie es ihm beliebt. Eine Einschränkung seitens der Administratoren gibt es in der Regel nicht.

16.3.3.2 Vernetzung von Personen untereinander

Die Vernetzung der Mitarbeiter ist eine der wichtigsten Funktionen, welche durch die Erweiterungen in Liferay durch die Installation des „Social Networking" Portlets hinzugefügt worden sind. Das Hinzufügen einer Person in die Freundesliste funktioniert auf diese Weise, dass die Person über den öffentlichen Profilbereich eines Nutzers die Aktion zunächst auslösen muss. Anschließend kann der Profilinhaber über das Anträge-Portlet die Einladung zur „Freundschaft" annehmen oder auch verweigern. Akzeptiert der Profilnutzer die Anfrage, wird eine bidirektionale Freundschaft zwischen den beiden Personen aufgebaut. Dadurch können die Benutzer folgende Tätigkeiten auf den jeweiligen Profilseiten durchführen:

- **Chat:** Über die Chat-Funktionalität im unteren Bereich des Bildschirms erscheint automatisch der hinzugefügte „Freund" als Chat-Partner.

- **Wall:** Die Benutzer können sich Wall-Einträge auf der jeweiligen Profilseite hinterlegen.

- **Freundesliste:** Jeweils die andere Person erscheint in der Freundesliste des anderen.

- **Aktivitäten:** Diese soziale Aktion wird in der Aktivitätenliste vermerkt.

Wir wollen diese Aktion einmal in der Praxis durchführen. Nachdem wir im vorherigen Abschnitt unsere Profilseiten konfiguriert haben, wollen wir uns mit „Martina Trost" anmelden und uns auf die Profilseite des Nutzers begeben. Das funktioniert in der Regel auf die Weise, dass wir auf einen Eintrag (Post, Wiki) des Nutzers klicken und über den Namen auf der öffentlichen Einstiegsseite des Nutzers landen. Dort angekommen, können wir im Summary-Portlet (Bild 16.9) im oberen linken Bereich erkennen, dass die Aktion *Als Freund hinzufügen* zur Verfügung steht.

Bild 16.9
Das Portlet „Summary" stellt uns die entsprechende Funktion zur Freundschaftsanfrage zur Verfügung. Anschließend erhält der Profilnutzer eine Anfrage, welche er über das Portlet „Anträge" bearbeiten kann.

Melden wir uns nun mit dem Nutzer „Stephan Heinig" an und gehen ebenfalls in unser öffentliches Profil. Da wir das Portlet „Anträge" dort hinzugefügt haben, erscheint nun die entsprechende Anfrage von „Martina Trost" zur Anerkennung der Mitgliedschaft (Bild 16.10). Diese Anfrage ist natürlich ausschließlich für den jeweiligen Profilnutzer sichtbar.

Anträge

Martina Trost möchte Ihr Freund sein.

💡 Bestätigen Sie   💡 Ignorieren

Martina Trost

Bild 16.10 Bearbeiten der Freundschaftsanfrage ist nur für den jeweiligen Profilbenutzer möglich

Nach erfolgter Bestätigung taucht der neue Freund in der Freundesliste auf. Dadurch wird automatisch ein Personennetzwerk gesponnen, welches anderen Nutzern dienlich sein kann, um beispielsweise von der einen Person auf die andere Person zu „springen".

16.3.3.3 Kommunikation und Interaktion

Nachdem wir unsere Freundesliste erweitert haben, können wir damit anfangen, unsere Profilseite weiterzubearbeiten und für unsere Zwecke anzupassen. Beispielsweise können wir das Google Maps Portlet dazu verwenden, um unseren aktuellen Standort wiederzugeben. Hierzu ist über die Portlet-Konfiguration nur die Eingabe der aktuellen Lokation notwendig. Sofort wird der Kartenausschnitt angezeigt (Bild 16.11), in welchem wir uns gerade aufhalten.

 HINWEIS: Natürlich können viele weitere Portlets für die öffentlichen Profilseiten von Interesse sein. Wir haben für unsere Anforderung ein reines Kommunikations- und Interaktionsportal für Nutzer aufgebaut, um die Vernetzung untereinander so einfach wie möglich zu gestalten. ∎

Über die Wall-Funktion auf den Profilseiten können wir unseren Freunden eine Nachricht hinterlassen. Auch diese Funktionalität wird in der Aktivitätenliste, wie auch das Hinzufügen von Freunden, protokolliert und ist für andere einsehbar.

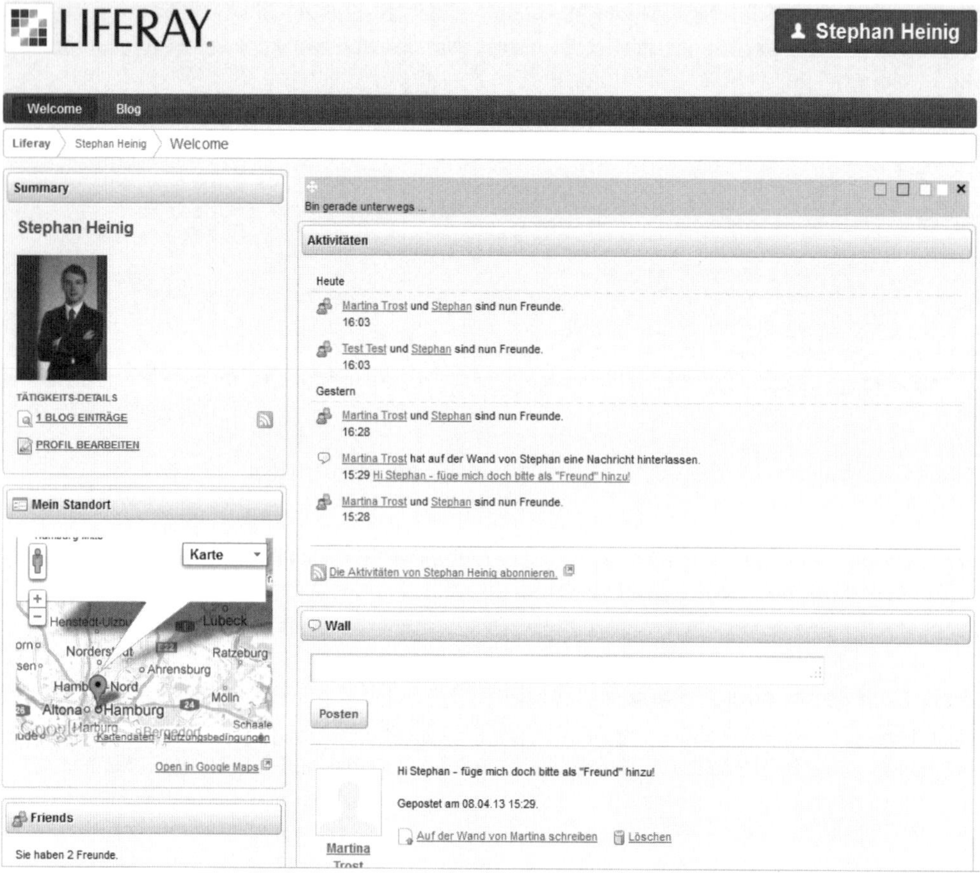

LIFERAY.

♟ Stephan Heinig

Welcome   Blog

Liferay > Stephan Heinig > Welcome

| Summary | Bin gerade unterwegs ...   □ □ ■ ✕ |

Stephan Heinig

Aktivitäten

Heute

⚂ Martina Trost und Stephan sind nun Freunde.
16:03

⚂ Test Test und Stephan sind nun Freunde.
16:03

TÄTIGKEITS-DETAILS

Gestern

🔍 1 BLOG EINTRÄGE

⚂ Martina Trost und Stephan sind nun Freunde.
16:28

PROFIL BEARBEITEN

💬 Martina Trost hat auf der Wand von Stephan eine Nachricht hinterlassen.
15:29 Hi Stephan - füge mich doch bitte als "Freund" hinzu!

⚂ Martina Trost und Stephan sind nun Freunde.
15:28

Mein Standort

∔ Die Aktivitäten von Stephan Heinig abonnieren.

Karte ▾

💬 **Wall**

Posten

Open in Google Maps

Hi Stephan - füge mich doch bitte als "Freund" hinzu!

Gepostet am 08.04.13 15:29.

Friends

Auf der Wand von Martina schreiben   🗑 Löschen

Sie haben 2 Freunde.

Martina Trost

Bild 16.11 So könnte das Resultat aussehen ... oder natürlich auch anders!

Des Weiteren gibt es durch die Installation des Chat-Portlets die Möglichkeit, mit den eigenen Freunden im Portal aktiv zu kommunizieren, ohne das Portal verlassen zu müssen. Am unteren Bildschirmrand existiert hierfür der dafür notwendige Kommunikationsbereich (Bild 16.12). Hier werden die aktuell angemeldeten Freunde angezeigt und neue Chat-Anfragen in einem separaten Reiter dargestellt. In Gegensatz zu anderen Chat-Programmen, wie Skype, ICQ oder IRC, haben wir auch hier eine nahtlose Integration in eine zentrale IT-Komponente des Unternehmens und können den Wildwuchs verringern.

PRAXISTIPP: Das Chat-System stellt nicht nur Freunde dar, sondern auch Mitglieder zu Sites, in welchen der aktuelle Nutzer ebenfalls Mitglied ist. Hier kann konfiguriert werden, welche Chat-Partner zugelassen werden können: `buddy.list.strategy=friends,sites`. Über `buddy.list.max.buddies` wird definiert, wie viele Teilnehmer in der Liste zur Kommunikation auftauchen können.

Das Chat-Protokoll kann darüber hinaus mit Jabber die Kommunikation mit externen Instant-Messaging Clients aufnehmen. Hierzu ist die Konfiguration des Chatportlets[10] über die *portal-ext.properties* im *LIFERAY_HOME* notwendig.

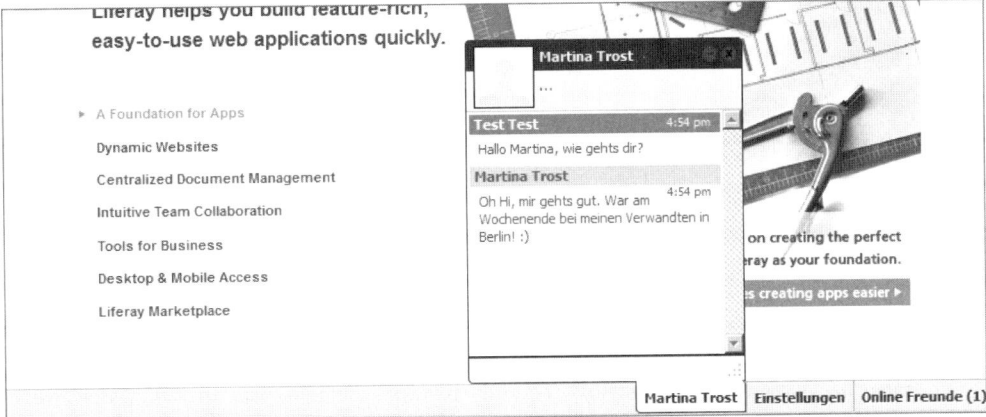

Bild 16.12 Chat-Programm in Liferay: Kommunikation erfolgt pro User in einem separaten Reiter

16.4 Erweiterte Social Collaboration und Networking Features mit Social Office

Liferay bietet neben der bereits vorgestellten Collaboration- und Social Networking-Features weitere Gestaltungsmöglichkeiten, um den Fokus noch mehr in diesem Bereich bedienen zu können. Mit Social Office bringt Liferay direkt eine eigene, dafür optimierte, Oberfläche mit, welche den heutigen Sozialen Netzwerken stark ähnelt. Die Schaltzentrale in Social Office stellt das eigene Profil dar. Denn mit Social Office finden die Nutzer eine ganz andere Ansicht in ihren Profilen mit neuen Funktionen vor. Über das Profil werden die letzten Aktivitäten aus den verknüpften Sites und den Bekannten angezeigt. Außerdem erfolgt die Kontaktpflege und Kommunikation stark über das eigene Profil, um sich mit anderen Mitarbeitern auszutauschen.

 HINWEIS: Social Office wird neben Liferay als weiteres Produkt angeboten. Dies bedeutet, dass separat zu einem Liferay-Portal ein separater Kauf von Liferay in der kommerziellen Version notwendig ist. Social Office existiert darüber hinaus in der Community-Version und lässt sich im Marketplace von Liferay finden.[11]

---

[10] *http://www.liferay.com/de/community/wiki/-/wiki/Main/Jabber+integration*
[11] *https://www.liferay.com/marketplace/-/mp/application/15190404*

Über Verbindungen stellt man den Kontakt zu anderen Personen her und findet diese automatisch in der eigenen Kontaktliste vor. Darüber hinaus können direkte Nachrichten zu Personen geschrieben und sich über Micro-Blogging untereinander, wie bei Twitter, ausgetauscht werden. Die Funktionen sind vielfältig und sollten separat auf einer weiteren Liferay-Instanz angeschaut werden, um den Überblick nicht zu verlieren.

16.4.1 Installation und Konfiguration von Social Office

Die Installation und Konfiguration ist in Abschnitt 11.2 aufgeführt. Wir wollen uns hier ausschließlich mit der Konfiguration des Systems für die Nutzung von Social Office auseinandersetzen. Ist Social Office installiert, muss im Kontrollbereich für die beteiligten Nutzer eine weitere Rolle vergeben werden. Jede Person, welche aktiv die Collaboration Suite von Social Office verwenden soll, muss die Rolle **Social Office User** beantragen bzw. in Liferay zugewiesen bekommen. Wir wollen dies anhand eines Beispielnutzers „Stephan Heinig" näher betrachten. Hierzu erstellen wir zunächst (falls nicht schon vorhanden) den Nutzer „Stephan Heinig", wie wir es bereits in Abschnitt 14.5 durchgeführt haben. Anschließend gehen wir wieder in den Konfigurationsbereich des Nutzers und dort auf den Abschnitt *Rollen* (Bild 16.13) Jetzt klicken wir auf *Auswählen* und wählen im Dialogfeld die Rolle „Social Office User" aus.

Bild 16.13 Auswahl der Social Office User-Rolle führt zu einer veränderten Darstellung der Profilseite des Nutzers und der Verfügbarkeit neuer Features

Anschließend speichern wir unsere Änderungen ab und melden uns mit diesem Nutzer an. Wie wir feststellen können, findet sich eine veränderte Oberfläche vor. Außerdem befinden wir uns direkt auf den öffentlichen Seiten des Nutzerprofils.

PRAXISTIPP: Sollen automatisch bestimmte Nutzergruppen der Rolle „Social Office User" (z. B. durch einen LDAP-Import) zugewiesen werden, kann die Rolle einer Gruppe zugewiesen werden, in welcher die beteiligten Nutzer Mitglied sind. Automatisch werden diese Nutzer für die Social Office-Funktionen freigeschaltet.

■

16.4.2 Features im Überblick

Das Social Office besteht aus mehrere Portlets, welche bei der Installation zur Verfügung gestellt werden. Die verschiedenen Portlets sind im Folgenden aufgeführt:

- **Theme:** Beinhaltet das Design sowie das Look-and-Feel von Social Office

- **Tasks:** Aufgaben können direkt Personen mit einer Deadline zugewiesen werden. Eine Art Postkorb-Funktion steht somit zur Verfügung und stellt im Gegensatz zur Kalenderfunktion in Liferay eine direkte Aufgabenfunktion dar.

- **Private Nachrichten:** Austausch von Nachrichten zwischen Kontakten

- **Micro-Blogs:** Ähnliche Funktionalität wird hier geboten, wie wir sie schon von Twitter kennen. Auf Basis von 150 Zeichen können Nachrichten geschrieben, via @ Personen adressiert und mit # Themen eröffnet werden.

- **Folgen:** Personen kann man folgen. Dadurch erhält man ebenfalls Micro-Blog-Updates.

- **Kontakte:** Pflege von Kontakten. Über den Aufbau einer Connection erhält man den Nutzer in die eigene Kontaktliste und kann beispielsweise eine VCard daraus generieren und diese auf mobilen Geräten einspielen.

- **Chat und Kalender:** Diese Funktionalität haben wir bereits ausgiebig erwähnt. Sie werden automatisch mit ausgeliefert.

- **Erweitertes Profil:** Der Nutzer kann die eigene Vita (Lebenslauf, Erfahrungen, Skills) pflegen. Darüber hinaus können Nutzer in die „Ich Folge"-Liste aufgenommen, geblockt und weitere Aktivitäten auf dem Nutzerprofil der jeweiligen Person durchgeführt werden.

16.4.3 Social Office in der Verwendung

Gelangt ein Nutzer auf das Portal, wird dieser automatisch auf eine von Social Office zur Verfügung gestellte Page weitergeleitet. Diese Page bietet, im Gegensatz zum Standardverhalten von Liferay-Portal, erst verschiedene Funktionen an, diese im System zu verwenden, wenn eine Anmeldung erfolgt ist. Das ist auch logisch, nach einer näheren Betrachtung des Konzepts von Social Office: Jede Funktionalität basiert auf Social Networking oder Social Collaboration. Und dies kann nur in Zusammenhang mit einem Nutzer erfolgen, welcher sich zunächst jedoch im System angemeldet haben muss (Bild 16.14).

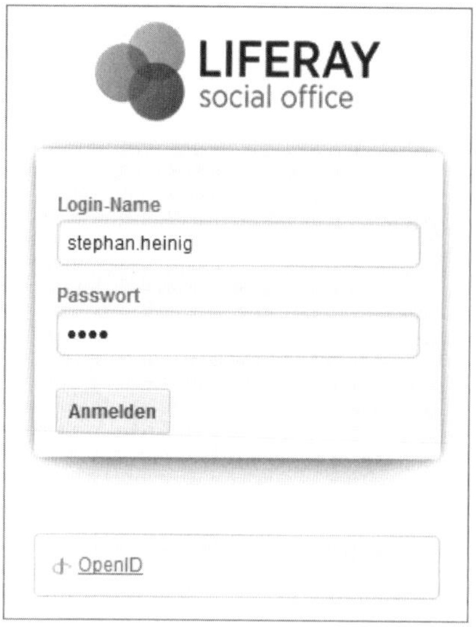

Bild 16.14
Eine Anmeldung ist in Social Office zwingend
erforderlich

16.4.3.1 Das eigene Nutzerprofil – zentrale Kommunikations- und Interaktionsschnittstelle

Nach erfolgtem Anmelden, landet man automatisch auf dem zentralen Dashboard des eigenen Profils (wenn der Benutzer die Rolle „Social Office User" aufweist). Das Dashboard stellt die zentrale Anlaufstelle eines jeden Benutzers nach dem ersten Anmelden im System dar. Denn hier werden alle Informationen aus den Sites, Nutzern und Inhalten zusammengetragen und einheitlich dem Nutzer präsentiert. Wir wollen uns die verschiedenen Funktionalitäten einmal genauer anschauen:

- **Armaturenbrett:** Zugegeben, der Name ist etwas unglücklich gewählt. Dahinter befindet sich die Startseite unseres Social Profils.

- **Contact Center:** Hier werden die aufgenommenen Connections gepflegt und können als VCard heruntergeladen werden.

- **Micro-Blogs:** Zeigt die eigenen und „fremden" Micro-Blogs an, in welchem man selbst erwähnt worden ist oder Personen folgt

- **Nachrichten:** Hierüber können Private Nachrichten versendet werden.

- **My Documents:** Hierüber können private Dokumente und Inhalte gepflegt werden.

- **Aufgaben:** Aufgaben können erstellt und verschiedenen Nutzern zugewiesen werden. Diese Aufgaben erscheinen dann auf dem jeweiligen Nutzerprofil zur Bearbeitung.

Über die Dockbar erhalten wir direkt Zugriff auf unserer Dashboard, indem wir den Link *Armaturenbrett* anklicken. Direkt rechts daneben, werden uns neue Anfragen von anderen Nutzern dargestellt, welche wir sofort beantworten können (Bild 16.15).

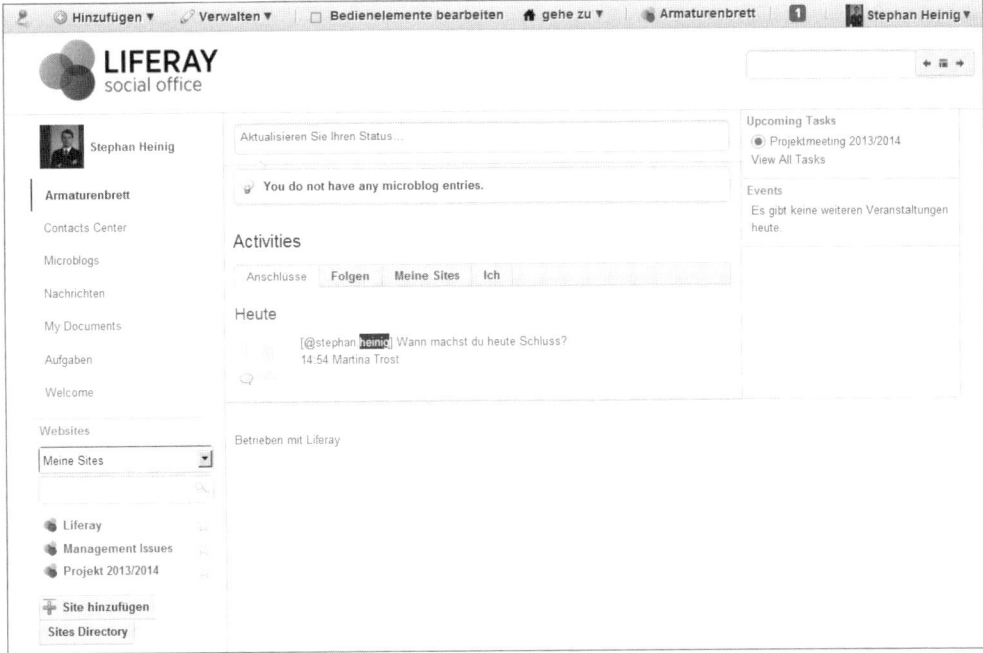

Bild 16.15 Startseite des Nutzerprofils in Social Office

16.4.3.2 Social Office Sites – Kollaboration wie im Web

Natürlich ist es weiterhin möglich, über Sites Projekte abzuwickeln. Eine neue Site wird direkt aus dem Dashboard heraus erstellt (in Bild 16.15 unten links zu sehen). Einmal erstellt, lassen sich Mitglieder über den *Mitglieder*-Bereich einladen, sodass zusammen in der Site gearbeitet werden kann. Des Weiteren existieren viele bereits bekannte Features in der für Social Office präsentierten Art (wie auch im Dashboard). Weitere Informationen zu Social Office erfahren Sie direkt auf der Dokumentationsseite von Liferay.[12]

---

[12] *http://www.liferay.com/documentation/social-office/1.5*

17 Vernetzen, Aggregieren und Auffinden der Inhalte

Nachdem wir bereits das Portal ausgiebiger angeschaut haben, müssen wir uns mit einigen weiteren wichtigen Themen beschäftigen, die unmittelbar das Portal und all die umliegenden Funktionalitäten betreffen. Zwar haben wir ein großes Thema, das Web Content Management, noch nicht intensiv angesprochen (in Kapitel 18 geht es hierzu weiter), doch stellt der jetzige „Umweg" kein Problem dar. Denn beispielsweise das Durchführen der Klassifikationen von Posts sowie das Vernetzen von Inhalten untereinander, stellen einige der wichtigsten Tätigkeiten für folgendes Problem dar: Das (automatische) Auffinden von richtigen Inhalten durch die unmittelbare Suche oder das Browsen durch Metadaten (wie Tags oder Kategorien), um die gesuchten Inhalte zu finden.

Denn wenn man sich die tägliche Arbeitswelt ansieht, erkennt man, dass viel Zeit für die Generierung von Inhalten sowie für die Kommunikation von Projektteilnehmern untereinander verwendet wird. Blicken wir Tage, Wochen, Monate oder vielleicht sogar Jahre voraus, kann man ein Konvolut an Datenbergen sehen, welches verteilt in Netzlaufwerken, Postfächern und anderen Ablagesystemen verborgen ist. Diese wiederzufinden gleicht der Suche nach der Nadel im Heuhaufen. Nur alleine durch die Nutzung von Collaboration- bzw. Portal-Systemen sollte man einige wichtige Dinge beachten, wenn ein Content erstellt wird. Das beginnt mit der Klassifikation der jeweiligen Inhalte, über das Vernetzen untereinander bis hin zum Wiederauffinden.

Hierzu bietet Liferay einige mächtige Möglichkeiten an, um uns die Arbeit stark zu erleichtern. Angefangen bei der Nutzung von Taxonomien bis hin zu Folksonomien können wir weitere Content-Klassifikationen während der Bearbeitung von Inhalten vornehmen. Über den Aufbau von Verbindungen zu anderen Inhalten, wie Web Content, Wiki-Seiten oder Foren-Posts, findet man schneller nützliches Wissen wieder, da direkt eine Relation zwischen zwei oder mehr Inhaltsobjekten aufgebaut wird.

Über die Suche lassen sich anschließend die gesuchten Inhalte wiederfinden und ggf. weitergehend aufschlüsseln, da die zuvor vergebenen Klassifikationen und Vernetzungen durchgeführt worden sind. Darüber hinaus existiert mit dem Asset Publisher die Möglichkeit, basierend auf komplexen Filterkriterien, unterschiedliche Inhalte einheitlich darzustellen, um von einer Stelle im System aus Zugriff auf beispielsweise die neuesten Inhalte aus einer bestimmten Kategorie zu erhalten.

Außerdem stellt die Kommunikation der Portlets untereinander eine wichtige Größe in der Portalwelt dar. Sind entsprechende Meta-Informationen in Form von Metadaten gepflegt, können Portlet-Interaktionen stattfinden: Die Folge ist ein noch dynamischeres Verhalten des Portals bei der Suche (bzw. dem Finden) nach Inhalten durch den Nutzer.

■ 17.1 Anspruch und Wirklichkeit: Die Wichtigkeit von Vernetzung, Aggregation und Klassifikation

Der erste Schritt ist bereits unternommen, und die Inhalte liegen vielleicht in irgendeinem Informations-Management-System. Wie finden wir diese Informationen nach mehreren Wochen, Monaten oder Jahren wieder? Langfristig gesehen, sicherlich nicht über das reine Navigieren zwischen Dokumenten und Projekten im System. Die Informationsflut wird voraussichtlich bis dahin sehr groß sein, und die gesuchten Informationen können eventuell nur noch vage bestimmten Kriterien zugeordnet werden. Hier hilft prinzipiell nur noch die Suche weiter, und man findet hoffentlich den gewünschten Content hierüber wieder. Vielleicht stößt man manchmal nur indirekt auf das gewünschte Dokument, indem man eventuell über Wiki-Pages zu dem gewünschten Content gelangt. Die Wege können schier beliebig sein, stellen sie jedoch eine wichtige Anforderung in die Vordergrund: Klassifikation ist Trumpf.

Das Wiederfinden ist also eine sehr wichtige Aufgabe, welche sich im Wesentlichen in drei verschiedene Bereiche um Inhalte unterteilen lässt:

- **Direkt:** Über einen vorher gefundenen Link oder die Eingabe nahezu eindeutiger Schlagwörter über die Such- oder Filterkriterien lassen sich die gewünschten Inhalte in kurzer Zeit wiederfinden.

- **Suche und Browsing:** Hierbei befindet sich eine vage Vorstellung der Inhalte im Gedächtnis. Auf Basis dieser Informationen wird versucht, durch die Suche oder das reine Traversieren durch Inhalte die notwendigen Informationen wiederzufinden.

- **Indirekt:** Inhalte werden durch verknüpfte oder ähnliche Inhalte entdeckt.

Jeder dieser verschiedenen Bereiche bedarf einer wichtigen Grundlage: der Klassifikation und der entsprechenden funktionalen Möglichkeiten, diese hierüber wiederzufinden. Ob man direkt oder indirekt die gewünschten Informationen findet, hängt auch nicht immer von der Nutzung einer Suche ab. Denn oft ist es in der Praxis so, dass auf der aktuellen Seite, wie durch ein „Wunder", die gesuchten Informationen angezeigt werden. Das kann beispielsweise dadurch geschehen, dass wir uns schon im Kontext des gesuchten Bereichs aufhalten.

 PRAXISTIPP: Prinzipiell sollten wir versuchen, den Begriff „Suche" zu vermeiden, auch in Zusammenhang mit Fachabteilungen, welche „finden" und nicht „suchen" wollen. Denn die Suche stellt ein fachliches, technisches und oftmals konzeptionelles Problem dar, welches wir durch die Funktion „Finden" lösen sollten. Tatsächlich reden wir in der täglichen Arbeit nahezu ausschließlich über die „Suche", da historisch gesehen, wir bisher nie die notwendige Basis zur Verfügung gestellt bekommen haben, um das Thema „Finden" als Begriff in unseren Wortschatz mit aufzunehmen. Durch den alltäglichen Einsatz von Netzlaufwerken, Mailing-Systemen, Internetseiten, analoger Papierverwaltung usw. sind wir zu „Sklaven" unserer täglichen Suchaktionen geworden.

Liferay bietet uns viele verschiedene Möglichkeiten, um diese drei wichtigen Bereiche abzudecken. Wir wollen uns einige dieser Features im Detail anschauen und natürlich direkt in
unserem Portal verwenden. Doch bevor wir in die reine Praxis übergehen, sollten wir uns
darüber klar werden, wie wir die verschiedenen zur Verfügung stehenden Funktionen zum
Wiederauffinden von Inhalten in Liferay nach der Genauigkeit und des Verwendungseinsat-
zes richtig einordnen können.

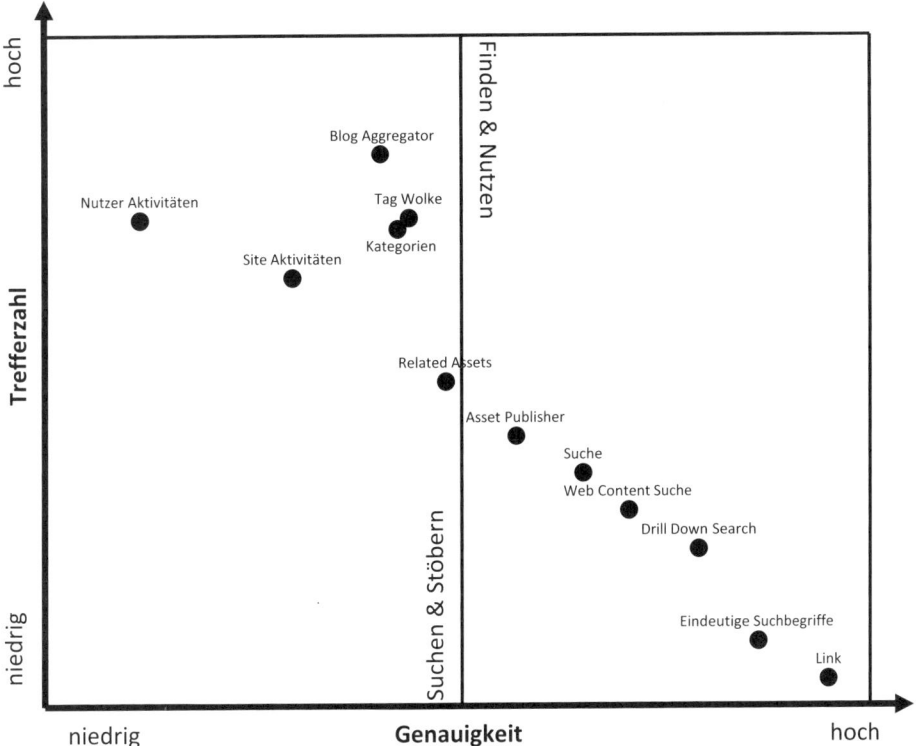

Bild 17.1 Die Liferay-Informations-Funktion: Liferay-Komponenten, eingeteilt in Genauigkeit und
Trefferzahl

Wir unterteilen die Funktionalitäten in Liferay grob in mehrere Komponenten, welche in
Bild 17.1 eindeutig der Verwendung zugeordnet sind. Natürlich lässt sich über solche Ein-
teilungen immer diskutieren – der Praxis kommen wir jedoch hiermit schon sehr nah. Der
Einfachheit halber wurden die Kategorien in „Suchen & Stöbern" und „Finden & Nutzen"
unterteilt. Denn genau diese Zielgruppen gibt es im Unternehmen. Suchen & Finden lautet
die Devise, und das funktioniert in Liferay auf verschiedenste Art und Weise.

Die Aktivitäten-Liste der Nutzer (die wir in Abschnitt 16.3.3.3 kennengelernt haben) ist
meistens zu ungenau und spiegelt eine breite Palette an Informationen wider, die verstreut
über verschiedenste Projekte sein können. Dagegen bieten die Site-Aktivitäten eine erste
richtige Richtung, hinsichtlich des genaueren Verwendungsgrads, da die Einschränkung
auf Projektebene (bzw. eine Site) erfolgt.

Sowohl die Tag- als auch die Kategorie-Navigation werden in der Regel dazu verwendet, zwischen bestehenden Inhalten zu navigieren und zu schauen, welche Informationen sich hinter welchen bestimmten Klassifikationen befinden. Wird im Unternehmen vorgelebt, dass eine reichhaltige Klassifikation vonnöten ist, findet sich hier eine Spielwiese (positiv gesehen) für Mitarbeit wieder, die sich über unterschiedliche Bereiche von Inhalten schnell informieren wollen, da diese Suche einfacher vonstattengeht als die klassische Suche. Denn im Gegensatz zur klassischen Suche, erhalte ich bereits vorgegeben Schlagwörter, die dem Nutzer Anreize geben, diesen zu folgen, um über die verknüpften Inhalte weitergehend informiert zu sein.

Die Portlets „Related Assets" und „Asset Publisher" sind ähnlich in ihrer Konfigurations- und Funktionsweise, verfolgen jedoch ein etwas anderes Konzept. Während ein Asset Publisher dazu dient, verschiedenste Informationen einheitlich und anschaulich für den Nutzer auszusuchen (auf Basis von Filterkriterien), zeigt das Portlet „Related Assets" Informationen an, welche zu der aktuellen Site in Verbindung stehen. Um es etwas plastischer darzustellen: Wenn Sie sich in einem Online-Händler ein Buch zum Thema „Bügeleisen" ansehen, bekommen Sie außerdem logische Verknüpfungen zu diesem Artikel, wie beispielsweise ein Bügelbrett, angezeigt.

Die Suche stellt das Standard-Medium zum Auffinden von Content im System dar. Wird die Suche erstmalig betätigt, werden auf Basis der Suchergebnisse die verwendeten Tags und Kategorien angezeigt, um die Suchergebnisse weiter einzuschränken. Die Web Content-Suche schränkt automatisch die Suchergebnisse auf den Typ „Web Content" weiter ein. Durch die Kombination aus Suche und weitergehender Auswahl von Tags, verfügt man über eine so genannte „Drill Down Search", welche bereits im Standard schon erwähnenswert ist.

Natürlich stellen Link- und eindeutige Sucheingaben den direktesten und schnellsten Weg dar, um die notwendigen Informationen im System wiederzufinden. Doch erst die Kombination mit dem richtigen Mix all der vorgestellten Features in Liferay, verschafft den Mitarbeitern eine Abhilfe bei der täglichen Suche nach den richtigen Inhalten.

Wir wollen uns deshalb mit einigen dieser Features näher beschäftigen, um ein besseres Gefühl für den praktischen Einsatz zu bekommen und entscheiden zu können, wann, welches Feature geeignet sein kann.

◼ 17.2 Klassifikationen durch Taxonomie und Folksonomie

In diesem Abschnitt wollen wir uns mit der einfachsten Form der Klassifikation von Inhalten befassen. Wobei wir unter dem Begriff „einfach", genau richtig aufgehoben sind. Denn durch das Hinzufügen von Stichwörtern zu bestimmten Inhalten können wir langfristig deutlich besser unsere Inhalte verwalten und wiederfinden. Liferay verfügt in diesem Bereich über zwei Konzepte, welche auf Kategorien und Tags basieren.

Die Verwendungsweise ist für die reinen Anwender sehr ähnlich, da innerhalb der Erstellung eines neuen Inhaltsobjektes sowohl Tags als auch Kategorien vergeben werden können.

Kategorien werden für jede Site separat verwaltet und können von Anwendern nicht verändert bzw. erweitert werden. Durch die Anwendung von Kategorien können Beziehungen und Themengruppen auf Basis einer einheitlichen Unternehmensvorgabe (den Kategorien) in Liferay ohne großen Aufwand aufgebaut werden. Kategorien dienen der Abbildung von Kategorisierungsvorgaben unter der Berücksichtigung der IT-Compliance. Kategorien können hierarchisch aufgebaut werden, sodass ein Taxonomie-Baum erstellt und für Anwender zur Verfügung gestellt werden kann.

Tags stellen nicht hierarchische Klassifikationsmöglichkeiten für den Anwender dar. Der Anwender kann selbst ein neues Stichwort für ein Inhaltsobjekt erstellen, welches ebenfalls von anderen Anwendern wiederverwendet werden kann. Die Verwaltung der Tags obliegt also nicht primär den Managern einer Site, sondern wird aktiv von den Anwendern gesteuert.

 HINWEIS: Die Folksonomie nennt man umgangssprachlich auch Tagging, da die Mitarbeiter über die Stichwörter selbst bestimmen können. Die Verknüpfung zwischen Inhalten und Stichwörtern findet durch die Mitarbeiter statt. Die Vorgabe durch Stichwörter erfolgt nur bedingt durch Manager einer Site. Kategorien werden vom Unternehmen (oder den Abteilungen) separat vorgegeben und können von den Anwendern zur Klassifikation von Inhalten verwendet werden. Da Kategorien hierarchisch angeordnet werden können, spricht man hier auch von Taxonomien.

In der Praxis muss es sich jedoch zeigen, welche der beiden Klassifikationsmöglichkeiten für bestimmte Anforderungen geeigneter sind – oder vielleicht auch beide.

17.2.1 Vergabe von Tags

Die Vergabe von Tags und Kategorien erfolgt bei der Erstellung oder Verwaltung von Inhalten. Wir wollen als Beispiel in einem Blog-Post einigen Kategorien Tags vergeben. Hierzu können wir beispielsweise einen Blog auf einer beliebigen Page platzieren, oder wir gehen in eine der bereits angelegten Profilseiten (Stephan Heinig oder Martina Trost), in welcher wir Blogs aktiv verwenden. Bei der Anlage eines neuen Blog-Posts können wir im Bereich Kategorisierung entsprechende Tags vergeben (Bild 17.2).

Bild 17.2 Tags werden durch einfache Eingabe von Stichwörtern vergeben.

Teil II – Liferay

In dem dort vorhandenen Eingabefeld, geben wir unsere Stichwörter ein und bestätigen jedes Stichwort mit der Eingabe(ENTER)-Taste. Nach erfolgtem Speichern des Blog-Posts stehen die Tags auch für andere Inhaltsobjekte zur Klassifikation zur Verfügung und werden eventuell zur Klassifikation automatisch angeboten (Auto-Vervollständigung). Hier können wir also sehr gut erkennen, wie schnell wir neue Stichwörter anlegen und verwenden können.

17.2.2 Verwaltung und Verwendung von Kategorien

Wie bereits angemerkt, müssen Kategorien von den Managern einer Site vorgegeben werden, damit diese von den Anwendern verwendet werden können. Hierzu müssen wir zunächst in den Kontrollbereich der betroffenen Site wechseln und uns dort auf den Punkt Kategorien bewegen. Hier legen wir zunächst über die Aktion *Vokabeln hinzufügen* einen neuen Kategorie-Bereich an. Die Vokabel selbst kann jedoch nicht als Kategorie an ein Inhaltsobjekt vergeben werden. Anschließend können wir über den Button *Kategorie hinzufügen* eine neue Kategorie erstellen (Bild 17.3). Wichtig hierbei ist jedoch, dass wir bei dem Erstellprozess die richtige Vokabel auswählen, in welcher wir die Kategorie anschließend ablegen wollen. Das simple Markieren einer Vokabel führt leider nicht zu der gewünschten „Vorauswahl".

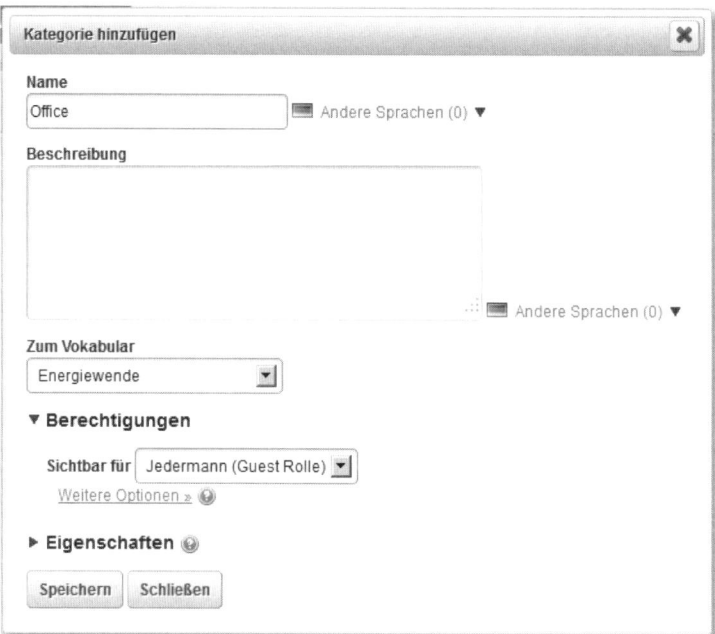

Bild 17.3 Beim Anlegen einer neuen Kategorie muss die Vokabel ausgewählt werden, in welcher die Kategorie aufgefunden werden soll.

Anschließend können weitere Unterkategorien erstellt werden – nach demselben Prinzip wie eben erläutert. Nach erfolgtem Anlegen der Kategorien können wir diese ebenfalls in unserer Site verwenden. Hierzu bearbeiten wir unsere bereits angelegte Post und springen erneut in den Bereich *Kategorisierung*. Dort angekommen, steht ein neuer Button (*Auswählen*) zur Verfügung. Anschließend können wir nach einem erfolgten Klick auf diese Schaltfläche unsere angelegten Kategorien auswählen und unseren Post abspeichern (Bild 17.4).

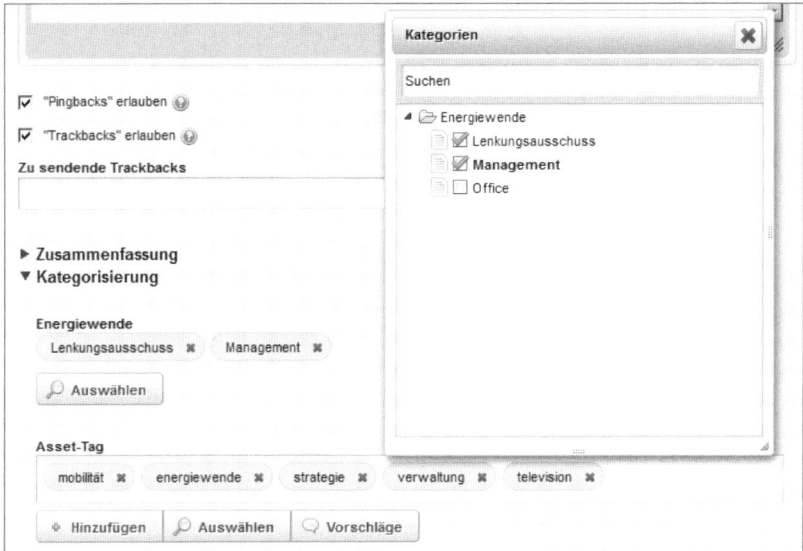

Bild 17.4 Beliebig viele Kategorien können zu einem Inhalt ausgewählt werden.

17.2.3 Suche nach Inhalten durch Stichworte und Kategorien

Das Wiederfinden von Inhalten basierend auf Stichworten und Kategorien kann über mehrere Wege erfolgen. Eine wesentliche Möglichkeit besteht sicherlich darin, die Suche an sich dafür zu verwenden, um relevante Inhalte herauszufinden und somit eine effektive Möglichkeit der Filterung von Informationen vorzunehmen. Dabei existiert eine generische Suche über alle Inhaltstypen hinweg bis zu einer typisierten Suche, wie beispielsweise bei den Blogs. Wir wollen einmal über die klassische Suche unseren Blog-Post wiederfinden, indem wir nach unseren Stichwörtern suchen. Hierfür platzieren wir das Such-Portlet (dieses Portlet finden wir in der Dockbar unter der Kategorie *Werkzeuge > Suche* in der Portlet-Liste) auf einer neuen Page. Anschließend geben wir ein Stichwort in die Suche ein, welches in unserem Blog-Post vorkommt – beispielsweise der Begriff „Energiewende" (Bild 17.5).

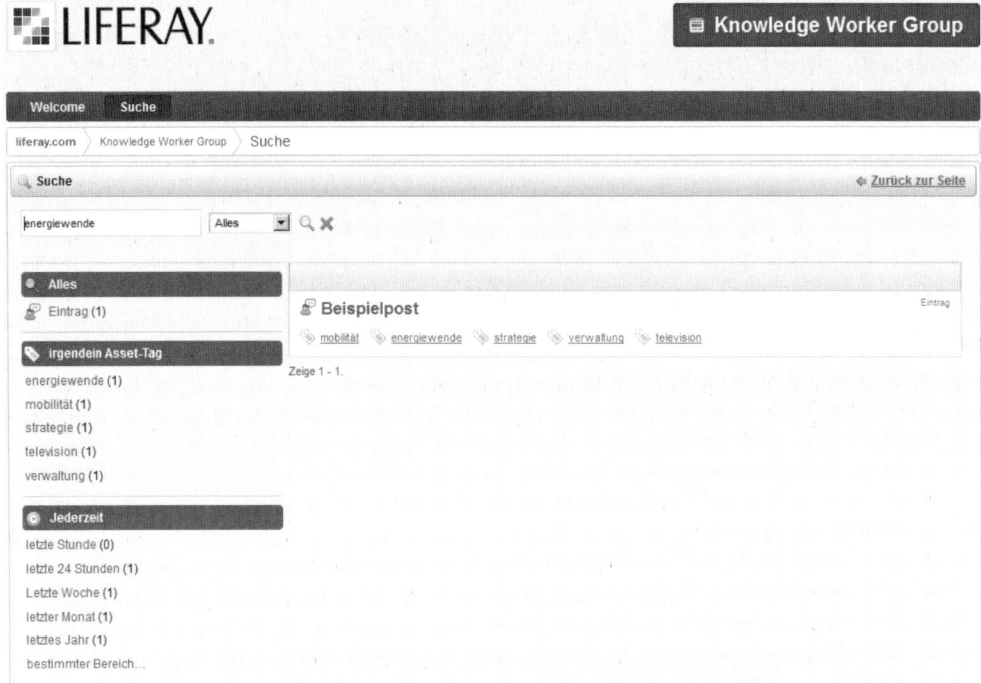

Bild 17.5 Suche nach Stichwörtern führt uns zu den gewünschten Inhalten

Damit Kategorien wiedergefunden werden können, müssen diese exakt in der Suche eingegeben werden, z. B. „Lenkungsausschuss". Bei Tags reicht ein Bruchteil eines Stichwortes
aus, um nach diesem suchen zu können. Des Weiteren können über die Kombination von
AND sowie OR (Großschreibung beachten) komplexere Suchanfragen gestellt werden, wie
beispielsweise:

```
Lenkungsausschuss AND energiewende
```

■ 17.3 Erweiterung bestimmter Inhaltstypen zur effizienteren Klassifikation

Ein weiteres wichtiges Feature in Liferay stellt die Möglichkeit dar, gänzlich neue Attribute
für Inhaltsobjekte oder Strukturen zu erstellen. Diese Möglichkeit wird in Liferay *Eigene
Attribute* genannt und wird mithilfe der so genannten Expando-Bridge[1] umgesetzt. Dadurch
ist es selbst fachlich versierten Personen möglich, eigene Attribute für bestimmte Inhaltsobjekte zu erstellen. Beispielsweise erhalten Blog-Einträge neue Metadaten, die für die
Anwender interessant sein könnten.

---

[1] *http://www.liferay.com/de/community/wiki/-/wiki/Main/Developing+with+Expando*

PRAXISTIPP: Das Feature wird vor allem für Entwicklungen und Erweiterungen in Liferay eingesetzt. Denn dadurch lassen sich auf einfache Art und Weise bestimmte Inhaltstypen weitergehend klassifizieren, worauf die entsprechenden Erweiterungen dann reagieren können. ∎

Damit wir neue Attribute erstellen können, müssen wir in den Kontrollbereich von Liferay wechseln. Anschließend gehen wir in den Bereich *Portal* und klicken dort auf *Eigene Attribute*. Wir erhalten nun eine Übersicht (Bild 17.6) der möglichen Objekte, welche wir um neue Felder erweitern können. Wir wollen als Beispiel den Blog-Bereich um ein Metadatenfeld erweitern, in welchem wir den Verwendungsgrad angeben können. Der Verwendungsgrad kann drei verschiedene Werte annehmen: Intern, Partner, Extern (Bild 17.7). Dadurch wird dem Nutzer aufgezeigt, wie mit Informationen aus diesem Blog umgegangen werden soll.

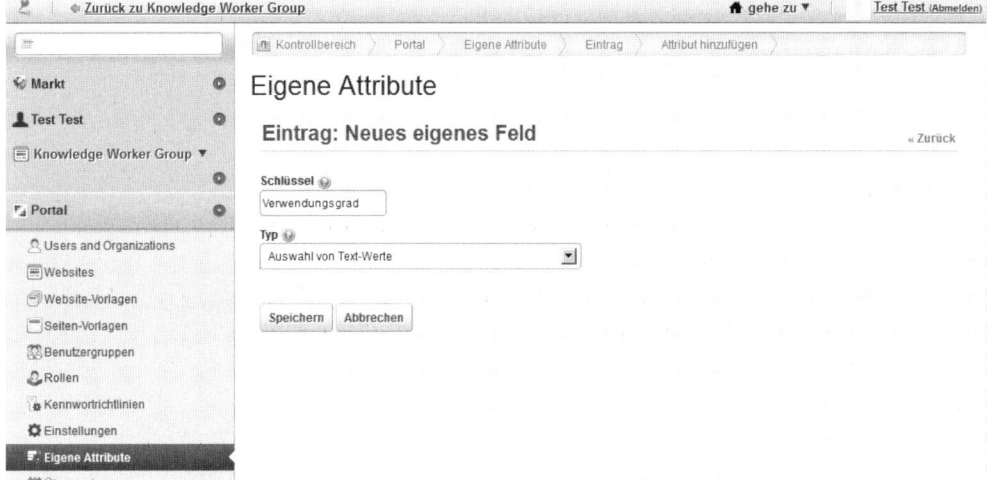

Bild 17.6 Erstellen eines neuen Attributs für Blog-Einträge

Hierzu klicken wir auf *Eintrag > Benutzerdefiniertes Feld hinzufügen*. Anschließend geben wir als Schlüssel „Verwendungsgrad" ein und als Typ „Auswahl von Text-Werte". Anschließend speichern wir das neue Feld ab. In der Übersicht der Blog-Post-Felder angekommen, können wir bereits unser neu angelegtes Feld entdecken (Bild 17.6). Über die Schaltfläche *Aktionen* klicken wir auf *Bearbeiten*.

Hier geben wir Zeile für Zeile die Werte Intern, Partner und Extern ein und wählen bei der Suchbarkeit „Als Text" aus (Bild 17.7). Anschließend speichern wir unsere Änderungen ab. Unser Feld steht uns nun für die Blog-Posts zur Verfügung. Wir wechseln jetzt in das Frontend und wollen einen neuen Blog-Post anlegen. Direkt unterhalb des WYSIWYG-Editors können wir unser neues Datenfeld mit den verschiedenen Auswahloptionen erkennen (Bild 17.8).

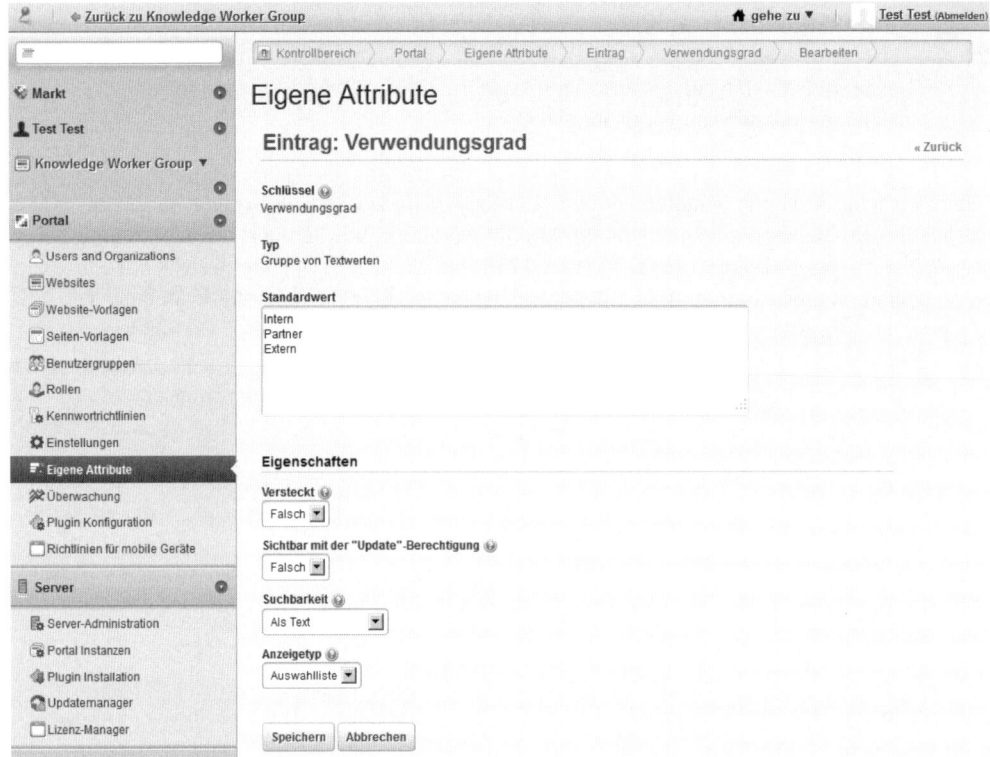

Bild 17.7 Konfiguration des Feldes „Verwendungsgrad" mit den vordefinierten Werten „Intern",
„Partner" und „Extern"

Bild 17.8 Unser Feld „Verwendungsgrad" steht bei Blog-Posts nun zur Verfügung. Ebenfalls
möglich ist die Suche nach den Werten von eigenen Feldern.

Natürlich wird das Feld ebenfalls in der Übersicht eines Blog-Posts dargestellt und dient
dem Anwender als weitere Hilfe, um den Inhalt schneller einzuordnen. Darüber hinaus lässt
sich nach unserem neuen Feld direkt suchen. Geben Sie beispielsweise Ihren vergebenen
Wert in einem Blog Post (beispielsweise Intern) in das Portlet „Suche" ein. Sie werden
sehen, dass Sie den entsprechenden Blog Post wiederfinden.

■ 17.4 Relationsaufbau leicht gemacht

Ein weiteres wesentliches Feature von Liferay gibt Ihnen die Möglichkeit, Inhalte untereinander zu verknüpfen. Dadurch wird für den Leser klar, dass ein inhaltlicher Zusammenhang zwischen zwei- oder mehr Inhaltsobjekten vorliegt. Vor allem bei langfristen Projekten, die beispielsweise über Jahre andauern, sind Relationen sehr interessant, da sie die Mitarbeiter aktiv unterstützen, ein notwendiges Netzwerk an Informationen wieder aufzurufen. Wie bereits beschrieben, können beliebig viele Relationen von einem Inhaltsobjekt zum anderen aufgebaut werden – und das unabhängig der Inhaltstypen. Eine weitere Möglichkeit der Vernetzung besteht darin, beispielsweise von einem Blog-Post auf einen anderen Blog-Post durch den dafür vorgesehenen Link im Inhalt zu referenzieren. Automatisch erscheint im verlinkten Post ein Kommentar zum verlinkten Inhalt. Dieses Feature ist unter dem Namen „Linkback" in Liferay bekannt.

17.4.1 Relationen aufbauen

Um Relationen zwischen Inhaltsobjekten aufzubauen, müssen wir entweder einen neuen Inhalt erstellen oder alten Inhalt überarbeiten. Wir nehmen als Beispiel einen Blog-Post, welchen wir erstellen wollen. Beim Erstellen eines neuen Posts wechseln wir in den Bereich *In Verbindung stehende Assets*. Dort klicken wir auf die Schaltfläche *Auswählen* und können nun entscheiden, welchen inhaltlichen Typ wir mit unseren Blog-Post verbinden wollen (Bild 17.9).

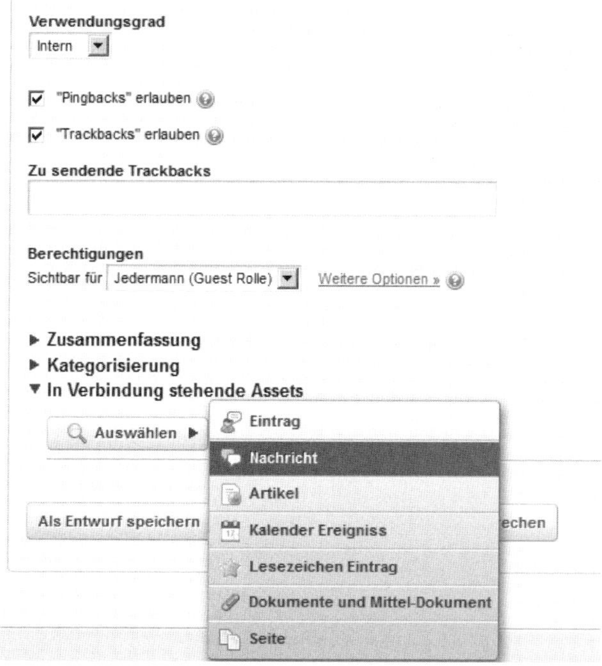

Bild 17.9 Erstellen einer Relation zwischen einem Blog und einem Foren-Post

Wir wählen hier den Inhaltstyp „Nachricht" aus (Bild 17.9) und dann aus einer Liste einen beliebigen Forenbeitrag. Anschließend speichern wir unsere Eingaben und veröffentlichen den Blog-Post (Bild 17.10).

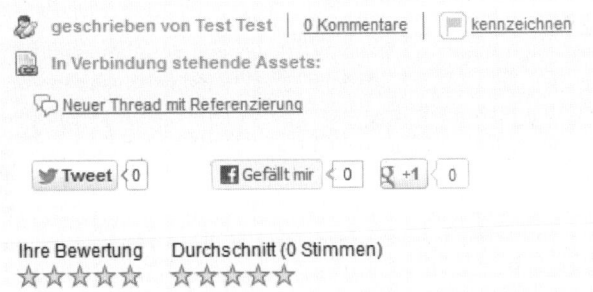

Bild 17.10 Anwender können sofort von einem Inhaltsobjekt in verknüpfte Inhalte springen. Auf einfache Weise kann dem Nutzer die Arbeit deutlich erleichtert werden, indem man durch bestimmte Informationsstränge „führt".

17.4.2 Linkbacks nutzen

In Liferay existieren verschiedene Möglichkeiten, automatische Beziehungen zwischen verschiedenen Inhaltstypen aufzubauen. Hierzu wird der Linkback-/Trackback-Mechanismus verwendet. Dahinter steckt die Idee, dass ein Inhalt, welcher mit einem anderen Inhalt verknüpft ist (durch einen Link), rückverknüpft werden soll. Dadurch muss nicht separat eine Relation manuell ausgewählt werden. Es genügt, die absolute Adresse im Inhalt als Link zu verwenden, um eine automatische Verknüpfung durchführen zu lassen.

Hierzu wollen wir uns ein kleines Beispiel anschauen (Bild 17.11). Wir erstellen zunächst einen neuen Blog-Post. Anschließend bewegen wir uns auf die Detailseite des Blog-Posts und kopieren uns die komplette Adresse aus dem Browser-Adressfeld heraus.

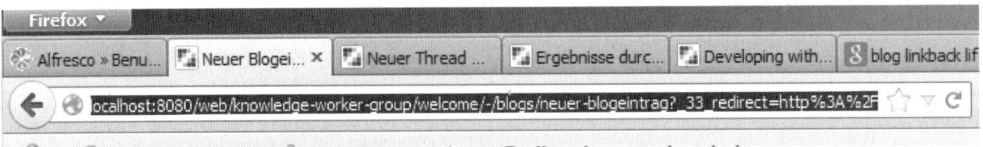

Bild 17.11 Kopieren der kompletten Adresszeile aus dem Browser

Anschließend erstellen wir einen neuen Foren-Post und einen neuen Link, in welchen wir als Zieladresse unseren in die Zwischenablage hineinkopierten Link einfügen (siehe Bild 17.12). Anschließend veröffentlichen wir unseren Foren-Post. Nun müssen wir ca. fünf Minuten abwarten, bis die automatische Verknüpfung zwischen den beiden Inhaltsobjekten durchgeführt worden ist.

Textkörper

B *I* U̲ a̶b̶c̶   🖼 🖼 🖼 ⬦ ⌄ ⠿ ⠿   ≣ ≣ ≣ ≣   " <>

Schriftad ⌄   Gr. ⌄   Format ⌄   🔲   ▤ Quellcode   ▲

Liebe Kollegen,   ▲

folgenden Blogpost finde ich total super: ▓▓▓▓

> **Link**   ⊗
>
> **URL**
> `http://localhost:8080/web/knowledge-worker-group/welcome/-/blogs/beispielpost?_33_redirect=`
>
>
>   OK ▶   Abbrechen ×   ⁄⁄

Bild 17.12 Linkback wird über die Linkerstellung direkt im Inhalt aufgebaut

Anschließend wechseln wir wieder in unseren Blog-Post und prüfen die Kommentarliste. Wie wir dort erkennen können, ist ein neuer Kommentareintrag entstanden, welcher auf unseren Foren-Post verweist (Bild 17.13).

◀ Zurück   Nächste ▶

▼ **Kommentare**

Trackback-URL: `http://localhost:8080/web/knowledge-worker-group/welcome/-/blogs/tra`

🗒 Anmerkung hinzufügen 🔖 Abbonieren dieser Kommentare

[...] Neuer Thread mit Referenzierung Antwort 18.04.13 20:59 Liebe Kollegen, folgenden Blogpost finde ich total super: hier klicken [...] Weiterlesen

0 (0 Stimmen) ▱▱

Gepostet am 18.04.13 21:02.

Bild 17.13 Automatische Rückverknüpfung von Inhalten

 HINWEIS: Über den Parameter `blogs.linkback.job.interval` wird einge-stellt, in welchem Minuten-Intervall neue Linkverknüpfungen analysiert (Default-Wert beträgt 5) und ggf. Linkbacks erstellt werden sollen. Über `portal-ext.properties` kann der Wert verändert werden.

■ 17.5 Aggregation von Inhalten mit dem Asset Publisher

Vielleicht haben Sie sich schon die Frage gestellt, auf welche Weise man unterschiedliche Inhaltsobjekte einheitlich dem Nutzer präsentieren kann? Denn es ist sicherlich wichtig, einen einheitlichen „Start" an die Masse von Informationen zu geben, welche tagtäglich mit Liferay erstellt werden kann. Darüber hinaus spielt es eine wichtige Rolle, exakt darüber bestimmen zu können, welche Inhalte überhaupt angezeigt werden sollen. Eine flexible Konfiguration ist hier notwendig, die auch von fachbezogenen Anwendern verwendet werden kann. In Liferay existiert ein so genannter **Asset Publisher** (zu Deutsch: **Gekennzeichneter Inhalt**), mit welchem man genau diese Anforderung sehr intelligent und flexibel lösen kann.

Wir finden den Asset Publisher unter der Kategorie **Content Management**. Durch die Platzierung des Portlets auf einer Page können wir uns nicht nur die neuesten Inhalte in der Übersicht anschauen. Darüber hinaus können wir, falls erwünscht, direkt aus dem Portlet heraus, neue Inhalte erstellen. Über den Konfigurationsbereich des Portlets lässt sich sehr genau einstellen, unter welchen Bedingungen Inhalte im Portlet dargestellt werden. Wir wollen uns die verschiedenen Bereiche im Asset Publisher einmal genauer anschauen, indem wir in den Konfigurationsbereich wechseln (Bild 17.14).

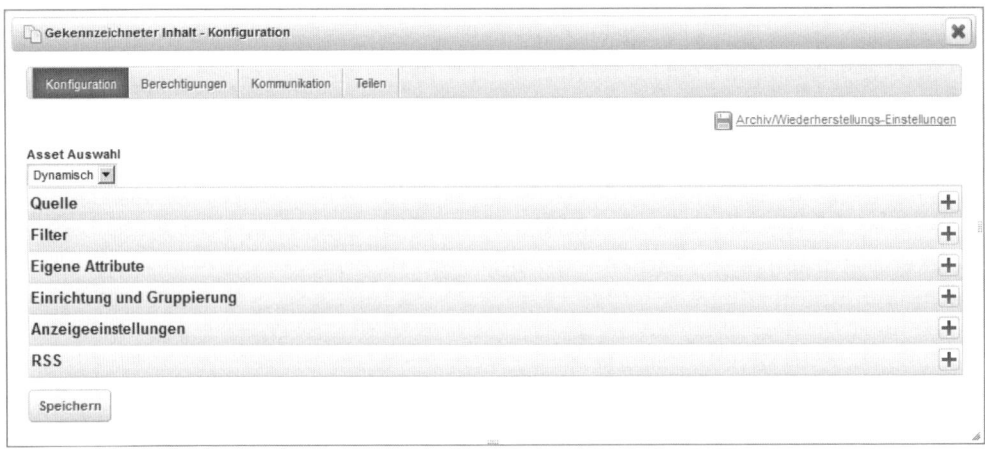

Bild 17.14 Konfigurationsbereich des Asset Publishers

Der Asset Publisher ist in mehrere Bereiche aufgeteilt, wie in der folgenden Aufstellung sehen:

- **Quelle:** Angabe des Scopes (Site, Global), woher die Inhalte gelesen werden sollen. Außerdem werden die Inhaltstypen ausgesucht, welche angezeigt werden sollen.
- **Filter:** Angabe von Stichwörtern (Tags) oder Kategorien, um die Inhalte einzuschränken, welche angezeigt werden sollen
- **Einrichtung und Gruppierung:** Hier wird die Sortierungs- und Gruppierungsweise definiert.
- **Anzeigeeinstellungen:** Konfiguration der Anzeigeoptionen für die Inhalte

Ein weiteres wichtiges Portlet in diesem Bereich stellt **Ähnliche Assets** dar. Basierend auf dem Portlet Asset Publisher zeigt es jedoch nicht den durch Filterkriterien ausgewählten Content an. Stattdessen werden die Verknüpfungen (siehe Abschnitt 17.4), basierend auf einem auf der aktuellen Page dargestellten Inhalt, angezeigt.

■ 17.6 Kommunikation zwischen Portlets

Die Kommunikation zwischen verschiedenen Portlets wurde in der Portlet-Spezifikation JSR-286 definiert und bot seither sehr viel Flexibilität und Möglichkeiten, verschiedene Applikationen miteinander zu kombinieren. In Liferay[2] sind daraus tolle Möglichkeiten geschaffen worden, um Informationen zwischen Portlets auszutauschen. Prinzipiell lässt sich jedoch über den Konfigurationsbereich eines Portlets einsehen, ob eine Kommunikation zwischen anderen Portlets erlaubt bzw. verfügbar ist. Hierzu wechselt man z. B. in das Blog Portlet und öffnet die Konfiguration (Bild 17.15). Falls der Reiter *Kommunikation* existiert, ist dieses Portlet fähig, Informationen aus anderen Portlets entgegenzunehmen und zu verarbeiten.

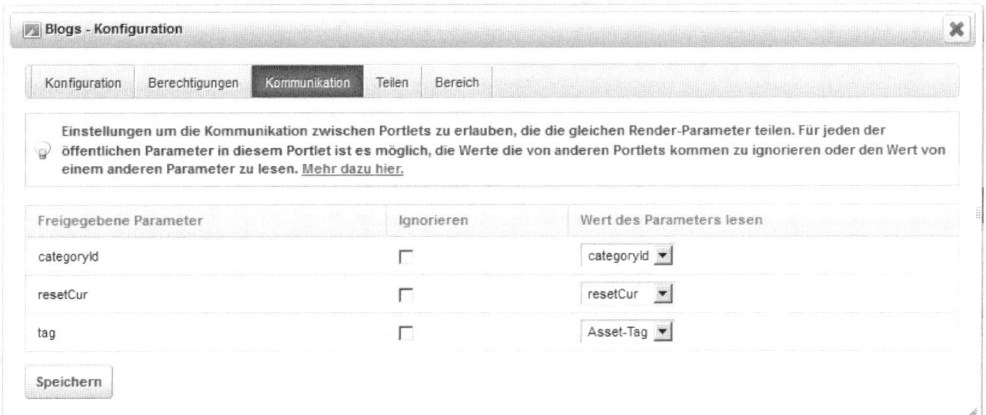

Bild 17.15 Einstellen der Kommunikationsmöglichkeiten in einem Portlet

Wir wollen als Beispiel unsere Blog-Posts nehmen und den Nutzern gerne die Möglichkeit geben, durch Tag- und Kategorie-Stöbern auf bestimmte Blog-Posts zuzugreifen. Hierfür wollen wir eine neue Page erstellen und auf der linken Spalte im Layout die Portlets **Kategorie-Navigation** sowie **Tag-Wolke** platzieren (Bild 17.16). In der rechten größeren Spalte platzieren wir das **Blogs**-Portlet.

---

[2] *http://www.liferay.com/de/community/wiki/-/wiki/Main/Eventing+and+Shared+Render+Parameters*

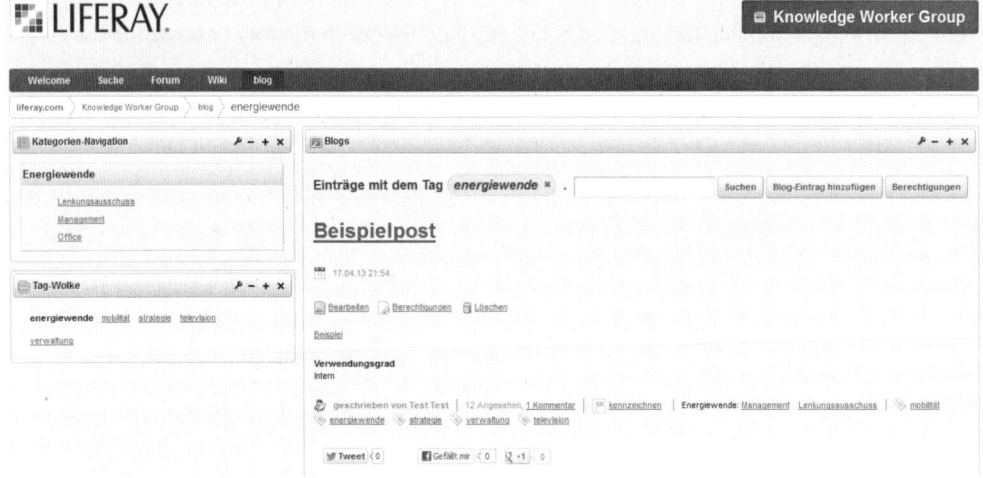

Bild 17.16 Kommunikation zwischen verschiedenen Portlets in Liferay

Klicken Sie nun auf eines der Tags in der Tag-Wolke. Wie Sie in Bild 17.16 erkennen können, verwendet das Blogs-Portlet unseren Tag als Filterkriterium, um ausschließlich über-
einstimmende Stichwort in den Tags anzuzeigen. Wird das ausgewählte Tag im Blogs-Portlet entfernt, wird diese Aktion ebenfalls wieder zurückgespielt an die Tag-Wolke, damit hier
die Vorauswahl des Tags deaktiviert wird.

18

Effiziente Webportale mit Liferay aufbauen, steuern und verwalten

Eine der größten Stärken von Liferay liegt im (Web) Content Management-Bereich, welcher seit den Anfängen im Jahr 2000 kontinuierlich an neue Innovationen und Konzepte zur Verarbeitung von (Web) Content weiterentwickelt wurde. Doch vor allem Web-Inhalte im Netz stellen für eine erfolgreiche Repräsentation des Unternehmens sowie die Kommunikation zwischen Partnern, Lieferanten oder Kunden und Unternehmen, nicht die einzigen primären Komponenten dar, die hierfür notwendig sind. Denn die Zeiten für reines Konsumieren von Inhalten sind nur noch für wenige Anforderungen ausreichend. Oftmals muss die Interaktion zwischen den Anwendern und dem Unternehmen forciert werden, um beispielsweise Informationen gegenseitig auf einfache Art und Weise austauschen zu können. Dokumente, Foren, Blogs: Inhalte, welche eventuelle Collaboration- oder Social Networking-Features benötigen, dürfen nicht vergessen werden, beim Aufbau und der Umsetzung einer entsprechenden Web-Strategie.

Außerdem müssen häufig bei langfristig ausgelegten Strategien zur Veröffentlichung von Inhalten, Prozesse eingehalten werden, um die Quantität der Inhalte (die Menge in unterschiedlichen Themengebieten) sowie die Qualität sicherzustellen. Einige Prozesse sind eventuell organisatorischer Art (welche Abteilung muss zu welchem Zeitpunkt eine Aufgabe X im Bereich Content erfüllen). Doch sobald neue oder bestehende Inhalte erstellt bzw. verändert werden, müssen wir uns über den Publizierungsvorgang Gedanken machen. Darf Content ohne vorherige Freigabe von (Chef-)Redakteuren freigegeben werden?

Doch nicht nur das ist entscheidend, um eine erfolgreiche Präsenz aufzubauen. Denn müssen neue sichtbare Änderungen auf dem Live-System eingespielt werden, und sind diese Änderungen von Inhalten, Strukturen und Nutzern abhängig, kann schnell ein mögliches Scheitern auf der Türschwelle stehen. Denn die Komplexität der Koordination zur Veröffentlichung neuer Features bedarf beispielsweise eines intelligenten Mechanismus, um die Steuerung, Überprüfung und Publizierung zu vereinfachen. Haben Sie schon einmal daran gedacht?

Betrachten wir die Struktur von Web-Inhalten, muss ebenfalls geklärt werden, welche Attribute für uns und den Anwender interessant sein könnten. Die Struktur von Web Content muss für beliebige Anforderungen angepasst und individuell mit Vorlagen zur Präsentation verknüpft werden können.

Diese ganzen Anforderungen sind mit Liferay problemlos umsetzbar, und wir wollen uns im Detail mit dem Spektrum der Möglichkeiten zum Aufbau von Webportalen mit Liferay auseinandersetzen.

◼ 18.1 Aufbau von Webportalen mit Liferay

Bei dem Aufbau von Webportalen spielen viele Komponenten eine wichtige Rolle. Angefangen über das Verwalten von Assets, also inhaltlichen Objekten, über die Abbildung von komplexen Seiten-Strukturen, Freigabeverfahren, mobilen Zugängen oder auch Rollen- und Rechtekonzepten, muss ein System flexibel genug sein, diese Anforderungen abzubilden. Wir wollen uns an dieser Stelle nicht primär darüber unterhalten, wie ein Website-Auftritt zu konzipieren und umzusetzen ist. Das führt am Ziel dieses Kapitels vorbei. Stattdessen wollen wir uns mit der Thematik befassen, wie Liferay wichtige Anforderungen im Bereich Webportale interpretiert und umsetzt. Denn zweifellos können mit Liferay sehr komplexe Webportale erstellt werden, wie wir beispielsweise auf der Website der Sesamstraße[1] selbst sehen können (Bild 18.1).

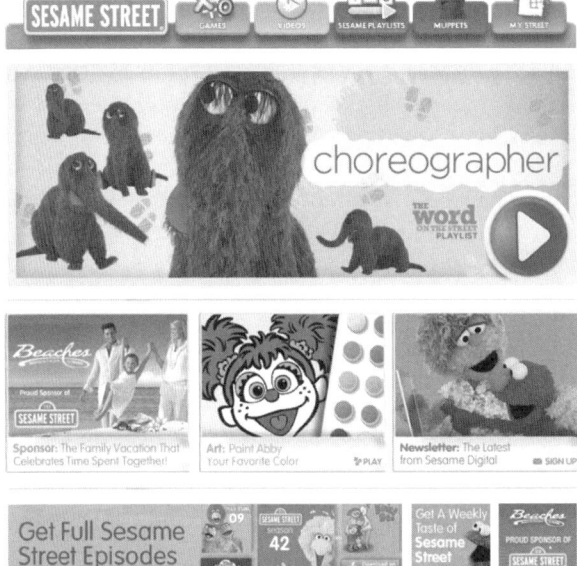

Bild 18.1
Beispiel eines gelungenen
Webportals mit Liferay:
Die Sesamstraße

Angefangen mit der Erstellung von Inhalten, bietet Liferay bereits viel Flexibilität. Es können beliebig komplexe Strukturen erstellt werden. Strukturen stellen dabei das Grundgerüst für Web Content dar, da hier die verschiedenen Eigenschaftswerte (Titel, Beschreibung, Sub-Titel, Inhalt) definiert werden. Jede Definition einer Struktur stellt einen Web Content-Typ dar. Beliebig viele können in Liferay existieren. Neben den Strukturen stellen Vorlagen eine weitere wichtige Größe bei der Abbildung von Webportalen dar. Denn erst Vorlagen geben den Web Content-Inhalten ein Gesicht, da dort die Darstellung definiert wird.

---

[1] http://www.sesamestreet.org/

Für die Erstellung von neuem Content können Publikationszeiträume angegeben werden. Über das Aktivieren eines Freigabeprozesses kann verhindert werden, dass geänderte oder neue Inhalte vor der Veröffentlichung zunächst überprüft werden müssen. Hierbei müssen die Themen-Verantwortlichen (Redakteure) einer Site den Content freigeben oder zur Überarbeitung an den Autor zurücksenden.

Webseiten können beliebig komplex (hierarchisch) mithilfe von Pages aufgebaut werden. Über Sites können Themen-Gruppen aufgebaut werden, die bestimmte Themen fokussieren. Hierbei können Sites mit Chefredakteuren aufgebaut und über Site-Templates[2] automatisch Gruppenräume erstellt werden. Das Prinzip ist ähnlich der XING-Gruppen[3] und bietet somit sehr viele Gestaltungsräume für Unternehmen in Kontakt mit Kunden, Lieferanten und Partnern zu treten. Verschiedene Funktionen zur Strukturabbildung, wie ein Sitemap Portlet oder ein Verzeichnis-Portlet, helfen den Nutzern, einen ganzheitlichen Überblick zu erhalten, welche Funktionen das Webportal bietet.

Verschiedene Collaboration und Social Networking Features, welche wir bereits in Kapitel 16 kennen gelernt haben, können wir zu unserem Vorteil im Webportal mit integrieren und somit den Nutzern eine höhere Qualität für den Austausch bieten. Das Publizieren von Inhalten direkt auf sozialen Plattformen, wie Facebook oder Twitter, kann für die Verteilung von wichtigen Informationen durch die Anwender automatisch verwendet werden (beispielsweise bei Blogs).

Das Überarbeiten von Inhalten kann direkt in der Live-Webseite erfolgen oder auch im Kontrollbereich von Liferay. Dadurch können verschiedene Zielgruppen mit unterschiedlichen Arbeitsweisen optimal bedient werden.

Über das Feature Staging lassen sich, logisch getrennt, Änderungen zunächst im „Glaskasten" umsetzen, bevor diese auf die Live-Seiten übertragen werden. Das bedeutet vor allen Dingen bessere Planungssicherheit, geringere Fehleranfälligkeit und Versionierbarkeit, da bei jeder Publizierung von Webseiten-Strukturen und -Inhalten ein Paket „geschnürt" werden muss, welches publiziert werden soll.

Durch die einfache Bedienbarkeit von Liferay ist eine erhöhte Akzeptanz gegeben, um langfristig Mitarbeiter, Webportal-Verantwortliche und alle Beteiligten an das Portal zu binden. Existiert hierzu ein entsprechendes Webportal-Konzept, welches vor allem die Nutzer mit einschließt (Stichwort: Interaktion Kommunikation), kann man nur gewinnen.

18.2 Erstellen und Publizieren von Web-Content in Liferay

Wir wollen uns nun der Erstellung von Web-Content widmen. Hierfür existieren in Liferay zwei verschiedene Konzepte bzw. Wege. Der erste Weg ist der einfachste. Liferay gibt eine Standardstruktur sowie eine Vorlage vor, nach welcher man bereits schnell Webseiten aufbauen kann. Der zweite Weg besteht darin, zunächst eigene Web-Content-Strukturen zu

---

[2] http://www.liferay.com/de/documentation/liferay-portal/6.1/user-guide/-/ai/lp-6-1-ugen12-page-templates-0
[3] https://www.xing.com/groups

erstellen und diese mit einer Vorlage zu verknüpfen, die vorher ebenfalls erstellt werden muss. Darüber hinaus kann mit verschiedenen Möglichkeiten Web-Content angezeigt bzw. darauf zugegriffen werden, die im Folgenden aufgelistet sind:

- **Asset Publisher und Related Assets:** Über den Asset Publisher sowie Related Assets (welche wir bereits in Abschnitt 17.5 kennengelernt haben) können wir, basierend auf vorherdefinierte Filterkriterien Web Content-Artikel anzeigen lassen.

- **Web-Content-Liste:** Tabellarische Darstellung von Web-Inhalten, mit der Möglichkeit, eine Ziel-Webpage anzugeben, sodass sich der Webpage-Kontext dynamisch an den Content anpassen kann (Ein Klick auf den „Energiewende-Artikel" führt uns beispielsweise auf eine komplett andere Page, welche das Thema Energiewende fokussiert und dort den Artikel neben anderen Portlets anzeigt.)

- **Suche und Filtern:** Gegebenenfalls finden wir über die Suche Web-Inhalte wieder. Über Tag-Wolken oder Kategorie-Navigation können wir durch bestehende Web-Inhalte stöbern (unter Verwendung von beispielsweise dem Asset Publisher wie in Abschnitt 17.6 beschrieben).

- **User-generated Content:** Eventuell wird in Blogs, Foren-Posts oder Foren ein Web-Artikel erwähnt, welcher direkt mit einem Link aufgerufen werden kann.

- **Suchmaschinen:** Da wir das Portal für Suchmaschinen optimieren können, kann der Zugriff auch z. B. über Google oder Bing erfolgen.

18.2.1 Erstellen, Platzieren und Auffinden von Inhalten

Einfachen Web-Content in Liferay zu erstellen, ist sehr einfach. Wie bereits beschrieben, liefert Liferay bereits Standard-Web-Content-Strukturen und Vorlagen an. Dadurch können wir sehr schnell erste Webseiten erstellen. Beginnen wir mit der Platzierung des Portlets **Web Content-Anzeige** auf einer Page. Mithilfe dieses Portlets wird direkt auf der Page Web Content platziert. Außerdem kann man hierüber neuen Web Content erzeugen – und genau diese Funktionalität benötigen wir jetzt.

 HINWEIS: Sind mehrsprachige Versionen für einen Web-Inhalt vorhanden, wird basierend auf der Anzeigensprache des Nutzers (Profileinstellungen), der entsprechende Standard-Inhalt präsentiert. Nutzer können ebenfalls zwischen verschiedenen Länderversionen wechseln. Steht für einen Anwender eine Übersetzung nicht zur Verfügung, wird der Inhalt der im Portal ausgewählten Standardsprache verwendet.

Über die Schaltfläche *Web Content hinzufügen* können wir nun neuen Web-Content erstellen, indem wir mindestens den Titel und einen Inhalt vergeben (Bild 18.2). Dabei können wir ebenfalls Content in verschiedenen Sprachen hinterlegen. Deutsch, Englisch, Spanisch usw. stellt kein Problem für Liferay dar.

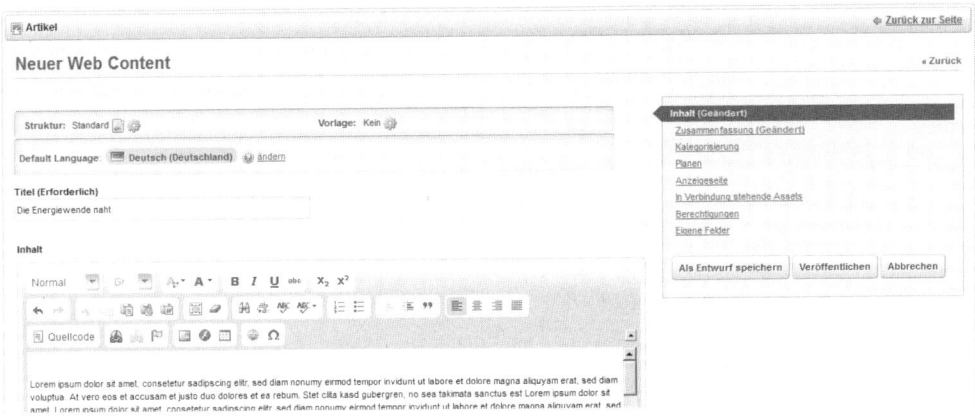

Bild 18.2 Erstellen von neuem Web Content

Die Erstellung ist in mehrere Bereiche unterteilt, welche wir im Folgenden näher betrachten wollen.

- **Inhalt:** Hier vergeben wir den Titel sowie den Inhalt. Außerdem können wir eine andere Web Content-Struktur sowie Vorlage auswählen. Anschließend werden die in der Struktur definierten Felder zur Eingabe zur Verfügung stehen.

- **Zusammenfassung:** Vor allem für Suchen, Asset Publisher und Auflistungen jeglicher Art relevant. Durch eine kleine Zusammenfassung kann der Leser schneller den Inhalt eines Web Contents erfassen.

- **Kategorisierung:** Haben wir bereits in Kapitel 17 kennen gelernt. Hilft dem Nutzer aktiv bei der Entscheidungsgrundlage, ob der Inhalt für ihn von Interesse ist.

- **Planen:** Über die Angabe eines Start- und Enddatums kann die „Lebensdauer" eines Web Contents definiert werden.

- **In Verbindung stehende Assets:** Selbe Funktionalität wie Kategorisierung

- **Eigene Felder:** Zusätzliche Vergabe von Informationen, wie in Abschnitt 17.3 bereits ausführlich beschrieben. Vor allem für Erweiterungen stellt das Feature *Eigene Felder* für Web-Content eine effiziente Möglichkeit zur Programmierung dar.

Nach erfolgtem Betätigen der Schaltfläche *Veröffentlichen* erfolgt das Publizieren unseres Web-Contents. Versuchen Sie einmal mithilfe der Suche, der Web-Content-Liste und des Asset Publishers Ihren Content wiederzufinden.

18.2.2 Konfiguration von komplexen Web-Content-Strukturen sowie Vorlagen

Nachdem wir verstanden haben, auf welche Weise Web-Inhalte erstellt werden, wollen wir uns ausgiebiger mit der Konfiguration von komplexen Strukturen befassen. Durch die Verwendung von Strukturen können wir individuelle Web-Inhalte für verschiedene Anforderungen definieren. Anschließend müssen wir mindestens eine Vorlage für eine Struktur vorgeben, um die Präsentation definieren zu können. Wir wollen in unserem Beispiel eine neue Web-Inhaltsstruktur erstellen, welche folgende Attribute hat:

- **Teaser-Bild:** Dahinter „versteckt" sich ein Bild, welches aus der Dokumentenbibliothek ausgewählt werden kann.

- **Teaser-Text:** Ein kleiner Text erscheint oberhalb des Teaser-Bildes.

Dementsprechend muss eine Vorlage entworfen werden, welche die Darstellung entsprechend den Attributen zulässt und wiedergibt.

18.2.2.1 Strukturen erstellen

Wir wechseln in den Kontrollbereich von Liferay und gehen in eine Site, in welcher wir neue Strukturen erstellen wollen. Denn Strukturen und Vorlagen werden immer individuell für Sites erstellt und können somit unabhängig von anderen fachlichen Bereichen behandelt werden. Haben wir eine Site ausgewählt, klicken wir dort auf den Punkt *Artikel* (Bild 18.3), um in die Verwaltungsansicht der Web-Inhalte zu wechseln. Dort existiert für uns ein wichtiger Reiter, welcher *Strukturen* heißt. Dort angekommen, legen wir eine neue Struktur über die Schaltfläche *Struktur hinzufügen* an. Anschließend müssen wir einen Namen und eine Beschreibung mitgeben, um die Struktur eindeutig identifizieren zu können. Hierzu wählen wir als Namen Master Knowledge Artikel aus. Im Bereich *XML Schema Definitionen bearbeiten* können wir unsere Struktur definieren, indem wir für jedes Attribut eine neue *Zeile hinzufügen*.

 HINWEIS: Die Definition von Strukturen für Web-Inhalte erfolgt wahlweise in XML oder in einem benutzerfreundlichen Editor. Der Vorteil der XML-Verarbeitung liegt dabei in der einfachen Bearbeitung der Inhalte, da ebenfalls über WebDav (Netzlaufwerk), mit einem eigenen lokalen Text-Editor, die Struktur schneller überarbeitet werden kann.

In die erste Zeile tragen wir das Bild für den Teaser ein. Der Name hierfür ist Teaser-Bild und der Typ wird auf Dokumentenbibliothek gestellt. Wir könnten zwar direkt auch als Typ Bild aussuchen, was jedoch dazu führt, dass wir ein neues Bild von unserem lokalen Rechner hochladen müssen. Bei der Dokumentenbibliothek greifen wir jedoch auf ein bereits im Portal vorhandenes Bild zurück.

Die zweite Zeile trägt den Namen Teaser-Beschreibung und ist vom Typ Textkasten. Dieses Attribut ist ebenfalls durchsuchbar, sodass wir in der Auswahlliste von Nicht suchbar auf Suchbarer Text stellen. Anschließend speichern wir unsere Definition ab (Bild 18.3).

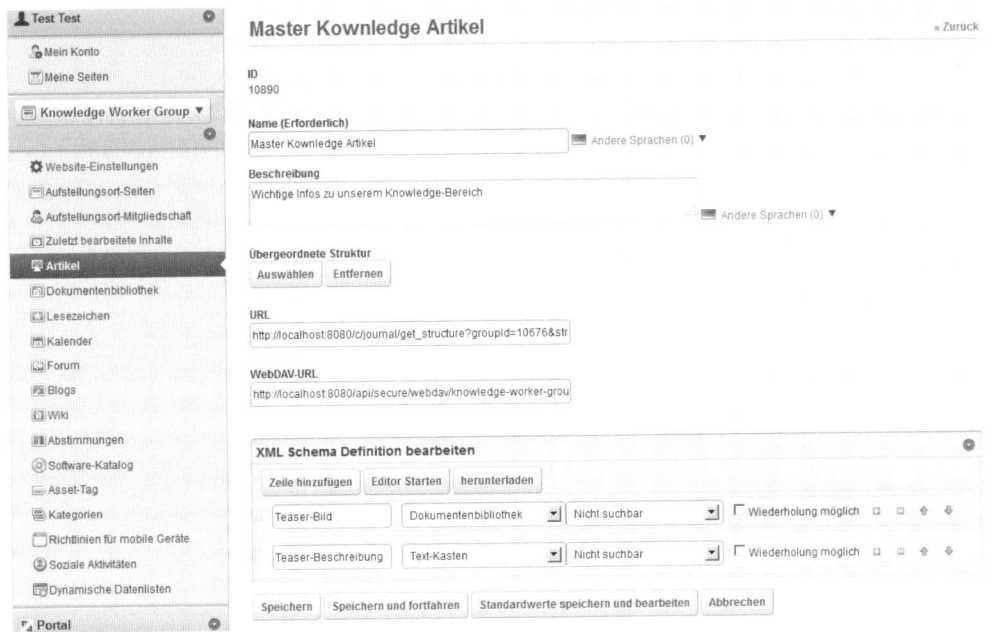

Bild 18.3 Unsere fertige Struktur mit der Definition für ein Teaser-Bild und der entsprechenden Beschreibung

18.2.2.2 Vorlagen erstellen und mit Strukturen verbinden

Nachdem wir unsere Struktur erstellt haben, müssen wir hierzu die dafür notwendige Präsentationsform anlegen, indem wir eine Vorlage erstellen. Im selben Menü, in welchem wir den Reiter *Strukturen* gefunden haben, finden wir auch *Vorlagen*. Dort angekommen, legen wir eine neue Vorlage durch das Klicken auf die Schaltfläche *Vorlage hinzufügen* an. Vorlagen werden in so genannten Template-Languages geschrieben. Liferay unterstützt Velocity[4] sowie Freemarker[5]. Wir verwenden Velocity, um unsere Vorlage zu erstellen. Da Liferay im Standard ebenfalls auf diese Sprache setzt, ist es nur sinnvoll, die Synergieeffekte hinsichtlich des Wissensaufbaus für weitere Szenarien (z.B. Erstellen von Themes, Layouts funktioniert ebenfalls über Velocity)[6] zu nutzen. Zunächst vergeben wir auch hier einen Namen sowie eine Beschreibung zur Identifikation.

PRAXISTIPP: Beim Erstellen von Vorlagen sollten Sie immer das Caching (Zwischenspeichern) deaktivieren, da Sie sonst eventuell vorgenommene Änderungen nicht sehen können. Dann müssen Sie über den *Kontrollbereich > Server > Server-Administration* die Caches leeren. Aktivieren Sie deswegen erst das Caching Feature, wenn die Vorlage fertig erstellt und freigegeben ist.

---

[4] *http://velocity.apache.org/*

[5] *http://freemarker.sourceforge.net/*

[6] Prinzipiell auch über Freemarker – dann muss jedoch das gesamte Portal mit Freemarker betrieben werden (ausgenommen WCM-Vorlagen)

Als Nächstes müssen wir die Vorlage mit einer Struktur verbinden. Hierzu wählen wir im Bereich *Struktur* das Element `Master Knowledge Artikel` aus. Der erste Schritt ist getan – unsere Struktur ist mit unserer Vorlage verbunden.

Anschließend klicken wir auf die Schaltfläche *Editor starten*, um den Bearbeitungsmodus zu beginnen und um den Attributen in unserer Struktur einen Platz in der Darstellung geben zu können. Wir gelangen in einen separaten Dialog, in welchen wir unsere Präsentations-logik einbauen können. Hier kombinieren wir also HTML und Velocity, um eine für uns maßgeschneiderte Vorlage zu erstellen. Dabei können wir direkt auf die Attribute der Struktur zugreifen, indem wir diese mit den entsprechenden Namen adressieren. Über das Zeichen **$** aktivieren wir Velocity. Dadurch löst sich implizit unser Text in eine Variable auf, die dem jeweiligen Attribut in der Struktur entspricht. Über den Funktionsaufruf `getData()` lesen wir direkt die Daten des Attributes für einen Web-Inhalt aus und geben es mit HTML entsprechend wieder.

```
<div>
<span style="position:absolute; font-style:italic;
background-color:#cccccc;color:white">
$Teaser-Beschreibung.getData()</span>
<img src="$Teaser-Bild.getData()"/>
</div>
```

Wie im oberen Code-Beispiel zu sehen, kombinieren sich HTML und Velocity ideal, sodass sehr schnell komplexe Layouts erstellt werden können.

PRAXISTIPP: Probieren Sie die verschiedenen Attribut-Typen in den Strukturen aus und ändern Sie daraufhin entsprechend die Vorlagen, um ein besseres Gefühl für die Arbeitsweise mit der Verwaltung von Web-Inhalten zu bekommen. Weitere Informationen über das Verarbeiten von Vorlagen erfahren Sie direkt im Code-Editor sowie im Wiki[7] von Liferay.

18.2.2.3 Web Content erstellen

Nachdem wir unsere Struktur und unsere Vorlage erstellt und miteinander verknüpft haben, können wir uns endlich mit dem Web Content an sich befassen. Hierzu bleiben wir im Kontrollbereich und im Bereich *Artikel* (Bild 18.4). Dort klicken wir im Reiter *Artikel* auf *Hinzufügen > Master Knowledge Artikel*.

HINWEIS: Content muss immer einen Namen besitzen, welchen wir auch durch Konfigurationsänderungen nicht umgehen können – und das ist auch gut so. Der Name dient zur Identifizierung des Artikels, z. B. wenn wir aus einem Blog heraus eine Verknüpfung zu einem Artikel herstellen wollen. Der Name hat hier bei der Auswahl und Darstellung eine elementare Bedeutung. Achten Sie bitte immer darauf.

---

[7] http://www.liferay.com/web/guest/community/wiki/-/wiki/Main/Journal+Template+%28Velocity%29

Anschließend suchen wir aus der Dokumentenbibliothek ein geeignetes Bild aus, welches wir für die Darstellung verwenden wollen. Anschließend geben wir einen Teaser-Text ein, welcher ebenfalls mit angezeigt werden soll.

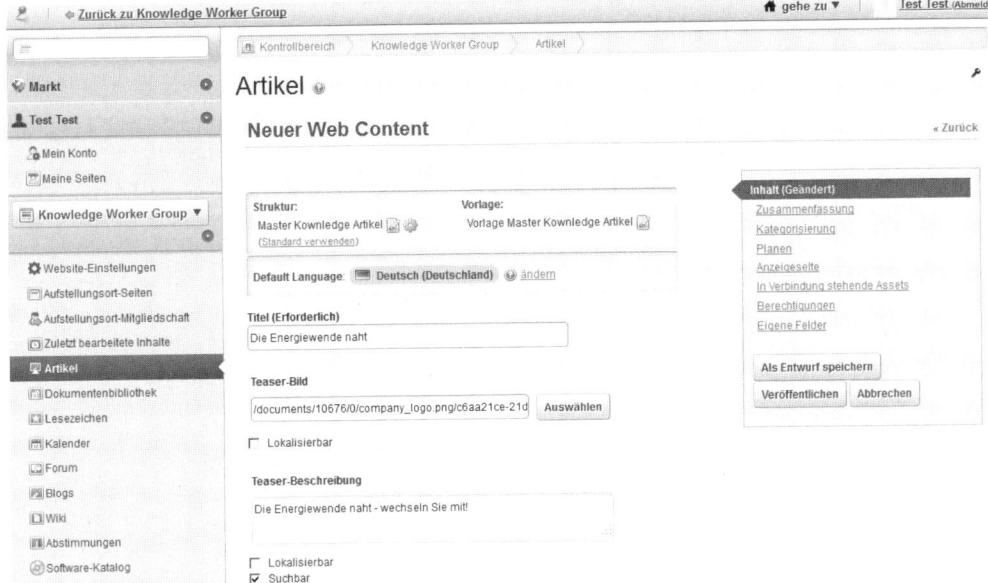

Bild 18.4 Erstellen von neuem Web-Content auf Basis unserer Struktur

Nachdem Sie den neuen Web-Content veröffentlicht haben, können Sie über *Aktionen* > *Ansehen* das Ergebnis im Detail begutachten. Wenn Sie alles richtig erstellt haben, sollte anschließend das Ergebnis wie in Bild 18.5 zu sehen sein (natürlich abhängig von den Eingaben).

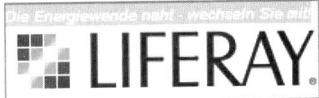

Bild 18.5
Fertiges Ergebnis: Verwenden Sie ebenfalls das Ergebnis direkt auf einer Liferay-Page, um ein noch besseres Gefühl zu erhalten

Der erstellte Web-Content kann ebenfalls direkt im Portal eingesehen werden. Hierzu kann man beispielsweise ein „Web-Content-Anzeige" auf einer Page platzieren und über die Schaltfläche *Web Content auswählen* unseren erstellten Artikel selektieren. Unser Web-Content kann nun ebenfalls über die Suche gefunden oder direkt über den Asset Publisher eingesehen werden.

■ 18.3 Web-Inhalte mit Alloy UI benutzerfreundlich optimieren (am Beispiel einer Bilder-Slideshow)

Nachdem wir uns bereits ausführlicher mit der Erstellung von Web-Content befasst haben, steht eventuell die Frage im Raum, auf welche Weise der Content dem Nutzer präsentiert werden soll. Hierbei haben wir im Liferay-Standard „nur" die Möglichkeit, den Content direkt auf einer Seite zu platzieren (beispielsweise mit dem „Web-Content-Anzeige"-Portlet) oder ihn über den Asset Publisher aufzurufen. Oftmals reicht das jedoch nicht mehr aus. Inhalte müssen dem Nutzer dynamischer und benutzerfreundlicher präsentiert werden. Praktisch bedeutet das, wenn wir uns im Web umsehen, können wir beispielsweise Slideshows von Inhalten und Bildern, Bewertungs- und Kommentarfunktionen betrachten. Diese einfachen und intuitiv zu bedienenden Elemente erhöhen die Akzeptanz der Nutzer für eine Seite. Wir können viele solcher Funktionen in Liferay ebenfalls verwenden. Das Liferay UI wurde mit der Einführung von Version 6 komplett umgestellt auf Alloy UI[8]. Alloy UI basiert auf YUI 3[9] und wurde von Liferay selbst ins Leben gerufen. Dabei basiert Alloy UI auf Client-seitigen JavaScripts, welche im Browser des Nutzers evaluiert und ausgeführt werden.

 PRAXISTIPP: Auf der Seite *http://alloyui.com/examples/* können Sie sich verschiedene Features in der Praxis ansehen und direkt in Liferay überführen. Hinter jedem Feature kann über den Reiter *Basic Example* der Quellcode angesehen und somit übertragen werden. Bitte achten Sie jedoch unbedingt darauf, dass statt des Aufrufs `YUI().use` `AUI().ready` verwendet wird, sonst erhalten Sie Fehler im Portal!

In unserem Beispiel wollen wir eine Bilder-Slideshow konstruieren, wie wir Sie ebenfalls auf *Liferay.com* als Teaser finden. Wir benötigen wieder eine eigene Web-Content-Struktur, um beliebig viele Bilder in einem Teaser hintereinander ablaufen zu lassen. Unsere Aufgaben sind demnach wie folgt:

- **Web-Content-Struktur erstellen:** Zunächst muss die Web-Content-Struktur mit beliebig vielen Bildern erstellt werden. Hier greifen wir ebenfalls wieder direkt auf die Dokumentenbibliothek zu, um die Bilder auszuwählen.

- **Vorlage mit Struktur verknüpfen:** Erstellung einer Vorlage, welche mit unserer neu erstellten Struktur verknüpft wird. Anschließend müssen wir die Vorlage so weit anpassen, dass Sie für die Slideshow passend ist (nächster Punkt).

- **Alloy UI-Funktionalität in Vorlage portieren:** Nachdem die Vorlage im Groben erstellt worden ist, muss die entsprechende Funktionalität von Alloy UI übertragen (in unserem Beispiel von http://alloyui.com/tutorials/carousel/) und angepasst werden. Zum einen muss häufig HTML-Code eingefügt werden, damit der Content aus unserer Struktur an

---

[8] *http://alloyui.com/*
[9] *http://yuilibrary.com/*

die richtige Position übertragen werden kann. Des Weiteren wird JavaScript Code portiert, welcher an unseren HTML-Code angepasst werden muss. Außerdem ist YUI().use mit AUI().ready unbedingt zu ersetzen.

18.3.1 Web-Content-Struktur sowie Vorlage erstellen und miteinander verknüpfen

Wir gehen in den Kontrollbereich und dort in den Site-Kontext, in welchem wir die Image Slideshow verwenden wollen. Anschließend gehen wir über **Artikel > Strukturen** in den Verwaltungsbereich über. Beim Anlegen einer neuen Struktur vergeben wir den Namen „Bilder Rotation" (Bild 18.6). Wir erstellen eine neue Zeile und vergeben den Namen „Slide" mit dem Typ „Dokumentenbibliothek". Dieses Attribut kann sich beliebig häufig wiederholen, sodass wir die Check-Box hierzu aktivieren müssen.

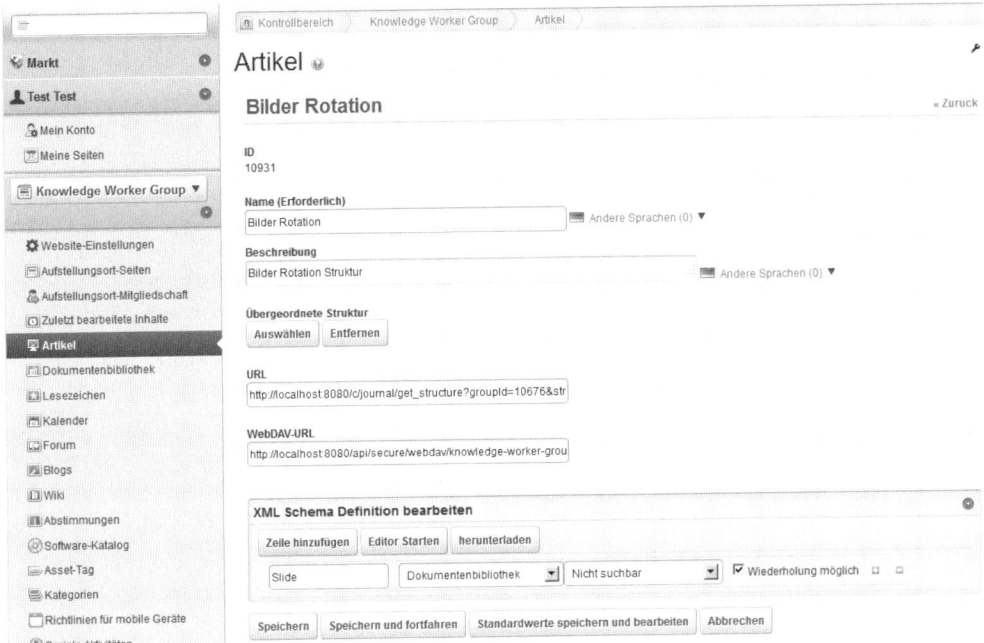

Bild 18.6 Web-Content-Struktur für Image-Slideshow

Anschließend speichern wir unsere Struktur ab und wechseln in den *Vorlagen-Bereich*. Wir erstellen eine neue Vorlage mit dem Namen „Vorlage Bilder Rotation". Anschließend verknüpfen wir unsere Vorlage mit der bereits angelegten Struktur „Bilder Rotation".

18.3.2 Alloy UI-Funktionalität in Vorlage portieren

Auf der Seite *http://alloyui.com/tutorials/carousel/* finden wir direkt ein gutes Beispiel für eine Slideshow. Im Reiter *Basic Example* finden wir Code-Beispiele, welche sofort einsatzfähig sind. Diesen Code übertragen wir in unsere Vorlage und ändern im Script den Aufruf `YUI().use` in `AUI().ready`. Der Script-Bereich sollte nach den entsprechenden Modifikationen wie in Listing 18.1 aussehen.

Listing 18.1 Definition der Carousel-Komponente, um hierüber unsere Bilder rotieren zu lassen

```
<script>

AUI().ready(
  'aui-carousel',
  function(Y) {
    new Y.Carousel(
      {
        activeIndex: 'rand',
        contentBox: '#companySlideShow',
        height: 460,
        width: 614,
        intervalTime: 5
      }
    ).render();
  }
);
</script>
```

In diesem Beispiel müssen wir die Höhe und Weite der Bilder angeben. Die Slideshow benötigt diese Größeninformationen, um das Grundgerüst in HTML automatisch zu erstellen.

 HINWEIS: Bitte benutzen Sie für dieses Beispiel Bilder von gleicher Größe. ∎

Darüber hinaus wurde der Parameter `activeIndex` sowie `interValTime` hinzugefügt. Über `activeIndex` steuern wie das Startbild beim Aufruf unserer Slideshow. Der Wert *rand* bedeutet, dass eine willkürliche Position als Startpunkt ausgewählt wird. Ansonsten muss ein Integer-Wert angegeben werden.

Zu guter Letzt müssen wir den HTML-Code aus dem Beispiel portieren und an unsere Anforderungen anpassen. Der Standard-HTML-Code aus dem Beispiel lautet wie in Listing 18.2.

Listing 18.2 Beispielhafte Darstellung, wie wir Bilder der Carousel-Komponente von Alloy UI übergeben können

```
<div id="myCarousel">
  <div class="aui-carousel-item" style="background:
url(http://alloyui.com/carousel/img/1.jpg);">
</div>
```

Unser Attribut haben wir `Slide` genannt, und dies ist beliebig wiederholbar. Über `Slide.getSiblings()` erhalten wir eine Liste der vorhandenen Werte, welche wir mit einer `foreach`-Schleife verarbeiten können.

Wir ändern zum einen die `id` des oberen DIV-Elements in `companySlideShow` (siehe Skript-bereich), um eine eindeutige ID für unsere Zwecke zu vergeben. Über die Schleifenfunktion greifen wir auf alle Bildelemente via `slide.getData()` zu.

Listing 18.3 Über eine Schleife iterieren wir über alle Bilder-Elemente in unserem Web-Content und geben die URL, welche sich in der Variable „slide" befindet, wieder.

```
<div id="companySlideShow">
  #foreach($slide in  $Slide.getSiblings())
    <div class="aui-carousel-item"><img src="$slide.getData()"/>
  #end
</div>
```

Jetzt sind wir bereit, eine neue Image-Slideshow anzulegen. Hierzu gehen wir in den Kontrollbereich und dann in eine Site, um neuen Web-Content zu erstellen. Dort wählen wir zunächst unsere Struktur über die Schaltfläche *Hinzufügen > Bilder Rotation* aus. Jetzt fügen wir einige Bilder in unserem Web-Content hinzu und veröffentlichen diesen anschließend. Auf einer Liferay-Page fügen wir anschließend das Portlet „Web-Content-Anzeige" hinzu und wählen über die Option *Web Content auswählen* unseren neu erstellten Web-Inhalt aus.

Teil II – Liferay

Bild 18.7 Fertiges Ergebnis unserer Erweiterung: Image-Slideshow mit Alloy UI

Wie Sie in Bild 18.7 gut erkennen können, verfügen wir jetzt über eine funktionierende Image-Slideshow, basierend auf Alloy UI. Am unteren rechten Rand sehen wir die Anzahl der Bilder und auch die Möglichkeit, ein anderes Bild auszusuchen.

HINWEIS: Wenn wir Bilder aus der Dokumentenbibliothek aussuchen, kann das Problem entstehen, dass bestimmte Nutzer die Bilder nicht einsehen können, da diese nicht über die entsprechenden Berechtigungen verfügen. Achten Sie also auf eine entsprechende Ablage der Bilder in Bereiche, auf welche die Zielgruppe definitiv Zugriff hat. Bei Zugriffen auf Bilder, welche auch ohne Anmeldung möglich sein sollen, muss eventuell die Gast-Rolle in Liferay entsprechende Leseberechtigungen erhalten.

Wie wir festgestellt haben, können wir mit verhältnismäßig wenig Aufwand, tolle Lösungen erstellen und unseren Mitarbeitern, Kunden oder anderen Menschen zur Verfügung stellen. Wenn Sie noch mehr darüber erfahren wollen, sollten Sie einfach in der Liste der zur Verfügung stehenden Features von Alloy UI stöbern[10] und diese austesten.

■ 18.4 Prozessgestützte Freigabe von neuen Inhalten mit Workflows

Wichtig für einen reibungslosen Ablauf der Publizierung von neuen Inhalten ist die vorherige Überprüfung in einem Freigabe-Workflow. Hierbei ist es das vorrangige Ziel, für bestimmte Zielgruppen qualitativ hochwerten Content ausliefern zu können, welcher durch stufenbasierte Freigabe erreicht werden soll. Liferay unterstützt Freigabeverfahren für unterschiedliche Inhaltstypen, wie Web-Content, Blogs oder Wiki-Einträge. Auf Site-Basis können diese Einstellungen individuell vorgenommen werden. Liferay hat hierzu in der Version 6 eine neue Workflow-Engine erstellt, welche *Kaleo* genannt wird.

Ist ein Freigabeverfahren für einen Inhaltstypen aktiviert, kann neu erstellter oder modifizierter Content nicht direkt veröffentlicht werden. Stattdessen muss eine Person mit einer zugewiesenen Rolle „Site Content Reviewer" den Inhalt überprüfen und anschließend freigeben (falls in Ordnung). Falls der Inhalt überarbeitet werden muss, kann der Freigabe-Workflow zurückgewiesen werden. Der Initiator des Freigabe-Workflows erhält anschließend eine Rückmeldung, in Form einer Aufgabe, in seinen eigenen „Aufgabenkorb".

Mit *Kaleo* ist es ebenfalls möglich, neue Workflows direkt im Browser zu erstellen und sofort zu verwenden. Ein Umweg über separate Workflow-Editoren und Entwicklungsplattformen wird somit hinfällig – zumindest für kleinere Workflows, womit man einen enorme Autorität als Unternehmen zurückerlangt: Das Planen und Umsetzen von Prozessen mit der eigenen IT ohne große externe Abhängigkeiten.

Wir wollen exemplarisch für Web-Inhalte einen Freigabe-Workflow aktivieren und diesen mit Beispielnutzern durchspielen. Hierzu sind mehrere Schritte notwendig, welche wir im Folgenden zunächst beschreiben wollen.

---

[10] *http://alloyui.com/examples/*

- **Autorität für Review übertragen:** Mindestens ein Benutzer muss in der Lage sein, neue Freigabe-Aufgaben anzunehmen und zu bearbeiten. Hierfür muss innerhalb einer Site die Rolle „Site Content Reviewer" vergeben werden.
- **Freigabe-Workflow für Inhaltstyp aktivieren:** Durch das Aktivieren des „Single Approver" Workflows (wird im Standard bereits mit ausgeliefert) werden für alle neuen oder geänderten Inhalte eines spezifischen Typs Freigabe-Workflows gestartet.
- **Web Content freigeben:** Ab jetzt ist der Workflow für den Inhaltstyp aktiv. Die Nutzer sehen nur verzögert die entsprechende Freigabe ihrer Web-Inhalte, da diese vorher überprüft und freigegeben werden müssen.

18.4.1 Autorität für Review übertragen

Wir wollen den Benutzer „Stephan Heinig" mit der Rolle „Site Content Reviewer" ausstatten. Hierzu muss zunächst dieser Nutzer auf der für uns relevanten Site (beispielsweise Knowledge Worker Group) Mitglied sein. Anschließend gehen wir im Kontrollbereich auf *Aufstellungsort-Mitgliedschaft* und wählen beim Nutzer „Stephan Heinig" die *Aktionen > Webseite-Rollen zuweisen* aus. Anschließend vergeben wir die Rolle „Site Content Reviewer" und bestätigen unsere Eingaben, wie in Bild 18.8.

Bild 18.8 Die Rolle „Site Content Reviewer" wurde dem Nutzer zugewiesen

18.4.2 Freigabe-Workflow dem Inhaltstypen zuweisen

In unserer ausgewählten Site existiert eine Option zur Konfiguration der Workflows. Diese befindet sich unter dem Namen *Workflow-Konfiguration* (Bild 18.9). Dort angekommen, können wir für verschiedene Inhaltstypen einen Workflow auswählen. Wir gehen in den Bereich *Artikel* und wählen im Auswahlfeld den Workflow „Single Approver" aus.

Anschließend speichern wir unsere Änderungen ab und überprüfen unsere Einstellungen.

 PRAXISTIPP: Über den Service Builder können eigene Inhaltstypen in Minuten erstellt werden. Darüber hinaus können diese neuen Typen ebenfalls für die Nutzung in Workflows registriert werden.

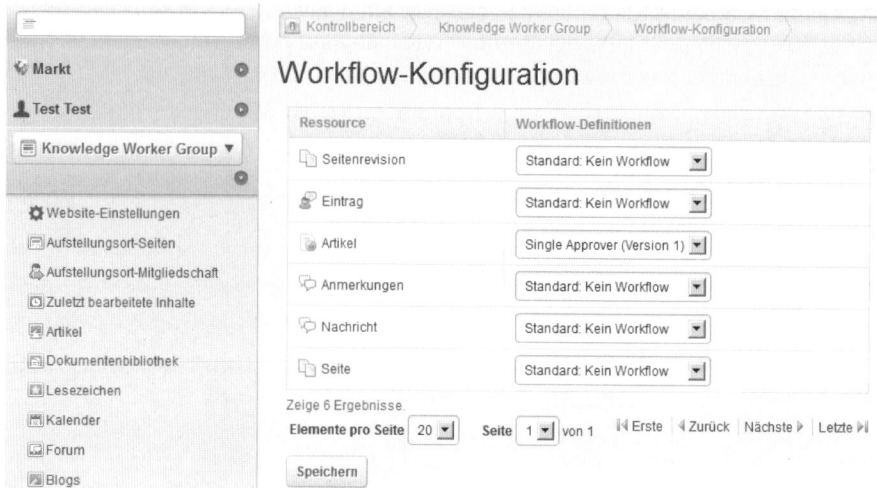

Bild 18.9 Zuweisen eines Workflows zu den Web-Inhalten

18.4.3 Web Content freigeben

Die notwendigen Konfigurationseinstellungen sind bereits durchgeführt. Jetzt können wir uns mit dem Freigabeprozess in der Praxis befassen, indem wir auf die Live-Seiten unserer Site wechseln und über das Portlet „Web-Content-Anzeige" neuen Web-Content erstellen wollen. Prinzipiell hat sich für den Anwender nichts geändert. Nach wie vor stehen uns alle Optionen zur Bearbeitung von Web-Inhalten zur Verfügung. Ausschließlich ein Button hat sich verändert – der Nutzer ist nur noch in der Lage, einen Antrag auf Publizierung zu senden. Der Button *Zur Veröffentlichung einsenden* führt zum Start des „Single Approver" Workflows und dem Beenden der Bearbeitung des Web-Contents.

 HINWEIS: Beim Starten eines „Single Approver Workflows" werden alle beteiligten Nutzer, welche der Rolle „Site Content Reviewer" zugewiesen sind, über diesen neuen Veröffentlichungsantrag benachrichtigt.

Einmal auf die Live-Page zurückgekehrt, werden wir im Portlet „Web-Content-Anzeige" (Bild 18.10) darüber informiert, dass der neue Web-Content noch nicht zur Freigabe genehmigt worden ist.

Bild 18.10 Unser Content steht zur Publizierung bereit, muss jedoch noch von einer verantwortlichen Person freigegeben werden.

An dieser Stelle müssen wir den Nutzer wechseln und uns mit „Stephan Heinig" anmelden. Der nächste Schritt stellt die Freigabe des Contents durch einen „Site Content Reviewer" dar. Sind wir einmal angemeldet, wechseln wir in den Kontrollbereich und gehen über den Bereich „Stephan Heinig" auf die Option *Meine Workflow-Aufgaben*, wie in Bild 18.11.

Bild 18.11 Übersicht der Workflow-Aufgaben im eigenen „Postkorb"

Wie in Bild 18.11 zu sehen, liegt eine Aufgabe der Rolle „Site Content Reviewer" vor. Über den *Aktionen*-Button weisen wir uns über die Option *Mir zuweisen . . .* die Aufgabe direkt zu. Dadurch verschwindet diese Aufgabe aus allen anderen Postkörben von anderen Nutzern – eine exklusive Zuweisung einer Aufgabe liegt nun vor. Anschließend findet sich diese Aufgabe im Bereich „mir zugewiesen" wieder. Durch einen Klick auf die Aufgabe, können wir uns detaillierter mit dem zu publizierenden Inhalt befassen, denn jetzt können wir direkt den Inhalt aufrufen und auf Korrektheit überprüfen. Im rechten Bereich stehen uns abschließend die Optionen zum *Genehmigen* oder *Zurückweisen* zur Verfügung. Beim Abschluss der Aufgabe muss ein Kommentar angegeben werden, welcher in der Tätigkeitenliste (i. A. Workflow-Historie genannt) auftaucht.

Die Konfiguration der Workflow-Engine mit den entsprechenden Standardwerten findet im Bereich *Portal > Workflow-Definitionen* statt. Hierüber können auch neue Workflow-Definitionen installiert werden.

■ 18.5 Fehlerfreie Verwaltung von Inhalten mit stufenbasierter Publizierung

Haben Sie einmal eine Intranet-Lösung oder ein Webportal produktiv laufen und verfügen über eine kritische Masse an Nutzern, stellen sich neue Anforderungen an Liferay, wie beispielsweise die Qualitätssicherung von neuen Web-Inhalten (welche beispielsweise über die Workflows aus dem vorangegangenen Abschnitt ermöglicht werden kann). Eine weitere wesentliche Anforderung stellt dar, dass wir bei größeren (strukturellen) Änderungen nicht mehr auf dem Live-System agieren können, während Nutzer aktiv sind. Viel besser wäre es, wenn wir die Möglichkeit hätten, mit einem „Rutsch", Änderungen auf dem Live-System einzuspielen. Dadurch ändert sich im schlimmsten Fall nur das Erscheinungsbild und Verhalten des Portals, nachdem der Nutzer einmal eine Aktualisierung durchgeführt hat. Daraus ergeben sich folgende Vorteile:

- **Größerer Gestaltungsfreiraum dank erhöhter Flexibilität:** Würden wir immer auf dem Live-System agieren, um Änderungen durchzuführen, könnten andere Nutzer eventuell den aktuellen Arbeitsstand mit einsehen, was ein unprofessionelles Erscheinungsbild abgeben würde.

- **Weniger Aufwand und besserer Planung:** Dadurch, dass man mit einem Mal neue Änderungen auf dem Portal aktivieren kann (und somit eventuell bestehende Pages überschrieben werden), ist die Planbarkeit von neuen Releases gegeben.

- **Höhere Qualität und mehr Aktualität:** Da wir unabhängig des Live-Systems arbeiten können, haben wir die Möglichkeit, tolle neue Inhalte und Funktionen in das Portal zu integrieren und optimal zu testen. Dadurch entsteht eine größere Akzeptanz der Betreuer und Verantwortlichen, langfristig neue Lösungen für die Nutzer zu schaffen, da der Aufwand und die Komplexität der Veröffentlichung sehr gering sind.

In Liferay wird dieses Feature **Staging** genannt und bietet zwei verschiedene Modi zur Verwendung an, die je nach Anforderung und Größe des Webportals geeignet sein können. Mit dem ersten Modus wird ein virtuelles Liferay-System auf dem gleichen System angelegt. Das klingt erst einmal dramatischer als es in Wirklichkeit ist, denn das virtuelle Liferay-System integriert sich nahtlos in das Produktivsystem. Der Standard-Nutzer wird hiervon nichts bemerken. Die Performance ist davon nicht wesentlich betroffen. Der zweite Modus lagert das virtuelle System auf einen separaten Server aus, wofür ein neuer Liferay-Server zur Verfügung stehen muss.

 HINWEIS: Wollen Sie die externe Variante des Stagings verwenden und verfügen über eine kommerzielle Version von Liferay, müssen Sie unbedingt Ihren Account Manager bei Liferay oder Ihren Dienstleister über mögliche Zusatzkosten anfragen.

Diese Variante ist dann sinnvoll, wenn wirklich große Webportale mit Liferay umgesetzt und gewartet werden müssen. Dann dient die separate Liferay-Instanz als so genanntes redaktionelles System, worauf Änderungen durchgeführt werden. Anschließend werden nach entsprechender Freigabe durch den verantwortlichen Leiter die Änderungen auf das Produktivsystem über das Netzwerk übertragen.

Staging wird immer basierend auf einer Site konfiguriert. Darüber hinaus kann definiert werden, welche Inhaltstypen von Staging betroffen sind. Ist das Staging einmal aktiviert, sehen wir als Administrator/Bearbeiter in den Live-Pages direkt, ob wir uns im Live- oder virtuellen System befinden. Wir können außerdem direkt zwischen den beiden Systemen wechseln. Staging bietet auch noch deutlich mehr Features, wie beispielsweise das Versionieren von Pages, sodass eine leichtere Verwaltung der Änderungen durchgeführt werden kann. Wir wollen uns einmal Staging in der Praxis genauer anschauen, indem wir ein virtuelles Liferay-System lokal erstellen und ein kleines Szenario abbilden.

18.5.1 Staging für eine Site konfigurieren

Wie bereits erwähnt, wird Staging immer für eine Site aktiviert und kann somit individuell behandelt werden. Wir wählen in unserem Beispiel eine beliebige Site aus (beispielsweise Knowledge Worker Group) und wechseln in den Kontrollbereich. Dort angekommen, gehen wir auf den Punkt *Website-Einstellungen* der Site und wechseln im Optionsbereich auf den Punkt *Staging*. Hier können wir definieren, welcher Staging-Modi für uns relevant ist. Hier wählen wir *Lokales Echtsystem* aus. Sonst wird unser Beispiel zu komplex und verfehlt den didaktischen Gedanken der Verwendung dieses Features (Bild 18.12).

Wir aktivieren im Bereich *Seitenversionierung* den Punkt *Auf öffentlichen Seiten aktivieren*. Dadurch besteht das virtuelle Liferay-System ausschließlich aus Pages, welche im öffentlichen Bereich angelegt und gepflegt werden. Im Bereich Portlets im Staging Modus aktivieren wir ausschließlich Artikel (automatisch ist das Portlet „Web-Content-Anzeige" mit ausgewählt).

 HINWEIS: Durch die Auswahl der Inhaltstypen, welche „gestaged" werden sollen, können neue Inhalte nur über das virtuelle Liferay-System veröffentlicht werden. Wurde hingegen ein Inhaltstyp abgewählt und Content desselben Typs in der virtuellen Umgebung erzeugt, erfolgt die automatische Bereitstellung auf dem Live-System. In der Regel sind im Webportal-Bereich der Web-Content sowie Dokumente bzw. Bilder davon betroffen. Überlegen Sie sich daher genau, welche Inhaltstypen Sie im redaktionellen Modus überarbeiten wollen und welche sofort im Echtsystem zur Verfügung stehen sollen.

Alle anderen Portlets schließend wir von der Auswahl aus. In Bild 18.12 sehen wir das Ergebnis.

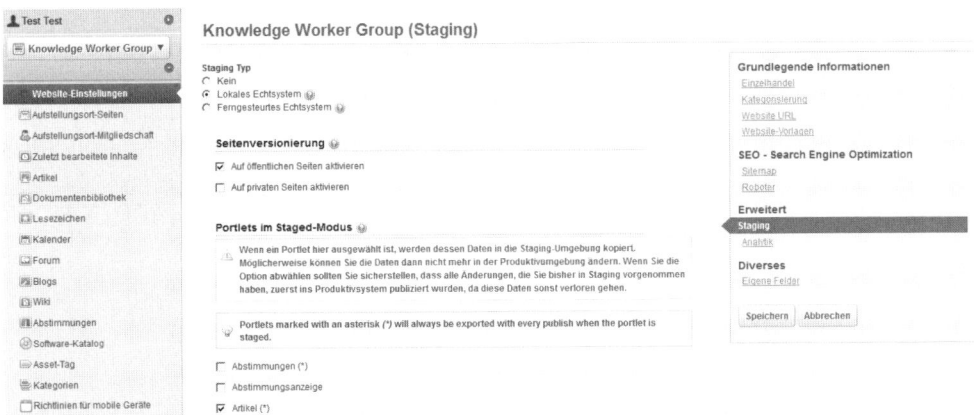

Bild 18.12 Die fertige Konfiguration unseres Staging-Systems

Durch das Abspeichern unserer Konfiguration wird das virtuelle System konfiguriert und aktiv geschaltet. Jetzt verfügen wir über zwei „Liferay-Umgebungen" auf einem Rechner!

 HINWEIS: Natürlich handelt es sich um keine echten, logisch voneinander getrennten Systeme. Außerdem können nicht alle Informationen im Staging-System existieren, wie beispielsweise nutzerbasierter Content (z. B. Blogs).

18.5.2 Staging in der Praxis

Wechseln wir vom Kontrollbereich auf die Live-Pages, können wir visuell sofort eine Veränderung feststellen. Im oberen Bereich existieren zwei verschiedene Reiter, welche das Live- und das virtuelle System voneinander logisch abtrennen (Bild 18.13).

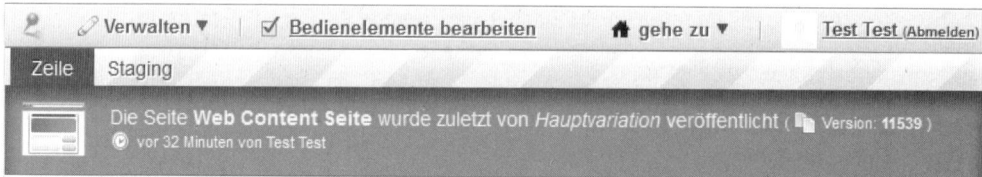

Bild 18.13 Logische Trennung von Live- und virtuellem System

Der Reiter **Zeile** (leider falsche deutsche Übersetzung) stellt das Live-System dar. Hier können wir direkt einsehen, wann die letzte Veröffentlichung stattgefunden hat. Gut zu erkennen ist auch, dass wir jetzt nicht mehr in der Lage sind, neue Portlets auf dem Live-System zu platzieren. Diese Funktionalität steht uns jetzt im Reiter **Staging** zur Verfügung. Hier können wir nach Belieben neue Portlets auf derselben Page platzieren und konfigurieren.

Wir wollen jetzt neuen Web-Content in der virtuellen Umgebung erstellen und anschließend freigeben. Hierzu wechseln wir in den Staging-Bereich, wählen aus den Pages das Portlet „Web-Content-Anzeige" aus und klicken auf den Button *Web Content hinzufügen* (Bild 18.14). Anschließend veröffentlichen (bitte achten Sie darauf, dass wir tatsächlich veröffentlichen und nicht im Freigabeprozess landen). Ist der Content einmal publiziert, können Sie direkt die Live-Ansicht mit unserer virtuellen Umgebung vergleichen. Wie Sie sehen, wurde der Content nicht auf übertragen. Jetzt klicken wir im oberen Bereich des Portals auf den Button *Als „Bereit zur Veröffentlichung" markieren*. Dann können wir neben dem Staging-Reiter auf das Dreieck-Symbol klicken und direkt die neuen Inhalte über die Schaltfläche *Jetzt ins Echtsystem veröffentlichen* auf das Live-System übertragen.

Dabei muss zunächst ausgewählt werden, welche Pages übertragen werden sollen. Anschließend wir über den Button *Veröffentlichen* das neue Release auf das Live-System übertragen.

Bild 18.14 Übertragung eines neuen Releases vom virtuellen- in das Live-System von Liferay. Hierbei kann bestimmt werden, was genau übertragen werden soll.

18.5.3 Zwei-Phasen-Publizierung

Wir haben bereits in Abschnitt 18.4 kennengelernt, dass wir neue Inhalte über einen Freigabeprozess steuern und kontrolliert freigeben können. Dieses Feature ist für die Qualitätssicherung enorm wichtig – vor allem, wenn das Webportal immer kritischer angesehen wird. Des Weiten konnten wir in diesem Abschnitt feststellen, dass uns von Liferay durch das stufenbasierte Freigeben von neuen Inhalten noch einmal ein organisatorisches Werkzeug zur Verfügung gestellt wird, mit welchem wir effizienter neue Web-Projekte planen und umsetzen können. Durch die Kombination von beiden Funktionalitäten können wir einen transparenten Publikationsweg für Autoren und Verantwortliche definieren. Dabei werden zunächst, basierend auf dem Freigabeprozess, neue Inhalte in das virtuelle System publiziert. Site-Verantwortliche prüfen dann die strukturelle Integrität der geänderten Inhalte sowie eventuell hinzugefügter Strukturen (Pages) und Funktionalitäten (neue Portlets wurden beispielsweise auf Pages platziert und/oder konfiguriert). Ist ein zufrieden stellendes Ergebnis erreicht worden, kann durch die Angabe der zu veröffentlichenden Komponenten (Pages, Web Content) ein neues Release auf das Live-System übertragen werden.

■ 18.6 Verwenden von weiteren Liferay-Features zur Potenzialsteigerung des eigenen Webportals

Nachdem wir uns ausführlicher mit verschiedenen Funktionalitäten zur Verwaltung von Webportalen beschäftigt haben, wollen wir noch einige Themen behandeln, die nicht direkt Fokus in diesem Buch darstellen, jedoch ebenfalls eine hohe Gewichtung haben.

18.6.1 Theme und Layout

Wird ein Webportal konzipiert, muss in der Regel ein eigenes Design (Theme) erstellt werden, welches dem Corporate Identity (CI) des Unternehmens entspricht. Mit Liferay ist die Erstellung solcher Themes sehr einfach möglich, indem der Liferay Editor[11] hierfür verwendet wird. Falls nur wenige Anpassungen durchzuführen sind, kann auch direkt das Look-and-Feel einer Page angepasst werden. Ebenfalls möglich ist die Erstellung neuer Layouts über den Editor.

18.6.2 Mobility Access

Liferay bietet mit dem Feature „Mobile Rules" die Möglichkeit an, für mobile Endgeräte eigene Themes und Layouts bereitzustellen. Probieren Sie diese Möglichkeiten einfach mal aus, indem Sie über den Kontrollbereich für eine spezifische Site für iPads oder Android-Geräte einen eigenen Bereich erstellen.

18.6.3 Strukturierung von komplexen Seiten

Innerhalb einer Site können beliebig tiefgreifende Strukturen mit Pages aufgebaut werden. Über das Portlet „SiteMap" lässt sich anschließend die Struktur hierarchisch darstellen, sodass der Nutzer einen schnelleren Zugriff hierauf hat. Ebenfalls möglich sind Gruppen (in Form von Sites), welche bestimmte Themengebiete abdecken und in das Webportal integriert werden. Über den Mitgliedschaftstyp „Beschränkt" haben die Nutzer die Möglichkeit, der Site beizutreten, indem Sie einen Antrag stellen. Der Gruppenadministrator kann anschließend die Einladungsanfrage annehmen.

18.6.4 Collaboration und Social Networking

Sehen Sie sich die Abschnitte 16.2.1 und 16.3.2 an. Dort habe ich verschiedene Collaboration- und Social Networking-Features vorgestellt. Je nach Anforderung kann durch einen Mix aus Web-Content, Gruppen und Collaboration-Features in relativ kurzer Zeit ein professionelles Webportal aufgebaut werden.

---

[11] *http://www.liferay.com/de/community/wiki/-/wiki/Main/Liferay+IDE*

19 Liferay mit einfachen Möglichkeiten erweitern

Liferay selbst bietet bereits viele Möglichkeiten an, bestimmte Inhaltsobjekte nach eigenem Belieben zu erweitern und den Nutzern zur Verfügung zu stellen. Häufige Anfragen, wie beispielsweise nach verschiedenen „(Web-)Datenbanken" oder Web-Formularen können individuell mit Liferay umgesetzt werden – und das ganz ohne Entwicklungsaufwand. Das ermöglicht den Unternehmen eine größere Flexibilität bei der Gestaltung von Intranet- und Portal-Lösungen, um eine noch höhere Produktivität bei den Mitarbeitern zu ermöglichen. Genau diese Flexibilität ist für einen langfristigen Erfolg eines Intranet-Portals entscheidend. Starre Strukturen und Vorgaben verhindern die volle Entfaltungsfreiheit der Anwender, sodass sich wieder Zwischenlösungen (wie z. B. Schatten-Intranets) bilden können.

Genau diese Anforderungen an heutige und zukünftige Intranet-Lösungen fokussiert Liferay mit vielen verschiedenen Anwendungen. Anstatt einer Excel-Tabelle, die umständlich zwischen den Mitarbeitern via E-Mail oder Netzlaufwerk ausgetauscht wird, erfolgt das Ablegen des Dokuments im Portal. Eventuell ist sogar eine Excel-Datenbank überhaupt nicht notwendig, da mit dem Liferay-Feature „Datenlisten" eigene Web-Datenbanken aufgebaut werden können, sodass logische Verknüpfungen mit Personen, Dokumente usw. automatisch über das Portal immer vorhanden sind. Würden wir dasselbe Verhalten mit einem Excel-Dokument auf dem Netzlaufwerk durchführen, wären die Referenzen zu abhängigen Dokumenten nicht mehr korrekt gesetzt.

Erfolgt ein reger Dokumentenaustausch auf Basis von Dokumenten, kann es sinnvoll sein, neue Dokumententypen einzuführen. Jeder Dokumententyp kann über eigene Metadaten verfügen, sodass individuelle Klassifikationen aufgebaut werden.

Auch das Thema Workflow ist eine entscheidende Komponente, um beispielsweise bestimmte Inhaltsobjekte über Veröffentlichungsanträge publizieren zu können. Hierzu hat Liferay mit der Version 6 eine neue Workflow-Engine eingeführt, welche Kaleo[1] genannt wird. In der kommerziellen Version existiert hierzu ein Kaleo Designer[2], mit welchen sich sogar neue Workflows aus dem Browser heraus erstellen lassen.

Bereits kennengelernt haben wir sowohl die Möglichkeit, neue „Eigene Attribute" (siehe Abschnitt 17.3) sowie Web-Content-Elemente (siehe Kapitel 18) zu erstellen.

Jede Erweiterung, welche über das Portal erstellt worden ist, kann automatisch über die Suche gefunden werden. Einfacher geht es fast nicht mehr!

---

[1] http://www.liferay.com/documentation/liferay-portal/6.0/administration/-/ai/workflow-with-kal-2
[2] http://www.liferay.com/documentation/liferay-portal/6.1/user-guide/-/ai/lp-6-1-ugen06-kaleo-designer-0

■ 19.1 Dokumententypen und Metadaten-Sets anlegen und zuweisen

Liferay bietet eine sehr komfortable Möglichkeit (seit Liferay 6.1), hochgeladene Dokumente nicht nur mittels Tagging und Kategorien zu klassifizieren. Über Dokumententypen und Metadaten-Sets lassen sich spezifische Dokumente weitergehend auszeichnen. Dadurch lassen sich für bestimmte Projekte spezifische Dokumententypen mit Metadaten aufbauen. Nutzer finden sich anschließend schneller zurecht, da sie die Fachlichkeit des Dokumentes am Typ ablesen können. Die neuen Metadaten können ebenfalls über die Suche gefunden werden. Liferay unterstützt uns hierbei mit einer komfortablen Administrationsoberfläche und erlaubt uns somit, schnell neue Geschäftsanforderungen umzusetzen.

In Liferay existieren zwei verschiedene Möglichkeiten, neue Klassifikationen zu erstellen:

- **Dokumententypen:** Jedes Dokument kann ausschließlich ein Typ zugewiesen sein. Ein Typ definiert beliebig viele unterschiedliche Metadaten.
- **Metadaten-Sets:** Hierbei handelt es sich um eine Liste von Metadaten, welche zusätzlich zu jedem Dokumententyp angefügt werden kann. Dadurch sind diese wiederverwendbar, da mehrere Dokumententypen die gleichen Metadaten-Eigenschaften verwenden können.

 HINWEIS: Die Entscheidung bezüglich des Klassifikationstyps hängt von mehreren Faktoren ab. Soll dem Dokument eine bestimmte Thematik eindeutig zugeordnet werden (z. B. Marketing-Dokument, Projektdokument, Rechnungsdokument usw.) können wir von einem Dokumententyp sprechen. Wollen wir darüber hinaus, dass Dokumententypen gleiche Metadaten-Sets verwenden sollen, muss beim Erstellen eines Dokumententyps ein Metadaten-Set ausgesucht werden. ■

Für jede Site lassen sich neue Dokumententypen und Metadaten-Sets erstellen und somit individuelle Projekträume und Arbeitsumgebungen schaffen.

19.1.1 Dokumententyp mit neuen Dokument assoziieren

Wir wollen uns einmal genauer mit den Möglichkeiten der Klassifikationstypen befassen und fügen hierfür in eine beliebige Page unseres Portals das Portlet „Dokumentenbibliothek" hinzu, welches sich unter der Kategorie *Content Management* finden lässt. Anschließend stellen wir das Layout der Page auf „1 Column" ein, damit wir mehr Übersicht erhalten.

Wie wir in Bild 19.1 sehen können, stellt sich die Dokumentenbibliothek sehr einfach und relativ benutzerfreundlich dar. Auf der linken Seite der Dokumentenbibliothek können wir bereits die Standard-Dokumententypen erkennen, wie beispielsweise Basisdokument, Contract- oder Marketing-Banner. Im Hauptfenster können wir die Dokumente und Verzeichnisse einsehen.

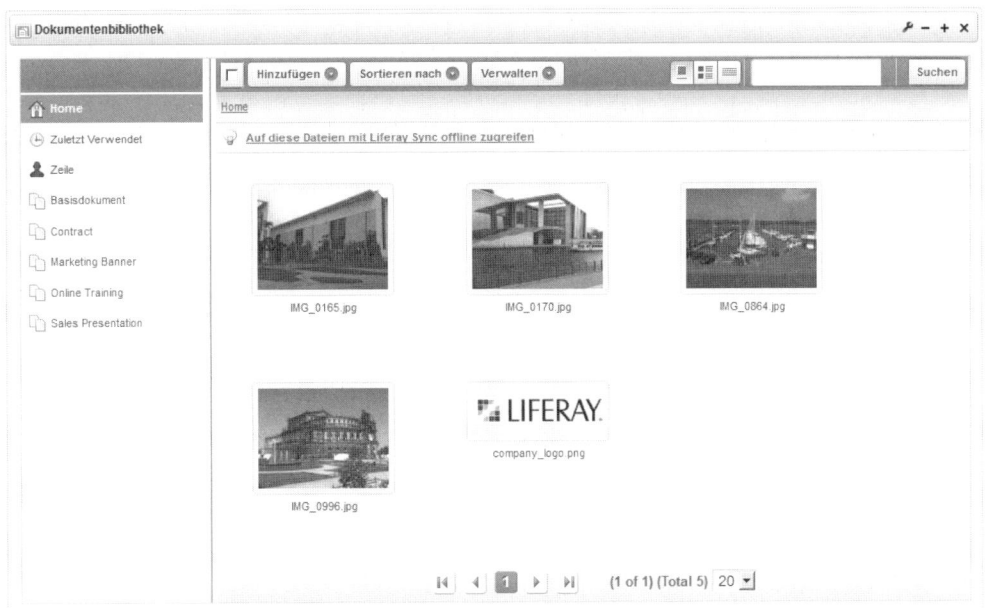

Bild 19.1 Dokumentenbibliothek in der Übersicht

Wir wollen uns zunächst ein Dokument in der Detailansicht ansehen. Rufen Sie zuerst die Aktion *Hinzufügen > Contract* auf. Dort können Sie ein Dokument direkt in die Dokumentenbibliothek hochladen. Darüber hinaus können Sie weitere Metadaten zu diesem Dokumententypen (Contract) angeben (Bild 19.2).

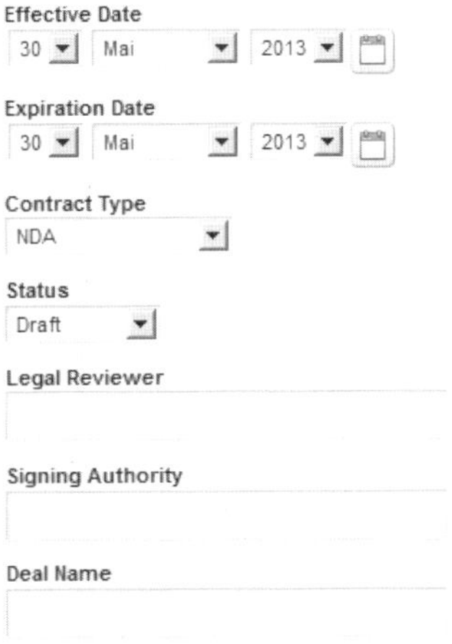

Effective Date
30 ▾ Mai ▾ 2013 ▾ 📅

Expiration Date
30 ▾ Mai ▾ 2013 ▾ 📅

Contract Type
NDA ▾

Status
Draft ▾

Legal Reviewer

Signing Authority

Deal Name

Bild 19.2
Weitere Metadaten, welche über den Typ „Contract" definiert sind.

Sowohl der Titel als auch die Beschreibung stellen Standard-Metadaten dar. Jeder Dokumententyp besitzt diese Eigenschaften. Ist das Dokument hochgeladen, klicken wir direkt auf das Dokument, um die Detailansicht aufzurufen. Auf der rechten Seite der Detailansicht können wir unsere vergebenen Metadaten einsehen (Bild 19.3).

Version 1.0

Zuletzt aktualisiert von Test Test

29.05.13 19:01

Status: **Genehmigt**

herunterladen (96,6k) Get URL or WebDAV URL.

▼ Contract

Effective Date
30.05.13

Expiration Date
30.05.13

Contract Type
MSA

Status
Suspended

Legal Reviewer
Sebastian Wenzky

Signing Authority
Lucas Fassbinder

Bild 19.3
Metadaten der Dokumentenbibliothek

19.1.2 Eigenen Dokumententyp erstellen

Zur Erstellung eines neuen Dokumententyps wechseln wir in die Dokumentenbibliothek und klicken auf *Verwalten > Dokumententypen*. Anschließend öffnet sich ein neuer Dialog, in welchem wir bestehende Dokumententypen angezeigt bekommen. Über die Schaltfläche *Hinzufügen* können wir einen neuen Dokumententyp erstellen. Wir wollen als Beispiel ein Rechnungsdokument erstellen, welches die Metadaten Rechnungsnummer (Textfeld), Rechnungstyp (Auswahlliste), Rechnungsdatum (Datum) sowie den Buchungsstatus (Boolean) beinhaltet. Wir vergeben den Namen „Rechnung" sowie eine entsprechend griffige Beschreibung.

Anschließend ziehen wir per Darg & Drop die verschiedenen Basistypen von der linken Seite in das rechte freie Feld. Hierbei verwenden wir für die Rechnungsnummer den Typ „Nächste" (fehlerhafte Übersetzung von Liferay) für ein Textfeld, „Auswählen" für den Rechnungstyp, „Datum" für das Rechnungsdatum und Boolescher Wert für den Buchungsstatus (Bild 19.4).

Jeder dieser Basistypen kann via Doppelklick bearbeitet werden. Im linken Optionsbereich wird automatisch in die Sicht zu einem Eigenschaftseditor gewechselt. Über die Feldbeschriftung geben wir die Bezeichnung an, welche der Anwender in der Oberfläche sehen soll. Über den Namen geben wir den technischen Namen an, welchen wir vor allem für Erweiterungen via Java Code (in Portlets- oder Hook-Form) benötigen. Jeder der verschiedenen Basistypen kann individuell konfiguriert werden. Beispielsweise kann bei der Auswahlliste eine Werteliste angegeben werden. In Bild 19.5 sehen Sie das fertige Resultat.

Bild 19.4 So sieht unser noch nicht ganz fertiger Dokumententyp „Rechnung" mit entsprechenden Basistypen aus. Jetzt müssen wir diese noch konfigurieren und einen korrekten Namen vergeben.

Bild 19.5 Fertiger Dokumententyp mit vorbelegten Werten und Bezeichnungen

Anschließend speichern wir den Dokumententypen ab und laden erneut ein neues Dokument, auf Basis des Rechnungstyps, hoch. Probieren Sie weitere Klassifikationen aus!

■ 19.2 Workflows mit Kaleo-Designer erstellen

Ebenfalls möglich ab Liferay 6.1 ist die Erstellung von neuen Workflows direkt aus dem Browser heraus. Über Drag & Drop können neue Aufgaben erstellt und miteinander verbunden werden. Über Fork-, Join- oder State-Nodes lassen sich komplexere Workflows erstellen. Via Scripting (z.B. JavaScript) lassen sich spezifische Bereiche und Status in Workflow anpassen und erweitern. Außerdem kann zu jedem Workflow ein eigenes Formular-Modell erstellt werden, sodass in kürzester Zeit eigene Workflows mit spezifischen Daten und Logiken erstellt werden können. Der Workflow-Editor basiert auf der Kaleo Workflow-Engine.[3] Leider steht diese Funktion nur in der kommerziellen Variante von Liferay unter dem Titel „Kaleo Forms EE" zur Verfügung.[4]

---

[3] *http://www.liferay.com/documentation/liferay-portal/6.1/user-guide/-/ai/workflow-with-kal-3*
[4] *https://www.liferay.com/marketplace/-/mp/application/15194452*

Nicht jeder Workflow-Typ sollte jedoch mit dem *Designer* abgebildet werden. Sollen beispielsweise Fremdsysteme angesprochen und Daten ausgetauscht (z. B. Rückverknüpfungen) werden, ist schnell eine revisionssichere und historisch nachvollziehbare Lösung notwendig,
indem auch u. a. Business Logik mit Java abgebildet wird. Hierzu ist die Liferay IDE (Bild
19.6) notwendig, worüber ebenfalls Workflows auf demselben Wege erstellt werden können.

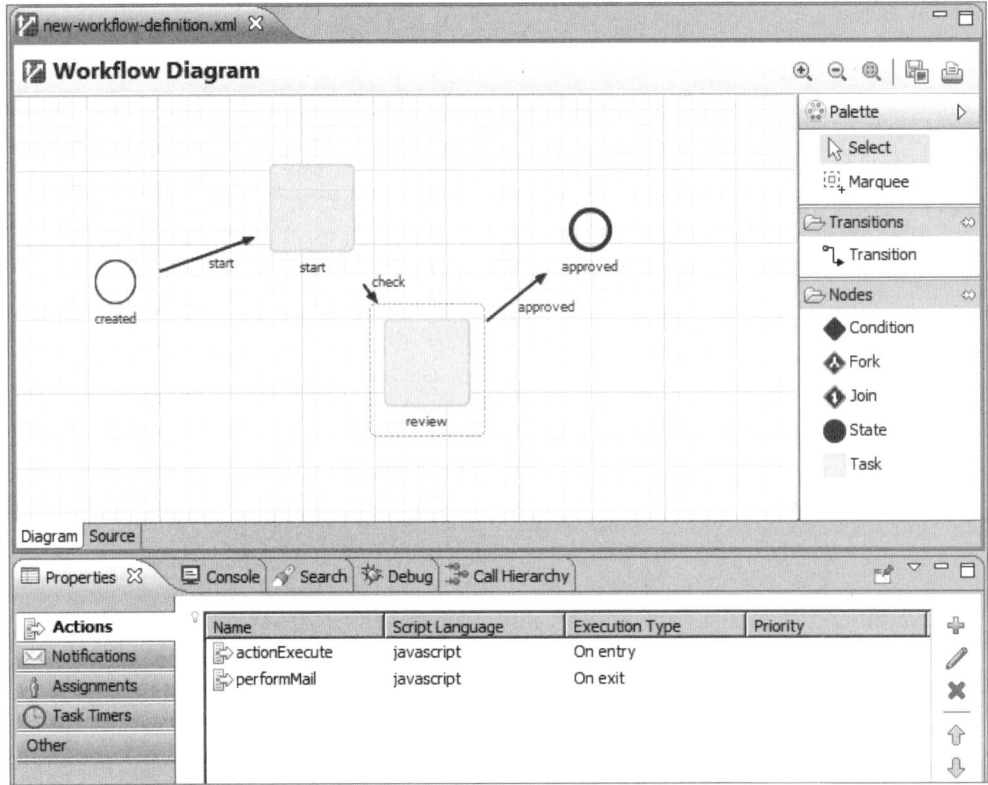

Bild 19.6 In der Liferay IDE können deutlich besser komplexere Workflows erstellt und gewartet
werden.

Hier gibt es sogar die Möglichkeit, direkt Java-Klassen zu hinterlegen und intuitiver bei der
Workflow-Entwicklung vorzugehen. Neue Workflow-Versionen können in einer Source-
Code-Verwaltung, wie z. B. Subversion[5], archiviert werden. Der Vorteil beim Einsatz von
Liferay IDE: Auch nicht kommerzielle Versionen können die IDE verwenden.

---

[5] *http://subversion.tigris.org/*

■ 19.3 Neue „Datenbanken" mithilfe von Datenlisten erstellen

Oftmals benötigen bestimmte Nutzergruppen oder Projekte, so genannte „Datenbanken", um Informationen in tabellarischer Form darzustellen und weiterzuverwenden. In Liferay können solche Anforderung relativ einfach mit so genannten Datenlisten umgesetzt werden. Hierbei können ebenfalls neue Datenlist-Typen via Drag & Drop angelegt und verwendet werden. Um eine neue Datenliste zu erstellen, platzieren wir zunächst das Portlet „Dynamische Datenlisten Anzeige" auf einer Page. Anschließend klicken wir auf den Button *Neue Liste Hinzufügen* und in dem erscheinende Dialog auf *Datendefinition auswählen*. Anschließend wählen wir *Hinzufügen* aus und können, wie bereits bei den Dokumenten vorgeführt, eine neue Datenbank bzw. Datenliste erstellen. Da wir uns bereits die prinzipielle Erstellung neuer Typen angeschaut haben, sparen wir uns an dieser Stelle die erneute Erklärung hierfür. Interessant ist jedoch, dass wir für die Datenlisten so genannte Vorlagen hinterlegen können, welche sowohl für die Listenansicht als auch Detailansicht gelten. Dadurch lassen sich visuell anspruchsvolle Ansichten der Datenbanken aufbauen. Natürlich können eigene Datenlisten gesucht und gefunden werden – eine automatische Indexierung findet hier genauso statt wie auch bei Dokumenten-Metadaten.

Teil II – Liferay

■ 19.4 Weitere Möglichkeiten, um Liferay mit einfachen Mitteln zu erweitern

Darüber hinaus gibt es einige weitere interessante Möglichkeiten, um Liferay zu erweitern, welche wir jedoch teilweise schon angeschaut haben und deswegen nur noch einmal kurz vorstellen wollen.

19.4.1 Web Form

Über dieses Modul können Sie neue Formulare für Anfragen von Nutzern zur Verfügung stellen. Formulare können dabei individuell erstellt und mit verschiedenen Formularelementen ausgestattet werden. Anschließend können Nutzer das Web-Formular verwenden, indem zunächst das Web-Formular auf einer Page platziert und dann das gewünschte Formular für die Nutzer vorausgewählt wird. Formulardaten werden anschließend auf dem Server gespeichert und können als CSV-exportiert und weiterverarbeitet werden.

19.4.2 Eigene Attribute

Wir haben dieses Feature bereits in Abschnitt 17.3 kennen gelernt. Mit diesem Feature lassen sich zu verschiedenen Objekttypen, wie Page, User, Web-Content oder einem Foren-Beitrag, neue Attribute hinzufügen. Dieses Feature ist eines der größten Stärken von Liferay, wenn wir damit beginnen, eigene Entwicklungen umzusetzen. Denn beispielsweise können eigene Portlets sehr einfach auf neue Page-Variablen reagieren, in welchen die Portlets aktuell platziert sind, um eventuell ein anderes Verhalten an den Tag zu legen. Das Gleiche gilt jedoch auch schon für Web Content, worüber wir mit dem ServiceLocator die Möglichkeit haben, ebenfalls diese Variablen auszulesen und beispielsweise dem Nutzer eine andere Darstellungsvariante präsentieren. Die Möglichkeiten sind hier schier endlos und versprechen schnelle Fortschritte bei der Weiterentwicklung des Portals. Denn umständliche „Mappings" müssen nicht mehr in eigenen Tabellen zwischen Portlets und anderen Objekttypen hergestellt werden, um Daten abzulegen. Diese Anforderung löst bereits Liferay für uns. Neue Attribute können ebenfalls für Standard-Anwender unsichtbar definiert werden. Dadurch erhält ein Attribut gänzlich nur technische Bedeutung, und es wird verhindert, dass zufällig oder mutwillig diese Felder geändert werden können.

19.4.3 Web Content Management

Wie wir bereits in Kapitel 18 kennen gelernt haben, können wir sehr komplexe Webseiten mit Liferay aufbauen. Die Kombination aus Sites (welche beispielsweise verschiedene Themengruppen widerspiegeln könnten), Pages (für die eigentlichen Webseiten) und den Collaboration-Möglichkeiten bietet die notwendige Basis, um sehr schnell ein neues Webportal bzw. Web-Projekt zu erstellen. Über Themes und Layouts können darüber hinaus Theme-basierte Look-and-Feels aufgebaut werden. SEO-Integration für die Search Engine Robots via Google oder BING können separat über z. B. Pages angesprochen werden, welche wichtige Keywords beinhalten. Über Staging können wir ein virtuelles Zweitsystem mit Liferay aufbauen, das wir separat zu unserem Produktiv-Server betreiben können (aber nicht müssen). Die Workflow-Unterstützung bietet weitergehende Unterstützung, um nur qualitativ hochwertige Inhalte über Freigabeverfahren zu veröffentlichen. Das Asset Management, welches wir uns in diesem Kapitel über die Dokumentenbibliothek angeschaut haben, bietet die notwendige Basis, um Web-Medien, wie Flash, Bilder oder Dokumente, zu strukturieren und in Kombination mit Web-Inhalten gemeinsam zu veröffentlichen und langfristig zu warten.

20 Administration des Portals

In diesem Kapitel wollen wir uns der Vollständigkeit halber die Administrationsmöglichkeiten in Liferay genauer anschauen. Wie bereits zu Anfang des Buches geschildet, werden einige wichtige Teile einer Portal-Einführung nicht weiterführend betrachtet. Darunter fällt auch das Thema Administration, denn der Fokus dieses Buches liegt darauf, Mehrwerte durch die Abbildung von Geschäftsprozessen aufzuzeigen. Um einen Überblick zu erhalten, wollen wir uns dennoch etwas genauer ansehen, welche Möglichkeiten uns in der Web-Oberfläche bezüglich der Administration des Portals gegeben werden.

Die Administrationsmöglichkeiten von Liferay im Web-Portal sind sehr vielfältig. Durch sie sind sehr schnell Änderungen am Portalverhalten herbeigeführt. Natürlich kann das Portal auch über Properties-Dateien angepasst werden. Liferay bietet hierbei hunderte von „Stellschrauben", um das System an die eigenen Bedürfnisse anzupassen. Punkte wie Clustering, Hochverfügbarkeit oder Backup spielen prinzipiell auch eine entscheidende Rolle. Hierzu ist auch eine sehr gute Online-Referenz direkt bei Liferay vorhanden.

Für die wichtigsten administrativen Aufgaben, wie z.B. Berechtigungen bearbeiten, Installation und Konfiguration von Erweiterungen, Konfiguration der Schnittstellen, Authentifizierung gegen Fremdsysteme, Unterstützung der Anwender bei täglichen Aufgaben usw., kann uns das Portal schon sehr stark behilflich sein und bietet eine sehr intuitiv zu bedienende Oberfläche.

Doch wir können mithilfe der Systemadministration u.a. auch das Portal „anscripten", was bedeutet, dass wir beispielsweise über serverseitiges JavaScript Portalfunktionen aufrufen können, um Auswertungen fahren zu lassen oder Aufgaben anzustoßen.

Natürlich schauen wir uns exemplarisch auch den Weg an, über den man neue Erweiterungen im Portal installiert. Hierzu laden wir uns exemplarisch ein Plug-in von der Liferay-Webseite herunter und installieren es in unserem Portal.

■ 20.1 Administrationsmöglichkeiten in der Übersicht

Die Administrationsoberfläche von Liferay befindet sich komplett im Web-Browser. Hierzu melden wir uns zunächst als Administrator im Portal an und wechseln über die Dockbar in den Kontrollbereich. Der Kontrollbereich stellt dabei bereits die Administration dar, welche jedoch auch von anderen Anwendern (welche nicht über Administratorenrechte verfügen) verwendet werden kann. Je nach Berechtigungsstufe (z. B. Standard-Anwender, Site-Administrator oder Administrator), sind verschiedene Funktionsbausteine zur Verwendung freigeschalten.

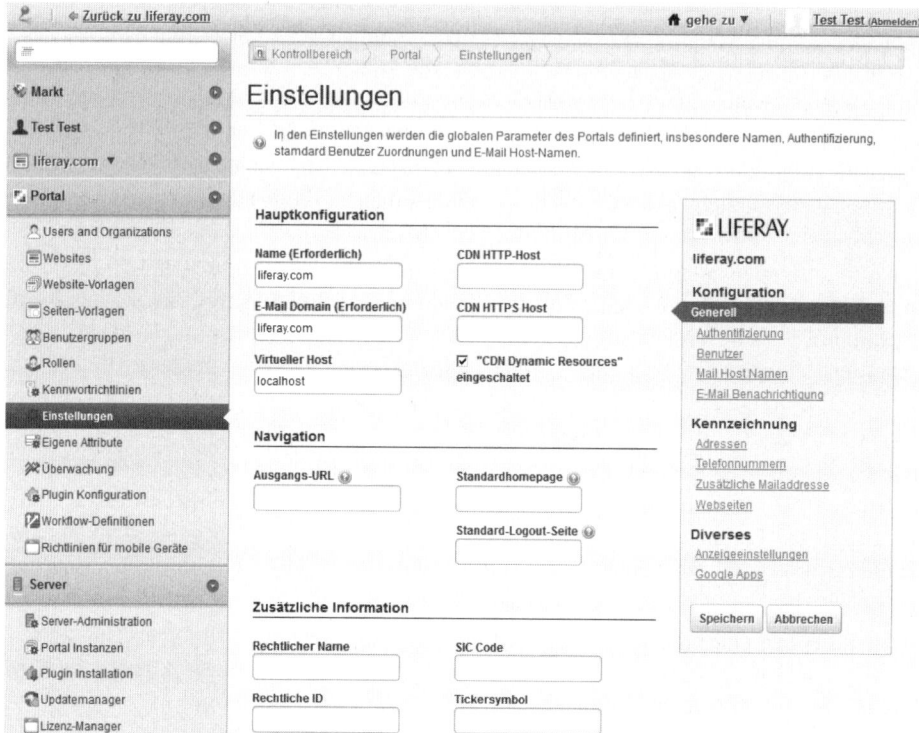

Bild 20.1 Kontrollbereich in Liferay: zentrale Anlaufstelle für Administratoren, um das Portal zu verwalten

Für die Administratoren des Portals sind vor allem die beiden letzten Bereiche in der linken Menüleiste in Bild 20.1 interessant:

- **Portal:** Hier werden die „Live-Daten" des Systems verwaltet, wie beispielsweise User, Rollen, Gruppen usw.
- **Server:** Hier werden zentrale (Server spezifische) Einstellungen, wie beispielsweise die Verwaltung von Suchindices, Caches oder externe Dienste verwaltet, welche für das Portal elementar sein können.

■ 20.2 Konfiguration des Portals

Wir wollen uns einmal genauer mit der Konfiguration des Portals beschäftigen, indem wir im Bereich *Portal* auf *Einstellungen* klicken. Hier wird wohl die für das Portal wichtigste Konfiguration vorgenommen: Die Authentifizierung oder das prinzipielle Erscheinungsbild (Theme). In Bild 20.1 sehen wir die Übersicht der Konfigurationsmöglichkeiten aufgelistet.

Wir wollen zunächst die wesentlichen Kategorien der Administrationsmöglichkeiten vorstellen:

- **Generell:** Auf der generellen Übersichtsseite können der Name des Portals sowie verschiedene Einstiegsseiten für bestimmte Aktionen im Portal angegeben werden. Angefangen von der Ausgangs-URL, welche die Startseite darstellt, über die Logout-Seite bis hin zur Standard-Homepage (Wohin werde ich weitergeleitet, nachdem ich mich authentifiziert habe?), kann die zentrale Vorgabe hier eingestellt werden.
- **Authentifizierung:** Hier wird konfiguriert, ob Authentifizierungssysteme wie CAS, Active Directory oder Domain Controler verwendet werden sollen. Die Konfiguration kann direkt in dem Bereich erfolgen.
- **Benutzer:** Prinzipielle Konfigurationen hinsichtlich der Benutzer, wie beispielsweise reservierte Nutzernamen, Standardnutzergruppen oder Rollen, können hier vergeben werden. Diese Einstellungen werden automatisch an die Nutzer weitergegeben.
- **Mail-Host:** Hier wird der SMTP-Server eingetragen, worüber E-Mails verschickt werden können.
- **E-Mail-Benachrichtigungen:** Standard-Mail-Vorlagen für die Erstellung eines neuen Nutzerprofils können hierüber zentral verwaltet werden.
- **Adressen/Telefonnummern:** Angabe der Unternehmensadresse (bei Web-Auftritten als Impressum)
- **Anzeigeeinstellungen:** Eine der wichtigsten Einstellungen überhaupt die Angabe über die Standardsprache im Portal, die Uhrzeit sowie die Konfiguration des Standard-Look-and-Feels haben direkte Auswirkungen auf das gesamte Erscheinungsbild und Verhalten des Portals.

■ 20.3 Unterstützung der Anwender bei den täglichen Aufgaben im Portal

Eine wichtige Aufgabe von Administratoren ist es, das die Geschäftsabläufe im Portal störungsfrei weiterlaufen können. Es kann jedoch natürlich immer mal wieder vorkommen, dass unter bestimmten Umständen Fehler oder Fragen bei aktuell angemeldeten Mitarbeitern auftreten. In der Regel muss sich der Administrator via Remote-Desktop-Unterstützung mit dem jeweiligen Computer verbinden, um dem Problem auf die Schliche zu kommen. Gegebenenfalls unterstützt ein Unternehmen diese Möglichkeit überhaupt nicht, oder sie kann aus technischen bzw. organisatorischen Gründen nicht angeboten werden. Dadurch

Teil II – Liferay

ergibt sich für Administratoren und eventuell andere Personen möglicherweise ein hoher Aufwand, um das Problem zu identifizieren und zu lösen.

Liferay unterstützt Administratoren aktiv dabei, schnell das Problem zu identifizieren. Hierbei kann zum einen das Überwachungs-Feature von Liferay verwendet werden, um ggf. Fehler im Benutzerkontext zu identifizieren. Eine weitere Möglichkeit besteht auch darin, sich temporär als ein anderer Nutzer anzumelden, um das Verhalten nachzustellen. Die Kombination aus beiden Features in Liferay kann dabei schon sehr schnell zum gewünschten Ergebnis führen, um das Problem entsprechend identifizieren zu können.

20.3.1 Nutzen des Monitoring-Features

Damit wir dieses Feature verwenden können, müssen wir zunächst eine Property in Liferay ändern. Hierzu müssen wir in unser *LIFERAY_HOME*-Verzeichnis wechseln und die *portlet-ext.properties*-Datei öffnen. Falls diese Datei noch nicht existiert, muss dieses jetzt erstellt werden. Anschließend fügen wir folgenden Eintrag hinzu: `live.users.enabled=true`

Dann starten wir das komplette System neu und melden uns beispielhaft mit „Stephan Heinig" an. Anschließend öffnen wir einen anderen Browser (ist notwendig, um die Live-Daten zu sehen), melden uns dort als Administrator an und wechseln in den Kontrollbereich. Dort angekommen, gehen wir in den Bereich *Portal > Überwachung*. Jetzt sollten hier verschiedene Benutzer-Sessions eingetragen sein, welche aktuell aktiv auf dem Portal angemeldet sind (Bild 20.2).

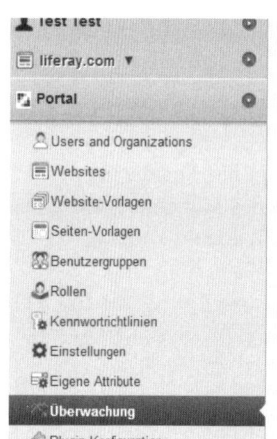

Bild 20.2 Überwachungs-Portlet zeigt uns aktive Benutzer-Sessions an

Hierüber lassen sich ggf. noch weitere Informationen zu den jeweiligen Sessions abrufen und mögliche Fehler identifizieren, welche in der Benutzer-Session gespeichert sind.

 HINWEIS: Bitte bedenken Sie die kritische Seite solcher Anwendungen. Prüfen Sie mit Ihrem Datenschutzbeauftragten, inwieweit solche Features verwendet werden dürfen, da dieses Werkzeug prinzipiell auch für die Mitarbeiterüberwachung eingesetzt werden könnte.

Einen Schritt weiter geht hierbei sogar noch ein weiteres Plug-in von Liferay, welches jedoch nur für die kommerzielle Version zur Verfügung steht. Mit dem Audit-Plug-in[1] lassen sich noch detaillierter Benutzer- bzw. Aktivitätsdaten auswerten.

20.3.2 Anmeldung als temporärer Anwender

Ebenfalls möglich ist es, sich als ein anderer Benutzer im Portal anzumelden. Hierzu bedarf es nicht des Passwortes eines Benutzers, um diese Funktion nutzen zu können. Hierzu müssen wir in den *Portal > Users und Organization*-Bereich wechseln. Dort angekommen, suchen wir nach einem der erstellten Nutzer, wie beispielsweise „Stephan Heinig". Anschließend klicken wir auf *Aktionen > Benutzer imitieren*, um uns mit diesem Benutzer anzumelden (Bild 20.3).

Bild 20.3 Sich als ein anderer Benutzer auszugeben, ist relativ einfach möglich, indem die Funktion „Benutzer imitieren" verwendet wird.

■ 20.4 Einstellungen über portal-ext.properties verändern

Zentrale Einstellungen können wir auch über eine *properties*-Datei durchführen, welche im *LIFERAY-HOME*-Verzeichnis abgelegt wird. Hierbei handelt es sich um die Datei *portal-ext. properties*, welche Einstellungen aus der Datei *portal.properties* überschreiben kann. In dieser zentralen Datei werden die wesentlichen Eigenschaften des Portals definiert, wie z. B., welche Authentifizierungsmöglichkeiten aktiv sind, den Portalnamen oder auf welche Weise hochgeladene Dokumente abgespeichert werden sollen.

---

[1] *https://www.liferay.com/marketplace/-/mp/application/15195165*

20.4.1 Anschauen der Portal-Eigenschaften

Damit man überhaupt weiß, welche Eigenschaften existieren, können zwei verschiedene Wege in Liferay verwendet werden:

- **Portal:** Über den Kontrollbereich von Liferay haben wir über *Server > Server-Administration* über den Reiter *Eigenschaften* Zugriff auf alle vorhanden Einstellungen im Portal – leider nur lesend und wenig informativ für den Administrator.

- **portal.properties:** Der zweite, etwas schwierigere Weg geht über eine zentrale Datei, die mit Liferay ausgeliefert wird. In dieser Datei finden wir nicht nur die einzelnen Dateien aufgelistet, sondern gut beschrieben wieder – jedoch ausschließlich auf Englisch.

Wir wollen uns die zweite Variante einmal genauer anschauen und gehen hierzu in das Verzeichnis *LIFERAY_TOMCAT_HOME/webapps/ROOT/WEB-INF/lib*. Dort angekommen, öffnen wir mit einen ZIP-Programm der Wahl die Datei *portal-impl.jar*. Auf der obersten Ebene befindet sich die Datei *portal.properties*. Dort finden wir alle notwendigen Beschreibungen für die einzelnen Einstellungen.

20.4.2 Ändern einer Eigenschaft

Es existieren prinzipiell zwei verschiedene Möglichkeiten, Portaleigenschaften zu ändern:

- **portal-ext.properties:** Die klassische Variante des Überschreibens. Hierbei wird im *LIFERAY_HOME*-Verzeichnis das gewünschte Property der Datei *portal-ext.properties* hinzugefügt und mit dem gewünschten Wert überschrieben. Der Nachteil hierbei ist jedoch, dass für jede gewollte Änderung der Eigenschaften, das Portal neu gestartet werden muss.

- **Hook:** Hierbei wird eine Erweiterung für Liferay mithilfe des SDKs (Entwicklungs-Kit von Liferay) erstellt, mit welchem punktuell Eigenschaften des Portals überschrieben werden können – und das ohne einen Neustart.

Wir wollen als Beispiel aus der `portal.properties` eine Beispieleigenschaft heraussuchen und diese mithilfe der `portal-ext.properties` überschreiben. Hierzu suchen wir uns aus der Properties-Datei die Eigenschaft `users.reminder.queries.enabled` heraus. Anhand der Beschreibung finden Sie heraus, dass diese Eigenschaft bestimmt, ob „Passwort Vergessen"-Fragen erlaubt sind. Wir wollen diese Eigenschaft beispielhaft deaktivieren. Hierzu kopieren wir die Eigenschaft in die Datei `portal-ext.properties` und geben statt `true` den Wert `false` an. Anschließend starten wir den Server neu, erstellen einen neuen Nutzer und melden uns erstmalig mit diesem Account an. Wie wir erkennen können, müssen wir auch keine lästige Frage für das „Passwort Vergessen" mehr ausfüllen.

Natürlich können viele Eigenschaften schon im Portal geändert werden. Wenn Sie sich beispielsweise den Authentifizierungsbereich von Liferay (*Kontrollbereich > Portal > Eigenschaften > Authentifizierung*) anschauen, sehen Sie eine sehr komfortable Oberfläche. Diese Einstellungen könnten Sie prinzipiell über `portal-ext.properties` anpassen bzw. durchführen. Es ist auch bei bestimmten kritischen Einstellungen empfehlenswert, diese Einstellungen zentral auf der Festplatte zu speichern, um im Notfall schnell Änderungen durchführen zu können. Stellen Sie sich nur einmal folgendes Szenario vor: Sie haben die

Einstellungen für die Authentifizierung gegen einen Verzeichnisdienst durchgeführt und als obligatorisch eingestellt (sprich: kein Default-Login mit Liferay über ein Admin-Account ist mehr möglich). Jetzt aktualisieren Sie den Verzeichnisdienst, und auf einmal treten unerwartete Fehler auf – die eingestellte Authentifizierungsvariante (SSO mit NTLM) funktioniert nur noch eingeschränkt.

 HINWEIS: Bedenken Sie immer die kritische Seite Ihrer Einstellungen und welche eventuellen Fallback-Szenarien Sie über die durchgeführten Änderungen im Portal im Zweifelsfall hervorrufen. Es ist zwar ein Leichtes, das Portal über die Web-Oberfläche zu administrieren, in Krisensituationen wünscht man sich hingegen eine zentrale Datei, die man nur schnell ändern muss, um wieder produktiv durchstarten zu können. Überdenken Sie also die Einstellungen. ∎

Die Folge hiervon ist, dass Anwender sich nicht mehr im Liferay-Portal anmelden können und Sie als Administrator auch nicht! Jetzt beginnt die Suche nach den Eigenschaften in der Datenbank (da Liferay nach dem Ändern einer Eigenschaft direkt im Portal diese in der Datenbank ablegt), um diese manuell, beispielsweise über ein SQL-Query oder einen Datenbank-Browser, zu ändern! Hätten wir diese Einstellungen in der `portal-ext.properties`-Datei abgelegt, könnten wir sehr schnell das Portal wieder lauffähig bekommen, indem wir die entsprechenden Eigenschaften deaktivieren.

Teil II – Liferay

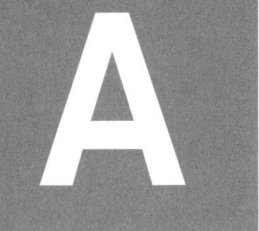

A Potenziale von Alfresco und Liferay zusammen nutzen

Nachdem wir uns einen guten Eindruck über Alfresco (siehe Kapitel 1 bis 9) und Liferay (siehe Kapitel 10 bis 20) verschafft haben und wissen, welche Möglichkeiten zur Adaption von Geschäftsprozessen zur Verfügung stehen, wollen wir uns in diesem Kapitel der Kombination dieser beiden Lösungen widmen. Wir wollen uns genauer anschauen, wie wir beide Systeme miteinander kombinieren können, um eine noch effizientere Umgebung für die Anwender bieten zu können. Bereits in der Vergangenheit (2006/2007) existierte immer wieder die Idee, eine Integration beider Systeme voranzutreiben. Immer wieder wurden verschiedene Ansätze ausprobiert, wie im Folgenden beispielhaft aufgeführt:

- **Einfache IFrame-Integration:** Hierbei handelt es sich um die einfachste Art der Integration, indem mit relativ einfachen Mitteln Alfresco integriert wird. Alfresco kann dann teilweise über Liferay aufgerufen und verwendet werden.
- **Portlet-Integration für Suche:** Hierbei kann nach Dokumenten in Alfresco gesucht und diese heruntergeladen werden.
- **Fremdanbieter-Integrationen:** Dritte bieten weitaus komplexere Varianten der Integration an, welche sich nahtlose in Liferay integrieren und somit auf den ersten Blick ein besseres Ergebnis für Anwender bieten können.

Vielleicht haben Sie es bereits gemerkt: Die Integration findet immer von Liferay statt. Denn das Portal stellt die primäre Arbeitsoberfläche dar, worauf prinzipiell der Zugang zu wichtigen Systemen, wie eben Alfresco, gewährleistet werden sollte. Eine Integration von Alfresco heraus in Liferay ist darüber hinaus in den meisten Fällen weitestgehend nutzlos, denn hier würde Alfresco keinen neuen Mehrwert mehr bieten.

 HINWEIS: Eine Integration beider Systeme findet in der Regel immer von Liferay nach Alfresco statt. Das führende System stellt in diesem Fall also immer das Portal dar, welches Inhalte aus Alfresco darstellen soll.

All diese Integrationsvarianten stellen nur bedingt gute Lösungen dar. Je nach Auswahl des Weges, erfolgt der Hang in die Abhängigkeit durch die Verwendung von Drittsystemen und eingeschränkten Funktionalitäten, da nur begrenzte Potenziale (z. B. die reine Suche) generiert werden können. Im Falle der Fremdanbieter-Integration erreicht man zwar eine Basis des Informationszugriffs, jedoch muss bei jedem Versionswechsel des Portals oder Alfresco in der Regel enormer Aufwand betrieben werden, um das beteiligte Modul mit zu migrieren. Viele Nachteile können durch solche Abhängigkeiten entstehen. Wenn auf Standards, wie beispielsweise CMIS, gesetzt wird, könnte auch eine tiefe Integration geringere Risiken mit sich bringen, mit vergleichbaren hohen Mehrwerten für die Anwender (siehe Abschnitt C). Doch mit der Spezifikation von CMIS[1] (Content Management Interoperability Services) existiert eine Schnittstelle, mit welcher der Datenaustausch zwischen Repositories vereinheitlicht wird. Liferay hat hier einen CMIS-Archiv-Link in die Dokumentenbibliothek eingebaut, mit welchem sich Repositories, wie Alfresco, mit wenigen Schritten hinzufügen lassen. Dieser Weg ist seit Liferay 6.1 schon sehr gut in der Produktion verwendbar, sodass wir in diesem Kapitel darauf Bezug nehmen wollen (siehe auch Abschnitt A.4, Absatz „Nahtlose DMS-Integration von Alfresco und Liferay mithilfe von CMIS"). Doch natürlich gibt es auch noch komplexere Integrationen, welche unter Umständen durchgeführt werden müssen, um bestimmte Geschäftsvorfälle abbilden zu können – welche jedoch stark über den einfachen Dokumentenzugriff hinausgehen. Ein Beispiel aus der Praxis, wie eine komplexe, aber intelligente Lösung aussehen kann, finden Sie in Abschnitt A.3, Absatz „Komplettes Anwendungsszenario aus dem Bildungsbereich".

■ A.1 Alfresco und Liferay im Vergleich

Bevor wir uns Liferay und Alfresco gemeinsam in der Praxis anschauen wollen, ist es sicherlich lohnenswert, zu wissen, welchen Fokus die verschiedenen Portale haben. In den Kapiteln 1 bis 9 zu Alfresco und den Kapiteln 10 bis 20 zu Liferay haben wir bereits viele Stärken der jeweiligen Lösungen erfahren. In Bild A.1 lässt sich noch einmal genauer bestimmen, welche Lösung für welchen Einsatzzweck verwendet werden sollte.

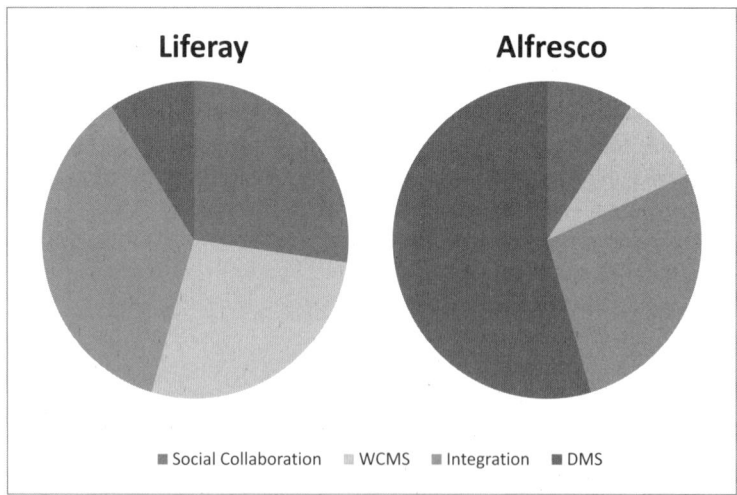

Bild A.1 Thematische Gegenüberstellung der beiden Lösungen Liferay und Alfresco

---

[1] http://docs.oasis-open.org/cmis/CMIS/v1.0/cmis-spec-v1.0.html

Hier kann jeder sehr schnell für sich selbst entscheiden, welchen Fokus die eigenen Anforderungen besitzen und in welche Richtung man mit welcher Lösung am besten gehen kann. Gut zu erkennen in Bild A.1 ist die Tatsache, dass in beiden Bereichen der Integrations-Aspekt sehr stark ausgeprägt ist. Beide Systeme bieten an, über Netzlaufwerke auf das System zuzugreifen, um den Datenaustausch zu ermöglichen. In Liferay können auf Basis der Portlet-Technologie JSR-168 bzw. JSR-286 neue Anwendungen in das Portal integriert werden. Alfresco bietet hingegen über CMIS weit reichende Möglichkeiten an, schnell neue Anwendungen an Alfresco andocken zu lassen (wie z. B. Liferay) oder selbst ein anderes Repository zu integrieren.

Die Dokumentenmanagement-Komponente (kurz auch DMS genannt) ist in Alfresco sehr stark ausgeprägt und dort sicherlich das wichtigste Feature – inklusive Archivierung, Workflow, Versionierung usw. Liferay verfügt hingegen zwar auch über die Möglichkeit, Dokumente prinzipiell zu versionieren und mittels Workflow freigeben zu lassen. Das prinzipielle Potenzial ist dann jedoch sehr schnell erschöpft und bietet nur beschränkt komplexe DMS-Funktionalitäten, wie beispielsweise das genauere Typisieren, Klassifizieren, Aufbau von Beziehungen sowie die Abbildung von komplexen Geschäftsprozessen mit Workflows usw.

Liferay besitzt dafür eine stark ausgeprägte Social Collaboration Suite, welche auch ohne den Zukauf von Social Office schon sehr viel Spielraum für Entfaltung bietet. Angefangen von der Möglichkeit, komplexe Profilseiten zu erstellen, über Chat-Funktionen sowie Friendships ist im Bereich Social alles vertreten. Über komplexe Blogging-, Foren- und Wiki-Funktionen kann sehr schnell ein funktionierendes Wissensmanagement-System mit vielen verschiedenen Anwendungen aufgebaut werden. Alfresco bietet an dieser Stelle nur begrenzt Spielraum, indem über Sites auf vorgegebene Art und Weise mit Blogs und Wikis gearbeitet werden kann. Aber auch hier ist der Funktionsumfang stark eingeschränkt – die Funktionalität ist nicht ansatzweise so komplex wie in Liferay vertreten, was jedoch auch seine Vorteile haben kann.

Auch der Web Content Management-Bereich ist mit Liferay sehr stark ausgeprägt. Für viele Anwendungsfälle (Web-Auftritte, Intranets etc.) genügt bereits die sehr einfach zu bedienende Oberfläche mit den vielen Möglichkeiten der Individualisierung sowie der Integration in den Social Collaboration-Bereich. Alfresco hat den Fokus eher auf den Frontend-Backend-Bereich gesetzt, um beispielsweise Asset-Management damit zu betreiben. Dabei stellt Alfresco den Backend-Bereich dar, welcher Assets wie Bilder, Videos und Inhalte verwaltet. Frontend-Systeme wie Liferay werden für klassisches WCM genutzt.

Auf dieser Grundlage ist es sinnvoll, eine Integration auf DMS-Ebene vorzunehmen, da die Synergie-Effekte hier am meisten genutzt werden können. Liferay bietet hierzu einfache Möglichkeiten, direkt ein Verzeichnis aus Alfresco zu verlinken. In Zukunft wird eventuell dieser Bereich noch stärker ausgebaut werden, sodass auch erweiterte Metadaten ausgetauscht werden können.

■ A.2 Integration – Mehrwert vs. Aufwand

Es macht also Sinn, die Vorteile von Alfresco und Liferay zu kombinieren, d. h. Liferay für alle Intranet-, Community- und Webseiten-Funktionalitäten einzusetzen und Alfresco für das Dokumentenmanagement. Ihren Nutzern können Sie den größten Komfort bieten, wenn Sie beide Systeme so integrieren, dass die Liferay Repository-Funktionalität komplett durch Alfresco ersetzt wird. Dies stellt die höchste und damit technisch auch aufwändigste Integrationstiefe dar.

Also müssen Sie Integrationsaufwand gegen die Mehrwerte abwägen.

Bei einer **Komplettintegration** nutzen Sie nur ein DMS und können für all Ihre Unternehmensdokumente zentral Arbeitsabläufe, Zugriffsrechte u. v. m. verwalten. Dabei ersetzt Alfresco das Liferay interne DMS und wird nahtlos in die Liferay-Portaloberfläche integriert. Einerseits sind hier die technischen Integrationskosten am höchsten. Andererseits schafft die Lösung Klarheit und spart Kosten für Organisatorisches, für Schulung und Nutzersupport. Diese Integrationstiefe ist für alle Anwendungsszenarien empfehlenswert, in denen Nutzer ohne Schulungsaufwand die Lösung bedienen können müssen. Solche Integrationsszenarien werden in den nächsten Jahren voraussichtlich im Bildungsbereich genutzt werden. Abschnitt C, Absatz „ Komplettes Anwendungsszenario aus dem Bildungsbereich", zeigt ein Beispiel.

Alternativ können Sie **Alfresco nur für die Verwaltung unternehmenskritischer Dokumente** nutzen, während für Intranet und Webseitenpflege das dort von Haus aus integrierte Portal-Repository verwendet wird. Sie sparen technischen Integrationsaufwand und müssen auf organisatorischer Seite damit einhergehende Herausforderungen kompensieren. In diesem Szenario sollten Sie Alfresco per Single Sign-on mit dem Portal verbinden. Außerdem können Sie die Alfresco-Bedienoberfläche per iFrame in Liferay einfügen. Ihre Nutzer arbeiten so in einer Portaloberfläche, haben aber zwei unterschiedliche Funktionalitäten für die Dokumentenverwaltung und zwei unterschiedliche Dokumenten-Pools.

Wenn Sie in so einem Szenario bestimmte in Alfresco dafür freigegebene Dokumentenversionen auf den Webseiten oder im Intranet-Bereich veröffentlichen wollen, dann kann Ihnen der **Staging-Prozess** helfen. Ein Anwendungsbeispiel beschreiben wir in Abschnitt A.3, Absatz „Beispiel für eine CMIS-Integration für Intranets".

Um in Liferay alle Dokumente aus Alfresco zur Verfügung zu haben, können Sie **beide Repositorien per CMIS abgleichen**. Dann arbeiten Ihre Nutzer nur noch mit einer Dokumentenmenge, haben aber zwei unterschiedliche Bedienoberflächen, je nachdem, ob sie aus einer Liferay-Funktion heraus Dokumentenfunktionen aufrufen, oder ob sie das aus Alfresco heraus tun. Zu beachten ist hier, dass in Alfresco definierte Konfigurationen nicht mit dem Zugriff aus Liferay unterlaufen werden sollten. Die Use Cases sind dahingehend sehr gründlich zu überprüfen.

■ A.3 Erfolgreiche Anwendungsbeispiele

Wir wollen uns direkt drei Beispiele für verschiedene Integrationsstufen ansehen. Während wir nachfolgend eine Beschreibung aus Anwendersicht betrachten, können wir in Abschnitt A.4, Absatz „Nahtlose DMS-Integration von Alfresco und Liferay mithilfe von CMIS", die Verbindung selbst herstellen und entsprechend die Integrationsfähigkeit testen. Hierbei wollen wir uns ein Beispiel aus der Praxis ansehen, welches bereits im deutschsprachigen Raum produktiv verwendet wird.

iFrame-Integration mit SSO für das Internet

Bei der einfachsten Integrationsart gibt es zwei Dokumenten-Pools, den einen von Alfresco für kritische Dokumente und den anderen von Liferay, welcher von der Portal-Community und für die Veröffentlichung auf Webseiten verwendet wird.

In unserem ersten Beispiel wird Liferay als Extranet verwendet, in dem sich eine Anwender- und Entwicklergemeinschaft austauscht. Während der Portalbetreiber Dokumente professionell in Alfresco verwaltet und ausgewählte Sammlungen in der Gemeinschaft bereitstellt, arbeitet die Portalgemeinschaft (z. B. zum Dokumentenaustausch innerhalb des Blogs) mit dem Liferay-Dokumentenmanagement.

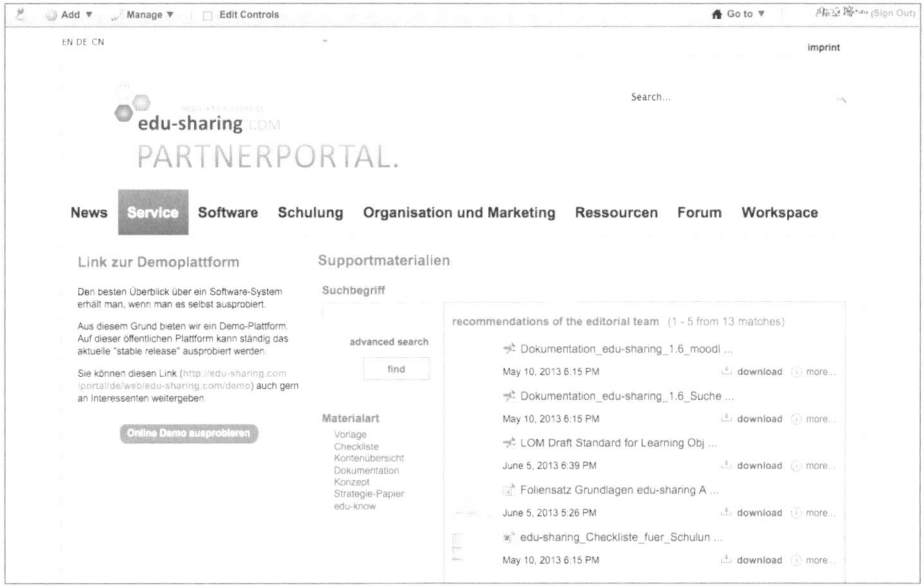

Bild A.2 Liferay-Extranet mit iFrame-integrierter Alfresco-Ansicht

In Bild A.2 sehen Sie die Seite des Liferay-Portals, in welchem per iFrame eine Ansicht auf eine Alfresco-Dokumentenmenge eingebunden ist. Die Such- und Navigationsfunktionen in diesem Portlet werden also nicht von Liferay, sondern von Alfresco bereitgestellt. Innerhalb des Extranet-Portals wurden verschiedene solcher Dokumentenmengen zielgruppenspezifisch verfügbar gemacht: Unter Service die Supportmaterialien, unter Marketing die Marketingmaterialien usw. Die Portlets rufen also anhand von Metadaten gefiltert eine bestimmte Dokumentenmenge aus Alfresco ab. Der Nutzer kann die Dokumentenmenge über eine integriert angebotene Such- und Stöbern-Funktion weiter einschränken.

In dieser Lösung sind also Liferay, Alfresco, Jira und ein Wissensverwaltungssystem per Single Sign-on integriert. Die Funktionen der an das Portal angeschlossenen Systeme sind teilweise per iFrame in die Portalansicht eingebunden.

Beispiel für eine CMIS-Integration für Intranets

Bei unserem zweiten Beispiel handelt es sich um das häufigste Anwendungsszenario: Liferay dient als Intranet- und Internet-Lösung, Alfresco stellt das Dokumentenmanagement. Allerdings wird Alfresco für die Verwaltung **aller** Dokumente verwendet und befüllt per CMIS-Schnittstelle die *Liferay Doc Lib*. Hierbei kann ein dahinter liegender Workflow eine digitale Kopie des fertigen Dokuments in PDF-Form in ein Verzeichnis kopieren, auf welches das Portal Zugriff hat. Anschließend können Nutzer aus Liferay heraus diese Dokumente z. B. im Web-Content verwenden und referenzieren.

Aus Sicherheitsgründen durfte für diese In-house-Lösung kein Webserver betrieben werden. Somit stellt ein Liferay hausintern die Arbeitsumgebung für Abteilungen, Projekte und die Web-Content-Redaktion, und ein weiteres externes Liferay wird per Staging mit freigegebenen Web-Inhalten gefüllt.

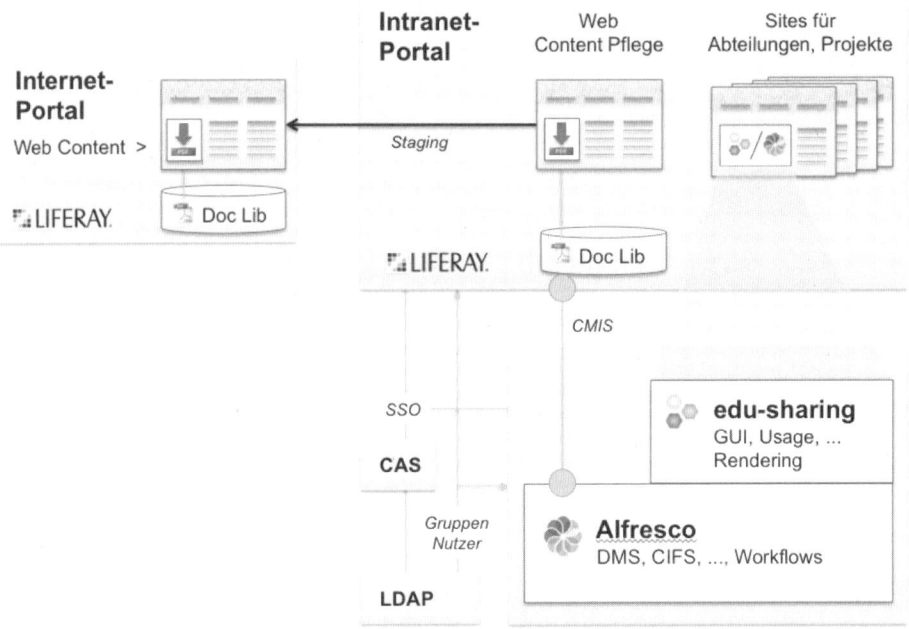

Bild A.3 Infrastruktur-Beispiel mit einer CMIS-Integration zwischen Alfresco und Liferay-Dokumentenbibliothek

Das Liferay Intranet-Portal löste außerdem die bisherige firmeninterne Lernplattform ab, die für internes Wissens- und Lernmanagement genutzt wurde. Somit kam ein für den Bildungsbereich erweitertes Alfresco zum Einsatz, welches u. a. mit entsprechenden Bedienoberflächen (GUI) und einem Rendering-Service für das Abspielen von E-Learning- und Medienformaten ausgestattet ist. Dadurch können E-Learning-Kurse bzw. Formate (z. B. IMS SCORM oder Moodle-Kurse) eingekauft, in Alfresco abgelegt und über den Rendering-Service für Kursteilnehmer abgespielt werden.

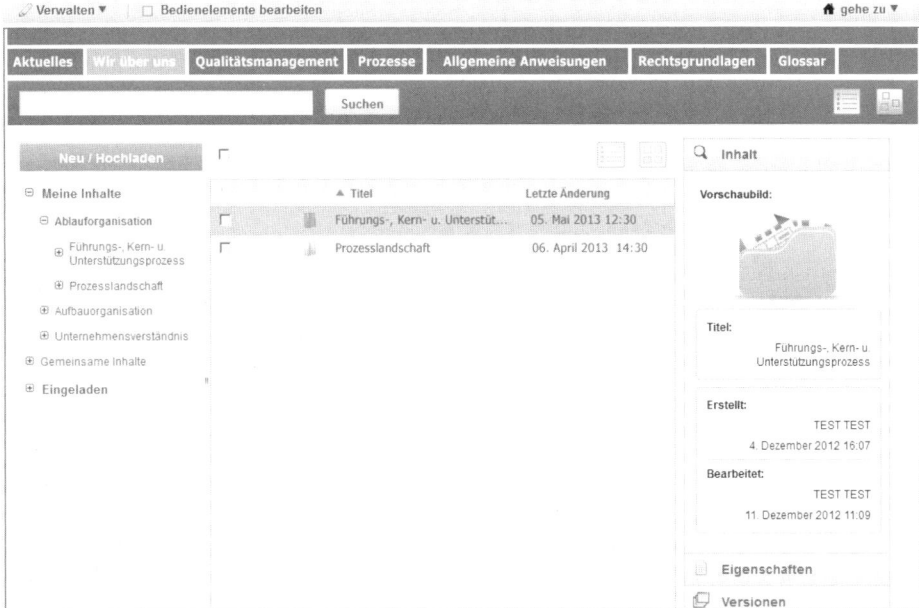

Bild A.4 Angepasster Workspace im Liferay-Portal mit Blick auf Alfresco

Bild A.4 zeigt einen angepassten Workspace, der per Portlet im Intranet eingebunden ist. Hier verwalten die Mitarbeiter Alfresco-Dokumente und geben bestimmte freigegebene Stände für die Publizierung auf den Webseiten frei.

Komplettes Anwendungsszenario aus dem Bildungsbereich

In unserem eben beschriebenen realen Beispiel wurde eine Lernplattform (LMS) durch ein Liferay-Portalsystem ersetzt. Dies stellt eine typische Entwicklung dar: Spezialisierte E-Learning-Systeme ersetzen immer mehr Funktionsbereiche von Lernplattformen. Seit einigen Jahren spielt auch Alfresco eine wichtige Rolle im Bildungssektor und ergänzt die meist eingeschränkte DMS-Funktionalität von Lernplattformen. Portal-Systeme bieten die Möglichkeit, die entstandenen E-Learning-Einzelsysteme wieder in eine Oberfläche zu integrieren. So stellten große kommunale Rechenzentren zum Jahresbeginn auf der Bildungsmesse didacta eine richtungsweisende, auf Liferay und Alfresco basierende, Schulportallösung vor. Auch im Hochschulbereich entstanden ähnliche Portal-Systeme. Sehen wir uns solche Lösungen in Bild A.5 einmal an.

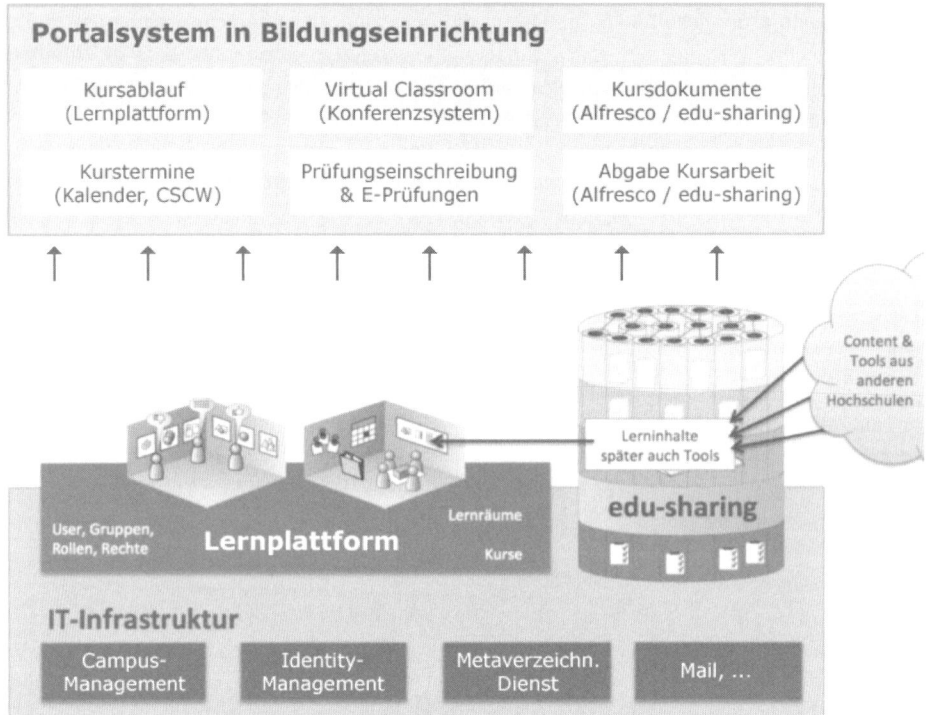

Bild A.5 Portal-System-Szenario im Bildungsbereich

Ähnlich wie im Beispiel aus Abschnitt A.3, Absatz „Beispiel für eine CMIS-Integration für Intranets", wird im Bildungsbereich gern ein angepasstes Alfresco für die Verwaltung von Lerninhalten verwendet, da hier z.B. besondere Anforderungen an Metadaten und Suchfunktionalitäten bestehen. Denn neben der Verwaltung der Inhalte von Nutzern und Gruppen kann Alfresco auch als Mediendistributionslösung genutzt werden (z. B. *www.learnline. nrw.de*). In solchen Lösungen sind Medienbestände bzw. deren Metadaten zu importieren und innerhalb eines Intranet-Portals für die jeweilige Bildungsorganisation bereitzustellen. Alfresco verwaltet in solchen Lösungen in der Regel mehrere Metadaten-Sets (für User Generated Contents, für Mediendistributionsinhalte, für fachspezifische Content-Sammlungen).

Bildungsportallösungen haben hohe Anforderungen an integrierte Portal-Infrastrukturen:

- Integration der verschiedenen Applikationen in als eine Anwendung wahrgenommene Portal-Oberfläche,

- einfache Bedienbarkeit ohne Schulungsnotwendigkeit (z.B. vereinfachte Alfresco-GUI),

- Abspiel- und Konvertierungsservices für Medien- und Spezialformate auf den jeweils verwendeten, zunehmend mobilen, Endgeräten.

Alfresco ist in solchen Szenarien mit den jeweiligen E-Learning-Applikationen – wie der Lernplattform, dem E-Prüfungssystem oder einem Wiki – integriert. In diesen Systemen können Lehrende DMS-Inhalte einbinden und für eine bestimmte Kurs-Zeit freigeben. Solche zeit- und kursspezifischen Freigaben gehen über das Rechtesystem von Alfresco hinaus und erfordern entsprechende Integration.

In unserem letzten Integrationsbeispiel sind also nicht nur Liferay und Alfresco integriert, sondern auch die in Liferay integrierten Einzelapplikationen.

■ A.4 Technische Umsetzungsbeispiele

Dieser Abschnitt teilt sich in zwei wesentliche Bereiche auf. Der erste Bereich greift den in Liferay und Alfresco bereits vorhandenen Weg auf, mittels CMIS eine erfolgreiche Integration aufzubauen. Diesen Abschnitt können Sie bereits mit Ihren beiden Installationen von Alfresco und Liferay selbst nachstellen. Dabei können wir in Abschnitt A.4, Absatz „Nahtlose DMS-Integration von Alfresco und Liferay mithilfe von CMIS", die Verbindung selbst herstellen und entsprechend die Integrationsfähigkeit testen, indem wir von verschiedenen Seiten (Alfresco und Liferay) Dokumentenaktionen ausführen. In Abschnitt A.4, Absatz „Wichtige Kriterien bei der Integration von Alfresco und Liferay", wollen wir uns weitere wichtige Kritierien aus dem realen Leben anschauen, auf welche Weise weitere Integrationen erfolgen können, um unterschiedliche Anforderungen im Unternehmensumfeld abbilden zu können.

Nahtlose DMS-Integration von Alfresco und Liferay mithilfe von CMIS

In unserem praktischen Beispiel wollen wir selbst eine Verbindung von Liferay mit Alfresco aufbauen und das DMS-Feature von Liferay um Alfresco erweitern. Wie wir bereits in Abschnitt A erfahren haben, ist die Liferay-DMS-Komponente nicht ansatzweise so stark ausgeprägt wie bei Alfresco. Dadurch ist eine Integration aus Gesichtspunkten der Compliance und der Optimierung von Arbeits- und Geschäftsprozessen eine wichtige Herausforderung im Unternehmensumfeld.

Portal-System mit DMS-Anbindung

Hierbei handelt es sich um die klassischste Art von Integration und die am meisten benötigte Verwendungsform. Dabei stellt Liferay als Portal die zentrale Lösung für Mitarbeiter dar. Kritische Arbeitsprozesse, wie beispielsweise die Freigabe von Marketing-Folien oder neuen Arbeitsanweisungen, erfolgen ausschließlich in Alfresco. Sind diese Dokumente freigegeben, werden diese für die Nutzung im Portal freigeschaltet. Hierbei kann ein dahinter liegender Workflow eine digitale Kopie des fertigen Dokuments in PDF-Form in ein Verzeichnis kopieren, auf welches das Portal Zugriff hat. Anschließend können Nutzer aus Liferay heraus diese Dokumente z. B. im Web-Content verwenden und referenzieren. Leider ist es aktuell noch nicht möglich, verschiedene CMIS-Archive in Liferay anzulegen, die individuell mit einem Startverzeichnis ausgestattet werden können. Dadurch könnten verschiedene Sites auf unterschiedliche Verzeichnisse in Alfresco gemappt werden.

Liferay und Alfresco via CMIS zusammen nutzen und neue Potenziale entfalten

Wir wollen unsere beiden Systeme jetzt miteinander verbinden und selbst die Integrationstiefe ausprobieren. Hierzu sind die folgenden Schritte notwendig:

- **Liferay- und Alfresco-Server konfigurieren:** Da wir im Rahmen dieses Buches beide Systeme auf demselben Rechner installiert haben (zumindest geht der Autor hiervon aus), müssen wir einige Einstellungen durchführen, damit keine Ressourcenkonflikte hinsichtlich des Ports entstehen.
- **Liferay und Alfresco für CMIS konfigurieren:** Über `portal-ext.properties` müssen wir einige Einstellungen für Liferay vornehmen, damit wir Liferay für CMIS bzw. eine Alfresco-Integration vorkonfigurieren können. Außerdem sollten wir bestimmen, in welchem Verzeichnis man über CMIS in Alfresco als Ausgangsverzeichnis lesen darf.
- **Archiv-Link hinzufügen:** Nachdem wir die ersten beiden Schritte durchgeführt haben, sollten wir in der Lage sein, einen neuen Archiv-Link in der Dokumentenbibliothek von Liferay erstellen zu können.

Liferay und Alfresco-Server konfigurieren

Da aktuell beide Systeme auf demselben Portal laufen (8080), müssen wir die Einstellungen eines Systems so weit anpassen, dass wir in keinen Konflikt mit dem jeweils anderen System geraten. Außerdem müssen wir den Shutdhow-Port bei einem Application Server anpassen. Über diesen Port sind wir in der Lage, die Application Server herunterzufahren. Da diese Einstellung auch über entfernte Rechner möglich ist (deswegen gibt es auch ein Port), und Liferay ebenfalls ein Tomcat als Application Server verwendet, müssen wir hier ein System umkonfigurieren. Hierzu gehen wir in `LIFERAY_HOME/tomcat-X-Y/conf` und öffnen mit dem Text-Editor die Datei `server.xml`. Hier wird für den Application Server von Liferay definiert, auf welchem Port das Portal erreichbar ist. Außerdem werden einige andere Ports definiert, die u. a. für den Application Server Tomcat relevant sind. Wir müssen hier zwei verschiedene Ports ändern, damit wir parallel Liferay und Alfresco starten können.

Zunächst ändern wir das Attribut `port` des obersten Elements `Server`, indem wir diesen auf 8106 stellen. Ursprünglich müsste hierzu folgender Eintrag vorhanden sein:

```
<Server port="8005" shutdown="SHUTDOWN">
```

Diesen Port ändern wir also auf folgenden Wert:

```
<Server port="8016" shutdown="SHUTDOWN">
```

Nun ändern wir noch den AJP-Port, sodass dieser anstatt auf den Port 8009 auf 8019 lauscht:

```
<Connector port="8019" protocol="AJP/1.3" redirectPort="8443"
URIEncoding="UTF-8" />
```

Nachdem wir diese Einstellung durchgeführt haben, müssen wir noch den Web-Port (8080) anpassen, indem wir in derselben Datei nach dem Element `Service` suchen. Direkt darunter sollte es dann folgenden Eintrag geben:

```
<Connector port="8080" URIEncoding="UTF-8" protocol="HTTP/1.1"

connectionTimeout="20000"

redirectPort="8443" />
```

Wir ändern nun den 8080 auf 8082, sodass anschließend der Code folgendermaßen aussieht:

```
<Connector port="8082" URIEncoding="UTF-8" protocol="HTTP/1.1"
connectionTimeout="20000"
redirectPort="8443" />
```

 HINWEIS: Liferay ist jetzt über *http://localhost:8082* erreichbar und nicht mehr 8080 – dort läuft Alfresco.

Natürlich würden auf einem produktiven System zwei verschiedene Systeme laufen, die miteinander kommunizieren würden. In unserem Fall genügt jedoch eine einfache Anpassung aus, um testweise eine Integration herzustellen.

Liferay und Alfresco für CMIS konfigurieren

Nachdem wir bereits die Ressourcen-Konflikte bezüglich der Port-Adressen aus dem Weg geräumt haben, können wir uns mit der Konfiguration des jeweiligen Systems beschäftigen. Sowohl Alfresco als auch Liferay muss für eine CMIS-Integration angepasst werden. Hierzu wollen wir zunächst Liferay vorbereiten, indem wir in das *LIFERAY_HOME*-Verzeichnis wechseln und dort die Datei *portal-ext.properties* öffnen.

Hier fügen wir folgende Properties ein:

```
session.store.password=true
company.security.auth.type=screenName
```

 HINWEIS: Bitte überprüfen Sie nach diesen Einstellungen und einem anschließenden Neustart, ob die Anmeldung tatsächlich über den Benutzernamen (screenName) erfolgt. Falls Sie sich immer noch mit der Mail-Adresse anmelden müssen, ändern Sie diese Einstellung über den *Kontrollbereich > Portal > Einstellungen > Authentifizierung*. Hier können Sie direkt auf den Login-Namen bzw. ScreenName umstellen. Anschließend testen Sie die Einstellung erneut, indem Sie versuchen, sich neu anzumelden.

Jetzt müssen wir Alfresco noch konfigurieren, indem wir das Zielverzeichnis in Alfresco angeben, welches in Liferay zur Verfügung stehen soll. Hierzu eignet sich beispielsweise eine komplette Site, worüber die verschiedenen Dokumente aus Liferay heraus verwendet werden. Nun melden wir uns in Alfresco an. Anschließend erstellen wir eine neue Site mit dem Namen **Intranet Information Portal**, welche beispielsweise für jeden zur Verfügung steht.

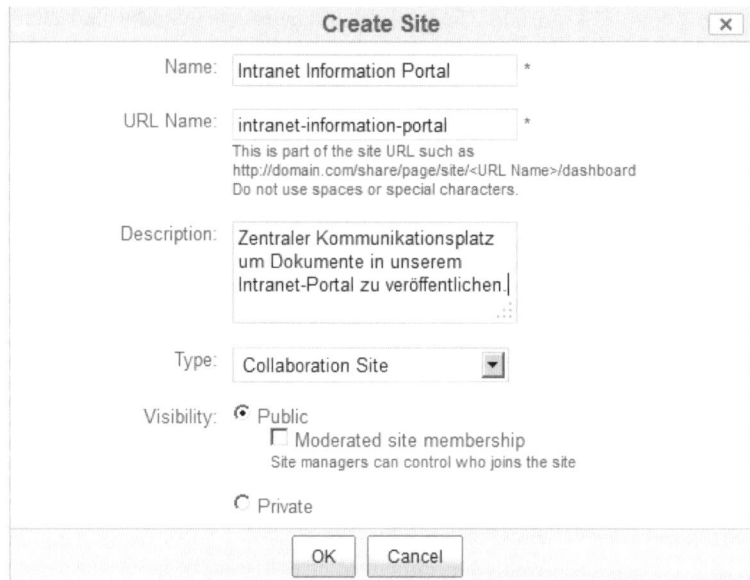

Bild A.6 Intranet-Site in Alfresco erstellen. Diese Site wird mit Liferay via CMIS verbunden. Anschließend können Dokumente nahtlos ausgetauscht werden.

Jetzt müssen wir den Pfad heraussuchen, um das Ausgansverzeichnis entsprechend umstellen zu können, damit Liferay automatisch nur Dokumente aus unserer Site ausliest. Nach erfolgtem Erstellen der Site, laden wir „Stephan Heinig" sowie „Martina Trost" in diese Site ein und vergeben Mitarbeiter-Rollen.

 HINWEIS: Die in diesem Buch angelegten Benutzer „Stephan Heinig" sowie „Martina Trost" müssen sowohl in Liferay als auch Alfresco den gleichen Benutzernamen sowie das gleiche Passwort besitzen. Überprüfen Sie bitte die entsprechenden Konfigurationen.

Anschließend wechseln wir in den Repository-Browser (*http://localhost:8080/share/page/ repository*). Hier suchen wir im Sites-Verzeichnis nach unserer neu angelegten Site. Diese finden wir unter dem technischen Namen **intranet-information-portal** wieder. Hier schauen wir uns die Details des Verzeichnisses an, indem wir im Aktionsbereich auf *Details anzeigen* klicken. Anschließend kopieren wir aus der URL den NodeRef-Parameterwert aus der Browser-Adresszeile heraus, wie in Bild A.7 zu erkennen. Das Aussehen einer NodeRef kann folgende Wertigkeit besitzen: `workspace://SpacesStore/08d054f5-79fe-4186-8d7a-ead61d7ca259`. Natürlich ist bei Ihnen ein anderer Wert vorhanden. Jetzt müssen wir diesen Parameter im Node Browser weiterverwenden.

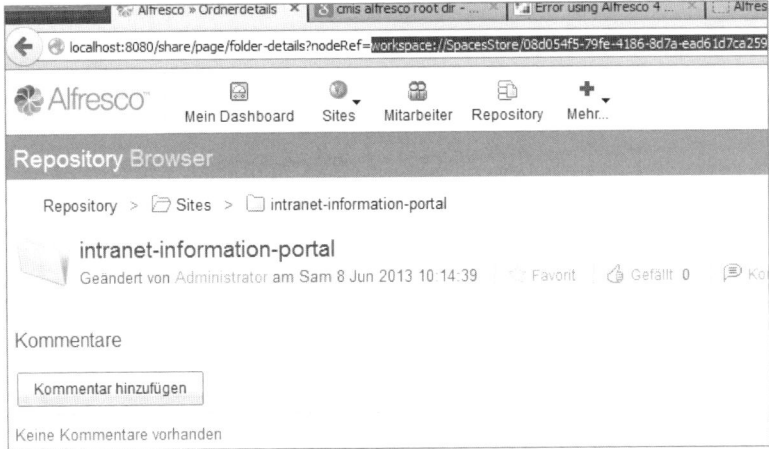

Bild A.7 Herauskopieren der NodeRef, um hierüber im Node-Browser den Pfad herauszusuchen. Anschließend können wir diesen Pfad als rootPath für CMIS-Anfragen konfigurieren.

Über den *Mehr* > *Mehr*-Button gelangen wir in den Administrationsbereich. Dort klicken wir auf den *Node-Browser* und geben unseren NodeRef-Parameter in die Textbox ein. Anschließend wählen wir als Such-Typ *NodeRef* aus und betätigen die *Suche*-Schaltfläche (Bild A.8).

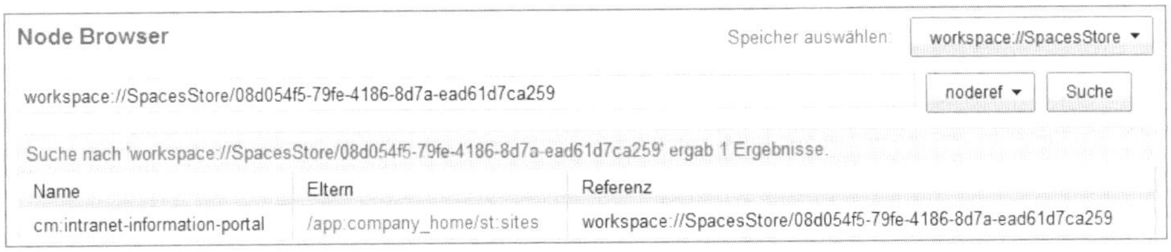

Node Browser		Speicher auswählen:	workspace://SpacesStore ▼
workspace://SpacesStore/08d054f5-79fe-4186-8d7a-ead61d7ca259			noderef ▼ Suche
Suche nach 'workspace://SpacesStore/08d054f5-79fe-4186-8d7a-ead61d7ca259' ergab 1 Ergebnisse.			
Name	Eltern	Referenz	
cm:intranet-information-portal	/app:company_home/st:sites	workspace://SpacesStore/08d054f5-79fe-4186-8d7a-ead61d7ca259	

Bild A.8 Über den Node-Browser finden wir schnell unsere angelegte Site.

Jetzt sollten wir ein Suchresultat erhalten – unsere Site. Mit dem Klick auf den Namen *cm:intranet-information-portal* können wir uns die technischen Details der Site genauer anschauen. Da wir jedoch nicht direkt die Site ansteuern wollen, sondern die Dokumentenbibliothek von Alfresco, müssen wir unter dem Punkt „Kinder" auf den Punkt *cm:documentLibrary* klicken. Jetzt sind wir am Ziel angekommen und können im oberen Bereich, wie in Bild A.9 zu sehen, den **Primären Pfad** herauskopieren.

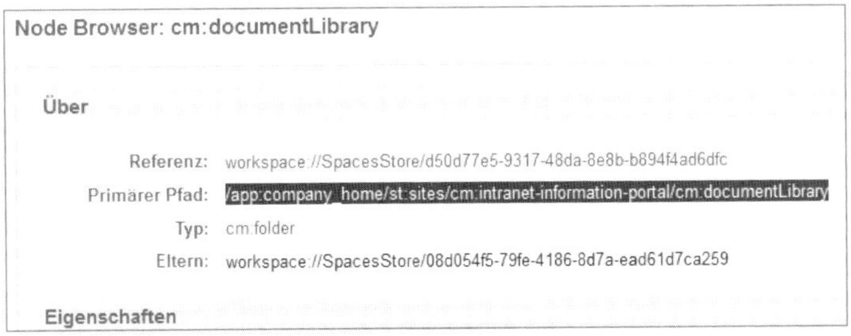

Node Browser: cm:documentLibrary	
Über	
Referenz:	workspace://SpacesStore/d50d77e5-9317-48da-8e8b-b894f4ad6dfc
Primärer Pfad:	/app:company_home/st:sites/cm:intranet-information-portal/cm:documentLibrary
Typ:	cm:folder
Eltern:	workspace://SpacesStore/08d054f5-79fe-4186-8d7a-ead61d7ca259
Eigenschaften	

Bild A.9 Den primären Pfad von unserer Site zu den Dokumenten haben wir ermittelt. Jetzt müssen wir nur noch der CMIS-Schnittstelle diesen Pfad übergeben.

Jetzt gehen wir mit dem Datei-Explorer in das Verzeichnis *ALF_HOME/tomcat/webapps/ alfresco/WEB-INF/classes/alfresco* und öffnen die *Datei cms-api-context.xml*. Dort ändern wir die `Bean CMISService`, indem wir das Property `defaultRootPath` mit unserem kopierten Wert überschreiben.

Listing A.1 Konfiguration des CMIS-Services von Alfresco mit dem Ausgangsverzeichnis, welches für fremde Systeme als Startpunkt gelten soll

```
<bean id="CMISService"
class="org.alfresco.cmis.mapping.CMISServicesImpl">
  <!-- andere Properties die wir hier aus Platzgründen nicht
anzeigen -->
  <property name="defaultRootPath">
<value>/app:company_home/st:sites/cm:intranet-information-portal/
cm:documentLibrary
</value>
  </property>
  <!-- andere Properties die wir hier aus Platzgründen nicht
anzeigen -->
</bean>
```

Wir speichern die XML-Datei ab und sind mit der Konfiguration so weit fertig.

Archiv-Link hinzufügen

Wir starten jetzt Alfresco und Liferay komplett neu und warten, bis beide Systeme hochgefahren sind. Anschließend melden wir uns in Liferay mit dem Administrationsnutzer an. Danach platzieren wir eine Dokumentenbibliothek auf eine beliebige Page im Portal. Über *Hinzufügen* > *Archiv* können wir die CMIS-Integration zu einem Repository aufbauen (Bild A.10).

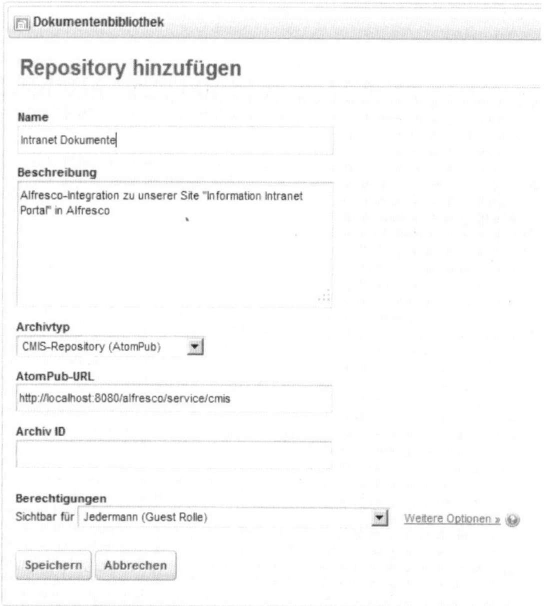

Bild A.10
Erstellen eines neuen Archivs via CMIS zum Alfresco Repository und zur Intranet-Informationsseite

Dort geben wir zunächst einen Namen und eine treffende Beschreibung ein. Der Name wird anschließend in der Dokumentenbibliothek angezeigt und dient als Navigator-Element. Beim *Archivtyp* wählen wir **CMIS-Repository (AtomPub)** aus. In der korrespondierenden URL geben wir *http://localhost:8080/alfresco/service/cmis* an. Anschließend klicken wir auf *Speichern*. Dieser Vorgang kann einige Zeit dauern. Anschließend werden wir bei erfolgreichem Verbindungsaufbau zu unserer Dokumentenbibliothek umgeleitet. Dort angekommen, steht uns ein neuer Archiv-Link zur Verfügung.

Jetzt können wir mit einem Klick auf das Archiv *Intranet-Dokumente* von Alfresco zugreifen, und die dort gespeicherten Dokumente verändern oder herunterladen. Über Alfresco können Sie ebenfalls ganz autark auf die Site weiterarbeiten. Neu erzeugte Dokumente sind darüber hinaus automatisch sichtbar in der Dokumentenbibliothek in Liferay.

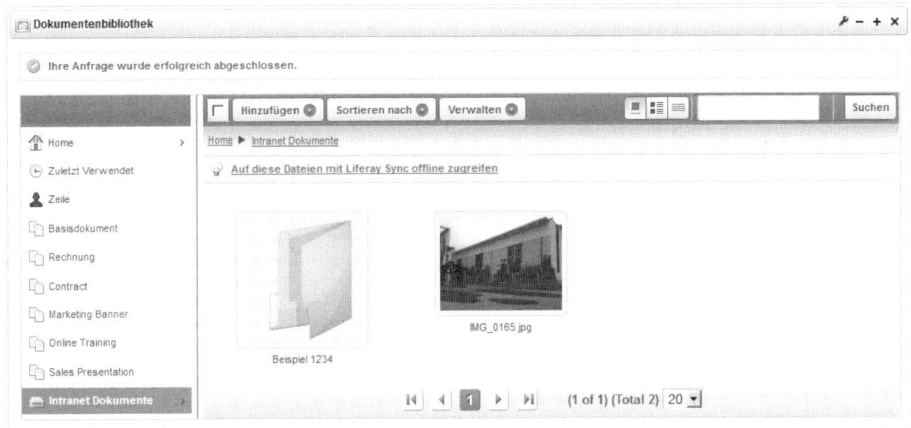

Bild A.11 Unsere Fertige Integration in Alfresco

Sind wir am Ende angelangt?

Definitiv nein – hier geht die Reise erst richtig los! Durch die vorangehend aufgezeigte Integration ist eine erste architektonische und fachliche Brücke zwischen den beiden Welten (Alfresco und Liferay) gebaut worden, welche relativ problemlos in der Praxis funktioniert. Dadurch lassen sich bereits viele Geschäftsvorfälle abbilden, da, wo beide Welten benötigt werden. Die Möglichkeiten sind an dieser Stelle sehr groß und bieten viel Spielraum, um den Anwendern optimale Arbeitsbedingungen zu bieten. Folgende Szenarien wären u. a. denkbar:

- **Lieferanten- und Kundenportal:** Dokumente, die für Lieferanten oder Kunden intern freigegeben worden sind, können anschließend in Liferay freigegeben und somit in Liferay für den externen Zugriff freigeschaltet werden. Dabei werden beispielsweise Berechtigungen in Alfresco so gesetzt, dass die entsprechenden Accounts des Kunden bzw. Lieferanten auf „Lesezugriff" gesetzt werden. Die Site, welche wir in unserem Beispiel integriert haben, würde dann auf dem obersten Verzeichnis eine einfache Liste an Kunden- und Lieferantenverzeichnissen beinhalten, die individuell vom Benutzerkonto gelesen werden können. Freigabeprozesse und Änderungen werden ausschließlich im ECM-System von Alfresco durchgeführt. Die betroffenen internen Mitarbeiter müssen sich nicht um die Veröffentlichung bzw. Zustellung kümmern, da die Freigabe Workflow gestützt laufen kann.

- **Marketing-Publikation:** Beispielsweise werden neue Papers und Sucess Stories in Alfresco erstellt und durch einen Freigabeprozess in Liferay für andere Nutzer zur Verfügung gestellt – beispielsweise Außendienstmitarbeiter.

- **Asset-Management für WCM:** Dokumente, Bilder, Videos usw. werden mit Alfresco erstellt und für die Verwendung im WCM-System von Liferay freigegeben (z. B. durch Berechtigungen). Anschließend können Autoren und Redakteure in Liferay auf die neuen Dokumente über die Liferay-Dokumentenbibliothek zugreifen und verlinken.

Natürlich gibt es einige Punkte, die durchaus noch nicht perfekt sind. Dort sind Workarounds notwendig, um akzeptable Lösungen zu erreichen. Schauen wir uns zum Beispiel das Thema der Authentifizierung an: Existiert **Single Sign-on** im Portal, können die Authentifizierungsdaten nicht so einfach an Alfresco übergeben werden. Hier sind kleinere Anpassungen in Form von Erweiterungen notwendig. Die Eingabe des Nutzernamens und des Passwortes sind zwingend erforderlich (im Portal), welche anschließend nach Alfresco via CMIS zwecks Authentifizierung durchgereicht werden. Hier müsste man als Lösungsansatz bei jedem Aufruf ein Alfresco-Ticket an die CMIS-Anfragen anfügen, damit eine automatische Anmeldung über solch ein Ticket hergestellt wird. Hierfür muss jedoch Liferay erweitert werden – wobei der Aufwand sehr überschaubar ist. Wichtig zu verstehen ist, dass Berechtigungen in Liferay keine Auswirkungen auf Alfresco haben.

 HINWEIS: Alfresco ist nicht Liferay! Beide Systeme verfügen über jeweils individuelle Konzepte hinsichtlich Arbeitsablauf, Berechtigungen, Workflows usw. Ein Portaladministrator in Liferay muss über keinerlei Rechte in Alfresco verfügen. Hier wird ein organisatorisches Konzept benötigt, wie eine Zusammenarbeit beider Systeme optimal ausgestaltet werden kann.

Ein Portaladministrator in Liferay kann beim Zugriff auf Alfresco eine Fehlermeldung erhalten, weil er nicht genügend Rechte besitzt, denn wir reden hier auch über zwei komplett verschiedene Systeme. Themen, wie die Weitergabe von erweiterten Metadaten, werden in naher Zukunft ebenfalls noch offen bleiben. Basisdaten, wie Titel und Beschreibung sowie den Namen, werden ausschließlich zwischen den beiden Systemen ausgetauscht.

Wichtige Kriterien bei der Integration von Alfresco und Liferay

In diesem Abschnitt wollen wir wichtige Kriterien bei der Integration von Alfresco und Liferay betrachten. Dabei spielen Fragen nach der Synchronisation der Benutzer- und Gruppenzugehörigkeit, Single Sign-on oder Datenkonsistenz bei der Nutzung von CMIS wichtige Rollen. Nun wissen wir bereits, welche offenen Punkte uns bei der Integration beider Systeme noch erwarten werden.

LDAP-Integration

Der Benutzer meldet sich generell immer zuerst am Liferay-Portal an und greift anschließend über CMIS auf den Dokumentenbestand von Alfresco zu.

Aus technischer Sicht muss beim CMIS-Zugriff eine erneute Authentifizierung erfolgen. Alfresco benutzt intern das Apache Chemistry OpenCMIS Framework, welches HTTP Basic Authentifizierung und WS-Security (UsernameToken Profile) „out of the box" unterstützt.

Alfresco hat einen eigenen Authentifizierungs-Provider entwickelt, der die Anmeldung vom OpenCMIS Framework an das Authentifizierungs-Subsystem von Alfresco delegiert.

Liferay muss so konfiguriert werden, dass die Credentials nach erfolgreicher Anmeldung eines Benutzers innerhalb der Web-Session gespeichert und somit für die anschließende CMIS-Authentifizierung zur Verfügung stehen (siehe Abschnitt D, Absatz „Liferay und Alfresco für CMIS konfigurieren"):

```
session.store.password=true
```

Die CMIS-Integration setzt voraus, dass sich die Benutzer in beiden Systemen mit denselben Credentials anmelden können. Dies wird üblicherweise über einen gemeinsamen LDAP-Verzeichnisdienst realisiert, mit dem alle Benutzerinformationen (inkl. Gruppen und Mitgliedschaften) zentral verwaltet werden können. Liferay und Alfresco können per LDAP-Schnittstelle diese Benutzer und Gruppen importieren und auch die Authentifizierung direkt per LDAP-Bind an den Verzeichnisdienst delegieren.

In Liferay kann die LDAP-Authentifizierung interaktiv pro Portal-Instanz über das Control Center konfiguriert und dabei ein regelmäßiger LDAP-Import aktiviert werden (Bild A.12).

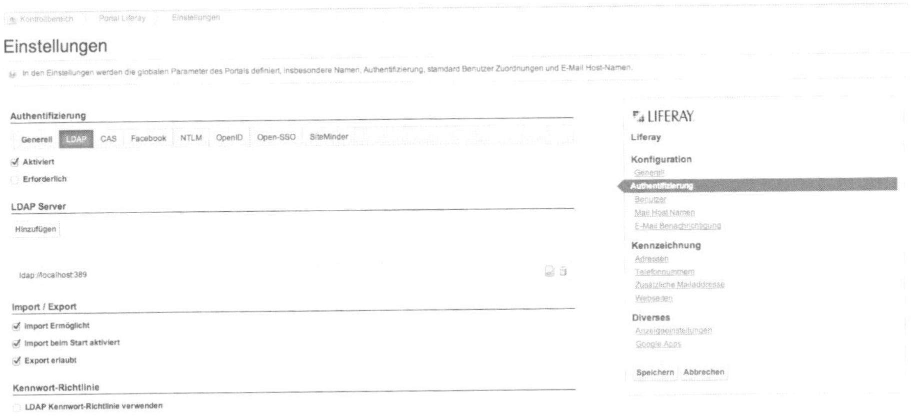

Bild A.12 LDAP-Konfiguration im Kontrollbereich von Liferay

Über die Portaleigenschaft (*ldap.import.interval*) kann das Import-Intervall minutengenau gesteuert werden. In Alfresco werden die Authentifizierungs-Subsysteme über die zentrale Konfiguration (*alfresco-global.properties*) spezifiziert. Dabei muss man

- die bestehende Authentifizierungskette (*authentication.chain*) um eine zusätzliche LDAP-Authentifizierung (*ldap1:ldap*) ergänzen und

- relativ zur globalen Konfiguration über (*extension/subsystems/Authentication/ldap/ldap1/ldap-authentification.properties*) eine spezielle LDAP-Konfiguration hinterlegen.

CMIS und Single Sign-on (SSO)

Liferay und Alfresco können auch innerhalb von Single Sign-on-Umgebungen (SSO) betrieben werden. Dabei werden alle unautorisierten Web-Aufrufe, welche eine Autorisierung erfordern, von vorgeschalteten Filtern abgefangen und per HTTP-Redirect an einen zentrale SSO-Provider weitergeleitet, der einmalig die Authentifizierung vornimmt und danach die

Benutzerinformationen dem Web-Aufruf zumischt und einen HTTP-Redirect wieder an die ursprüngliche Web-Adresse durchführt.

Problematisch in SSO-Umgebungen ist nur die Tatsache, dass die einzelne Applikationen nicht mehr selbst die Authentifizierung vornehmen und somit das Passwort auch nicht temporär innerhalb der Web-Session vorgehalten wird, um es für die CMIS-Authentifizierung nutzen zu können. Hierzu gibt es mehrere Ansätze:

- Man baut eine Vertrauensstellung zwischen den beiden Systemen auf Basis ihrer IP-Adressen (trusted IP) auf, sodass eine CMIS-Authentifizierung ohne Passwort durchgeführt wird.

- Man erweitert den SSO-Provider, damit er das Passwort an ausgewählte Legacy-Applikationen im Klartext (necessary evil) weiterreicht (z. B. CAS ClearPass). Somit könnte Liferay als angebundene Anwendung mit dem übermittelten Passwort eine CMIS-Authentifizierung durchführen.

- Man fordert nach erfolgreicher SSO-Authentifizierung an Liferay vor dem CMIS-Aufruf ein Proxy-Ticket (stellvertretend) für die CMIS-Schnittstelle an, und die CMIS-Schnittstelle löst das Proxy-Ticket beim SSO-Provider wieder ein (z. B. CAS Proxy).

Diese Möglichkeiten hängen sehr von der gewählten SSO-Lösung ab und müssen im Detail projektspezifisch abgewogen werden.

CMIS und Staging

Über die Staging-Funktion (siehe Abschnitt 18.5) ist es in Liferay möglich, an den Portal-Seiten Anpassungen vorzunehmen, dann über einen Qualitätssicherungsprozess zu prüfen und erst nach erfolgreicher Validierung im Live-System freigeben zu können.

Das Staging kann (lokal) in derselben Liferay-Instanz bzw. (remote) in einer separate Liferay-Instanz erfolgen. Dabei wird zuerst die jeweilige Site aus der Quell-Instanz exportiert und in die gewählte Ziel-Instanz importiert.

Wenn innerhalb von Liferay ein Dokumente aus Alfresco (über CMIS) verwendet wird, dann wird ein Dokumentenverweis (by-reference) und keine Kopie des Dokumentes (by-value) innerhalb der Dokumentenbibliothek in Liferay angelegt. Beim Staging werden auch die Dokumente von der Quell-Instanz in die Ziel-Instanz übertragen, d. h., bei Verwendung von CMIS-Dokumenten muss jeweils in der Quell- und Ziel-Instanz derselbe Archiv-Link (siehe Abschnitt A.4, Absatz „Archiv-Link hinzufügen") eingerichtet werden.

Wenn das nicht möglich ist (da z. B. die Ziel-Instanz außerhalb der Organisation gehosted wird), dann müsste der Export-Mechanismus umgebaut werden, sodass die CMIS-Dokumente by-value (also als Kopie) exportiert werden.

CMIS und Datenkonsistenz

Wie in Abschnitt A.4, Absatz „CMIS und Staging", beschrieben, werden innerhalb der Liferay-Dokumentenbibliothek die CMIS-Dokumente by-reference verwaltet. Wenn ein Dokument, was in einem Liferay-Artikel aktuell verwendet wird, in Alfresco später wieder gelöscht wird, dann führt das zu inkonsistenten CMIS-Verweisen und damit zu Fehlern bei der Anzeige der betroffenen Liferay-Artikel.

Aber wie kann der Autor eines Alfresco-Dokumentes überprüfen, wer sein freigegebenes Dokument gerade verwendet?

Aus technischer Sicht muss dazu ein Verwendungsnachweis am eigentlichen Alfresco-Dokument hinterlegt werden, wenn es in einem Liferay-Artikel verwendet wird.

Damit wäre man in der Lage, die Löschung von verwendeten Dokumenten über Alfresco NodePolicies zu verhindern bzw. dem Autor entsprechende Reverse-Links auf die entsprechenden Liferay-Artikel anzubieten.

CMIS und Rendering

Die CMIS-Schnittstelle dient nur zur Verwaltung der Dokumente. Bei der Anzeige der Dokumente stellen sich folgende Herausforderungen.

- Die langlebige Abspielbarkeit der Dokumente muss gewährleistet werden.
- Namensnennungen müssen lizenzabhängig erfolgen (siehe z. B. creative commons license[2]).
- Anzeigeformate müssen auf die jeweilige Client-Plattform angepasst bzw. konvertiert werden.
- Spezielle Formate können nur mit speziellen Playern angezeigt werden.

Bei der Portlet-Technologie wird die gerenderte Darstellung des Dokumentes direkt in die Portal-Website gemischt, wodurch der Einsatz von iFrames und dadurch Cross Site Scripting (XSS[3]) nicht nötigt wird.

Darüber hinaus kann ein spezieller Rendering-Services (z. B. edu-sharing[4]) eine Unabhängigkeit zwischen den unterstützten Dokumentenformaten innerhalb von Alfresco und den Anzeigemöglichkeiten der Liferay-Portal-Lösung hergestellt werden. Ein in die Liferay Site per Rendering-Service eingebundenes Video kann trotz exotischen Formats und mit der laut Lizenz geforderter Urhebernamensnennung auf dem Endgerät angezeigt werden.

Dies setzt aber voraus, dass zur Anzeige der Dokumente bestehende Liferay Portlets angepasst, bzw. neue Portlets zur Verfügung gestellt werden müssen, damit der autonome Rendering-Service anstatt die mitgelieferte Portal-Funktionalität verwendet wird.

Der Rendering-Service sollte abgestimmt auf den Inhalt skalierbar sein (Lastfähigkeit). Er kann auf einem separaten Host installiert und ggf. durch Einsatz von intelligenten Caching-Technologien weiter optimiert werden.

---

[2] http://de.creativecommons.org/
[3] http://de.wikipedia.org/wiki/Cross-Site-Scripting
[4] http://edu-sharing.net

B Ausblick: Business Intelligence mit Pentaho und Jedox

von Stefan Müller

In diesem Kapitel möchte ich einen Ausblick auf mein Buch *Pentaho und Jedox. Business Intelligence-Lösungen für Data Warehousing, Reporting, Analyse & Planung* (ISBN 978-3-446-43897-2) geben, das voraussichtlich im Herbst 2014 in der Enterprise Open Source-Reihe erscheinen wird.

Wissen und Informationen sind für Unternehmen die Basis wirtschaftlichen Erfolgs. Detaillierte Kenntnisse über Lieferanten, Produkte, Prozesse und Kunden ermöglichen die Generierung von Wettbewerbsvorteilen gegenüber der Konkurrenz. Haben Unternehmen beispielsweise Informationen über die Nachfrage ihrer Produkte, sind sie in der Lage, ihre Lagerbestände zu optimieren und somit Kosten und Kapitalbindung zu senken. Kennt man die Bedürfnisse seiner Kunden, kann das Produktportfolio entsprechend abgestimmt und die Kundenzufriedenheit gesteigert werden.

In diesem Buch wird aufgezeigt, wie mithilfe moderner IT-Systeme Informationen aus Dokumenten zugänglich gemacht und im Unternehmen verteilt werden können. Protokolle, Dokumentationen, Verträge und ähnliche Dokumente enthalten wertvolle Informationen. DMS-Systeme wie Alfresco sollen den Mitarbeitern dieses Wissen schnell und einfach zugänglich machen.

Selbstverständlich liegen wertvolle Informationen nicht nur in unstrukturierten Daten wie Dokumenten, sondern auch in strukturierten Datenspeichern der Unternehmen. In den operativen Systemen liegen Informationsschätze verborgen. Business Intelligence, als Technologie und Methodik, ermöglicht es, wertvolles Wissen aus den Datenmengen zu generieren. Durch den tagtäglichen Geschäftsbetrieb werden in ERP-, CRM- oder anderen Systemen permanent Daten erzeugt. Zur Steuerung eines Unternehmens gilt es, die relevanten Informationen zu extrahieren und für Analysen und Reportings optimal aufzubereiten. Für die Umsetzung dieser Anforderungen stellen Business Intelligence-Systeme geeignete Werkzeuge bereit.

Auch in diesem Segment moderner Business Software haben sich Open Source-Lösungen als Alternative zum kommerziellen Angebot etabliert. Neben einer allgemeinen Einführung in das Thema wird zum Einstieg ein Marktüberblick der quelloffenen Anbieter gegeben. Weiterhin wird eine Best-of-breed-Architektur, basierend auf den Lösungen der Hersteller Pentaho und Jedox, vorgestellt. Anhand eines praktischen Beispiels, basierend auf SAP-Daten werden die jeweiligen Ebenen einer BI-Architektur und die jeweiligen Tools vorgestellt. Als Exkurs ist auch das Thema Big Data zu finden. Big Data-Technologien wie Hadoop sind ebenfalls Open Source und befassen sich mit der performanten Verarbeitung großer Mengen an polystrukturierten Daten.

Das Management braucht unterschiedliche Sichten auf Kennzahlen und Geschäftsdaten, um Entscheidungen zu treffen und das Unternehmen auf Kurs zu halten. Der Blick in das eigene ERP-System (wie z. B. SAP) sagt aber nicht auf Anhieb, welcher Umsatz im letzten Jahr in den Zielmärkten erwirtschaftet wurde. Reporting- und Analysen-Software hilft, Klarheit in den Datendschungel zu bringen.

Nicht das ERP-System selbst, sondern ein betriebliches Informationssystem liefert Daten, die für Entscheidungen herangezogen werden können. Diese Daten liegen normalerweise als Berichte und Dashboards vor. Erst dadurch können die Informationen aus dem ERP richtig gedeutet und mit denen anderer Systeme in Verbindung gebracht werden. Unumgänglich dabei ist eine homogene Datenbasis. Sie enthält die Informationen der operativen Systeme eines Unternehmens und setzt sie zueinander in Beziehung.

In der Regel erfüllt das Controlling diese Aufgaben, indem es die Daten aus Systemen wie dem ERP exportiert, in Tabellenkalkulationen weiterverarbeitet und schließlich per E-Mail oder Fileserver an die Empfänger verteilt. Die Daten werden extrahiert, da sie zum einen nicht die notwendige Verdichtung für die Steuerungsinformationen aufweisen. Zum anderen will man sie meist durch Daten aus anderen Quellen bzw. Berechnungen ergänzen. Durch den Einsatz von Tabellenkalkulationen leiden allerdings Standardisierung und Flexibilität. Die unkoordinierte Verwendung und Verarbeitung der Quelldaten erschwert fast immer ein einheitliches Verständnis von Kennzahlen, da sie unterschiedlich berechnet werden. Das „Sammeln" der Daten und die intensive manuelle Weiterverarbeitung ist außerdem sehr zeitintensiv und fehleranfällig. Nicht selten entstehen dadurch hochkomplizierte Netzwerke aus verknüpften Tabellenkalkulationen, die zwar kunstvoll anmuten, aber zu einer Black-Box im Informationsfluss führen.

An dieser Stelle setzt Business Intelligence als Konzept und Technologie an. Eine kombinierte Architektur aus Pentaho und Jedox hilft das berühmte Tabellenchaos zu vermeiden und unterstützt die klassischen Controlling-Aufgaben Reporting, Analyse und Planung. Ziel ist immer, Geschäftsdaten aufzubereiten und den Entscheidungsträgern bereitzustellen, sodass diese das Unternehmen steuern und auf Kurs halten können.

Eine einheitliche Datenbasis ist die Voraussetzung für alle folgenden Aktivitäten. Jede Nacht werden Daten aus den unterschiedlichen Modulen oder Tabellen des SAP-Systems automatisiert ausgelesen und verarbeitet. Im Rahmen der Verarbeitung werden die Daten harmonisiert, miteinander verknüpft, und es finden Kennzahlenberechnungen statt. Schließlich werden die Daten in das Data Warehouse geladen und themenorientiert für die Controlling-Würfel aufbereitet. Für die Definition dieser ETL-Prozesse eignet sich das Datenintegrationswerkzeug von Pentaho. Es bietet nicht nur umfangreiche Verarbeitungsfunktionalitäten in einer grafischen Entwicklungsumgebung, sondern verfügt auch über Schnittstellen zu SAP ERP und SAP BW.

Besonders geschickt ist der Einsatz eines Informationssystems. Ziel eines solchen Systems ist es, die Adressaten im Unternehmen mit maßgeschneiderten Plan- und Ist-Werten und möglichen Abweichungen zu versorgen, damit sie mithilfe dieser Datenbasis ihre Verantwortungsbereiche steuern können. BI-Lösungen extrahieren die steuerungsrelevanten Informationen automatisiert aus den operativen Systemen, bereiten sie auf und verdichten sie. Auf diese Weise lassen sich z. B. die sehr granularen Daten eines ERP-Systems so verarbeiten, dass sie ein Kennzahlensystem mit Leben füllen. Die Kennzahlen kann man dann in Berichten problem- und empfängerorientiert zusammenfassen und über die BI-Plattform im Unternehmen verteilen. Als Verteilkanäle stehen Intranet-Portale, Fileserver oder Apps für Smartphones zur Verfügung. Business Intelligence erlaubt also einen globalen Blick auf die Steuerungsinformationen und ihre Verteilung in einer Organisation. Ihr Funktionskatalog geht deutlich über die eines integrierten Standardberichtswerkzeuges hinaus und kann daher auch individuelle Anforderungen, beispielsweise in Form von Management-Dashboards, mit Informationen unterschiedlichster Quellen erfüllen. Auch hier bietet Pentaho eine Vielfalt an Möglichkeiten zur Verteilung des Wissens im Unternehmen

Wenn sich im Ist Abweichungen zum Soll ergeben, ist es die Aufgabe des Controllings, die Ursachen herauszufinden. Das heißt: Kostentreiber identifizieren oder unrentable Produkte im Portfolio aufdecken. Sind die Gründe gefunden, werden entsprechende Maßnahmen eingeleitet und ihre Wirksamkeit geprüft. Die Online Analytical Processing-Technologie (OLAP) unterstützt diese Aufgabe. Die Anwender nutzen einen Datenwürfel, bauen sich mit ihm flexibel eigene Auswertungen auf und betrachten die Kennzahlen aus verschiedenen Perspektiven. Klassisches Beispiel: Man kann sich per einfachem Klick und „Drill-Down" einen detaillierten Aufriss des Umsatzes nach Regionen oder Zeit geben lassen. Da OLAP-Würfel sehr flexibel und einfach in der Bedienung sind, stellen sie ein leistungsstarkes Instrument für analytische Tätigkeiten dar. Jedox bietet zur Umsetzung dieser Aufgabenstellungen einen MOLAP-Ansatz, während Pentaho mit Mondrian auf ROLAP setzt.

Unternehmensplanung heißt, die Ziele für die verschiedenen Bereiche eines Unternehmens festzulegen. Das geschieht durch Top-Down-, Bottom-Up- oder Gegenstrom-Verfahren. Hat man kein BI-System zur Hand, heißt das in der Regel: Durchlaufen eines zeitaufwändigen und fehleranfälligen Planungsprozesses mit dem E-Mail-basierten Austausch von Excel-Dateien und ihrer späterer Konsolidierung. Business Intelligence-Software ermöglicht den Aufbau von Planungsanwendungen, mit denen die operativen Einheiten ihre Planwerte in eine zentrale Datenbasis eingeben – die zeitraubende Zusammenfassung der Daten entfällt. Spezielle OLAP-Technologien machen die Aufbereitung und Darstellung der Daten flexibel, Gleiches gilt für Simulations- und Szenarien-Rechnungen. Die Planwerte lassen sich auch auf aggregierter Ebene eingeben, sodass z. B. die Absatzmengen für Deutschland erfasst und nach einer vorgegeben Relation automatisch auf die verschiedenen Bundesländer verteilt werden. Durch Schnittstellen zu ERP-Systemen wie SAP können historische Ist-Werte als Anhaltspunkte für die Planer zusätzlich eingespeist werden. BI-Anwendungen machen also die Unternehmensplanung einfacher und effizienter.

Um den Nutzen von ERP-Systemen (wie SAP) mit den Vorteilen von Open Source zu kombinieren, empfiehlt sich eine „Enterprise Open Source"-Strategie: Durch die Integration von Open und Closed Source lassen sich die Vorteile beider Ansätze nutzen und zusätzliche Mehrwerte schaffen. Die Stabilität des ERP-Systems wird durch die Flexibilität einer quelloffenen BI-Lösung ergänzt. Ein weiterer Aspekt: Bestehende und im Laufe der Jahre etwas starr gewordene Systeme werden mithilfe neuer Technologien aus dem Open Source-Umfeld zu anpassungs- und leistungsfähigen Business-Lösungen weiterentwickelt. Dadurch sinken Abhängigkeiten und Kosten, während Flexibilität, Sicherheit und Innovation zunehmen.

Index